普通高等教育“十二五”规划教材

电磁场与电磁波

主编　金立军
编写　胡　波　汪　洁　尹学锋
主审　马西奎

中国电力出版社
CHINA ELECTRIC POWER PRESS

内 容 提 要

本书为普通高等教育“十二五”规划教材，主要介绍宏观电磁场分布和电磁波辐射及其传播的规律，以及电磁场与电磁波工程应用的基本分析和计算方法。

全书共分为9章，包括概述、矢量分析、静电场、恒定电流场、恒定磁场、时变电磁场、平面电磁波、导行电磁波、电磁辐射等内容，每章配备了思考题及习题，书末附有部分习题的答案。

本书可作为电气信息类专业的本科教材，也可供从事电磁场与电磁波相关工作的技术人员参考。

图书在版编目（CIP）数据

电磁场与电磁波/金立军主编．—北京：中国电力出版社，2012.3（2017.6重印）

普通高等教育“十二五”规划教材

ISBN 978-7-5123-2025-3

Ⅰ.①电… Ⅱ.①金… Ⅲ.①电磁场-高等学校-教材②电磁波-高等学校-教材 Ⅳ.①O441.4

中国版本图书馆CIP数据核字（2011）第163609号

中国电力出版社出版、发行

（北京市东城区北京站西街19号 100005 http://www.cepp.sgcc.com.cn）

北京市同江印刷厂印刷

各地新华书店经售

*

2012年3月第一版　2017年6月北京第三次印刷

787毫米×1092毫米　16开本　20.25印张　491千字

定价**36.00**元

电子电气基础课程教材编审委员会

序

进入21世纪，"985工程"和"211工程"的实施，推动了高水平大学和重点学科的建设，在高校中汇聚了一大批高层次人才，产生了一批具有国际先进水平的学术和科学技术研究成果。然而高校规模的超高速增大，导致不少学校的专业设置、师资队伍、教材资源和教学实验条件不能迅速适应发展需要，教学质量问题日益突现。高校教材，作为教学改革成果和教学经验的结晶，其质量问题自然备受关注。

需要指出的是，很多高等学校教材经过多年的教学实践检验，已经成为广泛使用的精品教材。同时，我们也应该看到，现用的教材中有不少内容陈旧、未能反映当前科技发展的最新成果，不能满足按新的专业目录修订的教学计划和课程设置的需要。这就要求我们的高等教育教材建设必须与时俱进、开拓创新，在内容质量和出版质量上均有新的突破。

根据教育部教高司2003年8月28日发出的［2003］141号文件，在教育部组织下，历经数年，2006~2010年教育部高等学校电子电气基础课程教学指导分委员会按照教育部的要求，致力于制定专业规范或教学质量标准，组织师资培训、教学研讨和信息交流等工作，并且重视与出版社合作，编著、审核和推荐高水平电子电气基础课程教材。

"电工学"、"电路"、"信号系统"、"电子线路"、"电磁场"、"自动控制原理"、"电机学"等电子电气基础课程是许多理工院校的先修课程，也是电子科学与技术、电气工程及其自动化等专业学科的基石，在科学研究领域和产业应用中发挥着极其重要的作用。此类教材的编写，应提倡新颖的立意，"适用、先进"的编写原则和"通俗、精炼"的编写风格，以百花齐放的形式和较高的编写质量来满足不同学科、不同层次的师生的教学要求。

本电子电气基础课程教材编审委员会即是基于此目的而设立的，希望能够鼓励更多的优秀教师参与其中，为高质量教材的编写和出版贡献出聪明才智和知识经验。

王志功

2009年10月于东南大学

前　言

电磁场与电磁波是电气信息类专业的一门技术基础课。随着电气、电子、信息、计算机等技术的迅速发展，要求电气信息类专业的科技工作者必须具备坚实的电磁场与电磁波基础知识。电磁场与电磁波理论性强，内容抽象，计算公式多而复杂，往往使学生望而生畏，为此本书汲取国内外同类教材的经验，强调电磁场与电磁波的工程应用，力争将抽象的理论与具体的工程技术相结合，通过典型直观的物理现象来论述电磁场与电磁波理论，深入浅出，便于学生理解，也便于工程技术人员查阅。

本书是参照电气信息类专业电磁场与电磁波课程的教学大纲要求编写的。为提高本课程的教学质量，促进学生知识、能力和素质全面发展，本书具有如下特点：

(1) 突出电磁场与电磁波的普遍规律，注重教材的基础性。本书在内容阐述时从物理定律出发，然后上升到理论，再到应用，力求物理概念清楚、层次分明、条理清晰、循序渐进、由浅入深、重点突出，使学生对基础知识能牢固掌握、灵活运用。

(2) 将数学理论与物理概念密切结合，强调物理现象与规律的联系，注重物理模型的建立，突出理论和应用的结合，提高学生的演绎能力和抽象思维能力。

(3) 展示理论概念的应用性和实践性，有意识地培养学生从定性的方法入手提出问题、分析问题和解决问题的能力。例如，每一章的最后一节强调电磁场的应用，可加深学生对本章内容的理解，做到理论联系实际。

(4) 每章根据课程内容配备例题、思考题、小结、习题，这些内容均与每章理论紧密配合，有助于提高学生分析问题的能力。

全书共分9章，其中第1~3章由金立军编写，第4、5章由胡波编写，第6、7章由汪洁编写，第8、9章由尹学锋编写；全书由金立军统稿。

马西奎教授为本书主审，为保证本书的质量做了许多指导性工作。另外，在本书的编写过程中，研究生姚春羽、陈俊佑、张哲、阎玲玲、梅健等还做了大量的工作。在此一并向他们致以衷心的感谢。

限于编者学识和水平，书中不妥之处在所难免，衷心欢迎使用本书的师生和读者批评指正，提出宝贵意见和建议。

编　者

2012年3月

目　录

1 概 述

1.1 电磁场与电磁波的发展历程

电、磁现象是大自然中很重要的现象，也是最早被科学家们关心和研究的物理现象。19世纪以前，电、磁现象一直作为两个独立的物理现象，没有人发现它们之间的相互联系，但是这些初期的研究为电磁学理论的建立奠定了基础。

1821年，英国科学家法拉第在实验中发现了电磁感应现象，认为时变的磁场可以产生时变的电场。19世纪50年代，英国物理学家麦克斯韦（见图1-1）在总结前人实验研究的基础上建立了电磁学的理论体系，得到了今天以他的姓氏命名的电磁场方程组，并推论电磁作用以波的形式传播。从这一经典电磁场理论中得出的电磁波在真空中的传播速度与光在真空中实际测定的传播速度相同，促使他预言光是电磁波，并且推算出电磁波在真空中传播的速度等于光速。随后于1887年，德国物理学家赫兹用振荡电路产生了电磁波，使麦克斯韦的学说得到了实验证明，为电学和光学奠定了统一的基础。麦克斯韦的电磁场理论是19世纪物理学发展的辉煌成就，在物理学发展史上是一个重要的里程碑。

图1-1 麦克斯韦

在麦克斯韦方程建立后的一百多年里，随着科学技术的发展，电磁理论得到了广泛的应用和发展，尤其是在最近的半个世纪以来，无线电电子学、计算机和网络技术的飞速发展，生物电磁学、环境电磁学和电磁兼容等学科的建立，为电磁理论提出了许多新的研究课题，使现代电磁理论得到了迅速的发展。

电磁场与电磁波作为理论物理学的一个重要研究分支，主要致力于统一场理论和微观量子电动力学的研究，同时是无线电技术的理论基础。

1.2 场的概念及场量表达

1.2.1 电场和磁场

在一个给定区域用一组数来定义一个量的特性时，若该区域中每个点都有具备这种特性的量，则这种性质的量称为场。静止电荷产生的场表现为对带电体有力的作用，这种场称为电场。运动电荷或电流产生的场表现为对磁铁和载流导体有力的作用，这种场称为磁场。

1.2.2 电磁场

电磁场是由相互依存的电场和磁场的总和构成的一种物理场。电场随时间变化时产生磁场，磁场随时间变化时又产生电场，两者互为因果，形成电磁场。电磁场可由变速运动的带电粒子引起，也可由强弱变化的电流引起，不论产生原因如何，电磁场总是以光速向四周传播，形成电磁波。电磁场是电磁作用的媒递物，具有能量和动量，是物质存在的一种形式。电磁场的性质、特征及其运动变化规律由麦克斯韦方程组确定。

电磁场与电磁波都是一种物质，它们的存在和传播无需依赖于任何媒质。在没有物质存在的真空环境中，电磁场与电磁波的存在和传播会感到更加“自由”。因此对于电磁场与电磁波来说，真空环境通常被称为“自由空间”。

电磁场作为能量的一种形式，是当今世界的重要能源，其研究领域涉及电磁能量的产生、储存、变换、传输和综合利用。

1.2.3 电磁波

电磁波是物体所固有的发射和反射在空间传播交变的电磁场的物理量。如果电荷及电流均随时间改变，它们产生的电场及磁场也是随时间变化的，时变的电场与时变的磁场可以相互转化，两者不可分割，它们构成统一的时变电磁场。时变电场与时变磁场之间的相互转化作用，在空间形成了电磁波。

电磁波由同相振荡且相互垂直的电场与磁场在空间中以波的形式移动，其传播方向垂直于电场与磁场构成的平面，有效地传递能量和动量。电磁波作为探测未知世界的一种重要手段，主要研究领域为电磁波与目标的相互作用特性、目标特征的获取与重建、探测新技术等；作为信息传输的载体，电磁波已成为当今人类社会发布信息和获取信息的主要手段。

1.2.4 场量表达

场是物质存在的一种基本形式，具有能量、动量和质量，能传递实物间的相互作用。为了确定场的特征，需要用基本量来描述，它们是质量（m）、长度（l）、时间（t）、电荷（q）和温度（T）。为了准确计量这些量的值，又需要有一个单位系统来表达，在国际单位制（简称 SI 制）中，采纳的单位分别是：质量——千克（kg），长度——米（m），时间——秒（s），电荷——库仑（C），温度——开尔文（K）。其他有关量的单位都可用这 5 个基本单位来确定。例如，电流的单位安培（A）是一个导出单位，用基本单位表示为 1A = 1C/s（库伦每秒）；力的单位牛顿（N）也是一个导出单位，可以用基本单位表示为 $1N = 1kg \cdot m/s^2$（千克米每秒平方）。本书中涉及的部分场量的名称及符号参见表 1 - 1，部分场量的导出单位参见表 1 - 2。

表 1 - 1 场量的名称及符号

场量	名　称	类　型	单　位
$\vec{A}$	磁矢位	矢量	Wb/m
$\vec{B}$	磁通（量）密度	矢量	Wb/m^2 (T)
$\vec{D}$	电通（量）密度	矢量	C/m^2
$\vec{E}$	电场强度	矢量	V/m
$\vec{F}$	洛伦兹力	矢量	N
i	电流	标量	A
$\vec{j}$	（体）电流密度	矢量	A/m^2
q	自由电荷	标量	C

续表

场量	名 称	类 型	单 位
$\vec{S}$	坡印廷矢量	矢量	W/m^2
$\vec{u}$	自由电荷的速度	矢量	m/s
V或φ	电位（电动势）	标量	V

表1-2 场量的导出单位

符 号	量的名称	单位名称	单位符号
γ	导纳	西（门子）	S
ω	角频率	弧度/秒	rad/s
C	电容	法（拉）	F
ρ	电荷（体）密度	库（仑）/立方米	C/m^3
G	电导	西（门子）	S
σ	电导率	西（门子）/米	S/m
W	能（量），功	焦（耳）	J
F	力	牛（顿）	N
f	频率	赫（兹）	Hz
Z	阻抗	欧（姆）	Ω
L	自感	亨（利）	H
f	磁动势	安（匝）	At
μ	磁导率	亨（利）/米	H/m
ε	电容率（介电常数）	法（拉）/米	F/m
P	（有功）功率	瓦（特）	W
R	磁阻	［亨（利）］$^{-1}$	H^{-1}

1.3 微分和积分的运用

本书中常出现表达同一个概念用微分形式和积分形式两种不同的形式。积分形式着重于说明方程式的物理意义，而微分形式则便于完成数学运算。例如，静电场中高斯定理的积分形式是

$$\oint_S \vec{D}\cdot d\vec{S} = \int_V \rho_V dV \tag{1-1}$$

式中：$\vec{D}$为电通密度，C/m^2；ρ_V为体电荷密度，C/m^3。

式（1-1）说明从封闭面发出的总电通量数值上等于包含在该封闭面内的净（自由）电荷。闭合面外的电荷对它包围的总电荷不能作贡献，包在闭合面内部的电荷分散在什么位置也不必考虑。

然而，为了便于计算，如果电荷呈对称分布，选择一个恒电通密度面，从而大大降低了应用高斯定理分析问题的难度。例如，应用散度定理，式（1-1）可表示为

$$\int_V \nabla\cdot\vec{D}dV = \int_V \rho_V dV \tag{1-2}$$

式（1－2）对于任意 S 面所包围的体积都成立，因此等式两边的被积函数一定相等。于是，在空间任意一点有

$$\nabla \cdot \vec{D} = \rho_V \tag{1-3}$$

式（1－3）为高斯定理的微分形式，其含义为：空间任意存在正电荷密度的点都发出电通量线，如果电荷密度为负，则电通量线指向电荷所在的点。如果已知封闭面上的电场强度或电通密度分布，通过高斯定理便可求出封闭面内的总电荷。

麦克斯韦方程组的积分形式描述的是场量在区域上的总体性质，它尤其适用于解释媒质参数有突变的区域的场量特性；其微分形式描述的是场量在一点上的性质，它适用于媒质参数连续变化的区域问题的求解。

1.4 解析解与数值解

电磁场与电磁波学科与现代科技的进展息息相关，从目前现状看，电磁场与电磁波有关问题的解主要有解析解（analytical solution）和数值解（numerical solution）两种。理论研究与工程技术所关注的问题是不同的。理论研究往往对解析解［或称闭式解（closed-form solution)］、解的存在性、推导证明的严格性以及解的唯一性等问题感兴趣，而工程技术研究一般对如何求出数学问题的解更关心。换句话说，能用某种方法获得问题的解是工程技术更关心的问题，而获得这样解的最直接方法就是通过数值解法解出。

解析解是通过一系列严格的公式，推导出解的具体函数形式，当已知自变量时，就可通过解的表达式求出其对应的因变量，也就是问题的解。数值解是采用某种计算方法，如有限元、数值逼近、插值等，在特定条件下通过近似计算得出来的数值。

解析解不存在的情况在数学上并不罕见，甚至可以说这样的现象是常见的。例如，圆周率 π 的值本身就没有解析解，中国古代的数学家、天文学家祖冲之早在公元 480 年就算定了该值在 3.141 592 6 和 3.141 592 7 之间。在一般科学与工程应用中，取这样的值就能保证较高的精度，而对于粗略估算来说，使用公元前 250 年阿基米德算定的 3.141 6 也未尝不可，而没有必要非去追求不存在的解析解不可。所以在这样的问题上，数值解法的优势就显示出来了。

数学问题的数值解法已经成功地应用于各个领域。例如，在力学领域，常用有限元法求解偏微分方程；在航空、航天与自动控制领域，经常用到数值线性代数与常微分方程的数值解法等解决实际问题；在工程与非工程系统的计算机仿真中，核心问题的求解也需要用到各种差分方程、常微分方程的数值解法；在高科技的数字信号处理领域，离散的快速 Fourier 变换（FFT）已经成为其不可或缺的工具。在科学工程研究中能掌握一个或多个实用的计算工具，无疑会为研究者提供解决实际问题的强有力手段。

电磁场与电磁波求解的问题一般都比较复杂，而实践中又往往需要知道它的解，对于一些典型的线性电磁场问题，已经有较多求解析解的方法，主要有分离变量法、积分变换法、镜像法以及复变函数法等。用分离变量法求出的解析式常常是用积分形式或级数形式表达的，一般都便于计算，它适用于求解部分边界几何形状比较规则的两维问题和轴对称问题，也可近似求解部分典型的三维问题，是一个广泛使用的解析方法。积分变换法能把含有 n 个自变量的方程转化为含 $n-1$ 个自变量的方程，求解过程规范、简单；缺点是反变换困难，

不易得出形式简单的表达式。镜像法是基于电磁场解的唯一性定理求解的一个方法，它要求在非求解区域中以适当的等效源和媒质分布来等效代替边界的影响，以保证满足内边界面上的边界条件。镜像法常常能方便地得到场的解析解，可用于静电场、恒定电流场、恒定磁场以及辐射场的求解，缺点是难以应用于边界几何形状复杂的场问题。复变函数法适用于两维静态场的求解，与其他解析方法相比，能够处理边界几何形状更复杂的问题，而且解析式往往比较简单，缺点是难于处理时谐场和三维场问题。

解析解的表达式形式严密、理论价值大，但并不是所有电磁场问题都存在解析解。大量的电磁场定解问题还需要用数值方法求解。数值法的适用面很宽，几乎适用于所有经典电磁场问题的求解，最大的缺点是求解过程复杂、计算量大。目前常用的数值求解方法有有限差分法、有限元法和体积分方程法等，在计算过程中要特别注意数值稳定性，不然计算结果的准确性就得不到充分保证。

在求解实践中，常常会把几种方法混合起来使用，以提高求解效率和减少数值计算量。例如对于某些三维问题，可用积分变换法把方程降低一维，然后用分离变量法进一步求解，就可以得到解析解。在求解过程中，要尽可能用解析法求解，若确实无法进一步求解时再用数值法求解。为简化求解过程，应设法利用问题的对称性（例如球对称、轴对称）和奇偶性。这些都是提高计算效率的有效措施。

2 矢量分析

电磁场与电磁波理论主要研究电磁现象及场的基本规律，其中所涉及的物理量，如电场强度和磁场强度等都具有确切的物理意义，当这些物理量与空间坐标及时间有关时，就需要用矢量来描述，这些矢量在空间的分布就构成了矢量场。矢量分析是研究电磁场与电磁波的主要数学工具之一，掌握本章的知识将为读者系统、深入地学习本书内容奠定必要的基础。本章首先对矢量分析方面的基础知识进行重点复习和补充，然后讨论标量场的梯度、矢量场的散度、旋度和相关定理，最后介绍正交曲线坐标系。

2.1 矢量及矢量场

2.1.1 矢量

在各门科学中所遇到的量可以分为两类：一类是完全由数值大小决定的量，称为标量(或纯量)，例如面积、温度、时间、质量等；另一类是既有数值大小又有方向的量，称为矢量（或向量)，例如力、速度、加速度等。矢量常使用黑体字母来表示，如$\boldsymbol{A}$；也可在该物理量上方用箭头表示，如$\vec{A}$。仅表示矢量大小的数值称为矢量的模，用$|\vec{A}|$或$|\boldsymbol{A}|$表示；矢量的方向可用单位矢量表示，如$\vec{e}$。单位矢量是模为1个单位的矢量，故可用它表示方向。在几何描述上，一般用一个带箭头的有向线段来表示矢量，如图2－1所示，线段长度代表矢量的大小（模)，线段的方向表示矢量的方向。

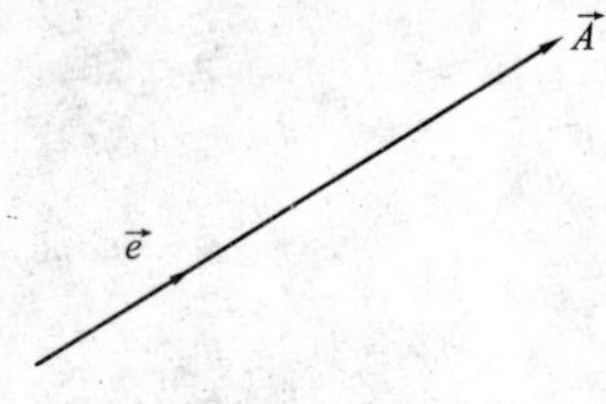

图2－1 矢量的表示

2.1.2 矢量场

场的定义：若对于空间域Ω上每一点都对应着某个物理量的一个标量（数量）或一个矢量，则称此空间域确定了这个物理量的场。若所讨论的物理量是标量，则称这个场为标量场；若所讨论的物理量是矢量，则称这个场为矢量场。例如，若所研究的物理量是温度、压力、密度、电位等时，这些物理量在指定时刻和空间上每一点可用一个标量（即数量）来表示，即这些物理量的状态可用标量函数$A(x,y,z,t)$来描绘，则这些标量函数在空间域上就定出标量场，即定出温度场、压力场、密度场、电位场等；当所研究的物理量是力、速度、电场强度等时，这些物理量在指定时刻和空间上每一点可用一个矢量来表示，即这些物理量的状态可用矢量函数$\vec{A}(x,y,z,t)$来描绘，则这些矢量函数在空间域上就定出矢量场，即定出力场、速度场、电场强度场等。

若场中的每一点所对应的量仅与位置有关而与时间无关，则称该场为稳定（静态）场。若场中的每一点所对应的量与该点的位置和时间均有关，则称该场为不稳定（时变或动态）场。

根据场的定义，所谓给出一个标量场或矢量场，从数学观点看，相当于给出一个标量函数或矢量函数。一个矢量函数可分解为三个标量函数，如在直角坐标系下，有

$$\vec{A}(x,y,z,t)=\vec{e}_x A_x(x,y,z,t)+\vec{e}_y A_y(x,y,z,t)+\vec{e}_z A_z(x,y,z,t) \tag{2-1}$$

式中：A_x，A_y，A_z 都是标量函数；$\vec{e}_x$、$\vec{e}_y$和 $\vec{e}_z$分别是沿 x、y 和 z 方向的单位矢量。

2.1.3 矢量线

在矢量场中，各点的场量是随空间位置变化的矢量。因此，一个矢量场 $\vec{A}$ 可以用一个矢量函数来表示。在直角坐标系中可表示为

$$\vec{A}(M)=\vec{A}(x,y,z)$$

M 是场中矢量线上任一点，对应的坐标为（x，y，z），其矢径为

$$\vec{r}=\vec{e}_x x+\vec{e}_y y+\vec{e}_z z$$

其微分矢径为

$$\mathrm{d}\vec{r}=\vec{e}_x\mathrm{d}x+\vec{e}_y\mathrm{d}y+\vec{e}_z\mathrm{d}z$$

由导数的几何意义可知，$\mathrm{d}\vec{r}$ 为矢量线在 M 点处的切线矢量。在矢量场中，为了形象直观地描述矢量在空间的分布状况，引入了矢量线的概念。矢量线是一条空间曲线，在它上面每一点的场矢量都与其相切（如图 2－2 所示）。在 M 点 $\mathrm{d}\vec{r}$ 与 $\vec{A}$ 共线，于是有矢量线的微分方程

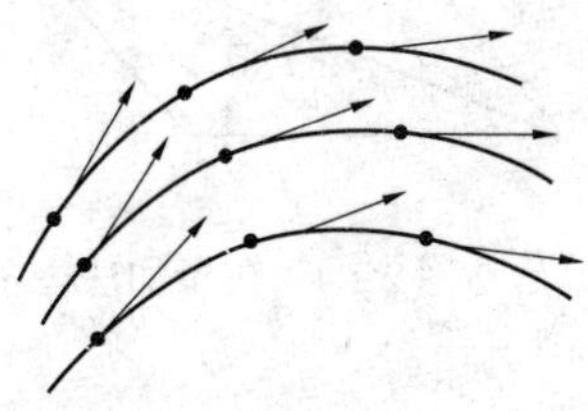

图 2－2 矢量线

$$\frac{\mathrm{d}x}{A_x}=\frac{\mathrm{d}y}{A_y}=\frac{\mathrm{d}z}{A_z} \tag{2-2}$$

【例 2－1】 坐标原点处有电量为 q 的点电荷，求电场强度的矢量方程。

解 设空间任意点 M 的坐标为（x，y，z），其矢径为 $\vec{r}$，则电场强度为

$$\vec{E}=\frac{q}{4\pi|\vec{r}|^3\varepsilon}\vec{r}=\frac{q}{4\pi|\vec{r}|^3\varepsilon}(x\vec{e}_x+y\vec{e}_y+z\vec{e}_z)$$

式中：ε 为介电常数；$|\vec{r}|$为矢径 $\vec{r}$ 的模。

根据矢量线应满足的微分方程$\frac{\mathrm{d}x}{A_x}=\frac{\mathrm{d}y}{A_y}=\frac{\mathrm{d}z}{A_z}$

可得

$$\frac{\mathrm{d}x}{\frac{qx}{4\pi|\vec{r}|^3\varepsilon}}=\frac{\mathrm{d}y}{\frac{qy}{4\pi|\vec{r}|^3\varepsilon}}=\frac{\mathrm{d}z}{\frac{qz}{4\pi|\vec{r}|^3\varepsilon}}$$

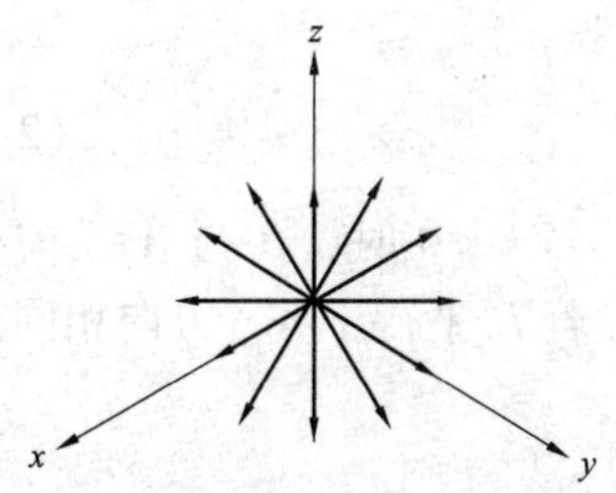

图 2－3 电场强度的矢量线

可推出 $$\frac{\mathrm{d}x}{x}=\frac{\mathrm{d}y}{y}=\frac{\mathrm{d}z}{z}$$

解方程得 $$\begin{cases}y=C_1x\\z=C_2x\end{cases}$$

式中：C_1、C_2 为任意常数。

点电荷 q 为正时可画出其矢量线，如图 2－3 所示，该图形是一簇从坐标原点出发的射线，又称电力线。若 q 为负，则其方向相反。

2.2 矢量的代数运算

标量（纯量）的代数运算大家都很熟悉。例如，若要把两个相同单位的标量相加，就是将它们的数值大小相加。矢量的代数运算与之相比，要相对复杂一些。

2.2.1 矢量加法

两矢量之和为一矢量。如图2-4所示，$\vec{A}$、$\vec{B}$两矢量相加，就是将$\vec{A}$的始点与$\vec{B}$的终点连接，所得的有向线段代表了合矢量$\vec{A}+\vec{B}$，我们设它等于矢量$\vec{C}$，即

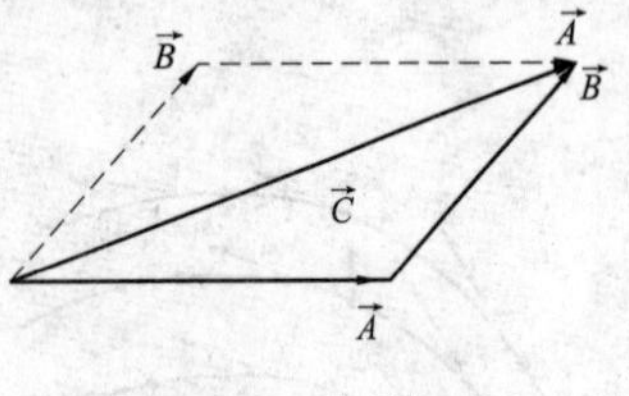

图2-4 矢量加法

$$\vec{C}=\vec{A}+\vec{B} \tag{2-3}$$

还可先画$\vec{B}$再画$\vec{A}$，如图2-4中的虚线所示。显然，矢量相加与被加的矢量先后次序无关，即矢量服从加法的交换律，即

$$\vec{A}+\vec{B}=\vec{B}+\vec{A} \tag{2-4}$$

图2-4还提供了矢量加法的几何解释。如果$\vec{A}$和$\vec{B}$是一平行四边形的两条边，则$\vec{C}$是其对角线。我们还能证明矢量服从加法的结合律

$$\vec{A}+(\vec{B}+\vec{C})=(\vec{A}+\vec{B})+\vec{C} \tag{2-5}$$

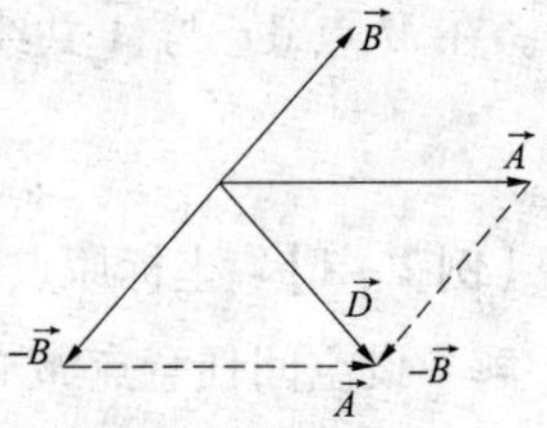

2.2.2 矢量减法

如图2-5所示，若$\vec{B}$为一矢量，则$-\vec{B}$为一个和$\vec{B}$大小相等但方向相反的矢量，故可定义矢量减法$\vec{A}-\vec{B}$为

图2-5 矢量减法

$$\vec{D}=\vec{A}+(-\vec{B}) \tag{2-6}$$

2.3 矢量的标积与矢积

2.3.1 矢量的数乘

矢量$\vec{A}$乘以标量k，得矢量$\vec{B}$，即

$$\vec{B}=k\vec{A} \tag{2-7}$$

显然，$\vec{B}$值等于$\vec{A}$值的$|k|$倍。当$k>0$时，$\vec{B}$与$\vec{A}$同向；当$k<0$时，$\vec{B}$与$\vec{A}$反向；当$|k|>1$时，$\vec{B}$的矢量比$\vec{A}$长；当$|k|<1$时，$\vec{B}$比$\vec{A}$短。若$\vec{B}$平行于$\vec{A}$，方向相同或相反，则称$\vec{B}$为相依矢量（dependent vector）。

2.3.2 矢量的标积

有两个矢量$\vec{A}$与$\vec{B}$，其夹角为θ（$0<\theta<\pi$），此两矢量的标积（又称为点积、内积）记为$\vec{A}\cdot\vec{B}$。它是一个标量，故又称数量积，它是矢量$\vec{A}$和$\vec{B}$的大小和它们之间夹角的余弦之积，即

$$\vec{A}\cdot\vec{B}=|\vec{A}||\vec{B}|\cos\theta \qquad (2-8)$$

在直角坐标系中，若矢量 $\vec{A}$ 的坐标分量为（A_x，A_y，A_z），矢量 $\vec{B}$ 的坐标分量为（B_x，B_y，B_z），则矢量 $\vec{A}$ 与矢量 $\vec{B}$ 的点积定义为

$$\vec{A}\cdot\vec{B}=A_xB_x+A_yB_y+A_zB_z \qquad (2-9)$$

显然，矢量的点积满足如下关系

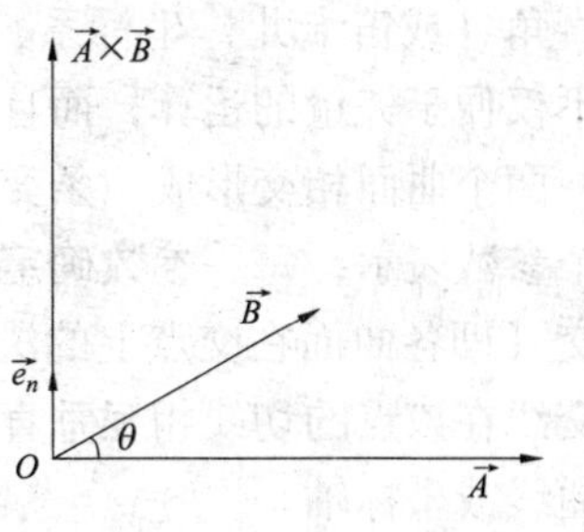

图 2-6 矢量的叉积

$$\vec{A}\cdot\vec{B}=\vec{B}\cdot\vec{A} \qquad (2-10)$$

$$\vec{A}\cdot(\vec{B}+\vec{C})=\vec{A}\cdot\vec{B}+\vec{A}\cdot\vec{C} \qquad (2-11)$$

2.3.3 矢量的矢积

两个矢量的矢积（又称叉积、外积）记为 $\vec{A}\times\vec{B}$，如图 2-6 所示。它是一个矢量，垂直于包含矢量 $\vec{A}$ 和矢量 $\vec{B}$ 的平面，其方向遵循右手螺旋法则。如图 2-7 所示，当右手食指指向 $\vec{A}$ 的方向，中指指向 $\vec{B}$ 的方向，矢量 $\vec{A}$ 到 $\vec{B}$ 旋转 θ 角时大拇指的指向即为矢积的方向，其值等于 $\vec{A}$、$\vec{B}$ 两矢量的大小与它们之间较小夹角的正弦之积，即

$$\vec{C}=\vec{A}\times\vec{B}=\vec{e}_n|\vec{A}||\vec{B}|\sin\theta \qquad (2-12)$$

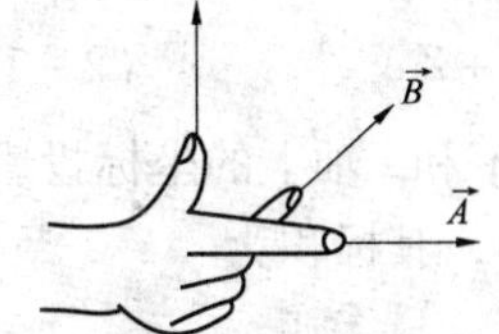

图 2-7 右手法则

式中：$\vec{e}_n$ 是叉积方向的单位矢量。

矢积不服从交换律

$$\vec{A}\times\vec{B}=-\vec{B}\times\vec{A} \qquad (2-13)$$

但服从分配率（又称结合律）

$$\vec{A}\times(\vec{B}+\vec{C})=\vec{A}\times\vec{B}+\vec{A}\times\vec{C} \qquad (2-14)$$

2.3.4 标三重积和矢三重积

$\vec{A}$、$\vec{B}$ 和 $\vec{C}$ 三个矢量的标三重积（scalar triple product）为一标量，其计算为

$$\vec{C}\cdot(\vec{A}\times\vec{B})=|\vec{A}||\vec{B}||\vec{C}|\sin\theta\cos\phi \qquad (2-15)$$

如图 2-8 所示，若三个矢量代表一个平行六面体的边，则标三重积是六面体的体积。由式（2-15）可知，三个共面矢量的标三重积为零。

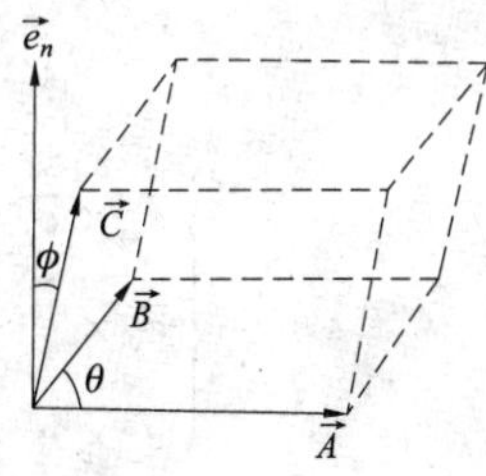

图 2-8 标三重积

标三重积满足结合律，故式（2-15）也可写成

$$\vec{C}\cdot(\vec{A}\times\vec{B})=\vec{A}\cdot(\vec{B}\times\vec{C})=\vec{B}\cdot(\vec{C}\times\vec{A}) \qquad (2-16)$$

$\vec{A}$、$\vec{B}$ 和 $\vec{C}$ 三个矢量的矢三重积（vector triple product）为一矢量，记为 $\vec{A}\times(\vec{B}\times\vec{C})$。矢三重积不满足结合律，即

$$\vec{A}\times(\vec{B}\times\vec{C})\neq(\vec{A}\times\vec{B})\times\vec{C} \qquad (2-17)$$

2.4 常用坐标系中的矢量场

从数学上来看，矢量可分解成沿三个互相正交（垂直）方向的分量来处理。一般常采

用直角（或笛卡儿）坐标系、圆柱（圆）坐标系和球坐标系三种正交坐标系。这三种坐标系不仅便于矢量的运算，而且相互关联。

两个曲面相交形成一条交线，三个曲面相交可以得到一个交点，故空间某点的坐标可用三个参数表示，每一参数确定一个坐标曲面。若在空间任一点上，三个相交的坐标曲面相互正交（即各曲面在交点上的法线相互垂直），则坐标曲面的三条交线在该点也相互正交（即各交线在该点的切线相互垂直）。这样构成的坐标系称为正交曲线坐标系，这些曲线称为坐标曲线或坐标轴。

2.4.1 直角坐标系

如图 2-9 所示，直角坐标系由三条互相正交的直线形成，此三直线称为 x、y 和 z 轴，三轴线的交点是原点 O。三个坐标变量的值域分别为

$$-\infty < x < +\infty,\quad -\infty < y < +\infty,\quad -\infty < z < +\infty$$

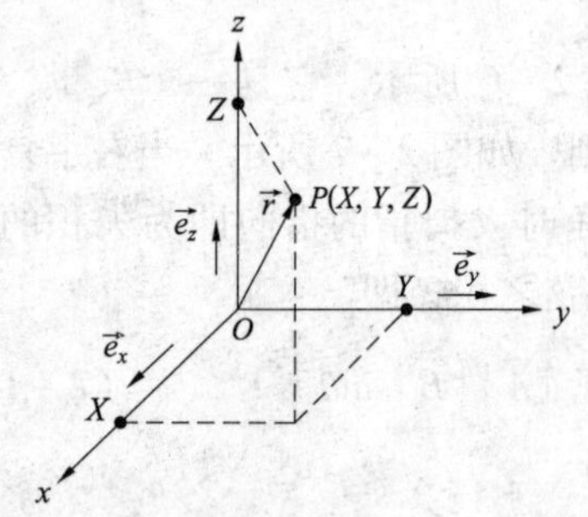

图 2-9 直角坐标系中一点的投影

用单位矢量 $\vec{e}_x$、$\vec{e}_y$ 和 $\vec{e}_z$ 表征矢量分别沿 x、y 和 z 轴分量的方向。空间的一点 $P(X,Y,Z)$ 能够用它在三轴线上的投影唯一地被确定。位置矢量（position vector, 简称位矢）$\vec{r}$ 是一个从原点指向点 P 的矢量，能够用它的分量表示为

$$\vec{r} = X\vec{e}_x + Y\vec{e}_y + Z\vec{e}_z \tag{2-18}$$

此处 X、Y 和 Z 是 $\vec{r}$ 在 x、y 和 z 轴上的坐标投影。由于三个单位矢量互相正交，其标积为

$$\begin{cases} \vec{e}_x \cdot \vec{e}_x = 1, \vec{e}_y \cdot \vec{e}_y = 1, \vec{e}_z \cdot \vec{e}_z = 1 \\ \vec{e}_x \cdot \vec{e}_y = 0, \vec{e}_y \cdot \vec{e}_z = 0, \vec{e}_z \cdot \vec{e}_x = 0 \end{cases} \tag{2-19}$$

其单位矢量的矢积为

$$\begin{cases} \vec{e}_x \times \vec{e}_y = \vec{e}_z \\ \vec{e}_y \times \vec{e}_z = \vec{e}_x \\ \vec{e}_z \times \vec{e}_x = \vec{e}_y \end{cases} \tag{2-20}$$

$$\begin{cases} \vec{e}_x \times \vec{e}_x = 0 \\ \vec{e}_y \times \vec{e}_y = 0 \\ \vec{e}_z \times \vec{e}_z = 0 \end{cases} \tag{2-21}$$

2.4.2 圆柱坐标系

如图 2-10 所示，圆柱坐标系的三个坐标变量为 ρ、ϕ 和 z，其值域分别为

$$0 \leqslant \rho < \infty,\quad 0 \leqslant \phi < 2\pi,\quad -\infty < z < +\infty$$

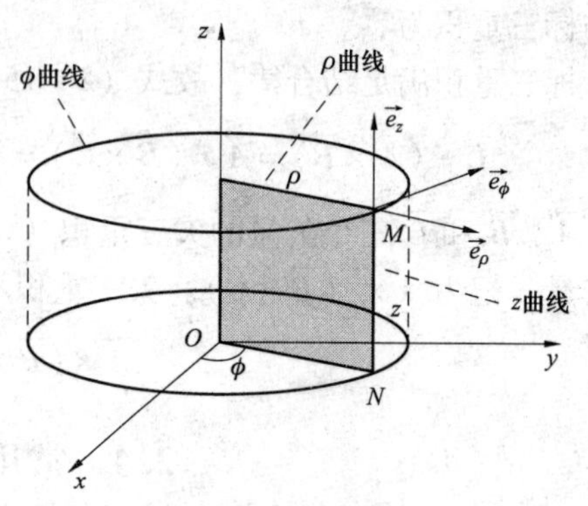

图 2-10 圆柱坐标系

圆柱坐标系的单位坐标矢量为 $\vec{e}_\rho$、$\vec{e}_\phi$、$\vec{e}_z$，其主要特点为三个单位坐标矢量之间遵循右手螺旋法则。其中，除 $\vec{e}_z$ 是常矢量外，$\vec{e}_\rho$、$\vec{e}_\phi$ 均为

变矢量，方向均随点 M 的位置改变。若空间任意点 M 在三个坐标轴上的坐标分量为 ρ_0、ϕ_0 和 z_0，则点 M 即为 $\rho=\rho_0$ 的圆柱面、$\phi=\phi_0$ 的半平面与 $z=z_0$ 的平面的交点。

在圆柱坐标系中，任意矢量均可用这三个单位矢量写成分量形式

$$\vec{A}=A_\rho\vec{e}_\rho+A_\phi\vec{e}_\phi+A_z\vec{e}_z \tag{2-22}$$

式中：A_ρ、A_ϕ、A_z 分别是矢量 $\vec{A}$ 在 $\vec{e}_\rho$、$\vec{e}_\phi$、$\vec{e}_z$方向上的投影。

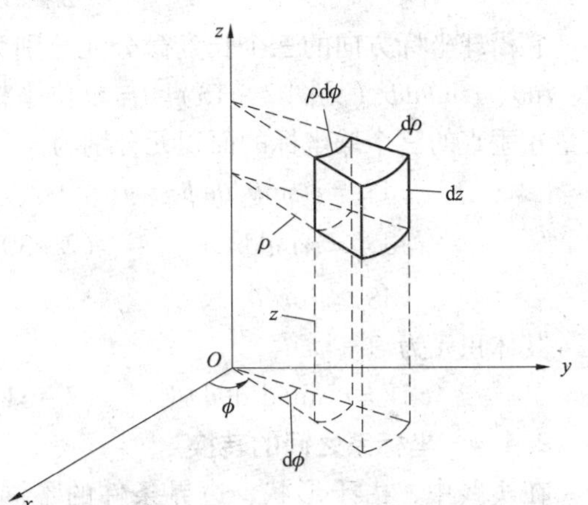

图 2-11 圆柱坐标系的微分元

在圆柱坐标系中，位置矢量可表示为

$$\vec{R}=\rho\vec{e}_\rho+z\vec{e}_z \tag{2-23}$$

位置矢量的微分为

$$\mathrm{d}\vec{R}=\mathrm{d}(\rho\vec{e}_\rho)+\mathrm{d}(z\vec{e}_z)=\vec{e}_\rho\mathrm{d}\rho+\vec{e}_\phi\rho\mathrm{d}\phi+\vec{e}_z\mathrm{d}z \tag{2-24}$$

它在 ρ、ϕ 和 z 增加方向的微分元分别为 $\mathrm{d}\rho$、$\rho\mathrm{d}\phi$ 和 $\mathrm{d}z$，如图 2-11 所示。而与单位坐标矢量相垂直的三个面积元分别为

$$\begin{cases}\mathrm{d}S_\rho=\rho\cdot\mathrm{d}\phi\cdot\mathrm{d}z\\ \mathrm{d}S_\phi=\mathrm{d}\rho\cdot\mathrm{d}z\\ \mathrm{d}S_z=\rho\cdot\mathrm{d}\rho\cdot\mathrm{d}\phi\end{cases} \tag{2-25}$$

其体积元为

$$\mathrm{d}V=\rho\cdot\mathrm{d}\rho\cdot\mathrm{d}\phi\cdot\mathrm{d}z \tag{2-26}$$

2.4.3 球坐标系

如图 2-12 所示，球坐标系的三个坐标变量为 r、θ 和 ϕ，其域值分别为

$$0\leqslant r<\infty,\ 0\leqslant\theta\leqslant\pi,\ 0\leqslant\phi\leqslant2\pi$$

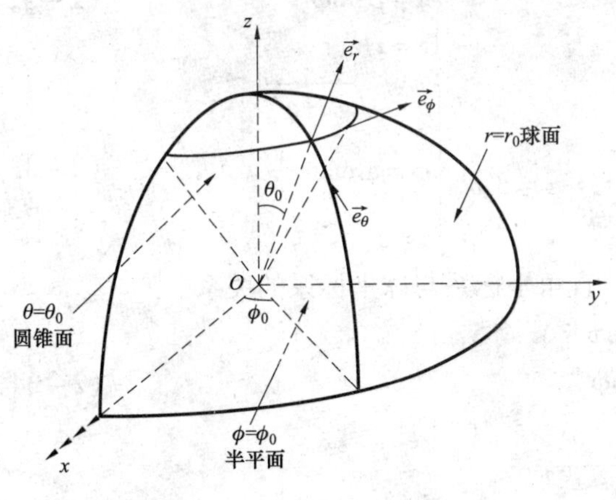

图 2-12 球坐标系

在球坐标系中，空间任一点 M 的单位坐标矢量为 $\vec{e}_r$、$\vec{e}_\theta$和 $\vec{e}_\phi$，其方向分别为 r、θ 和 ϕ 增加的方向，且符合右手螺旋法则，$\vec{e}_r$、$\vec{e}_\theta$和 $\vec{e}_\phi$均为变矢量，方向随点 M 的位置改变。

若空间任意点 M 在三个坐标轴上的坐标分量为（r_0，θ_0，ϕ_0），则点 M 即为如下三个坐标曲面的交点：$r=r_0$ 的球面，其中心为原点，半径为 r_0；$\theta=\theta_0$ 的圆锥面，其顶点为原点，轴线为 z 轴，张角为 θ_0；$\phi=\phi_0$ 的半平面，以 z 轴为界，与 Oxz 平面成 ϕ_0 夹角。

在球坐标系中，任意矢量的分量形式为

$$\vec{A}=A_r\vec{e}_r+A_\theta\vec{e}_\theta+A_\phi\vec{e}_\phi \tag{2-27}$$

式中：A_r、A_θ、A_ϕ 分别是矢量 $\vec{A}$ 在 $\vec{e}_r$、$\vec{e}_\theta$、$\vec{e}_\phi$方向上的投影。

在球坐标系中的位置矢量为

$$\vec{R} = r\vec{e}_r \tag{2-28}$$

其微分元可表示为

$$d\vec{R} = d(r\vec{e}_r) = \vec{e}_r dr + \vec{e}_\theta r d\theta + \vec{e}_\phi r\sin\theta d\phi \tag{2-29}$$

它沿球坐标方向的三个长度微分元分别为 dr、$rd\theta$、$r\sin\theta d\phi$（见图 2－13）。与单位坐标矢量相垂直的三个球坐标的面积元分别为

$$\begin{cases} dS_r = r^2\sin\theta d\theta d\phi \\ dS_\theta = r\sin\theta dr d\phi \\ dS_\phi = r dr d\theta \end{cases} \tag{2-30}$$

其体积元为

$$dV = r^2\sin\theta dr d\theta d\phi \tag{2-31}$$

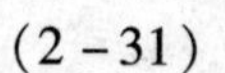

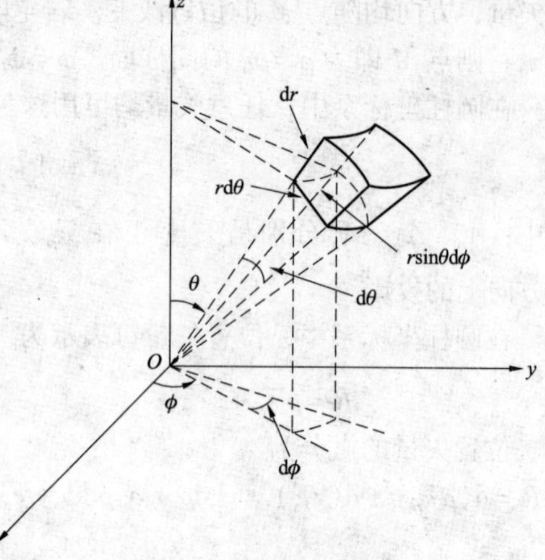

图 2－13　球坐标系的微分元

2.4.4　坐标系之间的转换

在实践中，由于形状、边界条件的不同，空间中同一点可能需要不同的坐标系，如图2－14所示。对于空间任一点 M，它的直角坐标系的坐标分量是（x，y，z），圆柱坐标系的坐标分量是（ρ，ϕ，z），球坐标系的坐标分量是（r，θ，ϕ）。因此需进行不同坐标系之间的转换。

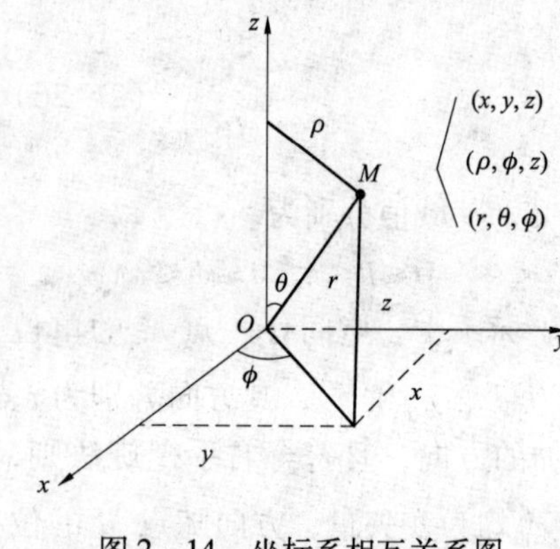

图 2－14　坐标系相互关系图

由图 2－14 所示的各坐标分量之间的关系，可导出：

（1）直角坐标系与圆柱坐标系的关系

$$\begin{cases} x = \rho\cos\phi \\ y = \rho\sin\phi \\ z = z \end{cases} \tag{2-32}$$

$$\begin{cases} \rho = \sqrt{x^2 + y^2} \\ \phi = \arctan\dfrac{y}{x} \\ z = z \end{cases} \tag{2-33}$$

（2）直角坐标系与球坐标系的关系

$$\begin{cases} x = r\sin\theta\cos\phi \\ y = r\sin\theta\sin\phi \\ z = r\cos\theta \end{cases} \tag{2-34}$$

$$\begin{cases} r = \sqrt{x^2 + y^2 + z^2} \\ \theta = \arccos\dfrac{z}{\sqrt{x^2 + y^2 + z^2}} \\ \phi = \arctan\dfrac{y}{x} \end{cases} \tag{2-35}$$

（3）圆柱坐标系与球坐标系的关系

$$\begin{cases}\rho = r\sin\theta \\ \phi = \phi \\ z = r\cos\theta\end{cases} \tag{2-36}$$

$$\begin{cases}r = \sqrt{\rho^2 + z^2} \\ \theta = \arccos\dfrac{z}{\sqrt{\rho^2 + z^2}} \\ \phi = \phi\end{cases} \tag{2-37}$$

根据以上各坐标系间共同的单位矢量关系，可导出各坐标系单位坐标矢量间的关系。显然，由于直角坐标系的三个单位矢量都是常矢量，因此在实际应用中（例如矢量微积分运算）常需用它的三个单位矢量来表示圆柱坐标系和球坐标系下的单位矢量，使运算得以简化。

设空间中任意一点 M 的直角坐标系的单位坐标矢量为（$\vec{e}_x$、$\vec{e}_y$、$\vec{e}_z$），该点在圆柱坐标系和球坐标系中的单位坐标矢量分别为（$\vec{e}_\rho$、$\vec{e}_\phi$、$\vec{e}_z$）和（$\vec{e}_r$、$\vec{e}_\theta$、$\vec{e}_\phi$），则其单位坐标矢量间的关系为：

（1）直角坐标系与圆柱坐标系

$$\begin{cases}\vec{e}_\rho = \vec{e}_x\cos\phi + \vec{e}_y\sin\phi \\ \vec{e}_\phi = -\vec{e}_x\sin\phi + \vec{e}_y\cos\phi \\ \vec{e}_z = \vec{e}_z\end{cases} \tag{2-38}$$

$$\begin{cases}\vec{e}_x = \vec{e}_\rho\cos\phi - \vec{e}_\phi\cos\phi \\ \vec{e}_y = \vec{e}_\rho\cos\phi + \vec{e}_\phi\cos\phi \\ \vec{e}_z = \vec{e}_z\end{cases} \tag{2-39}$$

（2）直角坐标系与球坐标系

$$\begin{cases}\vec{e}_r = \vec{e}_x\sin\theta\cos\phi + \vec{e}_y\sin\theta\sin\phi + \vec{e}_z\cos\theta \\ \vec{e}_\theta = \vec{e}_x\cos\theta\cos\phi + \vec{e}_y\cos\theta\sin\phi - \vec{e}_z\sin\theta \\ \vec{e}_\phi = -\vec{e}_x\sin\phi + \vec{e}_y\cos\phi\end{cases} \tag{2-40}$$

$$\begin{cases}\vec{e}_x = \vec{e}_r\sin\theta\cos\phi + \vec{e}_\theta\cos\theta\cos\phi - \vec{e}_\phi\sin\phi \\ \vec{e}_y = \vec{e}_r\sin\theta\sin\phi + \vec{e}_\theta\cos\theta\sin\phi + \vec{e}_\phi\cos\phi \\ \vec{e}_z = \vec{e}_r\cos\theta - \vec{e}_\theta\sin\theta\end{cases} \tag{2-41}$$

2.5　标量场的方向导数与梯度

2.5.1　标量场的等值面

在标量场中，各点的场量是随空间位置变化的标量。因此，一个标量场 u 可以用一个标量函数来表示。在实践中，往往需要描述物理量在空间的分布状况，考察场中物理量具有相同值的点，故需引入等值面的概念。在标量场中，使标量函数 $u(x,y,z)$ 具有相同值的点构成一个空间曲面，称为标量场的等值面。对任意给定的常数 C，等值面方程为

$$u(x,y,z)=C$$

此方程具有如下特点：

（1）常数 C 取一系列不同的值，就得到一系列不同的等值面，形成等值面族（见图 2－15）。

（2）若 $M_0(x_0,y_0,z_0)$ 是标量场中的任一点，则曲面 $u(x,y,z)=u(x_0,y_0,z_0)$ 是通过该点的等值面，故标量场的等值面充满场所在的整个空间。

（3）由于标量函数 $u(x,y,z)$ 为单值的，一个点只能在一个等值面上，故标量场的等值面互不相交。

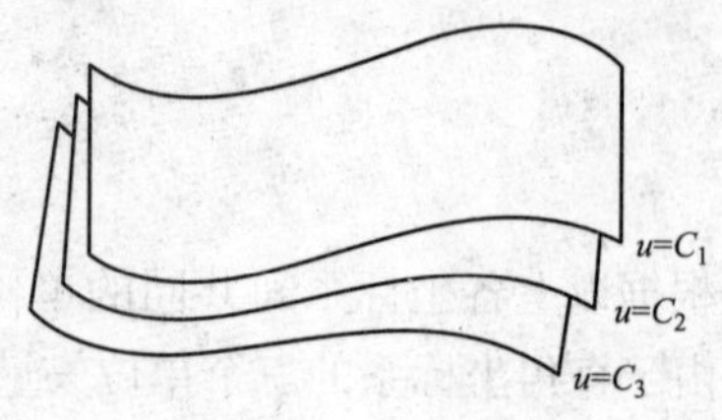

图 2－15　等值面族

2.5.2　标量场的方向导数

标量场 $u(x,y,z)$ 的等值面只描述了场量 u 的分布状况，标量场中各点标量的大小如果不等，则标量沿着各个方向的变化率可能不同。为了描述标量场的这种变化特性，需引入方向导数来表征标量场自该点沿某一方向上的变化率。

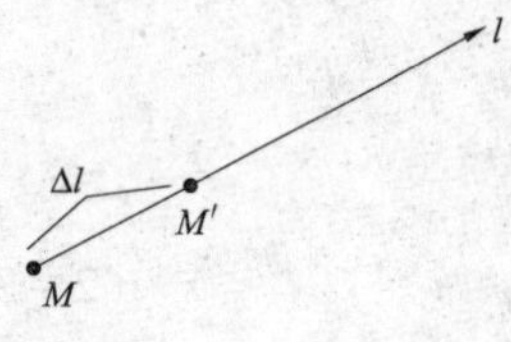

图 2－16　方向导数

如图 2－16 所示，设 M 为标量场 $u(M)$ 中的一点，从 M 出发引一射线 l，M' 是射线 l 上的动点，该点到 M 的距离为 Δl。当 $\Delta l\to 0$ 时，若比值 $\dfrac{u(M')-u(M)}{\Delta l}$ 的极限存在，则称此极限为标量场 $u(M)$ 在点 M 处沿方向 l 的方向导数，记作

$$\left.\frac{\partial u}{\partial l}\right|_M=\lim_{\Delta l\to 0}\frac{u(M')-u(M)}{\Delta l} \tag{2-42}$$

在直角坐标系中，方向导数可表示为

$$\frac{\partial u}{\partial l}=\frac{\partial u}{\partial x}\frac{\partial x}{\partial l}+\frac{\partial u}{\partial y}\frac{\partial y}{\partial l}+\frac{\partial u}{\partial z}\frac{\partial z}{\partial l} \tag{2-43}$$

方向导数的定义与坐标系无关，但其具体计算公式与坐标系有关。在直角坐标系中，设 $\cos\alpha$、$\cos\beta$、$\cos\gamma$ 是方向 l 的方向余弦，即

$$\frac{\partial x}{\partial l}=\cos\alpha,\ \frac{\partial y}{\partial l}=\cos\beta,\ \frac{\partial z}{\partial l}=\cos\gamma$$

由复合函数求导法则，导出直角坐标系中方向导数的计算式为

$$\frac{\partial u}{\partial l}=\frac{\partial u}{\partial x}\cos\alpha+\frac{\partial u}{\partial y}\cos\beta+\frac{\partial u}{\partial z}\cos\gamma \tag{2-44}$$

由此可见，方向导数与方向 l 的选择密切相关，它是描述标量场在空间变化规律的重要物理量。

2.5.3　标量场的梯度

2.5.3.1　梯度（gradient）的概念

如图 2－17 所示，在标量场 $u(x,y,z)$ 中，点 M 处沿不同方向的变化率是不同的，存在变化率最大的某个方向 l_n。梯度是指方向为沿场量 u 变化率最大的方向、大小等于其最大变化率的矢量，即

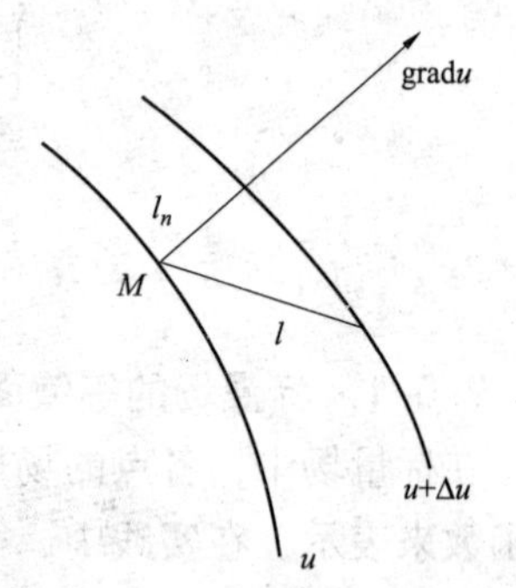

图 2－17　u 沿不同方向的变化

$$\mathrm{grad}u=\vec{e}_n\left.\frac{\partial u}{\partial l}\right|_{\max} \tag{2-45}$$

式中：$\vec{e}_n$为标量场 $u(x,y,z)$ 变化率最大的方向上的单位矢量。

在直角坐标系中，l 方向的单位矢量 $\vec{e}_n$为

$$\vec{e}_n = \vec{e}_x\cos\alpha + \vec{e}_y\cos\beta + \vec{e}_z\cos\gamma \tag{2-46}$$

则标量场 u 沿方向 l 的方向导数为

$$\begin{aligned}\frac{\partial u}{\partial l} &= \frac{\partial u}{\partial x}\frac{\partial x}{\partial l} + \frac{\partial u}{\partial y}\frac{\partial y}{\partial l} + \frac{\partial u}{\partial z}\frac{\partial z}{\partial l}\\ &= \left(\vec{e}_x\frac{\partial u}{\partial x} + \vec{e}_y\frac{\partial u}{\partial y} + \vec{e}_z\frac{\partial u}{\partial z}\right)\cdot\left(\vec{e}_x\frac{\partial x}{\partial l} + \vec{e}_y\frac{\partial y}{\partial l} + \vec{e}_z\frac{\partial z}{\partial l}\right)\\ &= \left(\vec{e}_x\frac{\partial u}{\partial x} + \vec{e}_y\frac{\partial u}{\partial y} + \vec{e}_z\frac{\partial u}{\partial z}\right)\cdot(\vec{e}_x\cos\alpha + \vec{e}_y\cos\beta + \vec{e}_z\cos\gamma)\\ &= \vec{G}\cdot\vec{e}_n = |\vec{G}|\cos(\vec{G},\vec{e}_n)\end{aligned} \tag{2-47}$$

式中：$\vec{G}$ 为标量场 $u(x,y,z)$ 在给定点的梯度，它是一个与方向 l 无关的矢量。

由式（2-47）可知，当 $\vec{e}_n$的方向与梯度 $\vec{G}$ 的方向一致时，方向导数$\left.\frac{\partial u}{\partial l}\right|_M$ 具有最大值。梯度在直角坐标系中的表达式为

$$\vec{G} = \mathrm{grad}u = \vec{e}_x\frac{\partial u}{\partial x} + \vec{e}_y\frac{\partial u}{\partial y} + \vec{e}_z\frac{\partial u}{\partial z} \tag{2-48}$$

显然，仅当方向 l 与矢量 $\vec{G}$ 的方向一致时，式（2-47）可取最大值，此值即矢量 $\vec{G}$ 的模$|\vec{G}|$。

2.5.3.2 梯度的性质

梯度的主要性质有：

(1) 一个函数在某点任意方向的方向导数等于此函数的梯度与该方向单位矢量的标积。

(2) $\vec{G}$ 的方向 l 指向 u 增大的方向，即垂直于给定函数等值面的方向导数最大的方向。

(3) $\vec{G}$ 的模$|\vec{G}|$等于上述最大方向导数值。

若引入算子 ∇（读作 Del）表示矢量

$$\nabla = \vec{e}_x\frac{\partial}{\partial x} + \vec{e}_y\frac{\partial}{\partial y} + \vec{e}_z\frac{\partial}{\partial z}$$

则梯度可表示为

$$\nabla\varphi = \vec{e}_x\frac{\partial\varphi}{\partial x} + \vec{e}_y\frac{\partial\varphi}{\partial y} + \vec{e}_z\frac{\partial\varphi}{\partial z}$$

方向导数可表示为

$$\frac{\partial\varphi}{\partial l} = \nabla\varphi\cdot\vec{e}_l$$

圆柱坐标系中梯度的表达式为

$$\mathrm{grad}u = \vec{e}_\rho\frac{\partial u}{\partial\rho} + \frac{\vec{e}_\phi}{\rho}\frac{\partial u}{\partial\phi} + \vec{e}_z\frac{\partial u}{\partial z} \tag{2-49}$$

球坐标系中梯度的表达式为

$$\mathrm{grad}u = \vec{e}_r\frac{\partial u}{\partial r} + \frac{\vec{e}_\theta}{r}\frac{\partial u}{\partial \theta} + \frac{\vec{e}_\phi}{r\sin\theta}\frac{\partial u}{\partial \phi} \tag{2-50}$$

根据式（2-48），梯度又可变形为

$$\mathrm{grad}u = \left(\vec{e}_x\frac{\partial}{\partial x} + \vec{e}_y\frac{\partial}{\partial y} + \vec{e}_z\frac{\partial}{\partial z}\right)u = \nabla u \tag{2-51}$$

2.5.3.3 梯度的基本运算公式

梯度的运算法则与一般函数求导数的法则类似，即

$$\nabla C = 0 \tag{2-52}$$

$$\nabla(Cu) = C\,\nabla u \tag{2-53}$$

$$\nabla(u+v) = \nabla u + \nabla v \tag{2-54}$$

$$\nabla(uv) = v\,\nabla u + u\,\nabla v \tag{2-55}$$

$$\nabla(u/v) = (v\,\nabla u - u\,\nabla v)/v^2 \tag{2-56}$$

$$\nabla f(u) = f'(u)\nabla u \tag{2-57}$$

【例 2-2】 求一个二维标量场 $u = y^2 - x$ 的等值线方程和梯度 ∇u。

解 等值线方程为 $y^2 - x = C$（C 为任意常数）

梯度 $$\nabla u = \vec{e}_x\frac{\partial u}{\partial x} + \vec{e}_y\frac{\partial u}{\partial y} + \vec{e}_z\frac{\partial u}{\partial z} = -\vec{e}_x + 2y\vec{e}_y$$

【例 2-3】 求函数 $u = \sqrt{x^2+y^2+z^2}$ 在点 $M(1,0,1)$ 沿 $\vec{l} = \vec{e}_x + 2\vec{e}_y + 2\vec{e}_z$ 方向的方向导数。

解

$$\frac{\partial u}{\partial x} = \frac{x}{\sqrt{x^2+y^2+z^2}}$$

$$\frac{\partial u}{\partial y} = \frac{y}{\sqrt{x^2+y^2+z^2}}$$

$$\frac{\partial u}{\partial z} = \frac{z}{\sqrt{x^2+y^2+z^2}}$$

在点 $M(1,0,1)$，$\frac{\partial u}{\partial x} = \frac{1}{\sqrt{2}}, \frac{\partial u}{\partial y} = 0, \frac{\partial u}{\partial z} = \frac{1}{\sqrt{2}}$

$$\vec{l}_n = \frac{\vec{l}}{|\vec{l}|} = \frac{1}{\sqrt{1^2+2^2+2^2}}(\vec{e}_x + 2\vec{e}_y + 2\vec{e}_z) = \frac{1}{3}\vec{e}_x + \frac{2}{3}\vec{e}_y + \frac{2}{3}\vec{e}_z$$

$$\cos\alpha = \frac{1}{3},\ \cos\beta = \frac{2}{3},\ \cos\gamma = \frac{2}{3}$$

$$\left.\frac{\partial u}{\partial l}\right|_M = \left.\frac{\partial u}{\partial x}\right|_M\cos\alpha + \left.\frac{\partial u}{\partial y}\right|_M\cos\beta + \left.\frac{\partial u}{\partial z}\right|_M\cos\gamma = \frac{1}{\sqrt{2}}\times\frac{1}{3} + \frac{1}{\sqrt{2}}\times\frac{2}{3} = \frac{1}{\sqrt{2}}$$

2.6 矢量场的通量与散度

矢量场在空间中的分布形态多种多样，对矢量场的研究需要讨论场在空间中的分布形态和场对源的依赖关系。为分析矢量场在空间中的分布规律和场源的关系，需要引入矢量场的通量和散度的概念。

2.6.1 通量的定义

如图2-18所示，若 S 为一空间曲面，$\mathrm{d}S$ 为曲面 S 上的面积元，取一个与此面积元相垂直的单位矢量 $\vec{e}_n$，则称矢量 $\mathrm{d}\vec{S}=\vec{e}_n\mathrm{d}S$ 为面积元矢量。当 $\mathrm{d}S$ 为开曲面上的一个面积元时，$\vec{e}_n$ 的取法要求围成开曲面的边界走向与 $\vec{e}_n$ 之间满足右手螺旋法则；当 $\mathrm{d}S$ 为闭合面上的一个面积元时，$\vec{e}_n$ 一般取外法线方向。

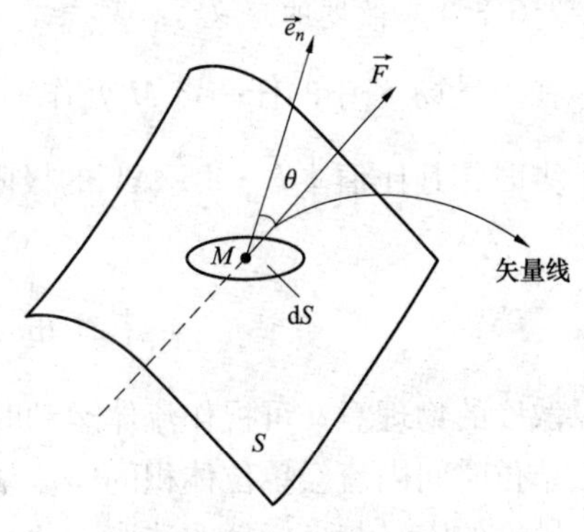

图2-18 矢量场的通量

若在矢量场 $\vec{F}$ 中，任取一个面积元矢量 $\mathrm{d}\vec{S}$，则矢量 $\vec{F}$ 与 $\mathrm{d}\vec{S}$ 的标量积 $\vec{F}\cdot\mathrm{d}\vec{S}$ 即为矢量 $\vec{F}$ 穿过面积元矢量 $\mathrm{d}\vec{S}$ 的通量。

矢量 $\vec{F}$ 穿过开曲面 S 的通量定义为

$$\int_S\vec{F}\cdot\mathrm{d}\vec{S}=\int_S\vec{F}\cdot\vec{e}_n\mathrm{d}S=\int_S|\vec{F}|\cos\theta\mathrm{d}S \tag{2-58}$$

矢量 $\vec{F}$ 穿过闭曲面 S 的通量定义为

$$\oint_S\vec{F}\cdot\mathrm{d}\vec{S}=\oint_S\vec{F}\cdot\vec{e}_n\mathrm{d}S=\oint_S|\vec{F}|\cos\theta\mathrm{d}S \tag{2-59}$$

我们可以把矢量场的通量直观地理解为流体的流量，当流体在某范围内流动时，其速度 $\vec{v}$ 确定了一个速度矢量场，$\vec{v}$ 穿过某面积的通量，就表示单位时间内穿过此面积的流体体积，亦即穿过此面积的流量，表示为 $\psi=\int_S\vec{v}\cdot\mathrm{d}\vec{S}$。

2.6.2 通量的特性

（1）通量的正负与面积元法线矢量方向的选取有关。通过面积元 $\mathrm{d}S$ 的通量元 $\mathrm{d}\psi=F\cdot\vec{e}_n\mathrm{d}S=|\vec{F}|\cos\theta\mathrm{d}S>0$ 或 <0，在本书中指定由凹面指向凸面为 n 的正方向。

（2）通量可以定性地认为是穿过曲面 S 的矢量线总数。通量可以叠加，$\vec{F}$ 可称为通量面密度矢量，它的模 $|\vec{F}|$ 等于在某点与 $\vec{F}$ 垂直的单位面积上穿过的矢量线的数目。

（3）对于闭合曲面，以曲面 S 的外法线方向为面积元 $\mathrm{d}\vec{S}$ 的方向，通过闭合曲面 S 的总通量为 $\psi=\oint_S\vec{F}\cdot\mathrm{d}\vec{S}$，其中：

1）$\psi>0$，表示闭合曲面 S 的通量中穿出多于穿入，说明此闭合曲面 S 内有发出通量线的源，称为正源。例如，静电场中的正电荷就是发出电力线的正源。

2）$\psi<0$，表示闭合曲面 S 的通量中穿出少于穿入，说明此闭合曲面 S 内有接受通量线的源，称为负源。例如，静电场中的负电荷就是接受电力线的负源。

3）$\psi=0$，表示闭合曲面 S 的通量中穿入等于穿出，说明此闭合曲面 S 内正源与负源的代数和为零，称为无源。

2.6.3 散度

矢量场 $\vec{F}$ 通过闭合曲面 S 的通量，反映曲面所包围区域内场与源的关系，它只能说明场在该区域中总的情况。而散度（divergence）则表示场中每一点上场与源的关系，所以散度与通量的关系是局部和整体的关系。

2.6.3.1 散度的定义

在矢量场 $\vec{F}$ 中的任一点 M 处作一包围该点的任意封闭曲面 S，当 S 所限定的体积元 ΔV 趋于零时，其比值 $\oint_S \vec{F}\cdot \mathrm{d}\vec{S}/\Delta V$ 的极限就是矢量场 $\vec{F}$ 在点 M 处的散度，记作

$$\mathrm{div}\vec{F} = \lim_{\Delta V\to 0}\frac{\oint_S \vec{F}\cdot \mathrm{d}\vec{S}}{\Delta V} \tag{2-60}$$

散度的物理意义可视作流体运动时单位体积的改变率。对于流速场，就是指该流体在某一点单位时间内流经单位体积的净流量。

散度的定义与坐标系的选取无关，在空间任一点 M 上：

1）$\mathrm{div}\vec{F}>0$，表示该点有发出通量线的正源。

2）$\mathrm{div}\vec{F}<0$，表示该点有吸收通量线的负源。

3）$\mathrm{div}\vec{F}=0$，表示该点无源。若在某一区域内的所有点上，矢量场的散度均为 0，则称该区域内的矢量场为无源场。

4）$\mathrm{div}\vec{F}$ 表示在矢量场中给定点单位体积内散发出来的矢量 $\vec{F}$ 的通量，反映了矢量场 $\vec{F}$ 在该点的通量源密度。

5）矢量场 $\vec{F}$ 的散度为一标量场，通常称 $\mathrm{div}\vec{F}$ 为矢量场 $\vec{F}$ 所产生的散度场。矢量场 $\vec{F}$ 的散度可表示为哈密顿算子与矢量 $\vec{F}$ 的标量积，即

$$\mathrm{div}\vec{F} = \nabla\cdot\vec{F} \tag{2-61}$$

2.6.3.2 散度在直角坐标系中的表达式

设某矢量场为 $\vec{F}=\vec{e}_xF_x+\vec{e}_yF_y+\vec{e}_zF_z$，则由散度的定义式可知，该矢量场 $\vec{F}$ 的散度为它在直角坐标系中三个分量分别向坐标变量的偏导数之和，即

$$\mathrm{div}\vec{F} = \frac{\partial F_x}{\partial x}+\frac{\partial F_y}{\partial y}+\frac{\partial F_z}{\partial z}=\nabla\cdot\vec{F} \tag{2-62}$$

一个矢量函数的散度为标量函数。

2.6.3.3 散度的基本公式

$$\nabla\cdot C=0 \tag{2-63}$$

$$\nabla\cdot(C\vec{F})=C\,\nabla\cdot\vec{F} \tag{2-64}$$

$$\nabla\cdot(\vec{F}\pm\vec{G})=\nabla\cdot\vec{F}\pm\nabla\cdot\vec{G} \tag{2-65}$$

$$\nabla\cdot(u\vec{F})=u\,\nabla\cdot\vec{F}+\vec{F}\cdot\nabla u \tag{2-66}$$

2.6.3.4 散度在圆柱坐标系和球坐标系中的计算式

对于圆柱坐标系中的矢量 $\vec{F}=\vec{e}_\rho F_\rho+\vec{e}_\phi F_\phi+\vec{e}_zF_z$，其散度计算式为

$$\nabla\cdot\vec{F}=\frac{1}{\rho}\cdot\frac{\partial}{\partial\rho}(\rho F_\rho)+\frac{1}{\rho}\cdot\frac{\partial F_\phi}{\partial\phi}+\frac{\partial F_z}{\partial z} \tag{2-67}$$

对于球坐标系中的矢量 $\vec{F}=\vec{e}_rF_r+\vec{e}_\theta F_\theta+\vec{e}_\phi F_\phi$，其散度计算式为

$$\nabla\cdot\vec{F}=\frac{1}{r^2\sin\theta}\left[\frac{\partial}{\partial r}(r^2\sin\theta F_r)+\frac{\partial}{\partial\theta}(r\sin\theta F_\theta)+\frac{\partial}{\partial\phi}(rF_\phi)\right] \tag{2-68}$$

2.6.4 高斯散度定理

高斯（Gauss）散度定理是指任何一个矢量 $\vec{F}$ 穿过任意闭合曲面 S 的通量，总可以表示为 $\vec{F}$ 的散度在该曲面所围体积 V 的积分，即

$$\int_V \nabla\cdot\vec{F}\mathrm{d}V = \oint_S \vec{F}_t\cdot\mathrm{d}S \tag{2-69}$$

它在高等数学中又称为奥—高公式。该定理适用于被封闭曲面 S 包围的任何体积 V。其中 dS 的方向总是取其外法线方向，即垂直于表面 dS 而从体积内指向体积外的方向。

散度定理建立了矢量场的散度体积分及其法向分量面积分的关系。它说明一个连续可微矢量场从封闭表面的净外向通量等于遍及该表面所包围区域的散度体积分。它广泛地应用于电磁场理论中将一个封闭面积分变换成等价的体积分，反之亦然。

【例 2-4】 有无穷长导线与 z 轴方向一致，通以电流 I 后，在导线周围产生磁场，它在点 $M(x,y,z)$ 处的磁场强度为 $\vec{H}=\dfrac{I}{2\pi r^2}(-y\vec{e}_x+x\vec{e}_x)$，式中 $r=\sqrt{x^2+y^2}$，求磁场强度的散度 $\mathrm{div}\vec{H}$。

解 因为 $\vec{H}=\dfrac{I}{2\pi r^2}(-y\vec{e}_x+x\vec{e}_x)$，根据散度在直角坐标系中的式（2-62）可知

$$\mathrm{div}\vec{H}=\frac{\partial H_x}{\partial x}+\frac{\partial H_y}{\partial y}+\frac{\partial H_z}{\partial z}$$

已知 $H_x=\dfrac{-Iy}{2\pi(x^2+y^2)}$，$H_y=\dfrac{Ix}{2\pi(x^2+y^2)}$，$H_z=0$，故

$$\frac{\partial H_x}{\partial x}=\frac{I}{2\pi}\frac{2xy}{(x^2+y^2)^2},\ \frac{\partial H_y}{\partial y}=\frac{I}{2\pi}\frac{(-2xy)}{(x^2+y^2)^2},\ \frac{\partial H_z}{\partial z}=0$$

可见，$\mathrm{div}\vec{H}=0$（其中 $r\neq 0$）。本例中，仅在 $r\to 0$ 处存在电流源。

2.7 矢量场的环量、旋度与斯托克斯定理

与通量和散度的关系一样，环量与旋度的关系也是整体与局部的关系。环量表示矢量场内漩涡源的分布情况，而旋度则表示矢量场中每点上的场与漩涡源之间的关系。

2.7.1 环量的概念

如图 2-19 所示，矢量场 $\vec{F}$ 环绕一闭合路径的线积分称为 $\vec{F}$ 的环量（circulation），表示为

$$\Gamma=\oint_C\vec{F}\cdot\mathrm{d}\vec{l}=\oint_C F\cos\theta\mathrm{d}l \tag{2-70}$$

式中：$\mathrm{d}\vec{l}$ 是曲线的线元矢量，其值为 dl，方向为沿路径 C 的切线方向；θ 是矢量场 $\vec{F}$ 与线元矢量 $\mathrm{d}\vec{l}$ 的夹角。

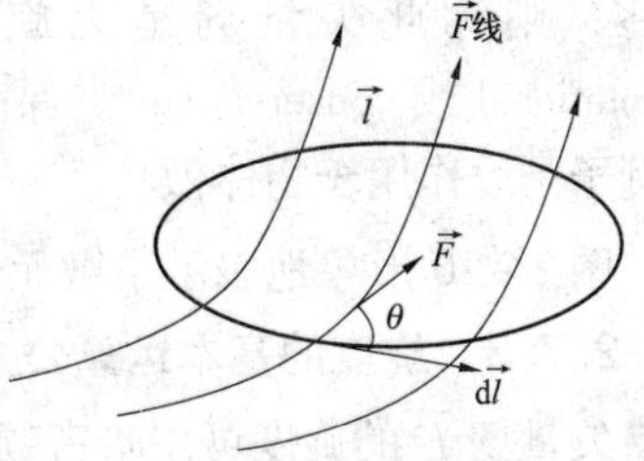

图 2-19 矢量的环量

环量是一个代数量，其值的正负不仅与矢量场的分布有关，而且与所取的积分环绕方向有关。环量与矢量场穿过闭合曲面的通量一样，都是描述矢量场性质的重要物理量。在通量

的论述中知，若矢量穿过闭合曲面的通量不为零，则表示该闭合曲面内存在通量源。同理，如果矢量沿闭合曲线的环流不为零，则表示闭合曲线内存在另一种源，即漩涡源。

环量的物理意义可以用流体来说明。流体的速度 $\vec{v}$ 可能有两种情况：一种是环流 $\oint_l \vec{v} \cdot \mathrm{d}l = 0$，说明沿闭合路径 l 没有漩涡流动；另一种是 $\oint_l \vec{v} \cdot \mathrm{d}l \neq 0$，说明流体沿闭合路径 l 有漩涡流动。

2.7.2 旋度的定义

在实际应用中，往往需要知道在矢量场内每个点附近的漩涡源的分布情况。为此，可以将闭合曲线收缩，使其包围的面积元 ΔS 趋于0，并求环流和面积元比值的极限，即

$$\lim_{\Delta S \to 0} \frac{\oint_C \vec{F} \cdot \mathrm{d}\vec{l}}{\Delta S}\Bigg|_{\max} \tag{2-71}$$

此极限即为环量（curl）的面密度。由于面积元是有方向的，它与闭合曲线的绕行方向遵循右手螺旋法则，故在给定点上，上述极限对不同的面积元是不同的，在某一确定的方向上，环流面密度取得最大值，为此引入旋度的定义，以符号 $\mathrm{rot}\vec{F}$ 表示矢量 $\vec{F}$ 的旋度矢量。该旋度矢量的方向是使矢量 $\vec{F}$ 具有最大环量强度的方向，其值等于对该矢量方向的最大环量强度，即

$$\mathrm{rot}\vec{F} = \vec{n} \lim_{\Delta S \to 0} \frac{\oint_C \vec{F} \cdot \mathrm{d}\vec{l}}{\Delta S}\Bigg|_{\max} \tag{2-72}$$

式中：$\vec{n}$ 为旋度方向上的单位矢量。

式（2-72）表明，矢量场的旋度值可以认为是包围单位面积的闭合曲线的最大环量，因此旋度代表了源的强度。显然，在产生漩涡场的源不存在的无源区中，旋度必然为零。

一个矢量场的旋度的物理意义是，它表示该矢量场每单位面积的环量，它是由环绕任意形状的小面积的线积分求得的，其方向为当面积的取向使得环量面密度为最大时，该面积的法线方向。若矢量场的旋度不为零，则称该矢量场是有旋的（rotational）；若矢量场的旋度为零，则称此矢量场是无旋的或保守的（irrotational 或 conservative）。保守场的一个普通例子是力作用于物体做功。

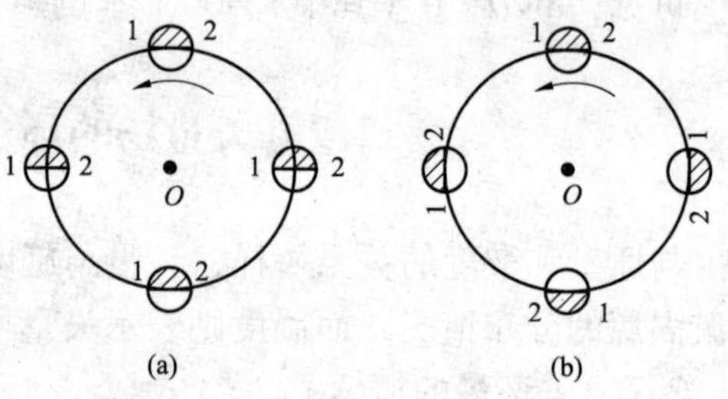

图 2-20 微元体的无旋和有旋运动模式
（a）无旋；（b）有旋

图 2-20 形象地表示了微元体无旋和有旋的运动模式。

2.7.3 旋度的基本运算公式

矢量场 $\vec{F}$ 的旋度可用哈密顿算子与矢量 $\vec{F}$ 的矢量积来表示

$$\mathrm{rot}\vec{F} = \nabla \times \vec{F} \tag{2-73}$$

故在直角坐标系中可表示为

$$\nabla \times \vec{F} = \left(\vec{e}_x \frac{\partial}{\partial x} + \vec{e}_y \frac{\partial}{\partial y} + \vec{e}_z \frac{\partial}{\partial z}\right) \times (\vec{e}_x F_x + \vec{e}_y F_y + \vec{e}_z F_z)$$

$$= \left(\frac{\partial F_z}{\partial y} - \frac{\partial F_y}{\partial z}\right)\vec{e}_x + \left(\frac{\partial F_x}{\partial z} - \frac{\partial F_z}{\partial x}\right)\vec{e}_y + \left(\frac{\partial F_y}{\partial x} - \frac{\partial F_x}{\partial y}\right)\vec{e}_z \tag{2-74}$$

其行列式为

$$\nabla\times\vec{F} = \begin{vmatrix} \vec{e}_x & \vec{e}_y & \vec{e}_z \\ \dfrac{\partial}{\partial x} & \dfrac{\partial}{\partial x} & \dfrac{\partial}{\partial x} \\ F_x & F_y & F_z \end{vmatrix} \tag{2-75}$$

同理，可推出圆柱坐标系和球坐标系的旋度计算式，分别为

$$\nabla\times\vec{F} = \left(\frac{1}{\rho}\frac{\partial F_z}{\partial\phi} - \frac{\partial F_\phi}{\partial z}\right)\vec{e}_\rho + \left(\frac{\partial F_\rho}{\partial z} - \frac{\partial F_z}{\partial\rho}\right)\vec{e}_\phi + \frac{1}{\rho}\left[\frac{\partial(\rho F_\phi)}{\partial\rho} - \frac{\partial F_\rho}{\partial\phi}\right]\vec{e}_z \tag{2-76}$$

$$\nabla\times\vec{F} = \frac{1}{r\sin\theta}\left[\frac{\partial}{\partial\theta}(\sin\theta F_\phi) - \frac{\partial F_\theta}{\partial\phi}\right]\vec{e}_r + \frac{1}{r}\left[\frac{1}{\sin\theta}\frac{\partial F_r}{\partial\phi} - \frac{\partial}{\partial r}(rF_\phi)\right]\vec{e}_\theta + \frac{1}{r}\left[\frac{\partial}{\partial r}(rF_\theta) - \frac{\partial F_r}{\partial\theta}\right]\vec{e}_\phi \tag{2-77}$$

其相应的行列式分别为

$$\nabla\times\vec{F} = \frac{1}{\rho}\begin{vmatrix} \vec{e}_\rho & \rho\vec{e}_\phi & \vec{e}_z \\ \dfrac{\partial}{\partial\rho} & \dfrac{\partial}{\partial\phi} & \dfrac{\partial}{\partial z} \\ F_\rho & \rho F_\phi & F_z \end{vmatrix} \tag{2-78}$$

$$\nabla\times\vec{F} = \frac{1}{r^2\sin\theta}\begin{vmatrix} \vec{e}_r & r\vec{e}_\theta & r\sin\theta\vec{e}_\phi \\ \dfrac{\partial}{\partial r} & \dfrac{\partial}{\partial\theta} & \dfrac{\partial}{\partial\phi} \\ F_r & rF_\theta & r\sin\theta F_\phi \end{vmatrix} \tag{2-79}$$

旋度运算符合下列运算规则

$$\nabla\times C = 0 \tag{2-80}$$

$$\nabla\times(k\vec{F}) = k\,\nabla\times\vec{F} \tag{2-81}$$

$$\nabla\times(\vec{E}\pm\vec{F}) = \nabla\times\vec{E}\pm\nabla\times\vec{F} \tag{2-82}$$

$$\nabla\times(u\vec{F}) = u\,\nabla\times\vec{F} + \nabla u\times\vec{F} \tag{2-83}$$

$$\nabla\cdot(\vec{E}\times\vec{F}) = \vec{F}\cdot\nabla\times\vec{E} - \vec{E}\cdot\nabla\times\vec{F} \tag{2-84}$$

$$\nabla\cdot(\nabla\times\vec{F}) = 0 \tag{2-85}$$

$$\nabla\times(\nabla u) = 0 \tag{2-86}$$

式中：C 为常矢量；$\vec{E}$、$\vec{F}$ 为矢量场函数；k 为常数；u 为标量函数。

【例 2-5】 坐标原点处放置有一个点电荷，它在自由空间产生的电场强度为 $\vec{E} = \frac{q}{4\pi\varepsilon r^3}\vec{r} = \frac{q}{4\pi\varepsilon r^3}(x\vec{e}_x + y\vec{e}_y + z\vec{e}_z)$，求自由空间任意点（$r$）电场强度的旋度。

解 根据旋度计算公式，有

$$\nabla\times\vec{E}=\begin{vmatrix}\vec{e}_x & \vec{e}_y & \vec{e}_z\\ \dfrac{\partial}{\partial x} & \dfrac{\partial}{\partial y} & \dfrac{\partial}{\partial z}\\ E_x & E_y & E_z\end{vmatrix}=\frac{q}{4\pi\varepsilon}\begin{vmatrix}\vec{e}_x & \vec{e}_y & \vec{e}_z\\ \dfrac{\partial}{\partial x} & \dfrac{\partial}{\partial y} & \dfrac{\partial}{\partial z}\\ \dfrac{x}{r^3} & \dfrac{y}{r^3} & \dfrac{z}{r^3}\end{vmatrix}$$

$$=\frac{q}{4\pi\varepsilon}\left\{\left[\frac{\partial}{\partial y}\left(\frac{z}{r^3}\right)-\frac{\partial}{\partial z}\left(\frac{y}{r^3}\right)\right]\vec{e}_x+\left[\frac{\partial}{\partial z}\left(\frac{x}{r^3}\right)-\frac{\partial}{\partial x}\left(\frac{z}{r^3}\right)\right]\vec{e}_y+\left[\frac{\partial}{\partial x}\left(\frac{y}{r^3}\right)-\frac{\partial}{\partial y}\left(\frac{x}{r^3}\right)\right]\vec{e}_z\right\}=0$$

即点电荷产生的电场为无旋场。

2.7.4 斯托克斯定理

斯托克斯（Stokes）定理是指：在矢量场 $\vec{F}$ 所在的空间中，对任一为闭合曲线 C 所包围的曲面 S，存在恒等关系，即矢量场 $\vec{F}$ 的旋度法向分量的面积分等于该矢量沿围绕此面积曲线边界的线积分。其数学表达式为

$$\oint_S(\nabla\times\vec{F})\cdot \mathrm{d}S=\oint_C\vec{F}\cdot \mathrm{d}\vec{l} \tag{2-87}$$

斯托克斯定理将一矢量旋度的面积分变换为该矢量的线积分，或作相反的变换。它和高斯散度定理一样，在矢量分析中也是一个重要的恒等式，在电磁场理论中常用它来推导其他的定理和关系式，例如微分和积分表达式的转换。

2.7.5 梯度、散度、旋度

（1）梯度、散度和旋度之间的不同：标量场的梯度为一矢量函数，而散度为一标量函数，旋度为一矢量函数。

（2）梯度描述标量场的最大变化率，即在标量场中各点的最大方向导数；散度描述矢量场中各点的场量和通量源的关系；而旋度则描述矢量场中各点的场量与漩涡源的关系。

（3）若矢量场所在的全部空间中，场的散度处处为零，则该场中无通量源，称为无源场（或管形场）；若矢量场所在的全部空间中，场的旋度处处为零，则该场中无漩涡源，称为无旋场（或保守场）。

（4）在散度计算式中，矢量场 $\vec{F}$ 的场分量分别只对 x、y、z 求偏导数，故矢量场的散度描述的是场分量沿各自方向上的变化规律；而在旋度计算中，矢量场 $\vec{F}$ 的场分量分别仅对其垂直方向的坐标变量求偏导数，故矢量场的旋度描述的是场分量在其垂直方向的变化规律。

2.7.6 拉普拉斯算子

2.7.6.1 标量场的拉普拉斯（Laplace）算子

标量场 u 的梯度是一个矢量场，若再求其散度，即 $\nabla\cdot(\nabla u)$，则称为标量场的拉普拉斯运算，记为

$$\nabla\cdot(\nabla u)=\nabla^2u=\Delta u \tag{2-88}$$

式中：∇^2 或 Δ 称为拉普拉斯算符，其在直角坐标系、圆柱坐标系和球坐标系中的表达式分别为

$$\nabla^2u=\frac{\partial^2u}{\partial x^2}+\frac{\partial^2u}{\partial y^2}+\frac{\partial^2u}{\partial z^2} \tag{2-89}$$

$$\nabla^2u=\frac{1}{\rho}\frac{\partial}{\partial\rho}\left(\rho\frac{\partial u}{\partial\rho}\right)+\frac{1}{\rho^2}\frac{\partial^2u}{\partial\phi^2}+\frac{\partial^2u}{\partial z^2} \tag{2-90}$$

$$\nabla^2 u = \frac{1}{r^2}\frac{\partial}{\partial r}\left(r^2\frac{\partial u}{\partial r}\right)+\frac{1}{r^2\sin\theta}\frac{\partial}{\partial\theta}\left(\sin\theta\frac{\partial u}{\partial\theta}\right)+\frac{1}{r^2\sin^2\theta}\frac{\partial^2 u}{\partial\phi^2} \tag{2-91}$$

2.7.6.2 矢量场的拉普拉斯算子

矢量场的拉普拉斯算子的定义为

$$\nabla^2\vec{F} = \nabla(\nabla\cdot\vec{F}) - \nabla\times(\nabla\times\vec{F}) \tag{2-92}$$

在直角坐标系中的表达式为

$$\nabla^2\vec{F} = \vec{e}_x\nabla^2 F_x + \vec{e}_y\nabla^2 F_y + \vec{e}_z\nabla^2 F_z \tag{2-93}$$

其中

$$\nabla^2 F_x = \frac{\partial^2 F_x}{\partial x^2}+\frac{\partial^2 F_x}{\partial y^2}+\frac{\partial^2 F_x}{\partial z^2} = (\nabla^2 F)_x \tag{2-94}$$

$$\nabla^2 F_y = \frac{\partial^2 F_y}{\partial x^2}+\frac{\partial^2 F_y}{\partial y^2}+\frac{\partial^2 F_y}{\partial z^2} = (\nabla^2 F)_y \tag{2-95}$$

$$\nabla^2 F_z = \frac{\partial^2 F_z}{\partial x^2}+\frac{\partial^2 F_z}{\partial y^2}+\frac{\partial^2 F_z}{\partial z^2} = (\nabla^2 F)_z \tag{2-96}$$

2.8 格林定理

格林（Green）定理有标量格林定理和矢量格林定理两种，它们广泛应用于矢量分析和电磁理论中，这是因为无论哪一种格林定理，都是说明区域 V 中的场与边界 S 上的场之间的关系。因此，利用格林定理可以将区域中场的求解问题转变为边界上场的求解问题。此外，格林定理说明了两种标量场或矢量场之间应该满足的关系。因此，如果已知其中一种场，即可利用格林定理求解另一种场。

2.8.1 标量格林定理

如图 2－21 所示，设任意两个标量场 Φ 及 Ψ 在区域 V 中具有连续的二阶偏导数，则该两个标量场满足下列等式

$$\int_V (\nabla\Psi\cdot\nabla\Phi + \Psi\nabla^2\Phi)\,\mathrm{d}V = \oint_S \Psi\frac{\partial\Phi}{\partial n}\mathrm{d}S \tag{2-97}$$

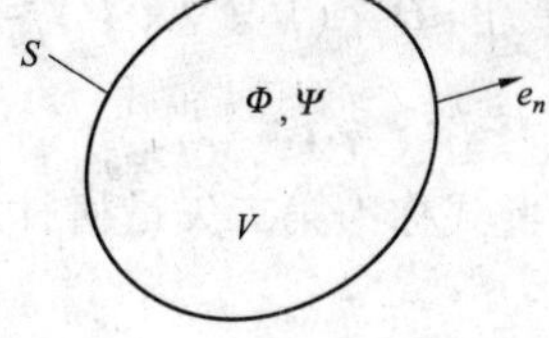

图 2－21 格林定理

式中：S 为包围 V 的闭合曲面；$\frac{\partial\Phi}{\partial n}$为标量场 Φ 在 S 表面的外法线 $\vec{e}_n$方向上的偏导数。

根据方向导数与梯度的关系式，式（2－97）右端又可表述为

$$\oint_S \Psi\frac{\partial\Phi}{\partial n}\mathrm{d}\vec{S} = \oint_S \Psi(\nabla\Phi\cdot\vec{e}_n)\,\mathrm{d}S = \oint_S (\Psi\nabla\Phi)\cdot\mathrm{d}S \tag{2-98}$$

式中：有向面积元 $\mathrm{d}\vec{S}$ 的方向就是外法线 $\vec{e}_n$的方向。

由式（2－97）和式（2－98）得

$$\int_V (\nabla\Psi\cdot\nabla\Phi + \Psi\nabla^2\Phi)\,\mathrm{d}V = \oint_S (\Psi\nabla\Phi)\cdot\mathrm{d}S \tag{2-99}$$

式（2－97）或式（2－99）称为第一标量格林定理。为了证明这个定理成立，对矢量（$\Phi\nabla\Psi$）应用散度定理得

$$\oint_V \nabla\cdot(\Psi\nabla\Phi)\mathrm{d}V = \oint_S(\Psi\nabla\Phi)\cdot\mathrm{d}S$$

再利用恒等式$\nabla\cdot(\Psi\nabla\Phi) = \nabla\Psi\cdot\nabla\Phi + \Psi\nabla^2\Phi$，即得式（2-99）。

显然，若将式（2-97）中Φ与Ψ对调，等式仍然成立，即

$$\int_V(\nabla\Psi\cdot\nabla\Phi + \Psi\nabla^2\Phi)\mathrm{d}V = \oint_S\Phi\frac{\partial\Psi}{\partial n}\mathrm{d}S$$

将式（2-97）与上式相减，得

$$\int_V(\Psi\nabla^2\Phi - \Phi\nabla^2\Psi)\mathrm{d}V = \oint_S\left(\Psi\frac{\partial\Phi}{\partial n} - \Phi\frac{\partial\Psi}{\partial n}\right)\mathrm{d}S \tag{2-100}$$

式（2-100）又可写成

$$\int_V(\Psi\nabla^2\Phi - \Phi\nabla^2\Psi)\mathrm{d}V = \oint_S(\Psi\nabla\Phi - \Phi\nabla\Psi)\cdot\mathrm{d}S \tag{2-101}$$

式（2-100）及式（2-101）称为第二标量格林定理。

2.8.2 矢量格林定理

设任意两个矢量场$\vec{P}$与$\vec{Q}$，若在区域V中具有连续的二阶偏导数，则该矢量场$\vec{P}$及$\vec{Q}$满足

$$\int_V[(\nabla\times\vec{P})\cdot(\nabla\times\vec{Q}) - \vec{P}\cdot\nabla\times\nabla\times\vec{Q}]\mathrm{d}V = \oint_S(\vec{P}\times\nabla\times\vec{Q})\cdot\mathrm{d}\vec{S} \tag{2-102}$$

式中：S为包围V的闭合曲面；有向面积元$\mathrm{d}\vec{S}$的方向为S的外法线方向。

式（2-102）称为第一矢量格林定理。为了证明这个定理成立，可对矢量［$\vec{P}\times(\nabla\times\vec{Q})$］应用散度定理，再利用恒等式$\nabla\cdot\vec{A}\times\vec{B} = \vec{B}\cdot\nabla\times\vec{A} - \vec{A}\cdot\nabla\times\vec{B}$，即可证明。

与前类似，若将式（2-102）中$\vec{P}$与$\vec{Q}$对调，所得的等式再与式（2-102）相减，即得下列等式

$$\int_V[\vec{Q}\cdot(\nabla\times\nabla\times\vec{P}) - \vec{P}\cdot(\nabla\times\nabla\times\vec{Q})]\mathrm{d}V = \oint_S(\vec{P}\times\nabla\times\vec{Q} - \vec{Q}\times\nabla\times\vec{P})\cdot\mathrm{d}S \tag{2-103}$$

此式称为第二矢量格林定理。

2.9 亥姆霍兹定理

2.9.1 亥姆霍兹定理

由一个矢量场$\vec{F}$的散度$\nabla\cdot\vec{F}$，可唯一地确定场中任一点的通量源；由一个矢量场$\vec{F}$的旋度$\mathrm{rot}\vec{F}$，可唯一地确定场中任一点的漩涡源。故可设想，若仅知道矢量场$\vec{F}$的散度，或仅知道矢量场$\vec{F}$的旋度，或同时知道矢量场$\vec{F}$的散度和旋度，能否唯一地确定这个矢量场呢？由此引出了亥姆霍兹（Helmholtz）定理，这是一个偏微分方程的定解问题。

亥姆霍兹定理也称为唯一性定理，它是指位于区域中的矢量场，若已知其散度、旋度及边界上场量的切向分量或法向分量，则该区域中的矢量场被唯一地确定。

2.9.2 矢量场的分类

矢量场的散度及旋度代表产生矢量场的源。因此，有源区中散度或旋度一定不等于零，或者两者均不为零；而无源区中散度及旋度一定为零。一切矢量场的源只有两种类型，即产

生发散场的散度源和产生漩涡场的旋度源。因此，在全空间中，散度和旋度均处处为零的场是不存在的。但是，仅散度或者仅旋度处处为零的场是存在的。通常，散度处处为零的矢量场称为无散场，旋度处处为零的矢量场称为无旋场。

2.9.2.1 无散场

无散场域中，矢量 $\vec{A}$ 的散度恒等于零，即

$$\nabla\cdot\vec{A}\equiv 0 \tag{2-104}$$

则称该区域的场为无散场。为证明式（2－104）成立，在矢量场中任取一体积 V，将式（2－104）对该体积进行积分，由散度定理得

$$\int_V \nabla\cdot(\nabla\times\vec{A})\mathrm{d}V = \oint_S(\nabla\times\vec{A})\cdot\mathrm{d}\vec{S} \tag{2-105}$$

闭合面 S 可用其表面上的一条闭合有向曲线 l 分为两个有向曲面 $\vec{S}_1$ 及 $\vec{S}_2$（见图 2－22）。由旋度定理得

$$\oint_{S_1}(\nabla\times\vec{A})\cdot\mathrm{d}\vec{S}_1 = \oint_l\vec{A}\cdot\mathrm{d}\vec{l}$$

$$\oint_{S_2}(\nabla\times\vec{A})\cdot\mathrm{d}\vec{S}_2 = -\oint_l\vec{A}\cdot\mathrm{d}\vec{l}$$

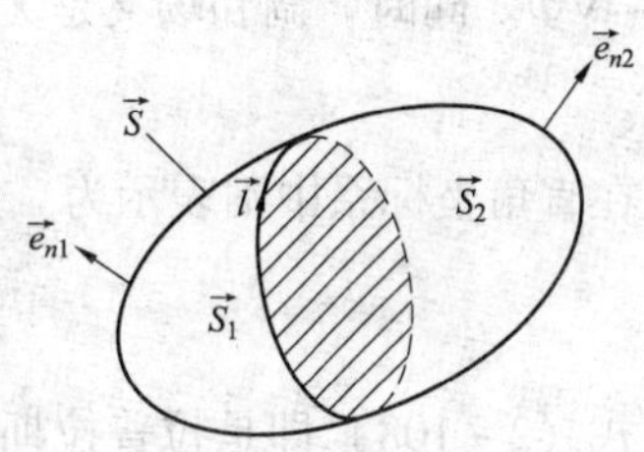

图 2－22 无散场

上式右端的负号是由于 $\mathrm{d}\vec{l}$ 的方向与 $\mathrm{d}\vec{S}_2$ 的方向构成左旋关系，将此结果代入式（2－105），得

$$\int_V \nabla\cdot(\nabla\times\vec{A})\mathrm{d}\vec{V} = 0$$

由于体积 V 是任意的，故仅当被积函数为零时，该体积积分才等于零，即式（2－104）成立。该式又表明，任一无散场可以表示为另一矢量场的旋度，或者说，任何旋度场一定是无散场。由于恒定磁场的磁通密度 $\vec{B}$ 的散度各处均为零，恒定磁场是一个无散场。故磁通密度 $\vec{B}$ 可表示为矢量磁场 $\vec{A}$ 的旋度，即 $\vec{B}=\nabla\times\vec{A}$。反之，由矢量磁场 $\vec{A}$ 的旋度构成的磁通密度 $\vec{B}$，其散度一定各处均为零。

2.9.2.2 无旋场

在某场域中，矢量 $\vec{A}$ 的旋度恒等于零，即

$$\nabla\times\vec{A}=0 \tag{2-106}$$

则称该区域的场为无旋场。无旋场可表示为标量场的梯度，即 $\nabla\cdot\Phi=\vec{A}$。为证明式（2－106）成立，在矢量场中任取一个有向曲面 $\vec{S}$，将式（2－106）对此曲面积分，则由旋度定理得

$$\int_S(\nabla\times\nabla\Phi)\cdot\mathrm{d}\vec{S} = \oint_l\nabla\Phi\cdot\mathrm{d}\vec{l}$$

由梯度与方向导数的关系式得

$$\int_S\nabla\Phi\cdot\mathrm{d}\vec{l} = \oint_l\nabla\Phi\cdot\vec{e}_l\mathrm{d}l = \oint_l\frac{\partial\Phi}{\partial l}\mathrm{d}l = 0$$

因此得

$$\int_S(\nabla\times\nabla\Phi)\cdot\mathrm{d}\vec{S} = 0$$

由于有向曲面 $\vec{S}$ 是任意的，因此仅当被积函数为零时，该面积分才等于零，即式(2－106)成立。

式（2－106）又表明，任一无旋场一定可以表示为一个标量场的梯度，或者说，任何梯度场一定是无旋场。由于静电场的电场强度的旋度处处均为零，静电场为无旋场。故电场强度 $\vec{E}$ 可表示为标量电位 φ 的梯度，通常令 $\vec{E}=-\nabla\varphi$。反之，由标量电位 φ 的梯度构成的电场强度 $\vec{E}$，其旋度一定各处均为零。

2.9.2.3 调和场

对一个有具体物理意义的矢量场，总是存在该矢量场的某种源，可以在全空间中找到其散度不为零或旋度不为零或散度和旋度均不为零的区域。但是，在空间的某个局部区域中，可能存在该矢量场的散度和旋度都等于零的情况。

若在某场域中，矢量场 $\vec{A}$ 的散度和旋度都等于零，即 $\nabla\times\vec{A}=0$，$\nabla\cdot\vec{A}=0$，则称 $\vec{A}$ 为该区域中的调和场。由于调和场为无旋场，故在该区域中可以引入一个标量函数，使得 $\vec{A}=-\nabla\Phi$。同时，调和场又是无散场，故

$$\nabla\times\vec{A}=-\nabla\cdot\nabla\Phi=0 \tag{2-107}$$

在直角坐标系中则表示为

$$\nabla^2\Phi=\frac{\partial^2\Phi}{\partial x^2}+\frac{\partial^2\Phi}{\partial y^2}+\frac{\partial^2\Phi}{\partial z^2}=0 \tag{2-108}$$

式（2－108）即是拉普拉斯方程，其解称为调和函数，故将散度和旋度同时为零的矢量场称为调和场。

2.9.2.4 有源有旋场

若矢量场 $\vec{F}$ 在区域 V 内，散度和旋度均不为零，则称该区域为有源有旋场，该区域的源有散度源和涡旋源两种，即

$$\begin{cases}\nabla\cdot\vec{F}=u\neq 0\\ \nabla\times\vec{F}=\vec{A}\neq 0\end{cases}$$

式中：u 和 $\vec{A}$ 为已知函数；u 为场点的散度值，即为该点的通量源密度；$\vec{A}$ 为旋度值，即为该点的漩涡源密度。该矢量场为有源有旋场。

2.9.3 亥姆霍兹定理的数学表达式

根据亥姆霍兹定理，可将矢量场 $\vec{F}$ 看做是一个无源场 $\vec{F}_s$ 和一个无旋场 $\vec{F}_r$ 的叠加，即

$$\vec{F}=\vec{F}_s+\vec{F}_r \tag{2-109}$$

其中无源场 $\vec{F}_s$ 和无旋场 $\vec{F}_r$ 分别满足

$$\begin{cases}\nabla\cdot\vec{F}_s=0\\ \nabla\times\vec{F}_s=\vec{A}\end{cases} \tag{2-110}$$

$$\begin{cases}\nabla\cdot\vec{F}_r=u\\ \nabla\times\vec{F}_r=0\end{cases} \tag{2-111}$$

于是，可定义一个标量位函数 u 和一个矢量位函数 $\vec{A}$，使得

$$\begin{cases} \vec{F}_s = \nabla \times \vec{A} \\ \vec{F}_r = -\nabla u \end{cases} \tag{2-112}$$

从而有源有旋矢量场 $\vec{F}$ 可以表示为

$$\vec{F} = -\nabla u + \nabla \times \vec{A} \tag{2-113}$$

式（2-113）为亥姆霍兹定理的数学表达式，包含了如下三层含义：

（1）任一矢量场均由通量源和漩涡源两种激励源激发形成。

（2）该矢量场可表示为一个有散无旋场和一个有旋无散场的叠加，其中有散无旋场的散度激发该矢量场的通量源，有旋无散场的旋度激发该矢量场的漩涡源。

（3）当矢量场的散度和旋度均为零时，矢量场也随之消失，即通量源和漩涡源是产生矢量场的唯一场源。

亥姆霍兹定理具有非常重要的意义，它规定了我们研究电磁场理论的一条主线。无论是静态电磁场还是时变电磁场问题，都需要研究电磁场场量的散度、旋度和边界条件。电磁场场量的散度和旋度构成了电磁场的基本方程。

2.10 小　　结

本章提供了描述矢量场特性的主要数学工具，矢量代数运算、标量场的梯度、矢量场的散度和旋度、标量场、矢量场的重要性质和定理以及正交曲线坐标系。本章重点：与标量场的梯度、矢量场的散度和旋度有关的概念和简单运算；标量场和矢量场的重要性质以及重要定理；与正交曲线坐标系有关的概念和简单计算。重要的计算公式如下：

（1）点（标）积 $\vec{A} \cdot \vec{B} = |\vec{A}||\vec{B}|\cos\theta$

1）直角坐标　$A_x B_x + A_y B_y + A_z B_z$

2）圆柱坐标　$A_\rho B_\rho + A_\phi B_\phi + A_z B_z$

3）球坐标　$A_r B_r + A_\theta B_\theta + A_\phi B_\phi$

（2）叉（矢）积 $\vec{A} \times \vec{B} = |\vec{A}||\vec{B}|\sin\theta\,\vec{e}_n$

1）直角坐标　$\begin{vmatrix} \vec{e}_x & \vec{e}_y & \vec{e}_z \\ A_x & A_y & A_z \\ B_x & B_y & B_z \end{vmatrix}$

2）圆柱坐标　$\begin{vmatrix} \vec{e}_\rho & \vec{e}_\phi & \vec{e}_z \\ A_\rho & A_\phi & A_z \\ B_\rho & B_\phi & B_z \end{vmatrix}$

3）球坐标　$\begin{vmatrix} \vec{e}_r & \vec{e}_\theta & \vec{e}_\phi \\ A_r & A_\theta & A_\phi \\ B_r & B_\theta & B_\phi \end{vmatrix}$

（3）标函数的梯度 ∇f

1）直角坐标 $\frac{\partial f}{\partial x}\vec{e}_x + \frac{\partial f}{\partial y}\vec{e}_y + \frac{\partial f}{\partial z}\vec{e}_z$

2）圆柱坐标 $\frac{\partial f}{\partial \rho}\vec{e}_\rho + \frac{1}{\rho}\frac{\partial f}{\partial \phi}\vec{e}_\phi + \frac{\partial f}{\partial z}\vec{e}_z$

3）球坐标 $\frac{\partial f}{\partial r}\vec{e}_r + \frac{1}{r}\frac{\partial f}{\partial \theta}\vec{e}_\theta + \frac{1}{r\sin\theta}\frac{\partial f}{\partial \phi}\vec{e}_\phi$

（4）矢量场的散度 $\nabla\cdot\vec{A}$

1）直角坐标 $\frac{\partial A_x}{\partial x} + \frac{\partial A_y}{\partial y} + \frac{\partial A_z}{\partial z}$

2）圆柱坐标 $\frac{1}{\rho}\frac{\partial}{\partial \rho}(\rho A_\rho) + \frac{1}{\rho}\frac{\partial}{\partial \phi}(A_\phi) + \frac{\partial}{\partial z}(A_z)$

3）球坐标 $\frac{1}{r^2}\frac{\partial}{\partial r}(r^2 A_r) + \frac{1}{r\sin\theta}\frac{\partial}{\partial \theta}(\sin\theta A_\theta) + \frac{1}{r\sin\theta}\frac{\partial}{\partial \phi}(A_\phi)$

（5）矢量场的旋度 $\nabla\cdot\vec{B}$

1）直角坐标 $\begin{vmatrix} \vec{e}_x & \vec{e}_y & \vec{e}_z \\ \frac{\partial}{\partial x} & \frac{\partial}{\partial y} & \frac{\partial}{\partial z} \\ \vec{B}_x & \vec{B}_y & \vec{B}_z \end{vmatrix}$

2）圆柱坐标 $\frac{1}{\rho}\begin{vmatrix} \vec{e}_r & \rho\,\vec{e}_\phi & \vec{e}_z \\ \frac{\partial}{\partial \rho} & \frac{\partial}{\partial \phi} & \frac{\partial}{\partial z} \\ \vec{B}_\rho & \rho\vec{B}_\phi & \vec{B}_z \end{vmatrix}$

3）球坐标 $\frac{1}{r^2\sin\theta}\begin{vmatrix} \vec{e}_r & r\,\vec{e}_\theta & r\sin\theta\,\vec{e}_\phi \\ \frac{\partial}{\partial r} & \frac{\partial}{\partial \theta} & \frac{\partial}{\partial \phi} \\ \vec{B}_r & r\,\vec{B}_\theta & r\sin\theta\,\vec{B}_\phi \end{vmatrix}$

（6）标函数的拉普拉斯 $\nabla^2 f$

1）直角坐标 $\frac{\partial^2 f}{\partial x^2} + \frac{\partial^2 f}{\partial y^2} + \frac{\partial^2 f}{\partial z^2}$

2）圆柱坐标 $\frac{1}{\rho}\frac{\partial}{\partial \rho}\left(\rho\frac{\partial f}{\partial \rho}\right) + \frac{1}{\rho^2}\frac{\partial^2 f}{\partial \phi^2} + \frac{\partial^2 f}{\partial z^2}$

3）球坐标 $\frac{1}{r^2}\frac{\partial}{\partial r}\left(r^2\frac{\partial f}{\partial r}\right) + \frac{1}{r^2\sin\theta}\frac{\partial}{\partial \theta}(\sin\theta\frac{\partial f}{\partial \theta}) + \frac{1}{r^2\sin^2\theta}\frac{\partial^2 f}{\partial \phi^2}$

（7）若干定理

1）散度定理（高斯散度定理） $\int_V \nabla\cdot\vec{F}\mathrm{d}V = \oint_S \vec{F}\cdot\mathrm{d}\vec{S}$

2）斯托克斯定理 $\int_S(\nabla\times\vec{F})\cdot\mathrm{d}S = \oint_C \vec{F}\cdot\mathrm{d}\vec{l}$

3）格林第一恒等式 $\int_V \Psi \nabla^2 \Phi \mathrm{d}V + \int_V \nabla \Psi \cdot \nabla \Phi \mathrm{d}V = \oint_S \Psi \nabla \Phi \cdot \mathrm{d}\boldsymbol{S}$

4）格林第二恒等式（格林定理） $\int_V [\Psi \nabla^2 \Phi - \Phi \nabla^2 \Psi] \mathrm{d}V = \oint_S [\Psi \nabla \Phi - \Phi \nabla \Psi] \cdot \mathrm{d}\boldsymbol{S}$

（8）三种坐标系中坐标变量之间的转换关系

$$\begin{cases} x = \rho\cos\phi \\ y = \rho\sin\phi \\ z = z \end{cases} \qquad \begin{cases} \rho = \sqrt{x^2 + y^2} \\ \phi = \arctan\left(\dfrac{y}{x}\right) \\ z = z \end{cases}$$

$$\begin{cases} x = r\sin\theta\cos\phi \\ y = r\sin\theta\sin\phi \\ z = r\cos\theta \end{cases} \qquad \begin{cases} r = \sqrt{x^2 + y^2 + z^2} \\ \theta = \arctan\left(\dfrac{\sqrt{x^2 + y^2}}{z}\right) \\ \phi = \arctan\left(\dfrac{y}{x}\right) \end{cases}$$

（9）三种坐标系中坐标分量之间的转换关系

$$\begin{bmatrix} A_\rho \\ A_\phi \\ A_z \end{bmatrix} = \begin{bmatrix} \cos\phi & \sin\phi & 0 \\ -\sin\phi & \cos\phi & 0 \\ 0 & 0 & 1 \end{bmatrix} \begin{bmatrix} A_x \\ A_y \\ A_z \end{bmatrix}$$

$$\begin{bmatrix} A_r \\ A_\theta \\ A_\phi \end{bmatrix} = \begin{bmatrix} \sin\theta\cos\phi & \sin\theta\sin\phi & \cos\theta \\ \cos\theta\cos\phi & \cos\theta\sin\phi & -\sin\theta \\ -\sin\phi & \cos\phi & 0 \end{bmatrix} \begin{bmatrix} A_x \\ A_y \\ A_z \end{bmatrix}$$

$$\begin{bmatrix} A_r \\ A_\theta \\ A_\phi \end{bmatrix} = \begin{bmatrix} \sin\theta & 0 & \cos\theta \\ \cos\theta & 0 & -\sin\phi \\ 0 & 1 & 0 \end{bmatrix} \begin{bmatrix} A_\rho \\ A_\phi \\ A_z \end{bmatrix}$$

思 考 题

2-1 什么是单位矢量？什么是零矢量？

2-2 试述梯度的几何意义、梯度与方向导数的关系。

2-3 什么是矢量场的通量？通量值为正、负或零时分别代表什么意义？

2-4 试述散度的物理概念以及散度定理的含义。

2-5 什么是矢量场的环量？环量值为正、负或零时分别代表什么意义？

2-6 试述旋度的物理概念以及旋度定理的含义。

2-7 什么是无散场和无旋场？任何旋度场是否一定是无散的？任何梯度场是否一定是无旋的？

2-8 试述亥姆雷兹定理。为什么散度及旋度是研究矢量场的首要问题？

2-9 三种常用坐标系中坐标变量的变化范围如何？给出三种坐标系的坐标变量和坐标分量之间的关系式。

习　题

2-1　给定三个矢量$\vec{A}$、$\vec{B}$和$\vec{C}$如下

$$\vec{A}=\vec{e}_x+2\vec{e}_y-3\vec{e}_z$$

$$\vec{B}=-4\vec{e}_y+\vec{e}_z$$

$$\vec{C}=5\vec{e}_x-2\vec{e}_y$$

求：(1) $\vec{e}_A$；(2) $|\vec{A}-\vec{B}|$；(3) $\vec{A}\cdot\vec{B}$；(4) $\theta_{\vec{A}\vec{B}}$；(5) $\vec{A}$在$\vec{B}$上的分量；(6) $\vec{A}\times\vec{C}$；(7) $\vec{A}\cdot(\vec{B}\times\vec{C})$和$(\vec{A}\times\vec{B})\cdot\vec{C}$；(8) $(\vec{A}\times\vec{B})\times\vec{C}$和$\vec{A}\times(\vec{B}\times\vec{C})$。

2-2　(1) 试证明两个矢量$\vec{A}=3\vec{e}_x+\frac{1}{3}\vec{e}_y-2\vec{e}_z$和$\vec{B}=4\vec{e}_x-6\vec{e}_y+5\vec{e}_z$是相互垂直的。

(2) 试证明两个矢量$\vec{A}=4\vec{e}_x+10\vec{e}_y+6\vec{e}_z$和$\vec{B}=8\vec{e}_x+20\vec{e}_y+12\vec{e}_z$是相互平行的。

(3) 试证明下列三个矢量

$$\vec{A}=11\vec{e}_x+9\vec{e}_y+18\vec{e}_z$$

$$\vec{B}=17\vec{e}_x+9\vec{e}_y+27\vec{e}_z$$

$$\vec{C}=4\vec{e}_x-6\vec{e}_y+5\vec{e}_z$$

在同一平面上。

2-3　已知$z=0$平面内的位置矢量$\vec{A}$与x轴的夹角为α，位置矢量$\vec{B}$与x轴的夹角为β，试证明

$$\cos(\alpha-\beta)=\cos\alpha\cos\beta+\sin\alpha\sin\beta$$

2-4　已知标量函数$\Phi=\sin\left(\frac{\pi}{2}x\right)\sin\left(\frac{\pi}{3}y\right)e^{-z}$，试求该标量函数$\Phi$在点$P(1,2,3)$处的最大变化率及其方向。

2-5　求标量函数$\psi=x^2yz$的梯度及ψ在一个指定方向的方向导数。此方向由单位矢量$3/\sqrt{50}\ \vec{e}_x+4/\sqrt{50}\ \vec{e}_y+5/\sqrt{50}\ \vec{e}_z$定出，求(2,3,1)点的导数值。

2-6　求下列矢量场的散度和旋度：

(1) $\vec{A}=(3x^2y+z)\vec{e}_x+(y^3-xz^2)\vec{e}_y+2xyz\vec{e}_z$；

(2) $\vec{A}=yz^2\vec{e}_x+zx^2\vec{e}_y+xy^2\vec{e}_z$；

(3) $\vec{A}=P(x)\vec{e}_x+Q(y)\vec{e}_y+R(z)\vec{e}_z$。

2-7　试求$\oint_S 3\sin\theta\vec{e}_r\cdot d\vec{S}$，式中$S$为球心位于原点、半径为5的球面。

2-8　在由$r=5$，$z=0$，$z=4$围成的圆柱形区域内，对矢量$\vec{A}=\rho^2\vec{e}_\rho+2z\vec{e}_z$验证散度定理。

2-9　求矢量$\vec{A}=x^2\vec{e}_x+xy^2\vec{e}_y$沿圆周$x^2+y^2=a^2$的线积分。再求$\nabla\times\vec{A}$对此圆面积的积分，验证斯托克斯定理（旋度定理）。

2－10 已知 $\vec{A}=(ax^2+x^2+y)\vec{e}_x+(by^2+z)\vec{e}_y+(cz^2+x^2)\vec{e}_z$，$a$、$b$、$c$ 取何值时，$\vec{A}$ 为无源场。

2－11 求 $\nabla\left(\frac{1}{r}\right)$。

2－12 在圆柱坐标中，一点的位置由（4，2π/3，3）定出，求该点在直角坐标系中及球坐标系中的坐标。

2－13 试证明：如果仅仅已知一个矢量场 $\vec{F}$ 的旋度，不可能唯一地确定这个矢量场。

2－14 试证明：如果仅仅已知一个矢量场 $\vec{F}$ 的散度，不可能唯一地确定这个矢量场。

2－15 已知矢量场 $\vec{F}$ 的散度 $\nabla\cdot\vec{F}=q\delta(\vec{r})$，旋度 $\nabla\times\vec{F}=0$，试求该矢量场。

2－16 在圆柱面坐标系中，求矢量 $\vec{A}=a\vec{e}_\rho+b\vec{e}_\phi+c\vec{e}_z$的散度和旋度（其中 a、b、c 为常数）。

2－17 在球面坐标系中，求矢量 $\vec{A}=a\vec{e}_r+b\vec{e}_\theta+c\vec{e}_\phi$的散度旋度。

3 静 电 场

静止电荷所产生的电场称为静电场，它是一个矢量场。本章从静电场的基本实验定律出发，研究静止电荷产生的静电场及其分布形式；定义电场强度并介绍其特性；导出静电场的微分形式及积分形式的基本方程。静电场基本方程的积分形式可用来研究场的性质以与源的关系，分析静电场的边界条件；其微分形式则为静电场的旋度方程及散度方程。本章还研究了静电场的边值问题，分析了电容和部分电容的特性，讨论了电场的能量和静电力等问题。以输电线路电晕计算实例，介绍了电位和电场强度等概念的工程应用。

3.1 库仑定律与电场强度

3.1.1 库仑定律

法国物理学家库仑（Coulomb）在实验时发现真空中带电粒子之间存在作用力。库仑定律就是对两点电荷之间的作用力进行了定量的描述，这是静电学的基础。

如图3-1所示，若 q_1 和 q_2 分别为位于 $P(x,y,z)$ 和 $S(x',y',z')$ 两点的带电粒子，则 q_2 对 q_1 产生的电场力为

$$\vec{F}_{12}=K\frac{q_1q_2}{R_{12}^2}\vec{e}_{12} \tag{3-1}$$

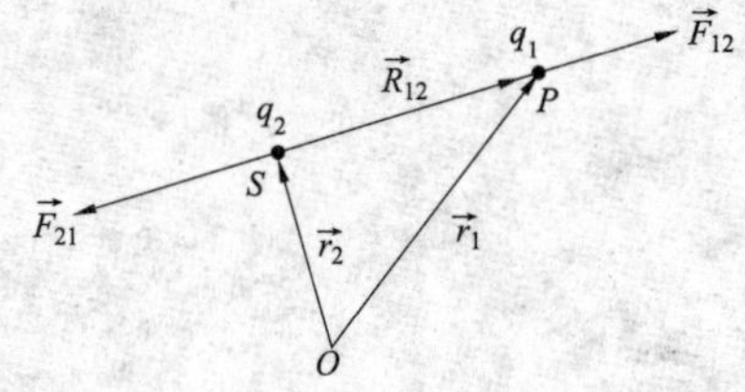

图3-1 两点电荷之间的电力场

比例常数 $K=\frac{1}{4\pi\varepsilon_0}$

S 点到 P 点的距离矢量 $\vec{R}_{12}=R_{12}\vec{e}_{12}=\vec{r}_1-\vec{r}_2$

式中：$\vec{F}_{12}$为点电荷 q_2 对点电荷 q_1 的作用力，N；q_1 和 q_2 分别为点电荷1和2所带的电荷量，C；R_{12}为两点电荷间的距离，m；$\vec{e}_{12}$为从点电荷 q_2 指向点电荷 q_1 的单位矢量；ε_0 为真空介电常数，$\varepsilon_0=(1/36\pi)\times10^{-9}$F/m(法拉/米)。

将比例常数 K 代入式（3-1）得

$$\vec{F}_{12}=\frac{q_1q_2}{4\pi\varepsilon_0R_{12}^2}\vec{e}_{12} \tag{3-2}$$

将 R_{12}代入式（3-2）可得

$$\vec{F}_{12}=\frac{q_1q_2}{4\pi\varepsilon_0}\frac{(\vec{r}_1-\vec{r}_2)}{|\vec{r}_1-\vec{r}_2|^3} \tag{3-3}$$

库仑定律说明，在带电体周围空间中，存在着一种特殊形式的物质，当电荷或带电体进入该空间时，将受到力的作用。存在于电荷周围的能对其他带电体产生作用力的特殊物质称为电场，电场对电荷的作用力称为电场力。

带电粒子之间电场力的特点：作用力与该两电荷所带电荷量的乘积成正比；与它们之间的距离成反比；作用力的方向沿着该两电荷的连线；同名电荷相斥，异名电荷相吸。

【例3-1】 有两个带电量分别为0.7mC和4.9μC的点电荷位于自由空间的点(2,3,6)和(0,0,0)，试计算作用在0.7mC点电荷上的电场力。

解 从4.9μC的点电荷到0.7mC点电荷的距离矢量为

$$\vec{R}_{12} = \vec{r}_1 - \vec{r}_2 = 2\vec{e}_x + 3\vec{e}_y + 6\vec{e}_z$$

因而，$R_{12} = \sqrt{2^2 + 3^2 + 6^2} = 7$，系数$\frac{1}{4\pi\varepsilon_0} = 9 \times 10^9$。由式（3-3）可知作用在0.7mC点电荷上的电场力为

$$\vec{F}_{0.7\mathrm{mC}} = \frac{9 \times 10^9 \times 0.7 \times 10^{-3} \times 4.9 \times 10^{-6}}{7^3}(2\vec{e}_x + 3\vec{e}_y + 6\vec{e}_z)$$

$$= 0.18\vec{e}_x + 0.27\vec{e}_y + 0.54\vec{e}_z\,(\mathrm{N})$$

求得每个电荷受力大小为0.63N。

3.1.2 电场强度

库仑定律表明：即使当这些电荷相距很远，一个电荷也要对另一个电荷施加作用力。若一个电荷朝着另一个电荷移动，则作用在电荷上的力就会随之改变。反之，相对论的观点则认为一个电荷运动的信息（扰动），需要一定的时间才能传到另一个电荷，因为没有一种信号的传播速度会超过光速，故作用在电荷上的力不会瞬间增加，电荷的能量和动量将暂时失去平衡。它说明相互作用的物体动量和能量靠它们自己是不能守恒的，必须由另一实体在相互作用体所处的媒质内摄取动量和能量，这个实体称之为场。故我们用场来定义一个电荷对另一个电荷产生的力。在电荷周围的空间中存在一个电场或电场强度，当另一个电荷进入这个电场就会受到力的作用。

为了测出P点处的电场强度，在该点放一个正试验电荷q_t，并测量作用在q_t上的力。我们把单位电荷所受到的力称为电场强度。由于q_t也产生自己的电场而改变原始电场，为使此种影响降至最小，q_t值应尽可能小。不断减小q_t的大小进行力的测量，然后外推数据到极限$q_t \to 0$而得到电场强度如图3-2所示。由此可知，$q_t = 0$的曲线的斜率表示了电场强度的大小。

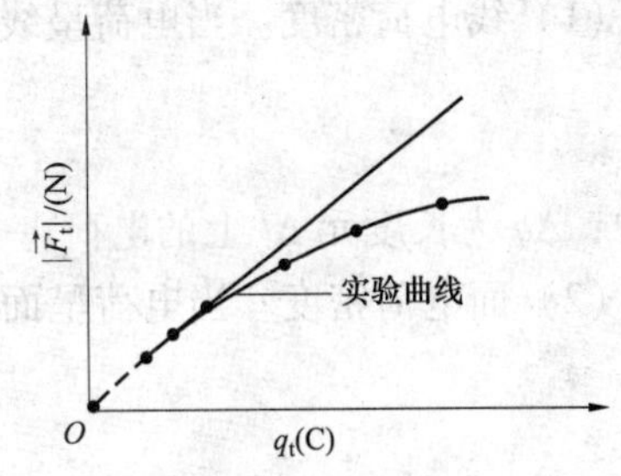

图3-2 试验电荷所受电场力

故电场强度$\vec{E}$就是当$q_t \to 0$时，作用于试验电荷q_t上单位电荷所受的力，即

$$\vec{E} = \lim_{q_t \to 0} \frac{\vec{F}}{q_t} \tag{3-4}$$

式中：$\vec{F}$为作用在q_t上的合力。

电场强度为一矢量，其单位为牛顿/库仑（N/C）。由于牛顿每库仑在量纲上等于伏特/米（V/m），故尽管电场强度定义为单位电荷的力，但常用伏特每米来表示。

若空间P点的电场强度为$\vec{E}$，则在该点上作用于电荷q的力为

$$\vec{F}_q = q\vec{E} \tag{3-5}$$

可用式（3-5）来计算电场中电荷所受的静电力。

由式（3-3）和式（3-5）可推出S点的点电荷q在任意点P产生的电场强度为

$$\vec{E} = \frac{q}{4\pi\varepsilon_0} \frac{\vec{r}_1 - \vec{r}_2}{|\vec{r}_1 - \vec{r}_2|^3} = \frac{q}{4\pi\varepsilon_0 R^2}\vec{e}_R \tag{3-6}$$

为了简化，从 R_{12} 中略去下标 12；而 $\vec{e}_R$ 是由 S 点指向 P 点的单位矢量。由式（3-6）还可导出 n 个点电荷所产生的电场强度

$$\vec{E} = \sum_{i=1}^{n} \frac{q_i}{4\pi\varepsilon_0} \frac{\vec{r}_1 - \vec{r}_i}{|\vec{r}_1 - \vec{r}_i|^3} \tag{3-7}$$

式中：$\vec{r} - \vec{r}_i$ 为从电荷 q_i 处指向 $\vec{E}$ 的测点的距离矢量。

【例 3-2】 两个点电荷分别位于(1,0,0)和(0,1,0)，带电量分别为 20nC 和 -20nC，求(0,0,1)点处的电场强度。

解 两个距离矢量为

$$\vec{R}_1 = \vec{r} - \vec{r}_1 = -\vec{e}_x + \vec{e}_z, \; R_1 = |r - r_1| = 1.414\text{m}$$

和

$$\vec{R}_2 = \vec{r} - \vec{r}_2 = -\vec{e}_y + \vec{e}_z, \; R_2 = |r - r_2| = 1.414\text{m}$$

代入式（3-7）得

$$\begin{aligned}\vec{E} &= 9 \times 10^9 \times \left[\frac{20 \times 10^{-9}}{1.414^3}(-\vec{e}_x + \vec{e}_z) - \frac{20 \times 10^{-9}}{1.414^3}(-\vec{e}_y + \vec{e}_z)\right] \\ &= 63.67(-\vec{e}_x + \vec{e}_y)(\text{V/m})\end{aligned}$$

若电荷不是集中于一点，而是连续分布在一条线上、一个面上或一个体积内，则其相应的电荷分布式如下：

（1）线电荷密度。当电荷呈线状分布时，定义线电荷密度为单位长度上的电荷

$$\rho_l = \lim_{\Delta l \to 0} \frac{\Delta q}{\Delta l} \tag{3-8}$$

式中：Δq 为长度元 Δl 上的电荷。

（2）面电荷密度。当电荷呈面状分布时，定义面电荷密度为单位面积上的电荷

$$\rho_S = \lim_{\Delta S \to 0} \frac{\Delta q}{\Delta S} \tag{3-9}$$

式中：Δq 为面积元 ΔS 上的电荷。

（3）体电荷密度。当电荷限制在体积内时，定义体电荷密度为单位体积内的电荷

$$\rho_V = \lim_{\Delta V \to 0} \frac{\Delta q}{\Delta V} \tag{3-10}$$

式中：Δq 为体积元 ΔV 上的电荷。

对于产生电场的源为线、面、体连续分布的微分元有 $\text{d}q = \rho_l \text{d}l$、$\text{d}q = \rho_S \text{d}S$、$\text{d}q = \rho_V \text{d}V$。由式（3-7）可知，连续分布的电荷在空间任意点 $\vec{r}$ 产生的电场为

$$\vec{E}(\vec{r}) = \frac{1}{4\pi\varepsilon_0}\int_l \frac{\rho_l \vec{R}}{R^3}\text{d}l \tag{3-11}$$

$$\vec{E}(\vec{r}) = \frac{1}{4\pi\varepsilon_0}\int_S \frac{\rho_S \vec{R}}{R^3}\text{d}S \tag{3-12}$$

$$\vec{E}(\vec{r}) = \frac{1}{4\pi\varepsilon_0}\int_V \frac{\rho_V \vec{R}}{R^3}\mathrm{d}V \qquad (3-13)$$

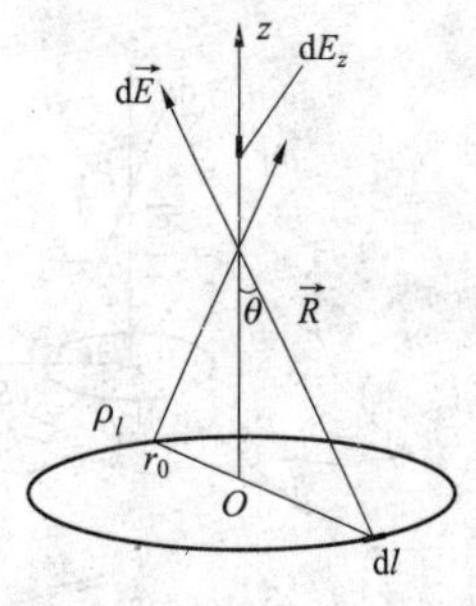

图 3－3 均匀带电圆环

【例 3－3】 图 3－3 所示为一个半径为 r_0 的带电细圆环，圆环上单位长度带电 ρ_l，求圆环轴线上任意点的电场。

解 由式（3－11）可得带电细圆环在空间任意点产生的电场

$$\vec{E}(\vec{r}) = \frac{1}{4\pi\varepsilon_0}\oint_l \frac{\rho_l \vec{R}}{R^3}\mathrm{d}l$$

圆环上某一线元在轴线任意点产生的电场为 $\vec{E}(\vec{r}) = \frac{1}{4\pi\varepsilon_0}\frac{\rho_l \mathrm{d}l}{R^2}\vec{e}_R$，根据对称性和电场的叠加性，总电场只有 z 分量，则有

$$\vec{E}(z) = \vec{e}_z\oint_l \mathrm{d}E_z = \frac{\vec{e}_z\rho_l}{4\pi\varepsilon_0}\oint_l \frac{\cos\theta}{R^2}\mathrm{d}l = \frac{\vec{e}_z\rho_l}{4\pi\varepsilon_0}\oint_l \frac{z}{R^3}\mathrm{d}l$$

$$= \frac{\vec{e}_z\rho_l}{4\pi\varepsilon_0}\frac{z}{R^3}\oint_l \mathrm{d}l = \frac{qz}{4\pi\varepsilon_0 R^3}\vec{e}_z$$

式中：q 为带电圆环上的总电荷。由此式可知，当 $z\to 0$ 时，场点 P 移到了圆心 O，圆环上各对称点在圆心产生的电场相互抵消，故 $\vec{E}=0$；当 $z\to\infty$，R 与 z 平行且相等，$r \ll z$，带电圆环相当于一个点电荷，故有 $\vec{E} = \frac{q}{4\pi\varepsilon_0 R^2}\vec{e}_z$，此即为点电荷的电场。

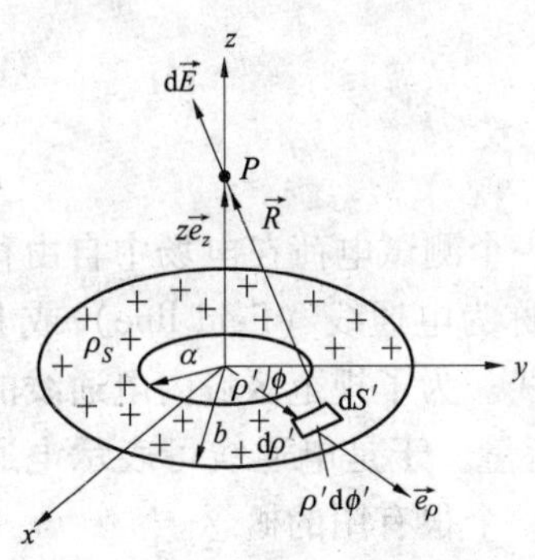

图 3－4 均匀带电环形薄圆盘

【例 3－4】 一个均匀带电的环形薄圆盘，内半径为 a，外半径为 b，面电荷密度为 ρ_S，求 z 轴上任一点的电场强度。

解 如图 3－4 所示，圆盘上微分元 dS' 所带电荷为 $\rho_S\rho'\mathrm{d}\rho'\mathrm{d}\phi'$，从此电荷到 z 轴上 P 点的距离矢量为 $\vec{R} = -\rho'\vec{e}_\rho + z\vec{e}_z$，其大小为 $R = (\rho'^2 + z^2)^{1/2}$。由式（3－12）可求得 $P(0,0,z)$ 点的电场强度为

$$\vec{E} = \frac{\rho_S}{4\pi\varepsilon_0}\int_a^b\int_0^{2\pi} \frac{\rho'\mathrm{d}\rho'\mathrm{d}\phi'}{(\rho'^2 + z^2)^{3/2}}(-\rho'\vec{e}_\rho + z\vec{e}_z)$$

可证明

$$\int_0^{2\pi}\vec{e}_\rho \mathrm{d}\phi' = 0$$

由于电荷的对称分布，观测点的电场强度 $\vec{E}$ 将没有径向分量。由于对每一个可以产生电场强度 $\vec{E}$ 径向分量的 P 点一侧的电荷元，在 P 点另一侧存在相对应的电荷元恰好与它的作用抵消，从而 $\vec{E}$ 的径向分量为零。故

$$\vec{E} = \frac{\rho_S}{4\pi\varepsilon_0}\int_a^b\int_0^{2\pi} \frac{\rho'\mathrm{d}\rho'\mathrm{d}\phi'}{(\rho'^2 + z^2)^{3/2}}z\vec{e}_z = \frac{\rho_S z}{2\varepsilon_0}\left[\frac{1}{(a^2 + z^2)^{1/2}} - \frac{1}{(b^2 + z^2)^{1/2}}\right]\vec{e}_z$$

如图 3－5（a）所示，对于外半径 $b\to\infty$ 的圆盘，P 点电场强度为

$$\vec{E} = \frac{\rho_S z}{2\varepsilon_0}\left[\frac{1}{(a^2 + z^2)^{1/2}}\right]\vec{e}_z$$

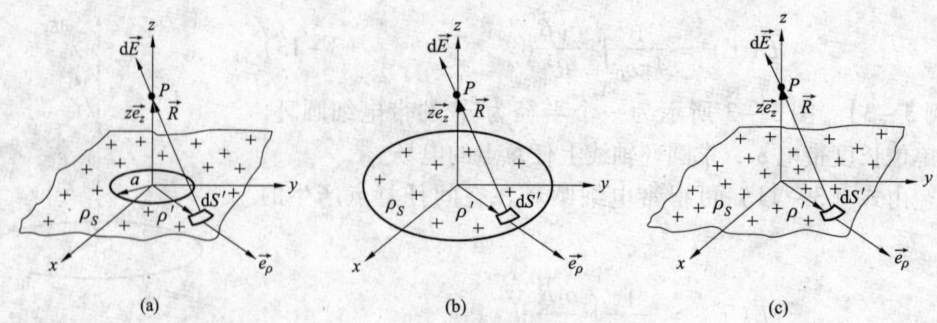

图 3－5 各类典型带电体模型

（a）中空无限大带电平面；（b）带电圆盘；（c）无限大带电平面

对于一个半径为 b 的实心圆盘［见图 3－5（b）］，此时 $a=0$，P 点电场强度为

$$\vec{E}=\frac{\rho_S z}{2\varepsilon_0}\left[\frac{1}{z}-\frac{1}{(b^2+z^2)^{1/2}}\right]\vec{e}_z$$

对于无限大带电平面［见图 3－5（c）］，此时 $a=0$，$b\to\infty$，可得平面外任一点 P 的电场强度为

$$\vec{E}=\frac{\rho_S}{2\varepsilon_0}\vec{e}_z$$

以上例题所得的电场强度适用于类似的工程问题。虽然无限大的带电平面并不存在，但当场点靠近一个有限大带电平面时，其电场强度可以近似由无限大带电平面确定。

3.2 静电场的基本方程

3.2.1 电通量

电通量（electric flux）是表征电场分布情况的物理量。当一个测试电荷在电场中自由移动时，作用在此电荷上的力将使它按一定的路线移动，此路线称为电通线（field line）或电力线。显然，该电荷在其他许多位置时，将会得到许多条电通线。为了规范区域内电通线的条数，规定一个电荷产生电通线的数量等于用库仑表示的电荷量。于是电通线可表示电通量。虽然电通线实际上并不存在，但在电场的形象化描述中是一个很有用的概念。

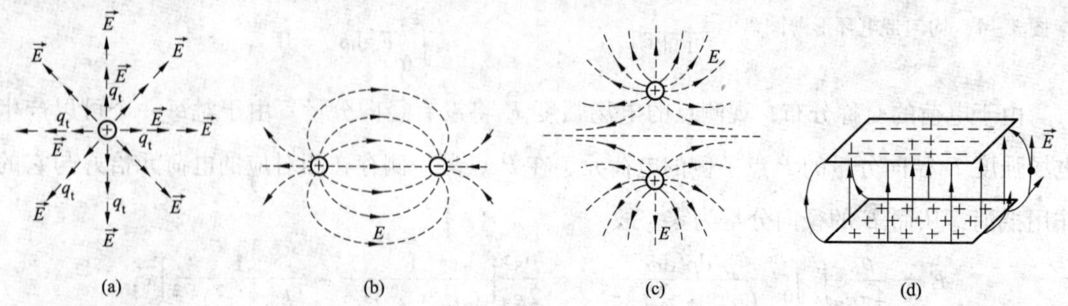

图 3－6 各种类型的电通线

（a）孤立正点电荷；（b）一对等值异性点电荷；（c）两个正带电体；（d）两个带异性电荷的平行平面

如图3－6（a）所示，对于一个孤立正点电荷，电通线是径向发散的。图3－6（b）和图3－6（c）分别显示了一对等值异性点电荷以及两个正带电体之间的电通线。两个带异性电荷的平行平面之间的电通线则如图3－6（d）所示。显然，在任意点的电场强度总是在电通线的切线方向。

电通量具有以下特性：① 与媒质无关；② 其值仅与发出电通量的电荷有关；③ 若点电荷在半径为 R 的假想球内，则电通量必将垂直并均匀穿过球面。

电通密度（也称电位移）为单位面积上的电通量，以 $\vec{D}$ 表示，它反比于 R^2。由于电场强度 $\vec{E}$ 除了大小与媒质的介电常数有关外，也具有上述特性，故在真空中电通密度 $\vec{D}$ 可以用电场强度 $\vec{E}$ 表示

$$\vec{D}=\varepsilon_0\vec{E} \tag{3-14}$$

式中：ε_0 为自由空间的电容率。将点电荷 q 产生的电场强度 $\vec{E}$ 代入式（3－14），则在半径 r 处的电通密度为

$$\vec{D}=\frac{q}{4\pi r^2}\vec{e}_r \tag{3-15}$$

由式（3－15）显而易见，$\vec{D}$ 的单位为库仑每平方米（C/m^2）。可通过电通密度 $\vec{D}$ 来定义电通量 ψ

$$\psi=\int_S\vec{D}\cdot d\vec{S} \tag{3-16}$$

式中：$d\vec{S}$ 为 S 面上的面微分元，如图3－7所示。若 $\vec{D}$ 与 $d\vec{S}$ 方向相同，则穿过 S 面的电通量最大。

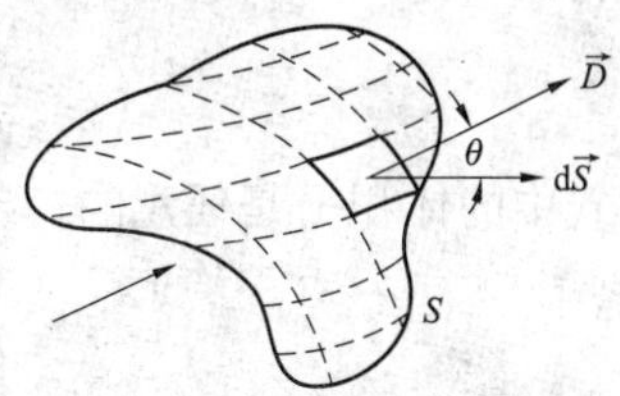

图3－7 电通量通过曲面

3.2.2 静电场的散度方程

由库仑定律所给出的单位正电荷所受到的作用力，可导出高斯定律的积分形式和微分形式分别为

$$\oint\vec{D}\cdot d\vec{S}=q$$

$$\nabla\cdot\vec{D}=\rho$$

它们描述了静电场的发散性，即通过封闭面的电通量与面内所包围的电荷量之间的关系。

3.2.2.1 高斯定律的积分形式

如图3－8所示，若在球面中心 O 处有一点电荷 q，则通过球面积元 $d\vec{S}$ 的电通量 $d\psi_e$ 为

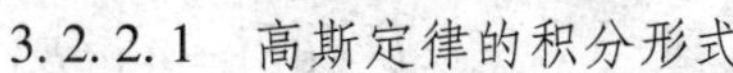

$$d\psi_e=\vec{D}\cdot d\vec{S}=DdS\cdot\cos0°=DdS$$

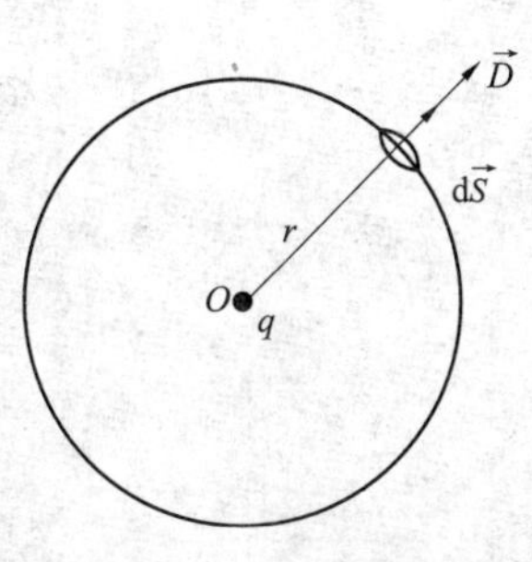

图3－8 通过球面的电通量

由于球面对电荷 q 具有球心对称性，球面上任一点的电通量密度 D 值均相等，故通过整个球面的电通量 ψ_e 为

$$\psi_e=\oint_S d\psi_e=\oint_S\vec{D}\cdot d\vec{S}=\oint_S DdS$$

$$= D\oint_S \mathrm{d}S = \frac{q}{4\pi r^2} \cdot 4\pi r^2 = q$$

即

$$\oint_S \vec{D} \cdot \mathrm{d}\vec{S} = q \tag{3-17}$$

此即为高斯定律的积分形式，式（3-17）说明通过一个封闭面穿出的电通量等于该曲面所包围的总电荷。

3.2.2.2 高斯定律的微分形式

利用散度定理和电场的高斯定律的积分形式，可推导出电通密度 $\vec{D}$ 的散度方程。散度定理的数学表达式为

$$\int_V \nabla \cdot \vec{D} \mathrm{d}V = \oint_S \vec{D} \cdot \mathrm{d}\vec{S} \tag{3-18}$$

当电荷以体电荷密度 ρ 分布时，积分形式的高斯定律为

$$\oint_S \vec{D} \cdot \mathrm{d}\vec{S} = \sum q = \int_V \rho \mathrm{d}V \tag{3-19}$$

将式（3-19）代入式（3-18），则得

$$\int_V \nabla \cdot \vec{D} \mathrm{d}V = \int_V \rho \mathrm{d}V \tag{3-20}$$

式中的体积 V 是任意的，于是从式（3-20）可得

$$\nabla \cdot \vec{D} = \rho \tag{3-21}$$

此式为高斯定律的微分形式。$\vec{D}$ 的散度等于该点的电荷体密度，表明静电场为发散场，其散度源是电荷。

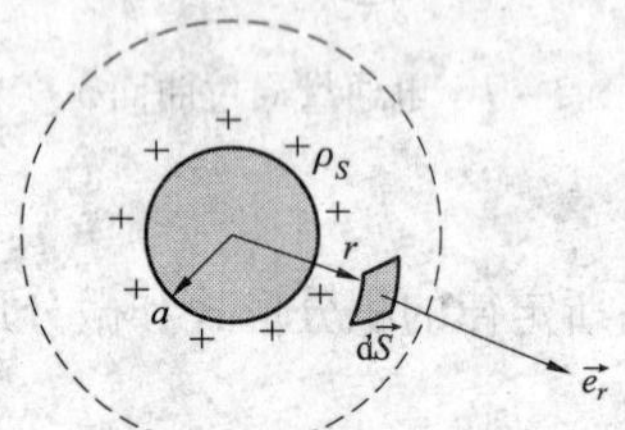

图3-9 包围面电荷 ρ 的球形高斯面

【例3-5】 如图3-9所示，电荷均匀分布在半径为 a 的球形表面上，求空间各处的电场强度。

解 一个球形电荷分布在半径为 r 的球形高斯面上的电场强度为常数。当高斯球面半径 $r<a$ 时，由于未包围电荷，故电场强度应为零。当高斯面半径 $r>a$ 时，包围的总电荷为

$$Q = 4\pi a^2 \rho_S$$

式中：ρ_S 为均匀面电荷密度。

又由于

$$\oint_S \vec{E} \cdot \mathrm{d}\vec{S} = 4\pi r^2 E_r$$

故由高斯定律得

$$E_r = \frac{Q}{4\pi\varepsilon_0 r^2} = \frac{\rho_S a^2}{\varepsilon_0 r^2} \qquad (r \geqslant a)$$

3.2.3 静电场的旋度方程

由库仑定律所给出的电场强度 $\vec{E}$，可导出沿任意闭合路径上的静电场的环流量等于零的结果，说明静电场为无旋场。电场力或外力做功的大小与起止点的位置有关而与路径无关。

3.2.3.1 静电场环流量的积分形式

为导出静电场环流量的积分形式，需在点电荷 q 的电场中，求电场 $\vec{E}$ 沿闭合线 $a-b-c-a$ 的积分（见图3-10）。a 点到 b 点电场的曲线积分为

$$\int_l \vec{E}\cdot \mathrm{d}\vec{l} = \int_l E\mathrm{d}l\cdot\cos\theta = \int_{r_a}^{r_b} E dr$$

$$= \frac{q}{4\pi\varepsilon_0}\int_{r_a}^{r_b}\frac{dr}{r^2} = \frac{q}{4\pi\varepsilon_0}\left(\frac{1}{r_a}-\frac{1}{r_b}\right) \tag{3-22}$$

显然，对于闭合路径 $a-b-c-a$ 的积分时，即得静电场环流量的积分形式

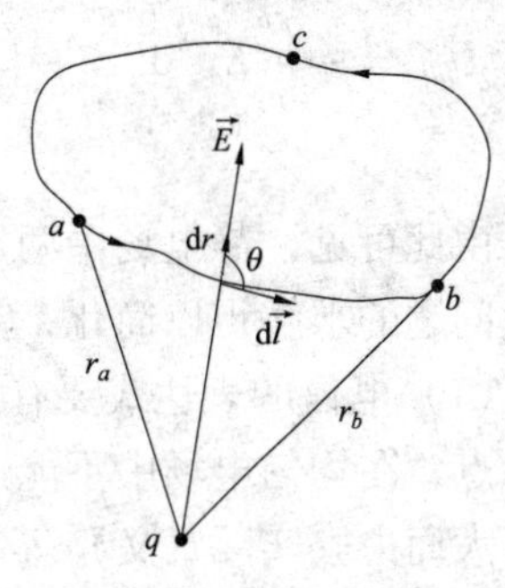

图3-10 电场的曲线积分

$$\oint_l \vec{E}\cdot \mathrm{d}\vec{l} = 0 \tag{3-23}$$

3.2.3.2 静电场环流量的微分形式

利用斯托克斯定理和静电场的环流量为零，导出静电场的旋度方程，斯托克斯定理的数学形式为

$$\oint_l \vec{E}\cdot \mathrm{d}\vec{l} = \int_S \nabla\times\vec{E}\cdot \mathrm{d}\vec{S} \tag{3-24}$$

由于在静电场中 $\oint_l \vec{E}\cdot \mathrm{d}\vec{l} = 0$，故有

$$\int_S \nabla\times\vec{E}\cdot \mathrm{d}\vec{S} = 0 \tag{3-25}$$

由于闭合线 l 和它所包围的面积 S 都是任意的，故静电场的旋度为零，则静电场环流量的微分形式为

$$\nabla\times\vec{E} = 0 \tag{3-26}$$

3.3 电 位

3.3.1 电位的概念

为了简化静电场问题的计算，利用静电场是无旋场，属于位场这一特点，使描述静电场的特性时，除采用电场强度外，还可以用一个属于标量场的电位（函数）来描述。

外力将单位正电荷从静电场中的 a 点移到 b 点所做的功为 $-\int_a^b E\cdot \mathrm{d}l$，它只取决于 a 点和 b 点的坐标，与积分路径无关。若选取 a 点作为电位参考点（通常选择无穷远处作为电位参考点），则此外力做功可用来描述静电场的电位（potential）。

静电场中某点的电位是指单位正电荷从无穷远处移到静电场中某点 b 时，外力克服电场力所做的功。记 b 点的电位为 φ_b，则

$$\varphi_b = -\int_\infty^b E\cdot \mathrm{d}l \tag{3-27}$$

于是，单位正电荷从静电场 a 点移到 b 点时外力所做的功就称为 b 点与 a 点间的电位差（电压）U_{ab}，即

$$U_{ab} = -\int_a^b E \cdot \mathrm{d}l = -\left(\int_a^\infty E \cdot \mathrm{d}l + \int_\infty^b E \cdot \mathrm{d}l\right) = -\left(\int_\infty^b E \cdot \mathrm{d}l - \int_\infty^a E \cdot \mathrm{d}l\right) = \varphi_b - \varphi_a \tag{3-28}$$

由此可见，静电场中两点之间的电压等于两点间的电位之差。若电位参考点选取恰当，可使问题的求解得以简化，其选取原则为：

（1）电位的表达式要有意义。如在点电荷产生的电场中不能选取点电荷所在处为电位参考点，在均匀电场中不能选取无穷远处为电位参考点（否则空间中多数位置处的电位为无穷大而失去实际意义）等。

（2）同一问题只能选取一个电位参考点。若电荷分布在有限区域内，则可选取无穷远处为电位参考点；若电荷并非分布在有限区域内，则应按实际情况将参考点选在有限区域内。

在工程中，通常将大地表面作为电位参考点，故静电场中某点的电位是相对的，参考点不同，电位就不同，但电压与电位参考点的选取无关。

3.3.2 电位与电场的关系

由于电场强度的旋度为零，根据场论，必存在一个标量函数，称为电位函数 φ，其负梯度等于电场强度，即

$$E = -\nabla\varphi \tag{3-29}$$

电位函数 φ（又称静电位、静电动势）是辅助函数，它既有物理意义，又可简化矢量的计算。因常数的梯度等于零，故电位函数加上任意常数依然可描述同一个电场。为克服这种随意性，可取无穷远点作为零电位参考点。在无限空间及均匀介质条件下，在距场源电荷 q 距离 r_a 处的电位 φ_a 为

$$\varphi_a = \int_{r_a}^\infty \vec{E} \cdot \mathrm{d}\vec{r} = \frac{q}{4\pi\varepsilon_0}\int_{r_a}^\infty \frac{\vec{e}_r \cdot \vec{e}_r \mathrm{d}r}{r^2} = \frac{q}{4\pi\varepsilon_0 r_a} \tag{3-30}$$

显然，a、b 两点之间的电位差 φ_{ab} 为单位电荷从 a 移至 b 电场力所做的功，即

$$\varphi_{ab} = \varphi_a - \varphi_b = \int_{r_a}^{r_b} \vec{E} \cdot \mathrm{d}\vec{r} = \frac{q}{4\pi\varepsilon_0}\left(\frac{1}{r_a} - \frac{1}{r_b}\right) \tag{3-31}$$

通常选无穷远作为电位参考点。若任选一点作为参考点，由于参考点变了，则各点的电位值也都变了，但是各点的变化值均相同，故任意两点间的电位差并不变，电场强度也不变。

电位与电荷 q 之间为线性关系，且满足叠加原理。由多个点电荷在空间某点产生的总电位，等于各个点电荷 q_i 在该点单独产生的电位 φ_i 的代数和

$$\varphi = \sum_{i=1}^{N} \frac{q_i}{4\pi\varepsilon_0 R_i} \tag{3-32}$$

在某一区域内各连续分布电荷产生的电位，可对带电区域内电荷元所产生的电位进行积分得到：

线电荷分布
$$\varphi = \int_l \frac{\rho_l \mathrm{d}l}{4\pi\varepsilon_0 R} \tag{3-33}$$

面电荷分布
$$\varphi = \int_S \frac{\rho_S \mathrm{d}S}{4\pi\varepsilon_0 R} \tag{3-34}$$

体电荷分布
$$\varphi = \int_V \frac{\rho_V \mathrm{d}V}{4\pi\varepsilon_0 R} \tag{3-35}$$

3.3.3 泊松方程

引进电位函数后，静电场环流量的微分形式（3－26）自动得到满足，为了让高斯定理式（3－21）也得到满足，将式（3－29）代入式（3－21），得

$$\nabla\cdot(-\varepsilon\nabla\varphi)=\rho$$

对于均匀各向同性的媒质，电容率 ε_0 为一常数，故可以提到散度运算之前，得

$$\nabla^2\varphi = -\frac{\rho}{\varepsilon_0} \tag{3-36}$$

此即静电位 P 所满足的方程。存在体电荷分布时，右端不等于零，即为泊松（Poisson）方程；不存在体电荷分布时，右端等于零，即为拉普拉斯方程。

【例 3－6】 试分别就图 3－11 所示的几种情况，求真空中场点 P 的电场与电位。

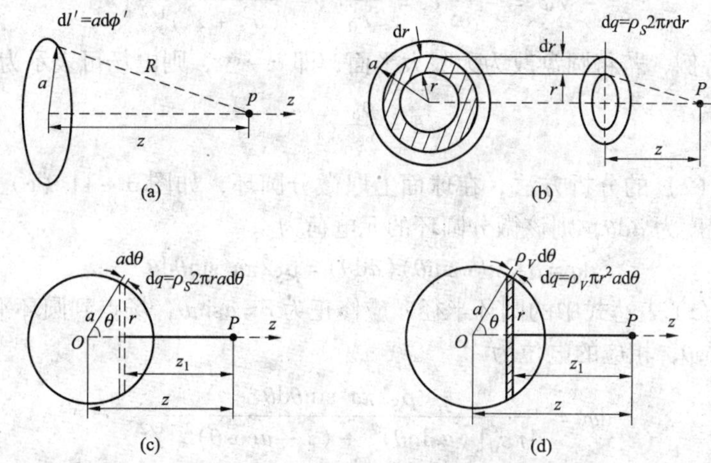

图 3－11 不同类型带电体的电场与电位

（a）均匀带电球面；（b）均匀带电球体；（c）均匀带电球面；（d）均匀带电球体

（1）半径为 a 的圆环上均匀分布有线电荷 ρ_l，场点位于圆环几何中心轴线上。

（2）半径为 a 的圆盘上均匀分布有面电荷 ρ_S，场点位于圆盘几何中心轴线上。

（3）半径为 a 的球面上均匀分布有面电荷 ρ_S，场点位于球外。

（4）半径为 a 的球体上均匀分布有体电荷 ρ_V，场点位于球外。

解 此题仍采用先求标量电位再利用梯度运算求矢量场强的方法分析。

（1）如图 3－11（a）所示，在圆环上任取一线元 $\mathrm{d}l' = a\mathrm{d}\phi'$，则 $R=(a^2+z^2)^{1/2}$，由式（3－33）可得

$$\varphi(z) = \frac{1}{4\pi\varepsilon_0}\int_{l'}\frac{\rho_l \mathrm{d}l'}{R} = \frac{\rho_l}{4\pi\varepsilon_0}\int_0^{2\pi}\frac{a\mathrm{d}\phi'}{(a^2+z^2)^{1/2}} = \frac{\rho_l a}{2\varepsilon_0(a^2+z^2)^{1/2}}$$

由电位与电场的梯度关系式可得该点的电场强度为

$$\vec{E} = -\nabla\varphi = -\frac{\partial\varphi}{\partial z}\vec{e}_z = \frac{\rho_l a z}{2\varepsilon_0(a^2+z^2)^{3/2}}\vec{e}_z$$

（2）由于圆盘可视作无数个圆环构成，故可借用题（1）的结果求解。在圆盘上任取一

半径为 r、宽度为 $\mathrm{d}r$ 的圆环作为微分元，如图 3－11（b）所示，由题（1）中结果可知 $q=\rho_l 2\pi a$ 的圆环电荷产生的电位应为

$$\varphi=\frac{\rho_l a}{2\varepsilon_0\ (a^2+z^2)^{1/2}}=\frac{\rho_l 2\pi a}{4\pi\varepsilon_0\ (a^2+z^2)^{1/2}}=\frac{q}{4\pi\varepsilon_0\ (a^2+z^2)^{1/2}}$$

故对应的微分圆环元电荷 $\mathrm{d}q=\rho_S 2\pi r\mathrm{d}r$ 产生的元电位应为

$$\mathrm{d}\varphi=\frac{\rho_S 2\pi r\mathrm{d}r}{4\pi\varepsilon_0(r^2+z^2)^{1/2}}=\frac{\rho_S r\mathrm{d}r}{2\varepsilon_0(r^2+z^2)^{1/2}}$$

沿半径方向积分即可求得整个圆盘上的电荷在 P 点产生的电位为

$$\varphi(z)=\frac{\rho_S}{2\varepsilon_0}\int_0^a\frac{r\mathrm{d}r}{(r^2+z^2)^{1/2}}=\frac{\rho_S}{2\varepsilon_0}[(a^2+z^2)^{1/2}-z]$$

该圆盘在 P 点产生的电场则为

$$\vec{E}=-\nabla\varphi=-\frac{\partial\varphi}{\partial z}\vec{e}_z=\frac{\rho_S}{2\varepsilon_0}[1-\frac{z}{(a^2+z^2)^{1/2}}]\vec{e}_z$$

作为此题的特例，若将圆盘改为无限大平面，即 $a\to\infty$，则电场可表示为

$$\vec{E}=\frac{\rho_S}{2\varepsilon_0}\vec{e}_z$$

（3）仿照题（2）的分析方法，在球面上取微分圆环，如图 3－11（c）所示，圆环的半径 $r=a\sin\theta$，宽度为 $a\mathrm{d}\theta$，则该微分圆环的元电荷为

$$\mathrm{d}q=\rho_S 2\pi(a\sin\theta)(a\mathrm{d}\theta)=\rho_S 2\pi a^2\sin\theta\mathrm{d}\theta$$

题（1）中 $\varphi(z)$ 表达式中的圆环半径 a 应修正为 $r=a\sin\theta$，场点到圆环平面的距离 z 应修正为 $z_1=z-a\cos\theta$，相应的电位为

$$\mathrm{d}\varphi=\frac{\rho_S 2\pi a^2\sin\theta\mathrm{d}\theta}{4\pi\varepsilon_0[(a\sin\theta)^2+(z-a\cos\theta)^2]^{1/2}}$$

只需将上式 θ 从 $0\sim\pi$ 积分，即可求得整个球面上的电荷在 P 点产生的电位 φ。为简化积分过程，可令 $x=a\cos\theta$，则相应的积分为

$$\varphi(z)=\frac{\rho_S a}{2\varepsilon_0}\int_a^{-a}\frac{\mathrm{d}x}{[a^2-x^2+(z-x)^2]^{1/2}}=\frac{\rho_S a}{2\varepsilon_0}\int_a^{-a}\frac{\mathrm{d}x}{(z^2+a^2-2zx)^{1/2}}$$

$$=\frac{\rho_S a}{2\varepsilon_0 z}(z^2+a^2-2zx)^{1/2}\Big|_a^{-a}=\frac{\rho_S a^2}{\varepsilon_0 z}$$

该点的电场强度 $\vec{E}$ 为

$$\vec{E}(z)=-\frac{\partial\varphi}{\partial z}\vec{e}_z=\frac{\rho_S a^2}{\varepsilon_0 z^2}\vec{e}_z$$

（4）此题可利用题（3）的结果求解。在球体中取一半径为 r、厚为 $\mathrm{d}r$ 的同心球面作为微分元，由题（3）中电荷 $q=\rho_S 4\pi a^2$ 的球面在场点产生电位 $\varphi=\frac{\rho_S 4\pi a^2}{4\pi\varepsilon_0 z}$ 可知，微分元电荷 $\mathrm{d}q=\rho_V 4\pi r^2\mathrm{d}r$ 所产生的电位应为

$$\mathrm{d}\varphi=\frac{\rho_V 4\pi r^2\mathrm{d}r}{4\pi\varepsilon_0 z}=\frac{\rho_V r^2\mathrm{d}r}{\varepsilon_0 z}$$

对半径 r 从 $0\sim a$ 积分，即可求得整个球体上的电荷在 P 点产生的电位为

$$\varphi(z) = \frac{\rho_V}{\varepsilon_0 z}\int_0^a r^2 \mathrm{d}r = \frac{\rho_V a^3}{3\varepsilon_0 z}$$

相应的电场强度 $\vec{E}$ 为

$$\vec{E}(z) = -\frac{\partial\varphi}{\partial z}\vec{e}_z = \frac{\rho_V a^3}{3\varepsilon_0 z^2}\vec{e}_z$$

本题也可仿照（3）的方法取半径 $r = a\sin\theta$、宽度为 $a\mathrm{d}\theta$ 的圆面作为微分元，如图 3－11（d）所示，由题（2）的结果积分求得，请读者自己完成计算过程。

3.4 静电场中的导体与介质

物质是由原子核和电子组成的，原子核带正电，电子带负电。这些带电粒子的周围一定存在着电场，但从宏观上看，由于相邻原子产生的场相互抵消，及大量带电粒子热运动的平均结果，使自然状态下的物质呈现电中性。当存在外加电场时，由于带电粒子和外加电场的相互作用，引起材料的宏观电效应，相当于在材料内部存在附加的场源，这样就需要对真空中的电场定律作进一步推广。

3.4.1 静电场中的导体及其特性

导体中存在大量自由移动的带电粒子。导体可分为金属导体和电解质导体两种。金属导体靠自由电子导电，由于自由电子的质量比原子核的质量小得多，故导电过程中无明显的质量迁移，也无化学变化。属于电解质导体的电解液（碱、酸和盐溶液等）靠带电离子导电，导电过程中伴随有质量迁移，也会发生化学变化。金属比电解液的导电性要强得多。本节主要讨论金属导体在电场中的特性，并用电导作为表征材料导电特性的参量。

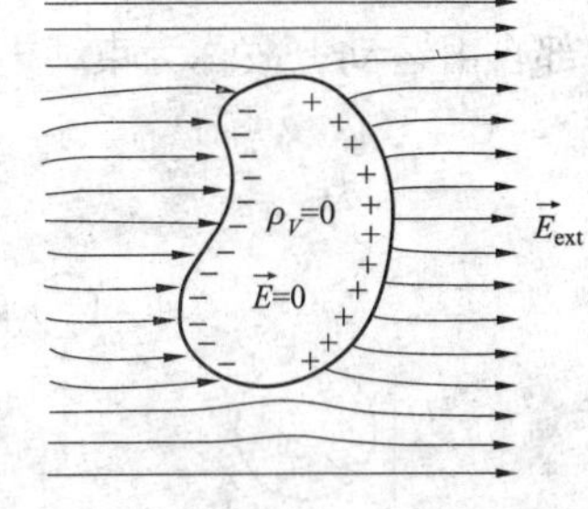

图 3－12　静电场中的孤立导体

金属导体（如金、银、铜、铝等）具有大量的自由电子，在自然状态下，这些自由电子所带的负电荷和原子核所带的正电荷处处相等，相互抵消，故导体呈电中性状态。这时导体中的自由电子仅作微观的热运动，无宏观的电荷运动。但如图 3－12 所示，若导体受外电场 $\vec{E}_{ext}$ 的作用，其电场力会使这些自由电子逆电场方向运动，此时导体左侧出现负电荷，右侧出现正电荷，该种电荷称为感应电荷。两端聚积感应电荷的导体内将会产生电场，该电场称为内电场，其方向与外电场方向相反，随着感应电荷的聚积，感应电荷产生的内电场也逐渐增强，最后达到与外电场平衡且互相抵消，此时导体内的总场强为零（$\vec{E} = 0$），自由电子受到的电场力也为零，电子的定向运动停止，导体处于静电平衡状态。

静电场中的导体具有的基本特征有：① 导体为等位体；② 导体内部电场为零；③ 导体表面的电场处处与导体表面垂直，其切向电场为零（$\vec{E}_t = 0$）；④ 感应电荷只分布在导体表面上，导体内部感应电荷为零（$\rho_V = 0$）。在边界条件一节中将对此进行进一步讨论。

3.4.2 静电场中的介质及其特性

电介质和金属导体不同，电介质中的电子受原子核很强的束缚，即使在外电场的作用下，电子也只能在原子间隔范围内做微观位移而不能脱离原子核作宏观运动。电介质是一种绝缘材料，如石英、云母、变压器油、蓖麻油、氢和氮等。电介质可以是固体、液体或气体，金属蒸气也是电介质。

在一般介质的分子中含有许多电子，它们各自在自己的轨道上运动，形成电子云，电子云的作用可等效为一个单独的负电荷，该等效电荷所处位置称为电子云的“重心”。同样，每个分子中的全部电荷也有一个正电荷“重心”，根据正负电荷重心的分布方式，电介质分子可分为无极分子和有极分子两类。

（1）无极分子。当外电场不存在时，电介质中正负电荷的“重心”是重合的，电介质处于电中性状态，对外不显电性，如气体氢、氮等物质。

（2）有极分子。当外电场不存在时，电介质中的正负电荷“重心”不重合，故每个分子可等效为一个电偶极子，但由于分子的无规则热运动，各个分子等效电偶极矩的方向凌乱，故无论是整块介质或介质中的某一部分，其中分子等效电偶极矩的矢量和均为零，介质仍处于对外不显电性的电中性状态。

如图3－13（a）所示，在外电场作用下，由无极分子组成的电介质中，分子的正负电荷“重心”将发生相对位移，形成等效电偶极子。外加电场越强，正负电荷重心之间的相对位移就越大，等效电偶极矩也越大［见图3－13（b）］。

如图3－14所示，若外电场作用于均匀电介质的整体，则垂直于电场的电介质的两个表面上将分别出现正、负电荷，但这种电荷不是自由电荷，它不能离开电介质，也不能在电介质内部自由运动，故称为束缚电荷。

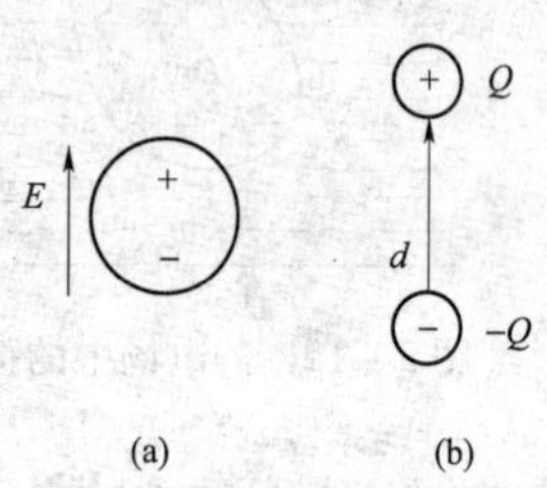

图3－13　无极分子的极化

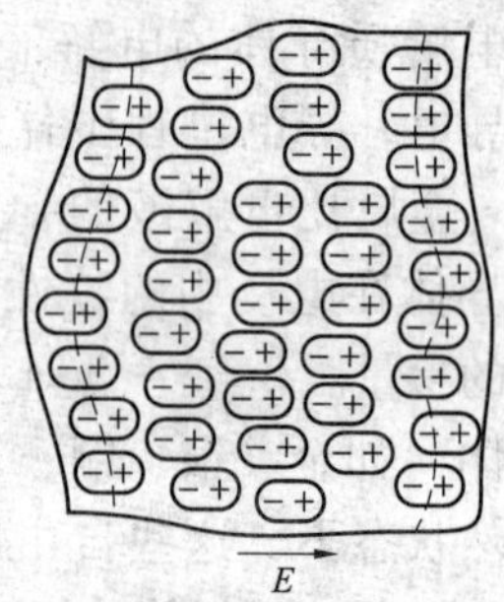

图3－14　电介质的极化

如图3－15所示，若外电场作用于由有极分子组成的电介质，则各分子等效电偶极子将受一力矩的作用，使分子电偶极矩（简称电矩）$\vec{P}$转向电场的方向。但由于分子的热运动，不能使分子的各电偶极矩完全顺着电场方向排列，然而随着场强不断加强，转向的效果就越显著，排列就越整齐，各分子的等效电偶极矩在电场方向分量的总和也越大，在有极分子电介质与外电场垂直的界面上，同样出现束缚电荷。

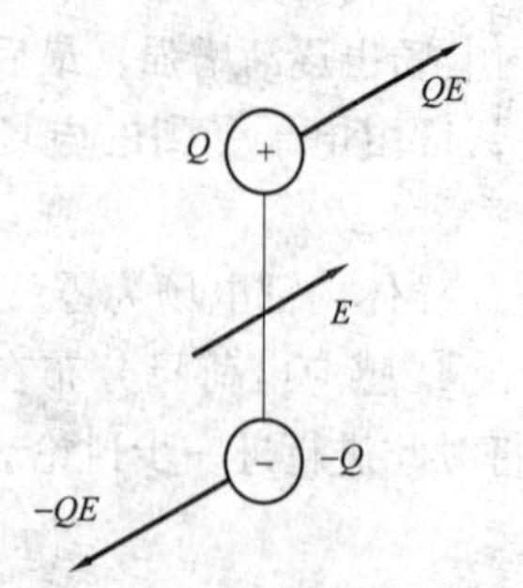

图3－15　电场对有极分子的转矩

这种在外电场作用下，电介质中出现有序排列的电偶极子，表面上出现束缚电荷的现象，称为电介质的极化。我们把无极分子和有极分子的极化分别称为位移极化和转向极化。两种极化的微观过程虽然不同，但在极化后的介质中都会出现束缚电荷，且电场对介质分子的极化作用随着电场的增强而增强，介质中出现的束缚电荷也越多，故在宏观上有着相同的效果。

电介质极化的程度直接取决于分子的位移极化和转向极化的程度。一般用极化强度 $\vec{P}$ 来表示极化程度。设介质中任一小体积 ΔV 中所有分子的电矩矢量和为 $\sum_i p_i$，则极化强度 $\vec{P}$ 即为单位体积中分子电矩的矢量和

$$\vec{P} = \lim_{\Delta V \to 0} \frac{\sum_i p_i}{\Delta V} \tag{3-37}$$

式（3-37）反映了介质中每一点介质极化的情况。由式（3-37）可知，极化强度为一矢量函数，其单位为库/米^2（C/m^2），与面电荷密度具有相同的量纲。

对于线性的和各向同性的均匀介质，其中每一点的极化强度 $\vec{P}$ 均与该点的总电场强度成正比，即

$$\vec{P} = \chi_e \varepsilon_0 \vec{E} \tag{3-38}$$

式中：χ_e 为电极化系数，不同的介质有不同的电极化系数，它是量纲为 1 的量。

3.4.3 介质中的高斯定理

自由电荷与束缚电荷在真空中产生的电场的性质是相同的。原子核和电子的尺寸与它们之间的距离相比是很小的，即使和原子之间的距离相比，也是很小的，故在电介质中的观察点就像在真空中一样，可以把等效的束缚电荷分布也视为在真空中的电荷分布，因此介质中的静电场可归结为自由电荷与束缚电荷在真空中共同产生的静电场。顾及自由电荷密度 ρ_V 和束缚电荷密度 ρ_P 后，高斯定律可写成

$$\nabla \cdot \vec{E} = \frac{\rho_V + \rho_P}{\varepsilon_0} \tag{3-39}$$

或

$$\nabla \cdot (\varepsilon_0 \vec{E}) = \rho_V + \rho_P \tag{3-40}$$

因束缚电荷密度 $\rho_P = -\nabla \cdot \vec{P}$，故

$$\nabla \cdot (\varepsilon_0 \vec{E} + \vec{P}) = \rho_V \tag{3-41}$$

由式（3-21）可得

$$\vec{D} = \varepsilon_0 \vec{E} + \vec{P} \tag{3-42}$$

对线性、各向同性的均匀介质，根据式（3-38），电位移矢量又可表示为

$$\vec{D} = (1 + \chi_e) \varepsilon_0 \vec{E} \tag{3-43}$$

或

$$\vec{D} = \varepsilon_r \varepsilon_0 \vec{E} \tag{3-44}$$

$$\varepsilon_r = 1 + \chi_e \tag{3-45}$$

式中：ε_r 为相对介电常数。

材料的介电常数可表示为 $\varepsilon = \varepsilon_r \varepsilon_0$。式（3-42）称为介质特性方程，它是一个有关电场和材料之间关系的物态方程。表 3-1 中给出了几种常见介质的相对介电常数。

表 3-1 材料的相对介电常数

材料名称	相对介电常数 ε_r	击穿场强（10kV/cm）
空气（0℃，101 325Pa）	1.000 6	3
水汽（110℃，101 325Pa）	1.012 6	
纸	2.0～3.0	
聚四氟乙烯	2.1	
矿物油	2.2	
石蜡	2.2	15～30
聚乙烯	2.3	30
聚苯乙烯	2.56	40
软橡胶	2.5～3.0	20
琥珀	3	15～25
尼龙	3.5	
石英	3.8	
普通玻璃	4.5	
胶木	4.9	21～30
瓷器	5～7	
微晶玻璃	5.6	
云母	6	
大理石	8.3	
陶瓷	9.8	
蒸馏水	91	
二氧化钛	100	

由式（3-41）和式（3-42）可得

$$\nabla \cdot \vec{D} = \rho_V \tag{3-46}$$

式（3-46）即为一般电介质中高斯定律的微分形式，它是介质中麦克斯韦方程之一，高斯定律的积分形式为

$$\oint_S \vec{D} \cdot d\vec{S} = \int_V \rho_V dV = q \tag{3-47}$$

式（3-46）、式（3-47）在形式上虽与式（3-21）、式（3-17）一样，但却具有普遍意义了，说明高斯定律不仅适用于真空，同样也适用于一般介质。式（3-47）还说明：穿过任意封闭曲面的电通量，仅与曲面中包围的自由电荷有关，而与介质的状况无关，从而使电场计算更为方便。

对于一般电场强度，线性介质中的极化强度 $\vec{P}$ 与介质内部电场强度 $\vec{E}$ 成正比，其内部分子或原子中正负电荷之间的微小位移随介质中电场增加而增大，但若介质中电场增大至导致束缚电荷脱离了分子的控制而形成自由电荷，则绝缘介质就导电了。这种现象称为介质击穿，介质材料在未被击穿条件下所能承受的最大场强称为介质的击穿强度。例如，空气的击

穿强度为 30kV/cm。

【例 3-7】 一半径为 a、介电常数为 ε 的介质球，其中充满体密度为 ρ_0 的电荷，试求：

(1) 介质球内外的 $\vec{E}$、$\vec{P}$；

(2) 介质球内束缚电荷体密度及介质球表面的束缚电荷密度。

解 (1) 由于介质球及电荷分布的对称性，球内外的 $\vec{D}$、$\vec{E}$、$\vec{P}$ 均在球的径向方向上，且在与介质球同心的圆上各自幅度相等，利用介质中的高斯定律

$$\oint_S \vec{D} \cdot \mathrm{d}\vec{S} = q$$

以及

$$\vec{D} = \varepsilon \vec{E} = \varepsilon_0 \vec{E} + \vec{P}$$

当 $r<a$ 时，

$$\vec{E} = \frac{r\rho_0}{3\varepsilon}\vec{e}_r$$

$$\vec{P} = \varepsilon_0(\varepsilon_r - 1)\vec{E} = \frac{(\varepsilon - \varepsilon_0)r\rho_0}{3\varepsilon}\vec{e}_r$$

当 $r>a$ 时，

$$\vec{E} = \frac{a^3\rho_0}{3\varepsilon_0 r^2}\vec{e}_r$$

$$\vec{P} = 0$$

(2) 介质球中 ($r<a$) 的 ρ_{P}

$$\rho_{\mathrm{P}} = -\nabla \cdot \vec{P} = -\frac{1}{r^2}\frac{\partial}{\partial r}(r^2 P_r) = \frac{(\varepsilon_0 - \varepsilon)\rho_0}{\varepsilon}$$

介质球表面的 ρ_{Pr}

$$\rho_{\mathrm{Pr}} = \vec{P} \cdot \vec{e}_r \big|_{r=a} = \frac{(\varepsilon - \varepsilon_0)a\rho_0}{3\varepsilon}$$

3.5 静电场的边界条件

在静电问题中，经常遇到不同媒质（真空、电介质、导体等）的分界面，通常在这些分界面上场量会发生突变，故研究无限接近不同媒质分界面场的特性，是求解静电场边值问题的基础。

3.5.1 场矢量 $\vec{D}$ 与 $\vec{E}$ 的边界条件

对电通量密度 $\vec{D}$ 而言，有

$$\vec{e}_n \cdot (\vec{D}_1 - \vec{D}_2) = \rho_S \quad \text{或} \quad \vec{D}_{1n} - \vec{D}_{2n} = \rho_S \tag{3-48}$$

式中：$\vec{e}_n$为由媒质 2 指向媒质 1 的法向单位矢量；ρ_S 为分界面上的自由面电荷密度。

3.5.1.1 介质与导体分界面上的边界条件

若媒质 1 是（理想）介质，媒质 2 是（理想）导体，则式（3-48）便改写为

$$\vec{e}_n \cdot \vec{D}_1 = \rho_S \quad \text{或} \quad D_{1n} = \rho_S \tag{3-49}$$

在此条件下，导体表面处介质一侧中任一点的电通量密度的法向分量，等于该点导体表面上的面电荷密度。

【例 3-8】 电荷 Q 均匀分布在半径为 R 的金属球的表面，试确定球体表面上的电场强

度 $\vec{E}$。

解 面电荷密度 $\rho_S = \dfrac{Q}{4\pi R^2}$

在导体表面只有 $\vec{D}$ 的法向分量存在，故 $\vec{D} = D_r \vec{e}_r$，从式（3－49）可得

$$D_r = \frac{Q}{4\pi R^2}$$

若 ε 是围绕球体的媒质的电容率，则

$$E_r = \frac{D_r}{\varepsilon} = \frac{Q}{4\pi\varepsilon R^2}$$

此结果很容易由高斯定律加以验证。

3.5.1.2 介质与介质分界面上的边界条件

若分界面两侧均为理想介质，且分界面上未放置任何自由面电荷，则

$$D_{1n} = D_{2n} \quad 或 \quad \varepsilon_1 E_{1n} = \varepsilon_2 E_{2n} \tag{3-50}$$

由此可见，穿过介质分界面的电通量密度的法向分量是连续的，但当 $\varepsilon_1 \neq \varepsilon_2$ 时，由于分界面上存在束缚面电荷密度，从而使电场强度的法向分量并不连续。可证明，在两种各向同性介质的分界面上，有

$$E_{1n} - E_{2n} = \frac{\rho_{PS}}{\varepsilon_0} \tag{3-51}$$

对电场强度见而言

$$\vec{e}_n \times (\vec{E}_1 - \vec{E}_2) = 0 \quad 或 \quad E_{1t} = E_{2t} \tag{3-52}$$

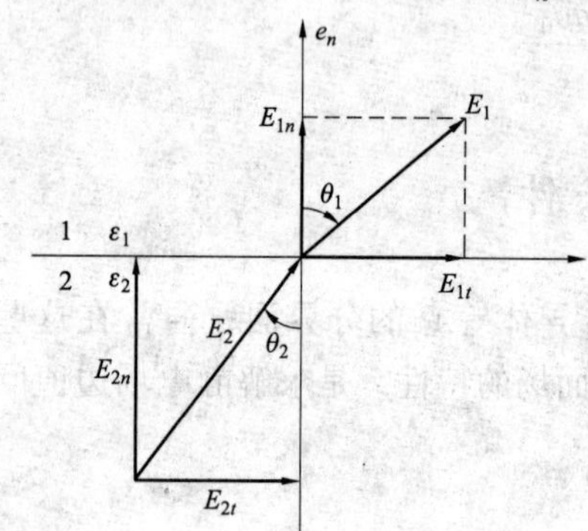

图 3－16 两种理想介质分界面处的 $\vec{E}$

式（3－52）表明，在两种介质分界面处电场强度的切向分量连续。若媒质 1 是介质，而媒质 2 是导体，则由式（3－49）和式（3－50）可知，在导体表面处媒质 1 中电场恒垂直于导体表面。

如图 3－16 所示，若介电常数分别为 ε_1 和 ε_2 的两种介质被一不带电的边界隔开，则电通量密度 $\vec{D}$ 和电场强度 $\vec{E}$ 在此分界面上要改变方向。由此，式(3－50)和式（3－52）可改写为

$$\varepsilon_1 E_1 \cos\theta_1 = \varepsilon_2 E_2 \cos\theta_2$$

$$E_1 \sin\theta_1 = E_2 \sin\theta_2$$

将以上两等式两端分别相除，经整理后得

$$\frac{\tan\theta_1}{\tan\theta_2} = \frac{\varepsilon_1}{\varepsilon_2} = \frac{\varepsilon_{r1}}{\varepsilon_{r2}} \tag{3-53}$$

由此可见，分界面上的电场方向不变的条件是 θ_1 或 θ_2 为 0。显然，若媒质 2 中的电场 E_2 已知，即可求得媒质 1 中的电场 E_1

$$\begin{aligned} E_1 &= \sqrt{E_{1t}^2 + E_{1n}^2} = \sqrt{(E_1 \sin\theta_1)^2 + (E_1 \cos\theta_1)^2} \\ &= E_2 \sqrt{\sin^2\theta_2 + \left(\frac{\varepsilon_2}{\varepsilon_1}\cos\theta_2\right)^2} \end{aligned} \tag{3-54}$$

【例 3-9】 平面 $z=0$ 是介于自由空间与相对电容率为 40 的电介质之间的边界。分界面上的自由空间一侧的电场强度为 $\vec{E}=13\vec{e}_x+40\vec{e}_y+50\vec{e}_z$(V/m)，试确定分界面另一侧的电场强度。

解 令 $z>0$ 区域为媒质 1，$z<0$ 区域为自由空间 2，则

$$\vec{E}_2=13\vec{e}_x+40\vec{e}_y+50\vec{e}_z$$

由于垂直于分界面的电位向量 $\vec{e}_n$ 为 $\vec{e}_z$，而电场强度 $\vec{E}$ 的切向分量是连续的，故

$$\begin{cases}E_{x1}=E_{x2}=13\\E_{y1}=E_{y2}=40\end{cases}$$

又因两种介质分界面上 $\vec{D}$ 的法向分量为连续，即

$$\varepsilon_1 E_{z1}=\varepsilon_2 E_{z2}$$

而 $\varepsilon_2=\varepsilon_0$，$\varepsilon_1=40\varepsilon_0$，则

$$E_{z1}=\frac{E_{z2}}{40}=\frac{50}{40}=1.25$$

故媒质 1 中的电场强度 $\vec{E}$ 为

$$\vec{E}=13\vec{e}_x+40\vec{e}_y+1.25\vec{e}_z(\mathrm{V/m})$$

3.5.2 电位的边界条件

由静电场的基本方程 $\oint_l \vec{E}\cdot \mathrm{d}\vec{l}=0$ 可导出

$$\varphi_1=\varphi_2 \tag{3-55}$$

即两种媒质分界面处电位连续，$D_{iv}=\varepsilon_i E_{iv}=-\varepsilon_i\dfrac{\partial\varphi_i}{\partial n}, i=1, 2, \cdots$，$n$ 代表沿分界面法线方向的坐标，故式（3-48）可改写为

$$\varepsilon_2\frac{\partial\varphi_2}{\partial n}-\varepsilon_1\frac{\partial\varphi_1}{\partial n}=\rho_S \tag{3-56}$$

此即说明，当分界面上存在自由面电荷时，电位导数不连续。

3.6 静电场的边值问题

静电场的问题可分为两类：一类为已知电荷分布，求场区的电场强度及电位，此类问题可通过库仑定律、高斯定律直接求解；另一类为已知导体表面和介质分界面等边界上的电位、电荷，或位函数在边界上的法向导数等，求解场区的电场、电位，即所谓边值型问题。本节主要研究后者。

静电场边值问题按边界条件的不同，可分为：

（1）第一类边值问题，又称狄利克雷（Dirichlet）问题。其边界条件为全部边界 S 上的位函数已知，表述为

$$\varphi|_S=f_1(S)$$

通常，场域边界面上的电位就是导体的电位值，即 $f_1(S)=\varphi_0(S)$。

(2) 第二类边值问题，又称诺伊曼（Neumann）问题。其边界条件为全部边界 S 上，法线方向位函数的导数已知，表述为

$$\left.\frac{\partial\varphi}{\partial n}\right|_S=f_2(S)$$

对于导体边界来说，就是全部导体表面上的电荷面密度的分布已知。场域边界面上的电位法向导数与导体表面电荷密度有关，即 $f_2(S)=\dfrac{\sigma}{\varepsilon}$。

(3) 第三类边值问题是前两类边值问题的混合，故称混合边值问题或柯西（Cauchy）问题，其边界条件为在全部边界中，一部分边界 S_1 上的位函数是给定的，而其余边界 S_2 上的位函数的法向导数是给定的，表述为

$$\varphi|_{S_1}=f_1(S_1)\ \text{和}\left.\frac{\partial\varphi}{\partial n}\right|_{S_2}=f_2(S_2)$$

唯一性定理是指：对上述各边值问题，只要满足边界条件的电位泊松方程和拉普拉斯方程，其解就是唯一的。故可选择任一种求解静电场（包括静磁场）边值问题的解法，只要得到的解满足已知的边界条件和泊松方程或拉普拉斯方程，即可确定此解必为唯一解。

边值问题的解法有解析法（直接积分法）、近似法（分离变量法、保角变换法、复位函数法等）、间接法（镜像法）和数值解法（有限差分法、有限元法、矩量法等）等。其中，分离变量法是求解拉普拉斯方程最基本的方法，主要用于求解二维和三维边值问题；镜像法可以求解不便用其他方法求解的一类特殊的边值问题。限于篇幅，这里仅介绍此两种解法。

3.6.1 分离变量法

分离变量法又称傅里叶级数法，在数理方程中有广泛应用。求解的基本步骤如下：

(1) 根据问题中的导体与介质分界面的形状，选择适当的坐标系，使给定的边界与一个坐标系的坐标面相合，或分段地与坐标面相合。

(2) 把待求的电位函数表示为几个未知函数的乘积，其中每个未知函数仅是一个坐标变量的函数，然后将这几个未知函数的乘积代入拉普拉斯方程，再将其变成几个常微分方程后，对它们进行求解。

(3) 用给定的边界条件（包括不同媒质分界面上的衔接条件）确定解的待定常数。唯一性定理则保证了用这种方法求得的解是唯一解。

3.6.1.1 直角坐标系中的分离变量法

对于经常遇到的平行平面场，其电位仅与平面上的 x、y 坐标有关。对于此类二维问题，用分离变量法求解既简单又能将可能遇到的问题表达清楚。故在实际工作中，往往通过二维问题的研究，拓展到解决三维问题。

设电位分布只是 x、y 的函数，而沿 z 方向并无变化，故其拉普拉斯方程为

$$\frac{\partial^2\varphi}{\partial x^2}+\frac{\partial^2\varphi}{\partial y^2}=0 \tag{3-57}$$

其解也可改写为

$$\varphi(x,y)=X(x)Y(y) \tag{3-58}$$

其中 $X(x)$、$Y(y)$ 分别为 x、y 的函数。将式（3-58）代入式（3-57）得

$$Y\frac{\partial^2 X}{\partial x^2}+X\frac{\partial^2 Y}{\partial y^2}=0$$

各项均除以 XY，得

$$\frac{1}{X}\frac{\partial^2 X}{\partial x^2}+\frac{1}{Y}\frac{\partial^2 Y}{\partial y^2}=0$$

可见第二项与 x 毫无关系，而在 x、y 取任意值时，这两项之和又恒等于零，故第一项必定也与 x 无关，而等于某个待定系数 C，即

$$\frac{1}{X}\frac{\partial^2 X}{\partial x^2}=C \tag{3-59}$$

$$\frac{1}{Y}\frac{\partial^2 Y}{\partial y^2}=-C \tag{3-60}$$

若令 $C=-K_n^2$，则得

$$\frac{\partial^2 X}{\partial x^2}+K_n^2 X=0 \tag{3-61}$$

$$\frac{\partial^2 Y}{\partial y^2}-K_n^2 Y=0 \tag{3-62}$$

由此将（二维的）拉普拉斯方程分离成两个常微分方程，实数 K_n 称为分离常数。K_n 取不同值时，式（3-61）和式（3-62）的解也有不同的形式。

当 $K_n=0$ 时，其解为

$$X_0=A_0+B_0x \tag{3-63}$$

$$Y_0=C_0+D_0y \tag{3-64}$$

当 $K_n\neq 0$ 时，其解为

$$X(x)=A_n\cos K_nx+B_n\sin K_nx \tag{3-65}$$

$$Y(y)=C_n\operatorname{ch}K_ny+D_n\operatorname{sh}K_ny \tag{3-66}$$

由于拉普拉斯方程是线性的，K_n 取所有可能值所解得的线性组合仍是它的解，故由式（3-58）得到电位函数的通解为

$$\varphi(x,y)=(A_0+B_0x)(C_0+D_0y)+\sum_{n=1}^{\infty}(A_n\cos K_nx+B_n\sin K_nx)(C_n\operatorname{ch}K_ny+D_n\operatorname{sh}K_ny) \tag{3-67}$$

若在式（3-59）、式（3-60）中取 $C=+K_n^2$，则可得另一通解，即

$$\varphi(x,y)=(A_0+B_0x)(C_0+D_0y)+\sum_{n=1}^{\infty}(A_n\operatorname{ch}K_nx+B_n\operatorname{sh}K_nx)(C_n\cos K_ny+D_n\sin K_ny) \tag{3-68}$$

分离常数的选取，可由给定边值的具体情况确定。此处应注意双曲正弦 $\operatorname{sh}(x)$ 或 $\operatorname{sh}(y)$ 在 x 或 y 轴上有一个零值；而双曲余弦 $\operatorname{ch}(x)$ 或 $\operatorname{ch}(y)$ 在 x 轴或 y 轴上没有零值。

【例 3-10】 如图 3-17 所示，横截面尺寸为 $a\times b$ 的长金属盒，四条棱线处都有无穷小缝隙相互绝缘。已知各金属板的边值为：

(1) $\dfrac{\partial\varphi}{\partial x}=0$（左边界 $x=0$，$0<y<b$）；

(2) $\varphi=U_0$（右边界 $x=a$，$0<y<b$）；

(3) $\varphi=0$（下边界 $y=0$，$0<x<a$）；

(4) $\varphi=0$（上边界 $y=b$，$0<x<a$）。

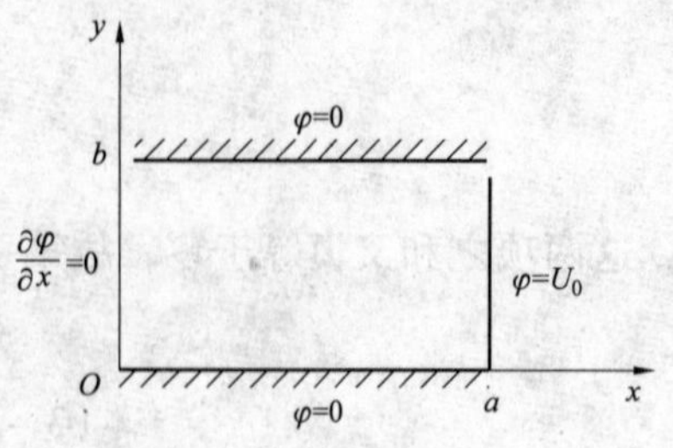

图 3-17 上下接地的导电体

求盒内的电位分布函数 φ (x, y)。

解 取如图 3-17 所示的直角坐标系，忽略电位沿 z 方向的变化，此即为一个二维场。从所给边值看，此为一混合型边值问题。为保证盒内电位函数沿 y 方向变化时，在下边界 ($y=0$) 和上边界 ($y=b$) 处为零，应选式 (3-68) 作为通解。

由式 (3-68) 求出对 x 的偏导数，得

$$\frac{\partial\varphi}{\partial x} = B_0(C_0 + D_0 y) + \sum_{n=1}^{\infty}(A_n K_n \mathrm{sh} K_n x + B_n K_n \mathrm{ch} K_n x)(C_n \cos K_n y + D_n \sin K_n y)$$

再将左边界 ($x=0$) 上 $\frac{\partial\varphi}{\partial x}=0$ 的要求代入，得

$$0 = B_0(C_0 + D_0 y) + \sum_{n=1}^{\infty} B_n K_n (C_n \cos K_n y + D_n \sin K_n y)$$

欲确保 y 在 $0 \sim b$ 范围内取任何值时上式均成立，必须使 $B_0=0$ 和 $B_n=0$。故通解式 (3-68)变为

$$\varphi(x,y) = A_0(C_0 + D_0 y) + \sum_{n=1}^{\infty} A_n \mathrm{ch} K_n x (C_n \cos K_n y + D_n \sin K_n y) \tag{3-69}$$

将 $y=0$ 时 $\varphi=0$ 的要求代入式 (3-69)，可确定 $A_0=0$ 和 $C_n=0$，故式 (3-69) 将变为

$$\varphi(x,y) = \sum_{n=1}^{\infty} E_n \mathrm{ch} K_n x \sin K_n y \tag{3-70}$$

式中：$E_n=A_n D_n$，为待定系数。

将 $y=b$ 时 $\varphi=0$ 的要求代入式 (3-70)，可确定

$$K_n = \frac{n\pi}{b} \qquad (n=1,\ 2,\ 3,\ \cdots)$$

将其代入式 (3-70)，得到满足三边界 (上、下、左) 值的解为

$$\varphi(x,y) = \sum_{n=1}^{\infty} E_n \mathrm{ch}\frac{n\pi x}{b} \sin\frac{n\pi y}{b} \tag{3-71}$$

将第 (2) 个边值条件 $\varphi=U_0$ (右边界：$x=a$，$0<y<b$) 代入，并采用傅里叶的方法确定式 (3-71) 中的常数，即 $U_0 = \sum_{n=1}^{\infty} E_n \mathrm{ch}\frac{n\pi a}{b}\sin\frac{n\pi y}{b}$，代入后得

$$E_n = \begin{cases} \dfrac{4U_0}{n\pi \mathrm{ch}\dfrac{n\pi a}{b}} & (n=1,\ 3,\ 5,\ \cdots) \\ 0 & (n=2,\ 4,\ 6,\ \cdots) \end{cases} \tag{3-72}$$

将其代入式 (3-71) 最终得到金属盒内的电位分布函数为

$$\varphi(x,y) = \frac{4U_0}{\pi}\sum_{n=1,3}^{\infty}\frac{1}{n}\frac{\mathrm{ch}(n\pi x/b)}{\mathrm{ch}(n\pi a/b)}\sin\frac{n\pi y}{b} \tag{3-73}$$

此解为无穷级数，但级数中任何一项均不是解，因它们单独地都不能满足给定的全部边值。

3.6.1.2 圆柱的分离变量法

若场域为有限长的圆柱形或为内外两共轴圆柱面所包围的空间（如一段有限长的同轴电缆的介质区），则电位沿 z 轴方向将发生变化。在此情况下，就需用圆柱坐标系中的分离变量法求解拉普拉斯方程。此时，电位 φ 是圆柱坐标 r、ϕ、z 三者的函数，其拉普拉斯方程为

$$\frac{1}{r}\frac{\partial}{\partial r}\left(r\frac{\partial\varphi}{\partial r}\right)+\frac{1}{r^2}\frac{\partial^2\varphi}{\partial\phi^2}+\frac{\partial^2\varphi}{\partial z^2}=0 \tag{3-74}$$

对于二维平面场，电位 φ 与 z 无关，故其拉普拉斯方程简化为

$$\frac{1}{r}\frac{\partial}{\partial r}\left(r\frac{\partial\varphi}{\partial r}\right)+\frac{1}{r^2}\frac{\partial^2\varphi}{\partial\phi^2}=0 \tag{3-75}$$

设解具有 $\varphi=f(r)g(\phi)$ 的形式，代入式（3-74）得

$$\frac{g(\phi)}{r}\frac{\partial}{\partial r}\left[r\frac{\partial f(r)}{\partial r}\right]+\frac{f(r)}{r^2}\frac{\partial^2 g(\phi)}{\partial\phi^2}=0$$

两边乘以$\dfrac{r^2}{f(r)g(\phi)}$，得

$$\frac{r}{f(r)}\frac{\partial}{\partial r}\left[r\frac{\partial f(r)}{\partial r}\right]+\frac{1}{g(\phi)}\frac{\partial^2 g(\phi)}{\partial\phi^2}=0 \tag{3-76}$$

式（3-76）中第一项仅为 r 的函数，第二项仅为 ϕ 的函数，欲使式（3-76）对所有的 r、ϕ 值均成立，只能使每项均为一常数。若令第一项等于（$-r^2$），则得

$$\frac{\mathrm{d}^2 g(\phi)}{\mathrm{d}\phi^2}+r^2 g(\phi)=0$$

故其解为

$$g(\phi)=A\sin(r\phi)+B\cos(r\phi)$$

若研究的是 ϕ 从 $0\to2\pi$ 的空间，由于 φ 应为单值，即 $\varphi[r(\phi+2\pi)]=\varphi(r\phi)$，则 r 必须等于整数 n，故

$$g(\phi)=A\sin(n\phi)+B\cos(n\phi) \tag{3-77}$$

若用（$-n^2$）代替式（3-76）中的第二项，则得

$$r\frac{\partial}{\partial r}\left[r\frac{\partial f(r)}{\partial r}\right]-n^2 f(r)=0$$

展开后即得欧拉方程

$$r^2\frac{\mathrm{d}^2 f(r)}{\mathrm{d}r^2}+r\frac{\partial f(r)}{\partial r}-n^2 f(r)=0 \tag{3-78}$$

其解为

$$f(r)=Cr^n+Dr^{-n} \tag{3-79}$$

当 $n=0$ 时，解为

$$f(r)=C_0+D_0\ln r \tag{3-80}$$

此时，场 φ 与坐标无关。

在圆柱坐标中，二维场的 φ 的通解为

$$\varphi=(Ar^n+Br^{-n})\cdot(C\sin n\phi+D\cos n\phi) \tag{3-81}$$

也可按解的叠加原理，把 φ 改写为级数形式，即

$$\varphi = \sum_{n=1}^{\infty}(A_n r^n + B_n r^{-1})\cdot(C_n \sin n\phi + D_n \cos n\phi) \tag{3-82}$$

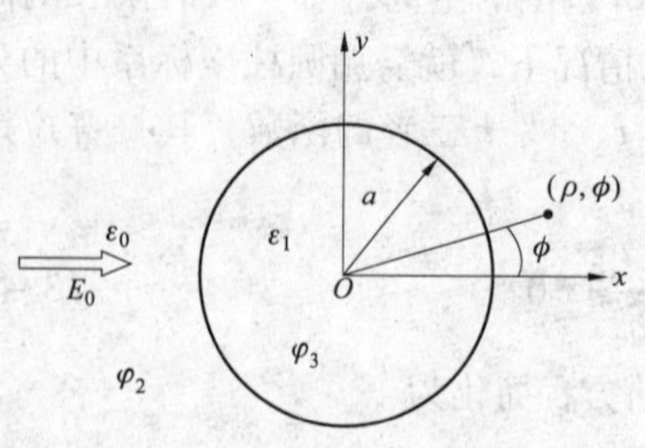

图 3－18 圆柱横截面的结构参数

【例 3－11】 如图 3－18 所示，沿 z 方向为无限长的电介质圆柱，半径为 a，介电常数为 ε_1。该介质圆柱置于具有均匀电场 E_0 的空气中，E_0 沿 x 方向。求介质圆柱内外的电位、电场。

解 由于介质圆柱沿 z 无限长，故不论是 φ_1（介质柱内的电位）或 φ_2（介质圆柱外的电位），都与 z 坐标无关。故此为二维场问题。根据介面的形状，应选择圆柱坐标。故电位 φ 的基本解答形式就是式（3－82），由边界条件确定该式中诸常数。

（1）4 个边界条件为：

1）$\rho\to\infty$，$\varphi_2 = -E_0 x = -E_0\rho\cos\phi$。

2）$\rho\to 0$ 时，φ_1 为有限值。

3）$\rho = a$ 时，$\varphi_1 = \varphi_2$。（3－83）

4）$\rho = a$ 时，$D_{1n} = D_{2n}$ 即 $\varepsilon_1 \dfrac{\partial\phi_1}{\partial\rho}\Big|_{\rho=a} = \varepsilon_0 \dfrac{\partial\phi_2}{\partial\rho}\Big|_{\rho=a}$。

（2）介质圆柱内、外的电位通解形式。

1）介质圆柱内的电位通解形式

$$\varphi_1 = \sum_{n=1}^{\infty}(C'_{1n}\rho^n + C'_{2n}\rho^{-n})\cdot(C'_{3n}\sin n\phi + C'_{4n}\cos n\phi) \tag{3-84}$$

2）介质圆柱外的电位通解形式

$$\varphi_2 = \sum_{n=1}^{\infty}(C''_{1n}\rho^n + C''_{2n}\rho^{-n})\cdot(C''_{3n}\sin n\phi + C''_{4n}\cos n\phi) \tag{3-85}$$

（3）利用边界条件求 φ_1、φ_2 的定解。

1）当 $\rho\to\infty$ 时，介质圆柱对均匀电场的影响可以忽略，则由 $\vec{e}_x E_0 = \vec{e}\left(\dfrac{\partial\varphi_2}{\partial x}\right)$ 得

$$\varphi_2 = -E_0 x = -E_0(\rho\cos\phi) \tag{3-86}$$

将式（3－86）与式（3－85）在 $\rho\to\infty$ 时相对照，可知 $C''_{3n}=0$，$n=1$。将此代入式（3－85），得

$$\varphi_2 = C''_{11}C''_{41}\rho\cos\phi + C''_{21}C''_{41}\frac{1}{\rho}\cos\phi$$

将此式与 $\rho\to\infty$ 时得到的式（3－86）对照，可知 $C''_{11}C''_{41} = -E_0$，故

$$\varphi_2 = -E_0\rho\cos\phi + C_2\frac{1}{\rho}\cos\phi \tag{3-87}$$

式中：$C_2 = C''_{21}C''_{41}$，为常数。

2）当时 $\rho\to 0$ 时，φ_1 为有限值。由于电场 $\vec{E}$ 垂直于 z 轴，且沿 x 轴方向，故不论在介质圆柱内还是圆柱外，电位均满足 $\varphi(\rho,\phi)=\varphi(\rho,-\phi)$，即电位仅为 ϕ 的偶函数，故，$C'_{3n}=0$，$C''_{3n}=0$。于是由式（3－84）可知 $C''_{2n}=0$，把所得到的 $C''_{2n}=0$ 以及 $n=1$，$C'_{3n}=0$ 代入式(3－84)则得

$$\varphi_1 = C_{11}'C_{41}'r\cos\phi = C_1 r\cos\phi \tag{3-88}$$

在式（3-87）和式（3-88）中共用 C_1、C_2 两个常数待定，这就要用到第3）、4）两个边界条件。

3）当时 $\rho = a$ 时，$\varphi_1 = \varphi_2$。故由式（3-87）和式（3-88）可得

$$C_1 a\cos\phi = -E_0\cos\phi + C_2\frac{1}{a}\cos\phi$$

即

$$C_1 a = -E_0 a + \frac{C_2}{a} \tag{3-89}$$

4）当 $\rho = a$ 时，$D_{1n} = D_{2n}$，即 $\varepsilon_1\frac{\partial\varphi_1}{\partial r}\bigg|_{r=a} = \varepsilon_0\frac{\partial\varphi_2}{\partial r}\bigg|_{r=a}$，则由式（3-87）和式（3-88）可得

$$C_1\varepsilon_1\cos\phi = -\varepsilon_0 E_0\cos\phi - C_2\varepsilon_0\frac{1}{a^2}\cos\phi$$

即

$$C_1\varepsilon_1 = -\varepsilon_0 E_0 - \frac{1}{a^2}C_2\varepsilon_0 \tag{3-90}$$

由式（3-89）和式（3-90）解得 C_1、C_2 为

$$C_1 = \frac{-2\varepsilon_0}{\varepsilon_1+\varepsilon_0}E_0,\ C_2 = \frac{\varepsilon_1-\varepsilon_0}{\varepsilon_1+\varepsilon_0}a^2E_0$$

将 C_1、C_2 代入式（3-88）和式（3-87），则分别得到介质圆柱内外的电位 φ_1、φ_2 分别为

$$\varphi_1 = \frac{-2\varepsilon_0}{\varepsilon_1+\varepsilon_0}E_0 r\cos\phi \tag{3-91}$$

$$\varphi_2 = -E_0 r\cos\phi + \frac{\varepsilon_1-\varepsilon_0}{r(\varepsilon_1+\varepsilon_0)}a^2E_0\cos\phi \tag{3-92}$$

（4）由 φ_1、φ_2 求 E_1、E_2。求出了介质圆柱内外的电位 φ_1、φ_2 之后，取其梯度的负值就可十分方便地得到介质圆柱内外的电场强度 $\vec{E}$。

介质圆柱内电场强度 $\vec{E}_1$ 为

$$\vec{E}_1 = -\nabla\varphi_1 = \frac{2\varepsilon_0 E_0}{\varepsilon_1+\varepsilon_0}(\vec{e}_\rho\cos\phi - \vec{e}_\phi\sin\phi) = \vec{e}_x\frac{2\varepsilon_0 E_0}{\varepsilon_1+\varepsilon_0} \tag{3-93}$$

由式（3-93）可见，介质圆柱内电场方向与外加电场 $\vec{E}_0$ 相同，都是沿 x 方向，其大小是均匀的。而且，介质圆柱的介电常数 ε_1 越大，则圆柱内电场越小。

介质圆柱外的电场 $\vec{E}_2$ 为

$$\begin{aligned}\vec{E}_2 &= -\nabla\varphi_2\\ &= -\left(\vec{e}_\rho\frac{\partial\varphi_2}{\partial r} + \vec{e}_\phi\frac{1}{\rho}\frac{\partial\varphi_2}{\partial\phi}\right)\\ &= \vec{e}_\rho E_0\cos\phi\cdot\left(1+\frac{\varepsilon_1-\varepsilon_0}{\varepsilon_1+\varepsilon_0}\cdot\frac{a^2}{\rho^2}\right) + \vec{e}_\rho E_0\sin\phi\cdot\left(\frac{\varepsilon_1-\varepsilon_0}{\varepsilon_1+\varepsilon_0}\cdot\frac{a^2}{\rho^2}-1\right)\end{aligned} \tag{3-94}$$

$$=\vec{e}_x E_0+\left[\frac{\varepsilon_1-\varepsilon_0}{\varepsilon_1+\varepsilon_0}\left(\frac{a}{\rho}\right)^2 E_0\left(\vec{e}_\rho\cos\phi+\vec{e}_\phi\sin\phi\right)\right]$$

式（3－94）可见，介质圆柱之外的场是由外加均匀电场 E_0［式（3－94）等号右边第一项］与圆柱外的感应电场［式（3－94）等号右边中括号内的项］叠加而成。而且还可以清楚地看到，当 $\rho\to\infty$ 时，感应场消失，及又变成了均匀场。但当 ρ 较小时，感应场的作用显著。故 E_2 在介质圆柱近处和均匀场的分布差别较大（见图 3－19）。

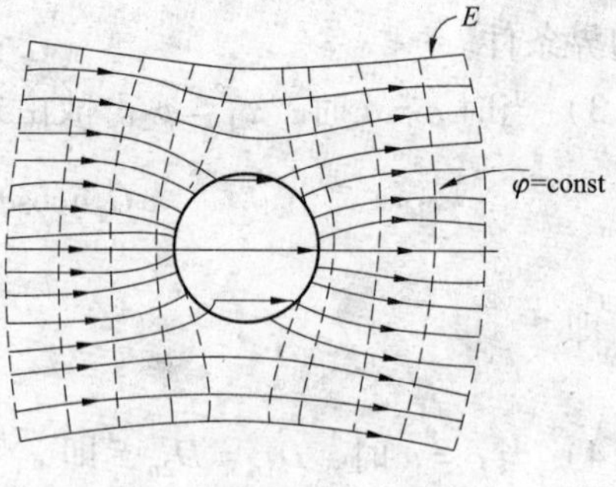

图 3－19　圆柱内横截面的电场分布

3.6.2　镜像法

3.6.2.1　镜像法的基本思想

镜像法是以静电场的唯一性定理为理论依据，求解其边值问题的一种特殊方法。它是一种不直接求解位函数所满足的泊松方程（或拉普拉斯方程）的间接方法。镜像法的基本思想是：在所求电场区域的外部空间的某个适当位置上，假设有一镜像电荷存在，这一假想电荷的引入不会改变所求电场区域的场方程，且镜像电荷在所求区域中产生的电场与导体面（或介质面）上的感应电荷（或极化电荷）所产生的电场等效。在镜像电荷代替导体面（或介质面）上的感应电荷（或极化电荷）后，所求电场区域内的场方程不变，给定的边界条件仍然满足。由静电场的唯一性定理可知，用镜像电荷代替后所解出的电场必是唯一正确的解。镜像法求解静电场的边值问题时，镜像电荷的引入实质上是将静电场的边值问题转化为在无界空间（即均匀介质）中计算简单电荷分布的电场问题。

在静电场边值问题的镜像法求解中，镜像电荷的引入需满足两个基本要求：首先，镜像电荷的引入不能改变欲求解的电场空间的场分布，即镜像电荷只能放置于所需求解的电场空间以外；其次，镜像电荷的形状、电荷量的大小、放置的位置等以满足场区域边界面上的边界条件来确定。

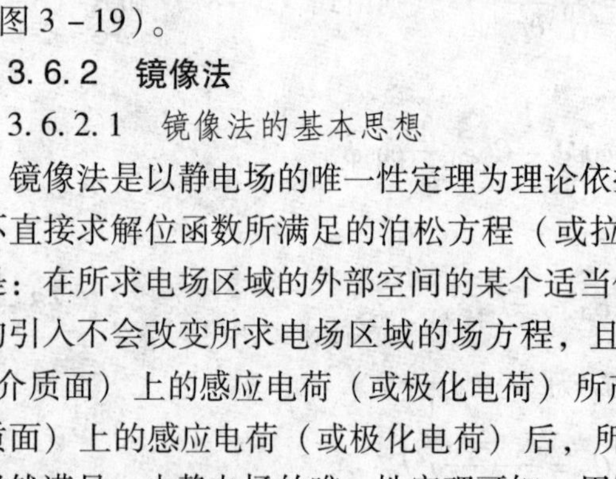

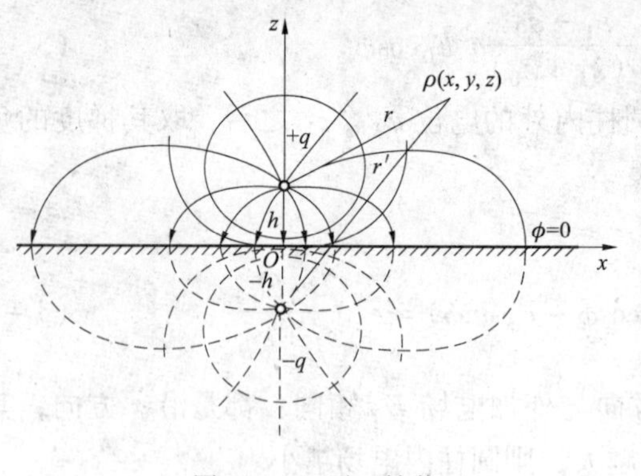

图 3－20　平面镜像

3.6.2.2　平面边界的镜像法

对于平面边界问题，用镜像法求解过程如下。

求无界空间中的一对等值异号的点电荷 $\pm q$ 的电位 φ。如图 3－20 所示，设 $+q$ 位于直角坐标 $(0,0,+h)$，$-q$ 位于直角坐标 $(0,0,-h)$，则此两点电荷产生的电位 φ 的函数式为

$$\varphi=\frac{q}{4\pi\varepsilon_0}\left[\frac{1}{\sqrt{x^2+y^2+(z-h)^2}}-\frac{1}{\sqrt{x^2+y^2+(z+h)^2}}\right] \tag{3-95}$$

式（3－95）说明，$z=0$ 平面上的电位 $\varphi(x,y,0)\equiv 0$，这就相当于将一块理论上无限大和无限薄的接地导体板贴在 $z=0$ 平面上。此时，位于上半空间（$z>0$）的观测者会认为，式（3－95）应为下列边值为题的解，即

$$\nabla^2\varphi = -\frac{q}{\varepsilon_0}\delta(0,0,+h) \tag{3-96}$$

$$\varphi\big|_{z=0} = 0 \tag{3-97}$$

换言之，式（3 -95）所示的电位 φ 分布是由（0,0，+ h）处的点电荷 $+q$ 及 $z=0$ 处的无限大接地导体板静电感应的结果。这是因为式（3 -95）是满足边值式（3 -97）的，根据唯一性定理，所得到的解将是唯一正确的。

由此可见，无限大接地导电平面上方 h 处的点电荷 q 的电位分布等于将该平面撤去，但在点电荷 q 的镜像位置放上镜像电荷 $-q$ 后的电位分布，当然此种等效仅限于真实电荷 q 所在的那半个空间。

导电平面对电荷 q 的吸引力等于电荷 q 与其镜像电荷之间的库仑力。导电平面上的感应电荷密度可通过式（3 -95）的法向导数求得。导电平面上感应电荷的总量等于 $-q$。

【例 3 -12】 如图 3 -21 所示，在 $z<0$ 的下半空间是介电常数为 ε 的介质，上半空间为空气（ε_0），距离介质平面 h 处有一点电荷 q，求 $z>0$ 和 $z<0$ 两半空间内的场。

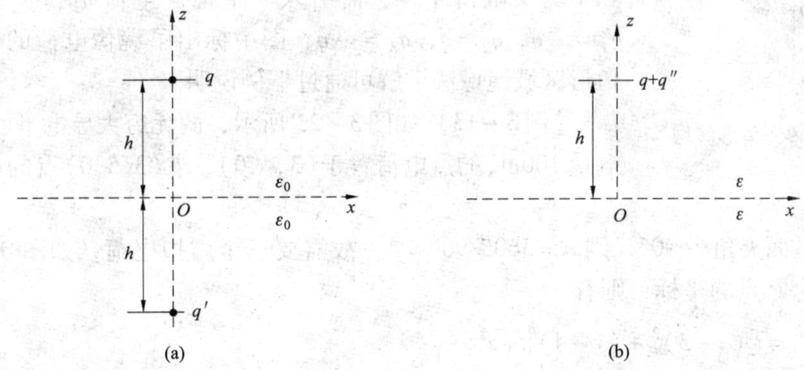

图 3 -21　平面介质交界面的镜像法

（a）加 q'；（b）加 q''

解　本场问题要确定两个区域内的电位函数 $\varphi_1(z>0)$ 和 $\varphi_2(z<0)$；镜像电荷必定位于待求场空间区域之外，故在求 φ_1 时，把介质移去，在 $z=0$ 平面下与点电荷 q 对称的位置上放置镜像电荷 q'（其大小待定），如图 3 -21（a）所示。在求 φ_2 时将上半空间充满同样的介质，并在原来的点电荷处附加上一个待定的镜像电荷 q''，如图 3 -21（b）所示。

当 $z>0$ 时

$$\varphi_1 = \frac{q}{4\pi\varepsilon_0 R_1} + \frac{q'}{4\pi\varepsilon_0 R'}$$

当 $z<0$ 时

$$\varphi_2 = \frac{q+q''}{4\pi\varepsilon_0 R_2}$$

按原来场问题的边界条件，$z=0$ 处有

$$\varphi_1 = \varphi_2 \text{ 和 } \varepsilon_0\frac{\partial\varphi_1}{\partial z} = \varepsilon\frac{\partial\varphi_2}{\partial z}$$

故得两个方程式如下（$z=0$ 时有 $R_1 = R' = R_2$）

$$\frac{q+q'}{\varepsilon_0}=\frac{q+q''}{\varepsilon_0}$$

$$\varepsilon_0\frac{1}{4\pi\varepsilon_0}\left[\frac{q(z-h)}{R_1^3}+\frac{q'(z+h)}{R'^3}\right]\Bigg|_{z=0}=\varepsilon\frac{1}{4\pi\varepsilon}\left[\frac{q+q''}{R_2^3}(z-h)\right]\Bigg|_{z=0}$$

即

$$q'=-q''$$

联立求解以上两个方程，得到

$$q'=-\frac{\varepsilon-\varepsilon_0}{\varepsilon+\varepsilon_0}q,q''=\frac{\varepsilon-\varepsilon_0}{\varepsilon+\varepsilon_0}q \tag{3-98}$$

待定的镜像电荷 q'和 q''一旦确定后，原来的边界值问题的解便很容易求得。

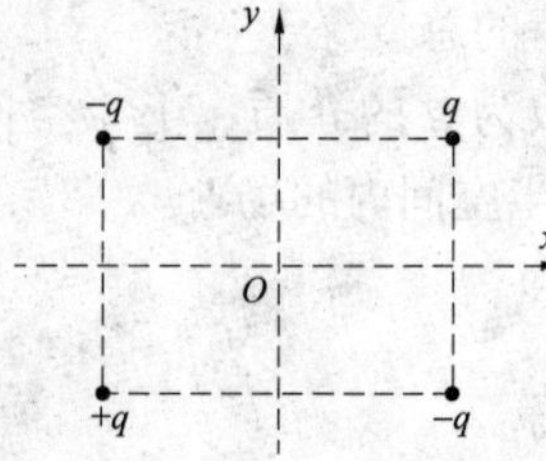

图 3－22　90°角形区域

3.6.2.3　角形区域的镜像法

若将一无限大导电平面折成如图 3－22 所示 90°的角形区域。显然，为保证在 $\varphi=0°$ 和 $\varphi=90°$ 两段边界上的电位为零，除了真实电荷 q 外，需引入 3 个镜像电荷 q_1、q_2、q_3;，其中 $q_1=-q$，$q_2=q$，$q_3=-q$，图中标出了镜像电荷的位置。应用角形区域镜像法求解可通过下例说明。

【例 3－13】 如图 3－23 所示，两无穷大导电平面垂直放置，电量 100nC 的点电荷置于(3,4,0)，求(3,5,0)点的电位和电场强度。

解　两平面夹角为 90°，则 $n=360°/90°=4$，故需要三个虚拟电荷，如图 3－23 所示。若 (x,y,z) 为 P 点的坐标，则有

$$R_1=[(x-3)^2+(y-4)^2+z^2]^{\frac{1}{2}}$$

$$R_2=[(x+3)^2+(y-4)^2+z^2]^{\frac{1}{2}}$$

$$R_3=[(x+3)^2+(y+4)^2+z^2]^{\frac{1}{2}}$$

$$R_4=[(x-3)^2+(y+4)^2+z^2]^{\frac{1}{2}}$$

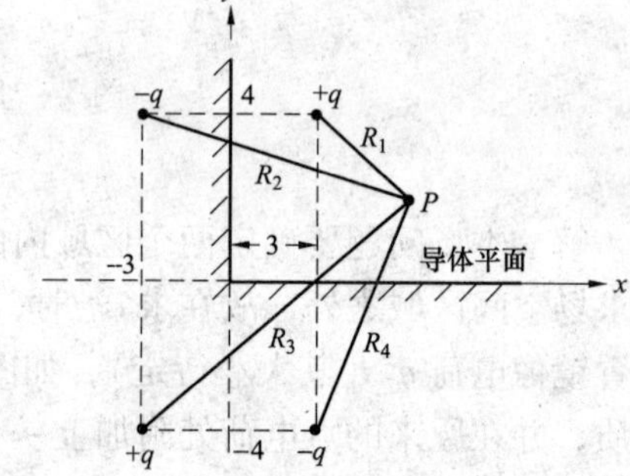

图 3－23　两垂直平面间的点电荷

设场域为自由空间，则 $P(x,y,z)$ 点的电位为

$$\varphi=9\times10^9\times100\times10^{-9}\left(\frac{1}{R_1}-\frac{1}{R_2}+\frac{1}{R_3}-\frac{1}{R_4}\right)$$

在 $P(3,5,0)$ 点，$\varphi(3,5,0)=735.2\text{V}$，其电场强度为

$$\vec{E}=-\nabla\varphi=-\frac{\partial\varphi}{\partial x}\vec{e}_x-\frac{\partial\varphi}{\partial y}\vec{e}_y-\frac{\partial\varphi}{\partial z}\vec{e}_z$$

在 $P(3,5,0)$ 点有

$$\frac{\partial\varphi}{\partial x}=900\left(-\frac{x-3}{R_1^3}+\frac{x+3}{R_2^3}-\frac{x+3}{R_3^3}+\frac{x-3}{R_4^3}\right)=19.8$$

同理，在 $P(3,5,0)$ 点有

$$\begin{cases}\dfrac{\partial\varphi}{\partial y}=-891.36\\[2mm]\dfrac{\partial\varphi}{\partial z}=0\end{cases}$$

故，$P(3,5,0)$ 点的电场强度 $\vec{E}$ 为

$$\vec{E} = -19.8\vec{e}_x + 891.36\vec{e}_y (\text{V/m})$$

3.6.2.4 球面边界的镜像法

我们从一简单问题入手，说明球面边界也可用镜像法求解，然后举例说明其解法。

求无界空间异号但不等值的两个点电荷共同产生的电位 φ。设点电荷 $Q = mq$ 位于 $(0,0,mh)$，点电荷 $-q$ 位于（$0,0,-h$），其中 $m>1$，$h>0$。为寻找零电位面，先写出电位函数

$$\varphi = \frac{q}{4\pi\varepsilon_0}\left[\frac{m}{\sqrt{x^2+y^2+(z-mh)^2}} - \frac{1}{\sqrt{x^2+y^2+(z+h)^2}}\right]$$

令其等于零，再令 $R = \dfrac{m}{m-1}h$，则可导出零等位面方程为

$$x^2 + y^2 + (z+R)^2 = R^2$$

由此可知，此零等位面为一球面，说明球面边界也可以运用镜像法。点电荷 $-q$ 与零等位面球心间的距离为

$$d = \frac{m}{m-1}h - h = \frac{h}{m-1} = \frac{R}{m}$$

而点电荷 Q 与零等位面球心间的距离为

$$D = \frac{m}{m-1}h + mh = \frac{m^2}{m-1}h = m^2 d = mR$$

联立可得

$$\frac{d}{R} = \frac{R}{D} \tag{3-99}$$

由此可见，对于半径为 R 的接地导体球壳外的点电荷 Q，其镜像电荷 Q' 位于球内，且在球心与 Q 的连线上，Q' 离开球心的距离 $d = R^2/D$，D 表示 Q 至球心的距离。镜像电荷的电量为

$$Q' = -\frac{R}{D}Q \tag{3-100}$$

【例 3-14】 设一点电荷 q_1 与半径为 a 的接地导体球的球心相距 d_1，如图 3-24 所示。试求导体球外的电位函数。

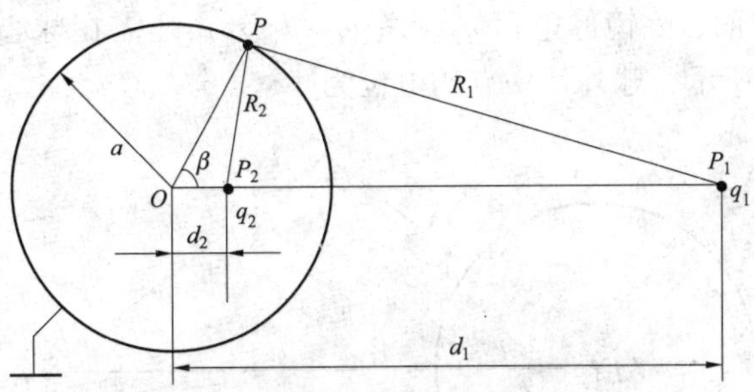

图 3-24 点电荷对接地球导体的镜像

解 当球导体在点电荷的电场中时，球面上会出现感应电荷，但由于导体球接地，球面上只有负的对称的感应电荷，且此感应电荷的分布在面对 q_1 的一侧密度较大，故可设想在

OP_1 线上偏离球心的点 P_2 处有一个镜像电荷 q_2。设该点与球心距离为 d_2。若将原球导体移去，则原电荷 q_1 及镜像电荷 q_2 在原球面上任一点 P 处的电位应为零，即

$$\frac{q}{4\pi\varepsilon_0}\left(\frac{q_1}{R_1}+\frac{q_2}{R_2}\right)=0$$

在球面上取两个特殊点（通过 P_2 的直径的两个端点），上式转化为

$$\begin{cases}\dfrac{q}{4\pi\varepsilon_0}\left(\dfrac{q_1}{a+d_1}+\dfrac{q_2}{a+d_2}\right)=0\\[2ex]\dfrac{q}{4\pi\varepsilon_0}\left(\dfrac{q_1}{d_1-a}+\dfrac{q_2}{a-d_2}\right)=0\end{cases}$$

解得

$$\begin{cases}q_2=-\dfrac{a}{d_1}q_1\\[2ex]d_2=\dfrac{a^2}{d_1}\end{cases}$$

球外任一点的电位为

$$\varphi=\frac{q_1}{4\pi\varepsilon_0}\left(\frac{1}{R_1}-\frac{a}{d_1R_2}\right)$$

式中

$$R_1=(r^2+d_1^2-2rd_1\cos\theta)^{1/2}$$
$$R_2=(r^2+d_2^2-2rd_2\cos\theta)^{1/2}$$

球面上的感应电荷密度为

$$\rho_S=-\varepsilon_0\frac{\partial\varphi}{\partial r}\bigg|_{r=a}=\frac{-q_1(d_1^2-a^2)}{4\pi a(a^2+d_1^2-2ad_1\cos\theta)^{3/2}}$$

球面上的总感应电荷为

$$q_i=-\frac{-q_1(d_1^2-a^2)}{4\pi a}\int_0^{\pi}\frac{2\pi a^2\sin\theta d\theta}{(a^2+d_1^2-2ad_1\cos\theta)^{3/2}}=-\frac{a}{d_1}q_1$$

可见，导体上总的感应电荷等于镜像电荷的电荷量。假设该球导体不接地，则球面上除了分布有感应负电荷外，还有感应正电荷，且球面的静电荷量为零。此时球导体的电位不为零。为保持球面是等位面，除镜像电荷 $q_2=-aq_1/d_1$ 外，还需在球心处放置一个镜像电荷 $q_3=-q_2$，如图 3-25 所示，球外任一点的电位为

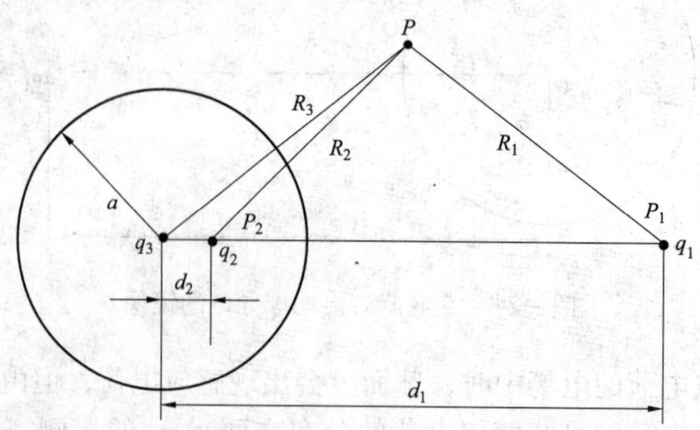

图 3-25　点电荷对不接地球导体的镜像

$$\varphi = \frac{q_1}{4\pi\varepsilon_0}\left(\frac{1}{R_1} - \frac{a}{d_1 R_2} + \frac{a}{d_1 R_0}\right)$$

此时球的电位等于 q_3 在球面上产生的电位，即

$$\varphi = \frac{q_3}{4\pi\varepsilon_0 a} = \frac{q_1}{4\pi\varepsilon_0 d_1}$$

3.7 电容和部分电容

3.7.1 孤立导体与电容器的电容

在静电场中，达到静电平衡时，导体是等位体。电荷只能分布在导体的表面上，而其内部并无电荷，且各点的电荷面密度 ρ_S 由导体表面的形状决定。今有一电荷为 q 的孤立导体，所产生的电位为 φ。若将此导体上的总电荷增加 k 倍，则导体表面各点的电荷面密度 ρ_S 也将增加 k 倍。显然，导体的电位也将增加 k 倍，说明一个孤立导体的电位与它所带的总电荷成正比。把一个孤立导体所带的总电荷 q 与它的电位 φ 之比

$$C = \frac{q}{\varphi} \tag{3-101}$$

称为孤立导体的电容。

电容器是由两个导体构成的导体系统（见图 3-26），当两导体之间加电压 U 时，一个导体带 $+q$ 电荷，另一个导体带 $-q$ 电荷。电荷量 q 与两导体之间的电压 U 也成正比，把比值

$$C = \frac{q}{U} \tag{3-102}$$

称为电容器的电容。

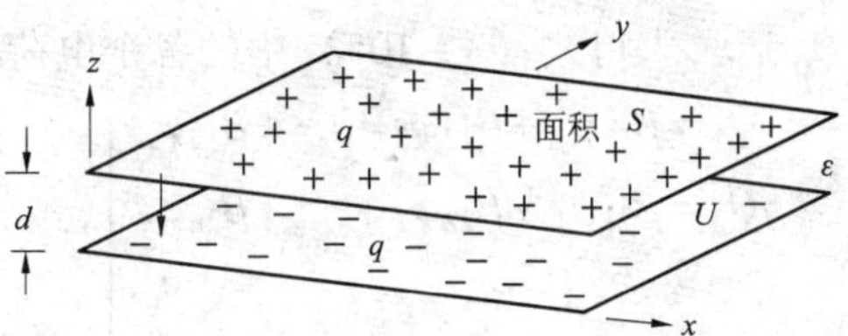

图 3-26 平行板电容器

实际上电容值与导体上所带电荷及所加电压无关，而与导体的形状、尺寸、相互位置、介质特性有关。如图 3-27 所示，平行板电容器之间充满介电常数为 ε 的介质，当极间距离 d 相对于导电板的面积 S 很小时，其电容为

$$C = \varepsilon \frac{S}{d} \tag{3-103}$$

3.7.2 部分电容

如图 3-27 所示，在三个或多个带电导体系统中，每两个导体间的电压将受到其余导体上电荷的影响，故要计算系统中导体间的电容，需引入部分电容的概念。

若一系统中电场的分布仅与系统内部各带电导体的形状、尺寸、相互位置和介质的分布

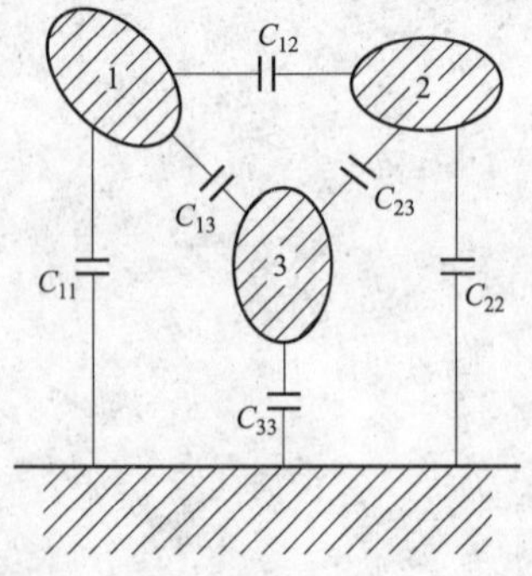

图 3-27 三个导体接地的部分电容

有关，而与系统外部的带电体无关，且所有 $\vec{D}$ 的通量全部发自系统内部的带电体，止于系统内的带电体，则该系统称为静电独立系统。

对由 $n+1$ 个导体组成的静电独立系统，将各导体从 0 到 n 顺序编号，则该系统中各导体的电荷必满足条件

$$Q_0 + Q_1 + Q_2 + \cdots + Q_n = 0 \tag{3-104}$$

对于线性系统，电位遵循叠加原理，故各导体和第 0 号导体（一般为大地，并选为电位参考点）之间的电压和各导体的电荷之间的关系为

$$\left.\begin{aligned} \varphi_1 &= a_{11}Q_1 + a_{12}Q_2 + \cdots + a_{1n}Q_n \\ \varphi_2 &= a_{21}Q_1 + a_{22}Q_2 + \cdots + a_{2n}Q_n \\ &\cdots \\ \varphi_n &= a_{n1}Q_1 + a_{n2}Q_2 + \cdots + a_{nm}Q_n \end{aligned}\right\} \tag{3-105}$$

式中：φ_i 是以第 0 号导体为参考点的第 i 个导体的电位（$i=1\sim n$）；a_{ii} 为自电位系数；a_{ij}（$i\neq j$，$j=1\sim n$）为互电位系数，其定义式分别为

$$a_{ij} = \left.\frac{\varphi_i}{Q_j}\right|_{Q_1=Q_1=\cdots=Q_{j-1}=Q_{j+1}=\cdots=Q_n=0} \tag{3-106}$$

$$a_{ii} = \left.\frac{\varphi_i}{Q_i}\right|_{Q_1=Q_1=\cdots=Q_{i-1}=Q_{i+1}=\cdots=Q_n=0} \tag{3-107}$$

电位系数的特点：① 自电位系数 a_{ii} 和互电位系数 a_{ij} 均为正值；②自电位系数 a_{ii} 大于与其有关的互电位系数 a_{ij}；③电位系数只与导体的几何形状、尺寸、相互位置和系统中填充介质的介电常数有关；④$a_{ij}=a_{ji}$。

由式（3-104）消去 Q_0 后，求得式（3-105）中的各个电荷 Q_1，Q_2，…，Q_n 为

$$\left.\begin{aligned} Q_1 &= \beta_{11}\varphi_1 + \beta_{12}\varphi_2 + \cdots + \beta_{1n}\varphi_n \\ Q_2 &= \beta_{21}\varphi_1 + \beta_{22}\varphi_2 + \cdots + \beta_{2n}\varphi_n \\ &\cdots \\ Q_n &= \beta_{n1}\varphi_1 + \beta_{n2}\varphi_2 + \cdots + \beta_{nm}\varphi_n \end{aligned}\right\} \tag{3-108}$$

式中：β_{ii} 为自感应系数；β_{ij}（$i\neq j$）为互感应系数；$i=1\sim n$，$j=1\sim n$。

感应系数的定义式在形式上与电位系数的式（3-106）和式（3-107）相似，但其特点却略有不同：① 自感应系数均为正值；② 互感应系数均为负值；③ 自感应系数大于与其有关的互感应系数的绝对值。

在实际应用中，若将式（3-108）中的电压 φ_i 改用第 i 个导体与其他导体（如第 j 个导体）间的电压 U_{ij} 表示，则会使问题的求解更为方便。为此，令 $C_{i0} = \sum_{j=1}^{n}\beta_{ij}, C_{ij} = -\beta_{ij}$（$i\neq j$），则式（3-108）可改写为

$$\left.\begin{aligned}Q_1 &= C_{10}U_{10} + C_{12}U_{12} + \cdots + C_{1n}U_{1n}\\ Q_2 &= C_{21}U_{21} + C_{20}U_{20} + \cdots + C_{2n}U_{2n}\\ &\cdots\\ Q_n &= C_{n1}U_{n1} + C_{n2}U_{n2} + \cdots + C_{n0}U_{n0}\end{aligned}\right\} \tag{3-109}$$

式中：$U_{i0}=\varphi_i$，$U_{ij}=\varphi_i-\varphi_j$；$C_{10}$，$C_{20}$，…，$C_{n0}$为自部分电容，$C_{12}$，$C_{23}$，$C_{ij}$，…为互部分电容，这里把这两部分电容统称为部分电容。

部分电容的特点：① 部分电容均为正值；② 部分电容只与导体的几何形状、尺寸、相互位置和系统中填充介质的介电常数有关；③ $C_{ij}=C_{ji}$。对由 $n+1$ 个导体组成的系统，部分电容的总数为 $n(n+1)/2$。

3.7.3　电容的计算

电容计算的一般步骤为：① 假设两导体上分别带电荷 $+q$ 和 $-q$；② 计算两导体间的电场强度 $\vec{E}$；③ 由 $\int_a^b \vec{E}\cdot \mathrm{d}\vec{l}$ 求出两导体间的电位差 U_{ab}；④ 求比值 $\dfrac{q}{U_{ab}}$，即得到所求的电容 C。

【例 3-15】 如图 3-28 所示的同轴线，内导体半径为 a，外导体内半径为 b，内、外导体间填充介质的介电常数为 ε，内、外导体间的电压为 U_0，外导体接地。

求：(1) 内、外导体间的电位分布；

(2) 内导体表面的面电荷密度；

(3) 单位长度电容。

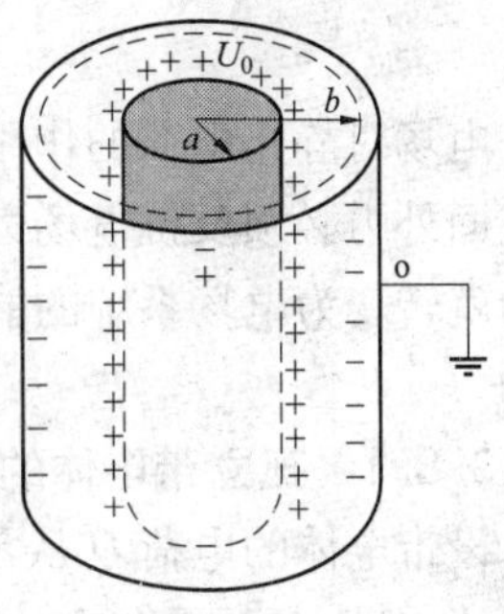

图 3-28　同轴电缆示意图

解　(1) 选取圆柱坐标系，由圆对称性可知，同轴线内、外导体间的电位只是变量 ρ 的函数。故其电位方程为

$$\frac{1}{\rho}\frac{\mathrm{d}}{\mathrm{d}\rho}\left(\rho\frac{\mathrm{d}\varphi}{\mathrm{d}\rho}\right)=0$$

两次积分后得

$$\varphi = A\ln\rho + B$$

式中：A 和 B 为待定常数。

将上式代入边界条件 $\varphi|_{\rho=b}=0$ 及 $\varphi|_{\rho=a}=U_0$，可得 $B=-A\ln b$ 及 $A=U_0/\ln(a/b)$。于是上式变为

$$\varphi = U_0\frac{\ln(\rho/b)}{\ln(a/b)}$$

(2) 同轴线内、外导体间的电场强度为

$$\vec{E} = -\nabla\varphi = -\frac{\mathrm{d}\varphi}{\mathrm{d}r}\vec{e}_\rho = \frac{U_0}{\rho\ln(b/a)}\vec{a}_\rho$$

于是，内导体表面上的面电荷密度为

$$\rho_S|_{\rho=a} = \vec{e}_\rho\cdot\vec{D}|_{\rho=a} = D_\rho|_{\rho=a} = \varepsilon\frac{U_0}{a\ln(b/a)}$$

(3) 内导体单位长度上的电荷为

$$q_{\mathrm{t}} = 2\pi a\rho_S = \frac{2\pi\varepsilon U_0}{\ln(b/a)}$$

故单位长度的电容为

$$C=\frac{2\pi\varepsilon}{\ln(b/a)}$$

【例 3-16】 图 3-29 所示为一对称三芯电缆，若将内导体全部相连，测得内导体与外层之间的电容为 0.057μF。若将其中 1、2 两个内导体与外层相连，测得 3 导体与外层之间的电容为 0.045μF。求电缆的各部分电容。

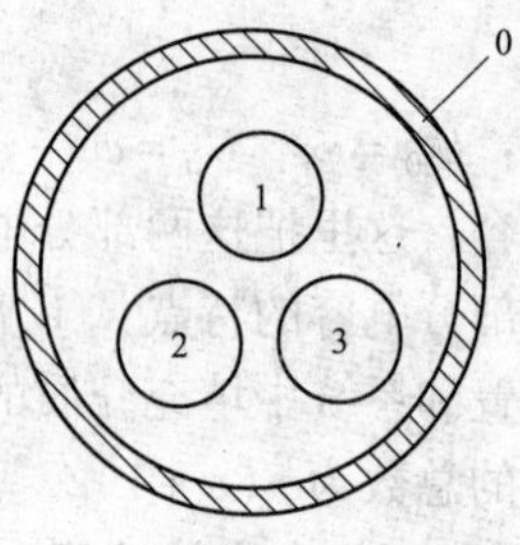

图 3-29　对称三芯电缆

解　由结构的对称性可知

$$C_{10}=C_{20}=C_{30}=\frac{0.057}{3}=0.019(\mu\text{F})$$

已知 $C_{23}+C_{31}+C_{30}=0.045\mu\text{F}$，故

$$C_{12}=C_{23}=C_{31}=\frac{0.045-0.019}{2}=0.013(\mu\text{F})$$

3.8　电场能量与静电力

电场对静止电荷的作用力说明静电场中储存着能量。将电荷由无穷远处移到静电场中，一方面外力必须反抗电场力而做功，另一方面移入新的电荷后引起电场变化，于是外力所做的功就转变为电场系统的能量而储藏在静电场中。故这些能量是在电场的建立过程中积累起来的。

3.8.1　孤立带电体的能量

设带电体的电荷 Q 从零开始逐渐由无限远处移入，由于开始时并无电场，移入第一个微量 $\mathrm{d}q$ 时外力无需作功。当移入第二个 $\mathrm{d}q$ 时，外力就需克服电场力做功。若有电荷 $\mathrm{d}q$，在外力 $\vec{F}$ 作用下移动 $\mathrm{d}\vec{l}$ 所做的功为 $\mathrm{d}W$，$\mathrm{d}q$ 获得的电位为 φ，则由电场强度的概念式(3-5)及电位的定义式（3-27）可得

$$\mathrm{d}W=\vec{F}\cdot\mathrm{d}\vec{l}=\mathrm{d}q\vec{E}\cdot\mathrm{d}\vec{l}=\mathrm{d}q\varphi \qquad (3-110)$$

可见，电场能量的增量即为外力所做的功 $\varphi\mathrm{d}q$。由于带电体的电位随着电荷的逐渐增加而不断升高，故电位 φ 为电荷 q 的函数。当电荷增至最终值 Q 时，外力做的总功就是电荷为 Q 的带电体具有的能量，即

$$W_{\mathrm{e}}=\int_0^Q\varphi(q)\mathrm{d}q \qquad (3-111)$$

按孤立导体电容的定义 $C=\frac{q}{\varphi}$，可推出孤立带电体的电位 φ 等于其携带的电荷 q 与电容 C 的比值，即

$$\varphi=\frac{q}{C} \qquad (3-112)$$

将式（3-112）代入式（3-111），求得电荷为 Q 的孤立带电体的能量为

$$W_{\mathrm{e}}=\frac{1}{2}\frac{Q^2}{C}=\frac{1}{2}\varphi Q \qquad (3-113)$$

式中：φ 为电荷为 Q 的孤立带电体的电位。

【例 3－17】 若导体周围介质的介电常数为 ε，试计算半径为 a、电荷为 Q 的球导体的能量。

解 已知半径为 a、电荷为 Q 的球导体的电位 φ 为

$$\varphi = \frac{Q}{4\pi\varepsilon a}$$

由式（3－113）得

$$W_{\mathrm{e}} = \frac{Q^2}{8\pi\varepsilon a}$$

3.8.2 带电系统的总电能

对于由带电量分别为 q_1，q_2，…，q_n，电位分别为 φ_1，φ_2，…，φ_N 的 N 个导体构成的系统，其系统总的能量可按上述方法求得

$$W_{\mathrm{e}} = \frac{1}{2}\sum_{i,j=1}^{N} q_i\varphi_{ij} = \frac{1}{2}\sum_{\substack{i,j=1\\(i=j)}}^{N} q_i\varphi_{ii} + \frac{1}{2}\sum_{\substack{i,j=1\\(i\neq j)}}^{N} q_i\varphi_{ij} \tag{3-114}$$

式（3－114）中第一部分为各孤立带电体单独存在时的固有电场能量，第二部分则为导体之间相互作用的能量，两者之和即为带电系统的总电能。

当所考虑的电荷是连续的体、面或线电荷分布时，可以将这些分布电荷划分成相应的电荷元 $\rho_V\mathrm{d}V$、$\rho_S\mathrm{d}S$、$\rho_l\mathrm{d}l$，并将式（3－114）中的求和变成积分，即求得分布电荷带电系统的能量分别为

$$W_{\mathrm{e}} = \int_V \frac{\varphi\rho_V}{2}\mathrm{d}V \tag{3-115}$$

$$W_{\mathrm{e}} = \int_S \frac{\varphi\rho_S}{2}\mathrm{d}S \tag{3-116}$$

$$W_{\mathrm{e}} = \int_l \frac{\varphi\rho_l}{2}\mathrm{d}l \tag{3-117}$$

式中的积分区域为分布电荷所占有的空间。

3.8.3 电场能量密度

因高斯定理 $\nabla\cdot\vec{D}=\rho$，故式（3－115）可改写为

$$\begin{aligned} W_{\mathrm{e}} &= \frac{1}{2}\int_V \rho\varphi\mathrm{d}V \\ &= \frac{1}{2}\int_V \nabla\cdot(\varphi\vec{D})\mathrm{d}V - \frac{1}{2}\int_V \vec{D}\cdot\nabla\varphi\mathrm{d}V \\ &= \frac{1}{2}\oint_S \varphi\vec{D}\cdot\mathrm{d}\vec{S} + \frac{1}{2}\int_V \vec{D}\cdot\vec{E}\mathrm{d}V \end{aligned} \tag{3-118}$$

对于式（3－118）中的第一项，若令 S 面趋于无限大，则因为 φ 按 $1/R$ 变化，$\vec{D}$ 按 $1/R^2$ 变化，表面积按 R^2 变化，故当 $R\to\infty$ 时，球面的积分为零，故得

$$W_{\mathrm{e}} = \frac{1}{2}\int_V \vec{D}\cdot\vec{E}\mathrm{d}V \tag{3-119}$$

式（3－119）中体积分的范围为整个有电场的空间（表示能量存在于电场中），被积函数是空间任一点的能量密度，即

$$W_e = \frac{1}{2}\vec{D}\cdot\vec{E} \tag{3-120}$$

或

$$W_e = \frac{1}{2}\varepsilon E^2 = \frac{1}{2}\frac{D^2}{\varepsilon} \tag{3-121}$$

【例 3-18】 半径为 a 的金属球，其电荷量为 q，求该孤立带电金属球的总电场能量 W_e。

解 电场能量分布在金属球之外的整个空间，带电球体在空间中产生的电场为

$$\vec{E} = \vec{e}_r \frac{q}{4\pi\varepsilon_0 r^2}$$

将 $\frac{1}{2}\varepsilon E^2$ 对该空间积分，即得

$$\begin{aligned} W_e &= \int_V \frac{1}{2}\varepsilon_0 E^2 \mathrm{d}V = \int_a^\infty \frac{1}{2}\varepsilon_0 E^2 \cdot 4\pi r^2 \mathrm{d}r \\ &= \int_a^\infty \frac{1}{2}\varepsilon_0 \left(\frac{q}{4\pi\varepsilon_0 r^2}\right)^2 4\pi r^2 \mathrm{d}r \\ &= \frac{q^2}{8\pi\varepsilon_0}\int_a^\infty \frac{\mathrm{d}r}{r^2} = \frac{q^2}{8\pi\varepsilon_0 a} \end{aligned}$$

3.8.4 静电场力

在静电场中，各带电体均受电场力的作用，虽可用库仑定律来计算带电体间的静电力，但此时需先确定带电体上的电荷分布，这往往是非常困难的。故对于电荷分布形状较为复杂的带电体，需要寻求更简便的方法来分析或计算电场力。

利用功、能转换原理的虚位移法可将复杂问题简单化，该方法首先假定带电体在电场的作用下发生一定的位移，然后根据位移过程中电场能量的变化与外力及电场力所做的功之间的关系计算电场力。

在由 N 个导体组成的系统中，若仅有第 i 个带电导体在电场力 F_i 的作用下发生位移 $\mathrm{d}x_i$，则电场力做功 $F_i\mathrm{d}x_i$，此时系统的静电能量增加量为 $\mathrm{d}W_e$，也就是与各带电体相连接的外电源所提供的能量。根据能量守恒定律，该系统的功能关系式为

$$\mathrm{d}W_s = F_i\mathrm{d}x_i + \mathrm{d}W_e \tag{3-122}$$

静电力可分为以下两种情况：

3.8.4.1 恒电荷系统——假设各带电体的电荷保持不变

当第 i 个导体发生虚位移时，所有带电体都不和外电源连接，此时 $\mathrm{d}W_s = 0$，代入式(3-122)并经整理后得

$$F_i = -\left.\frac{\partial W_e}{\partial x_i}\right|_{q=\text{const}} \tag{3-123}$$

式中的负号表示：由于系统与外电源断开，未能提供能量，电场力是靠减少系统的电场能量来做功的。

3.8.4.2 恒电位系统——假设各带电导体的电位保持不变

当第 i 个导体发生虚位移时，所有导体应分别与外部电源相连接。此时外部电压源供给的能量为

$$\mathrm{d}W_{\mathrm{s}} = \sum_{i=1}^{N} \mathrm{d}(q_i\varphi_i) = \sum_{i=1}^{N} \varphi_i \mathrm{d}q_i \tag{3-124}$$

由式（3－124）得系统的静电能量增量为

$$\mathrm{d}W_{\mathrm{e}} = \frac{1}{2}\sum_{i=1}^{N} \varphi_i \mathrm{d}q_i \tag{3-125}$$

此式说明外电压源向系统提供给系统的能量仅有一半用于静电能量的增加，另一半则用于电场力做功，即电场力做功等于静电能量的增量

$$F_i \mathrm{d}x_i = \mathrm{d}W_{\mathrm{e}}\big|_{q=\mathrm{const}} \tag{3-126}$$

故

$$F_i = \frac{\partial W_{\mathrm{e}}}{\partial x_i}\bigg|_{\varphi=\mathrm{const}} \tag{3-127}$$

值得注意的是：在相同情况下，应用式（3－127）和式（3－123）讨论系统的电位和电荷所对应的静电力时，由于带电体并没有发生位移，电场分布也就没有发生变化，故所得结果应相同。

【例3－19】 如图3－30所示，有一平行板电容器，极板面积为 $l \times b$，极间距离为 d，用一块介电常数为 ε 的介质片填充在两极板之间 $(x<l)$。设极板间外加电压为 U_0，求介质片所受的静电力。

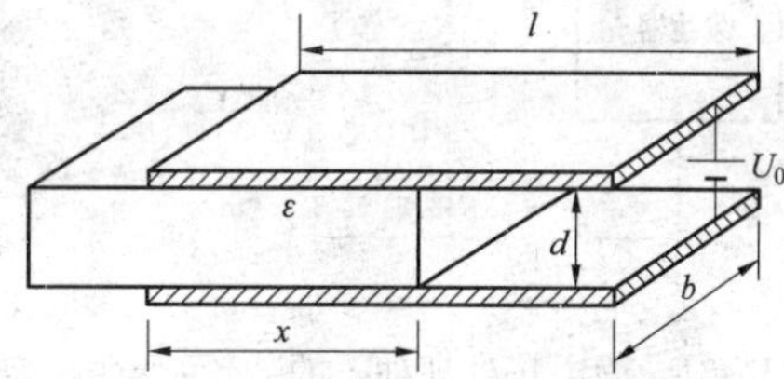

图3－30 平行板电容器

解 部分填充电介质的平行板电容器的电容为（忽略边缘效应）

$$C = \varepsilon_0 \frac{(l-x)b}{d} + \varepsilon \frac{bx}{d}$$

故电容器储存的电场能量为

$$W_{\mathrm{e}} = \frac{1}{2}CU_0^2 = \frac{bU_0^2}{2d}[\varepsilon_0(l-x)+\varepsilon x]$$

当电容器与电源相连接时，U_0 保持不变，设位移变量为 x，由式（3－127）可得介质片受到的静电力为

$$F_x = \frac{\partial W_{\mathrm{e}}}{\partial x}\bigg|_{\varphi=\mathrm{const}} = \frac{b(\varepsilon-\varepsilon_0)U_0^2}{2d}$$

因为 $\varepsilon > \varepsilon_0$，故介质片所受力有将其拉入电容器板间的趋势。

当电容器被充电后与电源断开，则极板上的电荷 q 保持不变，电容器的储能为

$$W_{\mathrm{e}} = \frac{q^2}{2C} = \frac{dq^2}{2b[\varepsilon_0(l-x)+\varepsilon x]}$$

则由式（3－123）求得介质片所受静电力为

$$F_x = \frac{\partial W_{\mathrm{e}}}{\partial x}\bigg|_{q=\mathrm{const}} = \frac{d(\varepsilon-\varepsilon_0)q^2}{2b[\varepsilon_0(l-x)+\varepsilon x]^2}$$

由关系式 $q = CU_0 = \frac{bU_0}{d}[\varepsilon_0(l-x)+\varepsilon x]$ 得

$$F_x = \frac{b(\varepsilon - \varepsilon_0)U_0^2}{2d}$$

3.9 静电场的应用

3.9.1 静电场处理种子

静电场处理种子的装置示意图如图3-31所示，由直流高压发生器将负高压施加于两块平行金属板之间，种子以一定厚度置于电极板上，其施加电压、极板距离、处理时间及种子厚度根据试验决定。

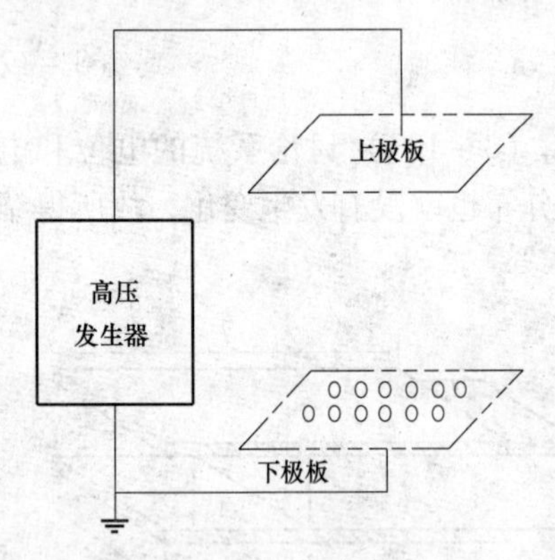

图3-31 静电场处理种子的装置示意图

具有生命的植物种子在播种前处于休眠状态，用人工静电场处理休眠状态植物种子的原理将植物种子平放在金属极板上，经过一定时间的“照射”处理，即可起到极化提高种子活力的作用。根据不同植物种子对电场敏感程度的差异可以设计不同类型和强度的静电场。处理植物种子的静电场有均匀场与非均匀场、正电场与负电场等类别。非均匀电场由于电晕线的电晕放电作用还会产生臭氧，这种强氧化剂对植物种子有消毒杀菌作用。如果由两块平行金属板组成电极所产生的就是一种均匀电场（忽略边缘效应）。均匀电场的特点在于计算简单、设计方便，另外还可以根据处理种子的需要，按负极接地或正极接地设计为正电场或负电场。

实际电场的设计都是将市电220V的电压升高、整流，使其电压升到40～400kV，输出电流则在2～20mA，再通过高压电缆、保护电阻等加到电晕线或金属板上。电晕线与金属板或平行金属板之间的距离是可调的，通过调整它们之间的距离控制电场的强弱。

3.9.2 人工诱发闪电的应用

所谓人工诱发闪电，是在气象条件成熟的情况下，发射一枚带接地导线的拖线火箭，使带电云与地面短路，从而沿弹迹形成一种人为控制的云对地闪电。科学家曾在北京延庆县许家营村老果园的大田玉米田中进行了人工诱发闪电试验，并成功地诱发了两次闪电。到了收获季节，对击地点附近的玉米进行实地调查，发现玉米结穗有变异现象，主要是双穗率提高了，并出现了少见的雄花结穗增大和增多的现象。

3.9.3 静电喷农药和静电人工授粉

普通喷农药方法受大气影响很大，再加上植株疏密不等、高矮不齐，虽然使用了很多农药，但真正落到农作物上的却有限，而且农药的分布也不均匀，最上面一层叶片上药水多得直淌，害虫藏身的簇叶下面却洒不到农药，而静电喷药可以大大改善上述情况。由于植物茎叶内水分很大，相当于接地导体，因此在喷枪和植株间建立了电场。叶片的边缘部分电场最强，带电的药滴或药粉就很容易飞进各层叶之间，使害虫没有藏身之地。这样施用的农药，既不易被风吹跑，也不易被雨水冲掉，药效大大增强，还防止了水源和空气的污染。另外，植物的人工授粉也可利用静电方法，大大提高了工作效率。

3.9.4 静电屏蔽

封闭的导体腔可以阻断外界静电场的影响称为静电屏蔽。当这种导体腔接地后，还可阻止内部静电场对于外界的影响。实用的静电屏蔽体通常用金属或金属网制成。例如，高电压实验室以及微波暗室通常应具备接地良好的金属网状屏蔽墙，以阻断内、外静电场的相互影响；通信电缆及光缆通常具有很好的屏蔽铠装。当然这些屏蔽措施同时也可屏蔽时变电磁场。通常，某些电路板及敏感电子器件应放入导电袋中，以防止电场的伤害。小汽车的金属外壳可以避免雷击。

在高压输电线的日常维护中，通常需要带电操作。为了防止遭受电击，维修工人必须穿戴不锈钢网编织的工作服。同时，工作服与电线相连，使两者处于同一电位，即可安全工作。这种方法可以承受的输电线电压高达765kV。

3.9.5 电场力的应用

电场力的应用更为广泛，例如电子管、晶体管、阴极射线管、显像管、静电发电机、静电电动机以及回旋加速器等都是利用了电场力对于电子的作用。此外，工业生产中使用的静电除尘、静电分离、静电纺织、静电喷漆、离子束加工、砂纸生产等技术，农业生产中利用静电场进行的无土栽培、改善种子和保鲜食物，以及广泛使用的静电复印机和激光打印机等都是利用了电场力对带电体的作用。利用电场对带电体的作用力制成的库仑扭秤，可以精确地测量电荷之间的微小作用力。

一种低能耗的离子助推器特别适合星际飞行。这种离子助推器依靠飞行器上的太阳能电池或小型核发电机产生高密度的高速离子流，通过喷射这些离子产生反作用力推动飞行器。虽然这种推动力很小，但是适合无障碍的空间。由于所需的燃料很少，可以推动较高的有效负荷，自由空间时速可达150 000km/h。

3.9.6 分裂导线

对于采用高电压或500kV以上超高电压的电力系统，在设计电能输送线路时，必须避免在正常气象条件下线路发生电晕。电晕就是当高压输电线表面的电场强度超过空气击穿场强时，导线周围的空气被游离而产生的局部放电现象。电晕会增加线路的功率损耗，放电时产生的离子和臭氧会腐蚀导线及绝缘子，并干扰临近的通信线路。解决电晕问题的主要途径是通过增加导线表面积来降低输电线表面的电场强度。增大导线半径可达此目的，但既浪费材料又不利于线路的架设。分裂导线是目前最实用的方法，如图3－32所示，把一根导线分裂成若干根（二根、三根、四根等），用导体支架将它们对称地排列于一个较大半径的圆周上，这样就增大了导线的等效半径，有效地减小了导线表面的电场强度。显然，分裂的根数越多，效果越好，工程应用中的分裂根数一般不超过四分裂。这里仅以两分裂为例，解析分裂导线法降低电场强度的作用。

图3－33所示为两线传输线采用两分裂导线的示意图，输电线之间（两根分裂导线的中点之间）距离为d，分裂导线之间距离为c，导线半径为r_0，通常有$d \gg c \gg r_0$。设每根导线的电荷线密度均为$\pm\tau$，由静电场柱面镜像法一可知导线对电轴的电场公式

$$\varphi = \frac{\tau}{2\pi\varepsilon_0}\ln\frac{r_2}{r_1}$$

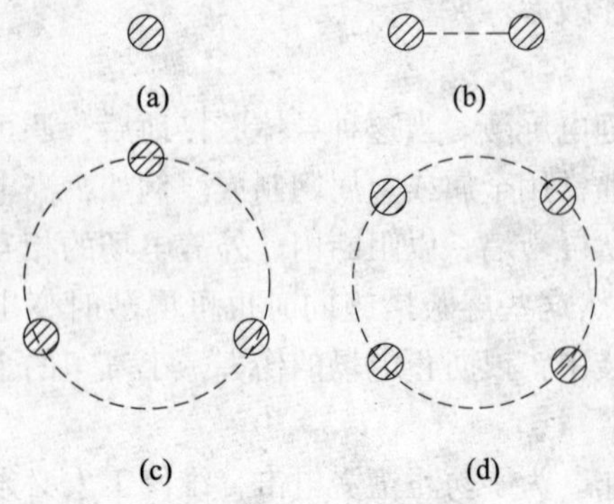

图 3-32　输电线路导线分裂形式

(a) 单导线；(b) 两分裂；(c) 三分裂；(d) 四分裂

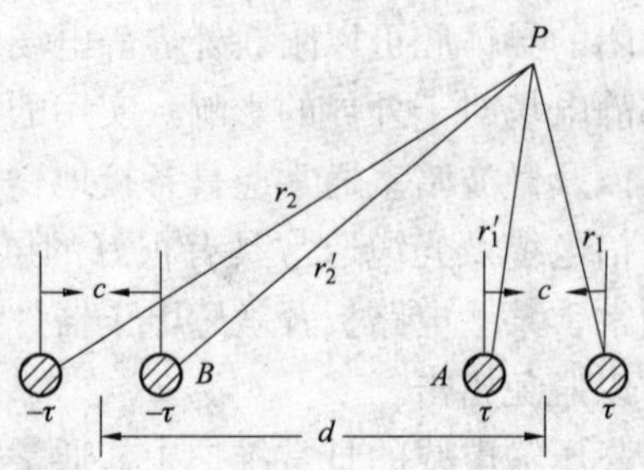

图 3-33　两线传输线的两分裂导线

可得空间某点 P 的电动势为

$$\varphi_P=\frac{\tau}{2\pi\varepsilon_0}\ln\frac{r_2'r_2}{r_1'r_1}$$

在导线表面 A 点，$r_2=d$，$r_2'=d-c$，$r_1=c$，$r_1'=r_0$，则

$$\varphi_A=\frac{\tau}{2\pi\varepsilon_0}\ln\frac{d(d-c)}{cr_0}\approx\frac{\tau}{2\pi\varepsilon_0}\ln\frac{d^2}{cr_0}=-\varphi_B$$

输电线的电压为

$$U=\varphi_A-\varphi_B=\frac{\tau}{\pi\varepsilon_0}\ln\frac{d^2}{cr_0}$$

由此得

$$\frac{\tau}{2\pi\varepsilon_0}=\frac{U}{2\ln\frac{d^2}{cr_0}}$$

故

$$\varphi_P=\frac{U}{2\ln\frac{d}{\sqrt{r_0c}}}\ln\sqrt{\frac{r_2'r_2}{r_1'r_1}} \tag{3-128}$$

当 P 点离输电线较远，$r_2'\approx r_2$，$'r_1\approx r_1$ 时，式（3-128）可简化为

$$\varphi_P=\frac{U}{2\ln\frac{d}{\sqrt{r_0c}}}\ln\frac{r_2}{r_1} \tag{3-129}$$

普通输电线的电动势为

$$\varphi_P=\frac{U}{2\ln\frac{d}{r_0}}\ln\frac{r_2}{r_1} \tag{3-130}$$

将式（3-129）和式（3-130）的电动势比较可知，分裂导线和一根半径为 $\sqrt{r_0c}$ 的单导线等效。

在分裂导线表面点电场强度最大

$$E_{\max}=\frac{\tau}{2\pi\varepsilon_0}\left(\frac{1}{r_0}+\frac{1}{c}+\frac{1}{d}+\frac{1}{d-c}\right)\approx\frac{\tau}{2\pi\varepsilon_0 r_0}$$

即

$$E_{\max}\approx\frac{U}{2r_0\ln\dfrac{d^2}{cr_0}} \tag{3-131}$$

普通输电线导线表面的最大电场强度为

$$E_{\max}=\frac{U}{2r_0\ln\dfrac{d}{cr_0}} \tag{3-132}$$

将式（3-131）和式（3-132）的电场强度比较可知，前者显然要小，若将 $d=2\text{m}$、$c=0.2\text{m}$、$r_0=0.005\text{m}$ 的两分裂输电线与普通输电线比较，在电压相同的情况下，前者的最大电场强度为后者的 72%。

3.10 小　结

本章涉及的重要公式如下：

3.10.1 静电场方程

积分形式 $\oint_S \vec{D}\cdot d\vec{S}=q$　　　$\oint_l \vec{E}\cdot d\vec{l}=0$

微分形式 $\nabla\cdot\vec{D}=\rho$　　　$\nabla\times\vec{E}=0$

线性均匀各向同性介质中静电场方程为

积分形式 $\oint_S \vec{E}\cdot d\vec{S}=\dfrac{q}{\varepsilon}$　　　$\oint_l \vec{E}\cdot dl=0$

微分形式 $\nabla\cdot\vec{E}=\dfrac{\rho}{\varepsilon}$　　　$\nabla\times E=0$

3.10.2 当空间填充均匀介质时，已知电荷分布求解电场强度公式

（1）$E(r)=-\nabla\varphi(r)$　　　$\varphi(r)=\dfrac{1}{4\pi\varepsilon}\displaystyle\int_{V'}\frac{\rho(r')}{|r-r'|}dV'$

$\varphi(r)=\dfrac{1}{4\pi\varepsilon}\displaystyle\int_{S'}\frac{\rho_S(r')}{|r-r'|}dS'$　　　$\varphi(r)=\dfrac{1}{4\pi\varepsilon}\displaystyle\int_{l'}\frac{\rho_l(r')}{|r-r'|}dl'$

（2）$E(r)=\dfrac{1}{4\pi\varepsilon}\displaystyle\int_{V'}\frac{\rho(r')(r-r')}{|r-r'|^3}dV'$

$E(r)=\dfrac{1}{4\pi\varepsilon}\displaystyle\int_{S'}\frac{\rho_S(r')(r-r')}{|r-r'|^3}dS'$

$E(r)=\dfrac{1}{4\pi\varepsilon}\displaystyle\int_{l'}\frac{\rho_l(r')(r-r')}{|r-r'|^3}dl'$

（3）高斯定律　$\oint_S \vec{D}\cdot d\vec{S}=q$

3.10.3 静电场的边界条件

（1）$E_{1t}=E_{2t}$。对于两种各向同性的线性介质，则

$$\frac{D_{1t}}{\varepsilon_1}=\frac{D_{2t}}{\varepsilon_2}$$

（2）$D_{1n}-D_{2n}=\rho_S$。在两种介质形成的边界上，则

$$D_{1n}=D_{2n}$$

对于两种各向同性的线性介质，则

$$\varepsilon_1 E_{1n}=\varepsilon_2 E_{2n}$$

（3）介质与导体的边界条件为

$$\vec{e}_n\times\vec{E}=0,\ \vec{e}_n\cdot\vec{D}=\rho_S$$

若导体周围是各向同性的线性介质，则

$$E_n=\frac{\rho_S}{\varepsilon},\ \frac{\partial\varphi}{\partial n}=-\frac{\rho_S}{\varepsilon}$$

3.10.4 静电场的边值问题

静电场的边值问题，也即在给定边界条件下，如何求解静电场的问题。本章提供的方法为分离变量法和镜像法。

（1）分离变量法。为了以简单的形式表达边界条件，可根据边界面的形状选择适当的坐标系。如平面边界选直角坐标系；圆柱面选圆柱坐标系；球面选球坐标系。将电位函数表示成三个一维函数的乘积，通过分离变量将拉普拉斯方程变为三个常微分方程，得到电位函数的通解，然后寻求满足边界条件的特解。

（2）镜像法。在所研究的区域之外，用一些假想的电荷代替场问题的边界，若这些电荷和场区域原有的电荷（若有的话）一起产生的电场满足原问题的边界条件，则将其电位叠加起来，便得到所要求的电位解。镜像电荷大多为点电荷或线电荷（二维平面场情况），镜像法比分离变量法简单，易于求出所求问题的解，但它仅适用于一些特殊的边界情况。涉及的主要公式如下：

1）在有源区中，电位满足的泊松方程为

$$\nabla^2\varphi(\vec{r})=-\frac{\rho(\vec{r})}{\varepsilon}$$

在自由空间的特解为

$$\varphi(\vec{r})=\frac{1}{\varepsilon}\int\rho(\vec{r}')G_0(\vec{r},\vec{r}')\mathrm{d}V'$$

式中，格林函数为

$$G_0(\vec{r},\vec{r}')=\frac{1}{4\pi|\vec{r}-\vec{r}'|}$$

2）在无源区中，电位满足的拉普拉斯方程为

$$\nabla^2\varphi(\vec{r})=-\frac{\rho(\vec{r})}{\varepsilon}$$

3.10.5 静电场的能量

孤立带电体的能量 $W_e=\frac{1}{2}\frac{Q^2}{C}=\frac{1}{2}\varphi Q$

离散带电体的能量 $W_e=\sum_{i=1}^{N}\frac{1}{2}\varphi_i Q_i$

分布电荷的能量 $W_e = \int_V \frac{1}{2}\varphi\rho_V \mathrm{d}V = \int_S \frac{1}{2}\varphi\rho_S \mathrm{d}S = \int_l \frac{1}{2}\varphi\rho_l \mathrm{d}l$

静电场的能量密度 $W_e = \frac{1}{2}\vec{D}\cdot\vec{E}$

各向同性的线性介质中，静电场的能量密度 $W_e = \frac{1}{2}\varepsilon E^2$

3.10.6 电场力

库仑定律 $\vec{F} = \frac{qq'}{4\pi\varepsilon r^2}\vec{e}_r$

常电荷系统 $F = \left.\frac{\mathrm{d}W_e}{\mathrm{d}l}\right|_{q=\mathrm{const}}$

常电位系统 $F = \left.\frac{\mathrm{d}W_e}{\mathrm{d}l}\right|_{q=\mathrm{const}}$

思 考 题

3-1 封闭系统内电荷守恒的含义是什么？

3-2 用自己的话陈述库仑定律。

3-3 电场强度的定义是什么？如何用电场线描述电场强度的大小及方向？

3-4 已知电荷分布后，如何求电场强度？

3-5 给出电位与电场强度的关系式，并说明电位的物理意义。

3-6 何谓等位面？它与电场线的关系？

3-7 何谓电通密度及介电常数？

3-8 解拉普拉斯方程时，边界条件的意义如何？

3-9 束缚电荷的定义是什么？

3-10 何谓静态场的边值问题？用文字叙述第一类、第二类及第三类边值问题。

3-11 用文字叙述静态场解的唯一性定理，并简要说明其重要意义。

3-12 何谓镜像法？其理论根据是什么？如何正确确定镜像电荷的分布？

3-13 何谓分离变量法？在何种条件下，它对求解位函数的拉普拉斯方程有用？

3-14 电容的定义是什么？如何计算多导体之间的电容？

3-15 如何计算带电系统的能量？

3-16 如何用虚位移法计算静电力？

习 题

3-1 已知分布在半径为 a 的半圆周上的电荷线密度为 $\rho_l=\rho_0\sin\phi$，$0\leqslant\phi\leqslant\pi$，试求圆心处的电场强度。

3-2 已知均匀分布的带电圆盘半径为 a，面电荷密度为 ρ_S，位于 $z=0$ 平面，且盘心与原点重合，试求圆盘轴线上任一点电场强度 $\vec{E}$。

3-3 三根长度均为 L，均匀线电荷密度分别为 ρ_{l1}、ρ_{l2}、ρ_{l3} 的线电荷构成等边三角形。

设 $\rho_{l1}=2\rho_{l2}=2\rho_{l3}$，试计算三角形中心处的电场强度。

3-4 有两根长度均为 d 且相互平行的均匀带电直线，分别带等量异号的电荷 $\pm q$，它们之间的距离为 d，试求此带电系统中心处的电场。

3-5 两个无限长的 $r=a$ 和 $r=b$ （$b>a$）的同轴圆柱表面分别带有面电荷密度 σ_1 和 σ_2。

(1) 计算各处的 $\vec{E}$；

(2) 欲使 $r>b$ 处 $\vec{E}=0$，则 σ_1 和 σ_2 应具有何种关系？

3-6 已知同轴圆柱电容器的内导体半径为 a，外导体的内半径为 b，若填充介质的相对介电常数 $\varepsilon_r=2$。试求在外导体尺寸不变的情况下，为了获得最高耐压，内、外导体半径之比。

3-7 一同心球电容器由半径为 a 的导体球和与它同心的导体球壳构成，壳的内半径为 b，球与壳间的一半（沿径向分开）充满介电系数为 ε_1 的均匀介质，另一半充满介电系数为 ε_2 的均匀介质，试求该球形电容器的电容。

3-8 已知内半径为 a、外半径为 b 的均匀介质球壳的介电常数为 ε，若在球心放置一个电荷量为 q 的点电荷，试求：

(1) 各区域中的电场强度；

(2) 介质壳内、外表面上的束缚电荷。

3-9 在半径为 a 的薄导体球壳内表面涂覆了一薄层绝缘膜。球内充满总电荷量为 Q 的电荷，球壳上又充了电荷量 Q。已知内部的电场为 $\vec{E}=\vec{e}_r(r/a)^4$，设球内介质为真空。试求：

(1) 球内电荷分布；

(2) 球壳的外表面电荷分布；

(3) 球壳的电位；

(4) 球心的电位。

3-10 已知同轴电缆内、外导体半径分别为 a 和 b，其间填充两层介质，介质分界面半径为 r_0，内、外导体间加电压为 U，求：

(1) 各层介质中的电场强度 $\vec{E}$；

(2) 算出各层介质中的最大场强；

(3) 欲使两层介质中的最大场强相等，两层介质应满足什么条件？

3-11 如图 3-34 所示，两同轴圆柱之间，$0<\theta<\theta_0$ 部分填充介质电常数为 ε 的介质，求单位长度电容。

3-12 如图 3-35 所示，设同轴圆柱电容器的内导体半径为 a，外导体半径为 b，其内一半填充介电常数为 ε_1 的介质，另一半填充介质的介电常数为 ε_2。当外加电压为 U 时，试求：

(1) 电容器中的电场强度；

(2) 各边界上的电荷密度；

(3) 电容及储能。

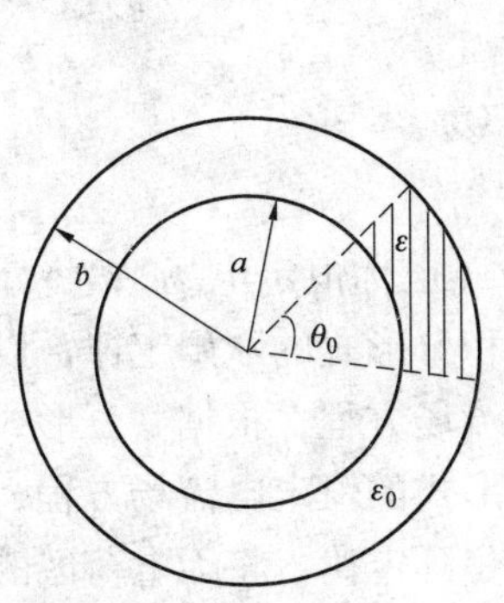

图 3－34　题 3－11 图

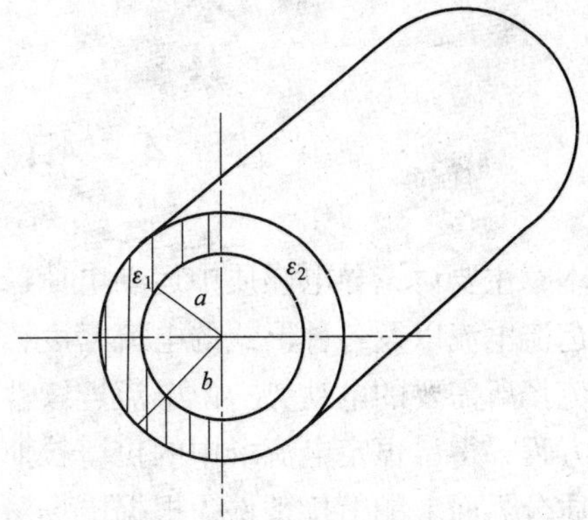

图 3－35　题 3－12 图

3－13　如图 3－36 所示，已知平板电容器的极板尺寸为 $a \times b$，间距为 d，两板间插入介质块的介电常数为 ε，试求：

(1) 当接上电压 U 时，插入介质块所受的力；

(2) 电源断开后，再插入介质时，介质块的受力。

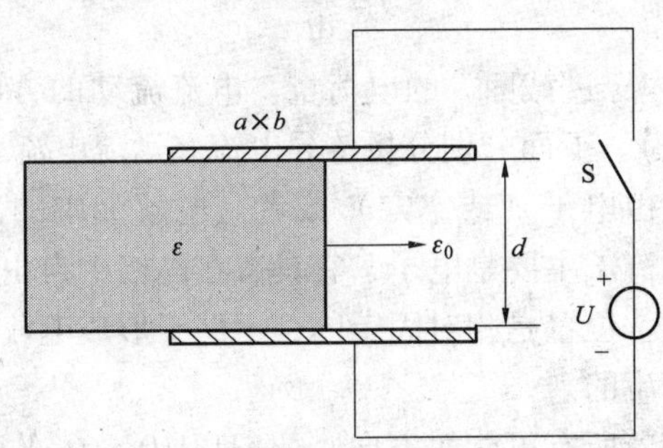

图 3－36　题 3－13 图

3－14　计算在电场 $\vec{E} = y\vec{e}_x + x\vec{e}_y$ 中沿不同路径把带电量为 $-2\mu C$ 的电荷从（2，1，－1）移到（8，2，－1）时电场所做的功：

(1) 沿曲线 $x = 2y^2$；

(2) 沿连接该两点的直线。

3－15　把一电量为 q、半径为 a 的导体球切成两半，求两半球之间的电场力。

4 恒定电流场

本章主要讨论导电媒质中运动电荷产生的恒定电流场（也称恒定电场），将介绍传导电流和运流电流以及各种形式的电流密度，讨论微分形式和积分形式的欧姆定律，以及维持恒定电流场所需要的电动势。由电流连续性方程导出恒定电流场方程，根据微分形式的恒定电流场方程，得出恒定电流场中的拉普拉斯方程。根据积分形式的恒定电流场方程，推导出不同媒质分界面上的衔接条件。根据电场对电荷做功推导出焦耳定律。将无电荷区的静电场和电源外导电媒质的恒定电流场相对比，引出静电比拟。

4.1 电流和电流密度

由物理学得到，电荷的定向移动形成电流。流过导体或空间某一截面 S 的电流定义为

$$I=\frac{\mathrm{d}q}{\mathrm{d}t}$$

式中：$\mathrm{d}q$ 是在时间间隔 $\mathrm{d}t$ 内穿过截面 S 的电荷量。电流流动的方向规定为正电荷运动的方向，电流的单位为 A（安培）。下面分别分析传导电流和运流电流。

传导电流是导体中的自由电子（或空穴）或者是电解液中的离子运动形成的电流。金属中，如铜、银、铁等，载流子主要是电子，它具有在晶格中自由运动的能力。金属中质量较大的正离子在晶格中的正常位置是相对固定的，无助于形成电流，因此金属导体中的传导电流是自由电子定向移动产生的。

在孤立导体中，电子朝着所有可能的方向，一般以 10^6m/s 的高速做随机热运动。电子的净速率为零，即孤立导体中的净电流为零。放在电场中的孤立导体，电荷的运动只能持续很短的时间。要在导体中维持一恒定电流，就必须在导体的一端连续提供向另一端移动的电子。导体中即使有恒定电流流过，导体也是中性的。

假定一导体两端与电池相连，则两端的电位差使导体内部存在电场，如图 4－1（a）所

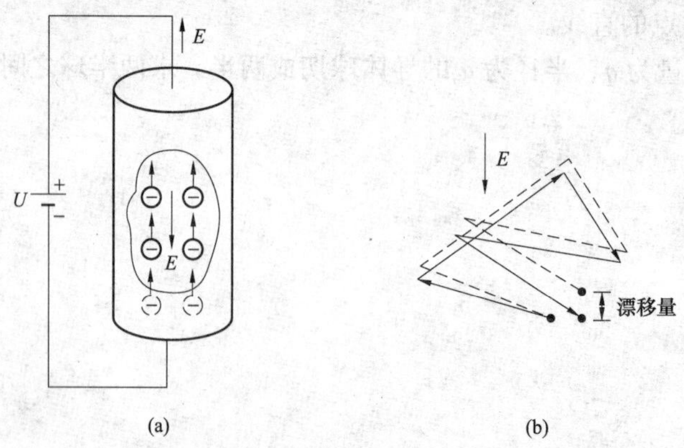

图 4－1　两端施加电压的导体内部的电场及电子的运动

（a）两端施加了电压的导体；（b）有（虚线）和没有（实线）电场作用时电子的运动

示，该电场对自由电子施加了 z 方向的作用力。电子在电场力作用下做加速运动，但持续时间很短。这是由于电子的每次运动，最终将与正离子晶格发生碰撞。碰撞前后的速度是完全不同的。电子在铜导体内运动时，与晶格发生碰撞的次数每秒高达 10^{14} 次之多。每经历一次碰撞，电子的运动速度都要减慢，或者改变运动方向。要恢复电子的速度，电场就必须重新开始上述过程。因此，z 方向电场力引起的电子在电场力方向的速度变化称为漂移速度。漂移速度使电子沿 z 方向逐渐漂移，如图 4-1（b）所示。电子沿 z 方向的漂移就构成了导体中的电流。电子的平均漂移速度很低，其数量级是 $10^{-5} \sim 10^{-4}$ m/s。

运流电流是电子、离子或其他带电粒子在真空或气体中的运动形成的电流。真空管中电子从阴极向阳极的运动就是很典型的例子。刚从阴极释放出来的电子运动非常缓慢，而那些靠近阳极的电子却达到很高的速度。这是因为沿阴极至阳极运动的电子在电场作用下加速，且不会发生任何碰撞。然而，对于恒定电流，通过任一截面的电荷必须是相等的。因此，当电子运动速度增加时，电荷密度减小，如图 4-2 所示。运流电流和传导电流之间的明显区别就是，运流电流不能达到静电上中性，其静电荷必须考虑，它不需要导体维持电荷的流动，也不服从欧姆定律。

电流在穿过任一截面时，有一定的分布，而电流中的电场与电流的分布有关，但电流强度并不能描述电流在电流场中的分布情况。为此，定义一个物理量——电流密度，用来定量描述空间各点的电流分布。电流密度用 $\vec{J}$ 表示，其大小为单位时间垂直穿过以该点为中心、以电荷运动方向为法线的单位面积的电量，方向为正电荷的运动方向。

如果垂直穿过以正电荷运动方向为法线的小曲面 ΔS 的电流强度为 ΔI，如图 4-3 所示，则

$$\vec{J} = \lim_{\Delta S \to 0} \frac{\Delta I}{\Delta S} \vec{e}_n \tag{4-1}$$

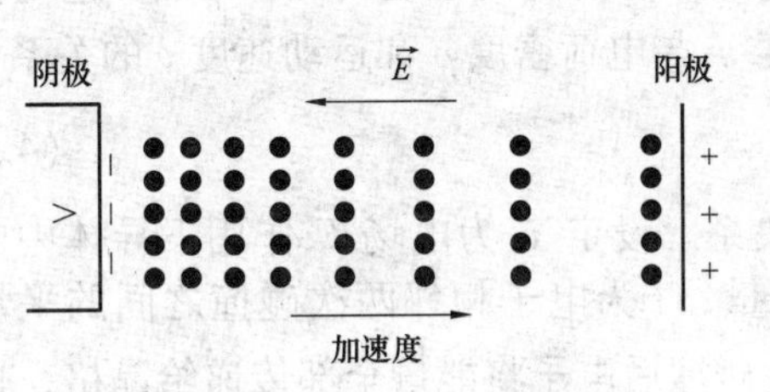

图 4-2 电子管中的电荷密度

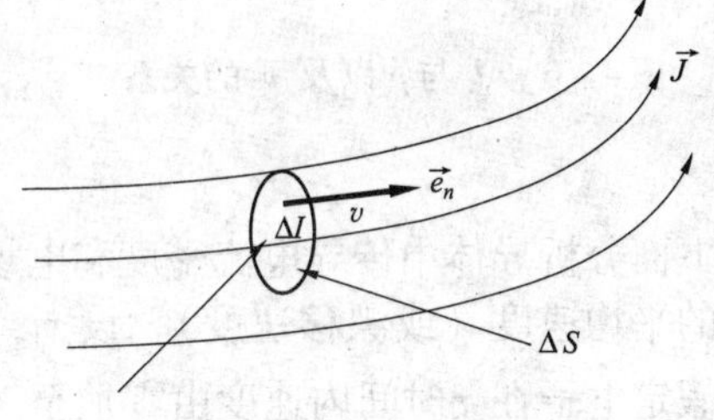

图 4-3 电流密度

显然，电流密度的单位是 A/m^2。如果已知电流密度 $\vec{J}$，则通过面元 $d\vec{S}$ 的电流为

$$dI = \vec{J} \cdot d\vec{S} \tag{4-2}$$

那么穿过任意曲面 S 的电流为

$$I = \int_S \vec{J} \cdot d\vec{S} \tag{4-3}$$

即电流 I 是电流密度 $\vec{J}$ 的通量。

对电流分布在曲面附近很薄一层中的情况，且不需分析薄层中的场时，可忽略薄层的厚度，将电流看成是面电流。面电流用电流面密度 $\vec{J}_S$ 表示，其定义为单位时间垂直穿过单位长度的薄层截面的电量，即

$$\vec{J}_S = \lim_{\Delta l \to 0} \frac{\Delta I}{\Delta l} \vec{e}_n \tag{4-4}$$

式中：$\vec{e}_n$为正电荷的运动方向，如图4-4所示。电流面密度的单位为A/m。若已知电流面密度，则流过长度为L的薄层的电流强度I为

$$I = \int_L \vec{J}_S \cdot (\mathrm{d}\vec{l} \times \vec{e}_n) \tag{4-5}$$

式中：$\vec{e}_n$为薄层面的法向单位矢量，如图4-5所示。

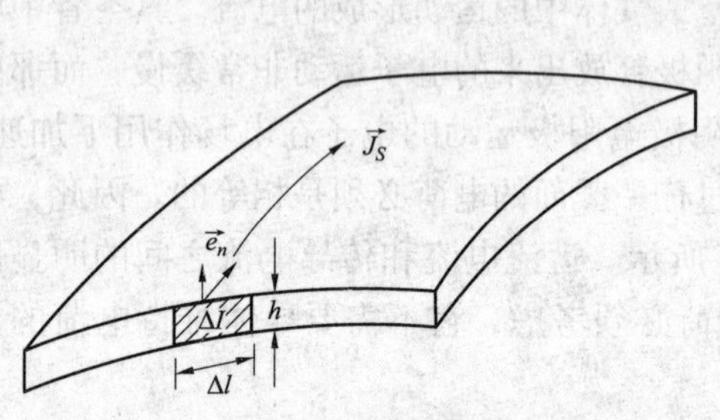

图4-4 电流面密度

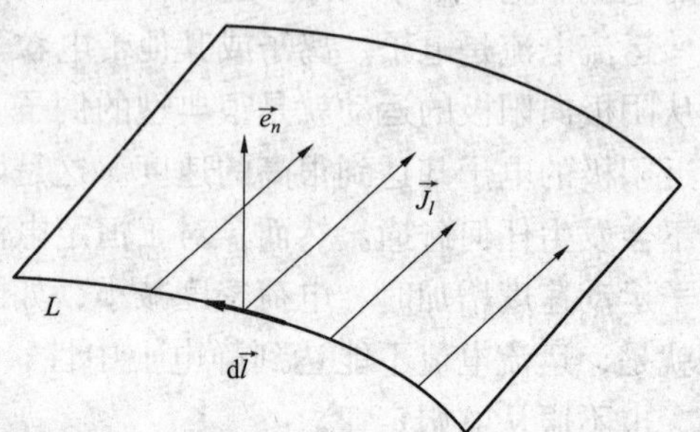

图4-5 面电流分布

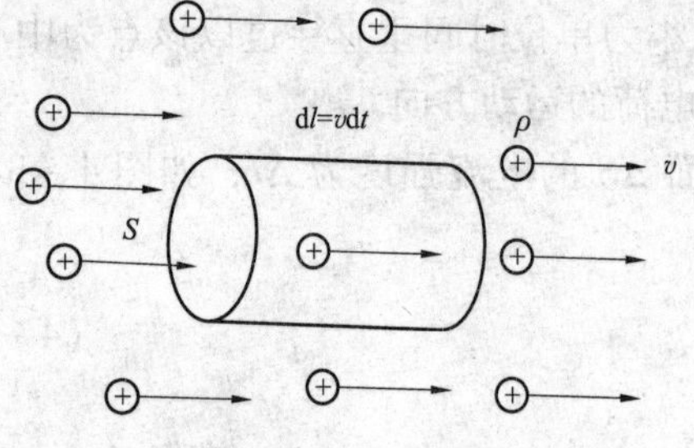

图4-6 $\vec{J}$与ρ以及$\vec{v}$的关系

电流是电荷的运动形成的，电流密度就应与运动电荷的密度以及电荷运动的速度有关。若电荷密度为ρ的电荷以速度v运动，则在dt时间内，电荷的位移为vdt。若沿着电荷的运动方向取一截面面积为S，长度为$v\mathrm{d}t$的圆柱体，如图4-6所示，则在dt时间内，穿过端面S的电荷量为$\mathrm{d}q = \rho S v \mathrm{d}t$，因此穿过端面$S$的电流强度为$\Delta I = \rho v S$。这就得到电流密度$\vec{J}$与电荷密度$\rho$和运动速度$v$的关系为

$$\vec{J} = \rho \vec{v} \tag{4-6}$$

下面分析导体中传导电流密度和电场强度的关系。设定$\vec{v}$为电场$\vec{E}$作用下导体中电子运动的平均速度（或漂移速度），设m_e为电子质量，τ为电子相邻两次碰撞之间的平均时间。假定电子在τ时间内速度由零加至$\vec{v}$，而发生碰撞后电子将能量全部传递给晶格，也就是在碰撞过程中电子失去的动量为$m_e\vec{v}$，而在电场力作用下电子获得动量为$-e\vec{E}\tau$。根据动量定理

$$m_e \vec{v} = -e\vec{E}\tau \tag{4-7}$$

因此

$$\vec{v} = -\frac{e\tau}{m_e}\vec{E} \tag{4-8}$$

或

$$\vec{v} = -u_e \vec{E} \tag{4-9}$$

式中

$$u_e = \frac{e\tau}{m_e} \tag{4-10}$$

称为电子迁徙率。式（4-9）表明，导电媒质中电子的漂移速度和外施电场强度成正比，比例系数为电子迁徙率。

如果单位体积内有 N 个电子，则电荷密度为

$$\rho_{v-}=-Ne \tag{4-11}$$

式中：e 为电子的电量。因此，导电媒质中的传导电流密度为

$$\vec{J}=\rho_{v-}\vec{v} \tag{4-12}$$

或

$$\vec{J}=\frac{Ne^2\tau}{m_e}\vec{E}=\sigma\vec{E} \tag{4-13}$$

式中：$\sigma=\frac{Ne^2\tau}{m_e}$，称为媒质的电导率，其单位是 S/m（西门子/米）。

式（4-13）也称为欧姆定律的微分形式。它表明，导电媒质中任意一点的电流密度和电场强度成正比，比例系数为导电媒质的电导率 σ。对于线性媒质，$\vec{J}$ 和 $\vec{E}$ 的方向相同。电导率 σ 值越大，表示媒质的导电能力越强。不同的媒质导电性能不同，其 σ 值就不同。同一种媒质在不同的温度、湿度等环境条件下，电导率也有区别。表 4-1 给出了一些常用材料的电导率。

表 4-1　　金属、半导体和绝缘体的电导率

媒　质	电导率（Ω·m）	媒　质	电导率（Ω·m）
银	6.17×10^7	海水	4
紫铜	5.8×10^7	水	10^{-3}
金	4.10×10^7	干土	10^{-5}
铝	3.54×10^7	变压器油	10^{-11}
黄铜	1.57×10^7	玻璃	10^{-12}
铁	1.12×10^7	橡胶	10^{-15}

电导率的倒数为电阻率，即

$$\rho=\frac{1}{\sigma} \tag{4-14}$$

电阻率的单位是 Ω·m。

由表 4-1 可见，像金、银、铜、铝这样的金属电导率很高，具有良好的导电性能，因此称为良导体。银的电导率最高，但是银是一种活泼金属，容易氧化，导致电导率大大下降。金的电导率比银略低，但其性能非常稳定。为了获得长期稳定的导电特性，应使用金。我们把电导率 σ 为无穷大的导体称为理想导体，在实际生活中理想导体是不存在的，一般把电导率十分大的导体近似为理想导体。理想导体内电场为零。在很多情况下，可以将良导体近似为理想导体。而像变压器油、玻璃、橡胶等绝缘材料的电导率则十分小，可近似认为电导率为零。电导率为零的介质称为理想介质，在理想介质中电流密度为零。

图 4-7 所示为一段截面积为 S，长为 l、电导率为 σ 的柱形导体。电场沿轴的方向，而且 E 是均匀分布的。这样导体内各点的 J 也是相同的。通过横截面的电流为

$$I=JS=\sigma ES \tag{4-15}$$

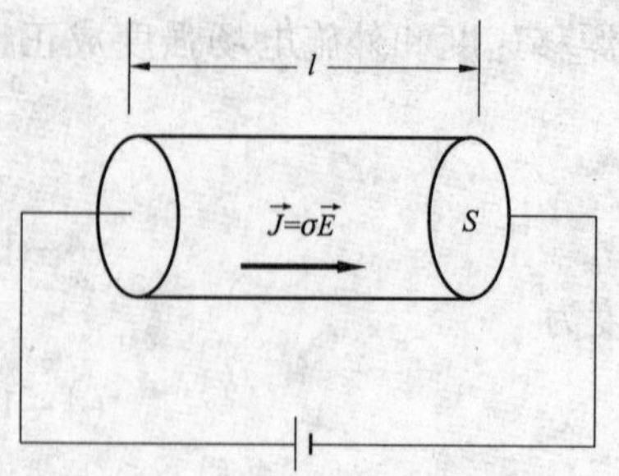

图 4－7　导线中的传导电流

设导线两端的电压为 $U=El$，则式（4－15）可写为

$$I=\frac{\sigma US}{l}=\frac{U}{\dfrac{l}{\sigma S}}=\frac{U}{R} \tag{4-16}$$

其中

$$R=\frac{l}{\sigma S} \tag{4-17}$$

是这段导线的电阻。式（4－16）就是欧姆定律的积分形式，即电路中的欧姆定律。

【例 4－1】 长 2m 的铜线两端的电位差为 10V，电子的平均碰撞周期为 2.7×10^{-14} s，求自由电子的漂移速度。

解 设铜线沿 z 轴放置，上端的电位比低端的电位高，则铜线中的电场为

$$\vec{E}=-\left(\frac{10}{2}\right)\vec{e}_z=-5\vec{e}_z \ (\text{V/m})$$

电子迁移率为

$$u_e=\frac{e\tau}{m_e}=\frac{1.6\times10^{-19}\times2.7\times10^{-14}}{9.1\times10^{-31}}=4.747\times10^{-3}$$

故电子的漂移速度为

$$\vec{v}=-u_e\vec{E}=4.747\times10^{-3}\times5\vec{e}_z=23.74\times10^{-3}\vec{e}_z \ (\text{m/s})$$

因此，电子以 23.74mm/s 的速度沿 z 方向运动，电子从导线下端曲折运动到上端大概需要 84s。然而，电流在导线中是以光速行进的。其过程是：进入导线下端的电子由于电场作用推动相邻电子并在导线内产生一种压缩波；压缩波以光速在导线中传播，因而几乎在同时，导线的另一端就会释放出电子。

4.2 电 动 势

在导电媒质中电流场有功率损耗，为了维持恒定电流，必须由外源不断提供能量，以补充导电媒质的损耗。外源可以是化学能，如电池，也可以是机械能，如发电机等。下面讨论外源对电流场能量的补充过程。

如果把柱形导体的两端 A、B 连接于一个充电的电容器的两个极板上，A 端与正极板相连，B 端与负极板相连，如图 4－8（a）所示，则在导体中有 A 至 B 的电场。在此电场的作用下，正电荷由 A 向 B 运动，到负极板上与负电荷中和。结果使极板上电量很快地消失，

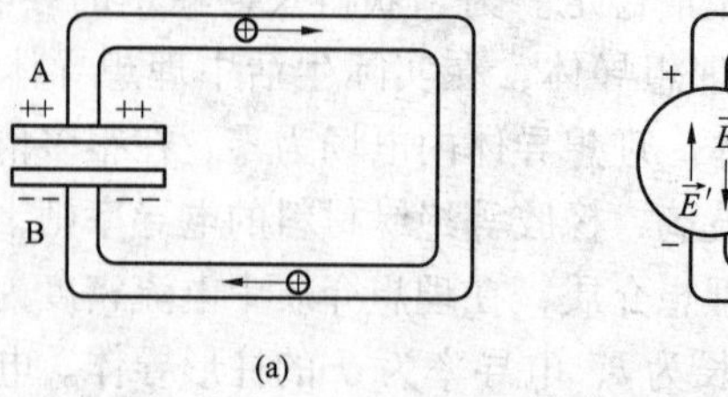

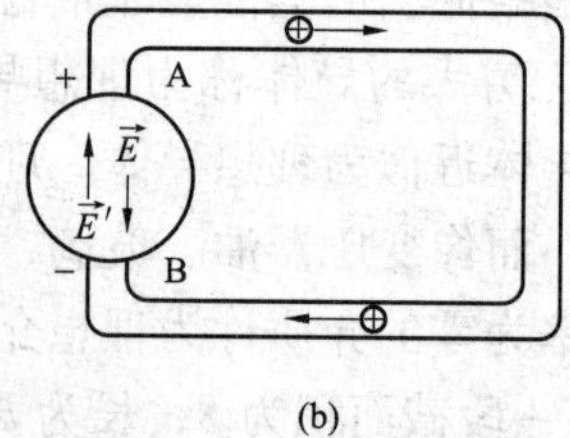

图 4－8　外源对电流场能量的补充

（a）电容器放电的电流；（b）恒定的电流

导体中的电场也随之消失。这种方法只能产生瞬间电流。要构成持续的恒定电流，必须不断补充 A 点的正电荷和 B 点的负电荷，使导体上的电荷分布保持不变，在导体中才可能得到恒定的电场和恒定的电流。现在我们把导体的 A、B 两端分别与直流电源的正负极相连，如图 4-8（b）所示。由于电源内存在一种对电荷有作用力的非静电场力，这种外源非静电场力反抗极板之间的静电场力做功，将通过导线从正极板移至负极板的正电荷经过电源内部又移回到正极板。外源中的非静电场力表现为对电荷的作用力，可以认为这种非静电场力是由外源中存在的外电场产生的，外电场（局外场强）定义为对单位正电荷的作用力，用 $\vec{E}'$表示。显然，在电源中，外电场 $\vec{E}'$与极板之间电荷产生的电场 $\vec{E}$ 刚好相反，即电荷产生的电场 $\vec{E}$ 的方向从正极板指向负极板，而外电场 $\vec{E}'$的方向则从负极板指向正极板。

当电源的外电路断开时，电源中的外电场 $\vec{E}'$与极板电荷电场 $\vec{E}$ 等值反向，电源中的总电场为零，电荷运动停止。当电源外的两极板间接上导线时，正极板上的正电荷通过导体移向负极板，负极板上的负电荷通过导体移向正极板，导致极板上的电荷减少，使电源中 $E<E'$。于是在外电场 E'作用下正电荷不断移向向正极板，负电荷不断移向负极板，极板电荷电场 E 不断增大。直到 E 和 E'相等时，极板上电荷的流失与补充达到平衡，极板上的电荷分布保持不变，我们把此时极板上的电荷称为驻立电荷。驻立电荷在电源内外的导电媒质中产生恒定电场，形成恒定电流，在电源内部，保持 $\vec{E}=-\vec{E}'$。

通常定义电源将单位正电荷从电源的负极板 N 移到正极板 P 所做的功为电动势，即

$$e=\int_N^P \vec{E}'\cdot \mathrm{d}\vec{l} \tag{4-18}$$

由于电源以外的外电场 $\vec{E}'$为零，因此电动势也等于外电场对包含电源在内的电流回路的封闭线积分，即

$$e=\oint_l \vec{E}'\cdot \mathrm{d}\vec{l} \tag{4-19}$$

显然，电源的外电场不是保守场，而极板上的电荷产生的电场却是保守场，即

$$\oint_l \vec{E}\cdot \mathrm{d}\vec{l}=0 \tag{4-20}$$

对于一电流回路，在 a、b 两点之间，我们可以写出

$$\begin{aligned}\int_a^b \frac{1}{\sigma}\vec{J}\cdot \mathrm{d}\vec{l} &= \int_a^b (\vec{E}+\vec{E}')\cdot \mathrm{d}\vec{l}=\int_a^b \vec{E}\cdot \mathrm{d}\vec{l}+\int_a^b \vec{E}'\cdot \mathrm{d}\vec{l}\\ &= U_{ab}+e_{ab}\end{aligned} \tag{4-21}$$

式中：e_{ab}是 a、b 两点之间电源的电动势。如果 $e_{ab}=0$，则 ab 支路为无源支路。若 $e_{ab}\neq 0$，则 ab 支路是有源支路。如果 a、b 两点之间电路中的电流是在截面积为 S、长度为 L 的圆柱形导线中均匀分布，则式（4-21）左边的积分可简化为

$$\int_a^b \frac{1}{\sigma}\vec{J}\cdot \mathrm{d}\vec{l}=\frac{IL}{\sigma S}=IR \tag{4-22}$$

式中：$R=\dfrac{L}{\sigma S}$是 a、b 两点之间导线的电阻。式（4-21）可写为

$$IR=U_{ab}+e_{ab} \tag{4-23}$$

如果 ab 支路不含电源，则式（4-23）变为

$$U_{ab}=\varphi_a-\varphi_b=IR \tag{4-24}$$

式（4-24）给出了在电阻两端的电压降与所流过的电流之间的关系。对于一个闭合回路，b 点和 a 点是同一点，即 $U_{ab}=0$，则式（4-21）变为

$$e_{ab}=IR \tag{4-25}$$

式中：R 是回路的总电阻；e_{ab}是回路的总电动势。

若回路中包含 m 个电动势和 n 个电阻，流过不同的电流，则式（4-25）变为

$$\sum_{k=1}^{m} e_k = \sum_{j=1}^{n} I_j R_j \tag{4-26}$$

此式为基尔霍夫电压定律的数学表达式，它表示任一闭合回路中电动势的代数和等于该回路中的电压降的代数和。

4.3 恒定电流场方程

根据电荷守恒定律，由任一闭合面 S 流出的电流等于该闭合面所包围的体积中总电荷的时间减少率（见图4-9），即

$$\oint_S \vec{J}\cdot \mathrm{d}\vec{S} = -\frac{\partial q}{\partial t} \tag{4-27}$$

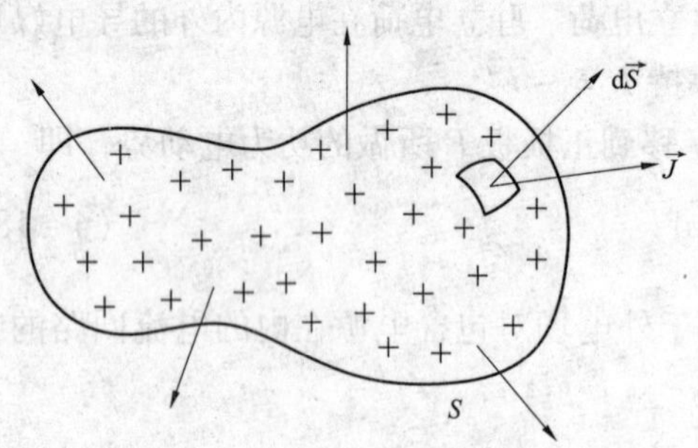

图4-9 闭合面 S 包围有外向电荷流的导电区域

设封闭面中的电荷密度为 ρ，则

$$q=\int_V \rho \mathrm{d}V$$

代入式（4-27）得

$$\oint_S \vec{J}\cdot \mathrm{d}\vec{S} = -\int_V \frac{\partial \rho}{\partial t}\mathrm{d}V \tag{4-28}$$

利用高斯定理，可得到与式（4-28）对应的微分形式

$$\nabla\cdot\vec{J} = -\frac{\partial \rho}{\partial t} \tag{4-29}$$

式（4-28）和式（4-29）分别为电荷守恒定律的积分形式和微分形式。

电流中的电场也是由电荷产生的。由第4.2节内容可知，恒定电流场是由驻立电荷产生的。虽然驻立电荷在运动，但其在空间的分布却不随时间变化。因此，式（4-27）和式（4-28）的右端为零，变为

$$\oint_S \vec{J}\cdot \mathrm{d}\vec{S} = 0 \tag{4-30}$$

式（4-30）表明，在恒定电流场中，电流密度通过任一闭合面的净通量为零。如果以一系列的曲线描述电流场，令曲线上各点的切线方向表示为该点电流密度的方向，这些曲线称为电流线，那么式（4-30）表明电流线是连续闭合的。它和电场线不同，电流线没有起点和终点，这个结论称为电流连续性原理。

根据散度定理，由式（4-30）得

$$\nabla\cdot\vec{J}=0 \tag{4-31}$$

恒定电流场是无散的。式（4-30）和式（4-31）分别是电流连续性方程的积分和微分

形式。

将式（4－30）应用于任一电路节点（见图4－10），设S为包围电路节点的封闭面，式（4－30）对该封闭面积分后简化后为

$$\sum I=0$$

式中：$\sum I$为流出节点的总电流。这就是电路理论中的基尔霍夫电流定律，它表明从电路中一个节点流出电流的代数和为零。

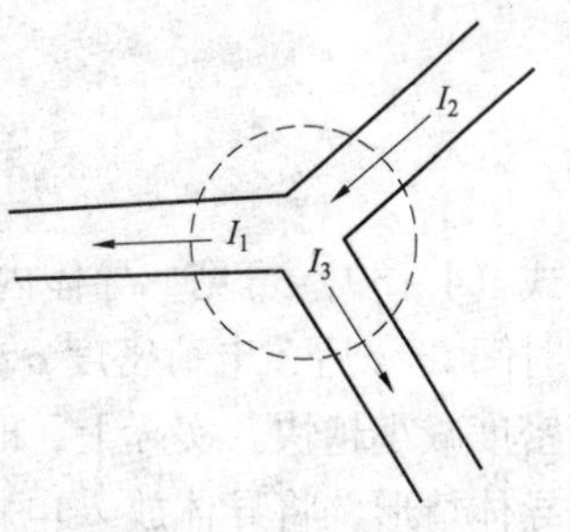

图4－10　$\sum I_i=0$

由驻立电荷产生的恒定电流场与静电场一样，也是保守场。电场强度沿任一闭合回路的线积分应等于零，即

$$\oint_l \vec{E}\cdot \mathrm{d}\vec{l}=0 \tag{4-32}$$

其微分形式为

$$\nabla\times\vec{E}=0 \tag{4-33}$$

也就是说恒定电场也是无旋场，恒定电场也可以用电位的梯度来表示，即

$$\vec{E}=-\nabla\varphi \tag{4-34}$$

将式（4－13）代入式（4－31）得

$$\nabla\cdot\vec{J}=\nabla\cdot(\sigma\vec{E})=\sigma\nabla\cdot\vec{E}+\vec{E}\cdot\nabla\sigma=0 \tag{4-35}$$

得电场强度的散度为

$$\nabla\cdot\vec{E}=-\frac{\vec{E}\cdot\nabla\sigma}{\sigma} \tag{4-36}$$

在均匀的导电媒质里，由于$\nabla\sigma=0$，因此

$$\nabla\cdot\vec{E}=0 \tag{4-37}$$

将式（4－34）代入式（4－37）得

$$\nabla^2\varphi=0 \tag{4-38}$$

式（4－38）说明，对于均匀导电媒质中的恒定电流场，其电位也满足拉普拉斯方程。除非特别说明，本书中的导电媒质均为均匀导电媒质。

【例4－2】　一块导体，其电导率σ和介电常数ε均为常数，导体的初始电荷密度为ρ_0。将该导体放入电场，求导体中的自由电荷密度ρ。

解　导体放入电场后，导体中的电荷在电场作用下形成电流，电荷密度随时间发生变化。将$\vec{J}=\sigma\vec{E}$代入电流连续性原理方程$\nabla\cdot\vec{J}=-\frac{\partial\rho}{\partial t}$得

$$\nabla\cdot\vec{E}=-\frac{1}{\sigma}\frac{\partial\rho}{\partial t}$$

而电荷密度还应满足高斯定理$\nabla\cdot\vec{E}=\frac{\rho}{\varepsilon}$，所以

$$\frac{\partial\rho}{\partial t}+\frac{\sigma}{\varepsilon}\rho=0$$

由于导体的初始电荷密度为ρ_0，则此方程的解为

$$\rho=\rho_0 e^{-\frac{\sigma}{\varepsilon}t}=\rho_0 e^{-\frac{t}{\tau}} \tag{4-39}$$

$$\tau=\frac{\varepsilon}{\sigma} \tag{4-40}$$

由式（4－39）可见，导体内任一点的电荷密度随时间按指数率衰减，最终值为零。当经过的时间 $t=\tau$ 后，电荷密度 ρ 减至初始值 ρ_0 的 1/e，常数 τ 称为弛豫时间。τ 越小，体积内电荷密度减小越快。实际上，时间经过 $4\tau\sim5\tau$ 后，ρ 已减小到初始值 ρ_0 的 0.01 倍，所以在金属导体情形，将导体放入电场一极短时间后，体积内已没有电荷，电荷都分布于导体表面上。表 4－2 列出了几种常见材料的弛豫时间。

表 4－2　　几种常见材料的弛豫时间

材　料	弛豫时间	材　料	弛豫时间
铜	1.5×10^{-19} s	蒸馏水	10^{-6} s
银	1.3×10^{-19} s	熔融石英	10 天
海水	2×10^{-10} s		

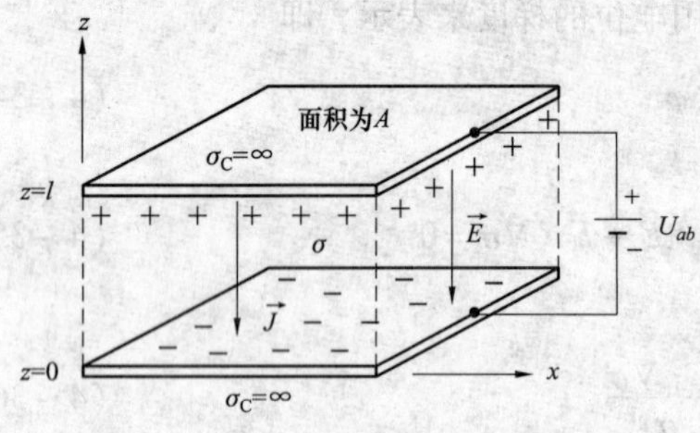

图 4－11　由导电媒质隔开的两平行板

【例 4－3】 两电导率无穷大的平行板，每块截面积为 A，相距为 l，两板间的电位差为 U_{ab}，如图 4－11 所示。板间媒质均匀且有有限的电导率 σ，求板间区域的电阻。

解　因两平行板的电导率为无限大，则板的电阻为零。由于媒质是均匀的，因此其中的电位满足拉普拉斯方程（4－38），而且电位分布仅为 z 的函数，因此

$$\frac{d^2\varphi}{dz^2}=0$$

其通解为

$$\varphi=az+b$$

式中：a、b 为积分常数。由边界条件

$$\varphi\big|_{z=0}=0$$

和

$$\varphi\big|_{z=l}=U_{ab}$$

可知

$$b=0$$

$$a=U_{ab}/l$$

于是，板间导电媒质中的电位分布为

$$\varphi=\frac{U_{ab}}{l}z$$

导电媒质中的电场强度为

$$\vec{E}=-\nabla\varphi=-\frac{\partial\varphi}{\partial z}\vec{e}_z=-\frac{U_{ab}}{l}\vec{e}_z$$

媒质中的电流密度为

$$\vec{J}=\sigma\vec{E}=-\frac{\sigma U_{ab}}{l}\vec{e}_z$$

垂直于 $\vec{J}$ 的表面的电流为

$$I=\int_S\vec{J}\cdot\mathrm{d}\vec{S}=\frac{\sigma AU_{ab}}{l}$$

最后，可得导电媒质的电阻

$$R=\frac{U_{ab}}{I}=\frac{l}{\sigma A}\tag{4-41}$$

这与前面得到的导线电阻的表达式相同。

对于非均匀导电媒质，不能用式（4-41）直接求它的电阻。如果把区域分为 n 层，则每层厚度为 $\mathrm{d}l$，当 $n\to\infty$ 时，则可假定每一层的电导率为一常数，如图 4-12 所示。由式（4-41）可知第 i 层电阻为

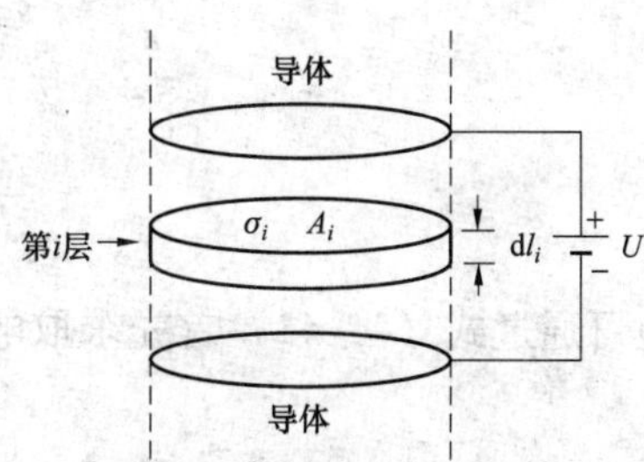

图 4-12 分为 n 层的非均匀导电媒质（仅标出第 i 层）

$$\mathrm{d}R_i=\frac{\mathrm{d}l_i}{\sigma_iA_i}$$

式中：$\mathrm{d}l_i$、σ_i、A_i 分别为第 i 层的厚度、电导率及面积。因此，n 层串联总电阻为

$$R=\int_l\frac{\mathrm{d}l}{\sigma A}\tag{4-42}$$

对于 n 个电阻条并联的非均匀导电媒质，则可用电导公式

$$G=\int_S\frac{\sigma\mathrm{d}A}{l}\tag{4-43}$$

【例 4-4】 某种材料的电导率 $\sigma=m/r+k$，m 和 k 均为常数，填充在两半径分别为 a 和 b 的同轴圆筒导体之间，如图 4-13 所示。U_0 为两导体间的电位差，L 为导体长度，求材料的电阻、电流密度及电场强度的表达式。

解 通过任一截面的总电流是相同的，并且由于电导率是关于半径 r 的函数，所以在相同半径的截面上的电流分布是对称的。假设总电流为 I，则电流密度为

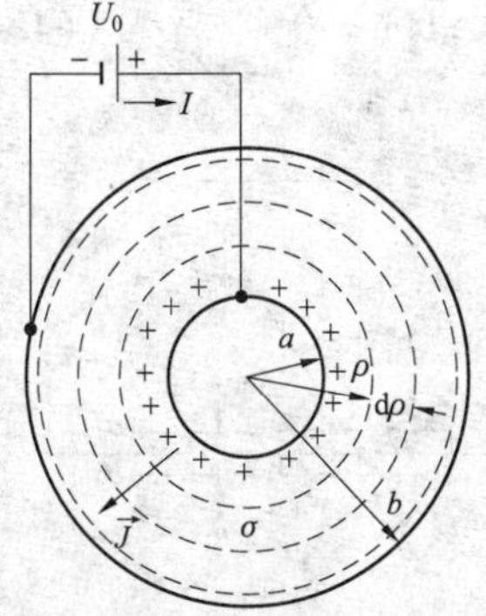

图 4-13 通过同轴圆筒导体间非均匀导电媒质中的电流

$$\vec{J}=\frac{I}{2\pi rL}\vec{e}_r$$

那么媒质中的电场强度为

$$\vec{E}=\frac{\vec{J}}{\sigma}=\frac{I}{2\pi rL(m/r+k)}\vec{e}_r$$

两导体间的电位差

$$U_0=\int_a^b\vec{E}\cdot\mathrm{d}\vec{l}=\int_a^b\frac{I\mathrm{d}r}{2\pi L(m+kr)}$$

$$=\frac{I}{2\pi Lk}\ln\frac{m+kb}{m+ka}=\frac{IM}{2\pi Lk}$$

$$M = \ln \frac{m + kb}{m + ka}$$

则导电材料的电阻为

$$R = \frac{U_0}{I} = \frac{M}{2\pi Lk}$$

通过导电材料的电流

$$I = \frac{2\pi Lk}{M} U_0$$

媒质中的电场强度和电流密度分别为

$$\vec{E} = \frac{k}{(m + kr)M} U_0 \vec{e}_r$$

和

$$\vec{J} = \sigma \vec{E} = \frac{k}{Mr} U_0 \vec{e}_r$$

本题也可通过式（4－42）首先求取电阻，然后进一步求解电流密度。

4.4 恒定电流场的边界条件

在具有不同电导率 σ_1 和 σ_2 的两种媒质的分界面上，电流要发生突变。分界面上的 $\vec{J}$ 和 $\vec{E}$ 所服从的关系称为分界面上的边界条件。利用电流连续性及保守场性质，可以导出恒定电流场的边界条件。

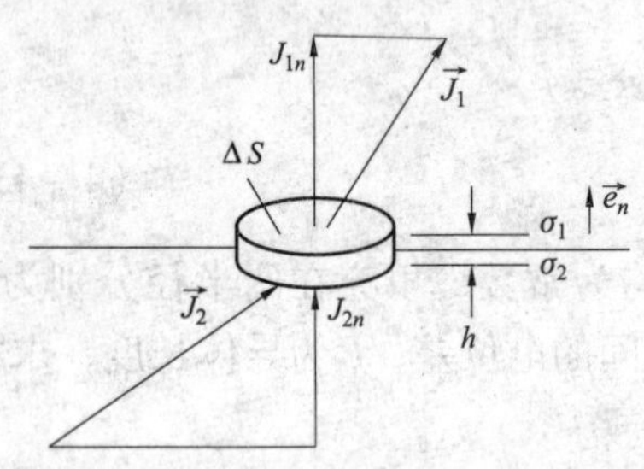

图 4－14 $\vec{J}$ 的法向边界条件

在分界面上取一个小的柱形闭合面，其上下两底面分处于两导体中，且和分界面平行，其高 h 为无限小量（见图 4－14），则从闭合面流出的电流等于上下两底面流出的电流的代数和。根据电流连续性原理，此电流为零，即

$$\oint_S \vec{J} \cdot \mathrm{d}\vec{S} = 0$$

$$\vec{J}_1 \cdot \Delta S \vec{e}_n + \vec{J}_2 \cdot \Delta S(-\vec{e}_n) = 0$$

$$\vec{e}_n \cdot (\vec{J}_1 - \vec{J}_2) = 0 \tag{4-44}$$

写成标量形式

$$J_{n1} = J_{n2} \tag{4-45}$$

式（4－44）和式（4－45）中，$\vec{e}_n$为垂直于分界面指向媒质 1 的单位矢量，下标 n 表示场量的法向分量。式（4－44）表明，电流密度 $\vec{J}$ 的法向分量在分界面上是连续的。

其次，在分界面上取一矩形闭合回路，其两个边分别处于两导电媒质中，且和分界面平行，高 h 为无穷小量（见图 4－15），则沿此闭合路径的 $\vec{E}$ 的线积分等于零。即

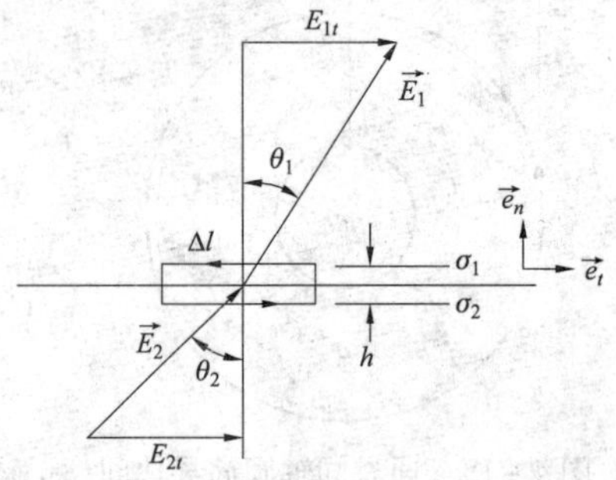

图 4－15 $\vec{E}$ 的切向边界条件

$$\oint_l \vec{E} \cdot \mathrm{d}\vec{l} = 0 = \vec{E}_1 \cdot (-\Delta l \vec{e}_t) + \vec{E}_2 \cdot \Delta l \vec{e}_t = 0$$

即

$$\vec{e}_t \cdot (\vec{E}_1 - \vec{E}_2) = 0$$

用 $\vec{e}_n$来表示得

$$\vec{e}_n \times (\vec{E}_1 - \vec{E}_2) = 0 \tag{4-46}$$

写成标量形式为

$$E_{t1} = E_{t2} \tag{4-47}$$

式（4-46）和式（4-47）表明，分界面上电场强度的切向分量是连续的。由于 $\vec{J} = \sigma\vec{E}$，式（4-47）可变为

$$J_{t1}/J_{t2} = \sigma_1/\sigma_2 \tag{4-48}$$

由分界面上的边界条件式（4-45）和式（4-48），得

$$\frac{J_{n1}\sigma_1}{J_{t1}} = \frac{J_{n2}\sigma_2}{J_{t2}}$$

或

$$\frac{\tan\theta_1}{\tan\theta_2} = \frac{\sigma_1}{\sigma_2} \tag{4-49}$$

如果媒质 1 为不良导体，媒质 2 为良导体，设 θ_2 在 $0° \sim 90°$之间，因 $\sigma_2 \gg \sigma_1$，则由式（4-49）可知，θ_1 是一个非常小的角。也就是说，媒质 1 中的 $\vec{J}$ 和 $\vec{E}$ 几乎与分界面垂直。

分界面上的自由电荷面密度为

$$\rho_S = \vec{e}_n \cdot (\varepsilon_1 \vec{E}_1 - \varepsilon_2 \vec{E}_2) = \vec{e}_n \cdot \left(\varepsilon_1 \frac{\vec{J}_1}{\sigma_1} - \varepsilon_2 \frac{\vec{J}_2}{\sigma_2}\right) = J_n \left(\frac{\varepsilon_1}{\sigma_1} - \frac{\varepsilon_2}{\sigma_2}\right) \tag{4-50}$$

【例 4-5】 媒质 1（$z \geqslant 0$）的相对电容率为 2，电导率为 40μS/m。媒质 2（$z \leqslant 0$）的相对电容率为 5，电导率为 50nS/m。如果 $\vec{J}_2$大小为 2A/m^2，与分界面法线夹角 $\theta_2 = 60°$，计算 $\vec{J}_1$和 θ_1，并求分界面上的面电荷密度。

解 由已知条件，得

$$J_{n2} = 2\cos60° = 1 \ (\mathrm{A/m^2})$$

及

$$J_{t2} = 2\sin60° = 1.732 \ (\mathrm{A/m^2})$$

由边界条件式（4-45）得，$J_{n1} = J_{n2} = 1\mathrm{A/m^2}$。

应用边界条件式（4-48），得

$$J_{t1} = \frac{\sigma_1}{\sigma_2} J_{t2} = \frac{40 \times 10^{-6}}{50 \times 10^{-9}} \times 1.732 = 1385.6 \ (\mathrm{A/m^2})$$

因此

$$J_1 = (1^2 + 1385.6^2)^{1/2} \approx 1385.6 \ (\mathrm{A/m^2})$$

$$\theta_1 = \arctan 1385.6 = 89.96°$$

最后，由式（4-50）得分界面上电荷面密度

$$\rho_S = 1 \times \left(\frac{2}{40 \times 10^{-6}} - \frac{5}{50 \times 10^{-9}}\right) \times \frac{10^{-9}}{36\pi} = -0.88 \ (\mathrm{mC/m^2})$$

4.5 焦 耳 定 律

为了驱使电荷运动，必须有电场对电荷施加作用力。在金属导体中电场对自由电子所做的功转变为电子的动能；当电子与晶格点阵发生碰撞时，此能量变为热能。所以，导体内存在电场，因而沿电流方向有电压降，这是导体内有电能转变为热的标志。

设一块有电流 I 的导体，沿电流方向的电压为 U，则电场对电量 q 所做的功 $W=qU$。单位时间的功，即功率为

$$P=\frac{\mathrm{d}W}{\mathrm{d}t}=U\frac{\mathrm{d}q}{\mathrm{d}t}=UI \tag{4-51}$$

由于 $U=IR$，得

$$P=I^2R$$

这就是焦耳定律的积分形式。

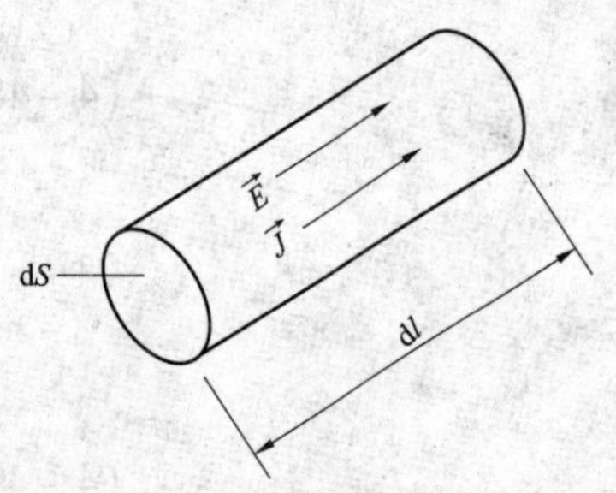

图 4-16 导体中的一个体积元

在导体中取一个如图 4-16 所示的体积元，它的两端间的电压为

$$\mathrm{d}U=\vec{E}\cdot\mathrm{d}\vec{l}=\frac{\vec{E}\cdot\vec{J}}{J}\mathrm{d}l \tag{4-52}$$

通过横截面的电流

$$\mathrm{d}I=J\mathrm{d}S$$

故此体积元中消耗的功率为

$$\mathrm{d}P=\mathrm{d}I\mathrm{d}U=\vec{E}\cdot\vec{J}\mathrm{d}l\mathrm{d}S=\vec{E}\cdot\vec{J}\mathrm{d}\tau \tag{4-53}$$

由式（4-53）得单位体积的功率（功率密度）为

$$p=\frac{\mathrm{d}P}{\mathrm{d}\tau}=\vec{E}\cdot\vec{J} \tag{4-54}$$

此即焦耳定律的微分形式。对于导体中的传导电流，有

$$p=\sigma E^2 \tag{4-55}$$

【例 4-6】 同轴线内外导体半径分别为 a 和 b，其间填充介质的电导率为 σ，内外导体间的电压为 U。求由介质引起的同轴线单位长度的功率损耗。

解 设同轴线由内导体到外导体单位长度的漏电流为 I，则在半径为 r 处的电流密度大小为

$$J=\frac{I}{2\pi r}\quad(a<r<b)$$

$$U=\int_a^b\vec{E}\cdot\mathrm{d}\vec{r}=\int_a^b\frac{J\mathrm{d}r}{\sigma}=\frac{I}{2\pi\sigma}\ln\frac{b}{a}=\frac{Jr}{\sigma}\ln\frac{b}{a}$$

所以

$$J=\frac{U\sigma}{r\ln\frac{b}{a}}$$

同轴线单位长度损耗功率为

$$P = \int_l \left(\frac{J^2}{\sigma}\right) \mathrm{d}V = \int_0^{2\pi} \int_a^b \frac{U^2 \sigma r \mathrm{d}r \mathrm{d}\phi}{\left(r \ln \frac{b}{a}\right)^2} = \frac{2\pi U^2 \sigma}{\ln\left(\frac{b}{a}\right)}$$

由上式可见，同轴线单位长度的径向漏电阻为

$$R = \frac{\ln \frac{b}{a}}{2\pi \sigma}$$

4.6 恒定电流场与静电场的比拟

把无电荷区域的静电场与电源以外的恒定电流场相比较，见表 4－3，可以看出，表征两类场性质的基本方程有相似的形式。

表 4－3　静电场与恒定电流场比较

静电场（$\rho=0$）	恒定电流场（电源外）
$\nabla \times \vec{E}=0$ 或（$\vec{E}=-\nabla\varphi$）	$\nabla \times \vec{E}=0$ 或（$\vec{E}=-\nabla\varphi$）
$\nabla \cdot \vec{D}=0$	$\nabla \cdot \vec{J}=0$
$\vec{D}=\varepsilon \vec{E}$	$\vec{J}=\sigma \vec{E}$
$\nabla^2 \varphi=0$	$\nabla^2 \varphi=0$
$q=\psi_D=\int_S \vec{D} \cdot \mathrm{d}\vec{S}$	$I=\int_S \vec{J} \cdot \mathrm{d}\vec{S}$

为了便于看出它们的共同点，将两种场对应的物理量归纳至表 4－4。

表 4－4　两种场对应的物理量

静电场（$\rho=0$）	$\vec{E}$	φ	$\vec{D}$	q（或 ψ）	ε
恒定电流场（电源外）	$\vec{E}$	φ	$\vec{J}$	I	σ

可以看出两种场对应的物理量所满足的方程形式上是一样的，若两个场的边界条件也一样，电流密度的分布与电通密度的分布特性完全相同。根据这种类似性，可以利用静电场的结果直接求解恒定电流场，或反之。这种方法称为静电比拟。物理学中的静电模拟实验就是通过导电媒质中的恒定电场来研究静电场的特性的。

例如，两个相同的导体系分别置于介电常数为 ε 和电导率为 σ 的媒质中，并在导体（电极）间施加电压 U，如图 4－17 所示。两者边界条件相同，形状一样，均匀导电媒质内的恒定电流场与均匀介质内的静电场应有相同的场图，即两者等位面的分布一致，且前者的 $\vec{J}$ 线与后者的 $\vec{D}$ 线分布一致。如果两导体间是介质，那么导体上的电量与两导体间的电压分别为

$$q = \int_S \vec{D} \cdot \mathrm{d}\vec{S} = \varepsilon \int_S \vec{E} \cdot \mathrm{d}\vec{S} \tag{4-56}$$

$$U = \int_a^b \vec{E} \cdot \mathrm{d}\vec{l} \tag{4-57}$$

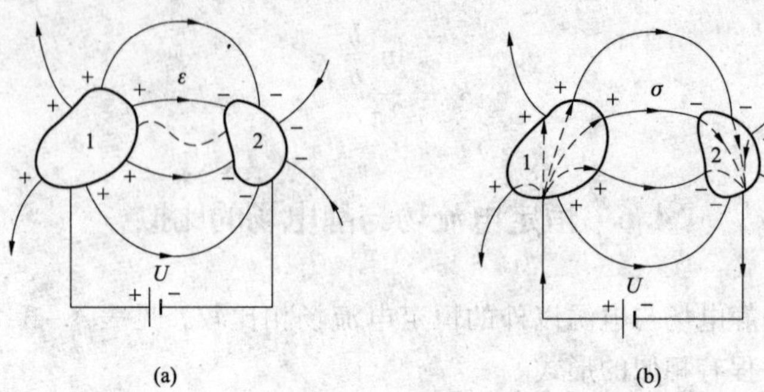

图 4－17 静电比拟

式中：S 为包围带正电荷导体的封闭面；a 和 b 分别是两导体上的一点，两导体之间的电容可表示为

$$C = \frac{q}{U} = \frac{\varepsilon \oint_S \vec{E} \cdot \mathrm{d}\vec{S}}{\int_a^b \vec{E} \cdot \mathrm{d}\vec{l}} \tag{4-58}$$

如果两导体之间是导电媒质，那么从一导体流向另一导体的电流与两导体之间的电压分别为

$$I = \int_S \vec{J} \cdot \mathrm{d}\vec{S} = \sigma \int_S \vec{E} \cdot \mathrm{d}\vec{S} \tag{4-59}$$

$$U = \int_a^b \vec{E} \cdot \mathrm{d}\vec{l} \tag{4-60}$$

两导体间导电媒质的电导可表示为

$$G = \frac{I}{U} = \frac{\sigma \int_S \vec{E} \cdot \mathrm{d}\vec{S}}{\int_a^b \vec{E} \cdot \mathrm{d}\vec{l}} \tag{4-61}$$

从式（4－61）和式（4－58）可以看出，只要将静电场中两导体之间电容的介质参数 ε 用 σ 代替，就是对应的恒定电流场中两导体之间的电导。而两导体间的电导和电容符合下式

$$\frac{G}{C} = \frac{\sigma}{\varepsilon} \tag{4-62}$$

由第 3 章可知，单位长度内同轴线的电容为

$$C_1 = \frac{2\pi \varepsilon}{\ln \frac{b}{a}}$$

式中：b 为外导体内半径；a 为内导体的半径。那么，若同轴线的填充介质具有的电导率为 σ，则单位长度内同轴线的漏电导为

$$G_1 = \frac{2\pi\sigma}{\ln\frac{b}{a}} \tag{4-63}$$

再例如，对于如图4－18（a）所示两种不同导电媒质中置有电极的问题，也可用镜像法来计算。对于第一种媒质（σ_1）中的电场，可按图4－18（b）计算；对于第二种媒质（σ_2）中的电场，可按图4－18（c）计算。其中镜像电流I'与I''由静电场比拟关系可知为

$$I' = \frac{\sigma_1 - \sigma_2}{\sigma_1 + \sigma_2}, I'' = \frac{2\sigma_2}{\sigma_1 + \sigma_2} \tag{4-64}$$

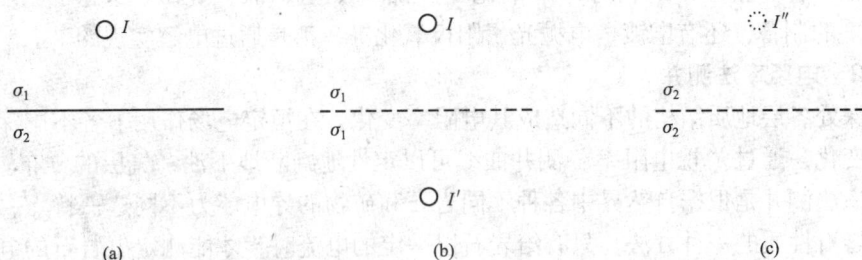

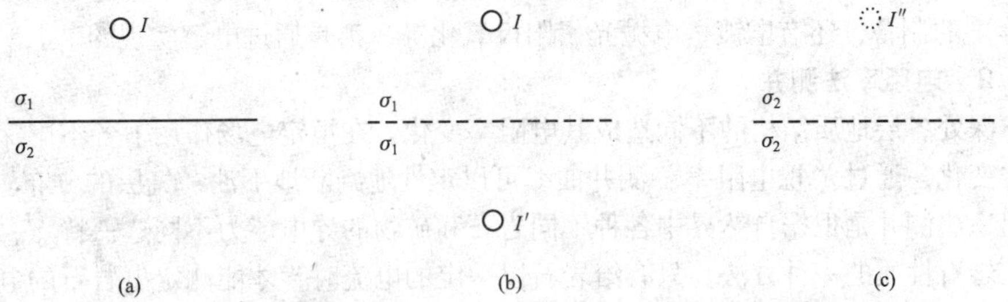

图4－18 线电流对无线大导电媒质分界面的镜像

【例4－7】 两同心球壳之间媒质的电导率为σ，电容率为ε。若内外球壳半径分别为a和b，求球壳间媒质的电阻。

解 第3章已导出两同心球电容器表达式为

$$C = \frac{4\pi\varepsilon ab}{b-a}$$

因此，由式（4－62）可得电导为

$$G = \frac{4\pi\sigma ab}{b-a}$$

最后球体间媒质的电阻

$$R = \frac{b-a}{4\pi\sigma ab}$$

4.7 恒定电流场的应用

实际中经常会遇到很多恒定电流场问题，例如电镀工艺、电焊工艺、电力工程、地质勘探、油井测量以及超导技术中广泛应用了恒定电流场的特性。

4.7.1 电解

使电流通过电解质溶液而在阴、阳两极引起氧化还原反应的过程叫做电解。对电解质溶液（或熔融态电解质）通电时，电子从电源的负极沿导线流入电解池的阴极，电解质的阳离子移向阴极使得电子发生还原反应；电解质的阴离子移向阳极失去电子（有的是组成阳极的金属原子失去电子）发生氧化反应，电子从电解池的阳极流出，并沿导线流回电源的正极。这样，电流就依靠电解质溶液（或熔融态电解质）里阴、阳离子的定向移动而通过溶液（或熔融态电解质），所以电解质溶液（或熔融态电解质）的导电过程，就是电解质溶液（或熔融态电解质）的电解过程。

电解广泛应用于冶金工业中，如从矿石或化合物中提取金属（电解冶金）或提纯金属（电解提纯），以及从溶液中沉积出金属（电镀）。金属钠和氯气是由电解熔融氯化钠生成的；电解氯化钠的水溶液则产生氢氧化钠和氯气。电解水产生氢气和氧气。水的电解就是在外电场作用下将水分解为 H_2（气体）和 O_2（气体）。电解是一种非常强有力的促进氧化还原反应的手段，许多很难进行的氧化还原反应都可以通过电解来实现。例如，可将熔融的氟化物在阳极上氧化成单质氟，熔融的锂盐在阴极上还原成金属锂。电解工业在国民经济中具有重要作用，许多有色金属（如钠、钾、镁、铝等）和稀有金属（如锆、铪等）的冶炼及金属（如铜、锌、铅等）的精炼，基本化工产品（如氢、氧、烧碱、氯酸钾、过氧化氢、乙二腈等）的制备，还有电镀、电抛光、阳极氧化等，都是通过电解实现的。

4.7.2 电阻率法测井

地下深处各层地质结构的不同造成其电阻率变化。在恒定电场作用下各不同深处的电动势也随之变化，通过“视电阻率”测井曲线可以定性地判断地下油、气层的分布。

电阻率法测井是根据自然界中各种不同岩石和矿物的导电能力不同这一特点，来区别钻井剖面上岩石性质的一种方法。只有给岩石以一定的电流时，才能测定出岩石的电阻率。所以在进行电阻率测井时，都设有供电线路，图 4－19（a）给出了这一恒流源供电线路，通过供电电极 A 供给电流 I，另一电极为 B 和恒流源另一端接地。在恒流源作用下，A 电极的电流在深井中向四周流散，因钻孔直径很小，地下部分可近似看作均匀电流场。然后用测量电极 M、N 进行电动势测量。这个电动势差反映了井内电场分布特点，从而反映了电阻率的变化，因此电阻率法测井的理论实质是研究各种不同导电媒质中电场分布的问题。

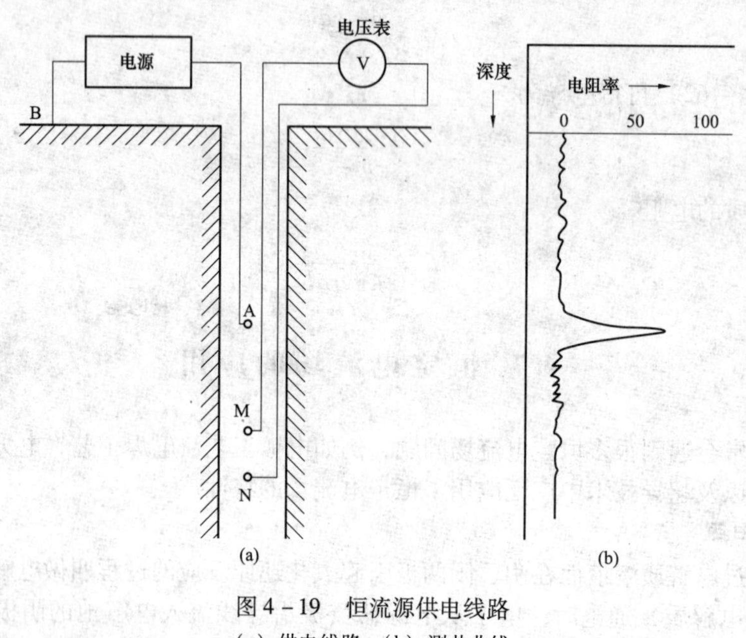

图 4－19 恒流源供电线路

（a）供电线路；（b）测井曲线

4.7.3 接地与接地电阻

接地是指将地面上的金属物体或电气回路中的某一接点通过导体与大地保持等电位。电力系统的接地按其功用可分三类。

（1）工作接地。根据电力系统正常运行的需要而设置的接地，例如三相系统的中性点接地、双极直流输电系统的中点接地等。它所要求的接地电阻值为0.5～100Ω。

（2）保护接地。不设这种接地电力系统也能正常运行，但为了人身安全而将各电气设备的金属外壳等加以接地。保护接地是在故障条件下才发挥作用的，要求的接地电阻值为1～10Ω。

（3）防雷接地。用来将雷电流顺利泄入地下，以减小其所引起的过电压。防雷接地的性质介于前面两种接地之间。它是防雷保护装置不可缺少的组成部分，有些像工作接地；又是保障人身安全的有力措施，而且只有在故障条件下才发挥作用，有些像保护接地。防雷接地的阻值一般为1～30Ω。

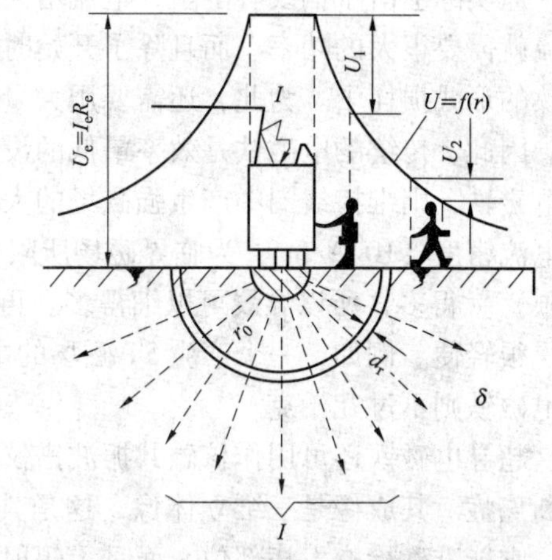

图4－20　接地装置示意图

U_e—接地点电位；I_e—接地电流；U_1—接触电压；U_2—跨步电压；$U=f(r)$—大地表面的电位分布；δ—地中电流密度

大地不是理想导体，它具有一定的电阻率，在外界作用下地中如果出现电流，则地就不再是同一电位。流进大地的电流经过接地导体从一点注入，以电流场的形式向远处扩散，如图4－20所示，设土壤电阻率为ρ，电流密度为δ，则大地的电场强度$E=\rho\delta$。离电流注入点越远，电流密度越小，因此可以认为无限远处的电流密度δ为零，也就是该处仍保持零电位。很显然，当接地点有电流流入时，则注入点相对于零电位具有一定的电位。图4－20画出了此时地表面的电位分布情况。

对工作接地和保护接地而言，将接地点的电位U_e与流过的工频或直流电流I_e的比值定义为该点的接地电阻R_e，它是大地电阻效应的总和，它包括接地引线、接地体、接地体与土壤间的过渡和大地的溢流电阻，前三项的阻值极小，可略去不计。当接地电流一定时，接地电阻R_e越大，电位U_e越高，当它高到超过接地物体（如变压器外壳）的绝缘时，将危及电气设备的绝缘及人身安全。因此，只有降低接地电阻R_e，才能降低危险电位。

对防雷接地而言，感兴趣的将是流过冲击大电流时呈现的电阻，称之为冲击接地电阻R_i。防雷接地装置的作用也是为了减小冲击接地电阻以降低雷电流泄放时防雷保护装置（如避雷针、避雷线或避雷器）端部的电压。

4.7.4　超导技术的应用

所谓超导现象，就是当物质的温度降到某一临界值时，其电阻突变为零，成为理想导体。1911年荷兰物理学家Heike Kamerlingh Onnes首次发现汞在绝对温度4.22K时，电阻突变为零，后来又发现其他金属或合金也具有超导特性。但是由于其临界温度一直很低，限制了实际应用。直到1986年1月，IBM公司苏黎世实验室George Bednor和Alex Muller发现钡、镧和铜的氧化物具有的超导临界温度达到30K以上。1987年美国休斯顿大学朱经武小组及世界其他地区的人员独立地发现了新的超导体YBaCuo的临界温度为90K以上。后来又相继发现了临界温度达到125K和154K的超导体。这些高温超导体的发现大大地促进了超导技术的工程应用。

超导在技术中的应用最主要的是做电磁铁的超导线圈以产生强磁场。这项技术是近 40 年来发展起来的新兴技术之一，在高能加速器、受控热核反应实验中已有很多的应用，在电力工业、现代医学等方面也显示了良好的前景。

传统的电磁铁由铜线线圈和铁芯构成的。尽管在理论上可通过增加电流来获得很强的磁场，但实际上由于铜线有电阻，电流增大时发热量要按平方的倍数增加，因此要维持一定的电流就需要很大的功率。而且除了开始时产生磁场所需要的能量之外，供给电磁铁的能量都以热的形式损耗了。为此，还需要用大量的循环油或水进行冷却，这也需要额外的功率来维持。因此，传统的电磁铁是效率最低的设备之一，而且形体笨重。与此相反，如果用超导线做电磁铁，则维持线圈中产生强磁场的大电流并不需要输入任何功率。同时由于超导线的容许电流密度（$10^9\,\mathrm{A/m^2}$，为临界磁场所限）比铜线的容许电流密度（$10^2\,\mathrm{A/m^2}$，为发热溶化所限）大得多，所以导线可以细得多。再加上无需庞大的冷却设备，所以超导电磁铁可以做得很轻便。例如，一个产生 5T 磁场的中型传统电磁铁质量可达 24t，而产生相同磁场的超导电磁铁则不过几千克。

超导电磁铁还可用作核磁共振波谱仪的关键部件，医学上利用核磁共振成像技术可早期诊断癌症。其成像是三维立体像，这是其他成像方法（如 X 光、超声波成像）所无法比拟的。它能准确检查发病部位，而且无辐射伤害，诊断面广，使用方便。

在电力工业中，超导电机是目前最令人感兴趣的应用之一。传统电机的效率已经是很高了，例如可高达 99%，而利用超导线圈，效率可望进一步提高。更重要的是，超导电机可以具有更大的极限功率，而且质量轻、体积小。超导发电机在大功率核能发电站中可望得到应用。

还有超导磁悬浮的应用。电阻为零的超导体在临界温度以下还具有完全的反磁性，即内部不存在磁场。因此当这种超导体置于外磁场中，由于外加磁场无法穿过超导体内部，对于磁铁产生排斥力。当这种排斥力大于磁铁本身的重力时，即可使磁铁浮于空中，这就是磁悬浮技术。利用这种技术可以制造磁悬浮列车和无摩擦磁悬浮轴承。

4.8 小　结

4.8.1 电流和电流密度

本章讨论了运流电流和传导电流两种形式的电流。运流电流归因于真空中电荷的流动，传导电流则源于导体内电子的流动。

电流密度定义为单位时间内垂直穿过单位面积的电量。通过某截面的电流强度等于电流密度对该截面的通量，即

$$I = \int_S \vec{J} \cdot \mathrm{d}\vec{S}$$

电流场中某点的电流密度与该点的运动电荷密度和速度成正比，方向为正电荷的运动方向，即

$$\vec{J} = \rho \vec{v}$$

在导体中，电流密度与电场强度成正比，即

$$\vec{J} = \sigma \vec{E}$$

此式为欧姆定律的微分形式。

4.8.2 电动势

电动势表示电源做功的能力，定义为电源将单位正电荷从电源负极移至电源正极所做的功，即

$$e = \int_N^P \vec{E}' \cdot \mathrm{d}\vec{l} = \oint_l \vec{E}' \cdot \mathrm{d}\vec{l}$$

4.8.3 恒定电流场方程

电流连续性原理

$$\oint_S \vec{J} \cdot \mathrm{d}\vec{S} = 0(\text{积分形式}), \nabla \cdot \vec{J} = 0(\text{微分形式})$$

保守场

$$\oint_l \vec{E} \cdot \mathrm{d}\vec{l} = 0(\text{积分形式}), \nabla \times \vec{E} = 0(\text{微分形式})$$

电流场的电位

$$\vec{E} = -\nabla \Phi$$

$$\nabla^2 \Phi = 0\ (\text{拉普拉斯方程})$$

$$\rho = \rho_0 \mathrm{e}^{-\frac{t}{\tau}}$$

式中：$\tau = \dfrac{\varepsilon}{\sigma}$，为弛豫时间。

长为 L、截面为 A 和电导率为 σ 的圆柱体，其电阻为 $R = \dfrac{L}{\sigma A}$。

若电导率不均匀，则可用 $R = \int_l \dfrac{\mathrm{d}l}{\sigma A}$ 或 $G = \int_A \dfrac{\sigma \mathrm{d}A}{L}$ 计算电阻或电导。

4.8.4 恒定电流场的边界条件

$$J_{1n} = J_{2n} \quad \text{或} \quad \vec{e}_n \cdot (\vec{J}_1 - \vec{J}_2) = 0$$

$$E_{1t} = E_{2t} \quad \text{或} \quad \vec{e}_n \times (\vec{E}_1 - \vec{E}_2) = 0$$

4.8.5 焦耳定律

$$p = \vec{E} \cdot \vec{J}$$

为焦耳定律的微分形式，它表示场中任一点的一个单位体积中由于电流引起的功率损耗。

4.8.6 恒定电流场与静电场的比拟

$$\frac{G}{C} = \frac{\sigma}{\varepsilon}$$

思 考 题

4-1 传导电流与运流电流有何异同?

4-2 电流体密度和面密度有何关系?

4-3 电流场中导体是等位体吗? 为什么?

4-4　什么是理想导体和理想介质？

4-5　理想导体有什么性质，为什么？

4-6　为什么将 $J=\sigma E$ 称为欧姆定律的微分形式？此式与欧姆定律有什么关系？

4-7　载有恒定电流的导体中，为什么电场强度不为零？

4-8　同长度且同横截面积的一段铜线和铝线两端施加相同的电压时，它们中的电流是否相同？

4-9　如果在某导体中电场强度是零，则在该导体中有电流吗？

4-10　什么是电动势？

4-11　驻立电荷与静电场中的电荷有何区别？

4-12　如果由均匀导体制作的导线中有恒定电流，那么该导线中的自由体电荷密度是否为零？为什么？

4-13　恒定电流场是无散无旋场吗？为什么？

4-14　在什么条件下，导电媒质中恒定电流场的电位满足拉普拉斯方程？

4-15　如何计算两种不同的导电媒质分界面上的面电荷？

4-16　如何计算两种不同的导电媒质分界面上的束缚面电荷？

4-17　在理想介质和导电媒质的分界面上有无自由面电荷？

4-18　恒定电流场中，在两种媒质的分界面上，电场强度的法向分量连续吗？为什么？

4-19　为什么式（4-54）为焦耳定律的微分形式？它与焦耳定律有什么区别？

4-20　当导线中电流分布不均匀时，一段导线的电阻及损耗如何计算？

4-21　焦耳定律微分形式的物理意义是什么？

4-22　在什么条件下，恒定电流场与静电场可以比拟？

4-23　恒定电流场中，在哪些情况下可以用镜像法？

4-24　在恒定电流场与静电场可以比拟的情况下，静电场的导体边界对应于恒定电流场的什么边界？

习　　题

4-1　每立方米铜中大约有 8.5×10^{28} 个自由电子。若铜线截面积为 10cm^2，通过电流为 1500A，求：

（1）电子平均漂移速度；

（2）电流密度。

4-2　在电场作用下，真空中电子运动的平均速度是 $3\times10^5\text{m/s}$。若电流密度为 10A/cm^2，求电子运动方向假想垂直单位面积上的电子数。

4-3　一宽度为 30cm 的传输带上电荷均匀分布，以速度 20m/s 匀速运动，形成的电流所对应的电流强度为 50μA，计算传输带上的面电荷密度。

4-4　如果 ρ 是运动电荷密度，$\vec{v}$ 是运动电荷的平均速度，证明

$$\rho\,\nabla\cdot\vec{v}+\vec{v}\cdot\nabla\rho+\frac{\partial\rho}{\partial t}=0$$

4-5　孤立导体内有多余电荷，已知经电荷包围面流出的电流 $i=0.2\text{e}^{-50t}\text{A}$，求：

（1）弛豫时间；

（2）初始电荷；

（3）在 $t=2\tau$ 时间内，通过包围面的总电荷；

（4）电流衰减到初始值 10% 所需要的时间。

4-6 设同轴电缆内导体半径为 a，外导体的内半径为 b，填充介质的电导率为 σ。根据恒定电流场方程，计算单位长度内同轴线的漏电导。

4-7 设双导线的半径为 a，轴线间距为 D，导线间的媒质电导率为 σ。根据恒定电流场方程，计算单位长度内双导线之间的漏电导。

4-8 已知环形导体尺寸如图 4-21 所示。试求 $r=a$ 与 $r=b$ 两个表面之间的电阻。

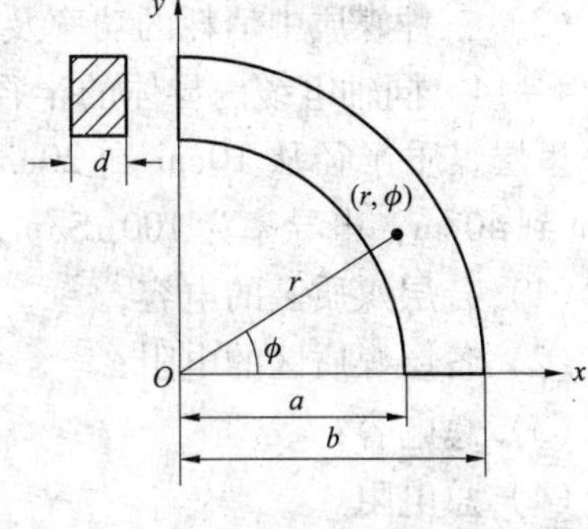

图 4-21 题 4-8 图

4-9 两半径分别为 a 和 b（$b>a$）的同心导电球壳之间填充了非均匀材料，其电导率 $\sigma=m/r+k$，式中 $a\leqslant r\leqslant b$，且 m 和 k 均为常数。设内球壳电位为 φ_0，外球壳接地。计算：

（1）媒质的电阻；

（2）每个球的面电荷密度；

（3）媒质中的体电荷密度；

（4）每个球体上的总电荷；

（5）区域中的电流密度；

（6）通过区域的电流，当 $m\to 0$ 时，电阻是多少？

4-10 媒质 1 的电导率为 100S/m，相对电容率为 9.6，其中的电流密度为 50A/m^2，和分界面法线的夹角为 30°。如果媒质 2 的电导率为 10S/m，相对电容率为 4，求：

（1）电流密度；

（2）它和分界面法线的夹角；

（3）分界面上的面电荷密度是多少？

4-11 已知圆柱形电容器的长度为 L，内、外电极半径分别为 a 及 b，填充的介质分为两层，分界面半径为 c。在 $a<r<c$ 区域中，填充介质的参数为 ε_1、σ_1；在 $c<r<b$ 区域中，介质参数为 ε_2、σ_2。若接上电动势为 e 的电源。试求：

（1）各区域中的电流密度；

（2）内外导体表面上的电荷密度；

（3）两种介质分界面上的自由电荷密度。

4-12 有两块不同电导率的薄钢片构成一导电弧片，如图 4-22 所示。若 $\sigma_1=6.5\times10^7\text{S/m}$，$\sigma_2=1.2\times10^7\text{S/m}$，$R_2=45\text{cm}$，$R_1=30\text{cm}$，厚度为 2mm，电极间电压 $U=30\text{V}$，电极的电导率 $\sigma\gg\sigma_1$。求：

（1）弧片内的电位分布（设 x 轴上的电极为零电位）；

（2）电流 I 和弧片电阻；

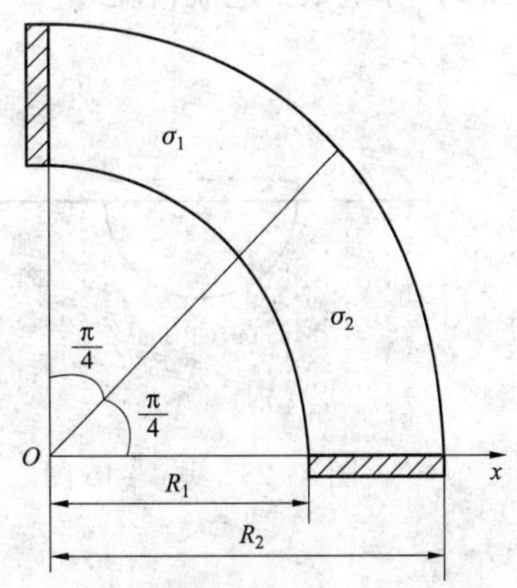

图 4-22 题 4-12 图

（3）在分界面上，$\vec{D}$、$\vec{J}$ 和 $\vec{E}$ 是否突变？

（4）分界面上的电荷密度 ρ_S。

4-13 面积为 1m^2 的两块平行金属板间填充三种导电媒质，厚度分别为 0.5、0.2、0.3mm，电导率分别为 10kS/m、500S/m、0.2MS/m。求：

（1）两板间的有效电阻；

（2）若两板间的电位差为 10mV，计算每个区域中的 $\vec{J}$ 和 $\vec{E}$；

（3）三种媒质中消耗的功率及总消耗功率。

4-14 同轴电缆内导体的半径为 10cm，外导体的半径为 40cm，两导体之间填两层媒质。里层媒质半径从 10cm 到 20cm，电导率为 50μS/m，电容率为 $2\varepsilon_0$；外层媒质半径从 20cm 到 40cm，电导率为 100μS/m，电容率为 $4\varepsilon_0$。运用静电比拟的方法，求单位长度：

（1）各层媒质区的电容；

（2）各层媒质区的电阻；

（3）总电容；

（4）总电阻。

4-15 两同心球形导体，半径分别为 3cm 和 9cm。两球间填充两种媒质：里层媒质，半径从 3cm 到 6cm，电导率为 50μS/m，电容率为 $3\varepsilon_0$；外层媒质，半径从 6cm 到 9cm，电导率为 100μS/m，电容率为 $4\varepsilon_0$。运用静电比拟的方法，求：

（1）各层媒质区的电容；

（2）各层媒质区的电阻；

（3）总电容；

（4）总电阻。

4-16 将半径为 25mm 的半球形导体球埋入地中，如图 4-23 所示，该导体球与无限远处之间的电阻称为导体球的接地电阻。若土壤的电导率为 10μS/m，试求导体的接地电阻。

4-17 若一张矩形导电纸的电导率为 σ，面积为 $a\times b$，四周电位如图 4-24 所示。试求：

（1）导电纸中电位分布；

（2）导电纸中电流密度。

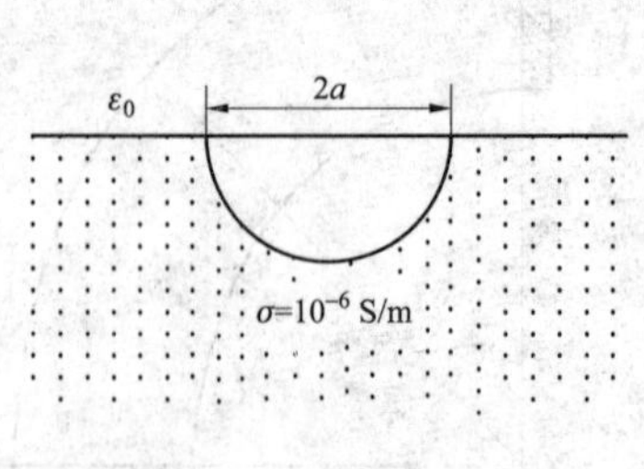

图 4-23 题 4-16 图

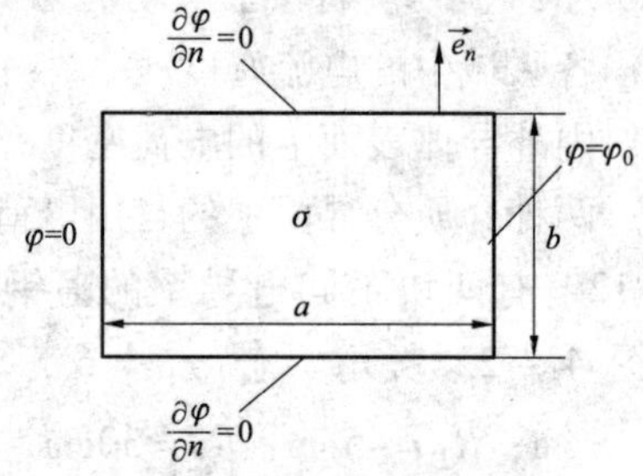

图 4-24 题 4-17 图

5 恒定磁场

第3章和第4章分别讨论了静止电荷产生的静电场以及运动电荷形成的恒定电流中的恒定电流场。运动电荷不但可以产生电场，还可以产生磁场。两载流线圈间的相互作用力（安培力）是一个线圈产生的磁场对另一个载流线圈的作用力，在此基础上可获得恒定磁场中磁感应强度的公式，即毕奥—萨伐定律，由此引出矢量磁位公式和矢量泊松方程。本章在分析真空中磁场的基础上，讨论导磁媒质在恒定磁场中的表现，用磁化后出现的磁化电流考虑其附加作用，并引入磁化强度矢量。在研究真空及导磁媒质中磁感应强度回路线积分的基础上，引入磁场强度矢量，并导得媒质中的安培环路定律，它与磁通连续性原理一起构成了恒定磁场的基本方程。

应用积分形式的基本方程，推导不同媒质分界面上的衔接条件。根据无源区的安培环路定律，引出标量磁位与磁场强度的关系，并得到了标量磁位的拉普拉斯方程。按照电路的概念引出磁路、磁阻、磁通和磁动势，并介绍了两种磁路分析的方法。本章还将讨论电磁感应定律、自感、互感、磁场能量与力。

5.1 磁感应强度

1825年奥斯特（Hans Christian Osrsted）实验发现通电流的导线可使磁针偏转，这是一个重大的突破。这一事实使电学和磁学之间联系起来。同年，法国科学家安培（Ampere）在奥斯特实验的基础上又前进了一大步，不但发现磁针偏转方向与直流电流方向之间服从右手螺旋关系，而且发现了电流与电流之间也存在作用力。之后，安培通过精心设计的实验对这一现象进行定量研究，得到了一个描述一载流导线回路放在另一载流导线回路附近所受作用力的普遍表达式，后人称之为“安培力定律”。

对于如图5-1所示的两个载流导线回路，安培力定律指出，在真空中，电流为I的载流导线回路l放在电流为I'的载流导线回路l'附近受到的作用力为

$$\vec{F}=\frac{\mu_0}{4\pi}\oint_l\oint_{l'}\frac{I\mathrm{d}\vec{l}\times(I'\mathrm{d}\vec{l}'\times\vec{R})}{R^2} \tag{5-1}$$

式中：$\mathrm{d}\vec{l}$为载流导线回路l上位于$\vec{r}$点的长度微分元，方向为该点的电流方向；$I\mathrm{d}\vec{l}$为电流元；$\mathrm{d}\vec{l}'$为载流导线回路$\vec{l}'$上位于$\vec{r}'$点的长度微分元，方向为该点的电流方向；$I'\mathrm{d}\vec{l}'$为电流元；$R=|\vec{r}-\vec{r}'|$为在两载流导线回路上所取的电流元之间的距离；$\mu_0=4\pi\times10^{-7}\mathrm{H/m}$为真空中的磁导率。

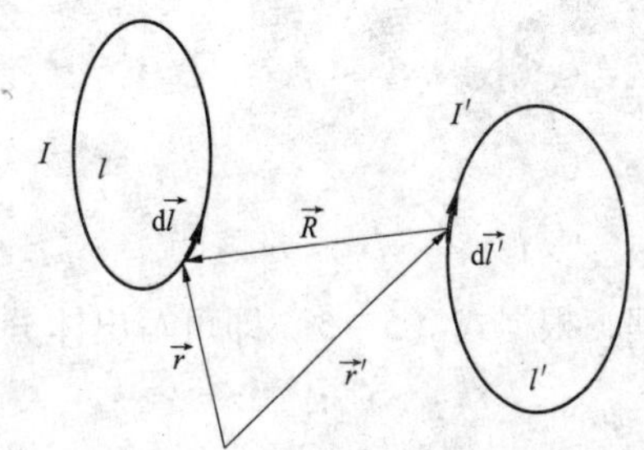

图5-1 载流导线回路间的作用力

注意，上面的双重积分表示是两个电流回路间的相互作用力。两个回路的两个电流元$I\mathrm{d}\vec{l}$和$I'\mathrm{d}\vec{l}'$间的作用力$\mathrm{d}\vec{F}$为

$$\mathrm{d}\vec{F}=\frac{\mu_0}{4\pi}\frac{I\mathrm{d}\vec{l}\times(I'\mathrm{d}\vec{l}'\times\vec{e}_R)}{R^2} \tag{5-2}$$

将式（5-2）和静电场中两个点电荷间的相互作用力的库仑定律公式进行对比，可以看出两者有相似之处，即都是和距离的平方成反比关系。但是这里 $I\mathrm{d}\vec{l}$ 和 $I'\mathrm{d}\vec{l}'$ 都是矢量，因而两载流导线间作用力的关系比静电场中两点电荷间作用力的关系更复杂。

关于电流间相互作用力的解释，最初也认为是电流间的直接作用，即超距观点。从场的观点看，$\vec{F}$ 是 I' 电流回路 l' 在空间的磁场对 I 电流回路 l 的作用力，即 I' 的场对回路 l 上所有电流元的作用力的合力，则式（5-1）可写为

$$\vec{F}=\oint_l I\mathrm{d}\vec{l}\times\frac{\mu_0}{4\pi}\oint_{l'}\frac{I'\mathrm{d}\vec{l}'\times\vec{e}_R}{R^2} \tag{5-3}$$

积分号 $\oint_l$ 内的被积函数是 l 的电流元 $I\mathrm{d}\vec{l}$ 所受到的作用力，它是 l' 回路产生的磁场和 $I\mathrm{d}\vec{l}$ 相互作用产生的，对回路 l 积分是求 I 电流回路 l 受到的合力。很明显，式（5-3）中后一个积分是代表电流 I' 在该点的磁场的一个矢量，称为磁感应强度，用符号 $\vec{B}$ 表示，则

$$\vec{F}=\oint_l I\mathrm{d}\vec{l}\times\vec{B} \tag{5-4}$$

其中

$$\vec{B}=\frac{\mu_0}{4\pi}\oint_{l'}\frac{I'\mathrm{d}\vec{l}'\times\vec{e}_R}{R^2} \tag{5-5}$$

以上为毕奥—萨伐定律，$\vec{B}$ 的单位为 T（特斯拉）。

因为电流是电荷以某一速度 $\vec{v}$ 运动产生的，设 $\mathrm{d}t$ 时间内电荷走过的距离为 $\mathrm{d}l$，则 $\mathrm{d}\vec{l}=\vec{v}\mathrm{d}t$。又设 $\mathrm{d}l$ 段内的电量为 $\mathrm{d}q$，则有

$$\mathrm{d}\vec{F}=I\mathrm{d}\vec{l}\times\vec{B}=\frac{\mathrm{d}q}{\mathrm{d}t}\vec{v}\mathrm{d}t\times\vec{B}=\mathrm{d}q\vec{v}\times\vec{B}$$

由此可得，以速度 $\vec{v}$ 运动的电荷 q 受力为

$$\vec{F}=q\vec{v}\times\vec{B} \tag{5-6}$$

磁场对运动电荷的作用力称为洛仑兹力。当 $\vec{v}$ 和 $\vec{B}$ 垂直时，洛仑兹力为最大值。

由于 $\vec{I}\mathrm{d}l=\vec{J}\mathrm{d}V=\vec{J}_S\mathrm{d}S$，故根据式（5-4）即可写出体分布电流和面分布电流所受的力。

$$\vec{F}=\oint_V\vec{J}\mathrm{d}V\times\vec{B} \tag{5-7}$$

和

$$\vec{F}=\oint_S\vec{J}_S\mathrm{d}S\times\vec{B} \tag{5-8}$$

同理，根据式（5-5）即可写出体分布电流和面分布电流产生的 $\vec{B}$ 的表达式

$$\vec{B}=\frac{\mu_0}{4\pi}\oint_V\frac{\vec{J}\mathrm{d}V\times\vec{e}_R}{R^2} \tag{5-9}$$

$$\vec{B} = \frac{\mu_0}{4\pi}\oint_S \frac{\vec{J}_S \mathrm{d}S \times \vec{e}_R}{R^2} \tag{5-10}$$

磁感应强度穿过任一曲面的通量（见图5-2）

$$\psi = \int_S \vec{B} \cdot \mathrm{d}\vec{S} \tag{5-11}$$

称为穿过该曲面的磁通量，磁通量的单位为 Wb（韦伯）。从式（5-11）可以看出，磁感应强度即是垂直穿过单位面积的磁通量，因此磁感应强度也称为磁通密度，$\mathrm{Wb/m^2}$ 也是其单位。磁场在空间的分布可以用磁力线来表示。磁力线是空间的一簇有向曲线，在磁场强的地方稠密，在磁场弱的地方稀疏。线上任一点的切线方向即是该点的磁场方向。

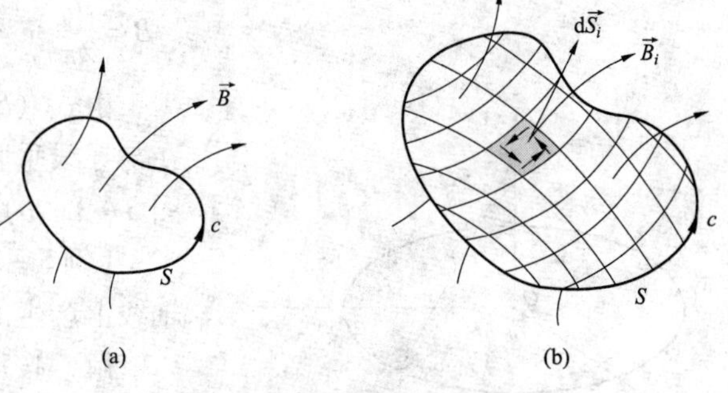

图5-2　开表面的磁力线与面单元

（a）磁力线；（b）面单元

【例5-1】　一根由 $z=a$ 至 $z=b$ 的有限长细导线，如图5-3（a）所示。求在 xy 平面上 P 点的磁感应强度。若 $a\to-\infty$，$b\to\infty$，则 P 点的磁感应强度为多少？

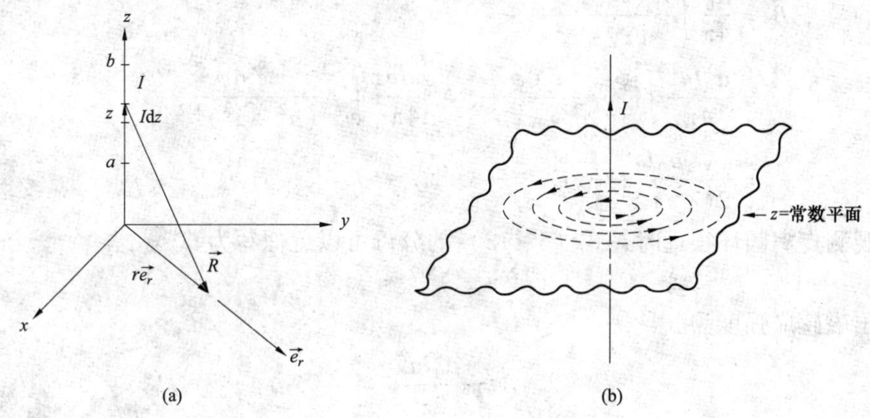

图5-3　［例5-1］图

（a）有限长载流导线所产生的磁感应强度；（b）无限长载流导线在与它垂直的平面上产生的磁通线为同心圆

解　在这里由于 $I\mathrm{d}\vec{l} = I\mathrm{d}z\vec{e}_z$，$\vec{R} = r\vec{e}_r - z\vec{e}_z$，因而

$$I\mathrm{d}\vec{l} \times \vec{R} = Ir\mathrm{d}z\vec{e}_\phi$$

代入式（5-5）可得

$$\vec{B} = \frac{\mu_0 Ir}{4\pi}\int_a^b \frac{\mathrm{d}z}{(r^2+z^2)^{3/2}}\vec{e}_\phi$$

$$= \frac{\mu_0 I}{4\pi r}\left(\frac{b}{\sqrt{r^2+b^2}} - \frac{a}{\sqrt{r^2+a^2}}\right)\vec{e}_\phi$$

上面的结果说明 $\vec{B}$ 只在 $\vec{e}_\phi$ 方向上有一个非零的分量。这正是所预期的，因为电流在 z 方向，

而 $\vec{B}$ 必须垂直于它。

将 $a=-\infty$，$b=\infty$ 代入，可得出当导线为无限长时，在一点产生的 $\vec{B}$ 场为

$$\vec{B}=\frac{\mu_0 I}{2\pi r}\vec{e}_\phi \tag{5-12}$$

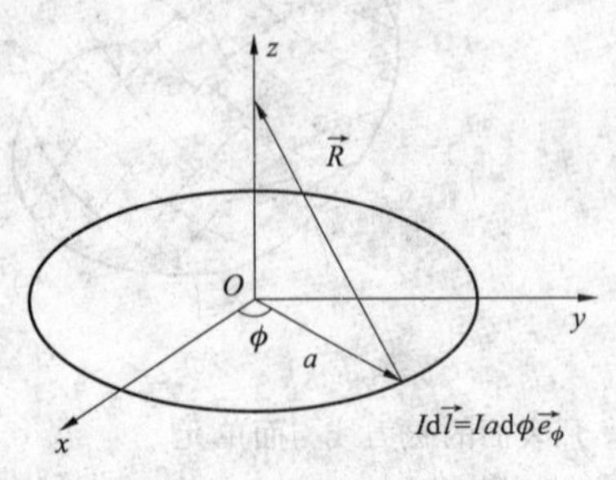

图 5-4　电流圆环的磁场

由式（5-12）可知，磁感应强度与 r 成反比。在与导线垂直的平面中，磁力线是围绕它的圆，如图 5-3（b）所示。

【例 5-2】　求半径为 a、电流为 I 的电流圆环在轴线上产生的磁感应强度。

解　按题意，取坐标使电流环在 xy 平面，其轴线为 z 轴，如图 5-4 所示。根据式(5-5)，这里

$$\vec{R}=z\vec{e}_z-a\vec{e}_r$$

$$Id\vec{l}=Iad\phi\vec{e}_\phi$$

$$Id\vec{l}\times\vec{R}=Ia(z\vec{e}_r+a\vec{e}_z)d\phi$$

将以上各式代入式（5-5）中，得

$$\begin{aligned}\vec{B}&=\frac{\mu_0}{4\pi}\int\frac{Ia(z\vec{e}_r+a\vec{e}_z)d\phi}{(z^2+a^2)^{3/2}}\\&=\frac{\mu_0 Ia^2}{4\pi}\int_0^{2\pi}\frac{\vec{e}_z d\phi}{(a^2+z^2)^{3/2}}+\frac{\mu_0 Iaz}{4\pi}\int_0^{2\pi}\frac{\vec{e}_r d\phi}{(a^2+z^2)^{3/2}}\\&=\frac{\mu_0 Ia^2}{2(a^2+z^2)^{3/2}}\vec{e}_z\end{aligned} \tag{5-13}$$

如果观测点离圆环很远时，式（5-13）的分母可以近似写为

$$(a^2+z^2)^{3/2}\approx z^3$$

因而可得出磁感应强度为

$$\vec{B}=\frac{\mu_0 Ia^2}{2z^3}\vec{e}_z \tag{5-14}$$

当观测点离圆环很远时，圆环尺寸远小于距离 z，此时可将载流圆环看成一个磁偶极子（magnetic dipole）。如果定义磁偶极矩（magnetic dipole moment）为

$$\vec{m}=I\pi a^2\vec{e}_z \tag{5-15}$$

则式（5-14）变为

$$\vec{B}=\frac{\mu_0\vec{m}}{2\pi z^3} \tag{5-16}$$

本例中，我们是求在 z 轴上 P 点的 $\vec{B}$ 场，对于空间任意点 $\vec{B}$ 场的计算是十分复杂的。

【例 5-3】　求半径为 a、电流强度为 I 的电流环在均匀磁场中所受的力矩。

解　取坐标系，使电流环在 xy 平面且中心在原点，电流为逆时针方向。设磁场和 z 轴夹角为 θ，如图 5-5 所示。在电流环上取电流元 dl，磁场对它的力矩为

$$d\vec{T}_m=\vec{r}\times d\vec{F}$$

式中

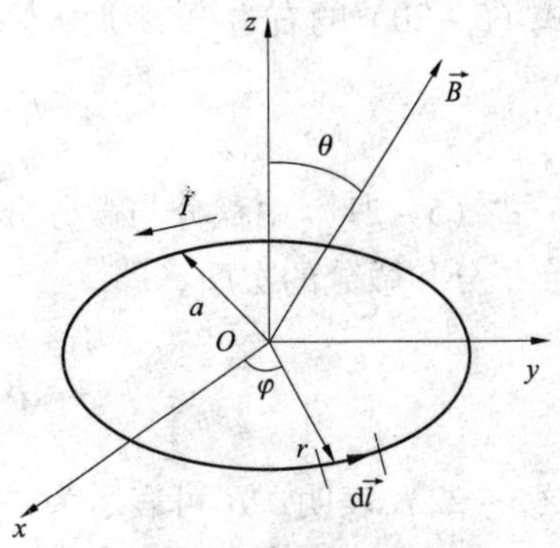

图5-5　电流环在均匀磁场中所受的力矩

$$\vec{r} = a\vec{e}_r = a(\vec{e}_x\cos\phi + \vec{e}_y\sin\phi)$$

$$\begin{aligned} d\vec{F} &= Id\vec{l} \times \vec{B} = Iad\phi\vec{e}_\phi \times \vec{B} \\ &= Iad\phi[B_z\cos\phi\vec{e}_x + B_z\sin\phi\vec{e}_y - \\ &\quad (B_x\cos\phi + B_y\sin\phi)\vec{e}_z] \end{aligned}$$

以上两式相叉乘得

$$d\vec{T}_m = Ia^2 d\phi[(B_x\cos\phi + B_y\sin\phi)(\cos\phi\vec{e}_y - \sin\phi\vec{e}_x)]$$

电流环所受的总力矩为

$$\vec{T}_m = \int d\vec{T}_m = Ia^2\pi(B_x\vec{e}_y - B_y\vec{e}_x) = \vec{m} \times \vec{B}$$

即

$$\vec{T} = \vec{m} \times \vec{B} \tag{5-17}$$

式中：$\vec{m} = I\pi a^2\vec{e}_z$是电流环的磁偶极矩。

式（5-17）表明，线圈承受的力矩按正弦函数变化，当线圈平面与磁场平行时，力矩最大；当线圈平面与磁场垂直时，力矩为零。如果线圈平面不与磁场垂直，则力矩将使线圈平面旋转，直到它的平面与磁场垂直，即 $\vec{m}$ 朝着趋向于 $\vec{B}$ 一致的方向旋转。一旦线圈平面与磁场垂直，则线圈锁定在此位置，因为它将不再旋转。

5.2 矢 量 磁 位

毕奥—萨伐定律是磁场的一个基本的实验定律。从这个定律出发可以导出恒定磁场的其他重要性质。首先，从毕奥—萨伐定律我们发现磁感应强度可以用另一个矢量的旋度来表示。

由前面的毕奥—萨伐定律可知

$$\vec{B}(r) = \frac{\mu_0}{4\pi}\oint_{V'}\frac{\vec{J}(r')dV' \times \vec{e}_R}{R^2}$$

将 $\nabla\left(\frac{1}{R}\right) = -\frac{\vec{e}_R}{R^2}$代入，得

$$\vec{B}(r) = -\frac{\mu_0}{4\pi}\int_{V'}\vec{J}(r') \times \nabla\left(\frac{1}{R}\right)dV' \tag{5-18}$$

运用矢量恒等式得

$$\nabla \times \frac{\vec{J}(r')}{R} = \frac{1}{R}\nabla \times \vec{J}(r') - \vec{J}(r') \times \nabla\left(\frac{1}{R}\right) \tag{5-19}$$

将式（5-19）代入式（5-18）得

$$\vec{B}(r) = \frac{\mu_0}{4\pi}\int_{V'}\left[\nabla \times \frac{\vec{J}(r')}{R} - \frac{1}{R}\nabla \times \vec{J}(r')\right]dV' \tag{5-20}$$

由于旋度是对场坐标 r 进行求微分运算，而 $\vec{J}(r')$是源坐标 r'的函数，所以 $\nabla \times \vec{J}(r') = 0$，

故式（5－20）的右边第二项为零，则

$$\vec{B}(r) = \frac{\mu_0}{4\pi}\int_{V'}\left[\nabla \times \frac{\vec{J}(r')}{R}\right]\mathrm{d}V' \tag{5-21}$$

由于式（5－21）中积分与微分分别是针对源坐标 r' 和场坐标 r 进行的，相互独立，因此可交换积分和微分的次序，即

$$\vec{B}(r) = \nabla \times \frac{\mu_0}{4\pi}\int_{V'}\frac{\vec{J}(r')}{R}\mathrm{d}V' \tag{5-22}$$

式（5－22）表明，$\vec{B}$ 可表示为一个矢量的旋度。令此矢量为 $\vec{A}$，则

$$\vec{B}(r) = \nabla \times \vec{A}(r) \tag{5-23}$$

$$\vec{A}(r) = \frac{\mu_0}{4\pi}\int_{V'}\frac{\vec{J}(r')}{R}\mathrm{d}V' \tag{5-24}$$

式中：$\vec{A}$ 为磁场的矢量位或矢量磁位，Wb/m 或 T · m。

如果电流分布于表面 S 上，则

$$\vec{A}(r) = \frac{\mu_0}{4\pi}\int_{S'}\frac{\vec{J}_S(r')}{R}\mathrm{d}S' \tag{5-25}$$

如果电流分布于细导线回路中，则

$$\vec{A}(r) = \frac{\mu_0}{4\pi}\int_{l'}\frac{I}{R}\mathrm{d}\vec{l}' \tag{5-26}$$

将式（5－24）和式（5－9）进行对比，可见计算矢量磁位的积分运算比计算 $\vec{B}$ 的积分容易一些。当求出 $\vec{A}$ 后，由 $\vec{A}$ 计算 $\vec{B}$ 为旋度微分运算，有现成的公式，这是比较容易的。所以，矢量磁位提供了一个更为简便的分析磁场的方法。

另外，将式（5－23）代入式（5－11）可得

$$\psi = \int_S(\nabla \times \vec{A}) \cdot \mathrm{d}\vec{S}$$

根据斯托克斯定理，得

$$\psi = \oint_l \vec{A} \cdot \mathrm{d}\vec{l} \tag{5-27}$$

式中：l 为 S 面的周界。由此可见，利用矢量磁位 $\vec{A}$ 计算磁通十分方便。

按照式（5－24）定义的矢量磁位隐含着一个重要的性质是它的散度为零，$\nabla \cdot \vec{A} = 0$。下面来证明这个性质

$$\nabla \cdot \vec{A}(r) = \nabla \cdot \left[\frac{\mu_0}{4\pi}\int_{V'}\frac{\vec{J}(r')}{R}\mathrm{d}V'\right]$$

上式右边积分和微分相互独立，交换积分和微分次序，得

$$\nabla \cdot \vec{A}(r) = \frac{\mu_0}{4\pi}\int_{V'}\nabla \cdot \frac{\vec{J}(r')}{R}\mathrm{d}V'$$

上式等号右边利用矢量恒等式

$$\nabla \cdot (f\vec{A}) = f\nabla \cdot \vec{A} + \vec{A} \cdot \nabla f \tag{5-28}$$

得

$$\nabla\cdot\vec{A}(r)=\frac{\mu_0}{4\pi}\int_{V'}\left[\frac{\nabla\cdot\vec{J}(r')}{R}+\vec{J}(r')\cdot\nabla\left(\frac{1}{R}\right)\right]\mathrm{d}V'$$

其中 $\nabla\cdot\vec{J}(r')=0$，因为微分是对场点 r 坐标取的。由于 $\nabla\left(\frac{1}{R}\right)=-\nabla'\left(\frac{1}{R}\right)$，因此

$$\nabla\cdot\vec{A}(r)=-\frac{\mu_0}{4\pi}\int_{V'}\left[\vec{J}(r')\cdot\nabla'\left(\frac{1}{R}\right)\right]\mathrm{d}V'$$

再次利用恒等式（5-28），则上式变为

$$\nabla\cdot\vec{A}(r)=-\frac{\mu_0}{4\pi}\int_{V'}\left[\nabla'\cdot\frac{\vec{J}(r')}{R}-\frac{1}{R}\nabla'\cdot\vec{J}(r')\right]\mathrm{d}V'$$

因为在恒定电流情形，$\nabla'\cdot\vec{J}(r')=0$，故

$$\nabla\cdot\vec{A}(r)=-\frac{\mu_0}{4\pi}\int_{V'}\nabla'\cdot\frac{\vec{J}(r')}{R}\mathrm{d}V'=-\frac{\mu_0}{4\pi}\oint_{S'}\frac{\vec{J}(r')}{R}\cdot\mathrm{d}\vec{S}'$$

这里应用了散度定理把体积分变为面积分，其中 S' 是包围体积 V' 的闭合面。由于积分是对包含电流的体积进行的，可以将体积任意扩大，而不会影响积分的值，因为除 $\vec{J}(r')\neq 0$ 的部分外，其余的空间部分对积分将不会起作用。这样，我们可以使闭合面无限增大，使它不与电流相交链，因而上式积分为零，即

$$\nabla\cdot\vec{A}=0 \tag{5-29}$$

即矢量磁位的散度为零。

当给出电流分布时，由式（5-24）~式（5-26）可以计算场点的 $\vec{A}$。但在实际问题中，特别是电流分布于体积中时，做上述积分往往遇到极大的困难，而在许多情形下求解微分方程可能更简单。下面来推导 $\vec{A}$ 的微分方程。

在静电场中，当已知体电荷 $\rho(r')$ 分布时，场点的电位等于下面的体积分

$$\varphi=\frac{1}{4\pi\varepsilon_0}\int_{V'}\frac{\rho(r')}{R}\mathrm{d}V' \tag{5-30}$$

另一方面，φ 又满足微分方程

$$\nabla^2\varphi=-\frac{\rho}{\varepsilon_0} \tag{5-31}$$

所以，式（5-30）可以看作是式（5-31）泊松方程的解。

对于矢量磁位，由式（5-24）可知，$\vec{A}$ 在直角坐标系中的三个标量分量应满足

$$A_x=\frac{\mu_0}{4\pi}\int_{V'}\frac{J_x(r')}{R}\mathrm{d}V'$$

$$A_y=\frac{\mu_0}{4\pi}\int_{V'}\frac{J_y(r')}{R}\mathrm{d}V'$$

$$A_z=\frac{\mu_0}{4\pi}\int_{V'}\frac{J_z(r')}{R}\mathrm{d}V'$$

将上述三式与静电场中电位的表示式（5-30）对比，可以得出 $\vec{A}$ 的每一标量分量应满足下列标量泊松方程

$$\nabla^2 A_x = -\mu_0 J_x, \nabla^2 A_y = -\mu_0 J_y, \nabla^2 A_z = -\mu_0 J_z$$

由于

$$\nabla^2 \vec{A} = \vec{e}_x \nabla^2 A_x + \vec{e}_y \nabla^2 A_y + \vec{e}_z \nabla^2 A_z$$

故

$$\nabla^2 \vec{A} = -\mu_0 \vec{J} \tag{5-32}$$

式（5-32）即为磁矢位的泊松方程。

【例5-4】 求半径为 a、电流为 I 的小电流环在远处（$r \gg a$）的磁场。

解 取球坐标系，使电流环在 xy 平面，且中心点在坐标原点，如图5-6所示。由于电流分布的轴对称性，磁场与坐标 ϕ 无关。取场点坐标为（r，θ，ϕ）。在电流环上取源点，源点坐标为（a，$\pi/2$，ϕ'）。根据式（5-26）有

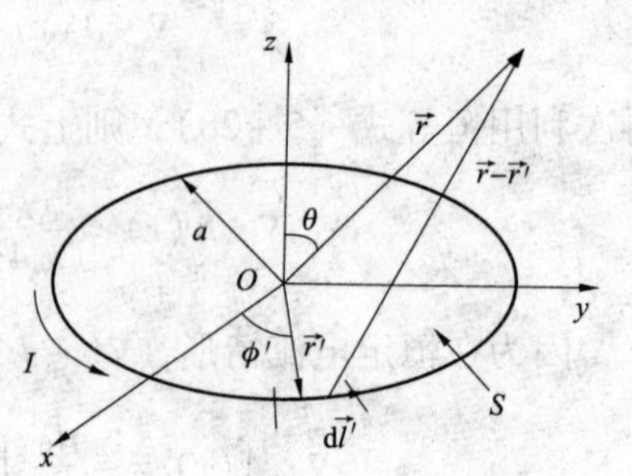

图5-6 电流环的磁场

$$\vec{A}(r) = \frac{\mu_0}{4\pi}\oint_{l'} \frac{I d\vec{l}'}{R} \tag{5-33}$$

式中

$$d\vec{l}' = a d\phi' \vec{e}_{\phi'} = a(\cos\phi' \vec{e}_y - \sin\phi' \vec{e}_x) d\phi' \tag{5-34}$$

$$\vec{r} = r\vec{e}_r = x\vec{e}_x + y\vec{e}_y + z\vec{e}_z$$

$$\vec{r}' = a\vec{e}_{r'} = a\cos\phi' \vec{e}_x + a\sin\phi' \vec{e}_y$$

场点与源点的距离满足以下关系

$$\vec{R} = \vec{r} - \vec{r}' = (x - a\cos\phi')\vec{e}_x + (y - a\sin\phi')\vec{e}_y + z\vec{e}_z$$

$$\begin{aligned}\frac{1}{R} &= \left[(x - a\cos\phi')^2 + (y - a\sin\phi')^2 + z^2\right]^{-1/2} \\ &= \left[r^2 + a^2 - 2a(x\cos\phi' + y\sin\phi')\right]^{-1/2} \\ &= \frac{1}{r}\left[1 + \left(\frac{a}{r}\right)^2 - \frac{2a}{r^2}(x\cos\phi' + y\sin\phi')\right]^{-1/2}\end{aligned} \tag{5-35}$$

由于 $\frac{a}{r} \ll 1$，为了计算方便，忽略 $\left(\frac{a}{r}\right)^2$ 项并将上式按以下级数展开

$$(1 + x)^{-1/2} = 1 - \frac{x}{2} + \cdots$$

取前两项得

$$\frac{1}{R} \approx \frac{1}{r} + \frac{a(x\cos\phi' + y\sin\phi')}{r^3} \tag{5-36}$$

将式（5-36）和式（5-34）代入磁矢位积分式（5-33）中，得

$$\begin{aligned}\vec{A}(r) &= \frac{\mu_0}{4\pi}\oint_{l'} \frac{I d\vec{l}'}{R} \\ &= \frac{\mu_0 I}{4\pi}\int_0^{2\pi}\left[\frac{1}{r} + \frac{a(x\cos\phi' + y\sin\phi')}{r^3}\right](a\cos\phi' \vec{e}_y - a\sin\phi' \vec{e}_x) d\phi'\end{aligned}$$

$$= \frac{\mu_0 a^2 I}{4r^3}(x\vec{e}_y - y\vec{e}_x) \tag{5-37}$$

将 $x\vec{e}_y - y\vec{e}_x = r\sin\theta\vec{e}_\phi$ 代入式（5－37）得

$$\vec{A} = \frac{\mu_0 a^2 I\sin\theta}{4r^2}\vec{e}_\phi$$

取 $S = \pi a^2$ 为圆环的面积，得到电流环在 $r \gg a$ 处的磁矢位为

$$\vec{A} = \frac{\mu_0 IS\sin\theta}{4\pi r^2}\vec{e}_\phi \tag{5-38}$$

对其求旋度，就可以得到磁感应强度。在球坐标系中，利用 $\vec{B} = \nabla\times\vec{A}$ 并考虑到 $\vec{A} = A_\phi\vec{e}_\phi$ 及

$$\vec{B} = \frac{1}{r\sin\theta}\frac{\partial}{\partial\theta}(A_\phi\sin\theta)\vec{e}_r - \frac{1}{r}\frac{\partial}{\partial r}(rA_\phi)\vec{e}_\theta$$

将式（5－38）代入上式得

$$\vec{B} = \frac{\mu_0 IS}{4\pi r^3}(\vec{e}_r 2\cos\theta + \vec{e}_\theta\sin\theta) \tag{5-39}$$

取 $\vec{m} = IS\vec{e}_z$，将式（5－38）和式（5－39）用 $\vec{m}$ 表示为

$$\vec{A} = \vec{e}_\phi\frac{\mu_0 m\sin\theta}{4\pi r^2} = \frac{\mu_0\vec{m}\times\vec{e}_r}{4\pi r^2} \tag{5-40}$$

$$\vec{B} = \frac{\mu_0 m}{4\pi r^3}(\vec{e}_r 2\cos\theta + \vec{e}_\theta\sin\theta) \tag{5-41}$$

当磁偶极子不是放在坐标原点，而是放在 $\vec{r}'$ 点时，在 r 点的磁矢位为

$$\vec{A} = \frac{\mu_0\vec{m}\times\vec{e}_R}{4\pi R^2} \tag{5-42}$$

$$\vec{R} = \vec{r} - \vec{r}'$$

电偶极子是由两个距离为 l、电荷量分别为 q 和 $-q$ 的电荷构成的。尽管到目前为止，在自然界中尚未发现有磁荷存在，但我们可以根据电场与磁场方程的对应关系认为，如果有磁荷存在，那么由两个距离为 l、磁荷量分别为 q^m 和 $-q^m$ 的磁荷可构成磁偶极子，其对应的磁偶极矩应为

$$\vec{m} = q^m\vec{l} \tag{5-43}$$

5.3 真空中的磁场方程

由 5.2 节可知，磁感应强度 $\vec{B}$ 可以表示为矢量磁位 $\vec{A}$ 的旋度，即

$$\vec{B} = \nabla\times\vec{A} \tag{5-44}$$

由于任何矢量场的旋度的散度恒为零，即

$$\nabla\cdot(\nabla\times\vec{A}) = 0$$

所以

$$\nabla \cdot \vec{B} = 0 \tag{5-45}$$

式（5－45）表明，磁场是无散场（无源场、连续场）。式（5－45）是磁通连续性方程的微分形式。

由散度定理知

$$\oint_S \vec{B} \cdot \mathrm{d}S = \int_V (\nabla \cdot \vec{B}) \mathrm{d}V$$

将式（5－45）代入上式，即得

$$\oint_S \vec{B} \cdot \mathrm{d}S = 0 \tag{5-46}$$

式（5－46）表明，穿出封闭面的磁通量为零。式（5－46）是磁通连续性方程的积分形式。

接下来我们分析磁感应强度的旋度，对（5－44）两边求旋度，并利用矢量恒等式得

$$\nabla \times \vec{B} = \nabla \times \nabla \times \vec{A} = \nabla \nabla \cdot \vec{A} - \nabla^2 \vec{A}$$

将式（5－29）和式（5－32）代入上式得

$$\nabla \times \vec{B} = \mu_0 \vec{J} \tag{5-47}$$

式（5－47）即为真空中安培环路定律的微分形式。由此可见，恒定磁场是有旋场，磁场的旋涡源为电流密度。

对式（5－47）两边对任一曲面进行积分，得

$$\int_S (\nabla \times \vec{B}) \cdot \mathrm{d}\vec{S} = \mu_0 \int_S \vec{J} \cdot \mathrm{d}\vec{S}$$

利用斯托克斯定理，上式变为

$$\oint_l \vec{B} \cdot \mathrm{d}\vec{l} = \mu_0 I \tag{5-48}$$

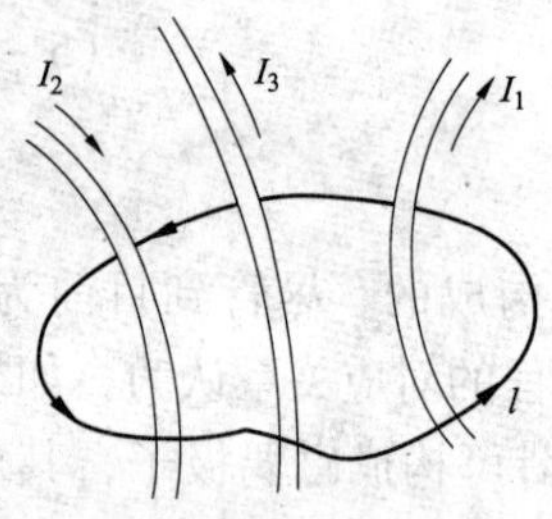

图 5－7　闭合回路包围的电流

式（5－48）即为真空中安培环路定律的积分形式。式（5－48）表明，磁感应强度 $\vec{B}$ 沿闭合路径 l 的线积分等于闭合路径所包围的净电流与真空磁导率的乘积。应该注意的是，式（5－48）右边的 I 为穿过 S 的总电流。当一个闭合回路包围几个导体回路时，闭合回路所包围的电流为几个电流的代数和，与回路存在右手螺旋关系的电流为正，反之则负。故在图 5－7 中，l 包围的电流 $I = I_1 - I_2 + I_3$。

在一般情况下，安培环路定律不能用来求 $\vec{B}$，但在电流分布具有某些特殊对称性的情况下，应用安培环路定律可以求出场中任意点的 $\vec{B}$。

【例 5－5】 图 5－8（a）所示是一根无限长同轴电缆的截面，芯线通有均匀分布的电流 I，外皮通有量值相同但方向相反的电流，试求各部分的磁感应强度。

解 这是一个平行平面磁场，磁场的分布与电缆的长度无关，也和 ϕ 角无关。根据图 5－8（a）中给定的电流方向，用右手螺旋法则判断 $\vec{B}$ 线应该是反时针方向的同心圆。

（1）当 $r < R_1$ 时，内导体中电流密度 $J = \dfrac{I}{\pi R_1^2}$，取一圆周为积分回路，则穿过圆面积的电流 I' 为

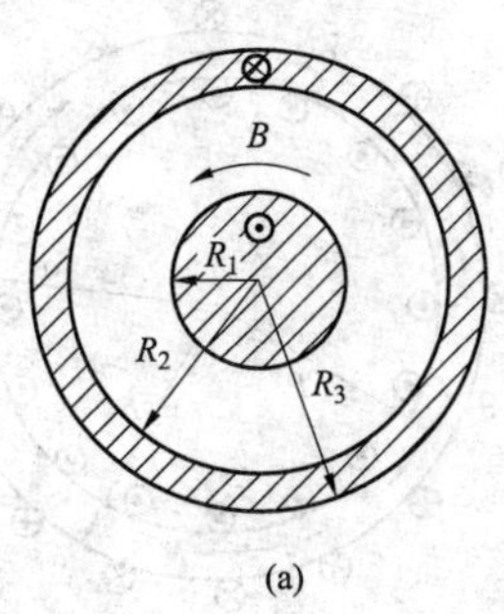

(a)

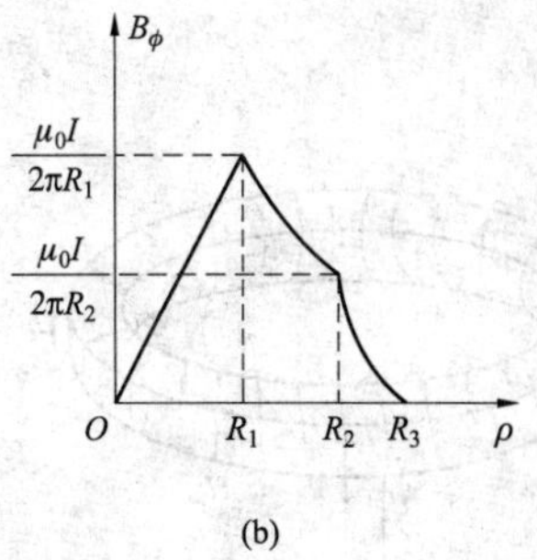

(b)

图5－8　同轴电缆的磁场

（a）电缆截面；（b）磁场分布

$$I' = \frac{I}{\pi R_1^2}\int_0^r\int_0^{2\pi} \mathrm{d}r \cdot r\mathrm{d}\phi = \frac{r^2}{R_1^2}I$$

根据安培环路定律式（5－48）

$$\int_0^{2\pi} B_\phi r\mathrm{d}\phi = \mu_0 I\frac{r^2}{R_1^2}$$

得

$$B_\phi = \frac{\mu_0 I r}{2\pi R_1^2}$$

（2）当 $R_1 < r < R_2$ 时，以 r 为半径取一圆周为积分回路，同样根据式（5－48）得

$$\int_0^{2\pi} B_\phi r\mathrm{d}\phi = \mu_0 I$$

$$B_\phi = \frac{\mu_0 I}{2\pi r}$$

（3）当 $R_2 < r < R_3$ 时，采用同样的方法，这时穿过半径为 r 的圆面积的电流为

$$I' = I - I\frac{r^2 - R_2^2}{R_3^2 - R_2^2} = I\frac{R_3^2 - r^2}{R_3^2 - R_2^2}$$

根据式（5－48）得

$$B_\phi = \frac{\mu_0 I}{2\pi r}\frac{R_3^2 - r^2}{R_3^2 - R_2^2}$$

（4）对于电缆外（$r > R_3$ 处），$I' = 0$，则 $B_\phi = 0$。B_ϕ随 r 变化的曲线如图5－8（b）所示。

【例5－6】 一个在圆环上密绕 N 匝的线圈，如图5－9（a）所示。圆环的内外半径分别为 a 和 b，环的高度为 h。设线圈中通过的电流为 I，试求：

（1）圆环内的磁通密度；

（2）圆环内的磁通。

解 图5－9（b）所示为圆环和线圈的截面图。应用安培环路定律可知，磁场仅存在于圆环内部。在环内任意半径 ρ 的磁场强度在 $\vec{e}_\phi$ 方向，其幅度为常数。所包围的总电流为 NI，因此环内的磁感应强度

$$\vec{B} = \frac{\mu_0 NI}{2\pi\rho}\vec{e}_\phi, \quad a \leqslant \rho \leqslant b$$

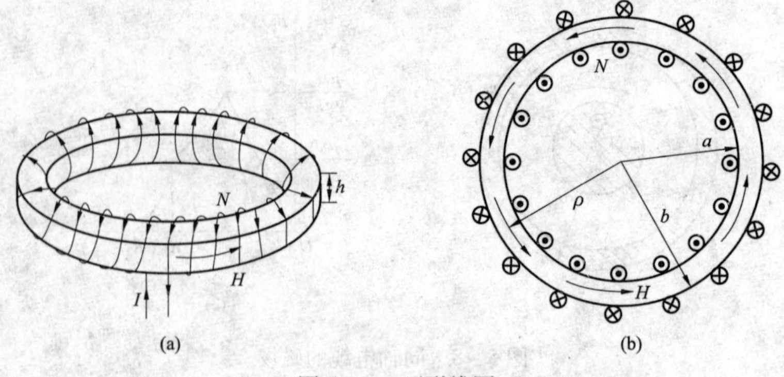

图 5-9 环形线圈

(a) 示意图; (b) 截面图

圆环内部的总磁通为

$$\phi = \int \vec{B} \cdot \mathrm{d}\vec{S} = \frac{\mu_0 NIh}{2\pi}\ln(b/a)$$

5.4 媒质的磁化

本章前三节讨论的是真空中恒定电流产生的磁场。当空间存在物质时，物质会对外加磁场作出响应。物质将被磁化，并因此产生一个附加磁场，使原来的磁场发生改变。研究磁场时，物质称为磁媒质或磁介质。

原子中的电子在自己的轨道上围绕原子核不断旋转，从而形成一个闭合的环形电流，这种环形电流相当于一个磁偶极子，它具有的磁矩称为轨道磁矩。另一方面，电子及原子核本身还要自旋，因而也相当于形成磁偶极子，其磁矩称为自旋磁矩。在没有外加磁场的情况下，由于热运动的结果，这些磁偶极子的排列方向杂乱无章，使得宏观的合成磁矩为零，对外不显磁性。当外加磁场时，每一个磁偶极子受到转动力矩 $\vec{T} = \vec{m} \times \vec{B}$ 的作用，使其趋向于外加磁场方向，从而在物质中产生与外加磁场平行的净磁矩。这样，宏观的合成磁矩不再为零，使物质呈现磁性。这种现象称为磁化。

根据媒质的磁化过程，媒质的磁性能可分为三种类型。

(1) 抗磁性。无外加磁场作用时，每个分子的轨道磁矩与自旋磁矩互相抵消，原子中的合成磁矩为零。当有外加磁场时，每个轨道电子承受的洛伦兹力使电子轨道速率减小，从而轨道磁矩减小，而自旋磁矩不变，合成磁矩与外加磁场反向，从而减小了媒质中的磁场，这种性能称为抗磁性。银、铜、铋、铅及汞等属抗磁性媒质。

(2) 顺磁性。这种媒质在正常情况下，原子的合成磁矩并不为零，只是由于热运动结果，宏观的合成磁矩为零。在外加磁场的作用下，磁偶极子的磁矩方向朝着外加磁场的方向转动，因此，使得媒质中的磁场增加，这种磁性能称为顺磁性。铝、锡、镁、钨、铂及钯等属顺磁性媒质。顺磁性物质中也存在抗磁性，但被顺磁效应所掩盖。

(3) 铁磁性及亚铁磁性。抗磁性及顺磁性物质的磁化现象均不显著。铁磁性介质在外磁场作用下会发生显著的磁化现象。这种媒质内部存在磁畴，每个磁畴中磁矩方向相同，但各个磁畴的磁矩方向仍然杂乱无章，彼此不同，对外不显示磁性。在外磁场作用下，大量磁畴发生转动，各个磁畴方向趋于一致，且磁畴面积还会扩大，因而产生较强的磁性，这种磁性能称为铁磁性。铁、钴、镍等属于铁磁性媒质。这种铁磁性媒质的磁性还具有非线性，且存在磁滞及剩磁现象。

还有另一类金属氧化物，它们的剩磁现象比铁磁性媒质稍弱些，但剩磁小，且电导率很低，这类媒质称为亚铁磁性媒质。例如，铁氧体就是亚铁磁性媒质，由于其电导率很低，高频电磁波可以进入内部，且能产生一些可贵的特性，使得铁氧体在高频器件中获得广泛的应用。

为了描述媒质磁化的状态，定义一个磁化强度的矢量，并用 $\vec{M}$ 表示，它表示媒质中单位体积内所有磁矩的矢量和，即

$$\vec{M} = \lim_{\Delta V \to 0} \frac{\sum \vec{m}_i}{\Delta V} \tag{5-49}$$

$\vec{M}$ 的单位是 A/m（安/米）。

设磁化强度为 $\vec{M}$ 的媒质体积为 V'，如图 5-10 所示。在磁化媒质中 $\vec{r}'$ 点取体积元 $\mathrm{d}V'$。该体积元可以看成是一个磁偶极矩为 $\mathrm{d}\vec{m} = \vec{M}\mathrm{d}V'$ 的磁偶极子，根据式（5-42），该体积元中的磁偶极子在 $\vec{r}$ 点产生的矢量磁位 $\mathrm{d}\vec{A}$ 为

$$\mathrm{d}\vec{A} = \frac{\mu_0}{4\pi} \frac{\vec{M}\mathrm{d}V' \times (\vec{r} - \vec{r}')}{|\vec{r} - \vec{r}'|^3} \tag{5-50}$$

对式（5-50）进行体积分，可得到体积 V' 内部磁矩产生的矢量磁位 $\vec{A}$ 为

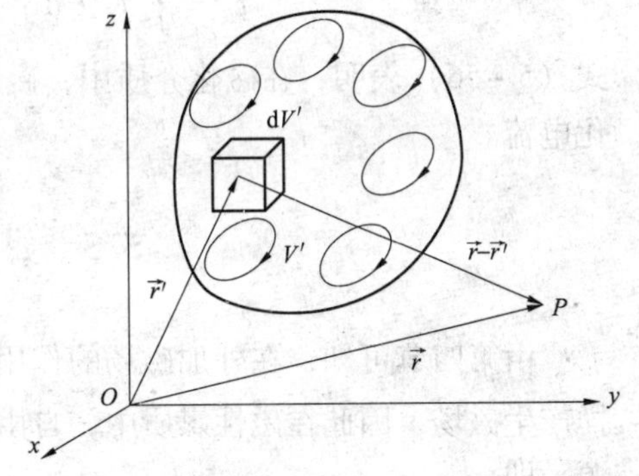

图 5-10　磁化电流的求解

$$\vec{A}(r') = \frac{\mu_0}{4\pi} \int_{V'} \frac{\vec{M} \times (\vec{r} - \vec{r}')}{|\vec{r} - \vec{r}'|^3} \mathrm{d}V'$$
$$= \frac{\mu_0}{4\pi} \int_{V'} \vec{M} \times \nabla' \frac{1}{|\vec{r} - \vec{r}'|} \mathrm{d}V'$$

由于
$$\vec{M}(r') \times \nabla' \frac{1}{|\vec{r} - \vec{r}'|} = \frac{1}{|\vec{r} - \vec{r}'|} \nabla' \times \vec{M}(r') - \nabla' \times \frac{\vec{M}(r')}{|\vec{r} - \vec{r}'|}$$

因此

$$\vec{A}(r) = \frac{\mu_0}{4\pi} \int_{V'} \frac{\nabla' \times \vec{M}(r')}{|\vec{r} - \vec{r}'|} \mathrm{d}V' - \frac{\mu_0}{4\pi} \int_{V'} \nabla' \times \frac{\vec{M}(r')}{|\vec{r} - \vec{r}'|} \mathrm{d}V' \tag{5-51}$$

利用矢量恒等式

$$\int_V (\nabla \times \vec{A}) \mathrm{d}V = \oint_S (\vec{e}_n \times \vec{A}) \mathrm{d}S$$

将式（5-51）变为

$$\vec{A}(r) = \frac{\mu_0}{4\pi} \int_{V'} \frac{\nabla' \times \vec{M}(r')}{|\vec{r} - \vec{r}'|} \mathrm{d}V' + \frac{\mu_0}{4\pi} \int_{S'} \frac{\vec{M}(r') \times \vec{e}_n}{|\vec{r} - \vec{r}'|} \mathrm{d}S' \tag{5-52}$$

式中：S'为包围V'的闭合面；$\vec{e}_n$为S'的外法线。

将式（5－52）与式（5－24）和式（5－25）作比较，式（5－52）第一项为体分布的电流产生的矢量磁位，第二项为面分布的电流产生的矢量磁位，因此定义

$$\vec{J}' = \nabla' \times \vec{M} \tag{5-53}$$

$$\vec{J}'_S = \vec{M} \times \vec{e}_n \tag{5-54}$$

式中：$\vec{J}'$为体分布的磁化电流密度；$\vec{J}'_S$为面分布的磁化电流密度。因此，磁化媒质中磁偶极子产生的场就成为磁化电流产生的场

$$\vec{A}(r) = \frac{\mu_0}{4\pi}\int_{V'} \frac{\vec{J}'}{|\vec{r} - \vec{r}'|}\mathrm{d}V' + \frac{\mu_0}{4\pi}\int_{S'} \frac{\vec{J}'_S}{|\vec{r} - \vec{r}'|}\mathrm{d}S' \tag{5-55}$$

媒质在磁场中磁化以后感应出磁化电流，磁化电流与传导电流产生的磁场具有相同的性质，因为它们与磁场的关系是相同的。媒质磁化以后，穿过任一曲面 S 的磁化电流 I'为

$$I' = \int_S \vec{J}' \cdot \mathrm{d}\vec{S} = \int_S (\nabla \times \vec{M}) \cdot \mathrm{d}\vec{S} = \oint_l \vec{M} \cdot \mathrm{d}\vec{l} \tag{5-56}$$

式（5－56）表明，在磁化介质中，磁化强度沿闭合回路的环量等于该闭合回路包围的总磁化电流。

5.5 媒质中的恒定磁场方程

由第四节可知，在外加磁场的作用下，磁化媒质内部和表面的磁化电流也和传导电流一样产生磁场，因此在磁性媒质中，自由电流密度 $\vec{J}$ 和磁化电流密度 $\vec{J}'$都是产生磁场的旋涡源，即

$$\nabla \times \vec{B} = \mu_0(\vec{J} + \vec{J}') \tag{5-57}$$

将 $\vec{J}' = \nabla \times \vec{M}$ 代入式（5－57）并移项，得

$$\nabla \times \left(\frac{\vec{B}}{\mu_0} - \vec{M}\right) = \vec{J} \tag{5-58}$$

令

$$\frac{\vec{B}}{\mu_0} - \vec{M} = \vec{H} \tag{5-59}$$

式中：$\vec{H}$ 为磁场强度，A/m（安/米）。

将式（5－59）代入式（5－58）得

$$\nabla \times \vec{H} = \vec{J} \tag{5-60}$$

式（5－60）表明，媒质中某点磁场强度的旋度等于该点的自由电流密度，此为媒质中的安培环路定律的微分形式。由于磁场强度仅与自由电流密度有关，因此，磁场强度的引入简化了媒质中恒定磁场的计算。

对式（5－60）两边取面积分，得

$$\int_S (\nabla \times \vec{H}) \cdot \mathrm{d}\vec{S} = \int_S \vec{J} \cdot \mathrm{d}\vec{S}$$

上式右边即电流 I，左边利用斯托克斯定理，转换为封闭线积分得

$$\oint_l \vec{H} \cdot d\vec{l} = I \tag{5-61}$$

式（5－61）中 l 为开表面 S 的周界，并且 $d\vec{l}$ 和 $d\vec{S}$ 符合右手螺旋关系。式（5－61）为媒质中安培环路定律的积分形式。式（5－61）表明，媒质中的磁场强度沿闭合曲线的环量等于该闭合曲线所包围的自由电流的代数和，而与磁媒质的分布无关。需要注意的是，虽然磁场强度 $\vec{H}$ 的环量只与自由电流有关，但 $\vec{H}$ 的分布与自由电流和磁媒质的分布都有关。

由于磁化电流和自由电流产生的磁场具有相同的属性，因此媒质中的磁感应强度对任一封闭面的通量仍为零，即

$$\oint_S \vec{B} \cdot d\vec{S} = 0 \tag{5-62}$$

其微分形式为

$$\nabla \cdot \vec{B} = 0 \tag{5-63}$$

即媒质中的恒定磁场也是无散场。式（5－60）～式（5－63）即构成了媒质中的磁场方程。

为分析磁场强度和磁感应强度的关系，将式（5－59）写为

$$\vec{B} = \mu_0(\vec{H} + \vec{M}) \tag{5-64}$$

式（5－64）表示在媒质中磁感应强度、磁场强度和磁化强度三者的关系。对于大多数媒质，磁化强度与磁场强度成正比，即

$$\vec{M} = \chi_m \vec{H} \tag{5-65}$$

式中：χ_m 为媒质的磁化率，其值取决于媒质的特性。

将式（5－65）代入式（5－64）中，得

$$\vec{B} = \mu \vec{H} \tag{5-66}$$

$$\mu = \mu_0 \mu_r$$

$$\mu_r = 1 + \chi_m$$

式中：μ 为媒质的磁导率；μ_r 为媒质的相对磁导率。磁导率是表示媒质磁特性的重要参数，不同磁性的媒质磁导率不同。

由 5.4 节可知，抗磁性媒质磁化后使磁场减弱，因此 $\chi_m < 0$，$\mu < \mu_0$，$\mu_r < 1$；顺磁性媒质磁化后使磁场增强，因此 $\chi_m > 0$，$\mu > \mu_0$，$\mu_r > 1$。但不论是抗磁性或顺磁性媒质，其磁化现象均很弱，因此，可以认为这些媒质的相对磁导率基本上等于 1。铁磁性媒质的磁化现象非常显著，其磁导率可以达到很高的数值。表 5－1 所列为三种类型媒质的相对磁导率的数值。

表 5－1　三种类型媒质的相对磁导率

媒质	μ_r	媒质	μ_r	媒质	μ_r
金	0.999 6	铝	1.000 021	镍	250
银	0.999 8	镁	1.000 012	铁	4000
铜	0.999 9	钛	1.000 180	磁性合金	10^5

与媒质的电性能一样，磁性媒质也有均匀和非均匀、线性和非线性、各向同性和各向异性等不同的种类。均匀磁性媒质是指媒质中各点的磁性相同，相对磁导率与空间坐标无关；反之则称为磁性能非均匀媒质。线性磁性媒质是指媒质的磁感应强度或磁化强度与磁场强度成正比，也就是媒质的相对磁导率与外加磁场强度的大小和方向无关；反之则称为磁性能非线性媒质。各向同性的磁性媒质是指媒质在空间各个方向磁性是相同的，相对磁导率与空间方向无关。反之，如果在不同方向上媒质的磁性不同，就称为媒质是各向异性的。对于各向异性的磁性媒质，$\vec{B}$ 和 $\vec{H}$ 的关系为

$$\vec{B} = \begin{bmatrix} \mu_{11} & \mu_{12} & \mu_{13} \\ \mu_{21} & \mu_{22} & \mu_{23} \\ \mu_{31} & \mu_{32} & \mu_{33} \end{bmatrix} \vec{H} \tag{5-67}$$

铁氧体在恒定磁场作用下，即可产生各向异性的磁性能。

除非特别说明，本书中的磁性媒质均为线性均匀各向同性的。这样只要将真空磁场方程中的 μ_0 替换成 μ，就可得到下列公式

$$\vec{B} = \mu \vec{H}$$

$$\nabla \cdot \vec{B} = \mu \vec{J}$$

$$\nabla^2 \vec{A} = -\mu \vec{J}$$

【例 5-7】 一个在圆环上密绕 N 匝的线圈，如图 5-9 所示。圆环的内外半径分别为 a 和 b，环的高度为 h。设线圈绕在相对磁导率为 μ_r 的磁性材料上。求：

（1）磁化强度；

（2）磁化体电流密度；

（3）磁化面电流密度。

解 磁化强度可表示为

$$\vec{H} = \frac{NI}{2\pi\rho} \vec{e}_\phi$$

$$B = \mu H = \mu_0 \mu_r \frac{NI}{2\pi\rho} \vec{e}_\phi$$

$$\vec{M} = \frac{\vec{B}}{\mu_0} - \vec{H} = \frac{(\mu_r - 1)NI}{2\pi\rho} \vec{e}_\phi$$

则根据式（5-53）和式（5-54）求出磁化体电流和面电流得

$$\vec{J}' = \nabla \times \vec{M} = 0$$

$$\vec{J}'_S \Big|_{\text{top}} = \vec{M} \times \vec{e}_z = \frac{(\mu_r - 1)NI}{2\pi\rho} \vec{e}_\rho$$

$$\vec{J}'_S \Big|_{\text{bot}} = \vec{M} \times (-\vec{e}_z) = -\frac{(\mu_r - 1)NI}{2\pi\rho} \vec{e}_\rho$$

$$\vec{J}'_S \Big|_{\rho=a} = \vec{M} \times (-\vec{e}_\rho) \Big|_{\rho=a} = \frac{(\mu_r - 1)NI}{2\pi a} \vec{e}_z$$

$$\vec{J}'_S \Big|_{\rho=b} = \vec{M} \times \vec{e}_\rho \Big|_{\rho=b} = -\frac{(\mu_r - 1)NI}{2\pi b} \vec{e}_z$$

【例 5－8】 一无限长的直螺线管如图 5－11 所示，导线中的电流强度为 I，单位长度的匝数为 N，管芯填充磁导率为 μ 的磁性材料，求直螺线管中的磁感应强度。

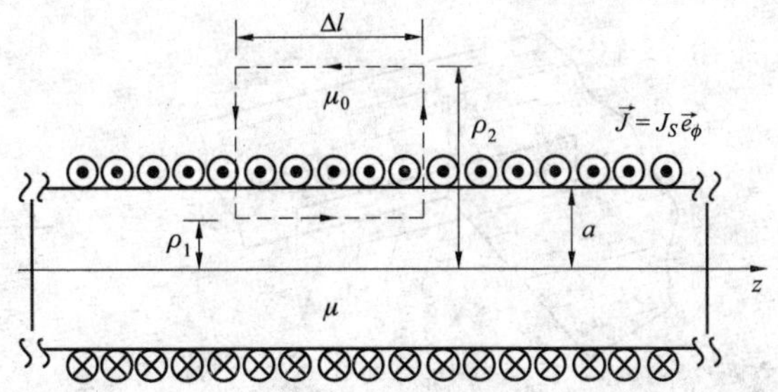

图 5－11 填充磁性材料的无线长直螺线管

解 考虑到电流分布和媒质具有圆柱对称性，沿 z 方向无限长，磁场仅有 z 分量，且其大小与 z 和 ϕ 无关，对于无限长直螺线管，如果忽略漏磁，螺线管外的磁场为零。利用媒质中的安培环路定律式 (5－61)，取如图 5－11 所示的矩形闭合回路，则

$$\oint_l \vec{H}\cdot \mathrm{d}\vec{l} = [H_z(\rho_1) - H_z(\rho_2)]\Delta l = \Delta I$$

式中：$\Delta I = NI\Delta l$ 是穿过闭合回路的电流，因此有

$$H_z(\rho_1) - H_z(\rho_2) = NI$$

考虑到 $H_z\ (\rho > a)\ =0$，即 $H_z\ (\rho_2)\ =0$，得

$$H_z(\rho_1) = NI$$

代入式 (5－66) 得

$$\vec{B} = \begin{cases} \vec{e}_z \mu NI & (\rho < a) \\ 0 & (\rho > a) \end{cases}$$

5.6 恒定磁场的边界条件

为分析包含不同磁性材料的媒质中的磁场，必须知道媒质不连续分界面两侧 $\vec{B}$ 和 $\vec{H}$ 的边界条件。与获得电场边界条件的方法类似，磁场边界条件利用恒定磁场方程的积分形式获得。

如图 5－12 所示，跨分界面两侧取一个小扁柱形闭合面 S，两底面面积为 ΔS，柱面高 h 很小，使得当闭合面收缩并趋于分界面上一点时，柱的侧面积较之底面为较高阶的无穷小量。应用方程 $\oint_S \vec{B}\cdot \mathrm{d}\vec{S}=0$，得

$$\oint_S \vec{B}\cdot \mathrm{d}\vec{S} = \vec{B}_1\cdot(-\Delta S\vec{e}_n) + \vec{B}_2\cdot \Delta S\vec{e}_n = 0$$

即

$$\vec{e}_n\cdot(\vec{B}_2 - \vec{B}_1) = 0 \qquad (5-68)$$

用标量表示为

$$B_{1n} = B_{2n} \qquad (5-69)$$

式 (5－69) 表明分界面两侧磁感应强度的法向分量是连续的，$\vec{e}_n$是垂直于分界面指向媒质 2 的单位矢量。

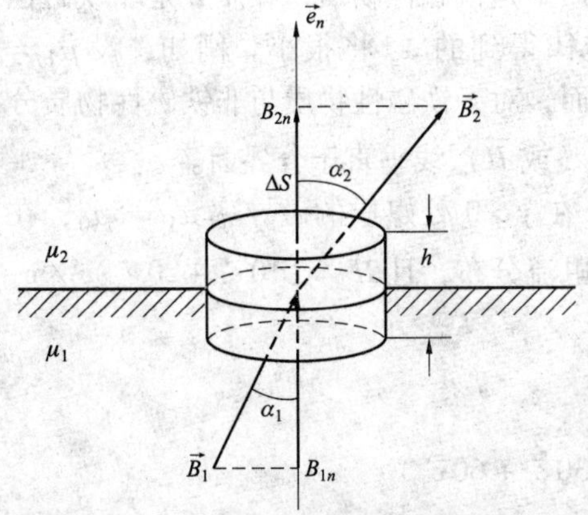

图 5－12 磁感应强度的法向分量

在图 5－13 中，设分界面上存在自由面电流 $\vec{J}_S$。跨分界面两侧取一小矩形闭合积分回路，其长

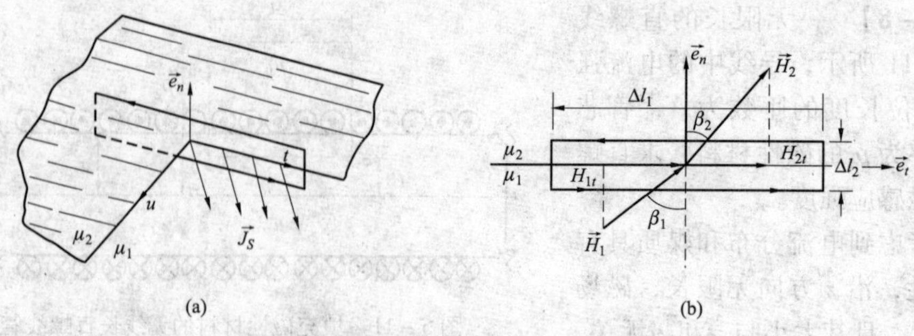

图 5-13 磁场强度的切向分量

边 Δl_1 平行于分界面，短边 Δl_2 与分界面垂直，并且相对 Δl_1 而言是较高阶无穷小量，$\vec{e}_t$和$\vec{e}_n$分别是分界面切向和法向的单位矢量。应用安培环路定律 $\oint_l \vec{H}\cdot d\vec{l} = I$ 得

$$\oint_l \vec{H}\cdot d\vec{l} = \vec{H}_1\cdot\Delta l_1\vec{e}_t + \vec{H}_2\cdot(-\Delta l_1\vec{e}_t) = \vec{J}_S\cdot(\Delta l_1)(\vec{e}_t\times\vec{e}_n)$$

即

$$\vec{e}_n\times(\vec{H}_2-\vec{H}_1)=\vec{J}_S \tag{5-70}$$

说明分界面两侧磁场强度的切向分量是否连续与分界面上有无自由面电流有关，$\vec{e}_n$是垂直于分界面并指向媒质 2 的单位矢量。式（5-70）的标量形式为

$$H_{2t}-H_{1t}=J_S \tag{5-71}$$

在一般情况下，两种媒质分界面上不存在自由面电流，则有

$$\vec{e}_n\times(\vec{H}_2-\vec{H}_1)=0 \tag{5-72}$$

$$H_{2t}-H_{1t}=0 \tag{5-73}$$

即分界面两侧磁场强度的切向分量是连续的。由式（5-69）和式（5-73）可得，分界面上两侧的 $\vec{B}$ 和 $\vec{H}$ 矢量服从折射定律

$$\frac{\tan\alpha_1}{\tan\alpha_2}=\frac{\mu_1}{\mu_2} \tag{5-74}$$

式中：α_1 和 α_2 分别是第 1 种媒质和第 2 中媒质中分界面处 $\vec{B}(\vec{H})$与分界面法线间的夹角。

对于铁磁性媒质与非铁磁性媒质分界面，例如媒质 1 是铁磁性物质，媒质 2 是非铁磁性物质，则 $\mu_1\gg\mu_2$。这时，只要 $\alpha_1\neq 90°$，由折射定律得到的 α_2 将很小。例如，设 $\mu_1=3000\mu_0$，$\mu_2=\mu_0$，$\alpha_1=88°$，计算得到 $\alpha_2=0.55°$。因而，对于铁磁性物质与非铁磁性物质分界面，可认为在非铁磁性物质一侧靠近分界面处的 $\vec{B}$（或 $\vec{H}$）线垂直于分界面。

【例 5-9】 设 $y=0$ 平面是两种媒质的分界面。在 $y>0$ 处媒质的磁导率 $\mu_1=5\mu_0$；在 $y<0$ 处，媒质的磁导率 $\mu_2=3\mu_0$。设已知分界面上无电流分布，且 $\vec{H}_2=(10\vec{e}_x+20\vec{e}_y)$ A/m，求 $\vec{B}_2$、$\vec{B}_1$ 和 $\vec{H}_1$。

解 对于 $\vec{B}_2$，可以直接写出

$$\vec{B}_2=\mu_2\vec{H}_2=3\mu_0\vec{H}_2=\mu_0(30\vec{e}_x+60\vec{e}_y)$$

由于分界面上无电流分布，$\vec{J}_S=0$，因此

$$H_{1x} = H_{1t} = H_{2t} = 10$$

$$B_{1y} = B_{1n} = B_{2n} = 60\mu_0$$

可求得

$$B_{1x} = \frac{\mu_1}{\mu_2}B_{2x} = \frac{5}{3} \times 30\mu_0 = 50\mu_0$$

$$H_{1y} = \frac{\mu_2}{\mu_1}H_{2y} = \frac{3}{5} \times 20 = 12$$

因此

$$\vec{B}_1 = \mu_0(50\vec{e}_x + 60\vec{e}_y)\mathrm{T}$$

$$\vec{H}_1 = (10\vec{e}_x + 12\vec{e}_y)\mathrm{A/m}$$

5.7 标量磁位

在静电场中，由于 $\nabla\times\vec{E}=0$，因此可以定义标量电位 $\vec{E}=-\nabla\varphi$。而在恒定磁场中，由于 $\nabla\times\vec{H}=\vec{J}$，因此有源区的磁场强度不能表示为一个标量位函数的梯度。但在没有电流分布的区域内，即 $\vec{J}=0$，磁场强度满足

$$\nabla\times\vec{H} = 0 \tag{5-75}$$

因此在无源区内，可假设

$$\vec{H} = -\nabla\varphi_{\mathrm{m}} \tag{5-76}$$

式中：φ_{m} 表示标量磁位，也称磁标位或磁位，单位为 A（安）。磁标位无具体的物理意义，引入磁标位只是为了简化某些情况下的磁场计算。

磁标位相等的各点形成的曲面称为等磁位面，其方程为 $\varphi_{\mathrm{m}}=\mathrm{const}$。等磁位面与 $\vec{H}$ 线相互垂直，因此磁导率很大的材料表面是近似的等磁位面。

在磁场中，两点间的磁压或磁位降定义为

$$U_{\mathrm{m}AB} = \int_A^B \vec{H}\cdot\mathrm{d}\vec{l} = -\int_{\varphi_{\mathrm{m}A}}^{\varphi_{\mathrm{m}B}}\mathrm{d}\varphi_{\mathrm{m}} = \varphi_{\mathrm{m}A} - \varphi_{\mathrm{m}B} \tag{5-77}$$

在静电场中，两点间的电压只与该两点的位置有关，而与积分路径无关，因此只要选定参考点，场中各点均有确定的电位值。但磁场中的磁标位并非如此。如图 5-14 所示，取一围绕线电流的闭合路径 $AlBmA$ 来求 $\vec{H}$ 的线积分，根据安培环路定律，有 $\oint_{AlBmA}\vec{H}\cdot\mathrm{d}l = I$，将其写成

$$\int_{AlB}\vec{H}\cdot\mathrm{d}\vec{l} + \int_{BmA}\vec{H}\cdot\mathrm{d}\vec{l} = I$$

或

$$\int_{AlB}\vec{H}\cdot\mathrm{d}\vec{l} = \int_{AmB}\vec{H}\cdot\mathrm{d}\vec{l} + I$$

如果积分路径围绕电流 k（k 是任意整数）次，则

$$\int_{AlB}\vec{H}\cdot\mathrm{d}\vec{l} = \int_{AmB}\vec{H}\cdot\mathrm{d}\vec{l} + kI$$

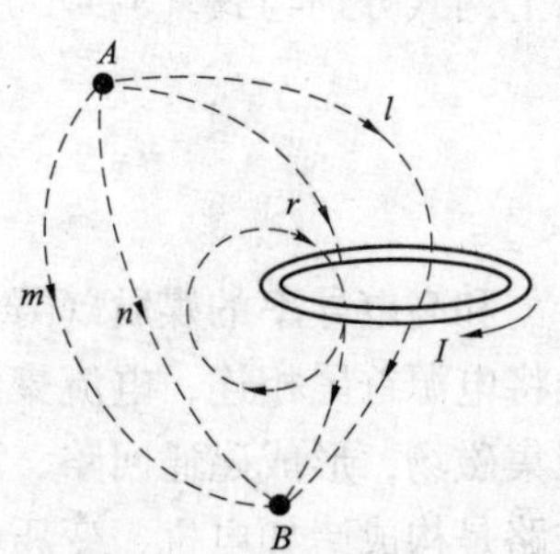

图 5-14　磁位 φ_{m} 与积分路径的关系

上式表明，A、B 两点间的磁压要随积分路径变化而变。因此即使参考点已选定，磁场中某点的磁标位仍是一个多值函数。尽管磁标位的多值性对于计算磁感应强度和磁场强度并没有影响，但是仍然可以作一些规定来消除多值性。例如，在电流回路引起的磁场中，可以规定积分路径不准穿过回路所限定的面，即所谓磁屏障面，这样使得场中各点的磁标位成为单值函数，两点间的磁压与积分路径无关。

在均匀媒质中，磁位也满足拉普拉斯方程。由于

$$\nabla\cdot\vec{B}=0$$

将 $\vec{B}=\mu\vec{H}$ 代入上式，并考虑到 $\vec{H}=-\nabla\varphi$，则有

$$\nabla\cdot(-\mu\nabla\varphi_{\mathrm{m}})=-\nabla\varphi_{\mathrm{m}}\cdot\nabla\mu-\mu\nabla\cdot\nabla\varphi_{\mathrm{m}}=0$$

由于媒质是均匀的，$\nabla\mu=0$，因此上式变为

$$\nabla^2\varphi_{\mathrm{m}}=0 \tag{5-78}$$

可见，无源区中的磁标位也满足拉普拉斯方程。

考虑到 $\vec{E}=-\nabla\varphi$ 和 $\vec{H}=-\nabla\varphi_{\mathrm{m}}$ 的形式基本相同，且在无源区 φ 和 φ_{m} 均满足拉普拉斯方程，由第3章讨论已知电偶极矩为 $\vec{p}$，则位于坐标原点的电偶极子的标量电位为

$$\varphi=\frac{p\cos\theta}{4\pi r^2}$$

类似的，位于坐标原点且磁偶极矩为 $\vec{m}$ 的磁偶极子的磁标位则为

$$\varphi_{\mathrm{m}}=\frac{m\cos\theta}{4\pi r^2} \tag{5-79}$$

将式（5-79）代入 $\vec{B}=-\mu_0\nabla\varphi_{\mathrm{m}}$ 中，可以得到

$$\vec{B}=\frac{\mu_0 m}{4\pi r^3}(\vec{e}_r 2\cos\theta+\vec{e}_\theta\sin\theta) \tag{5-80}$$

与式（5-41）得到的结果一致。

两种不同媒质分界面上的衔接条件，也可以用磁标位来表示，即

$$\varphi_{\mathrm{m1}}=\varphi_{\mathrm{m2}} \tag{5-81}$$

和

$$\mu_1\frac{\partial\varphi_{\mathrm{m1}}}{\partial n}=\mu_2\frac{\partial\varphi_{\mathrm{m2}}}{\partial n} \tag{5-82}$$

以上两式分别与式（5-73）和式（5-69）相对应。

5.8 磁　　路

和高电导率的媒质（导体）可以汇聚电流一样，高磁导率的媒质可以汇聚磁场。用导线将电源首尾相连，电流聚集在导线中形成回路，这就是电路。高磁导率材料在磁场中可以聚集磁场，形成磁通回路，这就是磁路。磁通在磁路中流通与电流在电路中流通非常相似。磁路是构成诸如电机、变压器、电磁铁与继电器等器件的重要组成部分。

紧密缠绕的线圈所组成的螺线管就构成简单的磁路。当螺线管芯是具有极高磁导率的材料，线圈仅在它的一小部分区域时（见图5-15），线圈产生的磁通大部分仍在螺线管中环

流，只有一小部分经由磁路周围的空间完成闭合路径，这一小部分磁通称为漏磁通。在分析磁通时，不考虑漏磁通。

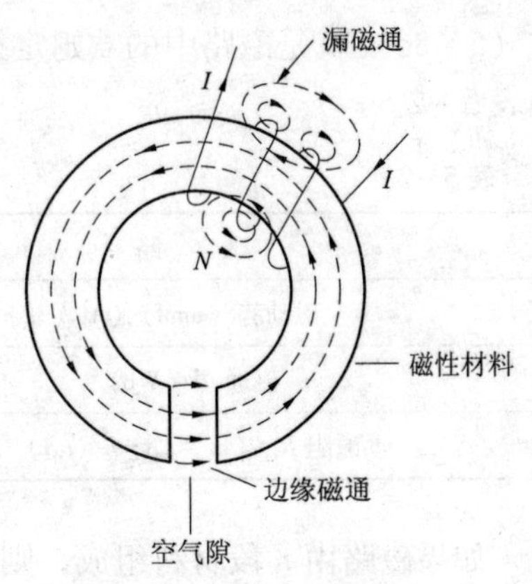

图 5－15 有空气隙的磁路

螺线管中的磁场强度和磁感应强度与所处的半径成反比，即在螺线管内径处的磁感应强度最大，外径处则最小。在分析磁路时，通常假设磁性材料内的磁感应强度是均匀的，其值等于平均半径处的磁感应强度。

下面分析如图 5－16 所示的磁路。磁路平均长度为 L，截面积为 A，磁导率为 μ。若线圈为 N 匝，载有电流 I，则外加的磁动势（mmf）V_m 为 NI，其单位为安匝（At）。因而

$$V_m = NI = \oint_l \vec{H} \cdot d\vec{l} \tag{5-83}$$

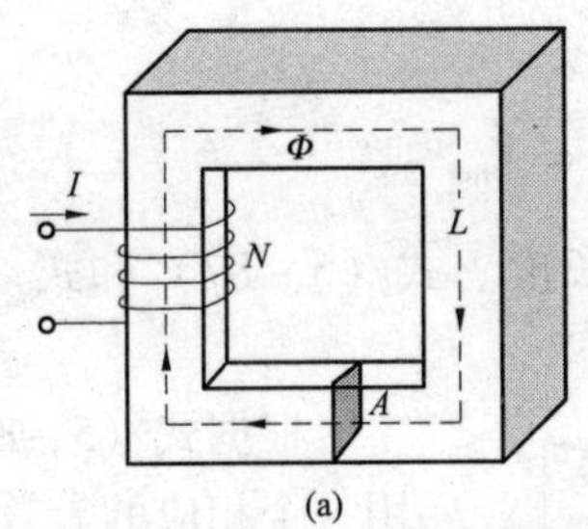

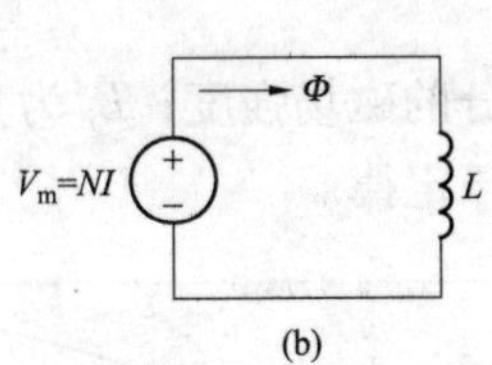

图 5－16 磁路示例及其等效回路

（a）具有平均长度为 L 和截面积为 A 的磁路；（b）等效回路

若认为磁场强度在磁性材料内是均匀的，则式（5－83）成为

$$HL = NI$$

磁性材料内的磁感应强度为

$$B = \mu H = \frac{\mu NI}{L}$$

磁性材料内的磁通为

$$\Phi = \int_S \vec{B} \cdot d\vec{S} = BA = \frac{\mu NIA}{L}$$

上式也可写成

$$\Phi = \frac{NI}{L/\mu A} = \frac{V_m}{L/\mu A} \tag{5-84}$$

由于磁路中的磁通和所加的磁动势类似于电路中的电流和电动势，则式（5－84）中的分母类似于电路中的电阻，定义分母为磁路的磁阻（reluctance），用 R_m 表示，单位为 H^{-1}，即

$$R_m = \frac{L}{\mu A} \tag{5-85}$$

式（5－84）用磁阻 R_m 表示为

$$\Phi R_m = V_m \tag{5-86}$$

式（5-86）就是磁路中的欧姆定律，和电路中的欧姆定律相对应。磁路与电路的对应关系见表5-2。

表5-2 磁路与电路对应关系

磁　路	电　路
磁动势（mmf）（At）	电动势（emf）（V）
磁通 Φ（Wb）	电流 I（A）
磁阻 R_m（H^{-1}）$=L/(\mu A)$	电阻 R（Ω）$=L/(\sigma A)$

如果磁路由 n 段材料组成，则

$$\sum_{i=1}^{n} \Phi_i R_{mi} = V_m \tag{5-87}$$

式中：Φ_i 为第 i 段材料的磁通；R_{mi} 为第 i 段材料的磁阻。式（5-87）也可用磁场强度 H 来表示，即

$$\sum_{i=1}^{n} H_i L_i = V_m \tag{5-88}$$

式中：H_i 为第 i 部分的磁场强度；L_i 为其平均长度。式（5-87）和式（5-88）类似于电路中的基尔霍夫电压定律。

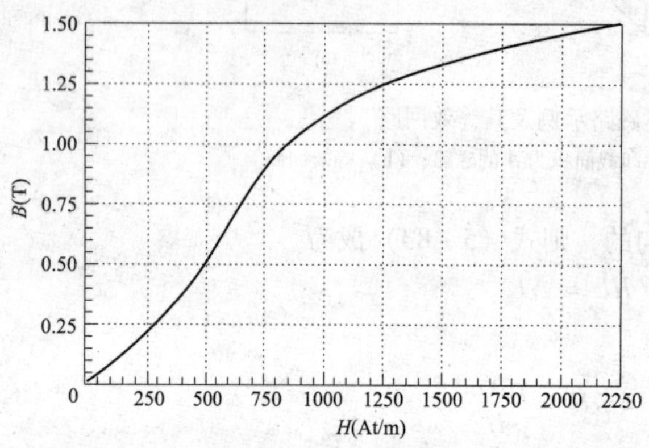

图5-17 磁性材料的磁化特性曲线（B—H 曲线）

根据式（5-88），每一磁路总可用一个相应的等效回路来分析，但这仅仅适用于磁导率为常数的磁性材料。对于铁磁材料，它的磁导率是磁感应强度的函数，如图5-17所示。图中曲线给出了对磁性材料所加磁场强度 H 与所产生的磁感应强度 B 之间的关系，即磁化特性曲线或 B—H 曲线。从图5-17中可以看出，磁导率随磁感应强度变化而变化，磁路为非线性。

磁路分析基本上是两种形式的问题。第一类形式的问题是为在磁路中产生某定值的磁通量确定所需加的磁动势，另一类问题是当磁动势已知时，计算磁路内的磁感应强度和磁通量。

对于线性磁路，即磁导率是常数的磁路，可以用等效回路来求解上述两类问题。在非线性磁路中，针对第一类问题，可以分别计算每部分磁路的磁感应强度，然后由 B—H 曲线得出磁场强度 H，进而确定每部分磁路的磁位降，最后根据式（5-88）通过求解各部分磁位降之和得出所需的磁动势。

非线性磁路的第二类问题可用迭代法来解决。首先估计一段磁路的磁位降，计算出该段磁路的磁感应强度和磁通，根据磁通连续性的特点，可以计算其他磁路的磁感应强度和磁位降，从而得出所需要的磁动势。将此结果与给定的磁动势对比，如果误差较大，则再作一次

估计，如此迭代下去，直到计算出的磁动势与外加的磁动势之间的误差在允许范围内。如无特别规定，一般将2%作为允许的误差范围。

【例5-10】 横截面为正方形的电磁铁，具有1500匝密绕线圈。磁芯的内半径与外半径分别为10cm和12cm，空气隙长为1cm。若通过线圈的电流为4A，磁性材料的相对磁导率为1200，求磁路中的磁感应强度。

解 由于磁性材料的磁导率为常数，外加磁动势为已知，我们可以用磁阻法来求磁芯内的磁感应密度。

平均半径为11cm，磁性材料部分的平均磁路长度为

$$L_m = 2\pi \times 11 - 1 = 68.12\ (\text{cm})$$

磁路的截面积与空气隙的截面积相同，即

$$A_m = A_g = 2 \times 2 = 4\ (\text{cm}^2)$$

每一区域的磁阻为

$$R_{mm} = \frac{68.12 \times 10^{-2}}{1200 \times 4\pi \times 10^{-7} \times 4 \times 10^{-4}} = 1.129 \times 10^6\ (\text{At/Wb})$$

$$R_{mg} = \frac{1 \times 10^{-2}}{4\pi \times 10^{-7} \times 4 \times 10^{-4}} = 19.894 \times 10^6\ (\text{At/Wb})$$

串联回路的总磁阻为

$$R_m = R_{mm} + R_{mg} = 21.023 \times 10^6\ (\text{At/Wb})$$

因而磁路的磁通量为

$$\Phi = \frac{NI}{R_m} = \frac{1500 \times 4}{21.023 \times 10^6} = 285.402 \times 10^{-6}\ (\text{Wb})$$

在空气隙或磁性材料区内的磁感应强度为

$$B_g = B_m = \frac{285.402 \times 10^{-6}}{4 \times 10^{-4}} = 0.714\ (\text{T})$$

【例5-11】 一磁路如图5-18所示，图中尺寸单位为mm。磁性材料的磁化特性曲线如图5-17所示。磁路均匀，厚度为20mm。若要在空气隙中产生1.0T的磁感应强度，试求500匝线圈需通入的电流为多大？

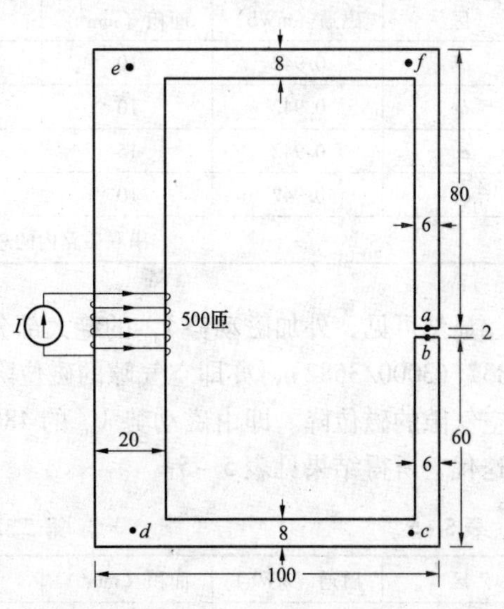

图5-18 ［例5-11］图

解 由于磁导率不是常数，这种形式的问题容易用场近似法来解决。

根据空气隙的磁感应强度，求出空气隙的磁通为

$$\begin{aligned}\Phi_{ab} &= 1.0 \times 6 \times 20 \times 10^{-6} \\ &= 0.12 \times 10^{-3}\,(\text{Wb})\end{aligned}$$

由于磁路是串联回路，则磁路每部分的磁通相等。用场近似法计算各部分的磁压降见表5-3。

表 5-3 用场近似法计算各部分的磁压降

区	磁通（mWb）	面积（mm^2）	B（T）	H（A/m）	L（mm）	磁位降（At）
ab	0.12	120	1.0	795 774.72	2	1591.55
bc	0.12	120	1.0	850	56	47.60
cd	0.12	160	0.70	650	87	56.55
de	0.12	400	0.30	350	134	46.90
ef	0.12	160	0.70	650	87	56.55
fg	0.12	120	1.0	850	76	64.60
串联磁路的总磁位降						1863.75

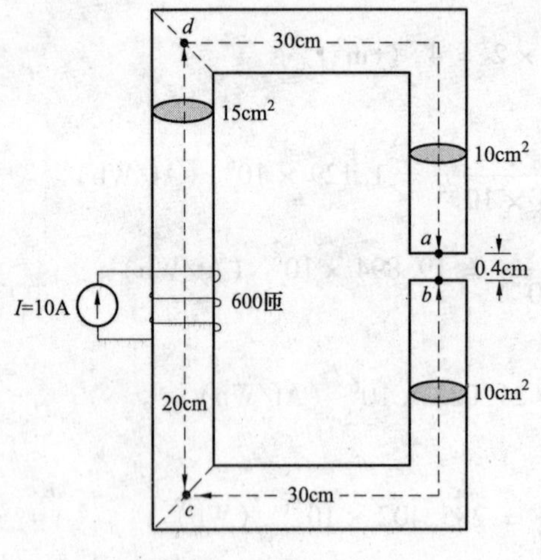

图 5-19 ［例 5-12］图

因而 500 匝线圈流过的电流为

$$I=\frac{1863.75}{500}=3.73\ (\text{A})$$

【例 5-12】 一个磁路的平均长度与横截面积如图 5-19 所示，磁性材料的磁化曲线如图 5-17 所示。若 600 匝线圈载电流为 10A，试计算串联磁路内的磁通。

解 外加磁动势 $V_m=600\times10=6000$（At）。由于磁路是非线性的，因而必须用迭代法来确定磁通量。假设总磁动势 V_m 的 50% 降在空气隙内，即可用场近似法计算出总的磁位降。表 5-4 给出了第一次迭代的结果。

表 5-4 第一次迭代的结果

区	磁通（mWb）	面积（mm^2）	B（T）	H（A/m）	L（mm）	磁位降（At）
ab	0.942	10	0.942	750 000	0.4	3000
bc	0.942	10	0.942	780	30.0	234
cd	0.942	15	0.628	570	20.0	114
da	0.942	10	0.942	780	30.0	234
串联磁路内的总磁位降						3582

显然可见，外加磁动势 V_m 的绝大部分用在空气隙处。空气隙磁位降与总磁位降之比为 0.837（3000/3582），亦即空气隙的磁位降占总磁位降的 83.7%。以总磁动势 V_m 的 80% 作为空气隙的磁位降。即由磁动势 V_m 的 4800At（0.8×6000）作为空气隙的磁位降，作第二次迭代，所得结果见表 5-5。

表 5-5 第二次迭代的结果

区	磁通（mWb）	面积（mm^2）	B（T）	H（A/m）	L（mm）	磁位降（At）
ab	1.508	10	1.508	1 200 000	0.4	4800.0
bc	1.508	10	1.508	2175	30.0	652.5

续表

区	磁通（mWb）	面积（mm^2）	B（T）	H（A/m）	L（mm）	磁位降（At）
cd	1.508	15	1.005	850	20.0	170.0
da	1.508	10	1.508	2175	30.0	652.5
串联磁路内的总磁位降						6275.0

误差仍有4.58%，仍超出允许范围。由第二次迭代可知，多出的275At的磁位降的绝大部分是在空气隙内。若将空气隙的磁位降减为4600At，作第三次迭代，所得结果见表5－6。

表5－6　　第三次迭代的结果

区	磁通（mWb）	面积（mm^2）	B（T）	H（A/m）	L（mm）	磁位降（At）
ab	1.445	10	1.445	1 150 000	0.4	4600
bc	1.445	10	1.445	1950	30.0	585
cd	1.445	15	0.963	820	20.0	164
da	1.445	10	1.445	1950	30.0	585
串联磁路内的总磁位降						5934

现在误差为－1.1%，合乎所要求的范围，因而不需要进一步的迭代，磁媒质内的磁通为1.445mWb。

5.9 电磁感应定律

1831年法拉第首次发现电磁感应现象。当一个导体回路中的电流发生变化时，在附近的另一导体回路中将出现感应电流。一个磁铁在一个闭合导体回路附近移动时，回路中也将出现感应电流。两种情形表示一个相同的现象，即穿过一个回路的磁通发生变化时，在这个回路中将有感应电动势出现，并在回路中产生电流。

法拉第对电磁感应现象作了大量的实验研究，总结出电磁感应定律如下：闭合回路中的感应电动势 e 与穿过此回路的磁通 Φ 随时间的变化律 $\frac{\mathrm{d}\Phi}{\mathrm{d}t}$ 成正比。其实际方向由楞次定律指出：感应电动势的实际方向是企图产生一电流，这个电流产生的磁通将抵制原来磁通的变化。法拉第电磁感应定律用数学表示为

$$e = -\frac{\mathrm{d}\Phi}{\mathrm{d}t} = -\frac{\mathrm{d}}{\mathrm{d}t}\int_S \vec{B} \cdot \mathrm{d}\vec{S} \qquad (5-89)$$

这里规定感应电动势 e 的参考方向与穿过该回路磁通 Φ 的参考方向符合右手螺旋关系（见图5－20）。式（5－89）中 S 是由闭合回路的周界 l 所限定的面，面的正法线和 l 的方向符合右手螺旋关系。

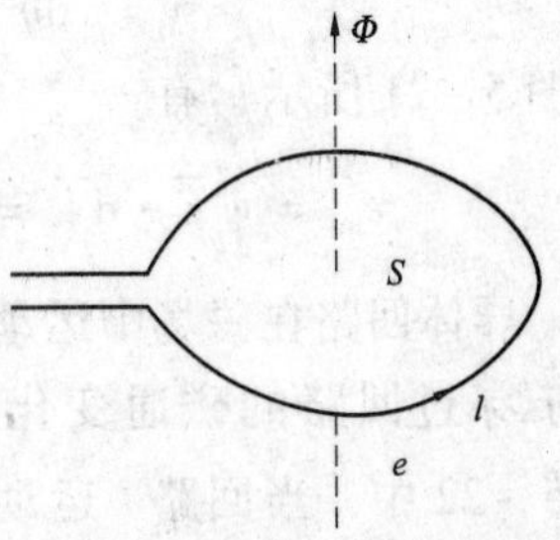

图5－20　电磁感应

在回路中出现感应电动势是在回路中出现感应电场的结果。感应电动势等于感应电场沿回路的线积分

$$e = \oint_l \vec{E} \cdot \mathrm{d}\vec{l} \tag{5-90}$$

则法拉第电磁感应定律可以写成

$$e = \oint_l \vec{E} \cdot \mathrm{d}\vec{l} = -\frac{\mathrm{d}\Phi}{\mathrm{d}t} = -\frac{\partial}{\partial t}\int_S \vec{B} \cdot \mathrm{d}\vec{S} \tag{5-91}$$

该回路 l 除可在导体中外，还可在电介质中或真空中。即使没有感应电流，感应电场依然存在。其正确性已为实践证明。

由式（5-91）可以看出，使回路中磁通发生变化的原因可以有三个：① $\vec{B}$ 随时间变化；② 导电回路的全部或一部分有相对运动，即 S 或 l 随时间变化；③ $\vec{B}$ 随时间变化，并且回路 S 或 l 随时间变化。下面分别讨论这三种情况：

（1）若导电回路固定不动，而 $\vec{B}$ 随时间变化时，产生的感应电动势称为变压器电动势，或感生电动势，用 e_{t} 表示。在这种情况下，对时间 t 的全导数可改为对 t 的偏导数

$$e_{\mathrm{t}} = -\frac{\partial}{\partial t}\int_S \vec{B} \cdot \mathrm{d}\vec{S} = -\int_S \frac{\partial \vec{B}}{\partial t} \cdot \mathrm{d}\vec{S}$$

即

$$e_{\mathrm{t}} = -\int_S \frac{\partial \vec{B}}{\partial t} \cdot \mathrm{d}\vec{S} \tag{5-92}$$

根据式（5-90），利用斯托克斯定理得

$$\nabla \times \vec{E} = -\frac{\partial \vec{B}}{\partial t} \tag{5-93}$$

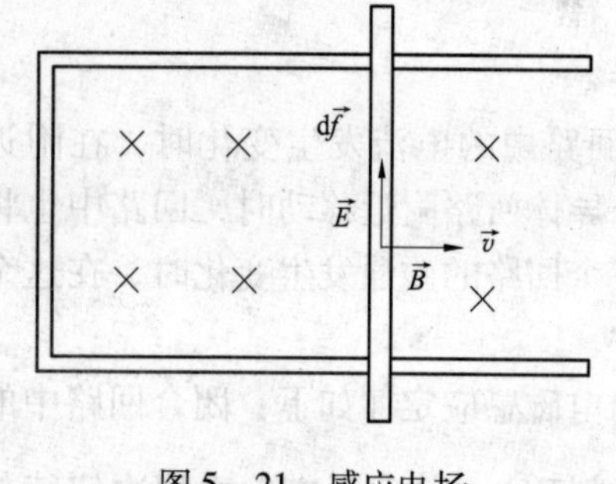

图 5-21 感应电场

式（5-93）说明，时变磁场产生电场。这是麦克斯韦方程组中的一个重要方程。

（2）若 $\vec{B}$ 恒定不随时间变化而导电回路的全部或一部分有相对运动时，产生的感应电动势称为发电机电动势或动生电动势，用 e_{m} 表示。设组成导电回路的线段元 $\mathrm{d}\vec{l}$ 的相对速度为 $\vec{v}$，则其中电荷 $\mathrm{d}q$ 所受的洛仑兹力 $\mathrm{d}\vec{f}$ 为

$$\mathrm{d}\vec{f} = \mathrm{d}q(\vec{v} \times \vec{B})$$

则感应电场为

$$\vec{E} = \frac{\mathrm{d}\vec{f}}{\mathrm{d}q} = \vec{v} \times \vec{B} \tag{5-94}$$

如图 5-21 所示，有

$$e_{\mathrm{m}} = \oint_l \vec{E} \cdot \mathrm{d}\vec{l} = \oint_l (\vec{v} \times \vec{B}) \cdot \mathrm{d}\vec{l} \tag{5-95}$$

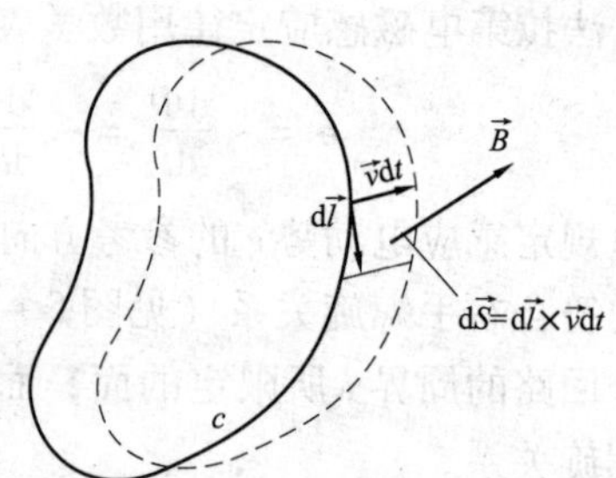

图 5-22 导体回路在磁场中运动的感应电动势

导体回路在磁场中运动的感应电动势也可以解释为由于穿过回路的磁通变化而感应的电动势。事实上，图 5-22 中，当回路 l 运动时，回路的一个长度元 $\mathrm{d}\vec{l}$ 在时间 $\mathrm{d}t$ 内扫过一个面元 $\mathrm{d}\vec{S} = \mathrm{d}\vec{l} \times \vec{v}\mathrm{d}t = -\vec{v} \times \mathrm{d}\vec{l}\mathrm{d}t$，

面元的方向为外法线方向。当 dt 很小时，可以近似认为面元的磁场是均匀的，于是，穿过此面元的磁通为 $-\vec{B}\cdot \mathrm{d}\vec{S}=\vec{B}\cdot(\vec{v}\times \mathrm{d}\vec{l})\mathrm{d}t$。根据磁通连续性原理，由于回路 l 运动，在 dt 时间内穿过回路 l 的磁通增量，应该等于穿进该回路所扫过面积的通量

$$\mathrm{d}\Phi=\oint_l \vec{B}\cdot(\vec{v}\times \mathrm{d}\vec{l})\mathrm{d}t=-\oint_l(\vec{v}\times\vec{B})\cdot \mathrm{d}\vec{l}\,\mathrm{d}t$$

故得

$$e=-\frac{\mathrm{d}\Phi}{\mathrm{d}t}=\oint_l(\vec{v}\times\vec{B})\cdot \mathrm{d}\vec{l}$$

（3）若 $\vec{B}$ 随时间变化，而导电回路又有相对运动，产生的感应电动势 e 就是变压器电动势 e_t 和发电机电动势 e_m 之和，即

$$e=\oint_l\vec{E}\cdot \mathrm{d}\vec{l}=-\frac{\partial}{\partial t}\int_S\vec{B}\cdot \mathrm{d}\vec{S}$$

或写成

$$e=e_t+e_m=-\int_S\frac{\partial\vec{B}}{\partial t}\cdot \mathrm{d}\vec{S}+\oint_l(\vec{v}\times\vec{B})\cdot \mathrm{d}\vec{l} \tag{5-96}$$

应用斯托克斯定理，可得式（5－96）的微分形式为

$$\nabla\times\vec{E}=-\frac{\partial\vec{B}}{\partial t}+\nabla\times(\vec{v}\times\vec{B}) \tag{5-97}$$

式（5－97）表明，感应电场和静电场性质完全不同，它是有旋场，因而这个场不能用一个标量的梯度去代替，即不能用标量位的概念。

【例 5－13】 一个 N 匝密绕的矩形线圈以角速度 ω 在磁场中旋转，如图 5－23 所示，磁通密度按 $B_m\sin\omega t$ 变化。试求线圈中的感应电动势。

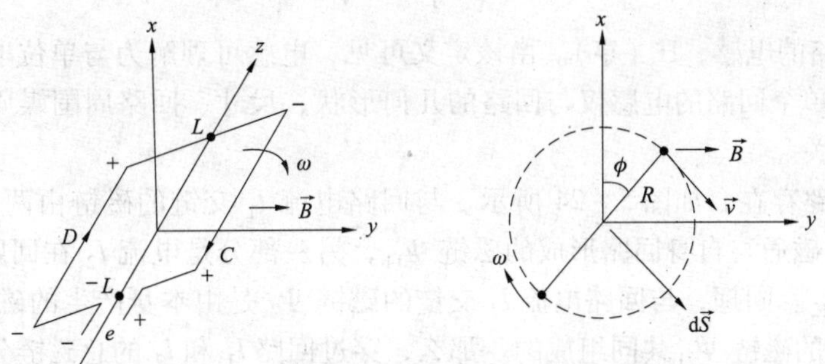

图 5－23 线圈在磁场中旋转的两个图

解 （1）运动电动势。首先在 C 处 N 个导线的感应电动势应与 D 处 N 个导线的感应电动势大小相等，但它们的相位差 180°。导线的线速度为

$$\vec{v}=\omega R\vec{e}_\phi$$

因此

$$e_m=2e'_m=2N\int_l(\vec{v}\times\vec{B})\cdot \mathrm{d}\vec{l}=2NR\omega B_m\sin^2\omega t\int_{-L}^{L}\mathrm{d}z$$
$$=B_mAN\omega\sin^2\omega t$$

此处 $A=4lR$。

变压器电动势

$$e_t = -N\int_S \frac{\partial \vec{B}}{\partial t}\cdot d\vec{S} = -N\omega B_m \cos\omega t(\vec{e}_y\cdot\vec{e}_r)\int_S dS$$
$$= -B_m AN\omega\cos^2\omega t$$

此处 $\vec{e}_y\cdot\vec{e}_r = \cos\omega t$。因而，线圈中的感应电动势为

$$e = e_m + e_t = -B_m AN\omega(\cos^2\omega t - \sin^2\omega t)$$
$$= -B_m AN\omega\cos 2\omega t$$

（2）法拉第定律

$$\Phi = \int_S \vec{B}\cdot d\vec{S} = B_m \sin\omega t\cos\omega t\int_S dS = \frac{1}{2}B_m A\sin 2\omega t$$

因而 N 匝线圈的感应电动势为

$$e = -N\frac{\partial \Phi}{\partial t} = -B_m AN\omega\cos 2\omega t$$

5.10 电　感

与一个线圈或电流回路各匝导线交链的磁通量的总和称为该线圈或回路的磁通匝链数，称为磁链，用 Ψ 表示。如果密绕线圈的每匝导线交链的磁通均为 Φ，线圈的匝数为 N，则线圈的磁链为

$$\Psi = N\Phi$$

在线性媒质中，磁链 Ψ 与建立磁场的回路电流 I 成正比。令 Ψ 与 I 的比值为 L，即

$$L = \frac{\Psi}{I} = \frac{N\Phi}{I}$$

式中：L 称为回路的电感，H（亨）。由该定义可见，电感可理解为与单位电流交链的磁链。在线性媒质中，单个回路的电感仅与回路的几何形状、尺寸、回路周围媒质的磁导率有关，与回路中电流无关。

如有两个回路存在，如图 5-24 所示。与回路电流 I_1 交链的磁链由两部分组成，其一是电流 I_1 产生的磁通与自身回路形成的磁链 Ψ_{11}，另一部分是电流 I_2 在回路 l_1 中产生的磁通形成的磁链 Ψ_{12}。同理，与回路电流 I_2 交链的磁链 Ψ_2 是由本身产生的磁链 Ψ_{22} 和电流 I_1 在回路 l_2 中产生的磁链 Ψ_{21} 共同组成的。那么，穿过回路 l_1 和 l_2 的总磁链分别为

$$\Psi_1 = \Psi_{11} + \Psi_{12} \qquad (5-98)$$
$$\Psi_2 = \Psi_{21} + \Psi_{22} \qquad (5-99)$$

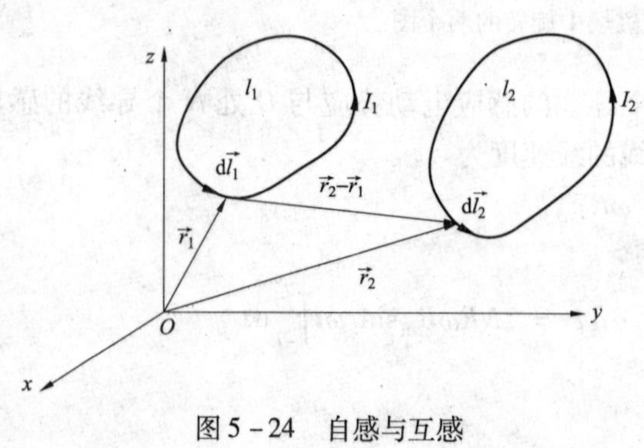

图 5-24　自感与互感

若媒质是线性的，则比值 $\frac{\Psi_{11}}{I_1}$、$\frac{\Psi_{12}}{I_2}$、$\frac{\Psi_{22}}{I_2}$ 和 $\frac{\Psi_{21}}{I_1}$ 均为常数，分别定义

$$L_{11} = \frac{\Psi_{11}}{I_1} \qquad (5-100)$$

$$M_{12} = \frac{\Psi_{12}}{I_2} \qquad (5-101)$$

$$L_{22} = \frac{\Psi_{22}}{I_2} \tag{5-102}$$

$$M_{21} = \frac{\Psi_{21}}{I_1} \tag{5-103}$$

式中：L_{11}为回路 l_1 的自感；M_{12}为回路 l_2 对 l_1 的互感；L_{22}为回路 l_2 的自感；M_{21}为回路 l_1 对回路 l_2 的互感。

将上述参数 L_{11}，L_{22}，M_{12}，M_{21}分别代入式（5-98）和式（5-99）中，得

$$\Psi_1 = L_{11}I_1 + M_{12}I_2 \tag{5-104}$$

$$\Psi_2 = M_{21}I_1 + L_{22}I_2 \tag{5-105}$$

可以证明，在线性均匀媒质中，互感具有互易性，即

$$M_{12} = M_{21} \tag{5-106}$$

为了简化证明过程，设两个回路都是单匝线圈，即 $N_1 = N_2$，并且忽略导线直径。由式（5-27）求得电流 I_1 在回路 l_2 中产生的互感磁链为

$$\Psi_{21} = \oint_{l_2} \vec{A}_1 \cdot \mathrm{d}\vec{l}_2 \tag{5-107}$$

式中：$\vec{A}_1$ 为电流 I_1 在回路 l_2 所在处产生的矢量磁位，因此

$$\vec{A}_1(r) = \frac{\mu}{4\pi}\oint_{l_1}\frac{I_1(r_1)}{|\vec{r}_2 - \vec{r}_1|}\mathrm{d}\vec{l}_1 = \frac{\mu_0 I_1}{4\pi}\oint_{l_1}\frac{\mathrm{d}\vec{l}_1}{|\vec{r}_2 - \vec{r}_1|}$$

将其代入式（5-107）中，得

$$\Psi_{21} = \frac{\mu I_1}{4\pi}\oint_{l_2}\oint_{l_1}\frac{\mathrm{d}\vec{l}_1 \cdot \mathrm{d}\vec{l}_2}{|\vec{r}_2 - \vec{r}_1|} \tag{5-108}$$

再将此式代入式（5-103）中，得

$$M_{21} = \frac{\mu}{4\pi}\oint_{l_2}\oint_{l_1}\frac{\mathrm{d}\vec{l}_1 \cdot \mathrm{d}\vec{l}_2}{|\vec{r}_2 - \vec{r}_1|} \tag{5-109}$$

同理可得

$$M_{12} = \frac{\mu}{4\pi}\oint_{l_1}\oint_{l_2}\frac{\mathrm{d}\vec{l}_2 \cdot \mathrm{d}\vec{l}_1}{|\vec{r}_1 - \vec{r}_2|} \tag{5-110}$$

式（5-109）和式（5-110）中，由于 $\mathrm{d}\vec{l}_1 \cdot \mathrm{d}\vec{l}_2 = \mathrm{d}\vec{l}_2 \cdot \mathrm{d}\vec{l}_1$，$|\vec{r}_2 - \vec{r}_1| = |\vec{r}_1 - \vec{r}_2|$，而且二重积分的积分变量互相独立，可以改变积分次序，所以 $M_{21} = M_{12}$，记 $M_{12} = M_{21} = M$，则

$$M = \frac{\mu}{4\pi}\oint_{l_1}\oint_{l_2}\frac{\mathrm{d}\vec{l}_2 \cdot \mathrm{d}\vec{l}_1}{|\vec{r}_1 - \vec{r}_2|} \tag{5-111}$$

式（5-111）称为诺伊曼公式，它提供了两个单匝回路之间的互感系数的计算公式。由此可见，若 $\mathrm{d}\vec{l}_1$ 与 $\mathrm{d}\vec{l}_2$ 处处保持垂直，则互感 $M_{21} = M_{12} = 0$；若处处平行，则互感 M 值达到最大。因此在实际的电子设备中，如果需要增强两个线圈之间的耦合，应将其平行放置；若要避免两个线圈相互耦合，则应将其相互垂直放置。此外，自感总是正的，但互感可正可

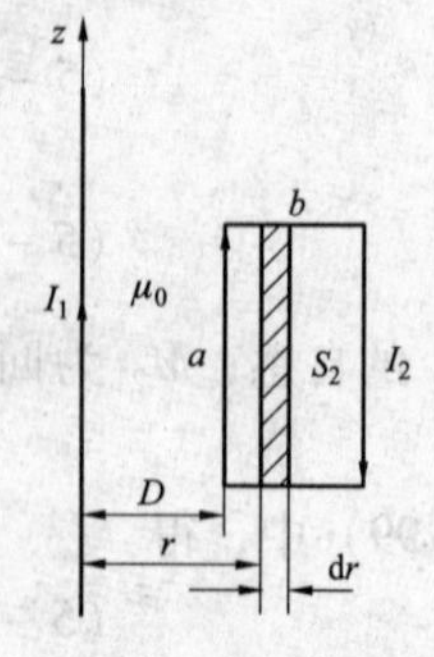

图 5－25 无限长直导线与矩形线圈

负，其正负取决于两个线圈的电流方向，由式（5－104）和式（5－105）可以推知，若互感磁通与原磁通方向相同时，互感应为正值，反之即为负值。

【例 5－14】 设无限长直导线与矩形线圈平行放置，周围介质为真空，如图 5－25 所示。试计算导线与线圈之间的互感。

解 建立圆柱坐标系，令 z 轴方向与电流 I_1 方向一致，如图 5－25 所示。应用安培环路定律，则电流 I_1 产生的磁感应强度为

$$\vec{B}_1 = \frac{\mu_0 I_1}{2\pi r}\vec{e}_\phi \tag{5-112}$$

与线圈电流 I_2 交链的磁链为

$$\Psi_{21} = \int_{S_2} \vec{B}_1 \cdot \mathrm{d}\vec{S}$$

假设线框电流为顺时针方向，则 $\mathrm{d}\vec{S}$ 与 $\vec{B}_1$ 方向一致。将式（5－112）代入上式，得

$$\Psi_{21} = \frac{\mu_0 I_1 a}{2\pi}\int_D^{D+b} \frac{1}{r}\mathrm{d}r = \frac{\mu_0 I_1 a}{2\pi}\ln\frac{D+b}{D}$$

根据式（5－103）得互感

$$M_{21} = \frac{\Psi_{21}}{I_1} = \frac{\mu_0 a}{2\pi}\ln\frac{D+b}{D}$$

可见 $M_{21}>0$，这是因为当导线的电流向上，线圈电流为顺时针方向时，线圈电流 I_2 产生的自感磁通方向与导线电流 I_1 产生的互感磁通 Φ_{21} 方向相同，使电流 I_2 的磁链增加，因此 M_{21} 为正。反之，只要改变线圈和导线两个中任意一个的电流方向，则 $\vec{B}_1$ 与 $\mathrm{d}\vec{S}$ 反向，M_{21} 为负。

【例 5－15】 设同轴线内导体的半径为 a，外导体的内半径为 b、外半径为 c，如图 5－26（a）所示，试计算同轴线单位长度内的电感。

解 沿同轴线的轴线在长度方向取一剖面，得如图 5－26（b）所示的矩形回路，取其长度为 1。

设同轴线中的电流为 I，根据公式，单位长度同轴线的电感为

$$L_1 = \frac{\Psi}{I}$$

由图 5－26（a）可见，与电流 I 交链的磁链 Ψ 由外导体中的磁通、内外导体间的磁通以及内导体中的磁通三部分组成。由于外导体通常很薄，穿过其内的磁通可以忽略。已知内、外导体之间的磁感应强度为

$$\vec{B}_0 = \frac{\mu_0 I}{2\pi r}\vec{e}_\phi$$

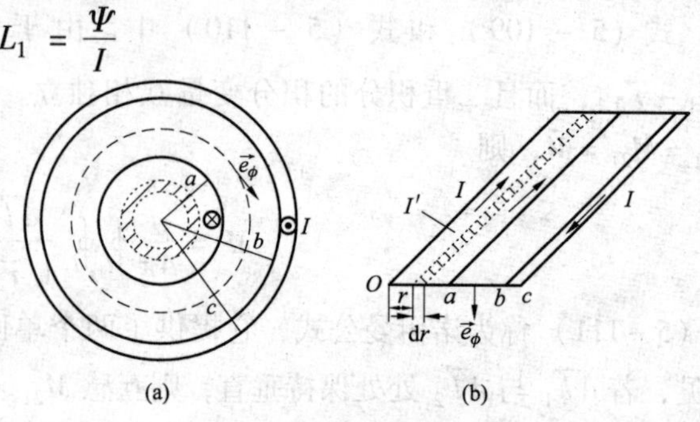

图 5－26 同轴线的电感

（a）同轴线；（b）剖面

该磁场形成的磁通称为外磁通，以 Φ_0 表示，则单位长度内的外磁通为

$$\Phi_0 = \int_S \vec{B}_0 \cdot \mathrm{d}\vec{S} = \int_a^b \frac{\mu_0 I}{2\pi r}\vec{e}_\phi \cdot \vec{e}_\phi \mathrm{d}r = \frac{\mu_0 I}{2\pi}\ln\frac{b}{a} \tag{5-113}$$

该外磁通与电流 I 完全交链，即匝数 $N=1$，故外磁链 Ψ_0 与外磁通完全相等，即 $\Psi_0 = \Phi_0$。

内导体中的磁感应强度 $\vec{B}_i$ 为

$$\vec{B}_i = \frac{\mu_0 I r}{2\pi a^2}\vec{e}_\phi$$

这部分磁场形成的磁通称为内磁通，以 Φ_i 表示。如图 5-26（b）所示，穿过宽度为 $\mathrm{d}r$ 的单位长度截面的内磁通 $\mathrm{d}\Phi_i$ 为

$$\mathrm{d}\Phi_i = \frac{\mu_0 I r}{2\pi a^2}\mathrm{d}r$$

这部分磁通仅与内导体中自轴线至 r 之间部分电流 I'（$I' < I$）交链，即匝数 $N = \dfrac{I'}{I} < 1$，称为分数匝数。因此外磁链

$$\mathrm{d}\Psi_i = \frac{I'}{I}\mathrm{d}\Phi_i = \frac{\mu_0 I r^3}{2\pi a^4}\mathrm{d}r$$

因此内导体中的磁场对电流 I 提供的磁通链 ψ_i 为

$$\Psi_i = \int_0^a \mathrm{d}\Psi_i = \frac{\mu_0 I}{8\pi} \tag{5-114}$$

由式（5-113）和式（5-114）得到与电流 I 交链的总磁链 $\Psi = \Psi_i + \Psi_0$，因此单位长度同轴线的电感为

$$L_1 = \frac{\Psi_i + \Psi_0}{I} = \frac{\mu_0}{8\pi} + \frac{\mu_0}{2\pi}\ln\frac{b}{a}$$

式中：第一项称为内自感，一般用 L_i 表示；第二项称为外自感，一般用 L_0 表示。

5.11 磁 场 能 量

磁场和电场一样也具有能量。在载流回路的电流与磁场的建立过程中，回路中产生的感应电动势会阻碍电流的变化，外源必须克服感应电动势做功。根据能量守恒定律，外源所做的功就等于电流回路的磁场能量。首先计算单个回路的磁场能量，然后再计算多个回路的磁场能量。

设单个回路的电流从零增加到 I，因而回路磁链也由零逐渐增加到最终值 Ψ。假设在电流增加过程中的某时刻 t，导线回路的电流为 i。如果在从 t 到 $t+\mathrm{d}t$ 时间内使电流增加 $\mathrm{d}i$，导线回路的磁链就增加 $\mathrm{d}\Psi$。由于回路的磁链变化，回路中就产生感应电动势 $e = -\dfrac{\mathrm{d}\Psi}{\mathrm{d}t}$，感应电动势企图阻碍电流增加，因此要使回路在 $\mathrm{d}t$ 时间内的电流增加 $\mathrm{d}i$，就必须在回路中施加电压 $U = -e = \dfrac{\mathrm{d}\Psi}{\mathrm{d}t}$，以抵消感应电动势对电流增加的反抗。这样，在 $\mathrm{d}t$ 时间内外源就要对

导线回路做功

$$dW = Ui\mathrm{d}t = i\mathrm{d}\Psi \tag{5-115}$$

由于单个回路的磁链与回路电流的关系为 $\Psi = Li$，同时考虑到在线性媒质中，回路电感 L 与电流 i 无关，因此 $\mathrm{d}t$ 时间内外源做的功为

$$dW = Li\mathrm{d}i \tag{5-116}$$

当回路电流增至最终值 I 时，外源作的总功 W 为

$$W = \int_0^I Li\mathrm{d}i = \frac{1}{2}LI^2 \tag{5-117}$$

外源做的总功在回路中建立电流 I，而该电流在其周围产生磁场。因电流增长很慢，辐射损失可以忽略，外源做的功完全转变为周围磁场的能量。若以 W_m 表示磁场能量，则电感为 L、电流为 I 的回路具有的磁场能量 W_m 为

$$W_\mathrm{m} = \frac{1}{2}LI^2 \tag{5-118}$$

相应的，若已知回路电流及其磁场能量，则回路电感为

$$L = \frac{2W_\mathrm{m}}{I^2} \tag{5-119}$$

考虑到回路电感和磁链的关系为 $L = \Psi/I$，则电流为 I 的单个回路的磁场能量又可表示为

$$W_\mathrm{m} = \frac{1}{2}\Psi I \tag{5-120}$$

式中：Ψ 为电流 I 交链的磁链。

对于 N 个回路，可令各个回路电流均以同一比例由零缓慢增加到最终值。根据能量守恒定律，最终的总能量与建立过程无关。已知各回路的磁链与各个回路电流之间的关系是线性的，那么，第 j 个回路的磁链 Ψ_j 为

$$\Psi_j = M_{j1}I_1 + M_{j2}I_2 + \cdots + L_{jj}I_j + \cdots + M_{jN}I_N$$

当各回路电流以同一比例增长时，各回路磁链也以同一比例增加。设第 j 个回路在时刻 t 的电流 $i_j(t) = \alpha I_j$，式中 I_j 为电流的最终值，α 为比例系数，且 $0 < \alpha < 1$。那么，t 时刻第 j 个回路的总磁链 Ψ_j（t）为

$$\Psi_j(t) = M_{j1}i_1(t) + M_{j2}i_2(t) + \cdots + L_{jj}i_j(t) + \cdots + M_{jN}i_N(t) = \alpha(t)\Psi_j$$

根据式（5-115），求得在 $\mathrm{d}t$ 时间内，外源在 N 个回路中做的功为

$$dW = \sum_{j=1}^{N} i_j(t)\mathrm{d}\Psi_j(t) = \sum_{j=1}^{N} I_j\Psi_j\alpha\mathrm{d}\alpha$$

外源所做的总功为 $W = \int \mathrm{d}W$。由此求得具有最终值电流的 N 个回路所具有的磁场能量为

$$W_\mathrm{m} = \int_0^1 \sum_{j=1}^{N} I_j\Psi_j\alpha\mathrm{d}\alpha$$

即

$$W_\mathrm{m} = \sum_{j=1}^{N} \frac{1}{2}I_j\Psi_j \tag{5-121}$$

这样，若已知各个回路的电流及磁链，就可计算这些回路所具有的磁场能量。

由于磁通可用矢量磁位 $\vec{A}$ 表示为 $\Phi = \oint_l \vec{A} \cdot \mathrm{d}\vec{l}$，因此第 j 个回路的磁链 Ψ_j 也可用 $\vec{A}$ 表示为

$$\Psi_j = \oint_{l_j} \vec{A} \cdot \mathrm{d}\vec{l}_j$$

将上式代入式（5－121）中，得

$$W_\mathrm{m} = \sum_{j=1}^{N} \frac{1}{2} \oint_{l_j} I_j \vec{A} \cdot \mathrm{d}\vec{l}_j \tag{5-122}$$

对于更普遍的情况，电流不是限制在线形导体内，而是以体密度的形式连续分布在体积为 V 的导电媒质中，由于 $I\mathrm{d}\vec{l} = \vec{J}\mathrm{d}V$，则式（5－122）变为

$$W_\mathrm{m} = \frac{1}{2} \int_V \vec{A} \cdot \vec{J} \mathrm{d}V \tag{5-123}$$

同理，若电流分布在表面 S 上，则

$$W_\mathrm{m} = \frac{1}{2} \int_S \vec{A} \cdot \vec{J}_S \mathrm{d}S \tag{5-124}$$

至此可以得知，根据矢量磁位可以计算线电流、面电流及体电流产生的磁场能量。下面再讨论空间某点的磁场能量，即磁场能量密度。

将 $\nabla \times \vec{H} = \vec{J}$ 代入式（5－123）中，得

$$W_\mathrm{m} = \frac{1}{2} \int_V \vec{A} \cdot (\nabla \times \vec{H}) \mathrm{d}V$$

利用矢量恒等式 $\nabla \cdot (\vec{H} \times \vec{A}) = \vec{A} \cdot \nabla \times \vec{H} - \vec{H} \cdot \nabla \times \vec{A}$，上式可写为

$$W_\mathrm{m} = \frac{1}{2} \int_V \nabla \cdot (\vec{H} \times \vec{A}) \mathrm{d}V + \frac{1}{2} \int_V \vec{H} \cdot \nabla \times \vec{A} \mathrm{d}V$$

再应用散度定理以及 $\nabla \times \vec{A} = \vec{B}$ 的关系，得

$$W_\mathrm{m} = \frac{1}{2} \oint_S (\vec{H} \times \vec{A}) \cdot \mathrm{d}\vec{S} + \frac{1}{2} \int_V \vec{H} \cdot \vec{B} \mathrm{d}V \tag{5-125}$$

式中：等号右端第一项中的闭合面 S 是包围整个体积 V 的。假设所有电流分布在有限区域，而把 S 面取得离电流回路很远。这样磁场强度 $\vec{H}$ 与距离平方 R^2 成反比，矢量磁位 $\vec{A}$ 与距离一次方 R 成反比，面积 S 与距离平方 R^2 正比，故当 $R \to \infty$ 时，第一项的闭合面积分应等于零。因而

$$W_\mathrm{m} = \int_V \frac{1}{2} (\vec{B} \cdot \vec{H}) \mathrm{d}V \tag{5-126}$$

式中：V 为磁场所占据的整个空间。式（5－126）中的被积函数代表磁场能量的密度，以 w_m 表示，得

$$w_\mathrm{m} = \frac{1}{2} \vec{B} \cdot \vec{H} \tag{5-127}$$

对于各向同性的线性媒质，$\vec{B} = \mu \vec{H}$，因此磁场能量密度又可表示为

$$w_\mathrm{m} = \frac{1}{2\mu} B^2 = \frac{1}{2} \mu H^2 \tag{5-128}$$

利用磁场能量密度，可求出磁场任一区域中的磁场能量。

【例 5－16】 已知同轴电缆的内、外导体半径分别为 a、b（外导体厚度忽略），试计算

当载有电流为 I 时同轴电缆单位长度储存的能量，并由此计算其单位长度的电感。

解 设电流在内导线截面上均匀分布，利用安培环路定律可以计算出同轴电缆中的磁场

当 $r<a$ 时，$\vec{H}=\vec{e}_\phi\dfrac{Ir}{2\pi a^2}$；

当 $a<r<b$ 时，$\vec{H}=\vec{e}_\phi\dfrac{I}{2\pi r}$。

根据（5－126）得单位长度同轴线中的磁场能量为

$$W_m=\int_V\frac{1}{2}\mu H^2\mathrm{d}V=\frac{1}{2}\mu_0\int_0^a\left(\frac{Ir}{2\pi a^2}\right)^2 2\pi r\mathrm{d}r+\frac{1}{2}\mu_0\int_a^b\left(\frac{I}{2\pi r}\right)^2 2\pi r\mathrm{d}r$$
$$=\frac{\mu_0 I^2}{16\pi}+\frac{\mu_0 I^2}{4\pi}\ln\frac{b}{a}$$

上式中第一项为内导体中的磁场能量，第二项为内外导体之间的磁场能量。

由式（5－119）可得单位长度同轴线的电感为

$$L=\frac{2W_m}{I^2}=\frac{\mu_0}{8\pi}+\frac{\mu_0}{2\pi}\ln\frac{b}{a}$$

这与前节所求的电感结果完全相同，可见通过磁场能量计算电感十分方便。许多工程实际问题中常用数值方法求出 $\vec{B}$ 和 $\vec{H}$，据以计算磁场能量，然后利用式（5－119）来确定单个载流系统的电感值。

5.12 磁 场 力

由 5.1 节可知，已知回路电流分布，利用安培力定律可以计算回路之间的作用力。但是如果回路形状复杂，计算安培力的积分计算很难求积，甚至无法获得严格的解析表达式。为了计算磁场力，可以采用虚位移法。这个方法是：对于需要计算磁场力的回路，假设在磁场力的作用下发生一个小的位移（其他回路保持不动），因而使回路的互感和能量发生改变，把能量的改变和机械做功联系起来，就可以求出这个回路所受到的磁场力。在许多情形下，应用虚位移法计算要比安培力定律简捷得多。

设两个载流导线回路系统的磁场中，某载流导线回路或磁性媒质所受的磁场力为 F，那么假设在此磁场力作用下，受力载流导线回路或磁性媒质沿力的方向位移为 $\mathrm{d}l$，即磁场力作为 $F\mathrm{d}l$。在位移过程中，外源做功为 $\mathrm{d}W$，系统中磁场能量变化为 $\mathrm{d}W_m$，则根据能量守恒定律，有

$$\mathrm{d}W=\mathrm{d}W_m+F\mathrm{d}l \tag{5-129}$$

下面分两种情况进行分析。

第一种情况为常电流系统，即各导线回路的电流不变，磁链发生变化。设位移过程中，磁场增加的能量为

$$\mathrm{d}W_m=\frac{1}{2}I_1\mathrm{d}\Psi_1+\frac{1}{2}I_2\mathrm{d}\Psi_2$$

而此时由于磁链发生变化，则外源做的功为

$$\mathrm{d}W=I_1\mathrm{d}\Psi_1+I_2\mathrm{d}\Psi_2$$

显然，$\mathrm{d}W=2\mathrm{d}W_m$，所以

$$dW_m = Fdl$$

则得磁场力为

$$F = \frac{\partial W_m}{\partial l}\bigg|_{I=\text{const}} \tag{5-130}$$

第二种情况为常磁链系统，即各导线回路的磁链不变。如果回路磁链不变，回路中就没有感应电动势，外源也就不需要做功，即

$$dW = 0$$

将上式代入式（5－129）中，得

$$Fdl = -dW_m$$

由此可求得磁场力为

$$F = -\frac{\partial W_m}{\partial l}\bigg|_{\Psi=\text{const}} \tag{5-131}$$

若将式（5－130）和式（5－131）中的位移长度坐标推广到广义坐标，比如面积、体积、角度等，就可计算广义力。

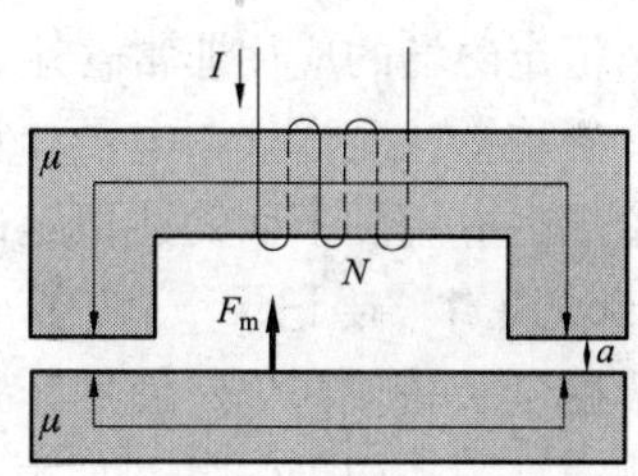

图 5－27　电磁铁的吸引力

【例 5－17】　如图 5－27 所示的电磁铁，电流为 I，线圈为 N 匝，气隙间隔为 a，截面积为 S。如果近似认为磁铁的磁导率为无限大，即为理想导磁体，求磁铁的吸引力。

解　近似认为磁铁为理想导磁体，则磁铁中磁场强度为零，磁场能量为零，气隙中的磁场为

$$H = \frac{NI}{2a}$$

气隙中的能量为

$$W_m = \int_V \left(\frac{1}{2}\mu_0 H^2\right) dV = \mu_0 \left(\frac{NI}{2a}\right)^2 aS = \frac{\mu_0 N^2 S I^2}{4a}$$

按照常电流系统，代入式（5－130），可求出电磁铁的吸引力

$$F = \frac{dW_m}{da} = -\frac{\mu_0 N^2 S I^2}{4a^2}$$

式中负号表示力的方向是沿气隙减小的方向，即表示磁场力是吸引力。

磁场能量也可以用磁链表示为

$$W_m = \mu_0 H^2 aS = \frac{(\mu_0 HS)^2 a}{\mu_0 S} = \frac{a\Psi^2}{\mu_0 S}$$

按照常磁链系统，代入式（5－131），也可以求出磁场力

$$F = -\frac{dW_m}{da}\bigg|_{\Psi=\text{const}} = -\frac{\Psi^2}{\mu_0 S} = -\frac{\mu_0 N^2 S I^2}{4a^2}$$

两种方法得出的结果一致。

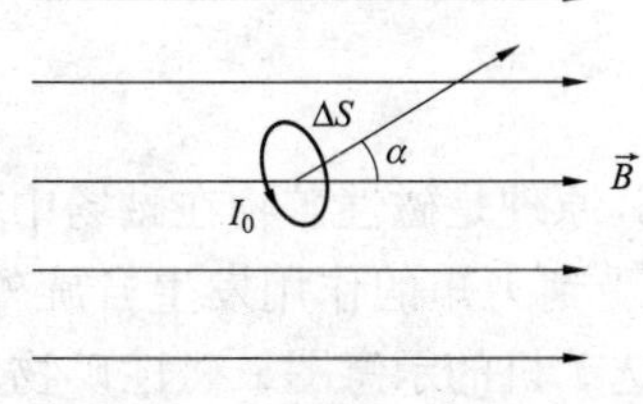

图 5－28　磁偶极子所受的转矩

【例 5－18】　计算图 5－28 中磁偶极子在外磁场 $\vec{B}$ 中所受的转矩。

解　在磁偶极子范围内，外磁场分量可视作均匀的；设其磁感应强度是 $\vec{B}$，磁偶极子 $\vec{m}$ 的磁矩方向与 $\vec{B}$ 的夹角为 α。

记磁偶极子与外磁场的互感磁链为 Ψ，则二者相互作用能等于

$$W_{\mathrm{mm}} = I_0\Psi = I_0 B\Delta S\cos\alpha$$

所求转矩

$$T = \left.\frac{\partial W_{\mathrm{mm}}}{\partial\alpha}\right|_{I=\mathrm{const}} = -BI_0\Delta S\sin\alpha = -Bm\sin\alpha$$

负号表示该力矩欲使 α 减少，向外磁场 $\vec{B}$ 方向旋转。用矢量表示为

$$\vec{T} = \vec{m}\times\vec{B}$$

与5.1节得到的转矩表达式完全一致。

5.13 恒定磁场的应用

恒定磁场的应用非常普遍，例如，发电机、电动机、电气仪表、电磁铁、示波管、显像管、磁控管、质谱仪、电子计算机、电子显微镜、回旋加速器以及磁悬浮技术等都离不开恒定磁场的应用。下面简述恒定磁场几个方面的应用。

5.13.1 磁记录

磁记录是现在仍然使用非常广泛的一种信息技术，它利用了铁磁材料的特性与电磁感应的规律。用来记录信息（如声音、图像或特殊信息）的铁磁材料常制成粉状而用粘接剂涂敷在特制的带、圆柱或圆盘的表面而称为磁带、磁鼓或磁盘。

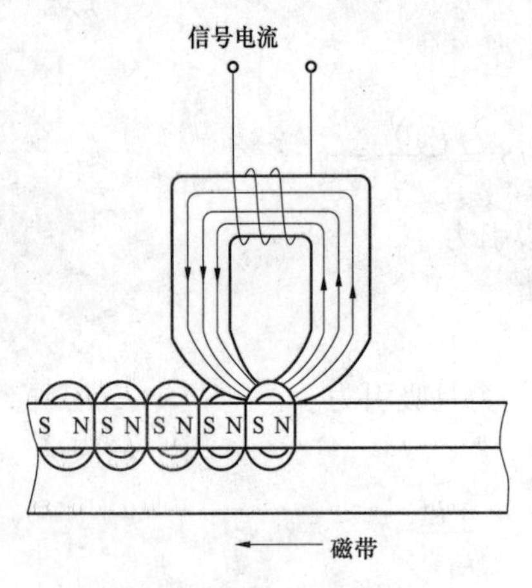

图5-29 磁录音原理

录音（或录像）需要一个录音磁头，它实际上是一个具有微小气隙的电磁铁（见图5-29）。录音时就使磁带靠近磁头的气隙走过。磁头的线圈内此时通入由声音或图像转化成的电信号，即强弱和频率都在改变着的电流。这个电流将使铁芯的磁化状态以及缝隙中的磁场发生同步的变化。这个变化着的磁场将使在附近经过的磁带上的磁粉的磁化状态发生同步变化，从而使磁粉离开磁头后，其剩磁的强弱变化相应于输入磁头的电流的变化，也就是相应于声音或图像信号的变化。这样就在磁带上记录下了声音或图像。

放音（或放像）时，就让已录了音（或像）的磁带在磁头的气隙下面通过。磁带上铁粉剩磁强弱的变化将引起铁芯内磁通的变化。这个变化将在线圈内产生同步变化的感应电流。很明显，只要此时磁带移动的速度和录音时磁带移动的速度相同，此时线圈中产生的感应电流的变化将和录音时输入的信号电流的变化相同。将此电流放大再经过电—声转换或电—像转换就可以得到原来记录的声音或图像。

5.13.2 磁力选矿

磁力选矿在矿山工业中用于分离磁性矿物和非磁性矿物。其原理是磁性矿物在磁场中被磁化后等效于一个磁偶极子，该磁偶极子在不均匀的磁场中除受到力矩的作用发生自旋外，还受到磁场力的作用产生吸附运动。图5-30所示为一台磁力选矿机的示意图，磁性矿物和非磁性矿物的混合物从进料斗进入后，非磁性矿物几乎没有受到磁场的作用力，在分离隔板

的左边就从转鼓上掉下。而磁性矿物受到磁场力的作用被吸附在转鼓上，转至无磁场区域才往下掉，从而达到分离的目的。

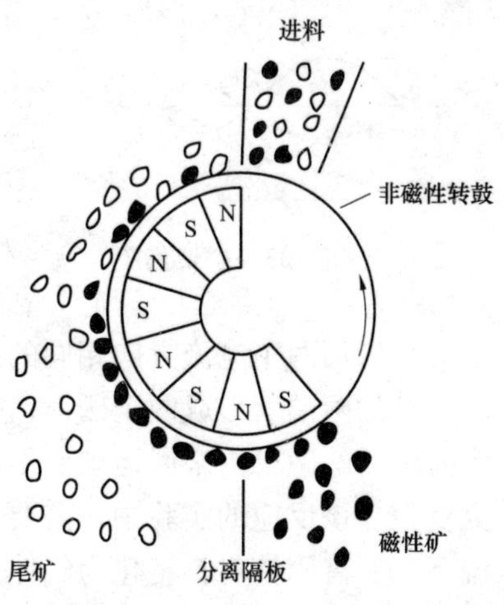

图 5－30 磁力选矿机示意图

5.13.3 磁粉探伤

磁粉探伤是磁力探伤的一种。它是利用磁场磁化钢铁工件所产生的漏磁来发现其中的缺陷。漏磁场形成的原因是由于空气的磁导率远远低于钢铁的磁导率，如果磁化了的钢铁工件上存在着缺陷，则磁感应线优先通过磁导率高的工件，这就迫使一部分磁感应线从缺陷下面通过，形成磁感应线的压缩。但是，这部分材料可容纳的磁感应线数目也是有限的，所以，一部分磁感应线继续其原来的路径，仍从缺陷中穿过，还有一部分磁感应线遵循折射定律几乎从钢材表面垂直地进入空间，绕过缺陷折回工件，形成了漏磁场。缺陷漏磁场可分解为水平分量和垂直分量，图 5－31 给出了缺陷漏磁场分布的水平分量［见图 5－31（a）］、垂直分量［见图 5－31（b）］和合成的漏磁场［见图 5－31（c）］。缺陷处产生的漏磁场是磁粉探伤的基础，磁粉探伤是通过磁粉的集聚来显示漏磁的。漏磁场对磁粉的吸引可看成是磁极的作用，图 5－32 所示为磁粉受漏磁场影响，漏磁场磁力作用在磁粉微粒上，其方向指向磁感应线最大密度区，即指向缺陷处。漏磁场的宽度要比缺陷的实际宽度大数倍至数十倍，所以磁痕能将缺陷放大，使之容易观察出来。

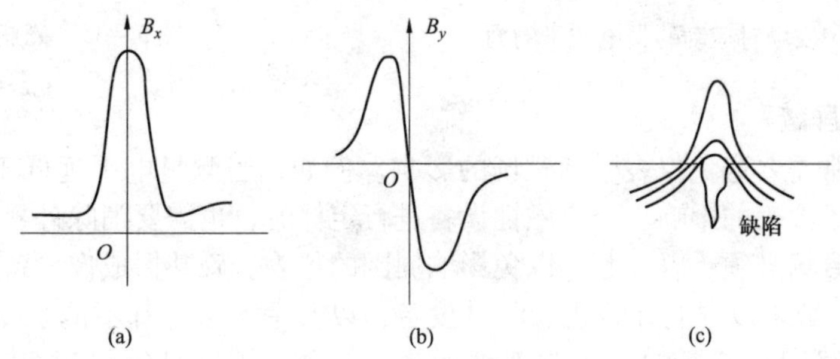

图 5－31 缺陷的漏磁场分布

（a）水平分量；（b）垂直分量；（c）合成的漏磁场

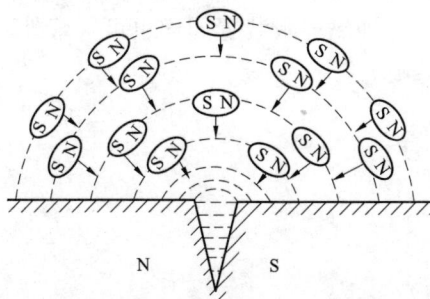

图 5－32 磁粉受漏磁场吸引

5.13.4 磁聚焦和磁约束

如果在均匀磁场中某点 A 处（见图 5－33）引入一发散角不太大的带电粒子束，其中粒子的速度又大致相同。则这些粒子沿磁场方向的分速度大小就几乎一样，因而其轨迹有几乎相同的螺距，这样，经过一个回旋周期后这些粒子将重新汇聚穿过另一点 A'。这种发散粒子束汇聚到一点的现象叫做磁聚焦，它广泛地应用于电真空器件中，特别是电子显微镜中。

在非均匀磁场中，速度方向和磁场不同的带

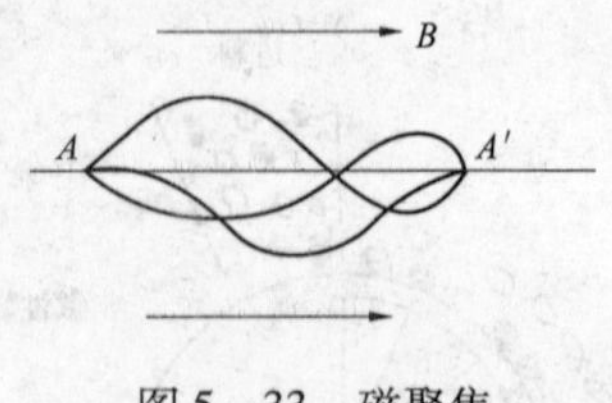

图 5－33　磁聚焦

电粒子也要做螺旋运动，但半径和螺距都将不断发生变化。特别是当粒子具有一分速度向磁场较强处螺旋前进时，它受到的磁场力有一个和前进方向相反的分量（见图 5－34）。这一分量有可能最终使粒子的前进速度减小到零，并继而沿反方向前进。强度逐渐增加的磁场能使粒子发生“反射”，因而把这种磁场分布叫做磁镜。

可以用两个电流方向相同的线圈产生一个中间弱两端强的磁场（见图 5－35）。这一磁场区域的两端就形成两个磁镜，平行于磁场方向的速度分量不太大的带电粒子将被约束在两个磁镜间的磁场内来回运动而不能逃脱。这种能约束带电粒子的磁场分布叫磁瓶。在现代研究受控热该反应的实验中，需要把很高温度的等离子体限制在一定空间区域内。在这样的高温下，所有固体材料将化为气体。上述磁约束就成了达到这种目的的常用方法之一。

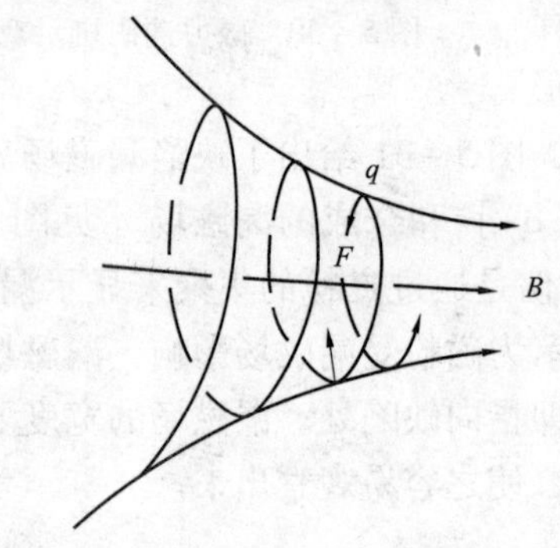

图 5－34　不均匀磁场对运动的带电粒子的力

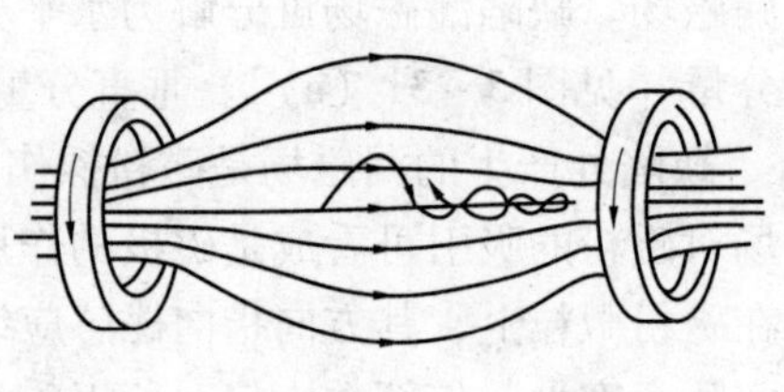
图 5－35　磁瓶

5.13.5　磁屏蔽

实际中，通常需要避免仪表受到磁场的影响。例如，当测量电平远低于地球的磁场时，即需防止地磁对于仪表的影响。一个磁性设备进行定标时，也需要消除外界磁场的影响。由电磁铁产生的强磁场必须予以屏蔽，以免影响周围的仪表。磁共振成像设备中的磁铁产生的磁场可达 1～3T，数米以内的计算机、测试设备，以及手术医生都不能承受这样强的磁场。这样强的磁感应强度也将影响心脏起搏器的正常工作。擦除计算机磁盘所需的磁场仅为 0.008T，因此磁盘靠近磁共振成像设备时将会受到影响。人脑产生的磁场略小于地磁。因此，对于产生强磁场的设备必须进行隔离，其方法就是磁屏蔽。一种最简单的磁屏蔽方法是提供一个低磁阻的路径，将磁场引至被屏蔽的区域之外。磁屏蔽装置可以相当大，例如一个安装磁共振成像设备的 4m×4m×2.5m 房间，如果在四周墙壁、天花板及地板中插入厚度为 55mm 的铁板，那么磁屏蔽装置的总质量将达 28t。这种磁屏蔽装置同样也可屏蔽外面磁场对于内部的影响。

5.14　小　　结

5.14.1　磁感应强度

安培力定律

$$\vec{F} = \frac{\mu_0}{4\pi}\oint_l\oint_{l'} \frac{I\mathrm{d}\vec{l} \times (I'\mathrm{d}\vec{l}' \times \vec{R})}{R^2}$$

式中：$\vec{R}=\vec{r}-\vec{r}'$。

毕萨定律

$$\vec{B}=\frac{\mu_0}{4\pi}\oint_{l'}\frac{I'\mathrm{d}\vec{l}'\times\vec{e}_R}{R^2}$$

磁通量

$$\Phi=\int_S\vec{B}\cdot\mathrm{d}\vec{S}$$

磁场力

$$\vec{F}=\oint_l I\mathrm{d}\vec{l}\times\vec{B}$$

转矩方程

$$\vec{T}=\vec{m}\times\vec{B}$$

5.14.2 矢量磁位

矢量磁位

$$\vec{A}(r)=\frac{\mu_0}{4\pi}\int_{V'}\frac{\vec{J}(r')}{R}\mathrm{d}V'$$

磁通量

$$\Phi=\oint_l\vec{A}\cdot\mathrm{d}\vec{l}$$

库仑规范

$$\nabla\cdot\vec{A}=0$$

矢量磁位的泊松方程

$$\nabla^2\vec{A}=-\mu_0\vec{J}$$

5.14.3 真空中的恒定磁场方程

磁通连续性方程

$$\oint_S\vec{B}\cdot\mathrm{d}S=0\ （积分形式）$$

$$\nabla\cdot\vec{B}=0\ （微分形式）$$

真空中的安培环路定律

$$\oint_l\vec{B}\cdot\mathrm{d}\vec{l}=\mu_0 I\ （积分形式）$$

$$\nabla\times\vec{B}=\mu_0\vec{J}\ （微分形式）$$

若真空中电流分布对称，则可以利用安培环路定律来求解磁感应强度。

5.14.4 媒质的磁化

磁化强度表示媒质中单位体积内所有磁矩的矢量和，即

$$\vec{M}=\lim_{\Delta V\to 0}\frac{\sum\vec{m}_i}{\Delta V}$$

磁化体电流密度

$$\vec{J}' = \nabla' \times \vec{M}$$

磁化面电流密度

$$\vec{J}'_S = \vec{M} \times \vec{e}_n$$

磁化电流强度

$$I' = \oint_l \vec{M} \cdot d\vec{l}$$

5.14.5 媒质中的恒定磁场方程

磁场强度

$$\vec{H} = \frac{\vec{B}}{\mu_0} - \vec{M}$$

媒质中的磁通连续性方程

$$\oint_S \vec{B} \cdot d\vec{S} = 0 \text{（积分形式）}$$

$$\nabla \cdot \vec{B} = 0 \text{（微分形式）}$$

媒质中的安培环路定律

$$\oint_l \vec{H} \cdot d\vec{l} = I \text{（积分形式）}$$

$$\nabla \times \vec{H} = \vec{J} \text{（微分形式）}$$

若电流分布和媒质分布对称，则可以利用安培环路定律来求解磁场强度。

磁化强度与磁场强度的关系

$$\vec{M} = \chi_m \vec{H}$$

磁感应强度和磁场强度的关系

$$\vec{B} = \mu \vec{H}$$

5.14.6 恒定磁场的边界条件

法向磁感应强度连续

$$\vec{e}_n \cdot (\vec{B}_1 - \vec{B}_2) = 0$$

$$B_{1n} = B_{2n}$$

切向磁场强度连续与否取决于分界面上的自由电流密度

$$\vec{e}_n \times (\vec{H}_1 - \vec{H}_2) = \vec{J}_S$$

$$H_{1t} - H_{2t} = J_S$$

5.14.7 标量磁位

标量磁位 φ_m 只有在没有电流分布的区域（$\vec{J}=0$）内才存在

$$\vec{H} = -\nabla \varphi_m$$

磁压（磁位降）

$$U_{mAB} = \int_A^B \vec{H} \cdot d\vec{l} = -\int_{\varphi_{mA}}^{\varphi_{mB}} d\varphi_m = \varphi_{mA} - \varphi_{mB}$$

为确保磁压的单值性，规定积分路径不准穿过回路所限定的面，即所谓磁屏障面。

在无源的均匀磁性媒质中，φ_m 满足拉普拉斯方程，即

$$\nabla^2 \varphi_m = 0$$

5.14.8 磁路

磁阻

$$R_m = \frac{L}{\mu A}$$

磁路中的欧姆定律

$$\Phi R_m = V_m$$

如果磁路由 n 段材料组成，则

$$\sum_{i=1}^{n} \Phi_i R_{mi} = V_m$$

对于线性磁路，可以用等效回路即磁阻法来计算，已知磁动势 V_m 来计算磁通，或者已知磁通求解磁动势 V_m。

对于非线性磁路，已知磁通，可以计算各段磁通的磁感应强度，通过查 B—H 曲线进而求得各段的磁场强度，得到各段的磁动势 V_m，最后求得总的磁动势 V_m。如果是已知磁动势 V_m 可以通过迭代法求磁通。

5.14.9 电磁感应定律

法拉第定律

$$e = -N\frac{\mathrm{d}\Phi}{\mathrm{d}t} = -\frac{\mathrm{d}\Psi}{\mathrm{d}t}$$

运动电动势

$$e_m = \oint_l (\vec{v} \times \vec{B}) \cdot \mathrm{d}\vec{l}$$

变压器电动势

$$e_t = -\int_S \frac{\partial \vec{B}}{\partial t} \cdot \mathrm{d}\vec{S}$$

总电动势

$$e = e_t + e_m$$

感应电场

$$\nabla \times \vec{E} = -\frac{\partial \vec{B}}{\partial t} + \nabla \times (\vec{v} \times \vec{B})$$

对于静止回路

$$e = \oint_l \vec{E} \cdot \mathrm{d}\vec{l} = -\int_S \frac{\partial \vec{B}}{\partial t} \cdot \mathrm{d}\vec{S}$$

其微分形式为

$$\nabla \times \vec{E} = -\frac{\partial \vec{B}}{\partial t}$$

说明时变磁场产生电场。这是麦克斯韦方程组中的一个重要方程。

5.14.10 电感

回路自感

$$L = \frac{\Psi}{I} = \frac{N\Phi}{I}$$

回路1、回路2的互感

$$M_{21} = \frac{\Psi_{21}}{I_1}$$

在线性均匀媒质中，$M_{12} = M_{21}$。

5.14.11 磁场能量

单个回路的能量

$$W_{\mathrm{m}} = \frac{1}{2}LI^2$$

用磁链表示为

$$W_{\mathrm{m}} = \frac{1}{2}\Psi I$$

多个回路的磁场能量

$$W_{\mathrm{m}} = \sum_{j=1}^{N} \frac{1}{2} I_j \Psi_j$$

以体分布电流表示的磁场能量为

$$W_{\mathrm{m}} = \frac{1}{2}\int_V \vec{A} \cdot \vec{J} \mathrm{d}V$$

磁场能量密度

$$w_{\mathrm{m}} = \frac{1}{2}\vec{B} \cdot \vec{H}$$

5.14.12 磁场力

常电流系统

$$F = \left.\frac{\partial W_{\mathrm{m}}}{\partial l}\right|_{I=\mathrm{const}}$$

常磁链系统

$$F = -\left.\frac{\partial W_{\mathrm{m}}}{\partial l}\right|_{\Psi=\mathrm{const}}$$

思　考　题

5－1　一个电流元对另一个电流元的磁场力的方向与电流方向及位置矢量有什么关系？

5－2　磁感应强度是怎么定义的？电流元在空间一点产生的磁感应强度与电流、电流的方向以及距离各有什么关系？

5－3　一个带电粒子在电场中运动，动能会改变，但当它在磁场中运动时，动能却不变，为什么？

5－4　恒定磁场是否可以用标量场来表示？为什么？

5－5　试比较磁偶极子的磁场强度与电偶极子的电场强度。

5－6　磁矢位是什么类型的矢量场？

5－7　为什么要通过磁矢位计算磁场？

5－8　安培环路定律和磁通连续性原理各有什么意义？

5－9　恒定磁场有什么性质？

5－10　为什么磁力线是无头无尾的？有没有单个的N极或者单个的S极存在？

5－11　在什么条件下可以利用安培环路定律计算磁场？

5－12　什么是媒质磁化？为什么媒质会磁化？

5－13　什么是磁化电流？什么是磁化强度？它们之间有什么关系？

5－14　媒质磁化后，为什么会出现磁化电流？

5－15　什么情况下，磁化媒质中的磁化体电流密度为零？在什么情况下，磁化媒质表面上的磁化面电流密度为零？

5－16　磁化电流和传导电流产生的磁场有没有区别？为什么？

5－17　媒质磁性用哪个量表示？分别说出什么是均匀与非均匀磁媒质、线性与非线性磁媒质、各向同性与各向异性磁媒质。

5－18　公式 $\vec{B}=\mu\vec{H}$ 在哪种情况下不成立？在这种情况下 $\vec{B}$ 和 $\vec{H}$ 满足什么关系？

5－19　按磁性不同，媒质分为哪几种类型？各有什么特点？

5－20　$\vec{B}$ 和 $\vec{H}$ 的源相同吗？磁化电流对 $\vec{H}$ 有没有影响？

5－21　均匀媒质中的磁场方程与真空中的磁场方程有什么区别？

5－22　媒质边界两边的磁场强度满足什么关系？磁感应强度满足什么关系？

5－23　为什么媒质边界两边磁感应强度的切向分量不连续？

5－24　如何计算媒质边界上的磁化电流面密度？

5－25　理想导磁体表面的边界条件是什么？

5－26　磁标位存在的条件是什么？

5－27　磁标位与静电场电位有什么区别？磁压与电压呢？

5－28　一闭合回路上的感应电动势和磁通有什么关系？

5－29　如何判断感应电动势的方向？

5－30　用法拉第电磁感应定律解释霍尔效应。

5－31　自感是大于零的，互感也大于零吗？为什么？

5－32　什么是磁链？磁链和电感有什么关系？

5－33　电感的物理意义是什么？

5－34　如何计算自感和互感？

5－35　怎样才能保证互感大于零？

5－36　导线回路的磁场能量与回路的磁链有什么关系？

5－37　磁场能量密度和磁场强度有什么关系？

5－38　两个导线回路的磁场能量为 $W_{\mathrm{m}}=\frac{1}{2}\Psi_1 I_1+\frac{1}{2}\Psi_2 I_2$，因此说磁场能量满足叠加原理，这个说法对吗？为什么？

5－39　在什么情况下采用常电流系统公式求力？在什么情况下采用常磁链系统公式求力？

5－40　用虚位移方法求力时，力的方向怎么确定？

习　题

5－1　真空中边长为 a 的正三角形导线回路，电流为 I，求回路中心的磁场。

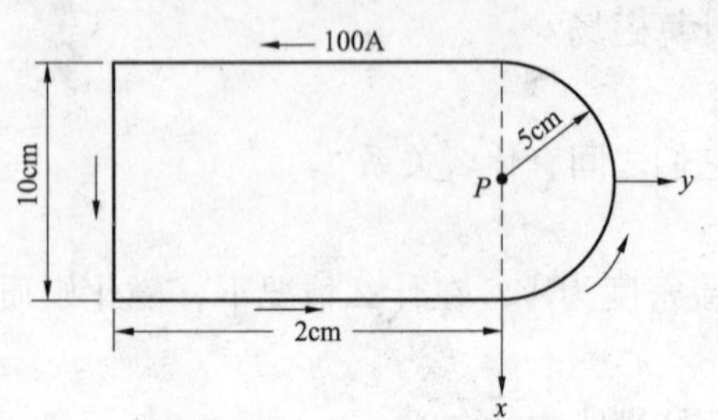

图 5－36　题 5－2 图

5－2　求图 5－36 中 P 点的磁感应强度。

5－3　在氢原子中，电子绕半径为 5.3×15^{-11}m 的圆轨道运动，速度为 2200m/s，求圆轨道圆心处的磁场。

5－4　半径为 a 的均匀带电圆盘的电荷面密度为 ρ_S，若圆盘绕其轴线以角速度 ω 旋转，试求轴线上任一点的磁感应强度。

5－5　已知电流环半径为 a，电流为 I，电流环位于 $z=0$ 平面，如图 5－37 所示。试求 $P(0,0,h)$ 点处的磁感应强度。

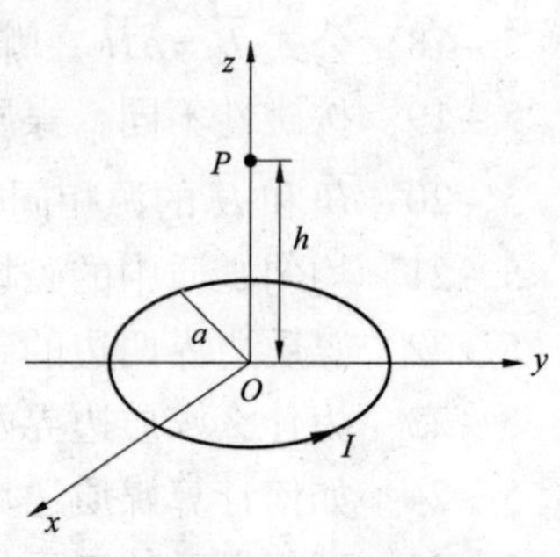

图 5－37　题 5－5 图

5－6　已知 N 边正多边形的外接圆半径为 a，当通过的电流为 I 时，试证多边形中心的磁感应强度为

$$\vec{B}=\vec{e}_n\frac{\mu_0 NI}{2\pi a}\tan\frac{\pi}{N}$$

5－7　一个半径为 b、长度为 L 的圆柱体，由极细的导线密绕 N 匝。若导线中电流为 I，求在圆柱体轴线上任一点的磁感应强度。在圆柱中心的磁感应强度是多少？并求出在圆柱轴线末端的 B 的表达式。

5－8　电量为 50nC 的点电荷，在磁场 $\vec{B}=1.2\vec{e}_z$T 中运动，经过点（3，4，5）时速度为 $500\vec{e}_x+2000\vec{e}_y$(m/s)，求电荷在该点所受的磁场力。

5－9　如图 5－38 所示一个在 xy 平面上的弯曲线，通过 20A 电流。在这区域内的磁场为 $\vec{B}=1.25\vec{e}_z$T。求导线所受的力。

5－10　一根长度为 1.2m、质量为 500g 的金属棒，用一对有弹性的引线悬挂在 0.9T 的磁场中，如图 5－39 所示。求克服悬挂引线张力所需的电流值。电流应为什么方向？

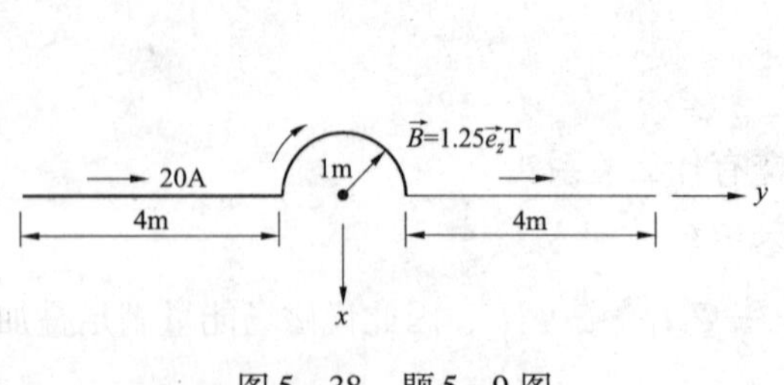

图 5－38　题 5－9 图

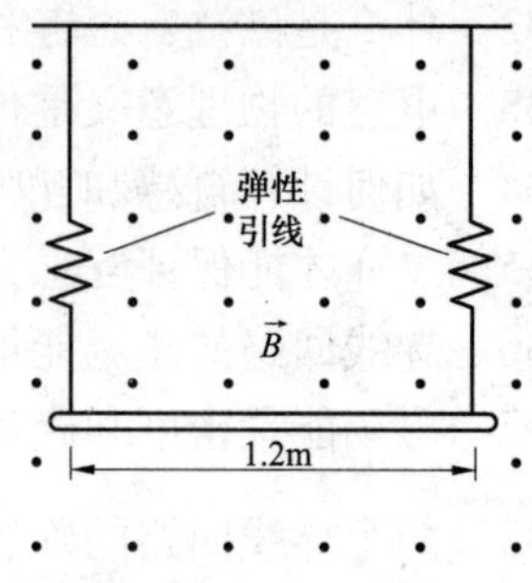

图 5－39　题 5－10 图

5－11　每边长为 10cm 的 1200 匝的正方形线圈，载有 25A 的电流。计算它在 1.2T 磁场内，由 $\varphi=0°$ 至 $\varphi=180°$ 旋转所需做的功。此处 φ 为磁偶极子与磁场的夹角。

5－12　当磁矩为 $25\text{A}\cdot\text{m}^2$ 的磁针位于磁感应强度为 $B=2$T 的均匀磁场中，试求磁针所受的最大转矩。

5-13　真空中边长为 a 的正方形导线回路，电流为 I，求回路中心的矢量磁位。

5-14　两根平行直导线，每根长 10m，载有大小相等方向相反的 10A 电流。导线距离为 2m，如图 5-40 所示。试计算在点 P（3，4，0）处的矢量磁位和磁感应强度。

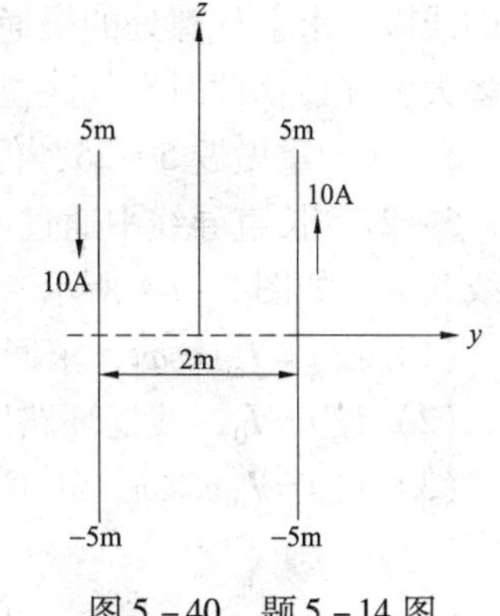

图 5-40　题 5-14 图

5-15　已知无限长导体圆柱半径为 a，通过的电流为 I，且电流均匀分布，试求柱内、外的磁感应强度。

5-16　在真空中，一个非常长、半径为 10cm 的圆柱体，其电流密度为 $\vec{J}=200\mathrm{e}^{-0.5r}\vec{e}_z(\mathrm{A/m^2})$。试计算在空间任一点的磁感应强度。

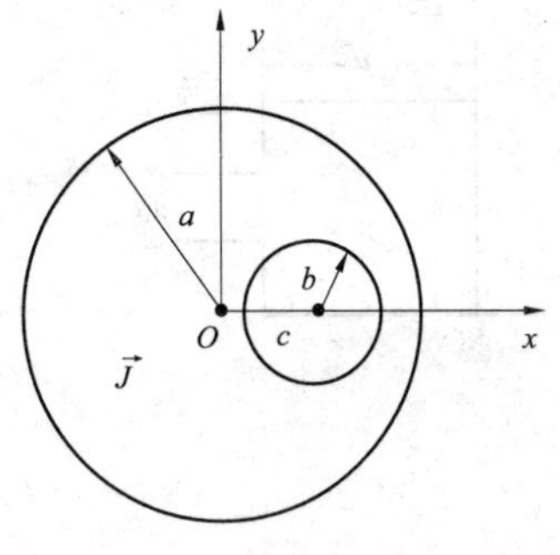

图 5-41　题 5-17 图

5-17　已知无限长导体圆柱半径为 a，其内部有一圆柱形空腔，半径为 b，导体圆柱的轴线与圆柱形空腔的轴线相距为 c，如图 5-41 所示。若导体中均匀分布的电流密度为 $\vec{J}=J_0\vec{e}_z$，试求空腔中的磁感应强度。

5-18　已知真空中位于 $y=0$ 的平面内有面电流 $\vec{J}_S=\vec{e}_zJ_{S0}$，试求空间任一点的磁感应强度。

5-19　一块半径为 a、长为 l 的圆柱形导磁体沿轴向均匀磁化，磁化强度为 $\vec{M}=M_0\vec{e}_z$，试求磁化电流及磁化电流在轴线上产生的磁感应强度。

5-20　在某种媒质中，当 $H=300\mathrm{A/m}$，$B=1.2\mathrm{T}$；当 H 增加到 1500A/m 时，B 增加到 1.5T。试求对应的磁化强度的变化值。

5-21　一铁磁性环，内半径为 30cm，外半径为 40cm，截面为矩形，高为 5cm，相对磁导率为 500，均匀绕线 1000 匝，通以 1A 的电流。分别计算磁芯中的最大和最小磁感应强度，以及穿过磁芯截面的磁通量。

5-22　在 $z>0$ 的区域 1 为真空，其磁感应强度为 $\vec{B}=1.5\vec{e}_x+0.8\vec{e}_y+0.6\vec{e}_z(\mathrm{mT})$。$z<0$ 的区域 2 的相对磁导率为 100。若 $z=0$ 的分界面上无自由电流，试求：

（1）区域 2 的磁感应强度；

（2）每个区域的磁化强度和分界面上的磁化电流密度。

5-23　$z=0$ 的两种媒质的分界面上有面电流 $\vec{J}_S=12\vec{e}_y(\mathrm{kA/m})$。$z>0$ 的媒质 2 的相对磁导率为 200，其中磁场强度 $\vec{H}_2=40\vec{e}_x+50\vec{e}_y+12\vec{e}_z(\mathrm{kA/m})$。$z<0$ 的媒质 1 的相对磁导率为 1000，试求媒质 1 中磁场强度。

5-24　图 5-42 所示为一串联磁路，其磁性材料的相对磁导率为 2000。图上尺寸均以 cm 为单位，磁路厚度均为 2。若对 1000 匝线圈通以 0.2A 的电流，求磁路中的磁通量。

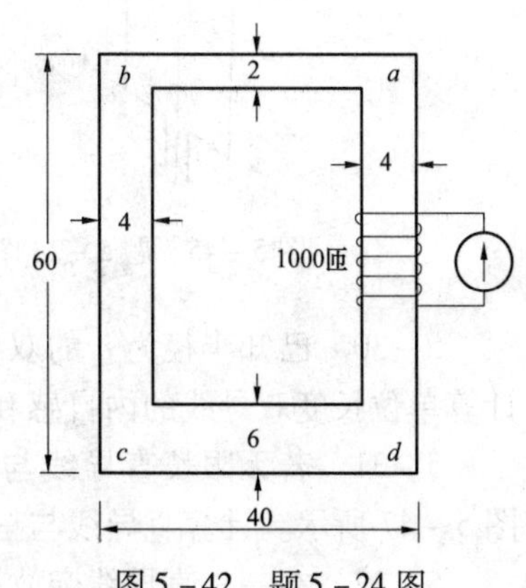

图 5-42　题 5-24 图

5-25　图 5-43 所示为一磁性材料和空气隙组成的串联磁路，其中磁性材料的相对磁导率为 500。其所有尺寸以 cm 为单位，磁路的厚度均为 6。若将 0.8A 的电流通入 500

匝的线圈，求空气隙处的磁通。若要在空气隙处维持 1.44mWb 的磁通，求线圈中的电流需为多大？并计算此时空气磁位降与外加磁动势的比值。

5-26　重做题 5-25，但对磁性材料用图 5-17 所示的 B—H 曲线。

5-27　长直导线中通过电流 i，一矩形导线框置于其近旁，两边与直导线平行，且与直导线共面，如图 5-44 所示。

（1）设 $i=I_m\cos\omega t$，求回路中的感应电动势。

（2）设 $i=I_0$，线框环路以速度 v_0 向右平移，求感应电动势。

（3）设 $i=I_m\cos\omega t$，线框环路以速度 v_0 向右平移，求感应电动势。

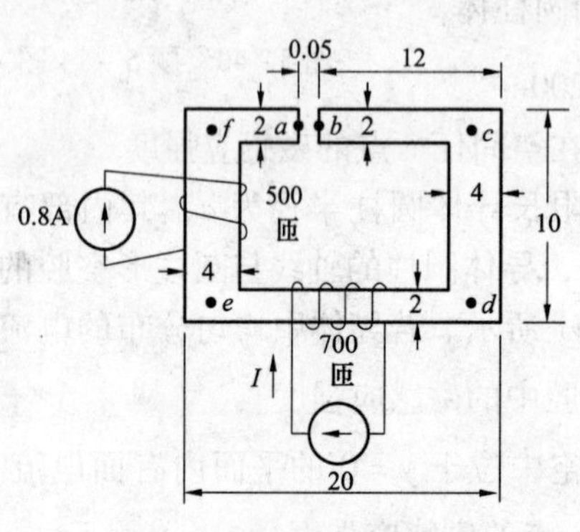

图 5-43　题 5-25 图

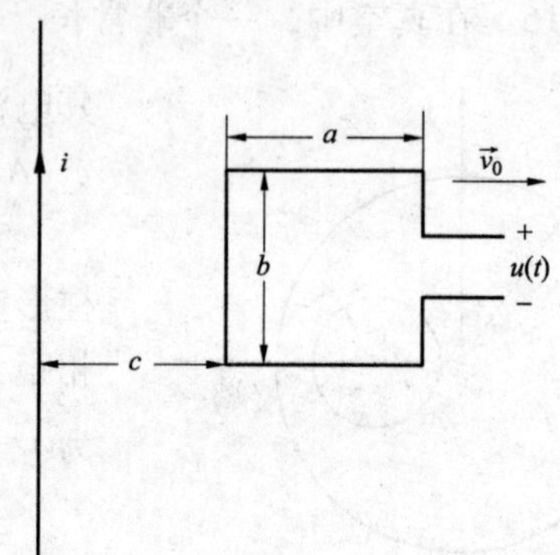

图 5-44　题 5-27 图

5-28　一个面积为 $a\times b$ 的矩形导线框位于磁场 $\vec{B}=\vec{e}_yB_y$ 中，如图 5-45 所示。若线框以角速度 ω 绕其轴匀速旋转，在 $t=0$ 时刻线框平面与 $y=0$ 平面重合，试求当 $B_y=B_0$ 和 $B_y=B_0\cos\omega t$ 时线框中的感应电动势。

5-29　一横截面为正方形的环状铁芯上开有一空气隙，长度 $\delta=1\text{mm}$，铁芯内半径 $a=8\text{cm}$，横截面边长 $b=2\text{cm}$，相对磁导率 $\mu_r=500$。铁芯上均匀紧密绕有线圈 1000 匝，如图 5-46 所示。忽略气隙附近的漏磁通，求此线圈的自感。

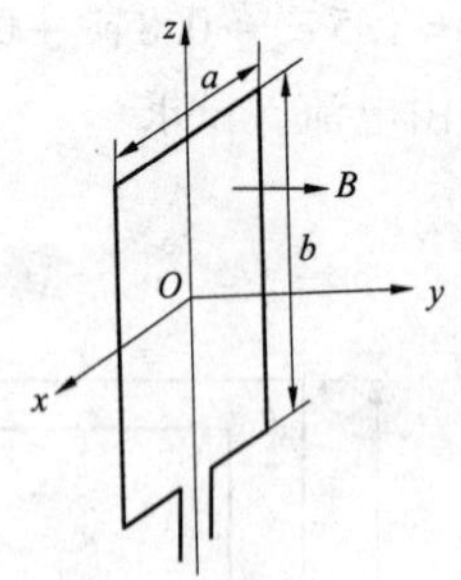

图 5-45　题 5-28 图

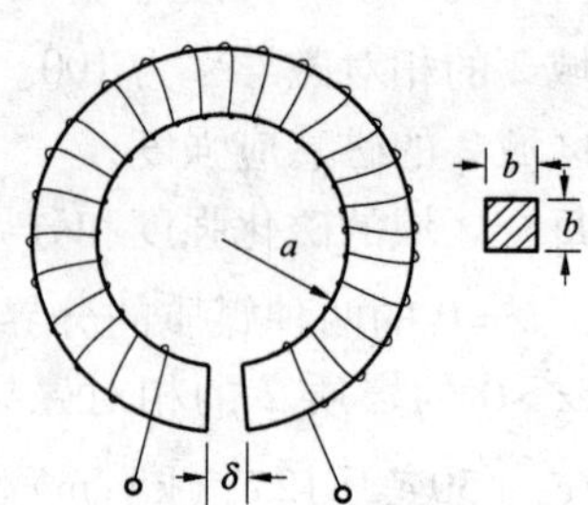

图 5-46　题 5-29 图

5-30　已知半径为 a 的双导线的中心距为 D，并且 $D\gg a$，双导线中的电流 $I_1=-I_2$，计算单位长度双导线的内自感和外自感。

5-31　若无限长直导线与边长为 a 的等边三角形线框平行放置，电流的流动方向如图 5-47 所示。计算直导线与三角形线框之间的互感。

5-32　在一长直导线旁放一矩形导线框，线框绕其轴线偏转一角度 α，如图 5-48 所示。求长直导线与矩形框导线之间的互感，并在图上画出互感为正时的电流方向。

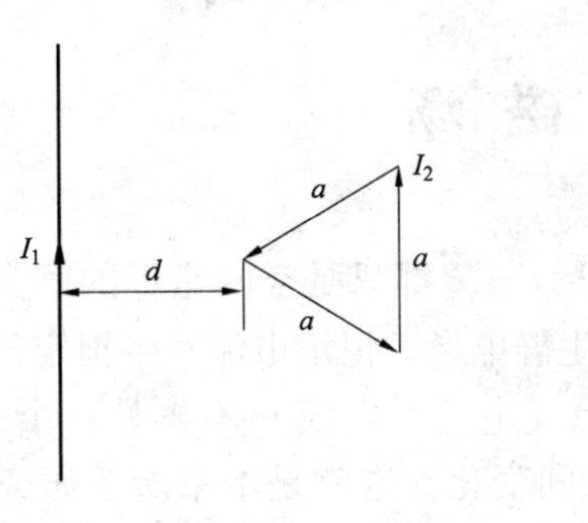

图 5-47 题 5-31 图

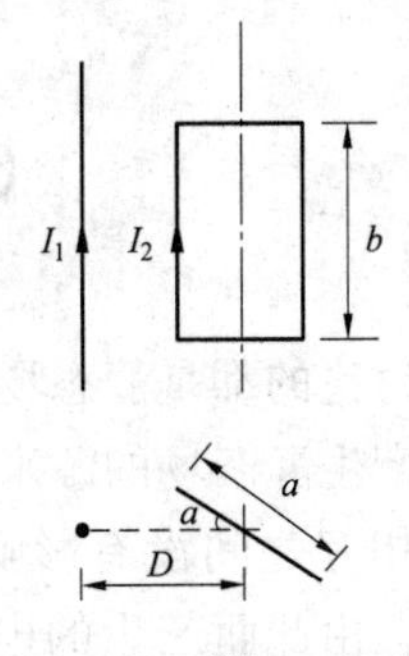

图 5-48 题 5-32 图

5-33 如图 5-49 所示两同轴导体壳，电流为 I 和 $-I$，求系统中单位长度导体壳所储存的磁场能量及自感。

5-34 如图 5-50 所示长螺线管线圈，长度为 l，导线匝数为 N，通过电流 I。一长圆柱铁芯插入其中一部分，铁芯的相对磁导率为 μ_r，截面积为 S。求作用在铁芯上的沿轴线方向的作用力。

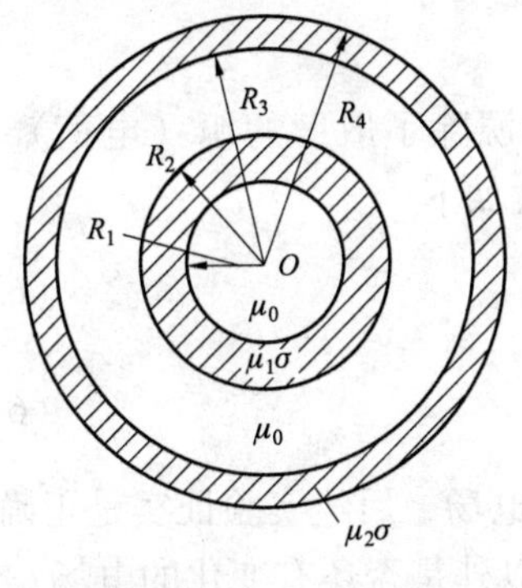

图 5-49 题 5-33 图

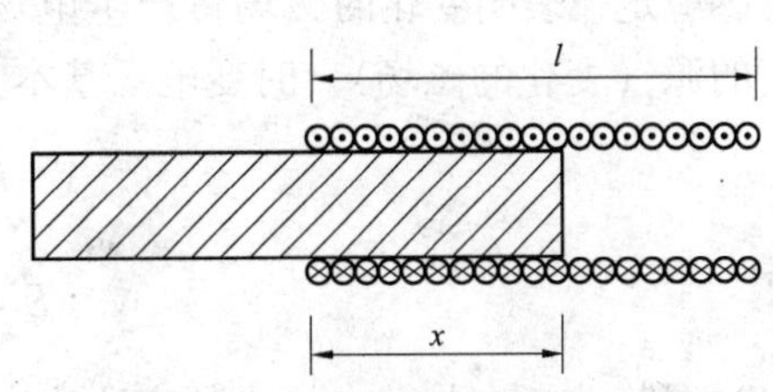

图 5-50 题 5-34 图

5-35 如图 5-51 所示无限大铁磁性物质表面附近的空气中有一与该表面距离 $h=20\text{cm}$ 的长直载流导线，其中电流为 $I=1000\text{A}$。已知铁磁性物质的磁导率为 $\mu_2=100\mu_0$，求单位长度导线受到的力。

5-36 如图 5-52 所示两长导线中的电流为 I_1，矩形导线框中的电流为 I_2。用虚位移法求：

（1）I_1 对导线框每一边的作用力。

（2）I_1 对导线框的总作用力。

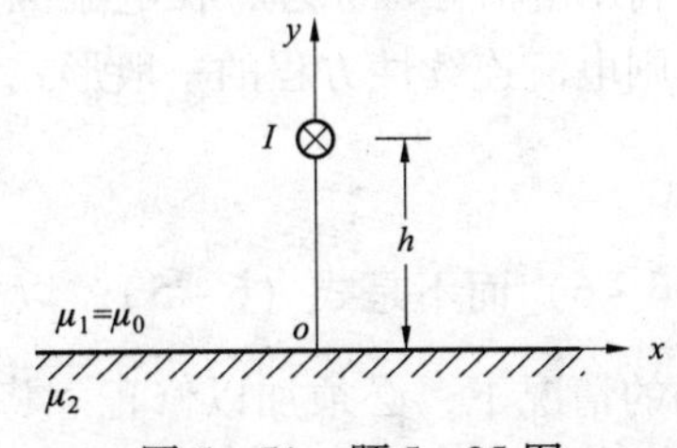

图 5-51 题 5-35 图

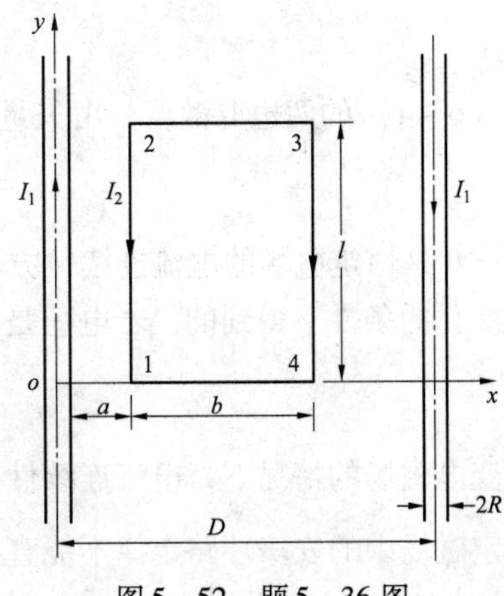

图 5-52 题 5-36 图

6 时变电磁场

前面几章讨论的都是静态场，所研究的基本场量$\vec{E}$、$\vec{B}$都只是空间坐标的函数，与时间坐标无关。对产生静态场的源来说，静止的电荷产生静电场，恒定电流产生恒定磁场。静电场与恒定磁场相互之间没有影响。如果产生场的源（电荷和电流）不再是一个恒定的量，而随时间变化，由此而产生的电场和磁场也将随时间变化，这就是本章所要研究的时变电磁场。

在时变电磁场中，电场与磁场不仅是空间坐标的函数，同时也是时间坐标的函数。电场与磁场相互影响、互为因果。变化的磁场产生电场，变化的电场产生磁场，电场与磁场相互依存，构成统一的电磁场。本章重点介绍描述时变电磁场基本性质的麦克斯韦方程、能量守恒关系、位函数以及正弦时变电磁场的各种表达式。

6.1 位 移 电 流

电磁感应定律表明变化的磁场将产生电场，产生电场的源除了散度的源（电荷）以外还有旋度的源（变化的磁场）。时变电场基本方程的微分形式如下

$$\nabla\cdot\vec{D}=\rho \tag{6-1}$$

$$\nabla\times\vec{E}=-\frac{\partial\vec{B}}{\partial t} \tag{6-2}$$

式（6-1）是麦克斯韦将静电场中的表达式直接推广到时变电场，后经实验证实是正确的。

对时变磁场来说产生磁场的源除了传导电流及运流电流以外是否还有变化的电场？恒定磁场中的安培环路定律能否直接推广到时变场是本节要讨论的主要问题。

恒定磁场的基本方程重写如下

$$\nabla\cdot\vec{B}=0 \tag{6-3}$$

$$\nabla\times\vec{H}=\vec{J} \tag{6-4}$$

对式（6-4）的两边取散度，由矢量恒等式$\nabla\cdot\nabla\times\vec{H}\equiv 0$，得到

$$\nabla\cdot\nabla\times\vec{H}=\nabla\cdot\vec{J}\equiv 0 \tag{6-5}$$

$\nabla\cdot\vec{J}=0$是恒定电场的电流连续性方程。这个方程是利用电荷守恒原理，在电流恒定且不随时间变化的条件下得到的。若电荷是随时间变化的，则电流连续性方程的一般形式为

$$\nabla\cdot\vec{J}=-\frac{\partial\rho}{\partial t} \tag{6-6}$$

在时变电磁场的情况下，电流连续性方程应满足式（6-6）而不是式（6-5）。以上分析说明恒定磁场中的安培环路定律不能直接应用到时变场的情况下，必须加以修正。将$\nabla\cdot\vec{D}=\rho$代入式（6-6），得到

$$\nabla\cdot\vec{J}=-\frac{\partial(\nabla\cdot\vec{D})}{\partial t}=-\nabla\cdot\frac{\partial\vec{D}}{\partial t}$$

经整理，得

$$\nabla\cdot\left(\vec{J}+\frac{\partial\vec{D}}{\partial t}\right)=0 \tag{6-7}$$

令 $\vec{J}_{\mathrm{D}}=\frac{\partial\vec{D}}{\partial t}$，$\vec{J}_{\mathrm{D}}$ 具有电流的量纲（$\mathrm{A/m^2}$），称为位移电流密度。$\vec{J}_{\mathrm{D}}$ 的面积分 $\int_S\vec{J}_{\mathrm{D}}\cdot\mathrm{d}\vec{S}$ 称为位移电流 I_{D}。

若将式（6-4）中的 $\vec{J}$ 用 $\vec{J}+\frac{\partial\vec{D}}{\partial t}$ 代替，恒定磁场安培环路定律就可以应用到时变电磁场中，也满足电流连续性方程，得到

$$\nabla\times\vec{H}=\vec{J}+\frac{\partial\vec{D}}{\partial t} \tag{6-8}$$

式（6-8）称为全电流定律。全电流定律表明，产生磁场的源除了传导电流（以及运流电流）以外，变化的电场也将产生磁场。对场中的某一点来说传导电流和运流电流不可能同时存在，式（6-8）中的 $\vec{J}$ 为传导电流 $\vec{J}_{\mathrm{C}}$ 或运流电流 $\vec{J}_{\mathrm{V}}$。若考虑某一范围内的场，完整的全电流定律的积分形式为

$$\oint_C\vec{H}\cdot\mathrm{d}\vec{l}=\int_S\vec{J}_{\mathrm{C}}\cdot\mathrm{d}\vec{S}+\int_S\vec{J}_{\mathrm{D}}\cdot\mathrm{d}\vec{S}+\int_S\vec{J}_{\mathrm{V}}\cdot\mathrm{d}\vec{S} \tag{6-9}$$

应该指出的是位移电流指的是电位移的变化率，反映的是电场的变化，不是一种电荷运动的情况，虽然它具有电流的量纲，但并不是真正的电流，通常将传导电流和运流电流称为真实电流。在时变电场中，电场变化越快，产生的位移电流密度也越大。在电导率较低的媒质中，位移电流密度有可能大于传导电流密度。但是，在良导体中传导电流占主导地位，而位移电流可以忽略不计。虽然位移电流无法由实验测量，但位移电流的假设是麦克斯韦的重大贡献之一，根据这一假设而推导出来的麦克斯韦方程已为大量的实践所证明，电磁波的存在和传播就是大家熟悉的事实。

【例6-1】 电路如图6-1所示，一平行板电容器，其极板面积为 A，电容量为 C，两极板间距离为 d，接交流电源 $u=U_{\mathrm{m}}\sin\omega t$（$\omega$ 很小，可作稳态场处理），试证明位移电流等于导线中的传导电流。

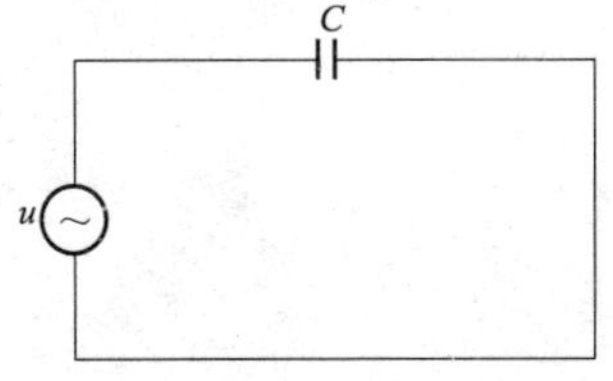

图6-1 ［例6-1］图

解 设电容器极板间的电位移矢量为 $\vec{D}$，则电容器中的位移电流为

$$\vec{I}_{\mathrm{D}}=\int_S\vec{J}_{\mathrm{D}}\cdot\mathrm{d}\vec{S}=\int_S\frac{\partial\vec{D}}{\partial t}\cdot\mathrm{d}\vec{S}=\frac{\partial D}{\partial t}\cdot A=\frac{\partial\varepsilon_0E}{\partial t}\cdot A=A\varepsilon_0\frac{\omega U_{\mathrm{m}}\cos\omega t}{d}$$

电容器的充电电流 $I=C\frac{\mathrm{d}u}{\mathrm{d}t}$，其中 $C=\frac{\varepsilon_0A}{d}$，则

$$I=\frac{\varepsilon_0A}{d}\omega U_{\mathrm{m}}\cos\omega t$$

可得 $$I = I_D$$

从本例可看出，传导电流在电容器处断开了，整个回路的电流连续通过电容器中的位移电流来实现。

【例 6-2】 已知自由空间中 $\vec{H} = \vec{e}_y H_0 \sin\theta$（A/m），其中 $\theta = \omega t - \beta z$，$H_0$ 和 β 为常数。求空间中的位移电流密度及电场强度。

解 在自由空间中传导电流为零，根据全电流定律

$$\nabla \times \vec{H} = \frac{\partial \vec{D}}{\partial t} = \begin{vmatrix} \vec{e}_x & \vec{e}_y & \vec{e}_z \\ \frac{\partial}{\partial x} & \frac{\partial}{\partial y} & \frac{\partial}{\partial z} \\ 0 & H_0 \sin\theta & 0 \end{vmatrix} = \vec{e}_x\left(-\frac{\partial H_0 \sin\theta}{\partial z}\right) + \vec{e}_z\left(\frac{\partial H_0 \sin\theta}{\partial x}\right)$$

$$= -\vec{e}_x H_0 \frac{\partial \sin(\omega t - \beta z)}{\partial z} = \vec{e}_x H_0 \beta \cos(\omega t - \beta z)$$

将求得的结果对 t 积分，可得

$$\vec{D} = \vec{e}_x \frac{H_0 \beta}{\omega} \sin(\omega t - \beta z)$$

则 $$\vec{E} = \vec{e}_x \frac{H_0 \beta}{\omega \varepsilon_0} \sin(\omega t - \beta z)$$

6.2 麦克斯韦方程

电磁感应定律和全电流定律反映了电场与磁场相互联系的两个方面，变化的磁场是电场的旋度源，变化的电场是磁场的旋度源，如果加上描述电场、磁场散度源的方程就组成了完整的全面描述电磁场性质的方程组，这组方程就是著名的麦克斯韦方程。

麦克斯韦方程的微分形式为

$$\nabla \times \vec{H} = \vec{J} + \frac{\partial \vec{D}}{\partial t} \tag{6-10}$$

$$\nabla \times \vec{E} = -\frac{\partial \vec{B}}{\partial t} \tag{6-11}$$

$$\nabla \cdot \vec{B} = 0 \tag{6-12}$$

$$\nabla \cdot \vec{D} = \rho \tag{6-13}$$

式（6-10）为全电流定律，又称麦克斯韦第一方程，它描述的是电流及变化的电场都是产生磁场的源；式（6-11）为电磁感应定律，又称麦克斯韦第二方程，它描述的是变化的磁场是产生电场的源；式（6-12）为磁通连续性原理，它描述的是磁场中没有磁荷存在，磁力线总是闭合的；式（6-13）为高斯定律，它描述的是电荷为产生电场的源。总之，麦克斯韦方程从散度、旋度两方面描述了电场和磁场，这也是亥姆赫兹定理所要求的：要确定一个矢量，必须要确定它的散度和旋度。

式（6-10）~式（6-13）又称为非限定形式的麦克斯韦方程，因为在这组方程中没有

规定 $\vec{D}$ 和 $\vec{E}$、$\vec{B}$ 和 $\vec{H}$ 之间的限定关系，所以仅凭这 4 个方程是无法解出这 4 个变量的。对于各向同性的线性媒质，有如下关系

$$\vec{B}=\mu\vec{H} \tag{6-14}$$

$$\vec{D}=\varepsilon\vec{E} \tag{6-15}$$

$$\vec{J}_C=\sigma\vec{E} \tag{6-16}$$

式（6-14）~式（6-16）称为媒质的本构关系或组成关系。它和式（6-10）~式（6-13）一起构成了限定形式的麦克斯韦方程。从限定形式的麦克斯韦方程就可以解出 $\vec{D}$、$\vec{E}$、$\vec{B}$、$\vec{H}$ 4 个矢量。

麦克斯韦方程是电磁学中最普遍的宏观规律，它在电磁学领域中的地位如同牛顿力学中的三大定律在经典力学中的地位一样。根据这组方程，麦克斯韦预言了电磁波的存在，该预言在 1888 年被德国学者赫兹的实验所证实。在静态场中讨论的静电场和恒定磁场的基本方程是麦克斯韦方程的特殊形式，若电场及磁场均不随时间变化，则式（6-10）~式（6-13）中 $\frac{\partial\vec{D}}{\partial t}=0$ 及 $\frac{\partial\vec{B}}{\partial t}=0$，麦克斯韦方程就变为静电场和恒定磁场中的基本方程，此时电场和磁场不再相互关联，而是彼此独立的。

由麦克斯韦方程的微分形式，根据斯托克斯定理及高斯散度定理，可得到麦克斯韦方程的积分形式为

$$\oint_C\vec{H}\cdot d\vec{l}=\int_S\vec{J}_C\cdot d\vec{S}+\int_S\frac{\partial\vec{D}}{\partial t}\cdot d\vec{S} \tag{6-17}$$

$$\oint_C\vec{E}\cdot d\vec{l}=-\int_S\frac{\partial\vec{B}}{\partial t}\cdot d\vec{S} \tag{6-18}$$

$$\oint_S\vec{B}\cdot d\vec{S}=0 \tag{6-19}$$

$$\oint_S\vec{D}\cdot d\vec{S}=q \tag{6-20}$$

【例 6-3】 已知某一区域中 $\vec{E}=\vec{e}_xE_0y\cos\omega t$，此表达式是否表示一实际的电场？

解 判断一个表达式是否表示电场或磁场，就是看此表达式是否符合麦克斯韦方程

$$\varepsilon\frac{\partial\vec{E}}{\partial t}=-\vec{e}_x\varepsilon E_0y\sin\omega t$$

$$\nabla\times\vec{E}=-\vec{e}_zE_0\cos\omega t$$

由电磁感应定律 $\nabla\times\vec{E}=-\mu\frac{\partial\vec{H}}{\partial t}$ 得 $\vec{H}=\vec{e}_z\frac{E_0}{\mu\omega}\sin\omega t$。

$\nabla\times\vec{H}=0$ 即 $\nabla\times\vec{H}\neq\varepsilon\frac{\partial\vec{E}}{\partial t}$ 不满足全电流定律，所以此表达式不代表一实际的电场。

【例 6-4】 已知一无源的导电媒质中 $\vec{E}=\vec{e}_xC\cos(\omega t-\beta z)$，$C$ 是电场的幅值，ω 是频率，β 为常数。问：在什么条件下，这个场才成立？

解　同［例6-3］，一个场存在的条件是其表达式满足麦克斯韦方程

$$\nabla \times \vec{E} = -\frac{\partial \vec{B}}{\partial t} = -C\beta \sin(\omega t - \beta z)\vec{e}_y$$

将上式对 t 积分，得

$$\vec{B} = -\frac{C\beta}{\omega}\cos(\omega t - \beta z)\vec{e}_y$$

即

$$\vec{H} = -\frac{C\beta}{\omega\mu}\cos(\omega t - \beta z)\vec{e}_y$$

又由 $\nabla \times \vec{H} = \frac{\partial \vec{D}}{\partial t}$ 得

$$\nabla \times \vec{H} = -\frac{C\beta^2}{\mu\omega}\sin(\omega t - \beta z)\vec{e}_x$$

由题中给定的 $\vec{E}$，求得

$$\frac{\partial \vec{D}}{\partial t} = -C\varepsilon\omega \sin(\omega t - \beta z)\vec{e}_x$$

这个场要成立，应使得

$$-\frac{C\beta^2}{\mu\omega}\sin(\omega t - \beta z) = -C\varepsilon\omega \sin(\omega t - \beta z)$$

即

$$\beta^2 = \omega^2 \mu\varepsilon$$

$$\beta = \omega\sqrt{\mu\varepsilon}$$

6.3　时变电磁场的边界条件

在静态场中我们讨论了不同媒质分界面上的边界条件，在时变电磁场中，同样会涉及由不同媒质所构成的区域中的电磁场问题。要求解这种情况下各个区域中的场，必须要知道 $\vec{D}$、$\vec{E}$、$\vec{B}$、$\vec{H}$ 在两种不同媒质分界面上的边界条件。和静态场讨论的方法类似，由于在分界面上各个场量变得不再连续，场的基本方程的微分形式不再适用，要运用场的基本方程的积分形式来得到分界面上的边界条件，即运用麦克斯韦方程的积分形式来推导时变电磁场的边界条件。

6.3.1　一般情况下时变电磁场的边界条件

一、$\vec{H}$ 满足的边界条件

根据麦克斯韦第一方程的积分形式 $\oint_C \vec{H}\cdot d\vec{l} = \int_S \vec{J}_C \cdot d\vec{S} + \int_S \frac{\partial \vec{D}}{\partial t}\cdot d\vec{S}$，和恒定磁场边界条件的推导方法相同，若 $\frac{\partial \vec{D}}{\partial t}$ 为有限值，得到

$$H_{1t} - H_{2t} = J_S \quad 或 \quad \vec{e}_n \times (\vec{H}_1 - \vec{H}_2) = \vec{J}_S \tag{6-21}$$

式中：$\vec{J}_S$ 为分界面上存在的面电流密度；$\vec{e}_n$ 为由媒质2指向媒质1的分界面法向单位矢量。若是两种一般媒质，其电导率为有限值，分界面上不存在面电流分布，$\vec{J}_S = 0$，则

$$H_{1t}-H_{2t}=0 \quad 或 \quad \vec{e}_n\times(\vec{H}_1-\vec{H}_2)=0 \tag{6-22}$$

即 $\vec{H}$ 的切向分量是连续的。

二、$\vec{E}$ 满足的边界条件

根据麦克斯韦第二方程的积分形式 $\oint_C \vec{E}\cdot \mathrm{d}\vec{l}=-\int_S \frac{\partial \vec{B}}{\partial t}\cdot \mathrm{d}\vec{S}$，和静电场边界条件的推导方法相同，若 $\frac{\partial \vec{B}}{\partial t}$ 为有限值，得到

$$E_{1t}=E_{2t} \quad 或 \quad \vec{e}_n\times(\vec{E}_1-\vec{E}_2)=0 \tag{6-23}$$

即 $\vec{E}$ 的切向分量是连续的。$\vec{e}_n$ 的含义同前。

三、$\vec{B}$ 满足的边界条件

根据麦克斯韦方程的积分形式 $\oint_S \vec{B}\cdot \mathrm{d}\vec{S}=0$，这个方程和恒定磁场中的基本方程完全相同，根据这个方程推导出的边界条件也相同，即

$$B_{1n}=B_{2n} \quad 或 \quad \vec{e}_n\cdot(\vec{B}_1-\vec{B}_2)=0 \tag{6-24}$$

即 $\vec{B}$ 的法向分量是连续的。$\vec{e}_n$ 的含义同前。

四、$\vec{D}$ 满足的边界条件

根据麦克斯韦方程的积分形式 $\oint_S \vec{D}\cdot \mathrm{d}\vec{S}=q$，这个方程和静电场中的基本方程完全相同，根据这个方程推导出的边界条件也相同，即

$$D_{1n}-D_{2n}=\rho_S \quad 或 \quad \vec{e}_n\cdot(\vec{D}_1-\vec{D}_2)=\rho_S \tag{6-25}$$

式中：ρ_S 为分界面上的自由电荷面密度；$\vec{e}_n$ 的含义同前。若是两种理想介质形成的边界，在分界面上不存在自由电荷分布，$\rho_S=0$，则

$$D_{1n}=D_{2n} \quad 或 \quad \vec{e}_n\cdot(\vec{D}_1-\vec{D}_2)=0 \tag{6-26}$$

即 $\vec{D}$ 的法向分量是连续的。

6.3.2 理想导体与理想介质分界面的边界条件

设媒质 2 为理想导体，媒质 1 为理想介质，在理想导体内部，$\vec{J}_{\mathrm{C}}=\sigma\vec{E}_2$ 为一有限值，而 $\sigma\to\infty$，因而 $\vec{E}_2=0$，否则在导体内部将存在无限大的电流。又由 $\nabla\times\vec{E}_2=-\frac{\partial \vec{B}_2}{\partial t}$，得到

$$\frac{\partial \vec{B}_2}{\partial t}=0，B_2=C（常数）$$

可见理想导体内存在的磁场为一附加的恒定磁场，不存在时变磁场，也不存在时变电场，即理想导体中

$$\vec{E}_2=0 \tag{6-27}$$

$$\vec{B}_2 = 0 \tag{6-28}$$

由前面讨论的结果可得到在边界上理想介质一侧的边界条件

$$H_{1t} = J_S \tag{6-29}$$

$$E_{1t} = 0 \tag{6-30}$$

$$B_{1n} = 0 \tag{6-31}$$

$$D_{1n} = \rho_S \tag{6-32}$$

上述边界条件说明，在理想导体表面（理想介质一侧）电场强度矢量只有法向分量，即垂直于导体表面；磁感应强度矢量只有切向分量，即平行于导体表面；导体表面的电荷密度等于边界上电位移矢量的法向分量；导体表面的电流密度等于边界上磁场强度矢量的切向分量。

6.3.3 时变电磁场的折射定律

对于由两种理想介质所构成的介质分界面，在分界面上不存在面电荷及面电流分布，将分界面的边界条件重写如下

$$H_{1t} = H_{2t} \tag{6-33}$$

$$E_{1t} = E_{2t} \tag{6-34}$$

$$B_{1n} = B_{2n} \tag{6-35}$$

$$D_{1n} = D_{2n} \tag{6-36}$$

设 $\vec{E}_1$ 和 $\vec{E}_2$ 与分界面法向的夹角分别为 α_1 和 α_2，$\vec{H}_1$ 和 $\vec{H}_2$ 与分界面法向的夹角分别为 θ_1 和 θ_2，将 $\vec{B}=\mu\vec{H}$ 及 $\vec{D}=\varepsilon\vec{E}$ 代入上述条件中，并用式（6-34）除式（6-36）、式（6-33）除式（6-35）可得

$$\frac{E_{1t}}{D_{1n}} = \frac{E_{2t}}{D_{2n}} \Rightarrow \frac{E_1 \cdot \sin\alpha_1}{\varepsilon_1 E_1 \cdot \cos\alpha_1} = \frac{E_2 \cdot \sin\alpha_2}{\varepsilon_2 E_2 \cdot \cos\alpha_2}$$

$$\frac{\tan\alpha_1}{\tan\alpha_2} = \frac{\varepsilon_1}{\varepsilon_2} \tag{6-37}$$

$$\frac{H_{1t}}{B_{1n}} = \frac{H_{2t}}{B_{2n}} \Rightarrow \frac{H_1 \cdot \sin\theta_1}{\mu_1 H_1 \cdot \cos\theta_1} = \frac{H_2 \cdot \sin\theta_2}{\mu_2 H_2 \cdot \cos\theta_2}$$

$$\frac{\tan\theta_1}{\tan\theta_2} = \frac{\mu_1}{\mu_2} \tag{6-38}$$

式（6-37）和式（6-38）称为时变电磁场的折射定律，它反映了电场强度矢量及磁场强度矢量穿过介质分界面时方向的变化。

6.4 位函数及其方程求解

在静电场中，根据静电场的无旋性引入了电位 φ；在恒定磁场中，根据磁通连续性引入了矢量磁位 $\vec{A}$。引入位函数后，可以通过求解位函数 φ、$\vec{A}$ 来求得基本场量 $\vec{E}$ 及 $\vec{B}$。在时变电磁场中同样可以根据基本方程引入相应的位函数，称为动态位。动态位包括动态标量位 φ 和动态矢量位 $\vec{A}$。下面将讨论动态位的定义及其满足的方程的解。

6.4.1 动态位的定义及其方程

时变电磁场中，由于 $\nabla \cdot \vec{B}=0$，根据任意一个矢量函数的旋度的散度等于零，可定义一矢量函数 $\vec{A}$，令

$$\vec{B}=\nabla \times \vec{A} \tag{6-39}$$

$\vec{A}$ 为时变电磁场的矢量位函数，称为动态矢量位，单位是 Wb/m（韦伯/米）。由亥姆霍兹定理可知，一个矢量由它的散度和旋度共同确定。在定义了 $\vec{A}$ 的旋度之后，还需定义 $\vec{A}$ 的散度，恒定磁场中曾定义 $\nabla \cdot \vec{A}=0$，这个定义能否应用到时变电磁场中还需进一步讨论。

将式（6－39）代入 $\nabla \times \vec{E}=-\dfrac{\partial \vec{B}}{\partial t}$，得

$$\nabla \times \vec{E}=-\frac{\partial(\nabla \times \vec{A})}{\partial t}=\nabla \times \frac{\partial \vec{A}}{\partial t}$$

整理得

$$\nabla \times\left(\vec{E}-\frac{\partial \vec{A}}{\partial t}\right)=0 \tag{6-40}$$

根据任意一个标量函数的梯度的旋度等于零，定义一标量函数 φ，令

$$\vec{E}-\frac{\partial \vec{A}}{\partial t}=-\nabla \varphi \tag{6-41}$$

$$\vec{E}=-\nabla \varphi-\frac{\partial \vec{A}}{\partial t} \tag{6-42}$$

φ 为时变电磁场的标量位函数，称为动态标量位，单位是 V（伏）。

前面的讨论中 $\nabla \cdot \vec{A}$ 还未确定，下面利用麦克斯韦方程的另外两个方程从位函数满足的方程角度来确定 $\vec{A}$ 的散度。

将式（6－39）和式（6－42）代入全电流定律中

$$\frac{1}{\mu}\nabla \times \nabla \times \vec{A}=\vec{J}+\varepsilon \frac{\partial}{\partial t}\left(-\nabla \varphi-\frac{\partial \vec{A}}{\partial t}\right)$$

利用矢量恒等式 $\nabla \times \nabla \times \vec{A}=\nabla(\nabla \cdot \vec{A})-\nabla^2 \vec{A}$，整理得

$$\nabla(\nabla \cdot \vec{A})-\nabla^2 \vec{A}=\mu J-\nabla\left(\mu\varepsilon \frac{\partial \varphi}{\partial t}\right)-\mu\varepsilon \frac{\partial^2 \vec{A}}{\partial t^2} \tag{6-43}$$

将式（6－42）代入高斯定律中

$$\nabla \cdot\left(-\nabla \varphi-\frac{\partial \vec{A}}{\partial t}\right)=\frac{\rho}{\varepsilon}$$

整理得

$$\nabla^2 \varphi+\frac{\partial(\nabla \cdot \vec{A})}{\partial t}=-\frac{\rho}{\varepsilon} \tag{6-44}$$

比较式（6－43）和式（6－44），两式均包含 $\nabla \cdot \vec{A}$ 的项，且每式中有 $\vec{A}$ 和 φ 两个变

量，若令

$$\nabla\cdot\vec{A}=-\mu\varepsilon\frac{\partial\varphi}{\partial t} \tag{6-45}$$

则式（6-43）和式（6-44）就可简化为只含一个变量的方程

$$\nabla^2\vec{A}-\mu\varepsilon\frac{\partial^2\vec{A}}{\partial t^2}=-\mu\vec{J} \tag{6-46}$$

$$\nabla^2\varphi-\mu\varepsilon\frac{\partial^2\varphi}{\partial t^2}=-\frac{\rho}{\varepsilon} \tag{6-47}$$

式（6-45）是时变场中对 $\vec{A}$ 的散度的规定，称为洛仑兹条件。洛仑兹条件从另一个方面反映了时变电磁场中电场和磁场的联系，若动态标量位与时间无关，则洛仑兹条件就是恒定磁场中的库仑规范。洛仑兹条件和 $\vec{B}=\nabla\times\vec{A}$ 两式构成了动态矢量位 $\vec{A}$ 的完整定义。

式（6-46）和式（6-47）是动态位满足的方程，称为达朗贝尔方程。达朗贝尔方程是非齐次的波动方程，表明了位函数与源之间的关系，动态矢量位的源是电流 $\vec{J}$，动态标量位的源是电荷 ρ。若场不随时间变化，则达朗贝尔方程就变为静态场中位函数满足的泊松方程。

6.4.2 达朗贝尔方程的解

对于给定的电荷和电流分布 ρ、$\vec{J}$，可首先求解位函数 $\vec{A}$ 和 φ 满足的非齐次方程（达朗贝尔方程），在 $\vec{A}$ 和 φ 确定之后，便可由式（6-39）和式（6-42）通过微分运算求出 $\vec{B}$ 和 $\vec{E}$。但直接求解达朗贝尔方程较困难，需要较深的数学知识。为了简单起见，这里我们利用静态场的结果，类推出时变场的解。

下面先求解 φ 满足的达朗贝尔方程。首先求解位于坐标原点、随时间变化的点电荷产生的电位 φ，再利用叠加原理，求出给定区域所有电荷产生的电位。位于坐标原点的点电荷产生的场具有球对称性，对此问题建立球坐标系。在除了坐标原点的整个空间，电位 φ 满足齐次的达朗贝尔方程，且 φ 仅是 r 和 t 的函数。

$$\frac{1}{r^2}\frac{\partial}{\partial r}\left(r^2\frac{\partial\varphi}{\partial r}\right)-\mu\varepsilon\frac{\partial^2\varphi}{\partial t^2}=0 \qquad (r\neq0) \tag{6-48}$$

引入一个新的变量 u，令 $u=r\varphi$，同时设 $v=\frac{1}{\sqrt{\mu\varepsilon}}$，则式（6-48）可转换成

$$\frac{\partial^2u}{\partial r^2}-\frac{1}{v^2}\frac{\partial^2u}{\partial t^2}=0 \qquad (r\neq0) \tag{6-49}$$

式（6-49）为一维齐次波动方程，其通解形式为

$$u(r,t)=f_1\left(t-\frac{r}{v}\right)+f_2\left(t+\frac{r}{v}\right)$$

即

$$\varphi(r,t)=\frac{f_1\left(t-\frac{r}{v}\right)}{r}+\frac{f_2\left(t+\frac{r}{v}\right)}{r} \tag{6-50}$$

式中：f_1、f_2 为任意的二阶可微函数。式（6-50）中第一项表示由原点向外（向 r 方向）

传输的波，第二项表示由外向原点（向 $-r$ 方向）传输的波或看成来自无限远处的反射波。现在讨论的是由位于坐标原点的点电荷在无限大空间产生的场，因而解应是从原点向外传输的波，不存在由外向原点传输的波，即式（6－50）的第二项不存在，方程的通解为

$$\varphi(r,t)=\frac{f_1\left(t-\frac{r}{v}\right)}{r} \tag{6-51}$$

上述通解是时变点电荷的解，静态场是时变场的特例，此解当然也适合于静电场。已知位于原点的静止点电荷 $\mathrm{d}q=\rho\mathrm{d}V$ 产生的电位为

$$\mathrm{d}\varphi(r)=\frac{\rho\mathrm{d}V}{4\pi\varepsilon r} \tag{6-52}$$

那么当源不随时间变化时，式（6－51）应为式（6－52），比较这两式可知，在时变场中，位于坐标原点的时变点电荷产生的标量位为

$$\mathrm{d}\varphi(r,t)=\frac{\rho\left(t-\frac{r}{v}\right)\mathrm{d}V}{4\pi\varepsilon r} \tag{6-53}$$

式中：r 是场点到源点之间的距离。若考虑体积 V' 中所有电荷产生的场，如图 6－2 所示。在体积 V' 中取一小体积 $\mathrm{d}V'$，其中包含的电荷为 $\rho\left(r',\ t-\frac{R}{v}\right)\mathrm{d}V'$，场点 P 与源点之间的距离 $R=|\vec{r}-\vec{r}'|$，利用式（6－53）可求得体积 V' 中所有电荷在 P 点产生的电位为

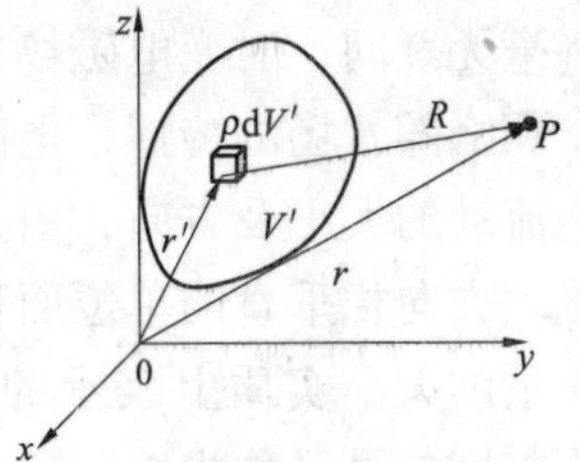

图 6－2 考虑 V' 中所有电荷产生的场

$$\varphi(r,t)=\int_{V'}\frac{\rho\left(r',t-\frac{R}{v}\right)\mathrm{d}V'}{4\pi\varepsilon R} \tag{6-54}$$

从上述的结果可看出，t 时刻 P 点的标量位并不是由 t 时刻 r' 处的电荷产生，而是由较早的 $t-\frac{R}{v}$ 时刻的电荷决定。也就是说，t 时刻 r' 处的电荷产生的场到达 P 点需要一定的时间，这段时间就是 $\frac{R}{v}$。因为 R 是场点与源点之间的距离，所以 v 就表示场传播的速度。而这种以速度 $v=\frac{1}{\sqrt{\mu\varepsilon}}$ 传播的时变电磁场就是电磁波。电磁波的传播速度与媒质的特性有关。在真空中，$v=\frac{1}{\sqrt{\mu_0\varepsilon_0}}\approx 3\times10^8$（m/s），这是光在真空中的传播速度。

$\vec{A}$ 满足的方程式（6－46）和 φ 的方程式（6－47）结构相同，在直角坐标系中可以将此方程写成三个标量方程，每个标量方程的解都可根据 φ 的解得到

$$A_x(r,t)=\int_{V'}\frac{\mu J_x\left(r',t-\frac{R}{v}\right)\mathrm{d}V'}{4\pi R}$$

$$A_y(r,t)=\int_{V'}\frac{\mu J_y\left(r',t-\frac{R}{v}\right)\mathrm{d}V'}{4\pi R}$$

$$A_z(r,t) = \int_{V'} \frac{\mu J_z\left(r',t-\frac{R}{v}\right)\mathrm{d}V'}{4\pi R}$$

则

$$\vec{A}(r,t) = \int_{V'} \frac{\mu \vec{J}\left(r',t-\frac{R}{v}\right)\mathrm{d}V'}{4\pi R} \tag{6-55}$$

若源电流为面分布或线分布，则将式（6－55）中的 $\vec{J}\mathrm{d}V'$改写成 $\vec{J}_S\mathrm{d}S'$或 $I\mathrm{d}\vec{l}\,'$即可。

综合前面的结果，动态位的表达式反映了场的出现比源要晚，即场滞后于源的特点，因而动态位又称为滞后位。既然场滞后于源，当某一时刻源消失以后，由前一时刻的源产生的场仍然存在，并在空间以速度 v 传播，这表明场可以脱离源单独存在。这是时变电磁场特有的特性，称为电磁辐射。

6.5 能流密度矢量

毫无疑问，时变电磁场也有能量，而且如前节所述，时变电磁场在空间以一定的速度传播，那么随着场的传播，电磁能就向空间传播，形成电磁能量的流动。为了研究电磁能量在空间流动的大小及方向，引入能流密度矢量。能流密度矢量的大小定义为单位时间穿过与能量流动方向相垂直的单位面积的能量，其方向为能量流动的方向。从此定义可看出，能流密度矢量的大小实质上表示的是时变电磁场中某一点的功率密度，单位为瓦/米^2（$\mathrm{W/m^2}$）。能流密度矢量又称为坡印廷矢量。

下面将讨论坡印廷矢量的具体表达式以及反映时变电磁场能量守恒关系的坡印廷定理。

设以下所讨论的媒质是线性、各向同性媒质，媒质的特性参数 ε、σ、μ 均为常数，且设媒质中无外加源，则媒质中时变电磁场满足的麦克斯韦方程为

$$\nabla\times\vec{H} = \vec{J} + \varepsilon\frac{\partial\vec{E}}{\partial t} \tag{6-56}$$

$$\nabla\times\vec{E} = -\mu\frac{\partial\vec{H}}{\partial t} \tag{6-57}$$

$$\nabla\cdot\mu\vec{H} = 0 \tag{6-58}$$

$$\nabla\cdot\varepsilon\vec{E} = 0 \tag{6-59}$$

在恒定电场中曾讨论过，电流流过导电媒质时，将有欧姆损耗存在。时变电磁场存在于导电媒质时，在导电媒质中就会有电流，那么同样会有欧姆损耗。单位体积的损耗功率密度为

$$p = \vec{J}\cdot\vec{E} \tag{6-60}$$

将式（6－56）变为 $\vec{J} = \nabla\times\vec{H} - \varepsilon\frac{\partial\vec{E}}{\partial t}$代入式（6－60）中

$$\vec{J}\cdot\vec{E} = \left(\nabla\times\vec{H} - \varepsilon\frac{\partial\vec{E}}{\partial t}\right)\cdot\vec{E} = (\nabla\times\vec{H})\cdot\vec{E} - \vec{E}\cdot\varepsilon\frac{\partial\vec{E}}{\partial t}$$

应用矢量恒等式 $\nabla\cdot(\vec{E}\times\vec{H})=(\nabla\times\vec{E})\cdot\vec{H}-(\nabla\times\vec{H})\cdot\vec{E}$ 及式（6-57），则

$$\begin{aligned}\vec{J}\cdot\vec{E}&=(\nabla\times\vec{E})\cdot\vec{H}-\nabla\cdot(\vec{E}\times\vec{H})-\vec{E}\cdot\varepsilon\frac{\partial\vec{E}}{\partial t}\\&=-\vec{H}\cdot\mu\frac{\partial\vec{H}}{\partial t}-\nabla\cdot(\vec{E}\times\vec{H})-\vec{E}\cdot\varepsilon\frac{\partial\vec{E}}{\partial t}\end{aligned}\tag{6-61}$$

其中

$$\begin{aligned}\vec{E}\cdot\varepsilon\frac{\partial\vec{E}}{\partial t}&=\varepsilon\left(E_x\frac{\partial E_x}{\partial t}+E_y\frac{\partial E_y}{\partial t}+E_z\frac{\partial E_z}{\partial t}\right)\\&=\varepsilon\left(\frac{1}{2}\frac{\partial E_x^2}{\partial t}+\frac{1}{2}\frac{\partial E_y^2}{\partial t}+\frac{1}{2}\frac{\partial E_z^2}{\partial t}\right)=\frac{\partial}{\partial t}\left(\frac{1}{2}\varepsilon E^2\right)\end{aligned}$$

同理

$$\vec{H}\cdot\mu\frac{\partial\vec{H}}{\partial t}=\frac{\partial}{\partial t}\left(\frac{1}{2}\mu H^2\right)$$

则式（6-61）经整理后变成

$$\vec{J}\cdot\vec{E}+\frac{\partial}{\partial t}\left(\frac{1}{2}\varepsilon E^2+\frac{1}{2}\mu H^2\right)=-\nabla\cdot(\vec{E}\times\vec{H})\tag{6-62}$$

将式（6-62）对体积 V 积分，并对等式右边应用高斯散度定理

$$\int_V\nabla\cdot(\vec{E}\times\vec{H})\mathrm{d}\tau=\int_S(\vec{E}\times\vec{H})\cdot\mathrm{d}\vec{S}$$

式中：S 为包围体积 V 的闭合面。则式（6-62）经整理可得

$$\int_V\vec{J}\cdot\vec{E}\mathrm{d}\tau+\frac{\partial}{\partial t}\int_V\left(\frac{1}{2}\varepsilon E^2+\frac{1}{2}\mu H^2\right)\mathrm{d}\tau=-\int_S(\vec{E}\times\vec{H})\cdot\mathrm{d}\vec{S}\tag{6-63}$$

式中：$\frac{1}{2}\varepsilon E^2$ 为电场的能量密度；$\frac{1}{2}\mu H^2$ 为磁场的能量密度。式（6-63）左边第二项表示了体积 V 中单位时间内电磁能的增加；左边第一项表示了体积 V 中单位时间内的热损耗。等式的左边均表示能量，等式右边表示的也是能量。等式右边是矢量 $\vec{E}\times\vec{H}$ 的闭合面积分，它代表该矢量通过闭合面 S 的通量，积分前面的负号表示这是穿入闭合面的通量，那么此积分表示穿入闭合面的能量。根据能量守恒定律，式（6-63）可以理解为：热损耗+闭合面内电磁能的增加=穿入闭合面的能量。矢量 $\vec{E}\times\vec{H}$ 表示单位时间内通过与它垂直的单位面积的功率，这正是前面定义的能流密度的概念，即坡印廷矢量。坡印廷矢量用 $\vec{S}$ 表示，定义为

$$\vec{S}=\vec{E}\times\vec{H}\tag{6-64}$$

$\vec{S}$ 的方向与 $\vec{E}$ 和 $\vec{H}$ 垂直，三者的方向符合右手螺旋关系，如图 6-3 所示。

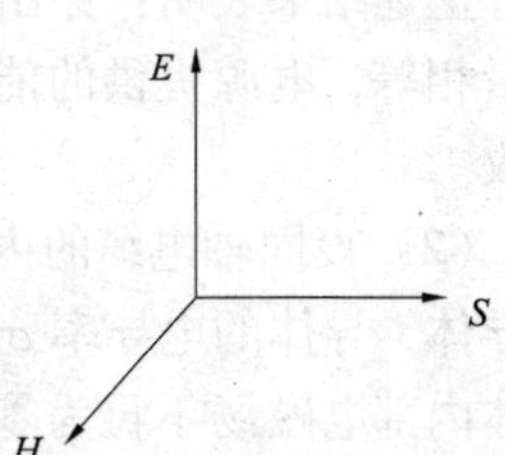

图 6-3　$\vec{S}$、$\vec{E}$ 和 $\vec{H}$ 的方向

式（6-63）反映了时变电磁场中的能量守恒关系，称为坡印廷定理，若将此式写成

$$\int_V\vec{J}\cdot\vec{E}\mathrm{d}\tau+\int_S(\vec{E}\times\vec{H})\cdot\mathrm{d}\vec{S}=-\frac{\partial}{\partial t}\int_V\left(\frac{1}{2}\varepsilon E^2+\frac{1}{2}\mu H^2\right)\mathrm{d}\tau\tag{6-65}$$

则还可以理解为：热损耗+穿出闭合面的能量=闭合面内电磁能的减少。

前面所讨论的场量都是瞬时值，因而这里定义的坡印廷矢量也是瞬时值，在后面讨论时谐场时将讨论坡印廷矢量的平均值。

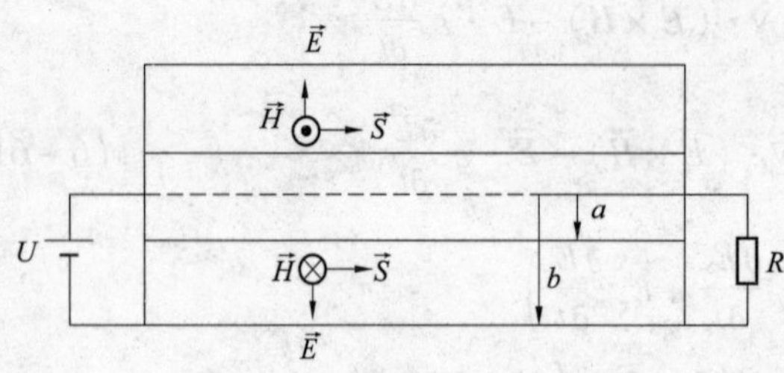

图 6－4　导体为理想导体时同轴电缆的 $\vec{S}$、$\vec{E}$、$\vec{H}$

【例 6－5】　用坡印廷矢量分析直流电源沿同轴电缆向负载传送能量的过程。设同轴电缆内外导体的半径分别为 a 和 b，内外导体之间的电压为 U，流过的电流为 I。

（1）设同轴电缆的内外导体均为理想导体，理想导体内部电磁场为零。电磁场分布如图 6－4 所示。

在静态场中曾计算了同轴电缆的电场强度及磁场强度

$$\text{电场强度}\begin{cases}\vec{E}=\dfrac{U}{r\ln\ (b/a)}\vec{e}_r & (a<r<b)\\ \vec{E}=0 & (r>b,\ r<a)\end{cases}$$

$$\text{磁场强度}\begin{cases}\vec{H}=\dfrac{rI}{2\pi a^2}\vec{e}_\phi & (r<a)\\ \vec{H}=\dfrac{I}{2\pi r}\vec{e}_\phi & (a<r<b)\\ \vec{H}=\dfrac{I}{2\pi r}\dfrac{c^2-r^2}{c^2-b^2}\vec{e}_\phi & (b<r<c)\\ \vec{H}=0 & (r>c)\end{cases}$$

坡印廷矢量

$$\vec{S}=\vec{E}\times\vec{H}=\frac{U}{r\ln(b/a)}\cdot\frac{I}{2\pi r}\vec{e}_z$$

单位时间内流入内外导体间任一横截面 A 的总能量为

$$P=-\int_A\vec{S}\cdot\mathrm{d}\vec{A}=\int_a^b\frac{UI}{2\pi r^2\ln b/a}2\pi r\mathrm{d}r=UI$$

上述结果表明：穿出任一横截面的能量相等，电源提供的能量全部被负载吸收。

（2）设同轴电缆的内外导体为非理想导体，导体的电导率 σ 为有限值，内导体内部电磁场不再为零。电磁场分布如图 6－5 所示。

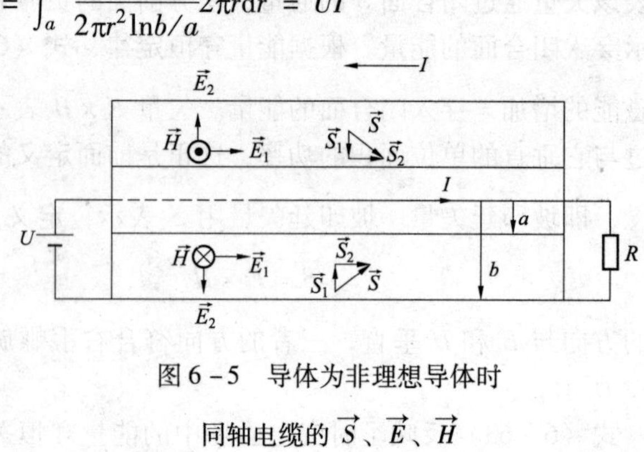

图 6－5　导体为非理想导体时同轴电缆的 $\vec{S}$、$\vec{E}$、$\vec{H}$

在内导体中（$r<a$），$\vec{J}=\dfrac{I}{\pi a^2}\vec{e}_z$，则 $\vec{E}=\dfrac{J}{\sigma}\vec{e}_z=\dfrac{I}{\sigma\pi a^2}\vec{e}_z$。

在内导体外表面（$r=a$），由于分界面的边界条件

$$\vec{E}_1=\frac{I}{\sigma\pi a^2}\vec{e}_z,\ \vec{H}_1=\frac{I}{2\pi a}\vec{e}_\phi$$

则坡印廷矢量 $\vec{S}_1=\vec{E}_1\times\vec{H}_1=\dfrac{I}{\sigma\pi a^2}\cdot\dfrac{I}{2\pi a}(\vec{e}_z\times\vec{e}_\phi)=\dfrac{I^2}{2\pi^2a^3\sigma}(-\vec{e}_r)$

$\vec{S}_1$ 的方向表明此部分能量不是沿导体传输到负载，而是进入到内导体中。可计算出进入单位长度内导体的功率为

$$P=\int_A\vec{S}_1\cdot d\vec{A}=\int_0^1\frac{I^2}{2\pi^2a^3\sigma}2\pi a\mathrm{d}z=\frac{I^2}{\pi a^2\sigma}=I^2R$$

式中：$R=\dfrac{1}{\pi a^2\sigma}$为单位长度内导体的电阻。由此可见，进入内导体中的功率等于这段导体的焦耳损耗功率。

在内外导体之间（$a<r<b$）

$$\vec{E}_2=\frac{U}{r\ln(b/a)}\vec{e}_r,\ \vec{H}_2=\frac{I}{2\pi r}\vec{e}_\phi$$

则坡印廷矢量 $\vec{S}_2=\vec{E}_2\times\vec{H}_2=\dfrac{U}{r\ln(b/a)}\cdot\dfrac{I}{2\pi r}\vec{e}_z$

这部分能流密度与理想导体的情况相同。同轴电缆中总的能流密度矢量 $\vec{S}=\vec{S}_1+\vec{S}_2$。

可见，当导体有电阻时，在同轴电缆中的能流密度矢量除了存在能量传输方向的分量 $\vec{S}_2$ 外，还有进入导体内部的分量 $\vec{S}_1$。分量 $\vec{S}_2$ 传输给负载，分量 $\vec{S}_1$ 进入内导体，提供其焦耳损耗。

以上分析表明，电磁能量是通过内外导体之间的介质中的电磁场传播的，而不是在导体内部传输的，导体起着引导电磁能流定向传输的作用。

6.6 时变电磁场的唯一性定理

在静态场中曾经讨论了电位微分方程解的唯一性问题。在时变电磁场中，描述时变电磁场随空间、时间变化规律的方程是麦克斯韦方程，那么讨论在给定了初始条件和边界条件的情况下，满足麦克斯韦方程的解是否唯一是非常必要的。

时变电磁场的唯一性定理：在闭合曲面 S 包围的区域 V 中，如果给定 $t=0$ 时刻电场强度 $\vec{E}$ 及磁场强度 $\vec{H}$ 的初始值，同时在 $t>0$ 时，给定边界 S 上电场强度的切向分量 E_t 或磁场强度的切向分量 H_t，那么在 $t>0$ 的任一时刻，区域 V 中任一点的电磁场由麦克斯韦方程唯一地确定。证明时变电磁场的唯一性定理，可以采用反证法。

设区域 V 中满足麦克斯韦方程，且具有相同的初始条件和边界条件的解不是唯一的，那么可以假设有两组满足条件的解 $\vec{E}_1$、$\vec{H}_1$ 及 $\vec{E}_2$、$\vec{H}_2$。由于麦克斯韦方程是线性的，这两组解的差值也满足麦克斯韦方程，同时满足坡印廷定理。令 $\delta\vec{E}=\vec{E}_1-\vec{E}_2$，$\delta\vec{H}=\vec{H}_1-\vec{H}_2$。

$t=0$ 时，由于两组解具有相同的初始条件，则 $\delta\vec{E}=0$，$\delta\vec{H}=0$。

在边界 S 上，由于已给定两组解的 $\vec{E}$ 或 $\vec{H}$ 的切向分量，可知 $\delta\vec{E}$的切向分量为零或 $\delta\vec{H}$的切向分量为零。

将 $\delta\vec{E}$和 $\delta\vec{H}$代入坡印廷定理

$$-\int_S(\delta\vec{E}\times\delta\vec{H})\cdot\vec{e}_n\mathrm{d}S=\frac{\mathrm{d}}{\mathrm{d}t}\int_V\left[\frac{1}{2}\varepsilon(\delta E)^2+\frac{1}{2}\mu(\delta H)^2\right]\mathrm{d}\tau+\int_V\sigma(\delta E)^2\mathrm{d}\tau \tag{6-66}$$

式中：$\vec{e}_n$ 为边界 $\vec{S}$ 的外法线方向。

根据矢量恒等式 $\vec{A}\cdot(\vec{B}\times\vec{C})=\vec{B}\cdot(\vec{C}\times\vec{A})=\vec{C}\cdot(\vec{A}\times\vec{B})$，式（6－66）的左边被积函数 $(\delta\vec{E}\times\delta\vec{H})\cdot\vec{e}_n=\delta\vec{E}\cdot(\delta\vec{H}\times\vec{e}_n)=\delta\vec{H}\cdot(\vec{e}_n\times\delta\vec{E})$，其中 $\vec{e}_n\times\delta\vec{E}$ 为 $\delta\vec{E}$ 在边界 $\vec{S}$ 上的切向分量，$\delta\vec{H}\times\vec{e}_n$ 为 $\delta\vec{H}$ 在边界 $\vec{S}$ 上的切向分量。由边界条件可知，$\vec{e}_n\times\delta\vec{E}=0$ 或 $\delta\vec{H}\times\vec{e}_n=0$，那么 $(\delta\vec{E}\times\delta\vec{H})\cdot\vec{e}_n=0$，即式（6－66）的左边为零

$$0=\frac{\mathrm{d}}{\mathrm{d}t}\int_V\left[\frac{1}{2}\varepsilon(\delta E)^2+\frac{1}{2}\mu(\delta H)^2\right]\mathrm{d}\tau+\int_V\sigma(\delta E)^2\,\mathrm{d}\tau \tag{6-67}$$

对式（6－67）来说，其积分号内均为非负的量，要使除 $t=0$ 之外的所有时刻等式均成立，必有被积函数等于零

$$\delta\vec{E}=0,\ \delta\vec{H}=0$$

即

$$\vec{E}_1=\vec{E}_2,\ \vec{H}_1=\vec{H}_2$$

定理得证。

时变电磁场的唯一性定理给出了在时变场中其解唯一所要满足的条件，即初始条件、边界条件、麦克斯韦方程，在这三个条件满足的情况下，求出的解必然是唯一的。唯一性定理为时变电磁场问题的求解提供了理论依据。

6.7 正弦时变电磁场

正弦电磁场又称时谐场，它的源是随时间按正弦规律变化的电荷和电流。由于麦克斯韦方程是线性的微分方程，因而场的规律与源相同，也是按正弦规律变化，而且有着与源相同的频率。研究正弦电磁场有重要的意义，一是因为正弦电磁场在实际工程中有广泛的应用，二是根据傅里叶理论，任何周期的时变电磁场都可分解成不同频率的正弦电磁场的叠加。因而随时间作正弦变化的电磁场是时变电磁场中最重要的一种，研究正弦电磁场是研究其他一般时变电磁场的基础。

研究正弦电磁场采用复数的方法可使问题得以简化，这种方法类似于电路理论中的频域方法，将时域中的电磁场场量转化为频域中的场量，可减少变量，简化计算。正弦电磁场可以用正弦函数表示，也可以用余弦函数表示。

正弦电磁场的电场强度 $\vec{E}$ 和磁场强度 $\vec{H}$ 是既与时间 t 有关，又与空间坐标 x、y、z 有关的矢量函数。以电场强度 $\vec{E}$ 为例，$\vec{E}=E_x\vec{e}_x+E_y\vec{e}_y+E_z\vec{e}_z$，其中每一个分量都可以振幅、频率、初相位表示成

$$E_x=E_{xm}(x,y,z)\cos[\omega t+\psi_x(x,y,z)]$$
$$E_y=E_{ym}(x,y,z)\cos[\omega t+\psi_y(x,y,z)]$$
$$E_z=E_{zm}(x,y,z)\cos[\omega t+\psi_z(x,y,z)]$$

表达式中振幅 E_{xm}、E_{ym}、E_{zm} 和初相位 ψ_x、ψ_y、ψ_z 都是空间坐标的函数，ω 是角频率。

因 E_x、E_y、E_z 三个分量的表达形式完全相同，下面以 E_x 为例进行分析。

由欧拉公式 $e^{jx}=\cos x+j\sin x$，E_x 可以写成一个复数的实部

$$E_x=\text{Re}[E_{xm}e^{j(\omega t+\psi_x)}]=\text{Re}(E_{xm}e^{j\omega t}e^{j\psi_x}) \tag{6-68}$$

式（6-68）中，为表达式简洁起见没有写出空间坐标变量。定义

$$E_{xm}e^{j\psi_x}=\dot{E}_{xm} \tag{6-69}$$

则

$$E_x=\text{Re}(\dot{E}_{xm}e^{j\omega t}) \tag{6-70}$$

$\dot{E}_{xm}$称为电场强度的复振幅。同理可以写出 $E_{ym}e^{j\psi_y}=\dot{E}_{ym}$、$E_{zm}e^{j\psi_z}=\dot{E}_{zm}$，那么总电场 $\vec{E}$ 可写成

$$\begin{aligned}\vec{E}&=\text{Re}(\dot{E}_{xm}e^{j\omega t})\vec{e}_x+\text{Re}(\dot{E}_{ym}e^{j\omega t})\vec{e}_y+\text{Re}(\dot{E}_{zm}e^{j\omega t})\vec{e}_z\\&=\text{Re}[(\dot{E}_{xm}\vec{e}_x+\dot{E}_{ym}\vec{e}_y+\dot{E}_{zm}\vec{e}_z)e^{j\omega t}]\end{aligned} \tag{6-71}$$

如果令 $\dot{E}_{xm}\vec{e}_x+\dot{E}_{ym}\vec{e}_y+\dot{E}_{zm}\vec{e}_z=\dot{\vec{E}}_m$，$\dot{\vec{E}}_m$ 称为电场强度的复矢量，式（6-71）就可表示为

$$\vec{E}=\text{Re}(\dot{\vec{E}}_m e^{j\omega t}) \tag{6-72}$$

需要说明的是电场强度的复矢量 $\dot{\vec{E}}_m$ 并不一定是一个真正的复数，只有在 E_x、E_y、E_z 三个分量的初相位都相同的情况下，它才能以振幅和相位的形式表示成一个复数，否则复矢量 $\dot{\vec{E}}_m$ 只是一种数学表示方式。

由复变函数的性质可推出复数求实部的运算规则，设 $\dot{A}$、$\dot{B}$ 为复数，则下列运算成立

$$\frac{\partial}{\partial t}\text{Re}\dot{A}=\text{Re}\frac{\partial \dot{A}}{\partial t} \tag{6-73}$$

$$\int \text{Re}\dot{A}\,dt=\text{Re}\left(\int \dot{A}\,dt\right) \tag{6-74}$$

$$\nabla\times\text{Re}\dot{A}=\text{Re}(\nabla\times\dot{A}) \tag{6-75}$$

若 $\text{Re}[\dot{A}e^{j\omega t}]=\text{Re}[\dot{B}e^{j\omega t}]$对任意时间 t 均成立，那么 $\dot{A}=\dot{B}$。

【例6-6】 判断下列场矢量是瞬时值形式还是复数形式，若是瞬时值形式将其改写成复数形式，若是复数形式将其改写成瞬时值形式。

（1）$\vec{E}=\vec{e}_y E_{ym}\cos(\omega t-kx+\psi_y)+\vec{e}_z E_{zm}\sin(\omega t-kx+\psi_z)$。

（2）$H_{zm}=H_0\sin(k_x x)\sin(k_y y)e^{-jk_z z}$。

（3）$E_{xm}=4jE_0\sin\theta\cos(kx\cos\theta)e^{-jkz\sin\theta}$。

解 式（1）中包含 ωt 项，是瞬时值形式

$$\begin{aligned}\vec{E}&=\vec{e}_y E_{ym}\cos(\omega t-kx+\psi_y)+\vec{e}_z E_{zm}\cos\left(\omega t-kx+\psi_z-\frac{\pi}{2}\right)\\&=\text{Re}[\vec{e}_y E_{ym}e^{j(\omega t-kx+\psi_y)}+\vec{e}_z E_{zm}e^{j\left(\omega t-kx+\psi_z-\frac{\pi}{2}\right)}]\end{aligned}$$

电场强度的复矢量 $\dot{\vec{E}}_m=\vec{e}_y E_{ym}e^{j(-kx+\psi_y)}+\vec{e}_z E_{zm}e^{j\left(-kx+\psi_z-\frac{\pi}{2}\right)}$

式（2）中包含 j 项，是复数形式。磁场强度的瞬时值形式为

$$H_z = H_0 \sin(k_x x)\sin(k_y y)\cos(\omega t - k_z z)$$

式（3）中包含 j 项，是复数形式

$$E_{xm} = 4E_0 \sin\theta \cos(kx\cos\theta)\mathrm{e}^{-\mathrm{j}kz\sin\theta}\mathrm{e}^{\mathrm{j}\frac{\pi}{2}}$$

电场强度的瞬时值形式为

$$E_x = 4E_0 \sin\theta\cos(kx\cos\theta)\cos\left(\omega t - kz\sin\theta + \frac{\pi}{2}\right)$$

6.8 麦克斯韦方程和位函数的复矢量形式

6.8.1 麦克斯韦方程的复矢量形式

将麦克斯韦方程式中的每个场量用其复数形式表示，同时应用复数的运算规则

$$\frac{\partial \vec{E}}{\partial t} = \frac{\partial}{\partial t}\mathrm{Re}(\dot{\vec{E}}_{\mathrm{m}}\mathrm{e}^{\mathrm{j}\omega t}) = \mathrm{Re}\left[\frac{\partial}{\partial t}(\dot{\vec{E}}_{\mathrm{m}}\mathrm{e}^{\mathrm{j}\omega t})\right] = \mathrm{Re}(\mathrm{j}\omega\,\dot{\vec{E}}_{\mathrm{m}}\mathrm{e}^{\mathrm{j}\omega t})$$

$$\nabla\times\mathrm{Re}(\dot{\vec{E}}_{\mathrm{m}}\mathrm{e}^{\mathrm{j}\omega t}) = \mathrm{Re}(\nabla\times\dot{\vec{E}}_{\mathrm{m}}\mathrm{e}^{\mathrm{j}\omega t})$$

对全电流定律 $\nabla\times\vec{H} = \vec{J} + \frac{\partial \vec{D}}{\partial t}$ 可写成

$$\mathrm{Re}(\nabla\times\dot{\vec{H}}_{\mathrm{m}}\mathrm{e}^{\mathrm{j}\omega t}) = \mathrm{Re}(\dot{\vec{J}}_{\mathrm{m}}\mathrm{e}^{\mathrm{j}\omega t}) + \mathrm{Re}(\mathrm{j}\omega\,\dot{\vec{D}}_{\mathrm{m}}\mathrm{e}^{\mathrm{j}\omega t})$$

上式对任意时刻都成立，同时去掉时间因子 $\mathrm{e}^{\mathrm{j}\omega t}$，得

$$\nabla\times\dot{\vec{H}}_{\mathrm{m}} = \dot{\vec{J}}_{\mathrm{m}} + \mathrm{j}\omega\,\dot{\vec{D}}_{\mathrm{m}} \tag{6-76}$$

同理可得

$$\nabla\times\dot{\vec{E}}_{\mathrm{m}} = -\mathrm{j}\omega\,\dot{\vec{B}}_{\mathrm{m}} \tag{6-77}$$

$$\nabla\cdot\dot{\vec{B}}_{\mathrm{m}} = 0 \tag{6-78}$$

$$\nabla\cdot\dot{\vec{D}}_{\mathrm{m}} = \dot{\rho}_{\mathrm{m}} \tag{6-79}$$

式（6-77）~式（6-79）构成了复数形式的麦克斯韦方程，相比于时域中的微分方程，此方程中没有时间变量 t，而且在方程中各场量是以最大值（即幅值）表示。以场量有效值表示的复数形式的麦克斯韦方程为

$$\nabla\times\dot{\vec{H}} = \dot{\vec{J}} + \mathrm{j}\omega\dot{\vec{D}} \tag{6-80}$$

$$\nabla\times\dot{\vec{E}} = -\mathrm{j}\omega\dot{\vec{B}} \tag{6-81}$$

$$\nabla\cdot\dot{\vec{B}} = 0 \tag{6-82}$$

$$\nabla\cdot\dot{\vec{D}} = \dot{\rho} \tag{6-83}$$

对电荷守恒定律和媒质的本构关系，也可用复数形式表示

$$\nabla\cdot\dot{\vec{J}}_{\mathrm{m}} = -\mathrm{j}\omega\,\dot{\rho}_{\mathrm{m}} \tag{6-84}$$

$$\dot{\vec{D}}_m = \varepsilon \dot{\vec{E}}_m \tag{6-85}$$

$$\dot{\vec{B}}_m = \mu \dot{\vec{H}}_m \tag{6-86}$$

$$\dot{\vec{J}}_m = \sigma \dot{\vec{E}}_m \tag{6-87}$$

从前面的讨论可看出，频域中的复数表示形式与时域中的瞬时值形式在表达式上差别较大，复数表示形式中出现j，瞬时值形式中出现 ωt，因而今后在表示复数时不再用打点的符号表示、也不会引起混淆。当复数形式是以场量的最大值表示时，场量有下标 m；当复数形式是以场量的有效值表示时，场量没有下标 m。在今后的讨论中都是用场量的有效值表示复数。

6.8.2 位函数的复矢量形式

对于正弦电磁场中的位函数，也可用复振幅和复矢量来表示。根据复数的运算规则，式（6-39）和式（6-42）可写成

$$\vec{B} = \nabla \times \vec{A} \tag{6-88}$$

$$\vec{E} = -\nabla\varphi - \mathrm{j}\omega\vec{A} \tag{6-89}$$

洛仑兹条件的复数形式为

$$\nabla \cdot \vec{A} = -\mathrm{j}\omega\mu\varepsilon\varphi \tag{6-90}$$

位函数满足的方程的复数形式为

$$\nabla^2 \vec{A} + \omega^2\mu\varepsilon \vec{A} = -\mu \vec{J} \tag{6-91}$$

$$\nabla^2 \varphi + \omega^2\mu\varepsilon\varphi = -\frac{\rho}{\varepsilon} \tag{6-92}$$

若设 $\omega^2\mu\varepsilon = k^2$，上述方程可写成

$$\nabla^2 \vec{A} + k^2 \vec{A} = -\mu \vec{J} \tag{6-93}$$

$$\nabla^2 \varphi + k^2 \varphi = -\frac{\rho}{\varepsilon} \tag{6-94}$$

此方程称为亥姆霍兹方程。

6.9 复能流密度矢量

前面所讨论的坡印廷矢量都是用瞬时形式来计算的，所计算出的能流密度是瞬时的。在一个周期中瞬时能流密度（瞬时功率）随时间变化，有正、有负、有大、有小。在实际问题中关心的不是这种瞬时功率，而是一个周期 T 中的平均功率，即

$$\vec{S}_{av} = \frac{1}{T}\int_0^T \vec{S}\,\mathrm{d}t$$

式中：$\vec{S}_{av}$为坡印廷矢量的平均值。

在电路理论中曾讨论过交流电路的平均功率（有功功率）计算问题，当时采用了先求复功率，再取其实部的方法，平均功率 $P_{av} = \mathrm{Re}\left(\frac{1}{2}U_m I_m^*\right)$。与电路中的复功率计算方法相似，在正弦电磁场中可以用复电场强度矢量 $\vec{E}$ 与共轭复磁场强度矢量 $\vec{H}^*$ 的矢量积作为复能

流密度矢量（复坡印廷矢量）$\vec{S}_c$

$$\vec{S}_c = \vec{E} \times \vec{H}^* \tag{6-95}$$

设所讨论的媒质为各向同性的线性媒质，复能流密度矢量进入闭合面的通量为

$$\begin{aligned} -\oint_S \vec{S}_c \cdot d\vec{S} &= -\int_V \nabla \cdot (\vec{E} \times \vec{H}^*) dV \\ &= \int_V [\vec{E} \cdot (\nabla \times \vec{H}^*) - \vec{H}^* \cdot (\nabla \times \vec{E})] dV \end{aligned} \tag{6-96}$$

将

$$\nabla \times \vec{H}^* = \sigma \vec{E}^* - j\omega \vec{D}^*$$

$$\nabla \times \vec{E} = -j\omega \vec{B}$$

代入式（6-96）中得到

$$\begin{aligned} -\oint_S \vec{S}_c \cdot d\vec{S} &= \int_V [\vec{E} \cdot (\sigma\vec{E}^* - j\omega\vec{D}^*) + \vec{H}^* \cdot j\omega\vec{B}] dV \\ &= \int_V \sigma\vec{E} \cdot \vec{E}^* dV + \int_V j\omega(\vec{H}^* \cdot \vec{B} - \vec{E} \cdot \vec{D}^*) dV \\ &= \int_V \frac{1}{2}\sigma E_m^2 dV + j2\omega\int_V \left(\frac{1}{4}\mu H_m^2 - \frac{1}{4}\varepsilon E_m^2\right) dV \end{aligned} \tag{6-97}$$

式（6-97）即为复坡印廷定理。这是一个能量守恒的关系式，等式的左边表示穿入闭合面的能量；等式的右边可分为实部和虚部两部分，实部为有功功率，虚部为无功功率。流过单位面积的有功功率即是坡印廷矢量在一个周期内的平均值。

$$\vec{S}_{av} = \text{Re}\ (\vec{E} \times \vec{H}^*) \tag{6-98}$$

正弦电磁场中电场能量密度的周期平均值为

$$w_{eav} = -\frac{1}{T}\int_0^T \frac{1}{2}\varepsilon E^2 dt = \frac{1}{2}\varepsilon E^2 = \frac{1}{4}\varepsilon E_m^2 \tag{6-99}$$

同理可写出电磁场中磁能量密度和功率损耗密度的周期平均值

$$w_{mav} = \frac{1}{4}\mu H_m^2 \tag{6-100}$$

$$P_{av} = \frac{1}{2}\sigma E_m^2 \tag{6-101}$$

则式（6-97）可写成

$$-\oint_S \vec{S}_c \cdot d\vec{S} = \int_V P_{av} dV + j2\omega\int_V (w_{mav} - w_{eav}) dV \tag{6-102}$$

等式右边的实部表示进入闭合面内所消耗的功率，虚部表示能量的交换。

6.10 时变电磁场的应用

随着科学技术的发展，电磁场理论在工业生产及人们的日常生活中都得到了广泛的应用。下面举几个例子加以说明。

根据电磁感应定律我们知道，位于变化的磁场中的导体，在其内部将产生感应电流，感应电流自成闭合回路，又称为涡流。涡流具有与传导电流相同的热效应和磁效应，在大多数电气设备中都力求减小涡流及其引起的损耗，例如变压器铁芯中的损耗，但是涡流也有其广

泛的应用。

利用涡流的热效应可以制成在冶金工业中应用的感应加热炉，利用电磁感应产生涡流来加热或熔化金属，比用燃煤或燃油炉能产生更高的温度，并有高效、节能的特点。生活中经常见到的电磁炉也是利用涡流的热效应制成的。当电磁炉接通电源以后，有电流流过其内部的线圈并产生磁场，金属材质的锅具处在这个交变的磁场之中就会产生涡流使锅具发热。由于涡流仅在金属材料中产生，因而电磁炉的表面用非金属的陶瓷制成时，其表面不会发热，使用时非常安全。

利用涡流之间的相互作用力可以制成电能表。电能表的基本构造为两个线圈分别绕在两个铁芯上，在两个铁芯之间是一铝转盘。接在电源端的线圈称为电压线圈，其磁通正比于电源电压；另一线圈与负载串联，其磁通正比于负载电流。当负载上有电流时，两个线圈的磁通分别在铝盘上感应出涡流，感应涡流在磁场中受到磁场力的作用在铝盘上产生力矩，铝盘在力矩的作用下转动。负载上的电流越大，铝盘的转速越快，因而可以利用铝盘转动的圈数来测量负载消耗的功率。

电子回旋加速器也是电磁感应的一个重要应用实例。该装置利用时变的磁场产生涡旋状的感应电场，并使电子做回旋加速运动，电子不断加速后可以获得能量极高（可达400MeV）的电子束，打在靶子上可激励出能量较高的X射线，用于实验研究、工业探伤以及肿瘤、癌症的治疗等。

此外，防护电磁辐射的重要手段——电磁屏蔽是利用电磁材料在时变电磁场中的特性来实现的。电磁屏蔽就是利用导电或导磁材料将电磁辐射限制在某一规定的空间范围之内。电磁屏蔽按其原理可分为电场屏蔽、磁场屏蔽和电磁场屏蔽。对于电场屏蔽大家都有所了解，其原理是利用导电材料制成良好接地的屏蔽体，有效地削弱电磁感应作用，达到屏蔽电场的作用。对磁场的屏蔽分为低频和高频两种情况，低频磁场的屏蔽原理是利用高导磁材料具有低磁阻的特性，使磁场通过磁阻小的屏蔽体而不扩散到其他空间去，达到屏蔽磁场的作用；高频磁场的屏蔽是利用良导体中感应电流产生的磁场总是抵消源磁场变化的原理实现的，采用良导体制成屏蔽体，使屏蔽体内产生高频感应电流可以对高频磁场进行屏蔽。通常所说的屏蔽大多指电磁屏蔽，即利用导电和导磁材料同时抑制或削弱电场和磁场。

6.11 小　结

本章研究了时变电磁场的基本理论，着重讨论了经典电磁理论的重要方程——麦克斯韦方程，并以麦克斯韦方程为基础，讨论了时变电磁场中的位函数、边界条件、能流密度矢量、坡印廷定理以及当时变场以正弦规律变化时的复数表示形式。

（1）法拉第电磁感应定律表明变化的磁场产生电场。

感应电动势
$$e=-\frac{\mathrm{d}\Phi}{\mathrm{d}t}$$

电磁感应定律的积分形式
$$\oint_l \vec{E}_{\mathrm{in}}\cdot\mathrm{d}\vec{l}=-\int_S\frac{\partial\vec{B}}{\partial t}\cdot\mathrm{d}\vec{S}$$

微分形式 $$\nabla \times \vec{E} = -\frac{\partial \vec{B}}{\partial t}$$

（2）全电流定律表明变化的电场产生磁场，引入位移电流概念。

位移电流密度 $$\vec{J}_D = \frac{\partial \vec{D}}{\partial t}$$

全电流定律的积分形式 $$\oint_l \vec{H} \cdot d\vec{l} = \int_S \vec{J}_C \cdot d\vec{S} + \int_S \vec{J}_D \cdot d\vec{S} + \int_S \vec{J}_V \cdot d\vec{S}$$

微分形式 $$\nabla \times \vec{H} = \vec{J} + \frac{\partial \vec{D}}{\partial t}$$

（3）麦克斯韦方程全面描述了电磁场的基本性质。

微分形式	积分形式
$\nabla \times \vec{H} = \vec{J} + \frac{\partial \vec{D}}{\partial t}$	$\oint_l \vec{H} \cdot d\vec{l} = \int_S \vec{J}_C \cdot d\vec{S} + \int_S \frac{\partial \vec{D}}{\partial t} \cdot d\vec{S}$
$\nabla \times \vec{E} = -\frac{\partial \vec{B}}{\partial t}$	$\oint_l \vec{E} \cdot d\vec{l} = -\int_S \frac{\partial \vec{B}}{\partial t} \cdot d\vec{S}$
$\nabla \cdot \vec{B} = 0$	$\oint_S \vec{B} \cdot d\vec{S} = 0$
$\nabla \cdot \vec{D} = \rho$	$\oint_S \vec{D} \cdot d\vec{S} = q$

对于各向同性的线性媒质，本构关系为

$$\vec{B} = \mu \vec{H}$$

$$\vec{D} = \varepsilon \vec{E}$$

$$\vec{J}_C = \sigma \vec{E}$$

（4）时变电磁场的边界条件。

1）磁场的边界条件

$$H_{1t} - H_{2t} = J_S \quad 或 \quad H_{1t} = H_{2t}\ （当\ \vec{J}_S = 0）$$

$$B_{1n} = B_{2n}$$

用矢量表示

$$\vec{e}_n \times (\vec{H}_1 - \vec{H}_2) = \vec{J}_S \quad 或 \quad \vec{e}_n \times (\vec{H}_1 - \vec{H}_2) = 0$$

$$\vec{e}_n \cdot (\vec{B}_1 - \vec{B}_2) = 0$$

电场的边界条件

$$E_{1t} = E_{2t}$$

$$D_{1n} - D_{2n} = \rho_S \quad 或 \quad D_{1n} = D_{2n}\ （当\ \rho_S = 0）$$

用矢量表示

$$\vec{e}_n \times (\vec{E}_1 - \vec{E}_2) = 0$$

$$\vec{e}_n \cdot (\vec{D}_1 - \vec{D}_2) = \rho_S \quad 或 \quad \vec{e}_n \cdot (\vec{D}_1 - \vec{D}_2) = 0$$

2）理想导体与理想介质分界面的边界条件。

理想导体中

$$\vec{E}_2=0$$

$$\vec{B}_2=0$$

理想介质一侧

$$H_{1t}=J_S$$
$$B_{1n}=0$$
$$E_{1t}=0$$
$$D_{1n}=\rho_S$$

两种理想介质所构成的介质分界面边界条件

$$H_{1t}=H_{2t}$$
$$B_{1n}=B_{2n}$$
$$E_{1t}=E_{2t}$$
$$D_{1n}=D_{2n}$$

设 $\vec{E}_1$ 和 $\vec{E}_2$ 与分界面法向的夹角分别为 α_1 和 α_2，则$\dfrac{\tan\alpha_1}{\tan\alpha_2}=\dfrac{\varepsilon_1}{\varepsilon_2}$。

$\vec{H}_1$ 和 $\vec{H}_2$ 与分界面法向的夹角分别为 θ_1 和 θ_2，则$\dfrac{\tan\theta_1}{\tan\theta_2}=\dfrac{\mu_1}{\mu_2}$。

（5）在时变电磁场中引入位函数 $\vec{A}$和 φ 可简化场量的计算。

$\vec{A}$ 的定义

$$\vec{B}=\nabla\times\vec{A}$$

$$\nabla\cdot\vec{A}=-\mu\varepsilon\frac{\partial\varphi}{\partial t}$$

φ的定义

$$\vec{E}=-\nabla\varphi-\frac{\partial\vec{A}}{\partial t}$$

位函数 $\vec{A}$和 φ满足达朗贝尔方程

$$\nabla^2\vec{A}-\mu\varepsilon\frac{\partial^2\vec{A}}{\partial t^2}=-\mu\vec{J}$$

$$\nabla^2\varphi-\mu\varepsilon\frac{\partial^2\varphi}{\partial t^2}=-\frac{\rho}{\varepsilon}$$

（6）坡印廷定理反映了时变电磁场中的能量守恒关系，表达式为

$$\int_V\vec{J}\cdot\vec{E}\mathrm{d}\tau+\int_S(\vec{E}\times\vec{H})\cdot\mathrm{d}\vec{S}=-\frac{\partial}{\partial t}\int_V\left(\frac{1}{2}\varepsilon E^2+\frac{1}{2}\mu H^2\right)\mathrm{d}\tau$$

坡印廷矢量

$$\vec{S}=\vec{E}\times\vec{H}\text{（瞬时值）}$$

（7）在正弦时变电磁场中可以将场量和方程用复数形式表示，用复数运算比瞬时形式运算要方便。

麦克斯韦方程的复数形式

$$\nabla\times\dot{\vec{H}}=\dot{\vec{J}}+\mathrm{j}\omega\dot{\vec{D}}$$

$$\nabla \times \dot{\vec{E}} = -\mathrm{j}\omega \dot{\vec{B}}$$

$$\nabla \cdot \dot{\vec{B}} = 0$$

$$\nabla \cdot \dot{\vec{D}} = \dot{\rho}$$

位函数的复数形式

$$\vec{B} = \nabla \times \vec{A}$$

$$\vec{E} = -\nabla \varphi - \mathrm{j}\omega \vec{A}$$

洛仑兹条件的复数形式为

$$\nabla \cdot \vec{A} = -\mathrm{j}\omega\mu\varepsilon\varphi$$

位函数满足的方程的复数形式为

$$\nabla^2 \vec{A} + k^2 \vec{A} = -\mu \vec{J}$$

$$\nabla^2 \varphi + k^2 \varphi = -\frac{\rho}{\varepsilon}$$

复坡印廷矢量 $\vec{S}_{\mathrm{c}} = \vec{E} \times \vec{H}^*$

复坡印廷定理

$$-\oint_S \vec{S}_{\mathrm{c}} \cdot \mathrm{d}\vec{S} = \int_V \frac{1}{2}\sigma E_{\mathrm{m}}^2 \mathrm{d}V + \mathrm{j}2\omega\int_V \left(\frac{1}{4}\mu H_{\mathrm{m}}^2 - \frac{1}{4}\varepsilon E_{\mathrm{m}}^2\right)\mathrm{d}V$$

坡印廷矢量的平均值 $\vec{S}_{\mathrm{av}} = \mathrm{Re}\ (\vec{E} \times \vec{H}^*)$ （$\vec{E}$、$\vec{H}$ 为有效值）

思 考 题

6-1　什么是感应电动势？

6-2　什么是电磁感应定律？它的物理意义是什么？

6-3　什么是位移电流？位移电流存在的条件是什么？它与传导电流及运流电流的本质区别是什么？

6-4　麦克斯韦方程的物理意义是什么？

6-5　试总结麦克斯韦理论中哪些是有实验作为依据的，哪些是假说。

6-6　试写出时变电磁场的边界条件。

6-7　时变电磁场中标量位及矢量位的定义是什么？它们满足什么样的微分方程？其解有何物理意义？

6-8　坡印廷矢量的定义是什么？它的大小和方向取决于什么？

6-9　试写出坡印廷定理的表达式，并说明其物理意义。

6-10　试述时变电磁场的唯一性定理。

6-11　什么是正弦电磁场？如何用复矢量表示正弦电磁场？什么情况下复矢量可以用一模和一相角表示？

6-12　写出麦克斯韦方程及洛仑兹条件的复数形式。

6-13　坡印廷矢量的瞬时值、平均值及复值三者有什么区别和联系？什么条件下坡印廷矢量的瞬时值等于零？什么条件下坡印廷矢量的平均值等于零？

6-14 复坡印廷定理实部和虚部的物理意义是什么？

习 题

6-1 已知正弦电磁场 $E(t)=E_m\cos\omega t$（V/m），$\omega=1000\text{rad/s}$。求下列各种媒质中的传导电流密度和位移电流密度幅值之比：

（1）铜 $\sigma=5.8\times10^7$（$\Omega\cdot m$），$\varepsilon_r=1$；

（2）蒸馏水 $\sigma=2\times10^{-4}$（$\Omega\cdot m$），$\varepsilon_r=80$；

（3）聚乙烯 $\sigma=1\times10^{-15}$（$\Omega\cdot m$），$\varepsilon_r=2.3$。

6-2 在空气中测得磁感应强度为 $\vec{B}(r,t)=\vec{e}_y\cos(6\pi\times10^9t-kz)$，求位移电流密度及相位常数。

6-3 海水的电导率约为0.4mS/m，其相对介电常数为81。求海水中位移电流密度等于传导电流密度时的界限频率。

6-4 证明动态位 φ 和 $\vec{A}$ 满足的达朗贝尔方程与电流连续性方程是一致的。

6-5 将下列场量的瞬时表达式写成复数形式、复数形式写成瞬时表达式：

（1）$\vec{E}=E_m\vec{e}_x\cos3x\sin\omega t$；

（2）$\vec{H}=H_m\vec{e}_y\text{j}\sin kz$；

（3）$\vec{E}=E_m\vec{e}_x\sin\left(\frac{\pi}{a}x\right)e^{-\text{j}kz+\text{j}\frac{\pi}{3}}$；

（4）$\vec{H}=H_m\vec{e}_y\cos\left(\omega t-kz-\frac{\pi}{6}\right)$。

6-6 若空气的磁感应强度如题6-2所示，求磁场强度和电场强度的复数形式、坡印廷矢量的瞬时值及平均值。

6-7 在空气中，已知电场强度 $\vec{E}=E_{xm}\cos(\omega t-kz)\vec{e}_x+E_{ym}\cos(\omega t-kz)\vec{e}_y$。求坡印廷矢量的瞬时值 $\vec{S}$ 及平均值 $\vec{S}_{av}$。

6-8 试由麦克斯韦方程的复数形式推导均匀、线性、各向同性媒质中 $\vec{E}$、$\vec{H}$ 满足的亥姆霍兹方程。

6-9 在真空中，已知电场强度的表达式为 $\vec{E}=(E_m\vec{e}_x+\text{j}E_m\vec{e}_y)e^{-\text{j}kz}$。求：

（1）$\vec{H}$ 的复数形式；

（2）$\vec{E}$、$\vec{H}$ 的瞬时表达式；

（3）坡印廷矢量的平均值 $\vec{S}_{av}$。

6-10 真空中，一无源区域中有一矢量 $\vec{E}=\vec{e}_xE_m\cos\left(\omega t-\frac{\omega}{c}x\right)$。

（1）证明其满足波动方程 $\nabla^2\vec{E}-\frac{1}{c^2}\frac{\partial^2E}{\partial t^2}=0$；

（2）此式是一电场强度矢量的表达式吗？

6 - 11　已知真空中两个沿 $-z$ 方向传播的电磁波 $\vec{E}_1 = E_{1\mathrm{m}}\vec{e}_x \mathrm{e}^{\mathrm{j}kz}$ 和 $\vec{E}_2 = E_{2\mathrm{m}}\vec{e}_x \mathrm{e}^{\mathrm{j}(kz+\varphi_0)}$，其中 φ_0 为常数，$k^2 = \omega^2\mu_0\varepsilon_0$。

（1）求两个波的坡印廷矢量的平均值 $\vec{S}_{\mathrm{av1}}$ 和 $\vec{S}_{\mathrm{av2}}$；

（2）证明空间中总的 $\vec{S}_{\mathrm{av}} = \vec{S}_{\mathrm{av1}} + \vec{S}_{\mathrm{av2}}$。

7 平面电磁波

前一章讨论了时变电磁场的基本特性，时变电磁场相对于静态场来说，其最大的特点是在脱离场源以后，场仍然存在，并可以不需要借助任何介质在空间传播。时变电磁场在空间的传播形成电磁波。同一时刻电磁波所到达的各点形成的面称为波阵面，电磁波按其波阵面（等相位面）的形状可分为平面波、柱面波及球面波。本章研究的平面电磁波是其中最简单的一种，柱面波和球面波在距波源很远处，即波阵面很大时可近似看成平面波或平面波的叠加，因而研究平面电磁波具有重要的实际意义。

本章首先介绍电磁波所满足的波动方程，均匀平面波在无限大空间中的传输特性，以及波的入射、反射、透射等特性。

7.1 波动方程

波动方程可从限定形式的麦克斯韦方程推导出来。设所讨论的介质为线性、各向同性的均匀媒质，将麦克斯韦方程的微分形式重写如下

$$\nabla\times\vec{H}=\vec{J}+\varepsilon\frac{\partial\vec{E}}{\partial t}\tag{7-1}$$

$$\nabla\times\vec{E}=-\mu\frac{\partial\vec{H}}{\partial t}\tag{7-2}$$

$$\nabla\cdot\vec{H}=0\tag{7-3}$$

$$\nabla\cdot\vec{E}=\frac{\rho}{\varepsilon}\tag{7-4}$$

从式（7－1）和式（7－2）中可看出，这两个关于 $\vec{E}$、$\vec{H}$ 的一阶微分方程并不仅仅包含 $\vec{E}$ 或 $\vec{H}$，在已知电流 $\vec{J}$ 分布的情况下若要求解 $\vec{E}$ 或 $\vec{H}$，需将方程变成只包含 $\vec{E}$ 或 $\vec{H}$ 的微分方程。对式（7－2）的两边取旋度

$$\nabla\times\nabla\times\vec{E}=-\nabla\times\mu\frac{\partial\vec{H}}{\partial t}$$

利用矢量恒等式 $\nabla\times\nabla\times\vec{E}=\nabla\nabla\cdot\vec{E}-\nabla^2\vec{E}$，并将式（7－1）代入得

$$\nabla\ \nabla\cdot\vec{E}-\nabla^2\vec{E}=-\nabla\times\mu\frac{\partial\vec{H}}{\partial t}=-\mu\frac{\partial}{\partial t}\nabla\times\vec{H}=-\mu\frac{\partial\vec{J}}{\partial t}-\mu\varepsilon\frac{\partial^2\vec{E}}{\partial t^2}$$

将式（7－4）代入，并整理得

$$\nabla^2\vec{E}-\mu\varepsilon\frac{\partial^2\vec{E}}{\partial t^2}=\mu\frac{\partial\vec{J}}{\partial t}+\nabla\frac{\rho}{\varepsilon}\tag{7-5}$$

可见，经过处理后的方程相当于消去了一个变量 $\vec{H}$，成为只包含变量 $\vec{E}$ 的二阶微分

方程。

同理，对式（7-1）两边取旋度，并将式（7-2）代入，可消去变量 $\vec{E}$，得到仅包含变量 $\vec{H}$ 的二阶微分方程。

$$\nabla^2\vec{H}-\mu\varepsilon\frac{\partial^2\vec{H}}{\partial t^2}=-\nabla\times\vec{J} \tag{7-6}$$

式（7-5）和式（7-6）称为 $\vec{E}$、$\vec{H}$ 满足的非齐次矢量波动方程。

若所讨论的区域为无源区域，$\vec{J}=0$、$\rho=0$，则式（7-5）和式（7-6）的右边项为零，方程简化为

$$\nabla^2\vec{E}-\mu\varepsilon\frac{\partial^2\vec{E}}{\partial t^2}=0 \tag{7-7}$$

$$\nabla^2\vec{H}-\mu\varepsilon\frac{\partial^2\vec{H}}{\partial t^2}=0 \tag{7-8}$$

式（7-3）和式（7-4）称为 $\vec{E}$、$\vec{H}$ 满足的齐次矢量波动方程。

矢量波动方程在直角坐标系中可以表示为三个标量波动方程，以 $\vec{E}$ 为例，式（7-7）可写成

$$\nabla^2E_x-\mu\varepsilon\frac{\partial^2E_x}{\partial t^2}=0 \tag{7-9}$$

$$\nabla^2E_y-\mu\varepsilon\frac{\partial^2E_y}{\partial t^2}=0 \tag{7-10}$$

$$\nabla^2E_z-\mu\varepsilon\frac{\partial^2E_z}{\partial t^2}=0 \tag{7-11}$$

将方程中的拉普拉斯运算在直角坐标系中展开，可得

$$\frac{\partial^2E_x}{\partial x^2}+\frac{\partial^2E_x}{\partial y^2}+\frac{\partial^2E_x}{\partial z^2}-\mu\varepsilon\frac{\partial^2E_x}{\partial t^2}=0 \tag{7-12}$$

$$\frac{\partial^2E_y}{\partial x^2}+\frac{\partial^2E_y}{\partial y^2}+\frac{\partial^2E_y}{\partial z^2}-\mu\varepsilon\frac{\partial^2E_y}{\partial t^2}=0 \tag{7-13}$$

$$\frac{\partial^2E_z}{\partial x^2}+\frac{\partial^2E_z}{\partial y^2}+\frac{\partial^2E_z}{\partial z^2}-\mu\varepsilon\frac{\partial^2E_z}{\partial t^2}=0 \tag{7-14}$$

除直角坐标系外，矢量拉普拉斯运算的展开都具有复杂的形式，直接求解波动方程也很复杂。

今后我们所研究的在空间中传播的电磁波实质就是研究在一定边界条件和初始条件下的波动方程的解。

对正弦时变电磁场，可利用麦克斯韦方程的复数形式推出波动方程的复数形式。齐次波动方程的复数形式为

$$\nabla^2\vec{E}+k^2\vec{E}=0 \tag{7-15}$$

$$\nabla^2\vec{H}+k^2\vec{H}=0 \tag{7-16}$$

式中：$k^2=\omega^2\mu\varepsilon$。此方程又称为亥姆霍兹方程。

7.2 理想介质中的均匀平面波

7.2.1 均匀平面波的基本概念及其满足的波动方程

平面波的波阵面是一组相互平行的、与波的传播方向垂直的平面，如果在任意时刻，同一波面上各点的电场强度 $\vec{E}$ 与磁场强度 $\vec{H}$ 不仅相位相同，而且振幅、方向也相同，那么这种平面波就称为均匀平面波。均匀平面波在实际中并不存在，但在一很小范围内的平面波可作均匀平面波处理。

理想介质是指 $\sigma=0$，μ、ε 为实常数的均匀介质。在无源的理想介质中，均匀平面波的场量 $\vec{E}$、$\vec{H}$ 满足齐次波动方程。

设一向 z 方向传播的均匀平面波，如图 7－1 所示。波阵面是一系列平行于 xoy 面的平面，如图中的 $z=z_1$ 和 $z=z_2$ 平面。在不同的波阵面上，$\vec{E}$、$\vec{H}$ 不相等；在同一个波阵面上，不同点的 $\vec{E}$ 或 $\vec{H}$ 处处相等，$\vec{E}$、$\vec{H}$ 只与坐标变量 z 及时间 t 有关，而与坐标变量 x、y 无关，即 $\vec{E}=\vec{e}_xE_x(z,t)$，$\vec{H}=\vec{e}_yH_y(z,t)$。

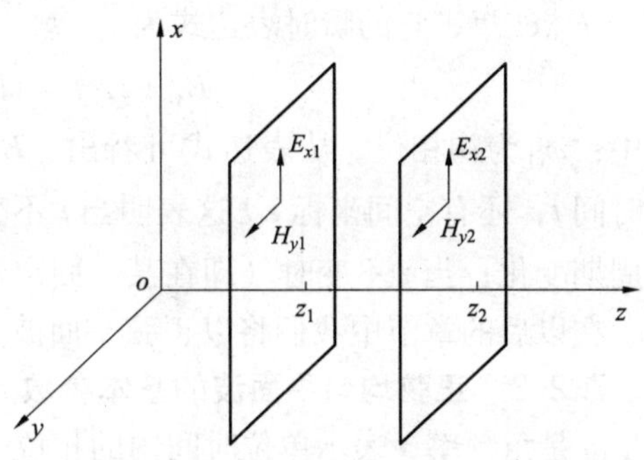

图 7－1 向 z 方向传播的均匀平面波

因 $\vec{E}$ 只有 x 方向，其满足的波动方程为

$$\nabla^2E_x-\mu\varepsilon\frac{\partial^2E_x}{\partial t^2}=0$$

将其进行拉普拉斯运算展开，得

$$\frac{\partial^2E_x}{\partial x^2}+\frac{\partial^2E_x}{\partial y^2}+\frac{\partial^2E_x}{\partial z^2}-\mu\varepsilon\frac{\partial^2E_x}{\partial t^2}=0 \tag{7-17}$$

E_x 只沿 z 方向变化，与 x、y 无关，则$\frac{\partial E_x}{\partial y}=0$，$\frac{\partial E_x}{\partial z}=0$。式（7－17）变为

$$\frac{\partial^2E_x}{\partial z^2}-\mu\varepsilon\frac{\partial^2E_x}{\partial t^2}=0 \tag{7-18}$$

同理，可得到 $\vec{H}$ 满足的波动方程

$$\frac{\partial^2H_y}{\partial z^2}-\mu\varepsilon\frac{\partial^2H_y}{\partial t^2}=0 \tag{7-19}$$

式（7－18）和式（7－19）为均匀平面波所满足的齐次波动方程。

以上所讨论的均匀平面波是最简单的一种情况，通过波动方程可以证明向 z 方向传播的均匀平面波，$\vec{E}$、$\vec{H}$ 可存在 x、y 两个方向的分量，但不可能存在 z 方向的分量，即 $E_z=0$、$H_z=0$。这种只存在于垂直传播方向的平面内的电磁波称为横电磁波（TEM 波）。横电磁波的场量 $\vec{E}$、$\vec{H}$ 与速度 $\vec{v}$ 三个矢量符合右手螺旋定则，因速度 $\vec{v}$ 的方向即是能量传播方向，

则场量 $\vec{E}$、$\vec{H}$ 与坡印廷矢量 $\vec{S}$ 三个矢量符合右手螺旋定则。

7.2.2 理想介质中正弦均匀平面波电场强度的通解

若以上讨论的均匀平面波为正弦均匀平面波，在理想介质中满足亥姆霍兹方程

$$\nabla^2 E_x + k^2 E_x = 0 \tag{7-20}$$

$$\nabla^2 H_y + k^2 H_y = 0 \tag{7-21}$$

其通解形式为

$$E_x = E_{x0}^+ \mathrm{e}^{-\mathrm{j}kz} + E_{x0}^- \mathrm{e}^{\mathrm{j}kz} \tag{7-22}$$

式中第一项表示向 $+z$ 方向传播的波（入射波），第二项表示向 $-z$ 方向传播的波（反射波）。E_{x0}^+、E_{x0}^- 表示入射波和反射波 x 方向的电场强度在 $x=0$ 处的复振幅，可表示为 $E_{x0}^+ = |E_{x0}^+|\mathrm{e}^{\mathrm{j}\varphi_{x1}}$，$E_{x0}^+ = |E_{x0}^+|\mathrm{e}^{\mathrm{j}\varphi_{x2}}$。

若均匀平面波在无限大的理想媒质中传播，则在媒质中只存在向 $+z$ 方向传播的波 $E_x^+ = E_{x0}^+ \mathrm{e}^{-jkz}$，它的瞬时表达式为

$$E_x^+(z,t) = |E_{x0}^+|\cos(\omega t - kz + \varphi_{x1}) \tag{7-23}$$

式中：φ_{x1} 为初相位。从表达式可看出，$E_x^+(z,t)$ 是一作余弦变化的周期函数，其变量不仅有时间 t，还有空间坐标 z。这表明当 t 不变时（即在某一固定时刻），$E_x^+(z,t)$ 随空间坐标 z 作周期变化；当 z 不变时（即在某一固定位置），$E_x^+(z,t)$ 随时间 t 作周期变化。

在以后的章节中我们将以正弦平面波为例来研究平面波的各种传播特性。

7.2.3 正弦均匀平面波的基本参数

ω 是角频率，表示单位时间内的相位变化，单位为弧度/秒（rad/s）。ωt 称为时间相位，表示经过时间 t 后相位的变化量。当相位变化 2π 时所经过的时间称为周期 T，即

$$\omega T = 2\pi \tag{7-24}$$

$$T = \frac{2\pi}{\omega} \tag{7-25}$$

电磁波的频率

$$f = \frac{1}{T} = \frac{\omega}{2\pi} \tag{7-26}$$

频率 f 的单位为赫兹（Hz）。

kz 称为空间相位，表示波前进一段距离 z 后相位的变化量。当相位变化 2π 时波前进的距离称为波长 λ。

$$k\lambda = 2\pi \tag{7-27}$$

$$\lambda = \frac{2\pi}{k} \tag{7-28}$$

$$k = \frac{2\pi}{\lambda} \tag{7-29}$$

k 表示波前进单位距离引起的相位变化，称为相位常数，单位为弧度/米（rad/m）。同时，k 也表示在 2π 的空间距离内的波长数量，因而又称为波数。由 $k^2 = \omega^2\mu\varepsilon$ 可得

$$k = \omega\sqrt{\mu\varepsilon} = 2\pi f\sqrt{\mu\varepsilon} \tag{7-30}$$

相位常数 k 由波的频率及媒质的参数所决定。

根据式（7-23）可画出在不同时刻电场强度矢量沿 z 轴的分布，如图 7-2 所示。为简单起见，这里设初相位 φ_{x1} 为零。

在时刻 t_1，对波形上位于 z_1 的某个点，设其相位为 φ，即

$$\varphi=\omega t_1-kz_1$$

当 $t_2=t_1+\Delta t$ 时，此点从 z_1 移到 $z_2=z_1+\Delta z$，此时

$$\varphi=\omega t_2-kz_2=\omega(t_1+\Delta t)-k(z_1+\Delta z)$$

即
$$\omega t_1-kz_1=\omega(t_1+\Delta t)-k(z_1+\Delta z)$$

$$\omega\Delta t=k\Delta z$$

将等相位面传播的速度称为相速，以 v_{p} 表示。

$$v_{\mathrm{p}}=\lim_{\Delta t\to 0}\frac{\Delta z}{\Delta t}=\frac{\mathrm{d}z}{\mathrm{d}t}=\frac{\omega}{k} \tag{7-31}$$

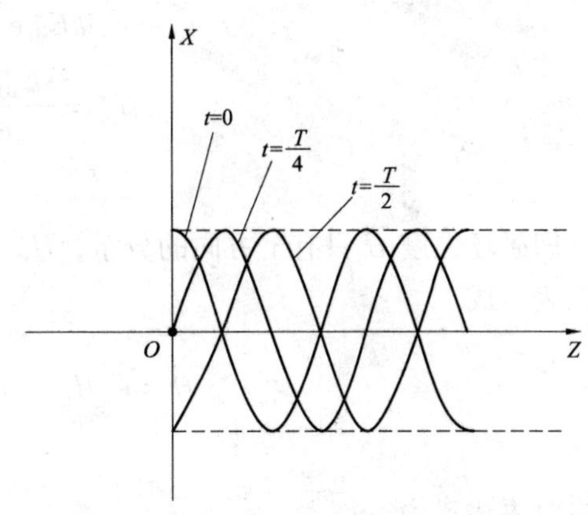

图 7-2 不同时刻电场强度的分布图

由 $k=\omega\sqrt{\mu\varepsilon}$

$$v_{\mathrm{p}}=\frac{\omega}{k}=\frac{1}{\sqrt{\mu\varepsilon}} \tag{7-32}$$

由 $k=\dfrac{2\pi}{\lambda}$

$$\lambda=\frac{2\pi}{k}=\frac{2\pi}{\omega\sqrt{\mu\varepsilon}} \tag{7-33}$$

可见，相速等于频率与波长的乘积，相速与波长均与媒质的参数有关。波以一定的频率从波源发出以后，在不同的媒质中传播时，它的相位常数、相速、波长都会发生变化。

在真空中，$\mu=\mu_0=4\pi\times10^{-7}\mathrm{H/m}$，$\varepsilon=\varepsilon_0=\dfrac{1}{4\pi\times9\times10^{9}}\mathrm{F/m}$，则

$$v_{\mathrm{p}}=\frac{1}{\sqrt{\mu_0\varepsilon_0}}\approx3\times10^{8}\mathrm{m/s} \tag{7-34}$$

这就是光在真空中的传播速度，通常以 c 表示。

7.2.4 理想介质中正弦均匀平面波磁场强度的通解

电磁波的电场强度给定以后，可以由麦克斯韦方程来求解磁场强度，不需要求解复杂的亥姆霍兹方程。由麦克斯韦方程的法拉第电磁感应定律可知

$$\nabla\times\vec{E}=-\mathrm{j}\omega\mu\vec{H}$$

$$\vec{H}=\frac{\nabla\times\vec{E}}{-\mathrm{j}\omega\mu} \tag{7-35}$$

将 $\vec{E}=\vec{e}_xE_{x0}^{+}\mathrm{e}^{-\mathrm{j}kz}$ 代入式（7-35），其中

$$\nabla\times\vec{E}=\begin{vmatrix}\vec{e}_x & \vec{e}_y & \vec{e}_z\\ \dfrac{\partial}{\partial x} & \dfrac{\partial}{\partial y} & \dfrac{\partial}{\partial z}\\ E_{x0}^{+}\mathrm{e}^{-\mathrm{j}kz} & 0 & 0\end{vmatrix}=\vec{e}_y\left(\frac{\partial E_{x0}^{+}\mathrm{e}^{-\mathrm{j}kz}}{\partial z}\right)=-\vec{e}_y\mathrm{j}kE_{x0}^{+}\mathrm{e}^{-\mathrm{j}kz}$$

则

$$-\vec{e}_y jkE_{x0}^+ e^{-jkz} = -j\omega\mu \vec{e}_y H_y^+$$

$$H_y^+ = \frac{kE_{x0}^+ e^{-jkz}}{\omega\mu} = \frac{E_{x0}^+ e^{-jkz}}{\sqrt{\dfrac{\mu}{\varepsilon}}} \tag{7-36}$$

即磁场强度 $\vec{H}$ 只有 y 方向的分量，$H_x^+=0$，$H_z^+=0$。根据 $\vec{E}$、$\vec{H}$、$\vec{v}$ 之间的关系，$\vec{H}$ 还可以表示成

$$\vec{H} = \vec{e}_y H_y^+ = \vec{e}_y \frac{E_x^+}{\sqrt{\dfrac{\mu}{\varepsilon}}} = \vec{e}_z \times \frac{\vec{E}}{\sqrt{\dfrac{\mu}{\varepsilon}}} \tag{7-37}$$

其瞬时表达式为

$$\vec{H}(z,t) = \vec{e}_y \frac{|E_{x0}^+|}{\sqrt{\dfrac{\mu}{\varepsilon}}}\cos(\omega t - kz + \varphi_{x1}) \tag{7-38}$$

磁场强度 $\vec{H}$ 的变化规律与电场强度 $\vec{E}$ 相同，$\vec{E}$ 的幅值与 $\vec{H}$ 的幅值之比为$\sqrt{\dfrac{\mu}{\varepsilon}}$，$\sqrt{\dfrac{\mu}{\varepsilon}}$称为媒质的本征阻抗，又称波阻抗，用 Z 表示，单位为欧姆（Ω）。

$$Z = \sqrt{\frac{\mu}{\varepsilon}} \tag{7-39}$$

在真空中

$$Z_0 = \sqrt{\frac{\mu_0}{\varepsilon_0}} = 120\pi \approx 377\ (\Omega) \tag{7-40}$$

7.2.5 正弦均匀平面波在理想介质中的传播特性

根据前面的分析，正弦均匀平面波在理想介质中的传播特性可从图 7-3 体现出来。具体分析如下：

（1）正弦均匀平面波在理想介质中的传播时，电场强度 $\vec{E}$ 与磁场强度 $\vec{H}$ 在空间上相互垂直，在时间上具有相同的相位，并且 $\vec{E}$、$\vec{H}$ 的方向与波的传播方向符合右手螺旋定则。

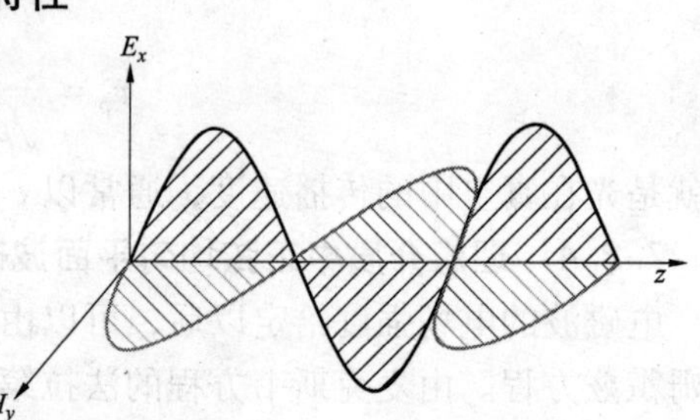

图 7-3 理想介质中的均匀平面波

（2）正弦均匀平面波在无限大理想介质中以一定的速度 $v_p = \frac{1}{\sqrt{\mu\varepsilon}}$传播。

（3）电磁波在传播时同时也传输能量，由坡印廷矢量 $\vec{S}$ 的表达式 $\vec{S} = \vec{E} \times \vec{H}$ 可知，$\vec{S}$ 的方向即为波传播的方向，在波传输过程中 $\vec{E}$、$\vec{H}$ 的幅值不变，$\vec{S}$ 的幅值也没有变化。正弦均匀平面波以等幅波的形式在理想介质中传输。

坡印廷矢量 $\vec{S}$ 的大小

$$|\vec{S}| = |\vec{E} \times \vec{H}| = \frac{1}{Z}E^2 = ZH^2 \tag{7-41}$$

式中：E、H 为电场强度矢量与磁场强度矢量的大小。

而且在能量传输过程中，电场能量密度为

$$w_e=\frac{1}{2}\varepsilon E^2=\frac{1}{2}\varepsilon Z^2H^2=\frac{1}{2}\varepsilon\cdot\frac{\mu}{\varepsilon}\cdot H^2=\frac{1}{2}\mu H^2=w_m$$

即电场的能量密度与磁场的能量密度相等。

【例 7－1】 已知一均匀平面波在理想介质（$\varepsilon_r=4$，$\mu_r=1$）中传播，其电场强度的瞬时表达式为

$$\vec{E}(z,t)=\vec{e}_x10\cos(6\pi\times10^8t-4\pi z)$$

求：(1) 电场强度与磁场强度的复数形式；

(2) 波的频率、波长、相速；

(3) 坡印廷矢量的平均值。

解 (1) 电场强度的复数形式为

$$\vec{E}_m=\vec{e}_x10e^{-j4\pi z}$$

磁场强度的复数形式为

$$\vec{H}_m=\vec{e}_z\times\vec{e}_x\frac{10}{Z}e^{-j4\pi z}$$

其中，$Z=\sqrt{\dfrac{\mu}{\varepsilon}}=\sqrt{\dfrac{\mu_0\mu_r}{\varepsilon_0\varepsilon_r}}=\dfrac{1}{2}Z_0=60\pi$

则 $$\vec{H}_m=\vec{e}_y\frac{10}{60\pi}e^{-j4\pi z}=\vec{e}_y\frac{1}{6\pi}e^{-j4\pi z}$$

(2) 电磁波的频率 $$f=\frac{\omega}{2\pi}=\frac{6\pi\times10^8}{2\pi}=3\times10^8\ (\text{Hz})$$

波长 $$\lambda=\frac{2\pi}{k}=\frac{2\pi}{4\pi}=0.5\ (\text{m})$$

相速 $$v_p=\frac{\omega}{k}=\frac{6\pi\times10^8}{4\pi}=1.5\times10^8\ (\text{m/s})$$

(3) 坡印廷矢量的平均值

$$\vec{S}_{av}=\frac{1}{2}\text{Re}\ (\vec{E}_m\times\vec{H}_m^*)\ =\frac{1}{2}\text{Re}\begin{vmatrix}\vec{e}_x & \vec{e}_y & \vec{e}_z\\ 10e^{-j4\pi z} & 0 & 0\\ 0 & \frac{1}{6\pi}e^{j4\pi z} & 0\end{vmatrix}=\frac{5}{6\pi}=0.265\ (\text{W/m}^2)$$

7.3 导电媒质中的均匀平面波

导电媒质是指 $\sigma\neq0$ 的媒质。当电磁波在导电媒质中传播时，在媒质中将有电流（$\vec{J}=\sigma\vec{E}$）存在，引起媒质出现热损耗，因而导电媒质又称为损耗媒质。

7.3.1 导电媒质中的波动方程

在导电媒质中电磁波所满足的方程形式与在理想介质中有所不同。对于导电媒质中的全

电流定律，可写成

$$\nabla\times\vec{H}=\sigma\vec{E}+\varepsilon\frac{\partial\vec{E}}{\partial t} \tag{7-42}$$

其复数形式为

$$\nabla\times\vec{H}=\sigma\vec{E}+\mathrm{j}\omega\varepsilon\vec{E}=\mathrm{j}\omega\left(\varepsilon-\mathrm{j}\frac{\sigma}{\omega}\right)\vec{E} \tag{7-43}$$

而理想介质（$\sigma=0$）中全电流定律为

$$\nabla\times\vec{H}=\mathrm{j}\omega\varepsilon\vec{E} \tag{7-44}$$

比较上两式可见，若设 $\varepsilon-\mathrm{j}\frac{\sigma}{\omega}=\varepsilon_{\mathrm{c}}$，则导电媒质中的全电流定律与理想介质中具有同样的形式

$$\nabla\times\vec{H}=\mathrm{j}\omega\varepsilon_{\mathrm{c}}\vec{E} \tag{7-45}$$

也就是说可将导电媒质的介电常数看成复数。同理，可写出导电媒质中电磁波所满足的波动方程

$$\nabla^2\vec{E}+k_{\mathrm{c}}^2\vec{E}=0 \tag{7-46}$$

$$\nabla^2\vec{H}+k_{\mathrm{c}}^2\vec{H}=0 \tag{7-47}$$

式中：$k_{\mathrm{c}}^2=\omega^2\mu\varepsilon_{\mathrm{c}}=\omega^2\mu\left(\varepsilon-\mathrm{j}\frac{\sigma}{\omega}\right)$，$k_{\mathrm{c}}=\omega\sqrt{\mu\left(\varepsilon-\mathrm{j}\frac{\sigma}{\omega}\right)}$为复数。

7.3.2 导电媒质中电场强度的通解

波动方程（7-46）的解为 $E_x=E_{x0}^{+}\mathrm{e}^{-\mathrm{j}k_{\mathrm{c}}z}+E_{x0}^{-}\mathrm{e}^{\mathrm{j}k_{\mathrm{c}}z}$，若考虑介质为无限大，则电场只有入射分量 $E_x=E_{x0}^{+}\mathrm{e}^{-\mathrm{j}k_{\mathrm{c}}z}$。

令 $\mathrm{j}k_{\mathrm{c}}=k''+\mathrm{j}k'$，则利用复数相等其实部、虚部分别相等的原则可解出 k''、k'

$$k'=\omega\sqrt{\frac{\mu\varepsilon}{2}\left[\sqrt{1+\left(\frac{\sigma}{\omega\varepsilon}\right)^2}+1\right]}\quad(\mathrm{rad/m}) \tag{7-48}$$

$$k''=\omega\sqrt{\frac{\mu\varepsilon}{2}\left[\sqrt{1+\left(\frac{\sigma}{\omega\varepsilon}\right)^2}-1\right]}\quad(\mathrm{Np/m}) \tag{7-49}$$

则

$$\begin{aligned}E_x&=E_{x0}^{+}\mathrm{e}^{-(k''+\mathrm{j}k')z}\\&=E_{x0}^{+}\mathrm{e}^{-k''z}\mathrm{e}^{-\mathrm{j}k'z}\end{aligned} \tag{7-50}$$

其瞬时表达式为

$$E_x=E_{x0}^{+}\mathrm{e}^{-k''z}\cos(\omega t-k'z) \tag{7-51}$$

与在理想介质中相比，导电媒质中电场强度的表达式多了一项 $\mathrm{e}^{-k''z}$，此项表示随着 z 的增加，电场强度的幅值不断衰减，k''称为衰减常数。式中 $\mathrm{e}^{-\mathrm{j}k'z}$表示相位的变化，$k'$称为相位常数，$k_{\mathrm{c}}$ 称为传播常数。根据电磁波的相速及波长的表达式，可得到导电媒质中

$$v_{\mathrm{p}}=\frac{\omega}{k'}=\frac{1}{\sqrt{\frac{\mu\varepsilon}{2}\left[\sqrt{1+\left(\frac{\sigma}{\omega\varepsilon}\right)^2}+1\right]}} \tag{7-52}$$

$$\lambda=\frac{2\pi}{k'}=\frac{2\pi}{\omega\sqrt{\frac{\mu\varepsilon}{2}\left[\sqrt{1+\left(\frac{\sigma}{\omega\varepsilon}\right)^2}+1\right]}} \tag{7-53}$$

导电媒质中的电磁波的相速及波长不仅与媒质的参数有关，还与电磁波的频率有关。当不同频率的电磁波在同一导电媒质中传播时，它们的波速不同，波长不同，传播相同距离所引起的相位变化也不同，这种现象称为色散现象。导电媒质又称为色散媒质。由于电磁波在导电媒质中传播时幅值会衰减，因而导电媒质又称为损耗媒质。

7.3.3 导电媒质中磁场强度的通解

将导电媒质中电场强度的表达式（7－50）代入式（7－35）中，即可求出 $\vec{H}$

$$\vec{H}=\frac{\nabla\times\vec{E}}{-\mathrm{j}\omega\mu}=\vec{e}_y\frac{k_c}{\omega\mu}E_x=\vec{e}_y\frac{E_x}{Z_c} \tag{7-54}$$

式中

$$Z_c=\frac{\omega\mu}{k_c}=\frac{\omega\mu}{\omega\sqrt{\mu\left(\varepsilon-\mathrm{j}\dfrac{\sigma}{\omega}\right)}}=\sqrt{\frac{\mu}{\varepsilon-\mathrm{j}\dfrac{\sigma}{\omega}}} \tag{7-55}$$

Z_c 为导电媒质的波阻抗，是复数，可写成

$$Z_c=|Z_c|\mathrm{e}^{\mathrm{j}\varphi} \tag{7-56}$$

则

$$\vec{H}=\vec{e}_y\frac{E_x}{Z_c}=\vec{e}_y\frac{1}{|Z_c|}\mathrm{e}^{-\mathrm{j}\varphi}E_{x0}^{+}\mathrm{e}^{-k''z}\mathrm{e}^{-\mathrm{j}k'z} \tag{7-57}$$

其瞬时表达式为

$$\vec{H}=\vec{e}_y=\frac{1}{|Z_c|}E_{x0}^{+}\mathrm{e}^{-k''z}\cos\left(\omega t-k'z-\varphi\right) \tag{7-58}$$

可见，在导电媒质中，$\vec{H}$ 与 $\vec{E}$ 在空间上仍然是相互垂直的，但在时间上不再同相，二者相差一相位 φ。

7.3.4 正弦均匀平面波在导电媒质中的传播特性

根据前面的分析，正弦均匀平面波在导电媒质中的传播特性可从图 7－4 体现出来。

（1）均匀平面波在导电媒质中传输时，电磁波仍然是 TEM 波。但是电场强度 $\vec{E}$ 与磁场强度 $\vec{H}$ 的相位不再相同，媒质的波阻抗是复数。

（2）均匀平面波在导电媒质中的传播速度不仅与媒质的参数有关，还与波的频率有关，在导电媒质中出现色散现象。

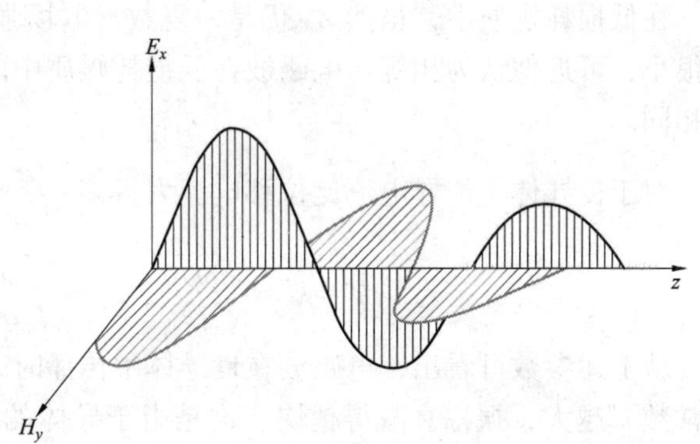

图 7－4　导电媒质中的均匀平面波

（3）在导电媒质中，由于 $\sigma\neq0$，存在传导电流，就有部分电磁能转化为焦耳损耗。此外，从 $\varepsilon_c=\varepsilon-\mathrm{j}\dfrac{\sigma}{\omega}$ 的表达式看，ε_c 的虚部不为零，说明 ε_c 的虚部代表损耗。ε_c 的幅角称为媒质的损耗角，用 δ_c 表示，则有

$$\tan|\delta_c|=\frac{\sigma}{\omega\varepsilon} \tag{7-59}$$

称为损耗角正切。

对表达式$\frac{\sigma}{\omega\varepsilon}$的分子、分母同乘以$E$，可看出，分子表示传导电流，分母代表位移电流，即$\frac{\sigma}{\omega\varepsilon}$表示传导电流与位移电流的比值。

对于σ较小的弱导电媒质（又称低损耗媒质），有$\frac{\sigma}{\omega\varepsilon}\ll 1$，将$k''$、$k'$表达式用二项式展开近似，可得

$$\sqrt{1+\left(\frac{\sigma}{\omega\varepsilon}\right)^2}\approx 1+\frac{1}{2}\left(\frac{\sigma}{\omega\varepsilon}\right)^2$$

$$k''\approx\omega\sqrt{\frac{\mu\varepsilon}{2}\left[1+\frac{1}{2}\left(\frac{\sigma}{\omega\varepsilon}\right)^2-1\right]}=\omega\sqrt{\frac{\mu\varepsilon}{2}\cdot\frac{1}{2}\ \frac{\sigma^2}{\omega^2\varepsilon^2}}=\frac{\sigma}{2}\sqrt{\frac{\mu}{\varepsilon}} \tag{7-60}$$

$$\begin{aligned}k'&\approx\omega\sqrt{\frac{\mu\varepsilon}{2}\left[1+\frac{1}{2}\left(\frac{\sigma}{\omega\varepsilon}\right)^2+1\right]}=\omega\sqrt{\frac{\mu\varepsilon}{2}\left[2+\frac{1}{2}\left(\frac{\sigma}{\omega\varepsilon}\right)^2\right]}\\&=\omega\sqrt{\mu\varepsilon}\left[1+\frac{1}{8}\left(\frac{\sigma}{\omega\varepsilon}\right)^2\right]\end{aligned} \tag{7-61}$$

因$\frac{\sigma}{\omega\varepsilon}\ll 1$，$k'\approx\omega\sqrt{\mu\varepsilon}$。

此外，还可得到

$$Z_c\approx\sqrt{\frac{\mu}{\varepsilon}} \tag{7-62}$$

$$v_p\approx\frac{1}{\sqrt{\mu\varepsilon}} \tag{7-63}$$

在低损耗媒质中，虽然Z_c仍是一复数，电场强度与磁场强度是不同相的，但其相位差别很小，可近似认为相等。电磁波在低损耗媒质中的相速也近似认为与在理想介质中的表达式相同。

对于良导体，传导电流比位移电流大得多，$\frac{\sigma}{\omega\varepsilon}\gg 1$，各参数可近似为

$$k''\approx k'\approx\sqrt{\frac{\omega\mu\sigma}{2}},\ Z_c\approx\sqrt{\frac{\omega\mu}{\sigma}}e^{j\frac{\pi}{4}},\ v_p\approx\sqrt{\frac{2\omega}{\mu\sigma}} \tag{7-64}$$

从上述参数可看出，电磁波在良导体中传播时，良导体的σ越大、波的频率f越高，衰减常数k''越大，振幅衰减得越快。这是由于导体的σ大，电磁波在良导体中传播时引起的传导电流也大，电磁能消耗于焦耳热的部分增加；同时，电磁波的频率f越高，单位时间消耗于焦耳热的电磁能量也越多。因而，在良导体中传播的电磁波的振幅很快衰减，电磁波不能深入到导体内部而只是集中于导体的一极薄表面层中，这种现象称为集肤效应。通常将电磁波进入良导体后，其场强幅值衰减至表面值e^{-1}处的深度称为透入深度，用δ表示。

由$e^{-k''\delta}=e^{-1}$得

$$k''\delta=1$$

$$\delta=\frac{1}{k''}=\frac{1}{\sqrt{\pi f\mu\sigma}} \tag{7-65}$$

透入深度δ与频率f及σ的平方根成反比。对于良导体来说，这个数值是非常小的。例如对金属铜，其$\sigma=5.8\times10^{7}\text{S/m}$，$\mu=4\pi\times10^{-7}\text{H/m}$，某一广播信号的频率为3MHz，此信号在铜中传播时透入深度δ为0.038mm，可见高频电磁波不能深入良导体内部。

【例7-2】 一正弦均匀平面电磁波在空气中沿$+z$方向传输，其波长为60m。已知海水的$\sigma=4\text{S/m}$，$\mu_r=1$，$\varepsilon_r=80$。当此波进入到海水以后，其波长和相速变为多少？若已知在海平面下1m处，电场强度的瞬时值为$\vec{E}=\vec{e}_x10^{-6}\cos\omega t$（V/m），求海面上（$z=0$）电场强度和磁场强度的瞬时值。

解 电磁波的频率 $f=\dfrac{v}{\lambda}=\dfrac{c}{\lambda}=\dfrac{3\times10^{8}}{60}=5\times10^{6}$（Hz）

海水 $$\frac{\sigma}{\omega\varepsilon}=\frac{4}{2\pi\times5\times10^{6}\times80\times\dfrac{1}{4\pi\times9\times10^{9}}}=180\gg1$$

则海水中的波长、相速可按良导体中的表达式考虑

$$k''\approx k'\approx\sqrt{\frac{\omega\mu\sigma}{2}}=\sqrt{\pi f\mu\sigma}=8.89$$

$$Z_c\approx\sqrt{\frac{\omega\mu}{\sigma}}e^{j\frac{\pi}{4}}=\pi e^{j\frac{\pi}{4}}\ (\Omega)$$

$$\lambda=\frac{2\pi}{k'}=0.707\ (\text{m})$$

$$v_p=\frac{\omega}{k'}=3.53\times10^{6}\ (\text{m/s})$$

海水中任一深度z处的电场强度表达式为

$$\vec{E}=\vec{e}_xE_me^{-k''z}\cos(\omega t-k'z+\varphi_0)$$

将k''、k'的值代入表达式中得

$$\vec{E}=\vec{e}_xE_me^{-8.89z}\cos(\omega t-8.89z+\varphi_0)$$

当$z=1$时，$\vec{E}=\vec{e}_xE_me^{-8.89}\cos(\omega t-8.89+\varphi_0)=\vec{e}_x10^{-6}\cos\omega t$

则 $$\begin{cases}E_me^{-8.89}=10^{-6}\\ \omega t-8.89+\varphi_0=\omega t\end{cases}$$

得 $$\begin{cases}E_m=10^{-6}e^{8.89}\\ \varphi_0=8.89\end{cases}$$

$$\vec{E}=\vec{e}_x10^{-6}e^{8.89}e^{-8.89z}\cos(\omega t-8.89z+8.89)\ (\text{V/m})$$

当$z=0$时

$$\vec{E}=\vec{e}_x10^{-6}e^{8.89}\cos(\omega t+8.89)\ (\text{V/m})$$

复数形式 $$\vec{E}=\vec{e}_x10^{-6}e^{8.89}e^{j8.89}\ (\text{V/m})$$

$$\vec{H}=(\vec{e}_z\times\vec{e}_x)\frac{E}{Z_c}=\vec{e}_y\frac{10^{-6}e^{8.89}}{\pi}e^{j8.89}e^{-j\frac{\pi}{4}}\ (\text{A/m})$$

瞬时表达式为 $$\vec{H}=\vec{e}_y\frac{10^{-6}e^{8.89}}{\pi}\cos\left(\omega t+8.89-\frac{\pi}{4}\right)\ (\text{A/m})$$

7.4 电磁波的群速

上节中讨论到电磁波在导电媒质中传播时，其相速与频率有关，导电媒质是色散媒质。而含有信号的电磁波是由包含许多频率分量的频带构成的，各个频率分量的波以不同的相速进行传播，因而不能用相速来描述信号在色散媒质中的传播速度。群速这个概念的引入正是为了描述信号在色散媒质中的传播特性。

设一向 $+z$ 传播的信号由两个振幅相同，频率相差不大的电磁波构成，可表示为

$$E_1(z,t)=E_m\cos[(\omega+\Delta\omega)t-(k+\Delta k)z] \tag{7-66}$$

$$E_2(z,t)=E_m\cos[(\omega-\Delta\omega)t-(k-\Delta k)z] \tag{7-67}$$

式中，$\Delta\omega\ll\omega$。因 E_1、E_2 的频率相近，两者的相位常数也相近。

合成波

$$E=E_1+E_2=E_1(z,t)=2E_m\cos(\Delta\omega t-\Delta kz)\cos(\omega t-kz) \tag{7-68}$$

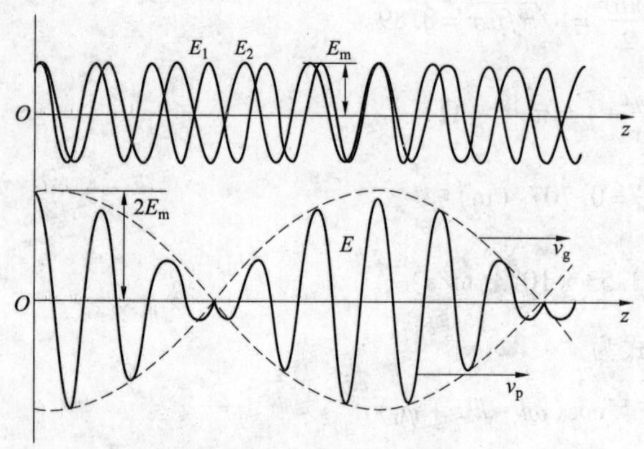

图 7-5 群速与相速

式（7-68）表明，合成波的振幅以 $\Delta\omega$ 的角频率缓慢变化，如图 7-5 中的虚线所示，称为包络。包络内的波以角频率 ω 变化，其传播速度由 $\omega t-kz=c$ 得到 $v_p=\frac{dz}{dt}=\frac{\omega}{k}$，即为前面讨论的相速。包络上等相位点传播的速度为 $v_g=\frac{dz}{dt}=\frac{\Delta\omega}{\Delta k}$，若 $\Delta\omega\to 0$，$v_g=\frac{d\omega}{dk}$。v_g 称为群速，它代表包络传播的速度，也代表信号能量传播的速度。

下面推出相速 v_p 与群速 v_g 的关系。

因 $v_p=\frac{\omega}{k}$，$\omega=v_p\cdot k$，可知

$$v_g=\frac{d\omega}{dk}=\frac{d(v_p\cdot k)}{dk}$$

$$=v_p+k\frac{dv_p}{dk}=v_p+\frac{\omega}{v_p}\cdot\frac{dv_p}{d\omega}\cdot v_g$$

则

$$v_g=\frac{v_p}{1-\frac{\omega}{v_p}\cdot\frac{dv_p}{d\omega}} \tag{7-69}$$

可见：

（1）若 $\frac{dv_p}{d\omega}=0$，即 v_p 与频率无关，得 $v_p=v_g$，理想介质中电磁波的群速与相速相等。

（2）若 $\frac{dv_p}{d\omega}<0$，得 $v_g<v_p$，媒质中群速小于相速，这种称为正常色散。

（3）若$\frac{dv_p}{d\omega}>0$，得$v_g>v_p$，媒质中群速大于相速，这种称为异常色散。

7.5 平面波的极化

波的极化特性表示的是在等相位面上电场强度矢量随时间变化的轨迹。例如前面讨论的向$+z$方向传播的均匀平面波，电场强度只有E_x分量，当时间变化时，电场强度始终在x方向上变化，这种波称为沿x方向的线极化波。若电磁波不仅有E_x分量，还有E_y分量，那么其极化特性就取决于E_x、E_y叠加后的合成电场强度矢量随时间变化的轨迹。根据轨迹形状的不同，波的极化特性分为直线极化、圆极化和椭圆极化三种。下面分别讨论这三种极化特性产生的条件。

7.5.1 直线极化

当E_x和E_y的相位相同或相差180°时，电磁波的极化特性为直线极化（简称线极化）。设

$$E_x(z,t)=E_{xm}\cos(\omega t-kz+\varphi_x) \tag{7-70}$$

$$E_y(z,t)=E_{ym}\cos(\omega t-kz+\varphi_y) \tag{7-71}$$

令$\varphi_x=\varphi_y=0$，同时为简单起见，讨论$z=0$等相位面上的电场强度，则

$$E_x(0,t)=E_{xm}\cos\omega t \tag{7-72}$$

$$E_y(0,t)=E_{ym}\cos\omega t \tag{7-73}$$

合成电场$E(t)$的大小为

$$E(t)=\sqrt{E_x^2+E_y^2}=\sqrt{E_{xm}^2+E_{ym}^2}\cos\omega t \tag{7-74}$$

设$E(t)$与x轴的夹角为α，则

$$\tan\alpha=\frac{E_y}{E_x}=\frac{E_{ym}}{E_{xm}}=\text{con}\omega t \tag{7-75}$$

可见，合成后的电场强度幅值随t变化，但其方向始终不变，如图7-6所示。合成后的电场强度幅值始终在与x轴的夹角为α的直线上变化，因而被称为直线极化。

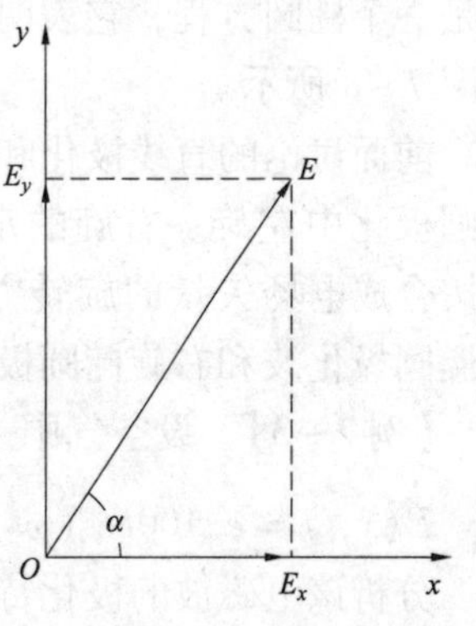

图7-6 直线极化波

7.5.2 圆极化

当E_x和E_y的振幅相同，相位相差±90°时，电磁波的极化特性为圆极化。式（7-70）和式（7-71）中，令$E_{xm}=E_{ym}=E_m$，$\varphi_x=0$，$\varphi_y=-90°$，在$z=0$等相位面上

$$E_x(0,t)=E_m\cos\omega t \tag{7-76}$$

$$E_y(0,t)=E_m\sin\omega t \tag{7-77}$$

合成电场$E(t)$的大小为

$$E(t)=\sqrt{E_x^2+E_y^2}=E_m \tag{7-78}$$

$E(t)$与x轴的夹角为

$$\tan\alpha=\frac{E_y}{E_x}=\tan\omega t$$

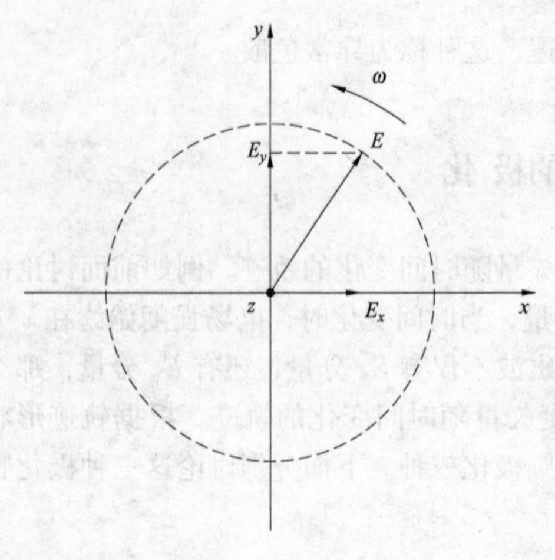

图 7-7 圆极化波

即
$$\alpha = \omega t \tag{7-79}$$

合成电场的振幅始终为 E_m，不随时间变化；合成电场的方向随时间变化。合成电场矢量以 E_m 为半径、ω 为角频率旋转，如图 7-7 所示。在一个周期内，合成电场矢量末端的轨迹构成一个圆，因而称为圆极化。

对于圆极化，常用左旋和右旋来区分合成电场矢量的旋转方向。以手的拇指表示电磁波的传播方向，手的其他四指表示合成电场矢量的旋转方向，若旋转方向与波的传播方向符合右手关系，称为右旋；若旋转方向与波的传播方向符合左手关系，则称为左旋。

在图 7-7 中，E_x 比 E_y 超前 90°，波向 $+z$ 方向传播，合成电场矢量沿逆时针方向旋转，旋转方向与波的传播方向符合右手关系，构成右旋圆极化波。反之，若 E_y 比 E_x 超前 90°，合成电场矢量沿顺时针方向旋转，旋转方向与波的传播方向符合左手关系，则构成左旋圆极化波。

7.5.3 椭圆极化

当 E_x 和 E_y 的振幅和相位都不相等时，电磁波的极化特性为椭圆极化。

式（7-70）中，令 $\varphi_x = 0$，$\varphi_y = \varphi$，在 $z = 0$ 等相位面上

$$E_x(0,t) = E_{xm}\cos\omega t \tag{7-80}$$

$$E_y(0,t) = E_{ym}\cos(\omega t + \varphi) \tag{7-81}$$

上式中消去 ωt，得到

$$\frac{E_x^2(t)}{E_{xm}^2} + \frac{E_y^2(t)}{E_{ym}^2} - \frac{2E_x(t)E_y(t)}{E_{xm}E_{ym}}\cos\varphi = \sin^2\varphi \tag{7-82}$$

这是一个椭圆方程，它表明合成电场矢量末端的轨迹构成一个椭圆，因而称为椭圆极化波，如图 7-8 所示。

前面讨论的直线极化和圆极化都是椭圆极化的特例。同圆极化中左旋、右旋的定义类似，在椭圆极化中，也可按合成电场矢量的旋转方向与传播方向的关系分为左旋椭圆极化波和右旋椭圆极化波。

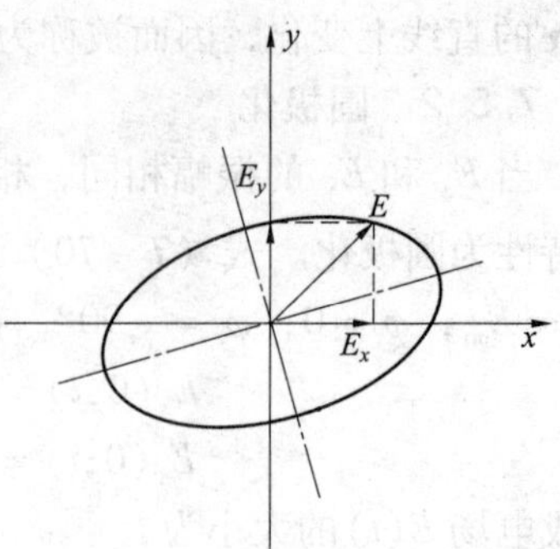

图 7-8 椭圆极化波

【例 7-3】 设空气中一均匀平面波为

$\vec{E}(x,t) = \vec{e}_y 100\cos(\omega t - kx) + \vec{e}_z 100\sin(\omega t - kx)$

分析该电磁波的极化特性。

解 由 $\vec{E}(x,t)$ 的表达式，知波的传播方向为 $+x$ 方向。且

$$E_y = 100\cos(\omega t - kx)$$

$$E_z = 100\sin(\omega t - kx) = 100\cos\left(\omega t - kx - \frac{\pi}{2}\right)$$

即 $E_{ym}=E_{zm}=100$，$\varphi_y=0$，$\varphi_z=-\frac{\pi}{2}$，电场的两分量振幅相同、相位相差$\frac{\pi}{2}$，可判断此波为圆极化波。又因 E_y 超前 E_z，此波为右旋圆极化波。

7.6 均匀平面波垂直投射到两种媒质的分界面

前面讨论了均匀平面波在无限大的理想介质及导电媒质中的传播特性，如果电磁波在传播的过程中从一种媒质进入到另外一种媒质，那么就会遇到两种媒质的分界面。在媒质分界面处，电场及磁场的场量要满足前述的边界条件，电磁波在分界面处发生反射和透射。

将进入到第一种媒质的波称为入射波，被分界面反射的部分电磁能量形成反射波，透过分界面继续传播的另一部分电磁能量形成透射波。

7.6.1 两种一般导电媒质的分界面

设一 x 方向极化的均匀平面波向 $+z$ 方向传播，在 $z<0$ 的区域为媒质 1（μ_1，ε_1，σ_1），在 $z>0$ 的区域为媒质 2（μ_2，ε_2，σ_2），如图 7-9 所示。

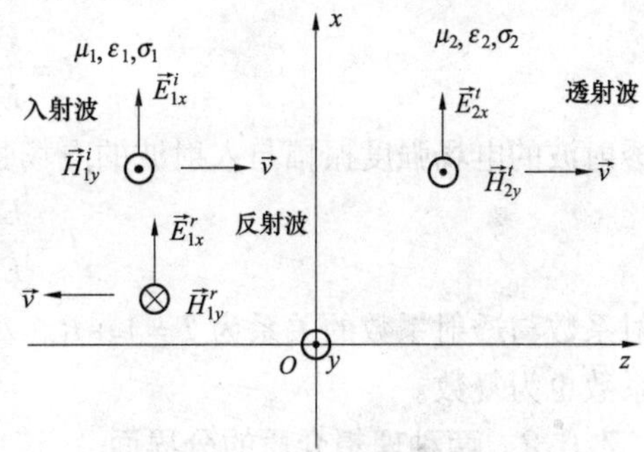

图 7-9 均匀平面波垂直投射到两种一般导电媒质分界面

图 7-9 中入射波和透射波向 $+z$ 方向传播，反射波向 $-z$ 方向传播。设媒质 1 的传播常数为 k_{c1}，波阻抗为 Z_1；设媒质 2 的传播常数为 k_{c2}，波阻抗为 Z_2。入射波的电场为 x 方向，根据分界面处电场切向分量相等的条件可知，反射波和透射波的电场也为 x 方向。将入射波、反射波和透射波的电场强度分量表示如下：

入射波 $$\vec{E}_{1x}^{\mathrm{i}}=\vec{e}_x E_{1x\mathrm{m}}^{\mathrm{i}}\mathrm{e}^{-\mathrm{j}k_{c1}z} \tag{7-83}$$

反射波 $$\vec{E}_{1x}^{\mathrm{r}}=\vec{e}_x E_{1x\mathrm{m}}^{\mathrm{r}}\mathrm{e}^{\mathrm{j}k_{c1}z} \tag{7-84}$$

透射波 $$\vec{E}_{2x}^{\mathrm{t}}=\vec{e}_x E_{2x\mathrm{m}}^{\mathrm{t}}\mathrm{e}^{-\mathrm{j}k_{c2}z} \tag{7-85}$$

我们知道波的传播方向即是坡印廷矢量 $\vec{S}$ 的方向，由 $S=\vec{E}\times\vec{H}$ 可知，入射波和透射波的磁场强度为 $\vec{a}_y$ 方向，反射波的磁场强度为 $-\vec{a}_y$ 方向，则由式（7-57）可写出磁场强度各分量的表达式：

入射波 $$\vec{H}_{1y}^{\mathrm{i}}=\vec{e}_y\frac{E_{1x\mathrm{m}}^{\mathrm{i}}}{Z_1}\mathrm{e}^{-\mathrm{j}k_{c1}z} \tag{7-86}$$

反射波 $$\vec{H}_{1y}^{\mathrm{r}}=-\vec{e}_y\frac{E_{1x\mathrm{m}}^{\mathrm{r}}}{Z_1}\mathrm{e}^{\mathrm{j}k_{c1}z} \tag{7-87}$$

透射波 $$\vec{H}_{2y}^{\mathrm{t}}=\vec{e}_y\frac{E_{2x\mathrm{m}}^{\mathrm{t}}}{Z_2}\mathrm{e}^{-\mathrm{j}k_{c2}z} \tag{7-88}$$

在媒质 1 中入射波和反射波共存，在媒质 2 中只存在透射波。

在 $z=0$ 的分界面，根据分界面边界条件 $E_{1t}=E_{2t}$，$H_{1t}=H_{2t}$（两种一般导电媒质的分界面没有传导电流存在），可得

$$E_{1x}^{\mathrm{i}}\big|_{z=0}+E_{1x}^{\mathrm{r}}\big|_{z=0}=E_{2x}^{\mathrm{t}}\big|_{z=0} \tag{7-89}$$

$$H_{1y}^{\mathrm{i}}\big|_{z=0}+H_{1y}^{\mathrm{r}}\big|_{z=0}=H_{2y}^{\mathrm{t}}\big|_{z=0} \tag{7-90}$$

即：

$$E_{1x\mathrm{m}}^{\mathrm{i}}+E_{1x\mathrm{m}}^{\mathrm{r}}=E_{2x\mathrm{m}}^{\mathrm{t}} \tag{7-91}$$

$$\frac{E_{1x\mathrm{m}}^{\mathrm{i}}}{Z_1}-\frac{E_{1x\mathrm{m}}^{\mathrm{r}}}{Z_1}=\frac{E_{2x\mathrm{m}}^{\mathrm{t}}}{Z_2} \tag{7-92}$$

上述方程中，入射波的电场 $E_{1x\mathrm{m}}^{\mathrm{i}}$ 为已知量，求解方程可得

$$E_{1x\mathrm{m}}^{\mathrm{r}}=\frac{Z_2-Z_1}{Z_2+Z_1}E_{1x\mathrm{m}}^{\mathrm{i}} \tag{7-93}$$

$$E_{2x\mathrm{m}}^{\mathrm{t}}=\frac{2Z_2}{Z_2+Z_1}E_{1x\mathrm{m}}^{\mathrm{i}} \tag{7-94}$$

将反射波的电场强度振幅与入射波的电场强度振幅之比定义为反射系数，用 R 表示

$$R=\frac{E_{1x\mathrm{m}}^{\mathrm{r}}}{E_{1x\mathrm{m}}^{\mathrm{i}}}=\frac{Z_2-Z_1}{Z_2+Z_1} \tag{7-95}$$

将透射波的电场强度振幅与入射波的电场强度振幅之比定义为透射系数，用 T 表示

$$T=\frac{E_{2x\mathrm{m}}^{\mathrm{t}}}{E_{1x\mathrm{m}}^{\mathrm{i}}}=\frac{2Z_2}{Z_2+Z_1} \tag{7-96}$$

反射系数与透射系数的关系为 $T=1+R$。对于一般导电媒质波阻抗 Z 为复数，反射系数与透射系数也为复数。

7.6.2 两种理想介质的分界面

当媒质为理想介质（$\sigma_1=0$，$\sigma_2=0$）时，Z 为实数，反射系数与透射系数也为实数。反射波与透射波的电场表达式为

$$\vec{E}_{1x}^{\mathrm{r}}=\vec{e}_xE_{1x\mathrm{m}}^{\mathrm{r}}\mathrm{e}^{\mathrm{j}k_{c1}z}=\vec{e}_xRE_{1x\mathrm{m}}^{\mathrm{i}}\mathrm{e}^{\mathrm{j}k_1z} \tag{7-97}$$

$$\vec{E}_{2x}^{\mathrm{t}}=\vec{e}_xE_{2x\mathrm{m}}^{\mathrm{t}}\mathrm{e}^{\mathrm{j}k_{c2}z}=\vec{e}_xTE_{1x\mathrm{m}}^{\mathrm{i}}\mathrm{e}^{-\mathrm{j}k_2z} \tag{7-98}$$

介质 1 中入射波与反射波的合成波电场大小为

$$\begin{aligned}E_{1x}&=E_{1x}^{\mathrm{i}}+E_{1x}^{\mathrm{r}}=E_{1x\mathrm{m}}^{\mathrm{i}}\mathrm{e}^{-\mathrm{j}k_1z}+RE_{1x\mathrm{m}}^{\mathrm{i}}\mathrm{e}^{\mathrm{j}k_1z}\\&=E_{1x\mathrm{m}}^{\mathrm{i}}\mathrm{e}^{-\mathrm{j}k_1z}(1+R\mathrm{e}^{2\mathrm{j}k_1z})\\&=E_{1x\mathrm{m}}^{\mathrm{i}}\mathrm{e}^{-\mathrm{j}k_1z}(1+R-R+R\mathrm{e}^{2\mathrm{j}k_1z})\\&=TE_{1x\mathrm{m}}^{\mathrm{i}}\mathrm{e}^{-\mathrm{j}k_1z}+RE_{1x\mathrm{m}}^{\mathrm{i}}\mathrm{e}^{-\mathrm{j}k_1z}(\mathrm{e}^{2\mathrm{j}k_1z}-1)\\&=TE_{1x\mathrm{m}}^{\mathrm{i}}\mathrm{e}^{-\mathrm{j}k_1z}+RE_{1x\mathrm{m}}^{\mathrm{i}}(2\mathrm{j}\sin k_1z)\end{aligned} \tag{7-99}$$

同理，可得到合成波磁场大小为

$$\begin{aligned}H_{1y}&=H_{1y}^{\mathrm{i}}+h_{1y}^{\mathrm{r}}=\frac{E_{1x\mathrm{m}}^{\mathrm{i}}}{Z_1}\mathrm{e}^{-\mathrm{j}k_1z}-R\frac{E_{1x\mathrm{m}}^{\mathrm{i}}}{Z_1}\mathrm{e}^{\mathrm{j}k_1z}\\&=T\frac{E_{1x\mathrm{m}}^{\mathrm{i}}}{Z_1}\mathrm{e}^{-\mathrm{j}k_1z}-R\frac{E_{1x\mathrm{m}}^{\mathrm{i}}}{Z_1}(2\cos k_1z)\end{aligned} \tag{7-100}$$

上述表达式中，第一项为行波，第二项为驻波。可求出介质 1 中电场强度的振幅为

$$|E_{1x}|=E_{1x\mathrm{m}}^{\mathrm{i}}\sqrt{1+R^2+2R\cos(2k_1z)} \tag{7-101}$$

其最大值、最小值分别为

$$|E_{1x}|_{\max}=E_{1xm}^{\mathrm{i}}(1+|R|)=TE_{1xm}^{\mathrm{i}} \tag{7-102}$$

$$|E_{1x}|_{\min}=E_{1xm}^{\mathrm{i}}(1-|R|) \tag{7-103}$$

反射系数 R 可正、可负，当 $Z_1<Z_2$ 时，$R>0$；当 $Z_1>Z_2$ 时，$R<0$。反射系数的正、负决定了在理想介质分界面处是出现波腹点还是波节点。$R>0$，反射波与入射波同相，分界面处是电场波腹点；$R<0$，反射波与入射波反相，分界面处是电场波节点。图 7-10 所示为介质 1 中，$R>0$ 时电场强度的振幅分布。

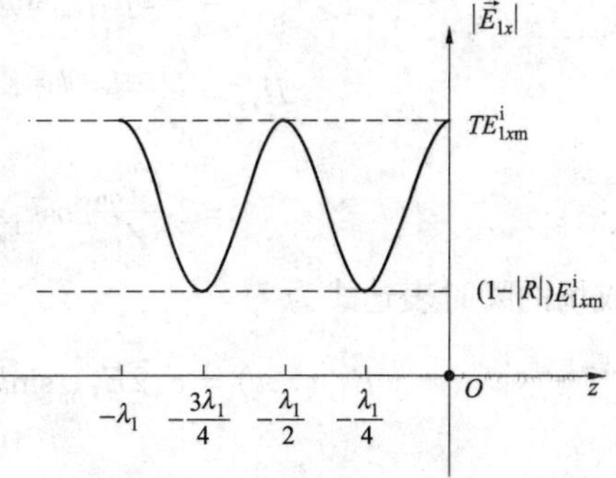

图 7-10 $R>0$ 时合成波电场强度的振幅

将介质 1 中合成波电场强度振幅最大值与最小值之比定义为驻波比（SWR），则

$$SWR=\frac{|E_{1x}|_{\max}}{|E_{1x}|_{\min}}=\frac{1+|R|}{1-|R|} \tag{7-104}$$

驻波比的取值范围为（1，∞）。当发生全反射时，$|R|=1$，$SWR=\infty$；当 $z_1=z_2$ 时，无反射发生，$|R|=0$，$SWR=1$。发生无反射的情况又称匹配状态，匹配时介质 1 中无反射波，电磁能量全部传输到介质 2 中。

工程上可通过测量驻波比来确定反射系数

$$|R|=\frac{SWR-1}{SWR+1} \tag{7-105}$$

7.6.3 理想介质与理想导体的分界面

如上节所讨论的问题，在 $z<0$ 区域的媒质 1 为理想介质（μ_1，ε_1，$\sigma_1=0$），在 $z>0$ 区域的媒质 2 为理想导体（$\sigma_2\to\infty$）（见图 7-11），则波在媒质 1 中的传播常数 k_{c1} 为实数 k_1。由 $Z_1=\sqrt{\frac{\mu_1}{\varepsilon_1}}$，$Z_2\to 0$，得

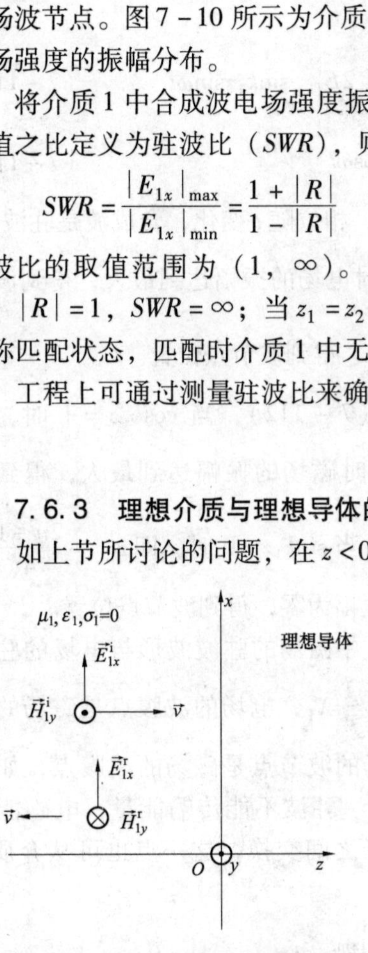

$$R=\frac{Z_2-Z_1}{Z_2+Z_1}=-1,\ T=\frac{2Z_2}{Z_2+Z_1}=0 \tag{7-106}$$

图 7-11 均匀平面波垂直投射到理想介质与理想导体分界面

可知，在理想导体内不存在透射波，即不存在任何电磁场。而反射波 $E_{1xm}^{\mathrm{r}}=-E_{1xm}^{\mathrm{i}}$，反射波与入射波的电场大小相等，相位相反（相差 180°）。根据分界面的边界条件，由式（7-91），因透射波 $E_{2xm}^{\mathrm{i}}=0$，同样可得上述结论。

由式（7-92）可得反射波的电场强度表达式

$$\vec{E}_{1x}^{\mathrm{r}}=\vec{e}_x E_{1xm}^{\mathrm{r}}\mathrm{e}^{\mathrm{j}k_{c1}z}=\vec{e}_x RE_{1xm}^{\mathrm{i}}\mathrm{e}^{\mathrm{j}k_1 z}$$

$$=-\vec{e}_x E_{1xm}^{\mathrm{i}}\mathrm{e}^{\mathrm{j}k_1 z} \tag{7-107}$$

由式（7-87）可得反射波的磁场强度表达式

$$\vec{H}_{1y}^{\mathrm{r}}=-\vec{e}_y\frac{E_{1xm}^{\mathrm{r}}}{Z_1}\mathrm{e}^{\mathrm{j}k_{c1}z}=\vec{e}_y\frac{E_{1xm}^{\mathrm{i}}}{Z_1}\mathrm{e}^{\mathrm{j}k_1 z} \tag{7-108}$$

在媒质 1 中的合成场为

$$E_{1x}=E_{1xm}^{\mathrm{i}}\mathrm{e}^{-\mathrm{j}k_1z}+E_{1xm}^{\mathrm{r}}\mathrm{e}^{\mathrm{j}k_1z}=E_{1xm}^{\mathrm{i}}\ (\mathrm{e}^{-\mathrm{j}k_1z}-\mathrm{e}^{\mathrm{j}k_1z})$$
$$=-2\mathrm{j}E_{1xm}^{\mathrm{i}}\sin k_1z=2E_{1xm}^{\mathrm{i}}\sin k_1z\mathrm{e}^{-\mathrm{j}\frac{\pi}{2}} \tag{7-109}$$
$$H_{1y}=\frac{E_{1xm}^{\mathrm{i}}}{Z_1}\mathrm{e}^{-\mathrm{j}k_1z}-\frac{E_{1xm}^{\mathrm{i}}}{Z_1}\mathrm{e}^{\mathrm{j}k_1z}=\frac{E_{1xm}^{\mathrm{i}}}{Z_1}\ (\mathrm{e}^{-\mathrm{j}k_1z}+\mathrm{e}^{\mathrm{j}k_1z})$$
$$=2\frac{E_{1xm}^{\mathrm{i}}}{Z_1}\cos k_1z \tag{7-110}$$

合成场的瞬时表达式为

$$\vec{E}_{1x}(z,t)=\vec{e}_x2E_{1xm}^{\mathrm{i}}\sin k_1z\cos\left(\omega t-\frac{\pi}{2}\right)=\vec{e}_x2E_{1xm}^{\mathrm{i}}\sin k_1z\sin\omega t \tag{7-111}$$
$$\vec{H}_{1y}(z,t)=\vec{e}_y2\frac{E_{1xm}^{\mathrm{i}}}{Z_1}\cos k_1z\cos\omega t \tag{7-112}$$

合成波的电磁场表达式表明，合成波的振幅随 z 变化、相位随 t 变化，合成波是驻波。

由式（7－111），当 $\sin k_1z=1$ 时，即 $z=-\frac{2n+1}{4}\lambda_1$ 时电场的振幅达到最大，得到波腹点位置；当 $\sin k_1z=0$ 时，即 $z=-\frac{n}{2}\lambda_1$ 时电场的振幅为零，得到波节点位置。

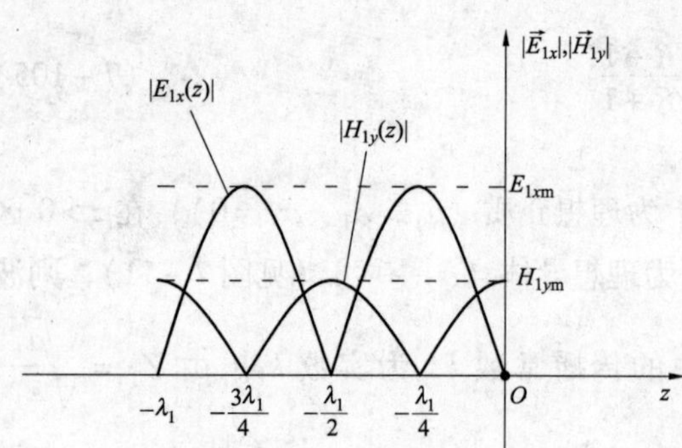

图 7－12　合成波电场与磁场的波腹点与波节点位置

由式（7－112），当 $\cos k_1z=1$ 时，即 $z=-\frac{n}{2}\lambda_1$ 时磁场的振幅达到最大，得到波腹点位置；当 $\sin k_1z=0$ 时，即 $z=-\frac{2n+1}{4}\lambda_1$ 时磁场的振幅为零，得到波节点位置。

介质 1 中磁场的驻波波形与电场的驻波波形错开了 $\frac{1}{4}\lambda_1$，电场的波腹点是磁场的波节点，电场的波节点是磁场的波腹点，如图 7－12 所示。驻波不能传输能量，电磁能在电场与磁场之间交换，这一点也可从介质 1 中合成波的坡印廷矢量的平均值看出

$$\vec{S}_{1\mathrm{av}}=\frac{1}{2}\mathrm{Re}(\vec{E}_{1x}\times\vec{H}_{1y}^*)=\frac{1}{2}\mathrm{Re}\left[(-\vec{e}_z)\mathrm{j}\frac{4E_{1xm}^{\mathrm{i}}}{Z_1}\sin k_1z\cos k_1z\right]=0$$

坡印廷矢量的平均值为零，说明没有平均功率的流动。

7.7　平面波垂直投射多层媒质中

为简单起见，以 3 层介质为例介绍平面波垂直投射到多层媒质的情况，此方法可以推广到 3 层以上媒质中。如图 7－13 所示的 3 层介质。两个分界面相互平行。第 1 层媒质的特性参数为 ε_1，μ_1，Z_{c1}，k_{c1}；第 2 层媒质的厚度为 d，特性参数为 ε_2，μ_2，Z_{c2}，k_{c2}；第 3 层媒质的特性参数为 ε_3，μ_3，Z_{c3}，k_{c3}。第 1 层和第 2 层媒质分界面为 $z=-d$ 平面，第 2 和第 3

层媒质分界面为 $z=0$ 平面。设线极化均匀平面波从第 1 层介质中垂直投射到媒质分界面上，入射波电场为

$$E_1^+ = E_{x10}^+ e^{-jk_{c1}(z+d)} \qquad (7-113)$$

E_{x10}^+表示入射波电场在 $z=-d$ 分界面处的值。对应的磁场为

$$H_1^+ = \frac{E_{y10}^+}{Z_{c1}} e^{-jk_{c1}(z+d)} \qquad (7-114)$$

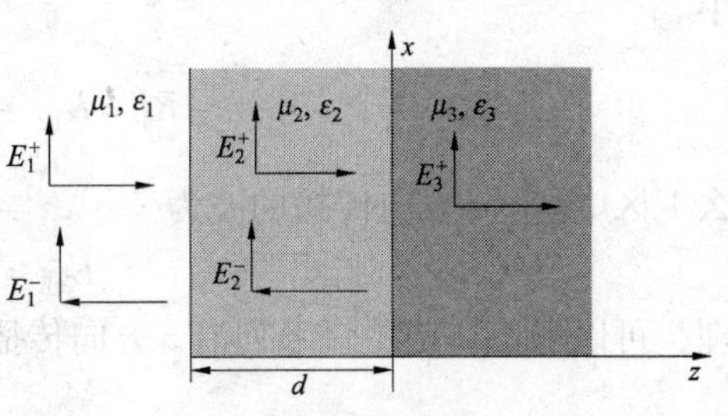

图 7-13　均匀平面波垂直投射到 3 层介质

当入射波到达 $z=-d$ 边界时，在 1 区产生反射波并在 2 区产生透射波，反射系数和透射系数分别为

$$R_{12} = \frac{Z_{c2}-Z_{c1}}{Z_{c2}+Z_{c1}} \qquad (7-115)$$

$$T_{12} = \frac{2Z_{c2}}{Z_{c2}+Z_{c1}} = 1+R_{12} \qquad (7-116)$$

2 区的透射波到达 $z=0$ 边界时，又在 2 区产生反射波，在 3 区产生透射波，反射系数和透射系数分别为

$$R_{23} = \frac{Z_{c3}-Z_{c2}}{Z_{c3}+Z_{c2}} \qquad (7-117)$$

$$T_{23} = \frac{2Z_{c3}}{Z_{c3}+Z_{c2}} = 1+R_{23} \qquad (7-118)$$

2 区的反射波又返回到达 $z=-d$ 边界时，在 2 区产生反射波，在 1 区产生透射波，反射系数和透射系数分别为

$$R_{21} = \frac{Z_{c1}-Z_{c2}}{Z_{c2}+Z_{c1}} = -R_{12} \qquad (7-119)$$

$$T_{21} = \frac{2Z_{c1}}{Z_{c2}+Z_{c1}} = 1-R_{12} \qquad (7-120)$$

2 区的反射波又传播到达 $z=0$ 边界，再次在 2 区产生反射波和在 3 区产生透射波，就这样不断地重复下去。显然，1 区除了一次反射波外，还有一系列从 2 区透射过来的波，这些波在 $z=-d$ 边界上的总值为

$$\begin{aligned} E_{x10}^- = E_{x10}^+ (R_{12} + T_{12}R_{23}T_{21}e^{-j2k_{c2}d} + T_{12}R_{21}T_{21}R_{23}^2 e^{-j4k_{c2}d} + \\ T_{12}T_{21}R_{21}^2R_{23}^3 e^{-j6k_{c2}d} + \cdots) \end{aligned} \qquad (7-121)$$

可写成求和的形式

$$E_{x10}^- = R_{12}E_{x10}^+ + \left[T_{12}T_{21}R_{23}e^{-j2k_{c2}d}\sum_{n=1}^{\infty}(R_{21}R_{23}e^{-j2k_{c2}d})^{n-1}\right]E_{x10}^+ \qquad (7-122)$$

考虑到

$$\sum_{n=1}^{\infty} ar^{n-1} = \frac{a}{1-r} \qquad (r<1)$$

而 $R_{21}R_{23}<1$，因此

$$E_{x10}^- = \left(R_{12} + \frac{T_{12}T_{21}R_{23}e^{-j2k_{c2}d}}{1-R_{21}R_{23}e^{-j2k_{c2}d}}\right)E_{x10}^+ = R_1 E_{x10}^+ \qquad (7-123)$$

式中

$$R_1=R_{12}+\frac{T_{12}T_{21}R_{23}\mathrm{e}^{-\mathrm{j}2k_{c2}d}}{1-R_{21}R_{23}\mathrm{e}^{-\mathrm{j}2k_{c2}d}} \tag{7-124}$$

那么 1 区中向 $-z$ 方向传播的波为

$$E_{x1}^{-}=E_{x10}^{-}\mathrm{e}^{\mathrm{j}k_{c1}(z+d)} \tag{7-125}$$

同理，可以求出 2 区中一系列沿 z 方向传播的波在 $z=0$ 处的值为

$$E_{x20}^{+}=\frac{T_{12}\mathrm{e}^{-\mathrm{j}k_{c2}d}}{1-R_{21}R_{23}\mathrm{e}^{-\mathrm{j}2k_{c2}d}}E_{x10}^{+} \tag{7-126}$$

2 区中沿 z 方向传播的波为

$$E_{x2}^{+}=E_{x20}^{+}\mathrm{e}^{-\mathrm{j}k_{c2}z} \tag{7-127}$$

2 区中一系列沿 $-z$ 方向传播的波在 $z=0$ 处的值为

$$E_{x20}^{-}=\frac{T_{12}R_{23}\mathrm{e}^{-\mathrm{j}k_{c2}d}}{1-R_{21}R_{23}\mathrm{e}^{-\mathrm{j}2k_{c2}d}}E_{x10}^{+}=R_{23}E_{x20}^{+} \tag{7-128}$$

2 区中沿 $-z$ 方向传播的波为

$$E_{x2}^{-}=E_{x20}^{-}\mathrm{e}^{\mathrm{j}k_{c2}z} \tag{7-129}$$

3 区中一系列沿 z 方向传播的透射波在 $z=0$ 处的值为

$$E_{x30}^{+}=\frac{T_{12}T_{23}\mathrm{e}^{-\mathrm{j}k_{c2}d}}{1-R_{21}R_{23}\mathrm{e}^{-\mathrm{j}2k_{c2}d}}E_{x10}^{+}=T_{23}E_{x20}^{+} \tag{7-130}$$

3 区中的总透射波为

$$E_{x3}^{+}=E_{x30}^{+}\mathrm{e}^{-\mathrm{j}k_{c3}z} \tag{7-131}$$

实际上，式（7-125）、式（7-127）、式（7-129）和式（7-131）中的复振幅也可以利用边界条件求出。为此，将这些电场表达式重写如下，并写出对应的磁场

$$E_{x1}^{-}=E_{x10}^{-}\mathrm{e}^{\mathrm{j}k_{c1}(z+d)},\ H_{y1}^{-}=-\frac{E_{x10}^{-}}{Z_{c1}}\mathrm{e}^{\mathrm{j}k_{c1}(z+d)} \tag{7-132}$$

$$E_{x2}^{+}=E_{x20}^{+}\mathrm{e}^{-\mathrm{j}k_{c2}z},\ H_{y2}^{+}=\frac{E_{x20}^{+}}{Z_{c2}}\mathrm{e}^{-\mathrm{j}k_{c2}z} \tag{7-133}$$

$$E_{x2}^{-}=E_{x20}^{-}\mathrm{e}^{\mathrm{j}k_{c2}z},\ H_{y2}^{-}=-\frac{E_{x20}^{-}}{Z_{c2}}\mathrm{e}^{\mathrm{j}k_{c2}z} \tag{7-134}$$

$$E_{x3}^{+}=E_{x30}^{+}\mathrm{e}^{-\mathrm{j}k_{c3}z},\ H_{y3}^{+}=\frac{E_{x30}^{+}}{Z_{c3}}\mathrm{e}^{-\mathrm{j}k_{c3}z} \tag{7-135}$$

这是待求的电磁波表达式的一般形式。利用在 $z=-d$ 和 $z=0$ 的边界条件——电场强度切向分量连续以及磁场强度切向分量连续，分别得到 4 个方程如下：

在 $z=-d$ 分界面，由 $E_{1t}=E_{2t}$ 得

$$E_{x10}^{+}+E_{x10}^{-}=E_{x20}^{+}\mathrm{e}^{\mathrm{j}k_{c2}d}+E_{x20}^{-}\mathrm{e}^{-\mathrm{j}k_{c2}d} \tag{7-136}$$

由 $H_{1t}=H_{2t}$ 得

$$\frac{1}{Z_{c1}}E_{x10}^{+}-\frac{1}{Z_{c1}}E_{x10}^{-}=\frac{1}{Z_{c2}}E_{x20}^{+}\mathrm{e}^{\mathrm{j}k_{c2}d}-\frac{1}{Z_{c2}}E_{x20}^{-}\mathrm{e}^{-\mathrm{j}k_{c2}d} \tag{7-137}$$

在 $z=0$ 分界面，由 $E_{2t}=E_{3t}$ 得

$$E_{x20}^{+}+E_{x20}^{-}=E_{x30}^{+} \tag{7-138}$$

由 $H_{2t}=H_{3t}$ 得

$$\frac{1}{Z_{c2}}E_{x20}^{+}-\frac{1}{Z_{c2}}E_{x20}^{-}=\frac{1}{Z_{c3}}E_{x30}^{+} \tag{7-139}$$

以上4个方程刚好包含4个未知量。先联立求解方程式（7-138）和式（7-139）得

$$E_{x20}^{-}=R_{23}E_{x20}^{+} \tag{7-140}$$

$$E_{x30}^{+}=T_{23}E_{x20}^{+} \tag{7-141}$$

式中：R_{23} 和 T_{23} 由式（7-117）和式（7-118）给出。将式（7-140）代入方程式（7-136）和式（7-137），求解得

$$E_{x10}^{-}=R_1E_{x10}^{+} \tag{7-142}$$

$$E_{x20}^{+}=\frac{1+R_1}{e^{jk_{c2}d}+R_{23}e^{-jk_{c2}d}}E_{x10}^{+} \tag{7-143}$$

其中

$$R_1=\frac{Z_{in}-Z_{c1}}{Z_{in}+Z_{c1}} \tag{7-144}$$

$$Z_{in}=Z_{c2}\frac{Z_{c3}+jZ_{c2}\tan(k_{c2}d)}{Z_{c2}+jZ_{c3}\tan(k_{c2}d)} \tag{7-145}$$

式中：R_1 是第一个界面的等效反射系数；Z_{in} 是第一个界面上的输入阻抗。

利用式（7-140）~式（7-145），就可以求出式（7-132）~式（7-135）中的未知常数。对于多于3层的情况，也可以按照此方法，先写出各区域中类似于式（7-132）~式（7-135）的表达式，如果有 n 层媒质就有2（$n-1$）个未知常数，然后利用（$n-1$）个边界上的2（$n-1$）个电场和磁场切向分量连续的边界条件，得到2（$n-1$）个方程。解此2（$n-1$）个方程，就可以求出全部未知常数。

从式（7-144）可以看出，只要使 $Z_{in}=Z_{c1}$，就可以消除1区中的反射波，即

$$Z_{in}=Z_{c2}\frac{Z_{c3}+jZ_{c2}\tan(k_{c2}d)}{Z_{c2}+jZ_{c3}\tan(k_{c2}d)}=Z_{c1} \tag{7-146}$$

要式（7-146）成立，首先 Z_{in} 必须是实数。由7.6节分析可知，Z_{in} 是实数有两种情况，一种是

$$d=\frac{\lambda_2}{2} \tag{7-147}$$

$$Z_{in}\left(d=\frac{\lambda_2}{2}\right)=Z_{c3} \tag{7-148}$$

另一种是

$$d=\frac{\lambda_2}{4} \tag{7-149}$$

$$Z_{in}\left(d=\frac{\lambda_2}{4}\right)=\frac{Z_{c2}^2}{Z_{c3}} \tag{7-150}$$

对 $d=\frac{\lambda_2}{2}$ 的情况，要使1区无反射，由式（7-146）和式（7-148）得

$$Z_{c3}=Z_{c1} \tag{7-151}$$

此结果说明，当 3 层媒质中 $Z_{c3}=Z_{c1}$时，只要 $d=\dfrac{\lambda_2}{2}$就无反射。这种 $d=\dfrac{\lambda_2}{2}$的媒质层又称为半波长媒质窗。在雷达天线罩的设计中就可利用此原理，将天线罩的媒质厚度设计为该媒质中电磁波的半个波长，即可消除天线罩对电磁波的反射。

对于 $d=\dfrac{\lambda_2}{4}$的情况，由式（7-146）和式（7-150）得

$$Z_{c1}=\frac{Z_{c2}^2}{Z_{c3}} \tag{7-152}$$

也可写为

$$Z_{c2}^2=Z_{c1}Z_{c3} \tag{7-153}$$

此结果说明，对于 3 层介质，只要满足 $d=\lambda_2/4$ 和 $Z_{c2}^2=Z_{c1}Z_{c3}$，1 区中也无反射。这种 $d=\dfrac{\lambda_2}{4}$的媒质通常用于两种不同媒质间的无反射阻抗匹配，称为 1/4 波长匹配层。

【例 7-4】 波长为 $\lambda_0=0.5\mu\text{m}$ 的光波从空气中垂直投射到 $\varepsilon_r=2.25$、$\mu_r=1$ 的半导体光学材料基片上。为了消除空气中的反射，提高效率，在半导体光学材料基片上镀一层非磁性抗反射膜。求抗反射膜的 ε_r和厚度。

解 从式（7-149）和式（7-153）知，要消除空气中的反射，抗反射膜的 Z_{c2}和厚度 d 应满足 $d=\lambda_2/4$ 和 $Z_{c2}^2=Z_{c1}Z_{c3}$。由于 3 层介质都是非磁性材料，由 $Z_{c2}^2=Z_{c1}Z_{c3}$得

$$\varepsilon_{r2}=\sqrt{\varepsilon_{r1}\varepsilon_{r3}}=1.5$$

光在这种材料中的波长为

$$\lambda_2=\frac{\lambda_0}{\sqrt{\varepsilon_{r2}}}=\frac{0.5}{\sqrt{1.5}}=0.408\,2\ (\mu\text{m})$$

抗反射膜厚度为

$$d=\frac{\lambda_2}{4}=0.102\,1\ (\mu\text{m})$$

7.8 任意方向传播的平面波

前面讨论的平面波，其传播方向均为 z 方向，波阵面为垂直于 $\vec{e}_z$ 的一系列平面，原点到波阵面的距离为 z。若以 $\vec{E}_0$ 表示坐标原点的电场强度，这种平面波可以表示为

$$\vec{E}(z)=\vec{E}_0\mathrm{e}^{-\mathrm{j}kz} \tag{7-154}$$

现在讨论沿任意方向传播的平面波。

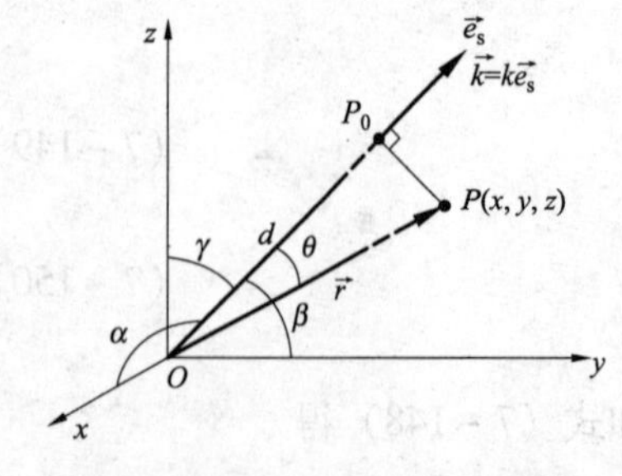

图 7-14 任意方向的平面波

如图 7-14 所示，平面波的传播方向为 $\vec{e}_s$，则与 $\vec{e}_s$ 垂直的平面为该平面波的波阵面。令坐标原点至波阵面的距离为 d，坐标原点的电场强度为 $\vec{E}_0$，则由式（7-151）可以推知，波面上 P_0点的场强应为

$$\vec{E}(P_0)=\vec{E}_0\mathrm{e}^{-\mathrm{j}kd} \tag{7-155}$$

若令 P 点为波面上任一点，其坐标为（x，y，z），则该点的位置矢量 $\vec{r}$ 为

$$\vec{r} = x\,\vec{e}_x + y\,\vec{e}_y + z\,\vec{e}_z \tag{7-156}$$

令该矢量 $\vec{r}$ 与传播方向 $\vec{e}_s$ 的夹角为 θ，则距离 d 可以表示为

$$d = r\cos\theta = \vec{e}_s \cdot \vec{r} \tag{7-157}$$

将式（7-157）代入式（7-155）中得

$$\vec{E} = \vec{E}_0 e^{-jk\vec{e}_s \cdot \vec{r}} \tag{7-158}$$

若令 $k\,\vec{e}_s = \vec{k}$，则式（7-158）可写为

$$\vec{E} = \vec{E}_0 e^{-j\vec{k} \cdot \vec{r}} \tag{7-159}$$

式（7-159）为沿任意方向传播的平面波表达式。这里 $\vec{k}$ 称为传播矢量，其大小等于传播常数 k，其方向为传播方向；$\vec{r}$ 为空间任一点的位置。

若传播方向与坐标轴 x、y、z 的夹角分别为 α、β、γ，则传播方向 $\vec{e}_s$、传播矢量 $\vec{k}$ 可表示为

$$\vec{e}_s = \vec{e}_x\cos\alpha + \vec{e}_y\cos\beta + \vec{e}_z\cos\gamma \tag{7-160}$$

$$\vec{k} = \vec{e}_x k\cos\alpha + \vec{e}_y k\cos\beta + \vec{e}_z k\cos\gamma \tag{7-161}$$

若令

$$k_x = k\cos\alpha \tag{7-162}$$

$$k_y = k\cos\beta \tag{7-163}$$

$$k_z = k\cos\gamma \tag{7-164}$$

那么传播矢量 $\vec{k}$ 可表示为

$$\vec{k} = k_x\vec{e}_x + k_y\vec{e}_y + k_z\vec{e}_z \tag{7-165}$$

这样电场强度又可表示为

$$\vec{E} = \vec{E}_0 e^{-j(k_x x + k_y y + k_z z)} \tag{7-166}$$

或者写为

$$\vec{E} = \vec{E}_0 e^{-jk(x\cos\alpha + y\cos\beta + z\cos\gamma)} \tag{7-167}$$

式（7-159）、式（7-166）和式（7-167）均表示沿任意方向传播的平面波。

由于 $\cos^2\alpha + \cos^2\beta + \cos^2\gamma = 1$，因此，$k_x$、$k_y$、$k_z$应该满足

$$k_x^2 + k_y^2 + k_z^2 = k^2 \tag{7-168}$$

可见，三个分量 k_x、k_y、k_z中只有两个是独立的。

将式（7-159）代入无源区域理想介质（电导率 $\sigma = 0$）所满足的麦克斯韦方程，可以证明在无源区中沿 $\vec{k}$ 方向传播的均匀平面波满足下列方程

$$\vec{k} \times \vec{H} = -\omega\mu\,\vec{E} \tag{7-169}$$

$$\vec{k} \times \vec{E} = \omega\mu\,\vec{H} \tag{7-170}$$

$$\vec{k} \cdot \vec{E} = 0 \tag{7-171}$$

$$\vec{k}\cdot\vec{H}=0 \tag{7-172}$$

从此结果可看出，电场与磁场相互垂直，并且两者又垂直于传播方向，这些关系反映了均匀平面波为 TEM 波的性质。

根据式（7 - 169）~式（7 - 172），求得复能流密度矢量 $\vec{S}_c$ 的实部为

$$\mathrm{Re}\vec{S}_c=\mathrm{Re}(\vec{E}\times\vec{H}^*)=\frac{1}{\omega\mu}\mathrm{Re}(\vec{E}\times\vec{k}\times\vec{E}^*)$$

$$=\frac{1}{\omega\mu}\mathrm{Re}[(\vec{E}\cdot\vec{E}^*)\vec{k}-(\vec{E}\cdot\vec{k})\vec{E}^*]$$

由于 $\vec{E}\cdot\vec{E}^*=E_0^2$，$\vec{E}\cdot\vec{k}=0$，得

$$\mathrm{Re}\vec{S}_c=\frac{1}{\omega\mu}E_0^2\vec{k}=\frac{k}{\omega\mu}E_0^2\vec{e}_s=\sqrt{\frac{\varepsilon}{\mu}}E_0^2\vec{e}_s \tag{7-173}$$

此式表明，传播方向 $\vec{e}_s$ 就是能量流动方向。

【例 7 - 5】 设真空中一均匀平面波的电场强度表达式为

$$\vec{E}=3(\vec{e}_x-\sqrt{2}\vec{e}_y)\mathrm{e}^{-\mathrm{j}\frac{\pi}{6}(2x+\sqrt{2}y-\sqrt{3}z)}$$

求：(1) 电场强度的振幅、传播矢量、波长和频率；

(2) 电场强度和磁场强度的瞬时表达式。

解 (1) 由 $\vec{E}=\vec{E}_0\mathrm{e}^{-\mathrm{j}\vec{k}\cdot\vec{r}}$ 可知

$$\vec{E}_0=3(\vec{e}_x-\sqrt{2}\vec{e}_y)$$

则

$$E_0=|\vec{E}_0|=3\sqrt{3}$$

电场强度的振幅

$$E_m=\sqrt{2}E_0=3\sqrt{6}\ (\mathrm{V/m})$$

$$\vec{k}\cdot\vec{r}=\frac{\pi}{6}(2x+\sqrt{2}y-\sqrt{3}y)=\frac{\pi}{6}(2\vec{e}_x+\sqrt{2}\,\vec{e}_y-\sqrt{3}\,\vec{e}_z)\cdot(x\,\vec{e}_x+y\,\vec{e}_y+z\,\vec{e}_z)$$

则

$$\vec{k}=\frac{\pi}{6}(2\,\vec{e}_x+\sqrt{2}\,\vec{e}_y-\sqrt{3}\,\vec{e}_z)\,(\mathrm{rad/m})$$

$$k=|\vec{k}|=\frac{\pi}{6}\sqrt{4+2+3}=\frac{\pi}{2}\ (\mathrm{rad/m})$$

$$\lambda=\frac{2\pi}{k}=4\ (\mathrm{m})$$

$$f=\frac{c}{\lambda}=\frac{3\times10^8}{4}=7.5\times10^7\ (\mathrm{Hz})$$

(2) 电场强度的瞬时表达式为

$$\vec{E}(r,t)=\mathrm{Re}(\sqrt{2}\,\vec{E}\mathrm{e}^{\mathrm{j}\omega t})=3\sqrt{2}(\vec{e}_x-\sqrt{2}\vec{e}_y)\cos\left[1.5\times10^8t-\frac{\pi}{6}(2x+\sqrt{2}y-\sqrt{3}z)\right](\mathrm{V/m})$$

由式（7 - 170），磁场强度的复矢量为

$$\vec{H}=\frac{\vec{k}\times\vec{E}}{\omega\mu_0}=\frac{\frac{\pi}{6}(2\,\vec{e}_x+\sqrt{2}\,\vec{e}_y-\sqrt{3}\,\vec{e}_z)\times3(2\,\vec{e}_x-\sqrt{2}\,\vec{e}_y)}{2\pi f\mu_0}\mathrm{e}^{-\mathrm{j}\frac{\pi}{6}(2x+\sqrt{2}y-\sqrt{3}z)}$$

$$=\frac{-\sqrt{6}\ \vec{e}_x-\sqrt{3}\ \vec{e}_y-3\sqrt{2}\ \vec{e}_z}{120\pi}\mathrm{e}^{-\mathrm{j}\frac{\pi}{6}(2x+\sqrt{2}y-\sqrt{3}z)}\ (\mathrm{A/m})$$

瞬场强度的瞬时表达式为

$$\vec{H}(r,t)=\mathrm{Re}(\sqrt{2}\ \vec{H}\mathrm{e}^{\mathrm{j}\omega t})$$

$$=\frac{-\sqrt{6}\ \vec{e}_x-\sqrt{3}\ \vec{e}_y-3\sqrt{2}\ \vec{e}_z}{120\pi}\cos\left[1.5\times10^8t-\frac{\pi}{6}(2x+\sqrt{2}y-\sqrt{3}z)\right](\mathrm{A/m})$$

【例 7-6】 已知真空区域中的平面波为 TEM 波，其电场强度为

$$\vec{E}=[\vec{e}_x+E_{y0}\vec{e}_y+(2+\mathrm{j}5)\vec{e}_z]\mathrm{e}^{-\mathrm{j}2.3(-0.6x+0.8y-\mathrm{j}1.38z)}\ (\mathrm{V/m})$$

式中：E_{y0}为常数。试求：

（1）此平面波是否是均匀平面波?

（2）平面波的传播矢量、频率及波长；

（3）电场的 y 分量 E_{y0}。

解 （1）已知电场强度为

$$\vec{E}=[\vec{e}_x+E_{y0}\vec{e}_y+(2+\mathrm{j}5)\vec{e}_z]\mathrm{e}^{-\mathrm{j}2.3(-0.6x+0.8y)}\mathrm{e}^{-1.38z}(\mathrm{V/m})$$

可见，平面波的传播方向位于 xy 平面内，其波面平行于 z 轴，由于场强振幅于 z 有关，因此它是一种非均匀平面波。

（2）由$\vec{E}$的表达式可知，$\mathrm{e}^{-\mathrm{j}2.3(-0.06x+0.8y)}$可写成 $\mathrm{e}^{-\mathrm{j}(k_xx+k_yy)}$，则 $\vec{k}=2.3(-0.6\ \vec{e}_x+0.8\ \vec{e}_y)$，其大小 $k=2.3\sqrt{0.6^2+0.8^2}=2.3$（rad/m），所以波长 $\lambda=\frac{2\pi}{k}=2.73$（m），频率 $f=\frac{v}{\lambda}=\frac{c}{\lambda}=110$（MHz）。

（3）根据 TEM 波的特性，应满足 $\vec{k}\cdot\vec{E}=0$。由此求得 $E_{y0}=0.75$。

7.9 平面波斜投射到两种理想介质的分界面

如图 7-15 所示，两种理想介质的分界面为平面。当平面波以任意角度斜投射到此分界面时，同样会发生反射与透射现象，而且通常透射波的方向与入射波不同，其传播方向发生弯折，因此，这种透射波称为折射波。入射线、反射线及折射线与边界面法线之间的夹角分别称为入射角 θ_i、反射角 θ_r和折射角 θ_t。入射线、反射线及折射线和边界面法线构成的平面分别称为入射面、反射面和折射面，如图 7-15 所示。

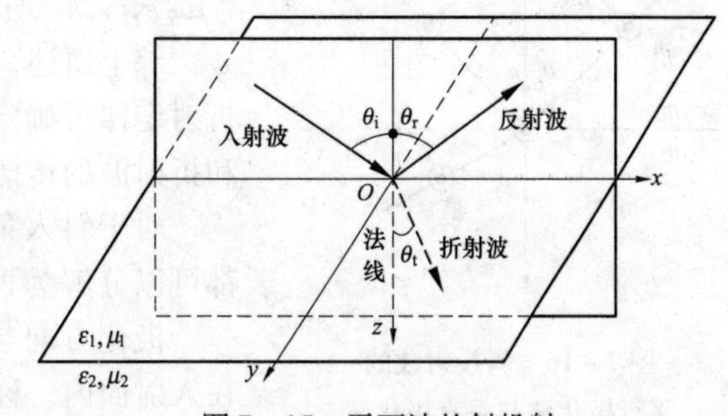

图 7-15 平面波的斜投射

建立直角坐标系，令 $z=0$ 平面为边界平面，且入射面位于 xz 平面内。设入射线与坐标轴 x、y、z 的夹角分别为 α_i、β_i、γ_i，那么，入射波的传播方向表示为

$$\vec{k}_i=\vec{e}_x\cos\alpha_i+\vec{e}_y\cos\beta_i+\vec{e}_z\cos\gamma_i \tag{7-174}$$

因入射面位于 xz 平面内，$\beta_i=\dfrac{\pi}{2}$，入射线对于 y 轴的方向余弦 $\cos\beta_i=0$，由式（7-167）可知入射波的电场表示为

$$\vec{E}^{i}=\vec{E}_0^{i}\mathrm{e}^{-\mathrm{j}k_1(x\cos\alpha_i+z\cos\gamma_i)} \tag{7-175}$$

同理，设反射线与坐标轴 x、y、z 的夹角分别为 α_r、β_r、γ_r；折射线与坐标轴 x、y、z 的夹角分别为 α_t、β_t、γ_t，则反射波及折射波的传播方向

$$\vec{k}_r=\vec{e}_x\cos\alpha_r+\vec{e}_y\cos\beta_r+\vec{e}_z\cos\gamma_r \tag{7-176}$$

$$\vec{k}_t=\vec{e}_x\cos\alpha_t+\vec{e}_y\cos\beta_t+\vec{e}_z\cos\gamma_t \tag{7-177}$$

反射波及折射波的电场分别表示为

$$\vec{E}^{r}=\vec{E}_0^{r}\mathrm{e}^{-\mathrm{j}k_1(x\cos\alpha_r+y\cos\beta_r+z\cos\gamma_r)} \tag{7-178}$$

$$\vec{E}^{t}=\vec{E}_0^{t}\mathrm{e}^{-\mathrm{j}k_2(x\cos\alpha_t+y\cos\beta_t+z\cos\gamma_t)} \tag{7-179}$$

根据 $z=0$ 边界上电场切向分量必须连续的边界条件，第一种介质中合成电场的切向分量必须等于第二种介质中的折射波电场的切向分量，即

$$\left[\vec{E}_0^{i}\mathrm{e}^{-\mathrm{j}k_1x\cos\alpha_i}+\vec{E}_0^{r}\mathrm{e}^{-\mathrm{j}k_1(x\cos\alpha_r+y\cos\beta_r)}\right]_t=\left[\vec{E}_0^{t}\mathrm{e}^{-\mathrm{j}k_2(x\cos\alpha_t+y\cos\beta_t)}\right]_t \tag{7-180}$$

上述等式对于任意 x 及 y 变量均应成立，因此各项指数中对应的系数应该相等，即

$$0=k_1\cos\beta_r=k_2\cos\beta_t \tag{7-181}$$

$$k_1\cos\alpha_i=k_1\cos\alpha_r=k_2\cos\alpha_t \tag{7-182}$$

由式（7-181）得，$\cos\beta_r=\cos\beta_t=0$，也就是

$$\beta_r=\beta_t=\frac{\pi}{2}$$

上式表明，反射线和折射线均位于 xz 平面，即入射线、反射线及折射线位于同一平面。

考虑到 $\alpha_i=\dfrac{\pi}{2}-\theta_i$，$\alpha_r=\dfrac{\pi}{2}-\theta_r$，$\alpha_t=\dfrac{\pi}{2}-\theta_t$，由式（7-182）得

$$\theta_i=\theta_r \tag{7-183}$$

即入射角等于反射角，这是反射定律。

$$\frac{\sin\theta_i}{\sin\theta_t}=\frac{k_2}{k_1}=\frac{n_2}{n_1} \tag{7-184}$$

此式为斯耐尔折射定律。式中，$k_1=\omega\sqrt{\mu_1\varepsilon_1}$，$k_2=\omega\sqrt{\mu_2\varepsilon_2}$，$n_1=\dfrac{c}{v_{p1}}=\sqrt{\mu_{r1}\varepsilon_{r1}}$，$n_2=\dfrac{c}{v_{p2}}=\sqrt{\mu_{r2}\varepsilon_{r2}}$，$n_1$、$n_2$ 分别为两种介质的折射率。

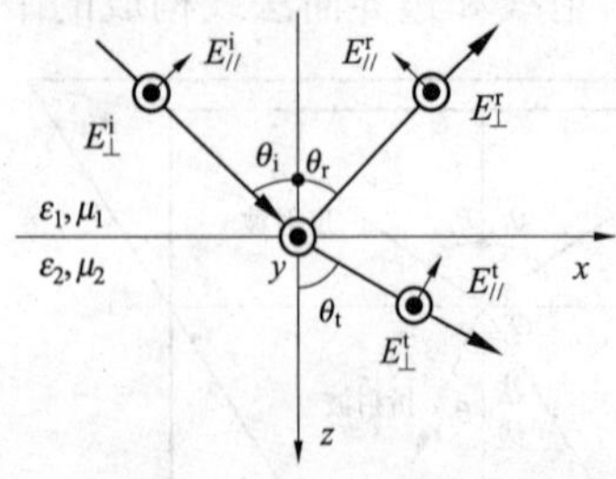

图 7-16　斜投射波的平行极化波与垂直极化波

综上所述，若已知入射波的入射角，由反射定律和折射定律可确定其反射角和折射角，并由此确定反射波和折射波的传播方向。

对于斜入射的均匀平面波，不论为何种极化方式，都可以分解为两个正交的线极化波，如图 7-16 所示。一个极化方向与入射面垂直，称为垂直极化波；另一个在入射面内，称为平行极化波，即

$$\vec{E}=\vec{E}_{\perp}+\vec{E}_{//} \quad (7-185)$$

如果入射波是垂直极化波，那么反射波和折射波也是垂直极化波；如果入射波是平行极化波，那么反射波和折射波也是平行极化波。下面分别讨论两种极化波入射时，反射波幅度、折射波幅度与入射波幅度的关系。

7.9.1 平行极化

设平行极化波以入射角 θ_i 斜投射到两种介质的分界面上，如图 7-17 所示。入射波、反射波和折射波可分别表示为

$$\vec{E}^{i}=E_0^{i}(\vec{e}_x\cos\theta_i-\vec{e}_z\sin\theta_i)e^{-jk_1(x\sin\theta_i+z\cos\theta_i)} \quad (7-186)$$

$$\vec{H}^{i}=\vec{e}_y\frac{E_0^{i}}{Z_1}e^{-jk_1(x\sin\theta_i+z\cos\theta_i)} \quad (7-187)$$

$$\vec{E}^{r}=E_0^{r}(-\vec{e}_x\cos\theta_i-\vec{e}_z\sin\theta_i)e^{-jk_1(x\sin\theta_i-z\cos\theta_i)} \quad (7-188)$$

$$\vec{H}^{r}=\vec{e}_y\frac{E_0^{r}}{Z_1}e^{-jk_1(x\sin\theta_i-z\cos\theta_i)} \quad (7-189)$$

$$\vec{E}^{t}=E_0^{t}(\vec{e}_x\cos\theta_t-\vec{e}_z\sin\theta_t)e^{-jk_2(x\sin\theta_t+z\cos\theta_t)} \quad (7-190)$$

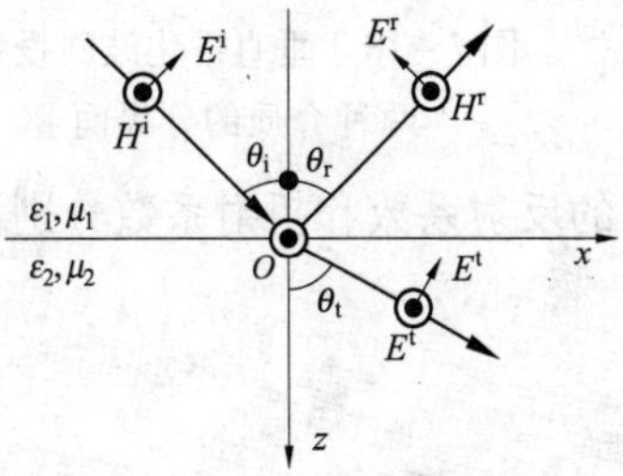

图 7-17 平行极化波斜投射

$$\vec{H}^{t}=\vec{e}_y\frac{E_0^{t}}{Z_2}e^{-jk_2(x\sin\theta_t+z\cos\theta_t)} \quad (7-191)$$

式中：E_0^i、E_0^r 和 E_0^t 分别为入射波、反射波和折射波的振幅。定义界面的反射系数和折射系数分别为

$$R=\frac{E_0^{r}}{E_0^{i}} \quad (7-192)$$

$$T=\frac{E_0^{t}}{E_0^{i}} \quad (7-193)$$

利用边界条件 $E_{1t}=E_{2t}$，$H_{1t}=H_{2t}$，可得到

$$E_0^{i}\cos\theta_i-RE_0^{i}\cos\theta_i=TE_0^{i}\cos\theta_t \quad (7-194)$$

$$\frac{E_0^{i}}{Z_1}+R\frac{E_0^{i}}{Z_1}=T\frac{E_0^{i}}{Z_2} \quad (7-195)$$

求解以上两个方程，可得到平行极化波的反射系数和折射系数分别为

$$R_{//}=\frac{Z_1\cos\theta_i-Z_2\cos\theta_t}{Z_1\cos\theta_i+Z_2\cos\theta_t} \quad (7-196)$$

$$T_{//}=\frac{2Z_2\cos\theta_i}{Z_1\cos\theta_i+Z_2\cos\theta_t}=\frac{\cos\theta_i}{\cos\theta_t}(1-R_{//}) \quad (7-197)$$

7.9.2 垂直极化

设垂直极化波以入射角 θ_i 斜投射到两种介质分界面上，如图 7-18 所示。入射波、反射波和折射波可分别表示为

$$\vec{E}^{i}=\vec{e}_yE_0^{i}e^{-jk_1(x\sin\theta_i+z\cos\theta_i)} \quad (7-198)$$

$$\vec{H}^{i}=\frac{E_0^{i}}{Z_1}(-\vec{e}_x\cos\theta_i+\vec{e}_z\sin\theta_i)e^{-jk_1(x\sin\theta_i+z\cos\theta_i)} \quad (7-199)$$

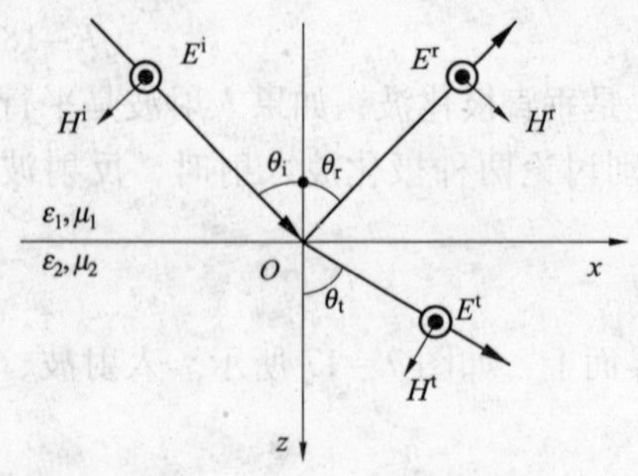

图 7－18　垂直极化波斜投射到两种介质的分界面上

$$\vec{E}^{r} = \vec{e}_y E_0^{r} e^{-jk_1(x\sin\theta_i - z\cos\theta_i)} \tag{7-200}$$

$$\vec{H}^{r} = \frac{E_0^{r}}{Z_1}(\vec{e}_x\cos\theta_i + \vec{e}_z\sin\theta_i)\, e^{-jk_1(x\sin\theta_i - z\cos\theta_i)} \tag{7-201}$$

$$\vec{E}^{t} = \vec{e}_y E_0^{t} e^{-jk_2(x\sin\theta_t + z\cos\theta_t)} \tag{7-202}$$

$$\vec{H}^{t} = \frac{E_0^{t}}{Z_2}(-\vec{e}_x\cos\theta_t + \vec{e}_z\sin\theta_t)\, e^{-jk_2(x\sin\theta_t + z\cos\theta_t)} \tag{7-203}$$

利用边界条件 $E_{1t} = E_{2t}$，$H_{1t} = H_{2t}$，可得到垂直极化波的反射系数和折射系数分别为

$$R_{\perp} = \frac{Z_2\cos\theta_i - Z_1\cos\theta_t}{Z_2\cos\theta_i + Z_1\cos\theta_t} \tag{7-204}$$

$$T_{\perp} = \frac{2Z_2\cos\theta_i}{Z_2\cos\theta_i + Z_1\cos\theta_t} = 1 + R_{\perp} \tag{7-205}$$

从得到的反射系数和折射系数可以看出，斜投射时，反射系数和折射系数不但与介质参数有关，还与入射角有关。

7.9.3　无反射

对于大多数介质，其磁导率近似相等，可令 $\mu_1 = \mu_2 = \mu_0$，则

$$\frac{Z_1}{Z_2} = \frac{\sqrt{\mu_1/\varepsilon_1}}{\sqrt{\mu_2/\varepsilon_2}} = \sqrt{\frac{\varepsilon_2}{\varepsilon_1}}$$

$$\frac{\sin\theta_i}{\sin\theta_t} = \frac{k_2}{k_1} = \frac{\omega\sqrt{\mu_2\varepsilon_2}}{\omega\sqrt{\mu_1\varepsilon_1}} = \sqrt{\frac{\varepsilon_2}{\varepsilon_1}}$$

$$\cos\theta_t = \sqrt{1-\sin^2\theta_t} = \sqrt{1-\frac{\varepsilon_1}{\varepsilon_2}\sin^2\theta_i}$$

将它们代入反射系数和折射系数公式，得

$$R_{//} = \frac{(\varepsilon_2/\varepsilon_1)\cos\theta_i - \sqrt{(\varepsilon_2/\varepsilon_1) - \sin^2\theta_i}}{(\varepsilon_2/\varepsilon_1)\cos\theta_i + \sqrt{(\varepsilon_2/\varepsilon_1) - \sin^2\theta_i}} \tag{7-206}$$

$$T_{//} = \frac{2\sqrt{(\varepsilon_2/\varepsilon_1)}\cos\theta_i}{(\varepsilon_2/\varepsilon_1)\cos\theta_i + \sqrt{(\varepsilon_2/\varepsilon_1) - \sin^2\theta_i}} \tag{7-207}$$

和

$$R_{\perp} = \frac{\cos\theta_i - \sqrt{(\varepsilon_2/\varepsilon_1) - \sin^2\theta_i}}{\cos\theta_i + \sqrt{(\varepsilon_2/\varepsilon_1) - \sin^2\theta_i}} \tag{7-208}$$

$$T_{\perp} = \frac{2\cos\theta_i}{\cos\theta_i + \sqrt{(\varepsilon_2/\varepsilon_1) - \sin^2\theta_i}} \tag{7-209}$$

由式（7－206）可见，若入射角满足下列关系

$$\frac{\varepsilon_2}{\varepsilon_1}\cos\theta_i = \sqrt{\frac{\varepsilon_2}{\varepsilon_1} - \sin^2\theta_i} \quad \left(\sqrt{\frac{\varepsilon_2}{\varepsilon_1}} > \sin\theta_i\right) \tag{7-210}$$

则平行极化波的反射系数 $R_{//}=0$，这表明入射波全部进入第二介质，而反射波消失，这种现象称为无反射。发生无反射时的入射角称为布儒斯特角，以 θ_B 表示，那么，由式（7-210）得

$$\theta_B=\arcsin\sqrt{\frac{\varepsilon_2}{\varepsilon_1+\varepsilon_2}}\quad\left(\sqrt{\frac{\varepsilon_2}{\varepsilon_1}}>\sin\theta_i\right) \tag{7-211}$$

上述讨论表明，平行极化波会发生无反射现象。对于垂直极化波，由式（7-208）可见，只有当 $\varepsilon_1=\varepsilon_2$ 时反射系数 $R_\perp=0$，因此垂直极化波不可能发生无反射。

任意极化的平面波总可以分解为一个平行极化波与一个垂直极化波之和，当一个无固定极化方向的光波，或者说一束无偏振光，若以布儒斯特角向边界斜投射时，由于平行极化波不会被反射，因此，反射波中只剩下垂直极化波。光学工程中通常采用这种方法获得具有一定极化特性的偏振光。

7.9.4 全反射

由式（7-206）及式（7-207）可见，若入射角满足

$$\sin^2\theta_i=\frac{\varepsilon_2}{\varepsilon_1} \tag{7-212}$$

则无论何种极化，$R_{//}=R_\perp=1$，这种现象称为全反射。根据斯耐尔定律式（7-184）得知，当入射角满足式（7-212）时，折射角已增至 $\pi/2$。因此，当入射角大于发生全反射的角度时，全反射现象继续存在。开始发生全反射时的入射角称为临界角，以 θ_c 表示，由式（7-212）求得

$$\theta_c=\arcsin\sqrt{\frac{\varepsilon_2}{\varepsilon_1}} \tag{7-213}$$

由此可见，因函数 $\sin\theta_i<1$，故只有当 $\varepsilon_1>\varepsilon_2$ 时才可能发生全反射现象。也就是说，只有当平面波由介电常数较大的光密介质进入介电常数较小的光疏介质时，才可能发生全反射现象。

现在讨论发生全反射时的折射波特性。由式（7-179）可知，折射波可以表示为

$$E^t=E_0^t e^{-jk_2(x\sin\theta_t+z\cos\theta_t)}$$

根据折射定律

$$\sin\theta_t=\sqrt{\frac{\varepsilon_1}{\varepsilon_2}}\sin\theta_i$$

$$\cos\theta_t=\pm\sqrt{1-\frac{\varepsilon_1}{\varepsilon_2}\sin^2\theta_i}$$

代入折射波的表达式中得

$$E^t=E_0^t e^{-jk_2x\sqrt{\varepsilon_1/\varepsilon_2}\sin\theta_i}e^{\mp jk_2z\sqrt{1-(\varepsilon_1/\varepsilon_2)\sin^2\theta_i}} \tag{7-214}$$

当 $\theta_i<\theta_c$ 时，因 $(\varepsilon_1/\varepsilon_2)\sin^2\theta_i=\sin^2\theta_i/\sin^2\theta_c<1$，所以式（7-214）中第二个指数应取负指数，以保证折射波的传播方向偏向正 z 方向，即

$$E^t=E_0^t e^{-jk_2x\sqrt{\varepsilon_1/\varepsilon_2}\sin\theta_i}e^{-jk_2z\sqrt{1-(\varepsilon_1/\varepsilon_2)\sin^2\theta_i}} \tag{7-215}$$

当 $\theta_i=\theta_c$ 时，$(\varepsilon_1/\varepsilon_2)\sin^2\theta_i=1$，式（7-215）中第二个指数为 1，则折射波为

$$E^t=E_0^t e^{-jk_2x\sqrt{\varepsilon_1/\varepsilon_2}\sin\theta_i}=E_0^t e^{-jk_2x} \tag{7-216}$$

可见，折射波为沿正 x 方向传播的波，这一结果也是在预料之中，因 $\theta_i = \theta_c$ 时，$\theta_t = \pi/2$，所以折射波的传播方向为正 x 方向。

当 $\theta_i > \theta_c$ 时，$(\varepsilon_1/\varepsilon_2)\sin^2\theta_i > 1$，式（7－215）中第二指数中的根号因子为虚数，即

$$\sqrt{1-\frac{\varepsilon_1}{\varepsilon_2}\sin^2\theta_i} = \mathrm{j}\sqrt{\frac{\varepsilon_1}{\varepsilon_2}\sin^2\theta_i - 1}$$

将之代入式（7－214）中，得

$$E^t = E_0^t \mathrm{e}^{-\mathrm{j}k_2 x\sqrt{\varepsilon_1/\varepsilon_2}\sin\theta_i}\mathrm{e}^{\pm k_2 z\sqrt{(\varepsilon_1/\varepsilon_2)\sin^2\theta_i - 1}}$$

显然，式中第二个指数应该取负指数，否则当 $z\to\infty$ 时，$E^t\to\infty$。因此，当入射角 $\theta_i > \theta_c$ 时，折射波为

$$E^t = E_0^t \mathrm{e}^{-k_2 z\sqrt{(\varepsilon_1/\varepsilon_2)\sin^2\theta_i - 1}}\mathrm{e}^{-\mathrm{j}k_2 x\sqrt{\varepsilon_1/\varepsilon_2}\sin\theta_i} \tag{7-217}$$

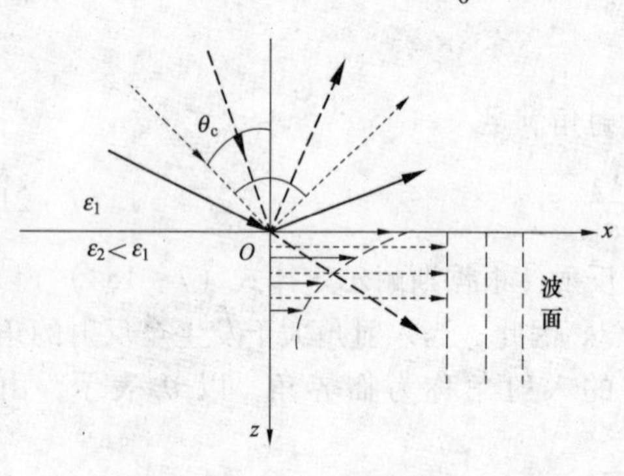

图 7－19　全反射

式（7－217）表明，折射波沿正 x 方向传播，但其振幅沿正 z 方向按指数规律衰减。因此，折射波变成向 x 方向传播的非均匀平面波，如图 7－19 所示。由于此时能量主要集中在边界表面附近，这种非均匀平面波称为表面波。由式（7－217）可见，比值 $\varepsilon_1/\varepsilon_2$ 越大或入射角越大，振幅沿正 z 方向衰减越快。

有一种光导纤维即是由两种介电常数不同的介质层形成的，其内部芯线的介电常数大于外层介电常数。当光束以大于临界角的入射角度自芯线内部向边界投射时，即可发生全反射，光波局限在芯线内部传播，这就是光导纤维的导波原理。由于光导纤维的介质外层表面存在表面波，必须加装金属外壳给予电磁屏蔽，这是光缆的基本构造。

上述结构表明，即使发生全反射时，折射波仍然存在，但是折射波的传播方向沿着边界。因此，发生全反射后没有能量再越过边界，折射波的能量只能理解为是在建立场的过程中越过边界的。

【例 7－7】 设 $z>0$ 区域中理想介质参数为 $\varepsilon_{r1}=4$，$\mu_{r1}=1$；$z<0$ 区域中理想介质的参数为 $\varepsilon_{r2}=9$，$\mu_{r2}=1$。若入射波的电场强度为 $\vec{E} = (\vec{e}_x + \vec{e}_y + \vec{e}_z\sqrt{3})\mathrm{e}^{-\mathrm{j}6(\sqrt{3}y - z)}$。

试求：（1）平面波的频率；

（2）反射角与折射角；

（3）反射波与折射波。

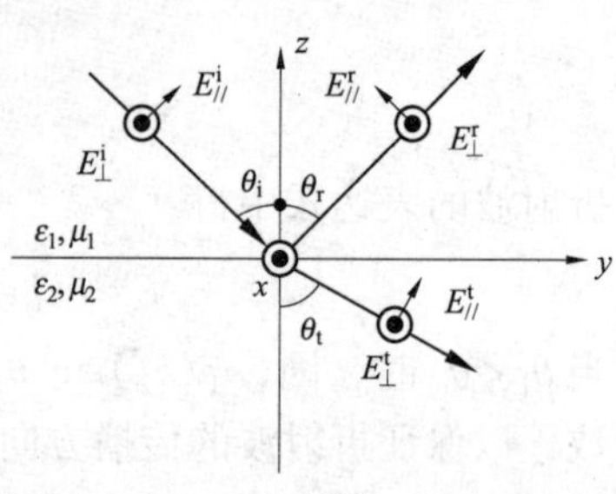

图 7－20　任意极化平面波的斜投射

解　据题，两种介质在坐标系中所处的位置如图 7－20 所示，入射波的传播方向如图所示。入射波可以分解为垂直极化波与平行极化波两部分之和，即

$$\vec{E}^i = \vec{E}^i_{//} + \vec{E}^i_\perp$$

其中

$$\vec{E}^i_\perp = \vec{e}_x \mathrm{e}^{-\mathrm{j}6(\sqrt{3}y - z)}$$

$$\vec{E}^{\mathrm{i}}_{//}=(\vec{e}_y+\vec{e}_z\sqrt{3})\mathrm{e}^{-\mathrm{j}6(\sqrt{3}y-z)}$$

由 $k_1(y\sin\theta_{\mathrm{i}}-z\cos\theta_{\mathrm{i}})=6(\sqrt{3}y-z)$，求得 $k_1=12$，则

$$f=\frac{k_1}{2\pi\sqrt{\mu_1\varepsilon_1}}=287\ (\mathrm{MHz})$$

$$\sin\theta_{\mathrm{i}}=\frac{\sqrt{3}}{2}\Rightarrow\theta_{\mathrm{i}}=60°=\theta_{\mathrm{r}}$$

由 $\dfrac{\sin\theta_{\mathrm{i}}}{\sin\theta_{\mathrm{t}}}=\dfrac{k_2}{k_1}=\dfrac{3}{2}$，求得

$$\sin\theta_{\mathrm{t}}=\frac{1}{\sqrt{3}}\Rightarrow\theta_{\mathrm{t}}=35.3°,\ k_2=18$$

$$R_{\perp}=\frac{\cos\theta_{\mathrm{i}}-\sqrt{(\varepsilon_2/\varepsilon_1)-\sin^2\theta_{\mathrm{i}}}}{\cos\theta_{\mathrm{i}}+\sqrt{(\varepsilon_2/\varepsilon_1)-\sin^2\theta_{\mathrm{i}}}}=-0.420$$

$$T_{\perp}=\frac{2\cos\theta_{\mathrm{i}}}{\cos\theta_{\mathrm{i}}+\sqrt{(\varepsilon_2/\varepsilon_1)-\sin^2\theta_{\mathrm{i}}}}=0.580$$

$$R_{//}=\frac{(\varepsilon_2/\varepsilon_1)\cos\theta_{\mathrm{i}}-\sqrt{(\varepsilon_2/\varepsilon_1)-\sin^2\theta_{\mathrm{i}}}}{(\varepsilon_2/\varepsilon_1)\cos\theta_{\mathrm{i}}+\sqrt{(\varepsilon_2/\varepsilon_1)-\sin^2\theta_{\mathrm{i}}}}=0.0425$$

$$T_{//}=\frac{2\sqrt{(\varepsilon_2/\varepsilon_1)}\cos\theta_{\mathrm{i}}}{(\varepsilon_2/\varepsilon_1)\cos\theta_{\mathrm{i}}+\sqrt{(\varepsilon_2/\varepsilon_1)-\sin^2\theta_{\mathrm{i}}}}=0.638$$

因此，反射波的电场强度 $\vec{E}^{\mathrm{r}}=\vec{E}^{\mathrm{r}}_{//}+\vec{E}^{\mathrm{r}}_{\perp}$，其中

$$\vec{E}^{\mathrm{r}}_{\perp}=-0.420\vec{e}_x\mathrm{e}^{-\mathrm{j}6(\sqrt{3}y+z)}$$

$$\vec{E}^{\mathrm{r}}_{//}=0.0425(-\vec{e}_y+\vec{e}_z\sqrt{3})\mathrm{e}^{-\mathrm{j}6(\sqrt{3}y+z)}$$

折射波的电场强度为 $\vec{E}^{\mathrm{t}}=\vec{E}^{\mathrm{t}}_{//}+\vec{E}^{\mathrm{t}}_{\perp}$，其中

$$\vec{E}^{\mathrm{t}}_{\perp}=0.580\vec{e}_x\mathrm{e}^{-\mathrm{j}18\left(\frac{y}{\sqrt{3}}-z\sqrt{\frac{2}{3}}\right)}$$

$$\vec{E}^{\mathrm{t}}_{//}=0.638\left(\vec{e}_y\sqrt{\frac{8}{3}}+\vec{e}_z\sqrt{\frac{4}{3}}\right)\mathrm{e}^{-\mathrm{j}18\left(\frac{y}{\sqrt{3}}-z\sqrt{\frac{2}{3}}\right)}$$

7.10 平面波斜投射到两种导电媒质的分界面

7.9 节讨论的是理想介质边界上平面波的斜投射情况，实际介质总具有一定的电导率，完全理想介质是不存在的。为了分析简单起见，现假设第一种介质为理想介质，第二种介质为导电介质，即 $\sigma_1=0$，$\sigma_2\neq0$。为了计算这种边界上的反射系数及折射系数，对于第二介质可引入等效介电常数，即令 $\varepsilon_2-\mathrm{j}\dfrac{\sigma_2}{\omega}=\varepsilon_{\mathrm{c}2}$，则第二介质的波阻抗为

$$Z_{\mathrm{c}2}=\sqrt{\frac{\mu_2}{\varepsilon_2-\mathrm{j}\frac{\sigma_2}{\omega}}}\tag{7-218}$$

将式（7－191）及式（7－203）中的 Z_2 换为 Z_{c2}，即可用来计算导电介质边界上的反射系数及折射系数。因 Z_{c2} 为复数，此时反射系数和折射系数均为复数，无反射及全反射现象将不会发生。

已知 $\sigma_2 \neq 0$，第二介质的传播常数为复数，即

$$k_{c2} = k_2' - \mathrm{j}k_2''$$

式中，k_2' 及 k_2'' 由式（7－48）和式（7－49）决定。将 k_{c2} 代入斯耐尔折射定律式（7－184），得

$$\frac{\sin\theta_{\mathrm{i}}}{\sin\theta_{\mathrm{t}}} = \frac{k_2' - \mathrm{j}k_2''}{k_1}$$

由于 $\sin\theta_{\mathrm{i}}$ 为实数，因此 $\sin\theta_{\mathrm{t}}$ 应为复数，将上式整理后得

$$\sin\theta_{\mathrm{t}} = \frac{k_1 k_2' \sin\theta_{\mathrm{i}}}{(k_2')^2 + (k_2'')^2} + \mathrm{j}\frac{k_1 k_2'' \sin\theta_{\mathrm{i}}}{(k_2')^2 + (k_2'')^2} \tag{7-219}$$

若令 $a = \frac{k_1 k_2'}{(k_2')^2 + (k_2'')^2}$，$b = \frac{k_1 k_2''}{(k_2')^2 + (k_2'')^2}$，则式（7－219）可写为

$$\sin\theta_{\mathrm{t}} = (a + \mathrm{j}b)\sin\theta_{\mathrm{i}} \tag{7-220}$$

再令

$$\cos\theta_{\mathrm{t}} = \sqrt{1 - \sin^2\theta_{\mathrm{t}}} = A\mathrm{e}^{\mathrm{j}\varphi} = A(\cos\varphi + \mathrm{j}\sin\phi) \tag{7-221}$$

已知折射波为

$$E^{\mathrm{t}} = E_0^{\mathrm{t}}\mathrm{e}^{-\mathrm{j}k_{c2}(x\sin\theta_{\mathrm{t}} + z\cos\theta_{\mathrm{t}})} = E_0^{\mathrm{t}}\mathrm{e}^{-\mathrm{j}(k_2' - \mathrm{j}k_2'')(x\sin\theta_{\mathrm{t}} + z\cos\theta_{\mathrm{t}})}$$

将式（7－220）和式（7－221）代入上式，得

$$E^{\mathrm{t}} = E_0^{\mathrm{t}}\mathrm{e}^{-\xi z}\mathrm{e}^{-\mathrm{j}(xk_1\sin\theta_{\mathrm{i}} + z\eta)} \tag{7-222}$$

式中

$$\xi = A(k_2''\cos\phi - k_2'\sin\phi) \tag{7-223}$$

$$\eta = A(k_2''\sin\phi + k_2'\cos\phi) \tag{7-224}$$

由式（7－222）可见，导电介质中的折射波振幅沿正 z 方向逐渐衰减，而相位变化与 x 和 z 有关。根据波面方程

$$xk_1\sin\theta_{\mathrm{i}} + z\eta = \mathrm{const}$$

可以求出折射波的传播方向与 z 轴夹角 θ_{t}' 的正弦为

$$\sin\theta_{\mathrm{t}}' = \frac{k_1\sin\theta_{\mathrm{i}}}{\sqrt{(k_1\sin\theta_{\mathrm{i}})^2 + \eta^2}} \tag{7-225}$$

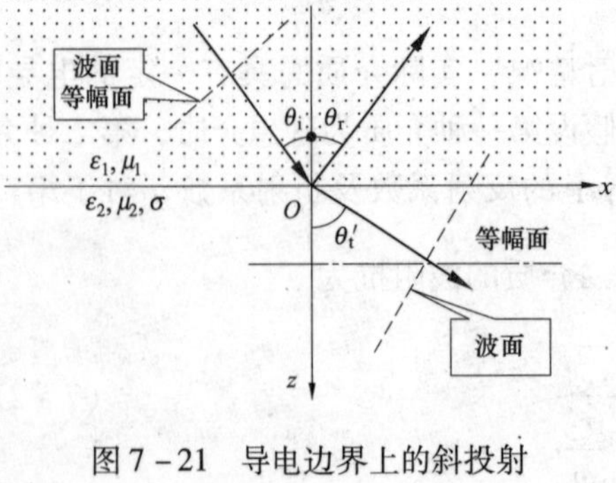

图 7－21　导电边界上的斜投射

上述情况如图 7－21 所示。由图 7－21 可见，导电介质中折射波的等幅面与波面是不一致的，因此折射波是一种非均匀平面波。

式（7－225）可另写为

$$\frac{\sin\theta_{\mathrm{i}}}{\sin\theta_{\mathrm{t}}'} = \sqrt{\sin^2\theta_{\mathrm{i}} + \left(\frac{\eta}{k_1}\right)^2} \tag{7-226}$$

此式称为修正折射定律。

如果第二介质为良导体，即 $\sigma_2 \gg \omega\varepsilon_2$，则

$$k_2' = k_2'' \approx \sqrt{\pi f \mu_2 \sigma_2} = \sqrt{\frac{\omega\mu_2\sigma_2}{2}} \tag{7-227}$$

由式（7－221）及式（7－224）可得

$$\xi^2=\frac{1}{2}\left[k_2'^2-k_2''^2-k_1^2\sin^2\theta_i+\sqrt{(2k_2'k_2'')^2+(k_2'^2-k_2''^2-k_1^2\sin^2\theta_i)^2}\right] \quad (7-228)$$

$$\eta^2=\frac{1}{2}\left[-k_2'^2+k_2''^2+k_1^2\sin^2\theta_i+\sqrt{(2k_2'k_2'')^2+(k_2'^2-k_2''^2-k_1^2\sin^2\theta_i)^2}\right] \quad (7-229)$$

考虑到式（7－227），式（7－228）可以简化为

$$\xi^2=\frac{\omega^2\mu_1\varepsilon_1}{2}\left[\sqrt{\left(\frac{\mu_2\sigma_2}{\omega\mu_1\varepsilon_1}\right)^2+\sin^4\theta_i}-\sin^2\theta_i\right] \quad (7-230)$$

$$\eta^2=\frac{\omega^2\mu_1\varepsilon_1}{2}\left[\sqrt{\left(\frac{\mu_2\sigma_2}{\omega\mu_1\varepsilon_1}\right)^2+\sin^4\theta_i}+\sin^2\theta_i\right] \quad (7-231)$$

又因 $\sigma_2\gg\omega\varepsilon_2$，式（7－230）和式（7－231）可进一步简化为

$$\xi\approx\eta\approx\sqrt{\frac{\omega\mu_2\varepsilon_2}{2}} \quad (7-232)$$

由式（7－226）求得

$$\sin\theta_t'\approx\frac{k_1}{\eta}\sin\theta_i\approx 0$$

由此可见，平面波在良导体边界上发生折射以后，无论入射角如何，折射波的方向几乎垂直于边界。所以，当平面波由空气向海面投射时，若对于给定的频率，海水可当作良导体，那么无论入射角如何，进入海水中的折射波几乎全部垂直向下传播。例如，当频率为30MHz 的平面波自空气向海水投射时，已知 $\sigma=4\text{S/m}$，$\mu=\mu_0$，$\varepsilon=81\varepsilon_0$，因 $\sigma\gg\omega\varepsilon$，可以将海水当作良导体，由式（7－226）可得

$$\sin\theta_t'\approx\frac{k_0}{\eta}\sin\theta_i=0.028\,7\sin\theta_i$$

可见，$\theta_i=\pi/2$，则 $\theta_t'=1.6°$，折射波几乎垂直向下进入海水。因此，在潜艇通信中，为了有效地接收由海面进入海水中的电磁波，接收天线的最强接收方向应指向上方。

7.11 平面波斜投射到理想导体表面

假定在7.10 节边界的两侧，第一种介质是理想介质，第二种介质是理想导电体，即 $\sigma_1=0$，$\sigma_2=\infty$。因此第二种介质的波阻抗 $Z_{c2}\to 0$，由式（7－196）及式（7－204）可得

$$R_{//}=1,\ R_{\perp}=-1$$

此结果表明，当平面波向理想导电表面斜投射时，无论入射角如何，均会发生全反射。这是因为电磁波无法进入理想导电体内部，入射波必然被全部反射。应该注意，这种全反射现象不同于理想介质边界上发生的全反射。后者发生全反射时，第二种介质中仍然存在表面波。

上述平行极化波的反射系数与垂直极化波的反射系数符号不同，这是由于规定的两种极化波的场强正方向导致的。

由于理想介质中的合成场是由入射波和反射波叠加形成的，但是反射系数与平面波的极化特性有关，因此，理想介质中的场分布与平面波的极化特性有关。

对于平行极化波，上半空间的合成电场的 x 分量由图 7－17 得知

$$E_x = E_0^{\mathrm{i}}\cos\theta_{\mathrm{i}}\mathrm{e}^{-\mathrm{j}k_1(x\sin\theta_{\mathrm{i}}+z\cos\theta_{\mathrm{i}})} - E_0^{\mathrm{r}}\cos\theta_{\mathrm{i}}\mathrm{e}^{-\mathrm{j}k_1(x\sin\theta_{\mathrm{i}}-z\cos\theta_{\mathrm{i}})}$$

考虑到 $R_{//}=1$，$E_0^{\mathrm{i}}=E_0^{\mathrm{r}}$。再利用公式 $\sin x = \dfrac{\mathrm{e}^{\mathrm{j}x}-\mathrm{e}^{-\mathrm{j}x}}{2\mathrm{j}}$，上式变为

$$E_x = -2\mathrm{j}E_0^{\mathrm{i}}\cos\theta_{\mathrm{i}}\sin(k_1 z\cos\theta_{\mathrm{i}})\mathrm{e}^{-\mathrm{j}k_1 x\sin\theta_{\mathrm{i}}} \tag{7-233}$$

同理，合成电场的 z 分量及合成磁场分别为

$$E_z = -2E_0^{\mathrm{i}}\sin\theta_{\mathrm{i}}\cos(k_1 z\cos\theta_{\mathrm{i}})\mathrm{e}^{-\mathrm{j}k_1 x\sin\theta_{\mathrm{i}}} \tag{7-234}$$

$$H_y = 2\frac{E_0^{\mathrm{i}}}{Z_1}\cos(k_1 z\cos\theta_{\mathrm{i}})\mathrm{e}^{-\mathrm{j}k_1 x\sin\theta_{\mathrm{i}}} \tag{7-235}$$

由此可见，合成波的相位随 x 变化，而振幅与 z 有关，因此合成波是沿正 x 方向传播的非均匀平面波。由于在传播方向上存在电场 E_x 分量，合成波是非 TEM 波，这种仅磁场强度垂直于传播方向的电磁波称为横磁波（TM）波。

上述结果表明，当 $k_1 z\cos\theta_{\mathrm{i}} = -n\pi$（$n=0, 1, 2, \cdots$）时，即 $z=-n\lambda_1/(2\cos\theta_{\mathrm{i}})$ 时 $E_x=0$，而 E_z 及 H_y 振幅最大；当 $k_1 z\cos\theta_{\mathrm{i}} = -(2n+1)\pi/2$（$n=0, 1, 2, \cdots$）时，即 $z=-(2n+1)\lambda_1/(4\cos\theta_{\mathrm{i}})$ 时 $E_z=H_y=0$，而 E_x 振幅最大。

图 7-22 给出了合成电场的 E_x 分量的分布特性。由图 7-22 可见，在 z 方向上形成驻波，沿 x 方向上构成行波。根据能流密度矢量也可证明这种分布特性。因为合成波的复能流密度矢量为

$$\vec{S}_{\mathrm{c}} = \vec{E}\times\vec{H}^* = (\vec{e}_x E_x + \vec{e}_z E_z)\times\vec{e}_y H_y^*$$
$$= \vec{e}_z E_x H_y^* - \vec{e}_x E_z H_y^*$$

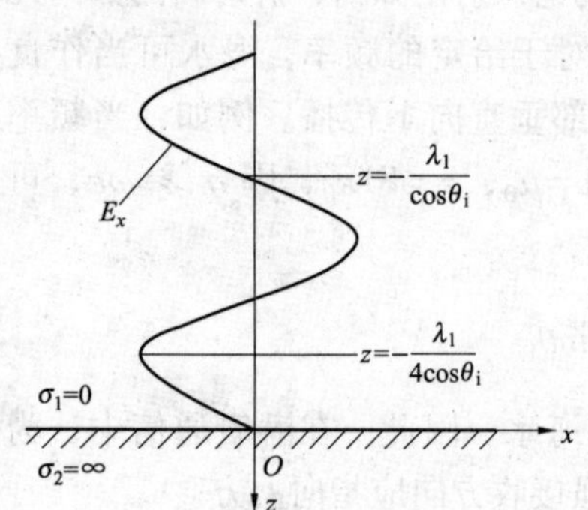

图 7-22　理想导电表面上的场分布

将前面导出的场强公式代入，得

$$\mathrm{Re}\vec{S}_{\mathrm{c}} = \vec{e}_x 4\frac{E_0^{\mathrm{i}2}}{Z_1}\sin\theta_{\mathrm{i}}\cos^2(k_1 z\cos\theta_{\mathrm{i}}) \tag{7-236}$$

$$\mathrm{Im}\vec{S}_{\mathrm{c}} = \vec{e}_z 4\frac{E_0^{\mathrm{i}2}}{Z_1}\cos\theta_{\mathrm{i}}\sin(k_1 z\cos\theta_{\mathrm{i}})\cos(k_1 z\cos\theta_{\mathrm{i}}) \tag{7-237}$$

可见，复能流密度矢量的实部为 x 方向，虚部为 z 方向。这样，在 x 方向上存在单向的能量流动，而在 z 方向上只有电磁能量的相互交换。因此，在 x 方向上为行波，在 z 方向上为驻波。

根据上述合成场的分布特性可知，如果在 $z=-n\lambda_1/(2\cos\theta_{\mathrm{i}})$（$n=0, 1, 2, \cdots$）处放置一块无限大的理想导电平面，由于此处 $E_x=0$，显然这个理想导电平面不会破坏原来的场分布，这就意味着在两块相互平行的无限大理想导电平面之间可以存在 TM 波的传播。

对于垂直极化波，同样可以求得上半空间合成场的各个分量为

$$E_y = -\mathrm{j}2E_0^{\mathrm{i}}\sin(k_1 z\cos\theta_{\mathrm{i}})\mathrm{e}^{-\mathrm{j}k_1 x\sin\theta_{\mathrm{i}}} \tag{7-238}$$

$$H_x = -2\frac{E_0^{\mathrm{i}}}{Z_1}\cos\theta_{\mathrm{i}}\cos(k_1 z\cos\theta_{\mathrm{i}})\mathrm{e}^{-\mathrm{j}k_1 x\sin\theta_{\mathrm{i}}} \tag{7-239}$$

$$H_z = -\mathrm{j}2\frac{E_0^{\mathrm{i}}}{Z_1}\sin\theta_{\mathrm{i}}\sin(k_1 z\cos\theta_{\mathrm{i}})\mathrm{e}^{-\mathrm{j}k_1 x\sin\theta_{\mathrm{i}}} \tag{7-240}$$

此结果表明，合成场同样构成向 x 方向传播的非均匀平面波。合成场的电场强度垂直于传播

方向，而在传播方向上存在磁场强度分量，因此，这种仅仅电场强度垂直于传播方向的电磁波称为横电波（TE）波。此外，由式（7－238）~式（7－240）可见，E_y 及 H_z 分量的振幅沿 z 方向按正弦函数分布，而 H_x 的振幅沿 z 方向按余弦分布。因此，如果在 $z=-n\lambda_1/(2\cos\theta_i)$（$n=0, 1, 2, \cdots$）处放置一块无限大的理想导电平面，由于 $E_y=0$，该导电平面不会破坏原来的场分布。这就表明，在两块相互平行的无限大的理想导电平面之间可以传播 TE 波。更有意义的是，如果再放置两块理想导电平面垂直于 y 轴，由于电场分量 E_y 与该表面垂直，因此也符合边界条件。这样，在 4 块理想导电平板形成的矩形空心金属管中可以存在 TE 波，这种矩形金属管就是后续章节要介绍的矩形波导。我们将会看到，矩形或圆形金属波导可以传输，而且只能传输 TE 波或 TM 波，它们不可能传输 TEM 波。

【例 7－8】 当垂直极化的平面波以 θ_i 角度由空气向无限大的理想导电平面投射时（见图 7－23），若入射波电场振幅为 E_0^i，试求理想导电平面上的表面电流密度及空气中的能流密度的平均值。

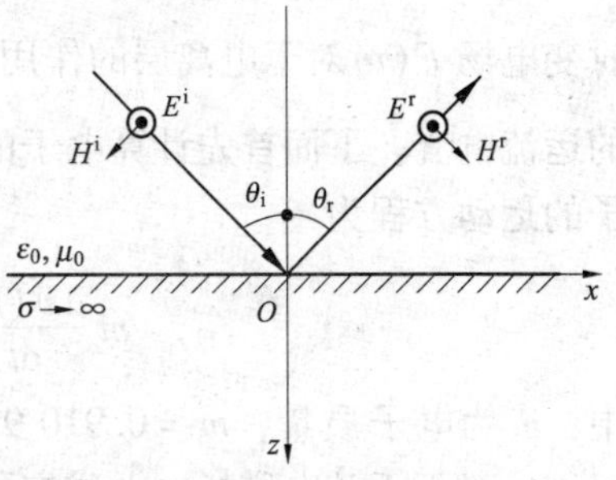

图 7－23 理想导电边界的斜入射

解 令理想导电平面为 $z=0$ 平面，如图 7－23 所示。由式（7－238）~式（7－240）可知，表面电流 $\vec{J}_S$ 为

$$\vec{J}_S=\vec{e}_n\times\vec{H}=-\vec{e}_z\times\vec{H}_x\big|_{z=0}$$
$$=\vec{e}_y\frac{2E_0^i}{Z_0}\cos\theta_i e^{-jk_1x\sin\theta_i}$$

能流密度的平均值

$$\vec{S}_{av}=\mathrm{Re}\vec{S}_c=\mathrm{Re}(\vec{E}\times\vec{H}^*)=\mathrm{Re}[\vec{E}_y\times(\vec{H}_x^*+\vec{H}_z^*)]$$

将场量公式（7－238）~式（7－240）代入得

$$\vec{S}_{av}=\vec{e}_x4\frac{(E_0^i)^2}{Z_0}\sin\theta_i\sin^2(k_1z\cos\theta_i)$$

7.12 等离子体中的平面波

等离子体是除气体、液体、固体外的第四种物态，是一种电离气体，它由带负电的电子、带正电的离子以及中性分子组成，由于电子与离子数目相等，因此称为等离子体。位于地球上空 60~2000km 处的电离层就是这种等离子体。电离层是在太阳的紫外线作用下形成的。在太阳紫外线的照射下，气体分子发生电离，分裂为带负电的电子和带正电的离子。由于热运动的存在，电子与离子又不断地复合成中性分子。最后电离与复合达到动态平衡的时候，使得电离层具有一定数量的电子和相等数量的离子，所以形成了等离子体。地球周围的电离层对无线通信来说非常重要，它能反射电磁波，从而使信号能通过地球与电离层之间的多次反射，从一地传输到另一地。

等离子体的特点是，在恒定磁场的作用下会显示出电各向异性的特点，即其介电常数通常可以写成一个 3×3 的矩阵，共 9 个分量。因此，在地球磁场的影响下，位于地球上空的电离层具有各向异性的特点。在本节中，我们先来通过电磁场与电离层之间相互作用的物理过程，求出电离层的等效介电常数，然后再讨论在这种电各向异性介质中平面波的传播特性。

首先假定外加的时变电磁场比较微弱，电离层中介质的介电常数是线性的，同时不考虑电子与离子之间的碰撞损耗。这样，电离层就可以作为在真空中充满电子及离子的理想介质了。

假设地球的恒定磁场为 $\vec{B}_0$，时变磁场为 $\vec{B}(t)$，若 $\vec{B}(t) \ll \vec{B}_0$，仅需考虑恒定磁场 $\vec{B}_0$ 及时变电场 $\vec{E}(t)$ 对于电离层的作用，又因离子的质量远大于电子的质量，仅需计及电子形成的运流电流。下面首先计算电子的运动速度。在恒定磁场 $\vec{B}_0$ 及时变电场 $\vec{E}(t)$ 的作用下，电子的运动方程为

$$m\frac{\mathrm{d}\vec{v}(t)}{\mathrm{d}t} = -q[\vec{E}(t) + \vec{v}(t) \times \vec{B}_0] \tag{7-241}$$

式中：m 为电子质量，$m = 0.910\ 938\ 97 \times 10^{-30}\,\mathrm{kg}$；$q$ 为电子电荷量，$q = 1.602\ 177\ 33 \times 10^{-19}\,\mathrm{C}$。对于正弦电磁场，上述方程以复矢量形式表示为

$$\mathrm{j}\omega m\,\vec{v} = -q\ (\vec{E} + \vec{v} \times \vec{B}_0) \tag{7-242}$$

在直角坐标系中，设地球磁场 $\vec{B}_0 = \vec{e}_z B_0$，则式（7-242）可表示为

$$\begin{bmatrix} v_x \\ v_y \\ v_z \end{bmatrix} = \frac{q}{m}\overset{\frown}{\omega}\begin{bmatrix} E_x \\ E_y \\ E_z \end{bmatrix} \tag{7-243}$$

式中：$\overset{\frown}{\omega}$ 为二阶张量

$$\overset{\frown}{\omega} = \begin{bmatrix} -\dfrac{\omega^2}{\mathrm{j}\omega\ (\omega^2 - \omega_\mathrm{c}^2)} & -\dfrac{\omega_\mathrm{c}}{\omega^2 - \omega_\mathrm{c}^2} & 0 \\ \dfrac{\omega_\mathrm{c}}{\omega^2 - \omega_\mathrm{c}^2} & -\dfrac{\omega^2}{\mathrm{j}\omega\ (\omega^2 - \omega_\mathrm{c}^2)} & 0 \\ 0 & 0 & -\dfrac{1}{\mathrm{j}\omega} \end{bmatrix} \tag{7-244}$$

式中：$\omega_\mathrm{c} = \dfrac{qB_0}{m}$称为旋磁频率。

设单位体积中的电子数为 N，则电子形成的运流电流密度 $\vec{J}_\mathrm{e}$ 为

$$\vec{J}_\mathrm{e} = -Nqv = -\frac{Nq^2}{m}\overset{\frown}{\omega} \cdot \vec{E} \tag{7-245}$$

代入麦克斯韦第一方程，得

$$\begin{aligned} \nabla \times \vec{H} &= \vec{J}_\mathrm{e} + \mathrm{j}\omega\varepsilon_0\vec{E} \\ &= \mathrm{j}\omega\left(-\frac{Nq^2}{\mathrm{j}\omega m}\overset{\frown}{\omega} \cdot \vec{E} + \varepsilon_0\vec{E}\right) \\ &= \mathrm{j}\omega\left(\overset{\frown}{\varepsilon}_0 - \frac{Nq^2}{\mathrm{j}\omega m}\overset{\frown}{\omega}\right) \cdot \vec{E} \end{aligned} \tag{7-246}$$

式中：$\widehat{\varepsilon}_0$ 为对角矩阵，即

$$\widehat{\varepsilon}_0 = \begin{bmatrix} \varepsilon_0 & 0 & 0 \\ 0 & \varepsilon_0 & 0 \\ 0 & 0 & \varepsilon_0 \end{bmatrix} \tag{7-247}$$

令

$$\widehat{\varepsilon} = \widehat{\varepsilon}_0 - \frac{Nq^2}{\mathrm{j}\omega m}\widehat{\omega} \tag{7-248}$$

式中：$\widehat{\varepsilon}$ 为电离层的等效介电常数。将式（7－248）展开，$\widehat{\varepsilon}$ 可以表示为

$$\widehat{\varepsilon} = \begin{bmatrix} \varepsilon_{11} & \varepsilon_{12} & 0 \\ \varepsilon_{21} & \varepsilon_{22} & 0 \\ 0 & 0 & \varepsilon_{33} \end{bmatrix} \tag{7-249}$$

其中

$$\varepsilon_{11} = \varepsilon_0 - \frac{\omega_{\mathrm{p}}^2\varepsilon_0}{\omega^2 - \omega_{\mathrm{c}}^2},\ \varepsilon_{12} = -\frac{\mathrm{j}\omega_{\mathrm{p}}^2\omega_{\mathrm{c}}\varepsilon_0}{\omega\ (\omega^2 - \omega_{\mathrm{c}}^2)}$$

$$\varepsilon_{21} = -\varepsilon_{12},\ \varepsilon_{22} = \varepsilon_{11},\ \varepsilon_{33} = \varepsilon_0 - \frac{\omega_{\mathrm{p}}^2\varepsilon_0}{\omega^2}$$

式中：ω_{p} 称为电离层频率，其值为

$$\omega_{\mathrm{p}} = \sqrt{\frac{Nq^2}{\varepsilon_0 m}} \tag{7-250}$$

等效介电常数的表达式（7－249）说明电离层是一种电各向异性介质。应该注意，上述等效介电常数的矩阵结构是在 $\vec{B}_0 = \vec{e}_z B_0$ 的假定下推出的，若恒定磁场 $\vec{B}_0$ 的方向改变，则其矩阵结构也将发生变化。

引入等效介电常数后，式（7－246）可以表示为

$$\nabla \times \vec{H} = \mathrm{j}\omega\ \widehat{\varepsilon} \cdot \vec{E} \tag{7-251}$$

已知$\nabla \times \vec{E} = -\mathrm{j}\omega\mu\ \vec{H}$，对此式两边取旋度，再将式（7－251）代入，得

$$\nabla \times \nabla \times \vec{E} - \omega^2\mu\ \widehat{\varepsilon} \cdot \vec{E} = 0 \tag{7-252}$$

式（7－252）为电离层中的平面波应该满足的波动方程。

设电离层中平面波的传播方向位于 xz 平面内，且与 z 轴的夹角为 θ，如图 7－24 所示。其电场强度可表示为

$$\vec{E} = \vec{E}_0 \mathrm{e}^{-\mathrm{j}k(x\sin\theta + z\cos\theta)} \tag{7-253}$$

则该平面波应该满足方程式（7－252）。若令恒定磁场 $\vec{B}_0 = \vec{e}_z B_0$，式（7－252）中的 $\widehat{\varepsilon}$ 由式（7－249）确定。

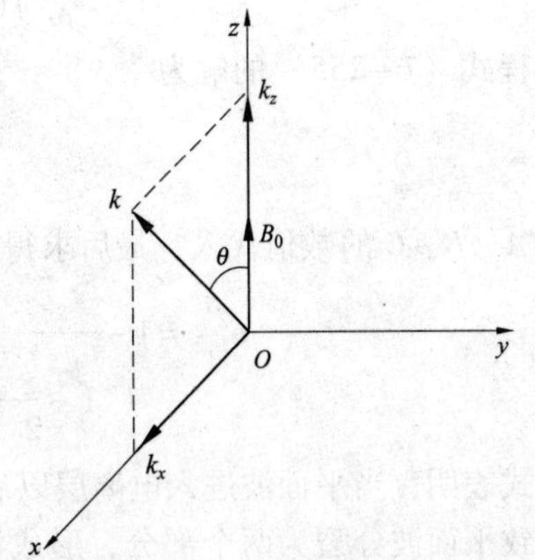

图 7－24　电离层中的平面波

将式（7－253）代入式（7－252）中，经过一系

列演算，得

$$\begin{bmatrix} a_{11} & a_{12} & a_{13} \\ a_{21} & a_{22} & a_{23} \\ a_{31} & a_{32} & a_{33} \end{bmatrix}\begin{bmatrix} E_x \\ E_y \\ E_z \end{bmatrix}=0 \tag{7-254}$$

式中

$$a_{11}=1-\frac{\omega_{\mathrm{p}}^2}{\omega^2-\omega_{\mathrm{c}}^2}-n^2\cos^2\theta$$

$$a_{12}=-\mathrm{j}\frac{\omega_{\mathrm{p}}^2\omega_{\mathrm{c}}}{\omega(\omega^2-\omega_{\mathrm{c}}^2)}$$

$$a_{13}=n^2\cos\theta\sin\theta$$

$$a_{21}=-a_{12}$$

$$a_{22}=1-\frac{\omega_{\mathrm{p}}^2}{\omega^2-\omega_{\mathrm{c}}^2}-n^2$$

$$a_{32}=a_{23}=0$$

$$a_{31}=n^2\cos\theta\sin\theta$$

$$a_{33}=1-\frac{\omega_{\mathrm{p}}^2}{\omega^2}-n^2\sin^2\theta$$

式中：$n=\frac{k}{k_0}$，k_0 为真空的传播常数，k 为待求的电离层传播常数。

由式（7－254）可见，只有当此行列式的值为零时，该方程才有解，因此得

$$An^4-Bn^2+C=0 \tag{7-255}$$

式中

$$A=\left(1-\frac{\omega_{\mathrm{p}}^2}{\omega^2-\omega_{\mathrm{c}}^2}\right)\sin\theta+\left(1-\frac{\omega_{\mathrm{p}}^2}{\omega^2}\right)\cos^2\theta$$

$$B=\left(1-\frac{\omega_{\mathrm{p}}^2}{\omega^2+\omega_{\mathrm{c}}^2}\right)\left[1-\frac{\omega_{\mathrm{p}}^2}{\omega(\omega-\omega_{\mathrm{c}})}\right]\sin^2\theta+\left(1-\frac{\omega_{\mathrm{p}}^2}{\omega^2}\right)\left(1-\frac{\omega_{\mathrm{p}}^2}{\omega^2-\omega_{\mathrm{c}}^2}\right)(1+\cos^2\theta)$$

$$C=\left(1-\frac{\omega_{\mathrm{p}}^2}{\omega^2}\right)\left[1-\frac{\omega_{\mathrm{p}}^2}{\omega(\omega+\omega_{\mathrm{c}})}\right]\left[1-\frac{\omega_{\mathrm{p}}^2}{\omega(\omega-\omega_{\mathrm{c}})}\right]$$

方程式（7－255）的解为

$$n_{1,2}^2=\frac{B\pm\sqrt{B^2-4AC}}{2A} \tag{7-256}$$

将 A、B、C 的数值代入，最后求得

$$n_{1,2}^2=1-\frac{\omega_{\mathrm{p}}^2/\omega^2}{1-\frac{\omega_{\mathrm{c}}^2\sin^2\theta}{2(\omega^2-\omega_{\mathrm{p}}^2)}\pm\sqrt{\frac{\omega_{\mathrm{c}}^2\sin^2\theta}{4(\omega^2-\omega_{\mathrm{p}}^2)}+\frac{\omega_{\mathrm{c}}^2}{\omega^2}\cos^2\theta}} \tag{7-257}$$

此式表明，当平面波进入电离层以后，由于地磁的影响，电离层具有两个不同的折射指数，导致平面波分裂为两个部分，形成沿两条不同路径传播的折射波，这种现象称为双折射现象。两种折射系数的数值不仅与地磁 $\vec{B}_0$、电子密度 N 有关，同时与平面波的传播方向 θ 也

有关。

进一步分析表明，当平面波在电离层中传播时，其极化方向也会发生偏转，这种现象称为法拉第旋转。这些特点都是依靠电离层反射波的地面短波通信、穿过电离层的卫星通信以及全球卫星通信导航系统所必须考虑的问题。尤其在短波通信中，来自不同路径的两个电离层波束相遇后还会引起信号严重衰落。

7.13　在铁氧体中的平面波

铁氧体是一种具有铁磁性的金属氧化物，其磁导率很高（相对磁导率可高达几千），但电导率很低（金属材料的电导率约是它的 10^7 倍），相对介电常数为 2 ~ 35。这种铁氧体在外加恒定磁场作用下显示磁各向异性。铁氧体的磁性能主要取决于内部存在的自旋电子，令自旋电子的磁矩为 $\vec{m}$，角动量为 $\vec{L}$，因电子带负电荷，$\vec{m}$ 与 $\vec{L}$ 的方向相反，且

$$\vec{m} = -\gamma \vec{L} \tag{7-258}$$

式中：γ 为旋磁比，近似地可认为 $\gamma = \frac{q}{m}$，其中 q 为电子电量，m 为电子质量，q 与 m 的数值见 7.12 节。

在外加时变磁场 $\vec{B}(t)$ 的作用下，自旋电子产生的转矩 $\vec{T}$ 为

$$\vec{T} = \vec{m} \times \vec{B} \tag{7-259}$$

已知一个旋转体的转矩 $\vec{T}$ 角动量 $\vec{L}$ 的关系为

$$\frac{\mathrm{d}\vec{L}}{\mathrm{d}t} = \vec{T} \tag{7-260}$$

将式（7－258）两边对时间 t 微分，同时考虑到式（7－229）及式（7－230），得

$$\frac{\mathrm{d}\vec{m}}{\mathrm{d}t} = -\gamma(\vec{m} \times \vec{B}) \tag{7-261}$$

若单位体积中的自旋电子数为 N，磁化强度 $\vec{M} = N\vec{M}$，则由式（7－231）可知，磁化强度 $\vec{M}$ 应该满足的方程为

$$\begin{aligned}\frac{\mathrm{d}\vec{M}}{\mathrm{d}t} &= -\gamma(\vec{m} \times \vec{B}) = -\gamma[\vec{M} \times \mu_0(\vec{H} + \vec{M})] \\ &= -\gamma\mu_0(\vec{M} \times \vec{H})\end{aligned} \tag{7-262}$$

若此时外加的恒定磁场强度 $\vec{H}_0 = \vec{e}_z H_0$，且其大小足以使铁氧体达到饱和磁化，相应的饱和磁化强度为 $\vec{M}_0 = \vec{e}_z M_0$，则铁氧体在恒定磁场 $\vec{H}_0$ 及时变磁场 $\vec{H}(t)$ 的共同作用下，总磁化强度 $\vec{M}_{\mathrm{T}}$ 为

$$\vec{M}_{\mathrm{T}} = \vec{M}_0 + \vec{M}(t) \tag{7-263}$$

将此式代入式（7－262）中，且考虑到 $\frac{\mathrm{d}\vec{M}_0}{\mathrm{d}t} = 0$，得

$$\frac{\mathrm{d}\vec{M}(t)}{\mathrm{d}t} = -\gamma\mu_0[\vec{M}_0 + \vec{M}(t)] \times [\vec{H}_0 + \vec{H}(t)]$$

若 $\vec{H}(t) \ll \vec{H}_0$，因而 $\vec{M}(t) \ll \vec{M}_0$，则 $\vec{M}(t) \times \vec{H}(t) \approx 0$，上式可简化为

$$\frac{\mathrm{d}\vec{M}(t)}{\mathrm{d}t} = -\gamma\mu_0[\vec{M}_0 \times \vec{H}_0 + \vec{M}(t) \times \vec{H}_0 + \vec{M}_0 \times \vec{H}] \tag{7-264}$$

对于正弦电磁场，式（2-264）以复矢量形式表示为

$$\mathrm{j}\omega\vec{M} = -\gamma\mu_0(\vec{M}_0 \times \vec{H}_0 + \vec{M} \times \vec{H}_0 + \vec{M}_0 \times \vec{H}) \tag{7-265}$$

将式（2-265）在直角坐标系中展开，得

$$M_x = \frac{\omega_c\omega_m}{\omega_c^2 - \omega^2}H_x + \mathrm{j}\frac{\omega\omega_m}{\omega_c^2 - \omega^2}H_y \tag{7-266}$$

$$M_y = -\mathrm{j}\frac{\omega\omega_m}{\omega_c^2 - \omega^2}H_x + \mathrm{j}\frac{\omega_0\omega_m}{\omega_c^2 - \omega^2}H_y \tag{7-267}$$

$$M_z = 0 \tag{7-268}$$

式中

$$\omega_c = \frac{q}{m}\mu_0 H_0$$

$$\omega_m = \frac{q}{m}\mu_0 M_0$$

已知磁通密度 $\vec{B} = \mu_0(\vec{H} + \vec{M})$，那么由式（7-268）求得

$$\vec{B} = \widehat{\mu} \cdot \vec{H} \tag{7-269}$$

其中

$$\widehat{\mu} = \begin{bmatrix} \mu_{11} & \mu_{12} & 0 \\ \mu_{21} & \mu_{22} & 0 \\ 0 & 0 & \mu_{33} \end{bmatrix} \tag{7-270}$$

这里

$$\mu_{11} = \mu_0 + \frac{\mu_0\omega_c\omega_m}{\omega_c^2 - \omega^2},\ \mu_{12} = \mathrm{j}\frac{\mu_0\omega\omega_m}{\omega_c^2 - \omega^2}$$

$$\mu_{21} = -\mu_{12},\ \mu_{22} = \mu_{11},\ \mu_{33} = \mu_0$$

由此可见，铁氧体呈现磁各向异性。与前同理，应该注意式（7-270）表示的铁氧体的磁导率是在 $\vec{H}_0 = \vec{e}_z H_0$ 的假定下推出的。当 $\vec{H}_0$ 的方向改变时，$\widehat{\mu}$ 的矩阵结构也将发生变化。此外，由于 $\widehat{\mu}$ 与 $\vec{H}_0$ 有关，调整 $\vec{H}_0$ 的数值即可控制 $\widehat{\mu}$ 的值。

当平面波在上述铁氧体中传播时，同理可以推出时变磁场应该满足的波动方程为

$$\nabla \times \nabla \times \vec{H} - \omega^2\varepsilon\,\widehat{\mu} \cdot \vec{H} = 0 \tag{7-271}$$

比较式（7-271）与式（7-252）可见，两者完全相同，因此当平面波在铁氧体中传播时，前述的双折射现象和法拉第效应等同样也会发生。法拉第效应表现出的极化面旋转在微波器件中获得应用，如法拉第旋转式隔离器、环行器等。

7.14 电磁波的应用

21世纪是一个信息化的时代，随着信息技术的发展，电磁波作为信息载体，在国民经济的各个领域都发挥着巨大的作用。在这一节中将首先介绍电磁波波段的划分和主要应用，其次将简述电磁波污染和电磁兼容概念。

7.14.1 电磁波的波段划分和主要应用

一、电磁波的波段划分

电磁波的波段划分见表7-1。

表7-1 电磁波的波段划分

名称	频率范围	波长范围	主要应用
极长波 极低频（ELF）	30~300Hz	1Mm~100km	电力系统
超长波 甚低频（VLF）	3~30kHz	100~10km	导航、声呐
长波 低频（LF）	30~300kHz	10~1km	导航、授时、无线电信标
中波 中频（MF）	300~3000kHz	1km~100m	调幅广播、海上无线电
短波 高频（HF）	3~30MHz	100~10m	调幅广播、通信、业余无线电
超短波 甚高频（VGH）	30~300MHz	10~1m	调频广播电视、移动通信
微波 特高频（UHF）	300~3000MHz	100~10cm	广播电视、移动通信、卫星导航、无线局域网
微波 超高频（SHF）	3~30GHz	10~1cm	卫星广播、卫星电视、卫星通信、机载雷达、无线局域网
微波 极高频（EHF）	30~300GHz	10~1mm	通信、雷达、射电天文
光波 光频	1~50THz	300~0.006μm	光纤通信

从表7-1可看出，人们的日常生活已经离不开电磁波，从最基本的电力、广播、电视到常用的厨房电器微波炉，以及无线通信、无线局域网、导航系统，离开电磁波的生活对现代人来说已不可想象。除此之外，电磁波在农业、国防、医疗卫生等方面都有广泛的应用。

二、电磁波在农业方面的应用

目前，X射线、γ射线和激光在农业方面的应用已呈现出良好的发展前景。

X 射线是指波长在（20 ~ 0.06）× 10^{-8} cm 之间的电磁波，用 X 射线照射生物体，可使生物体内的分子和原子产生电离和激发，发生生化反应，从而引起生理变化和遗传变异。因而利用 X 射线可对农作物进行检测与诊断，以及新品种的培育。

γ 射线是一种强电磁波，它的波长比 X 射线还要短，一般波长小于 0.001nm。利用 γ 射线照射播种前的农作物种子，可提高产量，改进农产品的质量。利用 γ 射线照射农作物，还可以抑制细菌、真菌和许多微生物的生长，提高农作物的储存期，并且不破坏农作物原有的品质和营养价值。

激光照射生物时，可促进生物的生长发育，并引起生物的染色体畸变，产生遗传变异。因而，用激光照射农作物也可以提高产量以及获得农作物的新品种。此外，用激光照射大蒜可抑制其发芽，延长储藏期，这一技术已被推广使用。

三、电磁波在国防方面的应用

提到电磁波在国防方面的应用，首先想到的应该是雷达。第一部雷达是 20 世纪 30 年代后期由英国科学家瓦特及其他电气工程师共同研制的。雷达一诞生即应用到军事领域中，在第二次世界大战中发挥了重要的作用。

雷达的主要功能是发现目标和测定目标的位置。它的基本组成为发射机、天线、接收机和显示器，此外还有定时系统和控制系统。雷达的基本工作原理为：发射机周期地产生高频电磁波，并以特定方向向空间集束辐射；控制系统控制天线使波束在空间扫描，搜索目标；当发射的电磁波在空间照射到目标后，产生向后散射的回波；接收机收到回波信号后经一系列的处理，在显示器上显示目标的位置、大小、速度等参数。

雷达在军事上主要用于构筑预警系统，而在民用方面雷达也有广泛的应用：机场利用雷达来管理和调度；气象部门利用雷达来预报天气和灾害；航天部门利用雷达来测量火箭、人造卫星和航天飞机的各种参数。此外，探地雷达也已在矿产资源勘探、考古调查、管线探测、工程质量检测等领域得到应用。

雷达发现目标是基于目标将雷达发射的电磁波反射回来，因而为了不被雷达发现，各种隐身技术也应运而生。飞机要想不被雷达发现，除了超低空飞行避开雷达波的探测范围外，就得想办法降低对雷达波的反射，使反射雷达波弱到无法辨别的地步。这里有一个衡量飞行器雷达回波强弱的物理量——雷达散射截面积（Radar Cross-Section，RCS），是指飞机对雷达波的有效反射面积，雷达隐身的方法便是采用各种手段来减小飞机的 RCS。目前用来减小飞机 RCS 的主要途径有两种：一是改变飞机的外形和结构，二是采用吸收雷达波的涂敷材料和结构材料。首先，隐形飞机在外形上避免使用大而垂直的垂直面，最好采用凹面，这样可以使散射的信号偏离力图接收它的雷达。我们可以看到隐身飞机的外形十分独特，如 F-117 型飞机基本上是由平面组成的角锥形体，尾翼为 V 形，而 B-2 型飞机则没有机身和尾翼，整个飞机像一个大的飞翼，贝尔 AH-1s“眼镜蛇”直升机最先采用扁平座舱盖。这些飞机的造型之所以较一般飞机古怪，就是因为特种的形状能够完成不同的反射功能。其次，隐形飞机采用非金属材料或者雷达吸波材料，吸收掉而不是反射掉来自雷达的能量。运用最新的材料，美国的 B-2 型轰炸机的 RCS 约为 0.01m^2（而不采用隐形技术的 B-52 型轰炸机的 RCS 大于 100m^2），相当于一只水鸟的雷达散射截面积，这是很十分惊人的。就是说，当 B-2 型轰炸机从头顶飞过，监视雷达的人在雷达显示器上看到了光点，会认为是一只鸟，而且远距离时可能什么都看不见。

在军事上还利用高能量的γ射线制成一种称为γ射线弹的核弹，这种核弹对人体的破坏作用相当大，而且穿透力极强，是一种比中子弹的威力还要大得多的杀人武器。γ射线弹的杀伤范围，据说为方圆100万km^2，这相当于以阿尔卑斯山为中心的整个南欧。因此，它是一种极具威慑力的战略武器。

四、电磁波在医疗卫生方面的应用

一定量的电磁辐射对人体是有益的，医疗上的烤电、理疗等方法都是利用适量电磁波来达到治病健身的目的。而利用激光和微波来治疗肿瘤等疾病已在各医疗机构普遍应用。

激光治疗肿瘤的技术已很成熟，用激光既能切割组织，同时又能止血，能使肿瘤组织迅速气化和雾化，从而使肿瘤在瞬间消失。激光能使肿瘤组织在几秒钟的短时间内，局部温度高达200～1000℃，使其变性、凝固坏死，继而气化消失。同时激光本身的光压和由高热导致的组织膨胀引起的二次冲击波，加深了肿瘤组织破坏。激光产生的电磁场可使肿瘤组织离化、核分解而被破坏死亡，如有残癌也可自行消退，这可能与免疫有关。激光可制造成激光器、激光手术刀用于治疗体表肿瘤、眼耳鼻咽喉肿瘤和神经肿瘤等。

微波治疗有三个方面：一是大剂量高热治疗肿瘤，能抑制肿瘤细胞的蛋白质合成，降低肿瘤细胞分裂速度，增强化疗、放疗效果；二是用于局部生物体组织的凝固治疗，具有不炭化、不产生烟雾的特点；三是小剂量的温热治疗，可以解痉、止痛、消炎并促进伤口恢复等。

电磁波的场效应和热效应还可用来消毒。利用电磁波消毒，可在5～10min内迅速达到卫生部规定的消毒要求，对成捆成扎的纸币、成摞的毛巾、医疗器械具有穿透力强、无残留药毒性的消毒特点，是当今消毒领域的新突破。

此外，利用X射线穿透性强的特点制成的医用X线机是医学上常用的辅助检查设备之一。临床上常用的X线检查方法有透视和摄片两种。透视较经济、方便，并可随意变动受检部位作多方面的观察，但不能留下客观的记录，也不易分辨细节。摄片能使受检部位结构清晰地显示于X线片上，并可作为客观记录长期保存，以便在需要时随时加以研究或在复查时作比较。

随着计算机科学的发展，一种医学无损诊断技术——电子计算机体层扫描成像（Computed Tomography，CT）已得到普遍应用，CT机成为医学诊断不可或缺的设备。CT是用X线束对人体的某一部分一定厚度的层面进行扫描，由探测器接收透过该层面的X线，所测得的信号经过模数转换（ADC），转变为数字信息后由计算机进行处理，从而得到该层面的各个单位容积的X线吸收值即CT值，并排列成数字矩阵。这些数据信息可存储于磁光盘或磁带机中，经过数模转换（DAC）后再形成模拟信号，经过计算机的一定变换处理后输出至显示设备上显示出图像，因此又称为横断面图像。CT的特点是操作简便，对病人来说无痛苦，其密度分辨率高，可直接显示X线平片无法显示的器官和病变，它在发现病变、确定病变的位置、大小、数目方面非常敏感而可靠，而在病理性质的诊断上存在一定的限制。

7.14.2 电磁波污染和电磁兼容的概念

电磁波的广泛应用也带来了社会问题，成为一种继水源、大气和噪声之后的新的污染源，是一种有较大危害且不易被察觉、不易防护的污染源。在科学上，称超过人体承受或仪器设备容许的电磁辐射为电磁污染。电磁污染分两大类：一类是自然电磁污染，如雷电、火山喷发、地震和太阳黑子活动引起的磁暴等，除对电气设备、飞机、建筑物等可能造成直接破坏外，还会在广大地区产生严重电磁干扰；另一类是人为电磁污染，主要是各种生活和生产类电子电气设备工作时产生的电磁辐射，如城市中的通信基站、广播电视发射塔、雷达与导航设备、科教医疗用高频设备、电力系统中的高压输电线路及变电站等都会对环境造成不同程度的电磁污染。人为电磁污染的频率范围广、强度大，已超过自然电磁污染，成为影响人类生存环境的主要因素。

电磁辐射对人体的效应一般可分为热效应和非热效应。热效应指机体的某些部分受到电磁辐射后温度升高。如人体中对高频电磁波敏感的器官眼睛，晶状体在受到电磁辐射后由于蛋白质凝固而造成晶体混浊，严重的可导致白内障，甚至失明。非热效应指电磁波干扰人体固有的电磁场，严重时造成植物神经功能紊乱、基因突变，进而诱发白血病和肿瘤，还会引起胚胎染色体改变，导致胎儿的畸形和孕妇的流产。

电磁污染不仅对人体造成危害，对人类生存的自然环境也造成不良影响。严重的电磁污染会造成植物无法正常生长甚至死亡。

此外，大功率的高频设备对其附近的电子设备也会产生严重的干扰，使其无法正常工作。

综上所述，如何保障电子设备或系统在复杂的电磁环境中正常工作，如何控制电磁干扰，保护人类生存的电磁环境，已成为重要的研究课题，也形成了一门新的学科——电磁兼容学（Electromagnetic Compatibility，EMC）。电磁兼容学是研究电磁干扰和抗电磁干扰问题的学科。电磁兼容性的概念是指设备在其电磁环境中能正常工作且不对该环境中的其他任何事物构成电磁干扰的能力。电磁兼容技术包含两方面的内容：一是设备的抗扰度，指设备在其电磁环境的电磁干扰下不降低运行性能的能力；二是设备的电磁干扰，指设备在其电磁环境中正常工作时产生的电磁发射不能引起该环境中的其他设备性能的降低。

电磁干扰由干扰源、干扰传播途径以及对干扰敏感的敏感设备这三个基本要素构成。因而电磁兼容问题的解决除了限制干扰源的电磁发射、提高敏感设备的抗扰度以外，在电磁干扰传播途径上可以采取一些措施，如在敏感设备的外接端口连线上加装滤波器、改善系统的接地、采取屏蔽技术等。

7.15 小 结

本章主要讨论了平面电磁波的传输特性，包括在无限大媒质及多层媒质中的入射、反射、透射特性。此外，还讨论了平面电磁波在等离子体和铁氧体中的传播特性。

7.15.1 波动方程

无源区域中，电场和磁场满足的波动方程为

$$\nabla^2 \vec{E} - \mu\varepsilon \frac{\partial^2 \vec{E}}{\partial t^2} = 0$$

$$\nabla^2 \vec{H} - \mu\varepsilon \frac{\partial^2 \vec{H}}{\partial t^2} = 0$$

7.15.2 均匀平面波在无限大理想介质中的传播特性

理想介质中的均匀平面波是 TEM 波；相速仅与介质的参数有关；均匀平面波以等幅波的形式传播，电场与磁场的能量密度相等。

向 $+z$ 方向传播的正弦均匀平面波的通解为

$$E_x^+ = E_{x0}^+ \mathrm{e}^{-\mathrm{j}kz} \text{（复数形式）}$$

它的瞬时表达式为

$$E_x^+(z,t) = |E_{x0}^+| \cos(\omega t - kz + \varphi_{x1})$$

磁场与电场的关系为

$$\vec{H} = \vec{e}_v \times \frac{\vec{E}}{\eta},\ \eta = \sqrt{\frac{\mu}{\varepsilon}} \text{（波阻抗）}$$

频率、波长、相位常数之间的关系为

$$f = \frac{1}{T} = \frac{\omega}{2\pi},\ \lambda = \frac{2\pi}{k},\ k = \omega\sqrt{\mu\varepsilon} = 2\pi f\sqrt{\mu\varepsilon}$$

7.15.3 均匀平面波在无限大导电媒质中的传播特性

导电媒质的介电常数可看成复数

$$\varepsilon_c = \varepsilon - \mathrm{j}\frac{\sigma}{\omega}$$

导电媒质中电磁波所满足的波动方程

$$\nabla^2 \vec{E} + k_c^2 \vec{E} = 0$$

$$\nabla^2 \vec{H} + k_c^2 \vec{H} = 0$$

在导电媒质中向 $+z$ 方向传播的正弦均匀平面波的通解为

$$E_x = E_{x0}^+ \mathrm{e}^{-\mathrm{j}k_c z} \text{（复数形式）}$$

令 $\mathrm{j}k_c = k'' + \mathrm{j}k'$

$$E_x = E_{x0}^+ \mathrm{e}^{-(k'' + \mathrm{j}k'z)} = E_{x0}^+ \mathrm{e}^{-k''z} \mathrm{e}^{-\mathrm{j}k'z}$$

其瞬时表达式为

$$E_x = E_{x0}^+ \mathrm{e}^{-k''z} \cos(\omega t - k'z)$$

磁场与电场的关系为

$$\vec{H} = \vec{e}_v \times \frac{E_x}{\eta_c},\ \eta_c = \frac{\omega\mu}{k_c} = \sqrt{\frac{\mu}{\varepsilon - \mathrm{j}\dfrac{\sigma}{\omega}}}$$

透入深度

$$\delta = \frac{1}{k''} = \frac{1}{\sqrt{\pi f \mu \sigma}}$$

均匀平面波在导电媒质中传输时，电磁波仍然是 TEM 波；电场强度 $\vec{E}$ 与磁场强度 $\vec{H}$ 的相位不再相同，媒质的波阻抗是复数；传播速度不仅与媒质的参数有关，还与波的频率有关，在导电媒质中出现色散现象；传播时有损耗，不再是等幅波。

7.15.4 电磁波的群速

含有信号的电磁波在导电媒质中传播时，各个频率分量的波以不同的相速进行传播，将合成波的包络传播的速度定义为群速，它代表信号能量传播的速度。

相速 v_p 与群速 v_g 的关系为

$$v_g = \frac{v_p}{1 - \frac{\omega}{v_p} \cdot \frac{dv_p}{d\omega}}$$

7.15.5 平面波的极化

对于 $\vec{E} = \vec{e}_x E_x + \vec{e}_y E_y$ 的电磁波，其中

$$E_x(z,t) = E_{xm}\cos(\omega t - kz + \varphi_x)$$
$$E_y(z,t) = E_{ym}\cos(\omega t - kz + \varphi_y)$$

E_x 和 E_y 的相位相同或相差180°时，电磁波的极化特性为直线极化。

E_x 和 E_y 的振幅相同，相位相差 ±90°时，电磁波的极化特性为圆极化。

E_x 和 E_y 的振幅和相位都不相等的最一般情况下，电磁波的极化特性为椭圆极化。

波向 $+z$ 方向传播，E_x 比 E_y 超前90°，为右旋圆极化波；E_y 比 E_x 超前90°，为左旋圆极化波。

7.15.6 均匀平面波垂直投射到两种媒质的分界面

（1）两种一般导电媒质的分界面。

1）反射系数 R

$$R = \frac{E_{1xm}^{r}}{E_{1xm}^{t}} = \frac{Z_2 - Z_1}{Z_2 + Z_1}$$

2）透射系数 T

$$T = \frac{E_{2xm}^{t}}{E_{1xm}^{t}} = \frac{2Z_2}{Z_2 + Z_1}$$
$$T = 1 + R$$

（2）两种理想介质的分界面。均匀平面波垂直投射到两种理想介质的分界面后的合成波为驻行波。驻波比为

$$SWR = \frac{|E_{1x}|_{\max}}{|E_{1x}|_{\min}} = \frac{1 + |R|}{1 - |R|}$$

发生全反射时，$|R| = 1$，$SWR \to \infty$。

无反射发生时，$|R| = 0$，$SWR = 1$，这种状态又称匹配状态。

（3）理想介质与理想导体的分界面。均匀平面波垂直投射到理想介质与理想导体的分界面后发生全反射，其合成波为驻波。

磁场的驻波波形与电场的驻波波形错开了 $\lambda_1/4$，电场的波腹点是磁场的波节点，电场的波节点是磁场的波腹点。驻波不能传输能量，电磁能在电场与磁场之间交换。

7.15.7 平面波垂直投射入多层媒质中

平面波垂直投射入多层媒质中时，在每层媒质中均存在正向传输和反向传输的波。如果有 n 层媒质就有2（$n-1$）个未知常数，然后利用（$n-1$）个边界上的2（$n-1$）个电场和磁场切向分量连续的边界条件，得到2（$n-1$）个方程。解此2（$n-1$）个方程，就可以求出全部未知常数。

要使1区无反射，对于 $d = \lambda_2/2$，$Z_{c3} = Z_{c1}$；对于 $d = \lambda_2/4$，$Z_{c2}^2 = Z_{c1}Z_{c3}$。

7.15.8 任意方向传播的平面波

沿任意方向传播的平面波表达式为

$$\vec{E}=\vec{E}_0 e^{-j\vec{k}\cdot\vec{r}}$$

式中：$\vec{k}$ 为传播矢量，其大小等于传播常数 k，其方向为传播方向。

7.15.9 平面波斜投射到两种理想介质的分界面

（1）平面波斜投射到两种理想介质的分界面，同样会发生反射与透射现象，并满足斯耐尔定律。

1）入射线，反射线及折射线位于同一平面。

2）入射角 θ_i 等于反射角 θ_r。

3）折射角 θ_t 与入射角 θ_i 的关系为

$$\frac{\sin\theta_i}{\sin\theta_t}=\frac{k_2}{k_1}$$

（2）对于斜入射的均匀平面波，都可以分解为两个正交的线极化波：一个极化方向与入射面垂直，称为垂直极化波；另一个在入射面内，称为平行极化波

$$\vec{E}=\vec{E}_{\perp}+\vec{E}_{//}$$

（3）平行极化波的反射系数和折射系数分别为

$$R_{//}=\frac{Z_1\cos\theta_i-Z_2\cos\theta_t}{Z_1\cos\theta_i+Z_2\cos\theta_t}$$

$$T_{//}=\frac{2Z_2\cos\theta_i}{Z_1\cos\theta_i+Z_2\cos\theta_t}=\frac{\cos\theta_i}{\cos\theta_t}(1-R_{//})$$

（4）垂直极化波的反射系数和折射系数分别为

$$R_{\perp}=\frac{Z_2\cos\theta_i-Z_1\cos\theta_t}{Z_2\cos\theta_i+Z_1\cos\theta_t}$$

$$T_{\perp}=\frac{2Z_2\cos\theta_i}{Z_2\cos\theta_i+Z_1\cos\theta_t}=1+R_{\perp}$$

（5）入射角满足布儒斯特角 θ_B 时，平行极化波会发生无反射现象（$R_{//}=0$），

$$\theta_B=\arcsin\sqrt{\frac{\varepsilon_2}{\varepsilon_1+\varepsilon_2}}\left(\sqrt{\frac{\varepsilon_2}{\varepsilon_1}}>\sin\theta_i\right)$$

垂直极化波不可能发生无反射。

（6）入射角满足临界角 θ_c 时，$R_{//}=R_{\perp}=1$，发生全反射。

$$\theta_c=\arcsin\sqrt{\frac{\varepsilon_2}{\varepsilon_1}}$$

只有当平面波由介电常数较大的光密介质进入介电常数较小的光疏介质时，才可能发生全反射现象。

7.15.10 平面波斜投射到两种导电媒质的分界面

平面波斜投射到两种导电媒质的分界面时，因波阻抗为复数，此时反射系数和折射系数均为复数，不会发生无反射及全反射现象。导电介质中折射波的等幅面与波面不一致，折射波是一种非均匀平面波。

修正折射定律为

$$\frac{\sin\theta_{\mathrm{i}}}{\sin\theta'_{\mathrm{t}}}=\sqrt{\sin^2\theta_{\mathrm{i}}+\left(\frac{\eta}{k_1}\right)^2}$$

平面波以任意入射角入射到良导体边界上，其折射波的方向几乎垂直于边界。

7.15.11 平面波斜投射到理想导体表面

当平面波由理想介质斜投射到理想导体表面时，不论入射角如何，均会发生全反射。这里的全反射现象不同于理想介质边界上发生的全反射，对于平行极化波，合成波是沿正 x 方向传播的非均匀平面波，且仅仅磁场强度垂直于传播方向，合成波为横磁波或 TM 波；对于垂直极化波，合成场同样构成向 x 方向传播的非均匀平面波，且仅仅电场强度垂直于传播方向，合成场为横电波或 TE 波。

7.15.12 等离子体中的平面波

电离层中的平面波满足的波动方程为

$$\nabla\times\nabla\times\vec{E}-\omega^2\mu\,\widehat{\varepsilon}\cdot\vec{E}=0$$

折射指数为

$$n_{1,2}^2=1-\frac{\omega_{\mathrm{p}}^2/\omega^2}{1-\dfrac{\omega_{\mathrm{c}}^2\sin^2\theta}{2\left(\omega^2-\omega_{\mathrm{p}}^2\right)}\pm\sqrt{\dfrac{\omega_{\mathrm{c}}^2\sin^2\theta}{4\left(\omega^2-\omega_{\mathrm{p}}^2\right)}+\dfrac{\omega_{\mathrm{c}}^2}{\omega^2}\cos^2\theta}}$$

平面波进入电离层中传播时，存在双折射现象，具有两个不同的折射指数，导致平面波分裂为两个部分，形成沿两条不同路径传播的折射波。

法拉第旋转效应：当平面波在电离层中传播时，其极化方向会发生偏转。

7.15.13 平面波在铁氧体中的传播

平面波在铁氧体中传播时，满足的波动方程为

$$\nabla\times\nabla\times\vec{H}-\omega^2\varepsilon\,\widehat{\mu}\cdot\vec{H}=0$$

平面波在铁氧体中传播时，同样会发生双折射现象和法拉第效应等。

铁氧体呈现磁各向异性，当所处的恒定磁场为 $\vec{H}_0=\vec{e}_zH_0$ 时，

$$\widehat{\mu}=\begin{bmatrix}\mu_{11} & \mu_{12} & 0\\ \mu_{21} & \mu_{22} & 0\\ 0 & 0 & \mu_{33}\end{bmatrix}$$

其中：$\mu_{11}=\mu_0+\dfrac{\mu_0\omega_{\mathrm{c}}\omega_{\mathrm{m}}}{\omega_{\mathrm{c}}^2-\omega^2}$，$\mu_{12}=\mathrm{j}\dfrac{\mu_0\omega\omega_{\mathrm{m}}}{\omega_{\mathrm{c}}^2-\omega^2}$，$\mu_{21}=-\mu_{12}$，$\mu_{22}=\mu_{11}$，$\mu_{33}=\mu_0$。

思 考 题

7－1 什么是平面波？什么是均匀平面波？

7－2 均匀平面波在理想介质中传播有何特点？

7－3 均匀平面波在损耗媒质中传播有何特点？

7－4 什么是集肤效应？透入深度是如何定义的？

7－5 电磁波的群速与相速是如何定义的？

7-6 在什么情况下电磁波的相速与频率有关？

7-7 什么是波的色散？

7-8 什么是波的极化？直线极化、圆极化、椭圆极化的条件是什么？

7-9 反射系数与透射系数是如何定义的？

7-10 什么是驻波？驻波与行波有何区别？

7-11 什么是驻波比？

7-12 什么是入射面？垂直极化波与平行极化波是如何定义的？

7-13 发生全反射的条件是什么？全反射后透射波有何特点？

7-14 无反射的条件是什么？什么波可能发生无反射？

7-15 均匀平面波斜投射到理想导体表面上，其反射后的合成波有什么特点？

7-16 平面波垂直投射多层媒质时，在两理想介质界面两侧的输入阻抗连续吗？为什么？

7-17 平面波垂直投射多层媒质时，从物理上解释为什么会有 $R_1=0$？在哪些情况下，$R_1=0$？在 $R_1=0$ 的情况下，2 区中是行波还是驻波？

7-18 什么是等离子体？

7-19 电离层中不能传播什么频率范围的电磁波？电离层对什么频率范围的电磁波是透明的？什么频率范围的电磁波可利用电离层反射传播？

7-20 什么是法拉第旋转效应？产生的原因是什么？

习 题

7-1 均匀的理想介质中有一正弦平面波沿 x 方向传播，其频率为 10MHz，介质的 $\mu_r \approx 1$，$\varepsilon_r \approx 4$。当 $t=0$ 时，在 $x=0$ 处电场强度的振幅为 2mV/m。求当 $t=1\mu s$ 时，$x=65m$ 处的电场强度、磁场强度。

7-2 若土壤的电导率为 0.001S/m，相对介电常数为 1，相对磁导率为 1。试求将土壤看作低损耗介质和良导体的频率范围。

7-3 对工频电力变压器，试从铝（$\mu_r=1$，$\varepsilon_r=1$，$\sigma=3.54\times10^7 S/m$）和铁（$\mu_r=10^4$，$\varepsilon_r=1$，$\sigma=10^7 S/m$）两种材料中选一种作为屏蔽罩。

7-4 真空中一平面电磁波的磁场为

$$\vec{H}=\vec{e}_x 2e^{-j(z+\frac{\pi}{4})}+\vec{e}_y 2e^{-j(z-\frac{\pi}{4})}\ A/m$$

求：(1) 电场强度的表达式；

(2) 波的极化特性及频率；

(3) 坡印廷矢量的平均值。

7-5 频率为 100MHz 的均匀平面波在理想介质（$\mu_r=1$，$\varepsilon_r=4$，$\sigma=0$）中向 x 方向传播，设电场强度为 y 方向，振幅为 10V/m，初相位为 0。求：

(1) 电磁波的相速度、相位常数及波长；

(2) 电场强度、磁场强度的瞬时和复数表达式。

7-6 真空中有一正弦平面波。设在空间取一圆柱形体积，其轴线与波的传播方向一致，轴线长度为$\frac{\lambda}{2}$，其底面积为1m²。求圆柱体内的电磁能量。

7-7　已知一电磁波的电场强度表达式为

$$\vec{E}=0.55\ (\vec{e}_x+\sqrt{3}\ \vec{e}_y)\ \mathrm{e}^{-\mathrm{j}0.17\pi(3x-\sqrt{3y}+2z)}\mathrm{V/m}$$

求：

（1）电磁波的频率及波长；

（2）磁场强度；

（3）坡印廷矢量的平均值。

7-8　在无限大的真空中，一均匀平面波的电场强度表达式为

$$\vec{E}=\vec{e}_y 141\cos\left[2\pi\times10^8\left(t-\frac{x}{c}\right)\right]\ \mathrm{V/m}$$

求：

（1）电磁波的频率、传播方向、相速度、相位常数及波长；

（2）磁场强度。

7-9　频率为100MHz的均匀平面波在理想介质（$\mu_r=1$，$\varepsilon_r=4$，$\sigma=0$）中向z方向传播，设电场强度为x方向，且当$t=0$、$z=\frac{1}{8}$m时，电场等于其振幅值10^{-4}V/m。求：

（1）电场强度的瞬时表达式；

（2）平面波的相速；

（3）坡印廷矢量的平均值。

7-10　设一均匀平面波在$\mu=\mu_0$的良导体内传播，其传播速度为光在自由空间波速的1%，且波长为0.3mm。求此平面波的频率及良导体的电导率。

7-11　均匀平面电磁波由空气垂直投射到水（$\mu=\mu_0$，$\varepsilon_r\approx81$，$\sigma=0$）面上。求：

（1）水面的反射系数和透射系数；

（2）驻波比；

（3）水中坡印廷矢量的平均值。

7-12　一向z方向传播的线极化平面波，频率为300MHz，其电场强度为x方向极化、幅值为2V/m、初相位为0。设此波从空气垂直投射到$\mu_r\approx1$、$\varepsilon_r\approx4$的理想介质平面上。求：

（1）反射系数、透射系数；

（2）入射波、反射波、透射波的电场强度、磁场强度瞬时表达式。

7-13　一右旋极化波从空气中垂直投射到位于$z=0$的理想导体板上，其电场强度的表达式为

$$\vec{E}^{\mathrm{i}}=(\vec{e}_x-\mathrm{j}\vec{e}_y)E_0\mathrm{e}^{-\mathrm{j}kz}\mathrm{V/m}$$

求：

（1）反射波的表达式及其极化特性；

（2）导体板上感应电流面密度；

（3）空气中合成波电场强度的瞬时表达式。

7-14　设飞机地面导航雷达的波阻抗与空气相同，雷达的中心工作频率为5GHz。雷达天线外部通常有一非磁性塑料天线罩，其$\varepsilon_r\approx3$。为使天线工作时无反射波，天线罩的厚度

应为多少?

7-15 在光纤技术中，常在光学元件表面镀膜以减少光的反射。设激光在自由空间的波长为550nm，光学玻璃为非磁性玻璃，其透射率为1.52。为使激光照射在光学玻璃上无反射，试确定镀膜厚度和镀膜材料的透射率。

7-16 设空气中有一沿x轴取向的线极化波，沿z轴垂直投射到一理想导体表面。已知入射波为

$$\vec{E}_x^{\mathrm{i}} = \vec{e}_x 100\mathrm{e}^{\mathrm{j}10°}\ \mathrm{V/m}$$

求:

(1) 电场强度和磁场强度的反射分量、透射分量的复数表达式;

(2) 导体表面的面电流密度;

(3) 空气中合成波电场强度和磁场强度的瞬时表达式。

7-17 一均匀平面波在无限大的理想介质（$\mu=\mu_0$）中传播，其电场强度为

$$\vec{E}=300\ (\vec{e}_x+E_{y0}\vec{e}_y+\sqrt{5}\ \vec{e}_z)\ \cos[30\pi\times10^8 t+4\pi\ (\sqrt{5}x+2y-4z)]\ \mathrm{V/m}$$

求:

(1) 电磁波的频率、传播方向、相速度及波长;

(2) 理想介质的相对介电常数;

(3) 待定量E_{y0};

(4) 磁场强度的瞬时表达式;

(5) 坡印廷矢量的平均值。

7-18 已知某理想介质（$\mu=\mu_0$）中电场强度表达式为

$$\vec{E}=\vec{e}_y 4\pi\sin10^9 t\cos5z\ \mathrm{V/m}$$

求:

(1) 磁场强度的瞬时表达式;

(2) 理想介质的介电常数;

(3) 坡印廷矢量的平均值。

7-19 一均匀平面波从空气（$z<0$）垂直入射到$z=0$处的理想介质（$\mu=\mu_0$）表面，已知入射波的电场强度为

$$\vec{E}^{\mathrm{i}} = (\vec{e}_x+\mathrm{j}\vec{e}_y)\ E_0^{\mathrm{i}}\mathrm{e}^{-\mathrm{j}kz}\ \mathrm{V/m}$$

求:

(1) 若$E_0^{\mathrm{i}}=1.5\times10^3\ \mathrm{V/m}$，反射波磁场强度振幅为$H_0^{\mathrm{r}}=1.326\times10^{-6}\ \mathrm{A/m}$，求理想介质的相对介电常数;

(2) 反射波的电场强度表达式;

(3) 透射波的电场强度、磁场强度表达式;

(4) 入射波、反射波、透射波的极化特性。

7-20 在$\mu_r\approx1$、$\varepsilon_r\approx4$的介质表面涂一层非磁性介质，目的是消除波长为1.55nm的光波的反射，求所涂介质的介电常数和厚度。

7-21 一垂直极化波从理想介质（$\mu_r\approx1$，$\varepsilon_r\approx4$）中透过$z=0$的分界面投射到空气中，若入射波电场的表达式为

$$\vec{E}^i = \vec{e}_y 10\mathrm{e}^{-\mathrm{j}\pi(x+\sqrt{3}z)}$$

求反射波和透射波的表达式。

7-22 一均匀平面波的频率为16GHz，在一理想介质（$\mu_r \approx 1$，$\varepsilon_r \approx 2.55$）中向$z$方向传播，在$z=0.5$m处遇到理想导体平面。求：

（1）介质中电场、磁场的表达式；

（2）介质中电场为零的位置；

（3）介质中电场与磁场的振幅之比。

7-23 证明左旋圆极化波从空气中垂直投射到一无限大理想介质表面，其反射波为右旋圆极化波。

7-24 均匀平面波从空气中垂直投射到一无限大理想介质（$\mu_r \approx 1$，$\varepsilon = \varepsilon_r \varepsilon_0$）表面。测得空气中的驻波比为2，电场振幅最大值相距1.0m，且第一个最大值出现在距介质表面0.5m处。求此介质的相对介电常数ε_r。

7-25 设在$z>0$的区域为媒质2（$\varepsilon_2 = \varepsilon_{r2}\varepsilon_0$），在此媒质前有一厚度为$d$、介电常数为$\varepsilon_1 = \varepsilon_{r1}\varepsilon_0$的介质板（见图7-25）。若一均匀平面波从$z=-\infty$处的波源发出，垂直投射到介质板上，证明当$\varepsilon_{r1} = \sqrt{\varepsilon_{r2}}$、$d = \dfrac{\lambda_0}{4\sqrt{\varepsilon_{r1}}}$（$\lambda_0$为均匀平面波在自由空间的波长）时，在介质板上没有反射波。

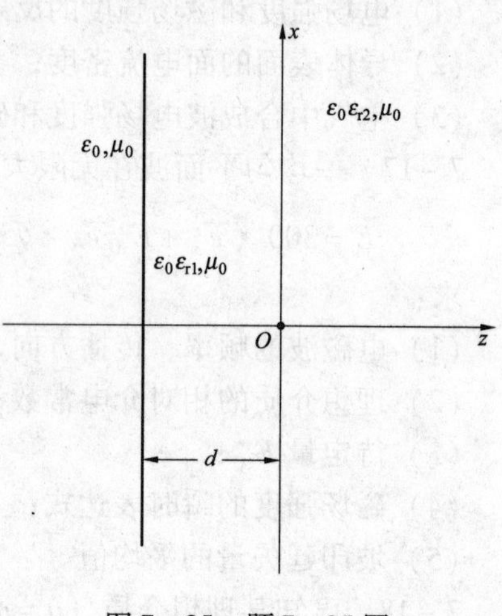

图7-25 题7-25图

7-26 均匀平面波从空气中斜投射到$x=0$的理想导体表面，其入射波电场的表达式为

$$\vec{E}^{\mathrm{i}} = \vec{e}_y 10\mathrm{e}^{-\mathrm{j}(3x+4z)}\ \mathrm{V/m}$$

求：

（1）入射波的频率、波长、传播方向及入射角；

（2）入射波磁场的瞬时表达式；

（3）反射波的电场与磁场的表达式。

7-27 一电磁波从空气中斜投射到$x=0$的理想导体表面，其入射波电场的表达式为

$$\vec{E}^{\mathrm{i}} = \vec{e}_y \vec{E}_0^{\mathrm{i}} \mathrm{e}^{-\mathrm{j}k(x\sin\varphi + z\cos\varphi)}$$

求空气中合成波的电场与磁场表达式。

7-28 一左旋圆极化均匀平面波从空气中以$\pi/3$的入射角斜投射到某理想介质表面，若已知理想介质的参数为$\mu_r \approx 1$，$\varepsilon_r \approx 16$，入射波电场的振幅为1V/m。求反射波和透射波的表达式。

7-29 正弦均匀平面波从空气（$z<0$）中以30°入射角斜投射到$z=0$的理想导体表面，设入射波为平行极化波，频率为100MHz。若已知入射波的磁场为y方向、振幅为0.2A/m。求：

（1）入射波电场与磁场表达式；

（2）反射波电场与磁场表达式；

（3）导体表面的电流密度。

7-30 一均匀平面波斜入射到位于 $x=0$ 的导体平面上，入射波的电场强度为

$$\vec{E}^{i}=\vec{e}_{y}20\mathrm{e}^{-\mathrm{j}(4x-2z)}\ \mathrm{V/m}$$

求：

（1）入射波方向；

（2）入射角；

（3）反射波磁场强度表达式。

8 导行电磁波

电磁波的传播方式有两种：一种方式是利用天线将电磁波辐射到需要的区域；另一种方式是借助传输系统，将电磁波沿一定的途径导引至某处。按后一种方式传播的电磁波称为导行电磁波，传输导行波的系统称为导波系统。本章介绍导波系统的电磁波传播特性。

8.1 导波系统中的电磁波

由前面的章节可知，4 块金属板围成的矩形空管可以传输电磁波，实际上截面为矩形或圆形的金属空管均具有导波作用，分别称它们为矩形波导和圆波导。图 8-1 所示为长方形波导系统。

图 8-1　长方形波导系统

图 8-2 除了绘出矩形波导和圆波导外，还给出了几种其他导波系统，这些导波系统又称为传输线。其中同轴线由一根金属圆管与一根金属导线同轴构成，通常内部可以填充或不填充介质。由于存在集肤效应，同轴线中的电磁波仅位于外导体与内导体之间。微带波导由金属底板、介质层及金属带构成，电磁能量主要集中在金属带与下底板之间。另外，由两根相互平行的具有一定半径的金属导线组成的双导线也可以构成传输线。有一种由介质构成的导波系统叫介质波导，例如一根介质棒能够构成波导传输线，电磁波则存在于介质棒内部及其周围。例如光纤就是一种典型的介质波导，它通常由两层介质纤维或介电常数沿半径方向逐渐变化的介质纤维构成。

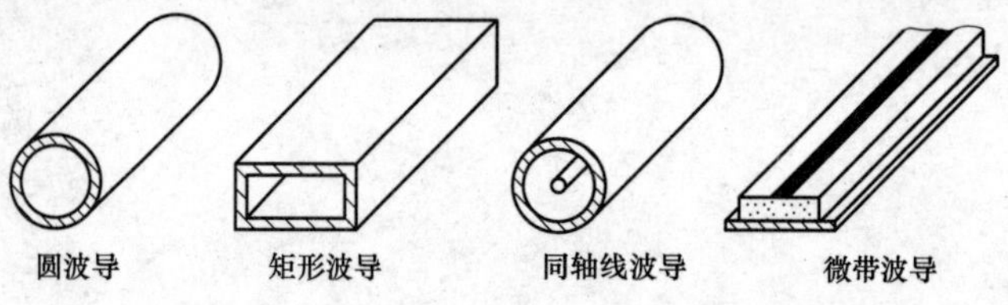

图 8-2　几种波导系统

这些传输线特性各异，分别用于不同场合。金属波导及同轴线完全将电磁波封闭在金属管中，没有电磁辐射效应，其余几种在传输过程中均存在一定的电磁辐射。随着频率升高，双导线的辐射效应显著增强，因此，双导线仅适用于传输 100MHz 以下的电磁波。为了保持同轴线中的波型稳定，随着频率升高，横向尺寸必须相应地减少，从而引起损耗加大，因此，同轴线使用的频率一般低于 3000MHz。带状线及微带主要用于分米波段和厘米波段。金属波导用于传输厘米波及毫米波。光纤用于传输光波。

TEM 波、TE 波及 TM 波的电场方向及磁场方向与传播方向 $\vec{e}_s$ 的关系如图 8-3 所示。图中所示的三种情况中，电场与磁场总是相互垂直的。图 8-3（a）所示为电场及磁场均垂直于传播方向的 TEM 波；图 8-3（b）所示为电场与传播方向垂直，但磁场方向和传播方向不垂直的 TE 波；图 8－3（c）所示为磁场与传播方向垂直，但电场方向和传播方向不垂直的 TM 波。

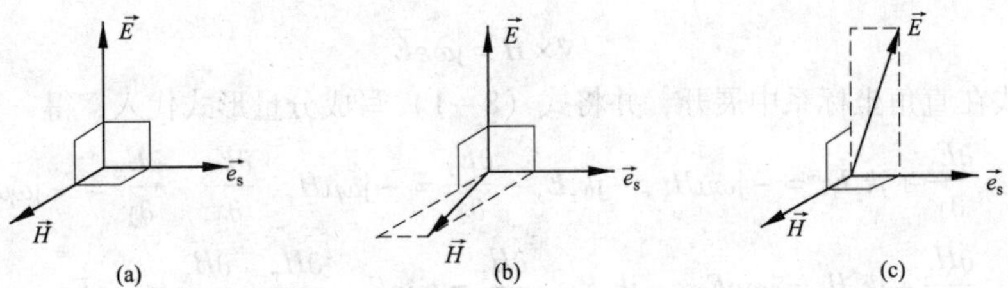

图 8－3 TEM 波、TE 波及 TM 波
（a）TEM 波；（b）TE 波；（c）TM 波

不同的导波系统能够传输不同波形的电磁波，例如：双导线、同轴线及带状线能够传输 TEM 波；同轴线也可以传输 TM 波和 TE 波；金属波导和介质波导能够传输 TE 波或 TM 波；但是不能传输 TEM 波；微带称为准 TEM 波传输线，因为有一些微带能够传输 TEM 波，也有一些微带传输线可以传输非 TEM 波成分。接下来我们来讨论三种波形的存在条件。

假设导波系统是无限长的，将其沿 z 轴放置，并假设导波系统内电磁波的传播方向为正 z 方向，则该导波系统中的电场与磁场可以表示为

$$\vec{E}(x,y,z)=\vec{E}_0(x,y)\mathrm{e}^{-\mathrm{j}k_z z} \tag{8-1}$$

$$\vec{H}(x,y,z)=\vec{H}_0(x,y)\mathrm{e}^{-\mathrm{j}k_z z} \tag{8-2}$$

式中：k_z 表示 z 方向上的传播常数。在直角坐标系中，将矢量齐次亥姆霍兹方程式展开，可得

$$\frac{\partial^2\vec{E}}{\partial x^2}+\frac{\partial^2\vec{E}}{\partial y^2}+\frac{\partial^2\vec{E}}{\partial z^2}+k^2\vec{E}=0$$

$$\frac{\partial^2\vec{H}}{\partial x^2}+\frac{\partial^2\vec{H}}{\partial y^2}+\frac{\partial^2\vec{H}}{\partial z^2}+k^2\vec{H}=0$$

再将式（8－1）和式（8－2）代入，经简单计算得

$$\nabla_{xy}^2\vec{E}+(k^2-k_z^2)\vec{E}=0 \tag{8-3}$$

$$\nabla_{xy}^2\vec{H}+(k^2-k_z^2)\vec{H}=0 \tag{8-4}$$

式中：∇_{xy}^2 为横向拉普拉斯算子，定义为如下的操作

$$\nabla_{xy}^2=\frac{\partial^2}{\partial x^2}+\frac{\partial^2}{\partial y^2}$$

矢量齐次亥姆霍兹方程可以进一步写成多个标量齐次亥姆霍兹方程。于是，可分别写出式（8－3）和式（8－4）中涉及的 6 个直角坐标分量 E_x，E_y，E_z 及 H_x，H_y，H_z 所满足的标量齐次亥姆霍兹方程，再根据导波系统的边界条件，利用分离变量法求出这些方程的解。

纵向场法是指根据纵向分量与横向分量的关系，通过求解纵向分量，就可以求出各个横向分量。首先根据麦克斯韦方程求出 x 分量及 y 分量和 z 分量的关系，即找出采用纵向分量来表示横向分量的方式，然后通过求解纵向分量所满足的标量齐次亥姆霍兹方程，最终得到满足标量齐次亥姆霍兹方程的横向分量的解。

已知麦克斯韦方程中的两个旋度方程在理想介质和无源区中可以分别写成

$$\nabla\times\vec{E}=-\mathrm{j}\omega\mu\vec{H}$$

$$\nabla\times\vec{H}=\mathrm{j}\omega\varepsilon\vec{E}$$

将上两式在直角坐标系中展开，并将式（8－1）写成分量形式代入，得

$$\frac{\partial E_z}{\partial y}+\mathrm{j}k_zE_y=-\mathrm{j}\omega\mu H_x,\ -\mathrm{j}k_zE_x-\frac{\partial E_z}{\partial x}=-\mathrm{j}\omega\mu H_y,\ \frac{\partial E_y}{\partial x}-\frac{\partial E_x}{\partial y}=-\mathrm{j}\omega\mu H_z$$

$$\frac{\partial H_z}{\partial y}+\mathrm{j}k_zH_y=\mathrm{j}\omega\varepsilon E_x,\ -\mathrm{j}k_zE_x-\frac{\partial H_z}{\partial x}=\mathrm{j}\omega\varepsilon E_y,\ \frac{\partial H_y}{\partial x}-\frac{\partial H_x}{\partial y}=\mathrm{j}\omega\varepsilon E_z$$

根据这个方程组，可以求得 E_x，E_y，H_x 和 H_y 分别为

$$E_x=\frac{1}{k^2\ k_z^2}\left(-\mathrm{j}k_z\frac{\partial E_z}{\partial x}-\mathrm{j}\omega\mu\frac{\partial H_z}{\partial y}\right)\tag{8-5}$$

$$E_y=\frac{1}{k^2-k_z^2}\left(-\mathrm{j}k_z\frac{\partial E_z}{\partial y}+\mathrm{j}\omega\mu\frac{\partial H_z}{\partial x}\right)\tag{8-6}$$

$$H_x=\frac{1}{k^2-k_z^2}\left(\mathrm{j}\omega\varepsilon\frac{\partial E_z}{\partial y}-\mathrm{j}k_z\frac{\partial H_z}{\partial x}\right)\tag{8-7}$$

$$H_y=\frac{1}{k^2-k_z^2}\left(-\mathrm{j}\omega\varepsilon\frac{\partial E_z}{\partial x}-\mathrm{j}k_z\frac{\partial H_z}{\partial y}\right)\tag{8-8}$$

式（8－5）~式（8－8）的右侧均为纵向场量，左侧为横向场量，可见采用的是以纵向场表示横向场的方式，适用于描述理想介质无源区内电磁波的任意传播形式。作为特殊情况，如 TE 波，由于其电场 z 分量不存在，即 $E_z=0$，纵向场量只需要求解 H_z 分量，再利用式（8－5）~式（8－8）得到其余分量；对于 TM 波，磁场 z 分量不存在，即 $H_z=0$，纵向场量只有电场的 E_z 分量，所以通过解得 E_z 即可获得其余分量。

需要注意的是导波系统能够传输 TEM 波的条件。由式（8－5）~式（8－8）可见，对于 TEM 波，因 $E_z=H_z=0$，为了保证横向分量存在，必须要求 $k_z=k$。其中，$k=\omega\sqrt{\mu\varepsilon}$，这里 ε、μ 是导波系统中电磁波存在的区域内的介质参数。将 $k_z=k$ 代入式（8－3）中，得

$$\nabla_{xy}^2\vec{E}=0\tag{8-9}$$

此式表明传输 TEM 波的导波系统中，电场必须满足横向拉普拉斯方程。已知静电场 $\vec{E}_s$ 在无源区中满足拉普拉斯方程，即

$$\nabla^2\vec{E}_s=0\tag{8-10}$$

按照传输线在 z 方向是无限长的假设，$\vec{E}_s$ 在传输线中的分布应该与 z 无关，即 $\frac{\partial\vec{E}_s}{\partial z}=0$，而仅在横向 x 或 y 方向上存在变化，所以在直角坐标系中，式（8－10）展开后可得

$$\nabla_{xy}^2\vec{E}_s=0\tag{8-11}$$

从上述分析中可以看到，无限长导波系统中 TEM 波的电场和静电场均满足横向拉普拉斯方程，并且时变电场和静电场具有相同的理想导电体边界条件，因此，当两者边界形状相同时，它们的电场分布具有相同的结构。由此得知，能够建立静电场的导波系统必然能够传输 TEM 波。根据这样的结论，可以看到双导线、同轴线及带状线等导波系统能够建立静电

场，因此它们是可以传输 TEM 波的。但是对于无限长的金属波导，由于其是封闭的金属空腔，而无外源的金属腔中是不可能存在静电场的，因此金属波导不能够传输 TEM 波。根据麦克斯韦方程中传导电流和导体之间的关系，我们也可得出同样结论。闭合的横向磁场一定包围着一定强度的纵向传导电流或位移电流，而金属波导中没有内导体，也不能提供纵向传导电流，因此必须存在纵向位移电流，意味着必然存在纵向的电场，从而形成 TM 波。同样的分析可得，闭合的横向电场线必须包围纵向磁场，这就形成了 TE 波。

值得注意的是，为了传输 TEM 波，导波系统必须是理想导电体，即导波系统本身不存在损耗。因为横向电场和横向磁场本身不可能形成横向流动的电磁能量，所以如果一旦存在着损耗，就意味着存在着纵向电场分量或者纵向磁场分量，从而使电磁能量能够进出导波系统的内部。因此，传输 TEM 波的导波系统本身必须是理想导电体，以防电磁能量流入其内。导波系统需要经过提高表面粗糙度，镀银或金等处理，通过提高表面电导率来达到这个要求。

8.2 TEM 波传输线

图 8-4 所示为不同的传输线系统。传输线系统的尺寸可以从几个毫米的微波电路中的微带传输线到几百千米长的低功耗信号传输线，如电话线和具有高功率的电力传输线。本节主要研究由理想导体组成的两线均匀的传输线组成的导波系统中电磁波的特性。该传输线的轴向长度可与被导引电磁波的波长相比拟（或更长），导线的轴线之间的距离用 d 表示，远远小于所导引的电磁波的波长，即 $d \ll \lambda$。这样的设置是为了减少在轴向上的电磁辐射。当上述条件满足时，我们可以认为电磁波在该传输线系统中传输的是电源供给负载的功率，而没有其他的能量损耗。

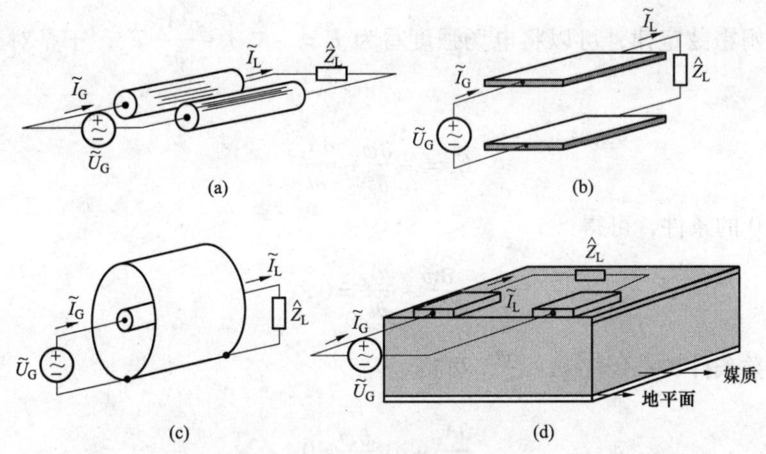

图 8-4 不同的传输线系统

(a) 二线平行传输线；(b) 平板传输线；(c) 同轴传输线；(d) 微带传输线

下面我们来求在两线均匀传输线组成的导波系统中的电磁场的位函数。如图 8-5 所示，将两根平行理想导体构成的均匀传输、线沿 z 轴放置，其中通有轴向电流。那么该传输线周围的电磁场中的动态矢位 $\vec{A}$ 和动态标位 φ 可以分别表示为

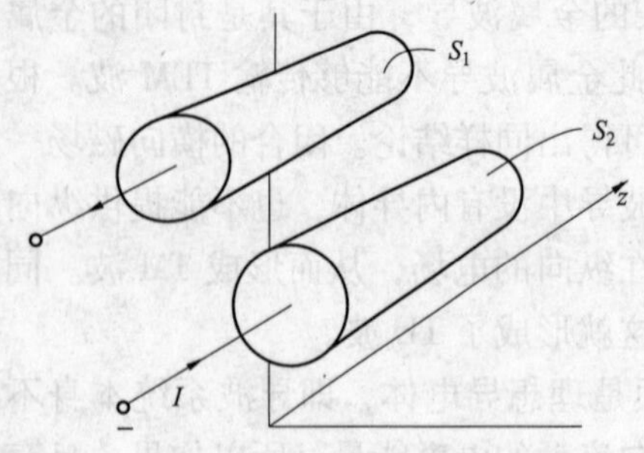

图 8-5 平行理想导体构成的均匀传输线

$$\vec{A} = A_z(x,y,z,t) \tag{8-12}$$

$$\varphi = \varphi(x,y,z,t) \tag{8-13}$$

由于只存在轴向电流，所以 $\vec{A}$ 也只有轴向分量。同时通过公式 $\vec{B} = \nabla \times \vec{A}$，可以求得 $B_z = 0$。理想导体所构成的传输线内部是没有电场的轴向分量的，因此根据电场的切向分量必须连续的条件，可知在传输线周围的介质中有 $E_z = 0$。所以该均匀无损耗的传输线周围的电磁波只有横向分量，即此时的电磁波是 TEM 波。

由时变电磁场中的结论可知，$\vec{A}$ 和 φ 都满足齐次波动方程，即

$$\nabla^2 A_z - \mu\varepsilon \frac{\partial^2 A_z}{\partial t^2} = 0 \tag{8-14}$$

$$\nabla^2 \varphi - \mu\varepsilon \frac{\partial^2 \varphi}{\partial t^2} = 0 \tag{8-15}$$

通过将拉普拉斯算子分解为对横向坐标部分 $\nabla_t^2 = \frac{\partial^2}{\partial x^2} + \frac{\partial^2}{\partial y^2}$ 和对 z 的二阶导数 $\frac{\partial^2}{\partial z^2}$，式（8-14）和式（8-15）分别可写成

$$\nabla_t^2 A_z + \frac{\partial^2 A_z}{\partial z^2} - \mu\varepsilon \frac{\partial^2 A_z}{\partial t^2} = 0 \tag{8-16}$$

$$\nabla_t^2 \varphi + \frac{\partial^2 \varphi}{\partial z^2} - \mu\varepsilon \frac{\partial^2 \varphi}{\partial t^2} = 0 \tag{8-17}$$

又根据亥姆霍兹定律，可以将电场强度写为 $\vec{E} = -\nabla\varphi - \frac{\partial A_z}{\partial t}\vec{e}_z$，于是对二线均匀传输线系统有

$$E_z = -\frac{\partial \varphi}{\partial z} - \frac{\partial A_z}{\partial t} \tag{8-18}$$

利用 $E_z = 0$ 的条件，可得

$$\frac{\partial \varphi}{\partial z} + \frac{\partial A_z}{\partial t} = 0 \tag{8-19}$$

利用洛伦兹条件 $\nabla \cdot \vec{A} = -\mu\varepsilon \frac{\partial \varphi}{\partial t}$，可得

$$\frac{\partial A_z}{\partial z} + \mu\varepsilon \frac{\partial \varphi}{\partial t} = 0 \tag{8-20}$$

通过对式（8-19）两侧对 t 求导，对式（8-20）两侧对 z 求导，即可消去 φ，得到

$$\frac{\partial^2 A_z}{\partial z^2} = \mu\varepsilon \frac{\partial^2 A_z}{\partial t^2} \tag{8-21}$$

同理，通过对式（8-19）两侧对 z 求导，对式（8-20）两侧对 t 求导可以消掉 A_z，得到

$$\frac{\partial^2 \varphi}{\partial z^2}=\mu\varepsilon\frac{\partial^2 \varphi}{\partial t^2} \tag{8-22}$$

将式（8-21）和式（8-22）代入式（8-16）和式（8-17）可得

$$\nabla_t^2 A_z=0 \tag{8-23}$$

$$\nabla_t^2 \varphi=0 \tag{8-24}$$

上述的位函数所满足的微分方程和两线传输线静态电磁场的位函数所满足的微分方程相同。考虑到在同样的两线传输线系统中，静态电磁场和 TEM 波满足相同的边界条件，所以其解具有相同的形式，即 TEM 波的电场和磁场在传输线横截面内的分布和静态场的分布完全一样。

8.3 无损耗传输线

由于 TEM 波的电场和磁场在传输线横截面内的分布和静态场的分布一样，我们可以根据这一特点将传输系统的电压与电场、电流和磁场联系起来，从而得到利用电压和电流表示的传输线方程，把电路中的电压和电流及阻抗等概念引入传输线问题。

首先考虑在两线传输线的横截面上的电场满足$\nabla\times\vec{E}=0$，并且电场强度$\vec{E}=-\nabla\varphi$。这个现象说明在传输线的横截面上，电位具有描述电场的实际意义。我们将两根导线之间的电压定义为

$$U(z,t)=\int_2^1\vec{E}\cdot \mathrm{d}\vec{l}=\int_2^1(-\nabla\varphi)\cdot \mathrm{d}\vec{l}=\varphi_2-\varphi_1 \tag{8-25}$$

该电压既随时间变化，也随 z 变化。当 t 固定时，不同 z 值的平面上的电场分布是不相同的，所以 $U(z,t)$ 并不能简单称为传输线两导线间的电压，而是在 z 值确定的平面内两个导体之间的电压。

我们首先来计算穿过传输线两导体之间单位长度内的磁通

$$\Phi_\mathrm{m}=\oint_l\vec{A}\cdot \mathrm{d}\vec{l}=A_{z2}-A_{z1}=L_0 I(z,t) \tag{8-26}$$

式中：L_0 为传输线单位长度上的电感。式（8-25）和式（8-26）中的矢位 A_{z1}、A_{z2} 和标位 φ_2 和 φ_1 满足式（8-19）和式（8-20），即

$$\frac{\partial\varphi_1}{\partial z}+\frac{\partial A_{z1}}{\partial t}=0 \tag{8-27}$$

$$\frac{\partial\varphi_2}{\partial z}+\frac{\partial A_{z2}}{\partial t}=0 \tag{8-28}$$

$$\frac{\partial A_{z1}}{\partial z}+\mu\varepsilon\frac{\partial\varphi_1}{\partial t}=0 \tag{8-29}$$

$$\frac{\partial A_{z2}}{\partial z}+\mu\varepsilon\frac{\partial\varphi_2}{\partial t}=0 \tag{8-30}$$

将式（8-27）和式（8-28）的左右两边分别相减，得到

$$\frac{\partial(\varphi_2-\varphi_1)}{\partial z}+\frac{\partial(A_{z2}-A_{z1})}{\partial t}=0$$

$$\frac{\partial U}{\partial z}+L_0\frac{\partial I}{\partial t}=0 \tag{8-31}$$

将式（8－29）和式（8－30）的左右两边分别相减，同时利用两线传输线的单位长度的电感 L_0 和单位长度的电容 C_0 之间的关系式 $L_0C_0=\mu\varepsilon$（其中 C_0 为传输线单位长度上的电容）得到

$$\frac{\partial(A_{z2}-A_{z1})}{\partial z}+\mu\varepsilon\frac{\partial(\varphi_2-\varphi_1)}{\partial t}=0$$

$$\frac{\partial I}{\partial z}+C_0\frac{\partial U}{\partial t}=0 \qquad (8-32)$$

式（8－31）和式（8－32）即是利用电压和电流来表示的无损耗均匀传输线方程。该方程又称作电报方程，是 Oliver Heaviside 在 19 世纪 80 年代推导出来的，用来解释当传输线的长度与波长可比拟或超过波长时，电磁波在传输线中具有独特的反射和传输特性，需要通过计算及用波动性来描述。从式（8－31）和式（8－32）可见，电报方程反映了电压、电流沿传输线的变化规律，即两个导线之间的电压随着 z 的变化而变化，这是由于传输线的周围有感应电动势的存在；同时由于两线之间有位移电流的存在，导线中的传导电流 I 随 z 而变化。上述的推导结论即式（8－31）和式（8－32），适用于任意界面的由理想导体组成的两线传输线系统。

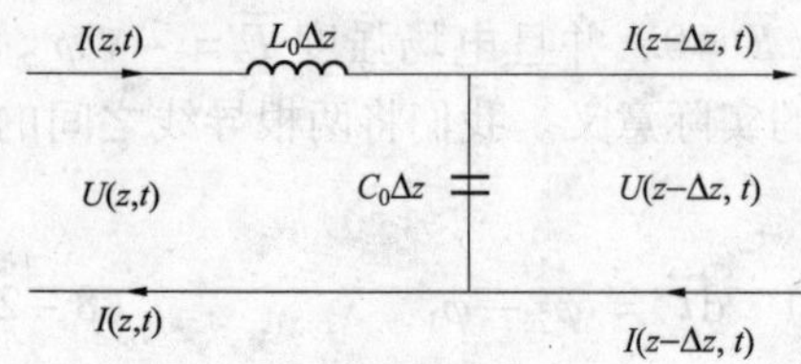

图 8－6　传输线的电路模型

值得一提的是，根据无损耗均匀传输线方程，我们可以得到传输线的电路模型，如图 8－6 所示。

将基尔霍夫定律应用到图 8－6 所示电路的回路和节点，就可得到电报方程。所以，从电路的角度看，传输线系统又可以称为分布参数电路。其电气性质是由分布参数 L_0 和 C_0 决定的。而 L_0 和 C_0 作为传输线的参数，能够用解静态场的方法求得。

还可以将式（8－31）乘以 I，将式（8－32）乘以 U，再将得到的公式左右相加，经过简单的推导得到

$$\frac{\partial}{\partial z}(UI)=-\frac{\partial}{\partial t}\left(\frac{1}{2}C_0U^2+\frac{1}{2}L_0I^2\right) \qquad (8-33)$$

上式说明功率 UI 沿 z 方向的增加等于单位长度传输线上的电场能量 $\frac{1}{2}C_0U^2$ 和磁场能量 $\frac{1}{2}L_0I^2$ 之和的减少率。这是能量守恒在传输线中的体现。

8.4　矩形波导的传播特性

矩形波导如图 8－7 所示，宽壁的内尺寸为 a，窄壁的内尺寸为 b。根据时变电磁场的唯一性原理，波导中的时变场分布完全取决于波导内壁的边界条件。因此，求解波导内的电磁场分布归结为时变电磁场的边值问题。为此，建立直角坐标系，令宽壁沿 x 轴，窄壁沿 y 轴，传播方向沿 z 轴。上节分析指出，金属波导中只能传输 TE 波及 TM 波，现在分别讨论它们在矩形波导中的传播特性。

若仅传 TM 波，则 $H_z=0$。按照纵向场法，先解出 E_z 分量，然后根据式（8-5）~式（8-8）计算其余各个分量。由式（8-1）可知电场强度的 z 分量可以表示为

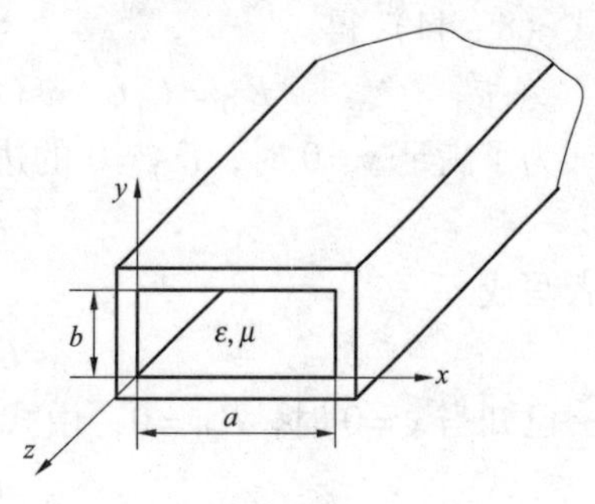

图 8-7 矩形波导

$$E_z=E_{z0}(x,y)\mathrm{e}^{-\mathrm{j}k_z z} \tag{8-34}$$

它满足的标量齐次亥姆霍兹方程为

$$\frac{\partial^2 E_z}{\partial x^2}+\frac{\partial^2 E_z}{\partial y^2}+k_c^2 E_z=0 \tag{8-35}$$

式中，$k_c^2=k^2-k_z^2$。将式（8-34）代入式（8-35）中，求得振幅 E_{z0} 也满足同样的标量齐次亥姆霍兹方程，即

$$\frac{\partial^2 E_{z0}}{\partial x^2}+\frac{\partial^2 E_{z0}}{\partial y^2}+k_c^2 E_{z0}=0 \tag{8-36}$$

或写成

$$\frac{\partial^2 E_{z0}}{\partial x^2}+\frac{\partial^2 E_{z0}}{\partial y^2}=-k_c^2 E_{z0} \tag{8-37}$$

为了求解上述方程，采用分离变量法。令

$$E_{z0}(x,y)=X(x)Y(y) \tag{8-38}$$

代入式（8-37）中，整理后得

$$\frac{X''}{X}+\frac{Y''}{Y}=-k_c^2 \tag{8-39}$$

式中：X'' 表示 X 的二阶导数；Y'' 表示 Y 的二阶导数。由分离变量法可知，式（8-39）中的第一项仅为 x 函数，第二项仅为 y 函数，而右端为常数，所以通过对式（8-39）两侧对 x 求导，可得左端第一项应为常数，若对 y 求导，得知第二项应为常数，所以可以得到

$$\frac{X''}{X}=-k_x^2 \tag{8-40}$$

$$\frac{Y''}{Y}=-k_y^2 \tag{8-41}$$

式中：k_x 和 k_y 称为分离常数，且满足 $k_c^2=k_x^2+k_y^2$ 的等式。利用边界条件即可求解这些分离常数。式（8-40）及式（8-41）为二阶常微分方程，其通解分别为

$$X=C_1\cos(k_x x)+C_2\sin(k_x x) \tag{8-42}$$

$$Y=C_3\cos(k_y y)+C_4\sin(k_y y) \tag{8-43}$$

将式（8-42）、式（8-43）代入式（8-38）中，得

$$\begin{aligned}E_{z0}=&C_1C_3\cos(k_x x)\cos(k_y y)+C_1C_4\cos(k_x x)\sin(k_y y)\\&+C_2C_3\sin(k_x x)\cos(k_y y)+C_2C_4\sin(k_x x)\sin(k_y y)\end{aligned} \tag{8-44}$$

式中：常数 C_1，C_2，C_3，C_4 以及 k_x，k_y 均取决于边界条件。为了满足 $y=0$ 时 $E_{z0}=0$ 的边界条件，由式（8-44）得

$$C_1C_3\cos(k_x x)+C_2C_3\sin(k_x x)=0$$

这一条件需要对任意 x 都成立，所以只有 $C_1=C_2=0$ 或者 $C_3=0$。但是，C_1、C_2 不可能同时为零，否则由式（8-44）求得 $E_{z0}=0$，因而全部场量消失。因此，只有 $C_3=0$。则

由式（8－44）得

$$E_{z0}=C_1C_4\cos(k_xx)\sin(k_yy)+C_2C_4\sin(k_xx)\sin(k_yy) \tag{8-45}$$

为了满足 $x=0$ 时，$E_{z0}=0$ 的边界条件，由式（8－45）得 $C_1=0$，即

$$E_{z0}=C_2C_4\sin(k_xx)\sin(k_yy)$$

或者写成

$$E_{z0}=E_0\sin(k_xx)\sin(k_yy) \tag{8-46}$$

已知当 $x=0$ 时，$E_{z0}=0$，由式（8－46）得

$$E_0\sin(k_xx)\sin(k_yy)=0$$

因上式对于一切 y 均成立，得 $\sin(k_xa)=0$，由此求出常数 k_x 为

$$k_x=\frac{m\pi}{a}\quad(m=1,2,3\cdots) \tag{8-47}$$

又知当 $y=b$ 时，$E_{z0}=0$，由式（8－46）得

$$E_0\sin(k_xx)\sin(k_yb)=0$$

因上式对一切 x 均成立，得 $\sin(k_yb)=0$，由此求出常数 k_y 为

$$k_y=\frac{n\pi}{b}\quad(n=1,2,3\cdots) \tag{8-48}$$

将式（8－47）及式（8－48）代入式（8－46）中，得

$$E_{z0}=E_0\sin\left(\frac{m\pi}{a}x\right)\sin\left(\frac{n\pi}{b}y\right) \tag{8-49}$$

将式（8－49）代入式（8－34）中，再利用式（8－5）～式（8－8）求出矩形波导中 TM 波的各个分量为

$$E_z=E_0\sin\left(\frac{m\pi}{a}x\right)\sin\left(\frac{n\pi}{b}y\right)\mathrm{e}^{-\mathrm{j}k_zz} \tag{8-50}$$

$$E_x=-\mathrm{j}\frac{k_zE_0}{k_c^2}\left(\frac{m\pi}{a}\right)\cos\left(\frac{m\pi}{a}x\right)\sin\left(\frac{n\pi}{b}y\right)\mathrm{e}^{-\mathrm{j}k_zz} \tag{8-51}$$

$$E_y=-\mathrm{j}\frac{k_zE_0}{k_c^2}\left(\frac{n\pi}{b}\right)\sin\left(\frac{m\pi}{a}x\right)\cos\left(\frac{n\pi}{b}y\right)\mathrm{e}^{-\mathrm{j}k_zz} \tag{8-52}$$

$$H_x=\mathrm{j}\frac{\omega\varepsilon E_0}{k_c^2}\left(\frac{n\pi}{b}\right)\sin\left(\frac{m\pi}{a}x\right)\cos\left(\frac{n\pi}{b}y\right)\mathrm{e}^{-\mathrm{j}k_zz} \tag{8-53}$$

$$H_y=-\mathrm{j}\frac{\omega\varepsilon E_0}{k_c^2}\left(\frac{m\pi}{a}\right)\cos\left(\frac{m\pi}{a}x\right)\sin\left(\frac{n\pi}{b}y\right)\mathrm{e}^{-\mathrm{j}k_zz} \tag{8-54}$$

由式（8－50）～式（8－54）可见：① 矩形波导中，电磁波在 z 方向上为行波，在 x 及 y 方向上形成驻波，其相位仅与变量 z 有关，而振幅与 x、y 有关；② z 等于常数的平面为波面，但振幅与 x、y 有关，因此上述 TM 波为非均匀平面波；③ 当 m 或 n 为零时，由式（8－5）～式（8－8）可知，上述各个分量均为零，因此 m 及 n 应为非零的整数，m 及 n 具有明显的物理意义，m 为宽壁上半个驻波的数目，n 为窄壁上半个驻波的数目；④ m 及 n 可以为多值，所以场结构具有多种形式，被称为多种模式。m 及 n 的每一种组合都会构成一种模式，以 TM_{mn} 表示，具有此种场结构的电磁波称为 TM_{mn} 波，如 TM_{11} 波等。m 及 n 数值大的模式称为高次模，数值小的模式称为低次模。由于 m 及 n 均不为零，故矩形波导中 TM 波的最低模式是 TM_{11} 波。多模结构是波导传播电磁波的重要特性。

若仅传 TE 波，可以采用上述类似的步骤，导出矩形波导中 TE 波的各个分量为

$$H_z = H_0\cos\left(\frac{m\pi}{a}x\right)\cos\left(\frac{n\pi}{b}y\right)\mathrm{e}^{-\mathrm{j}k_z z} \tag{8-55}$$

$$H_x = \mathrm{j}\frac{k_z H_0}{k_c^2}\left(\frac{m\pi}{a}\right)\sin\left(\frac{m\pi}{a}x\right)\cos\left(\frac{n\pi}{b}y\right)\mathrm{e}^{-\mathrm{j}k_z z} \tag{8-56}$$

$$H_y = \mathrm{j}\frac{k_z H_0}{k_c^2}\left(\frac{n\pi}{b}\right)\cos\left(\frac{m\pi}{a}x\right)\sin\left(\frac{n\pi}{b}y\right)\mathrm{e}^{-\mathrm{j}k_z z} \tag{8-57}$$

$$E_x = \mathrm{j}\frac{\omega\mu H_0}{k_c^2}\left(\frac{n\pi}{b}\right)\cos\left(\frac{m\pi}{a}x\right)\sin\left(\frac{n\pi}{b}y\right)\mathrm{e}^{-\mathrm{j}k_z z} \tag{8-58}$$

$$E_y = -\mathrm{j}\frac{\omega\mu H_0}{k_c^2}\left(\frac{m\pi}{a}\right)\sin\left(\frac{m\pi}{a}x\right)\cos\left(\frac{n\pi}{b}y\right)\mathrm{e}^{-\mathrm{j}k_z z} \tag{8-59}$$

式中：m，$n=0$，1，2，…，但两者不能同时为零。由此可见，TE 波与 TM 波一样，也具有多模特性，但此时 m 及 n 不能同时为零。因此，TE 波的最低模式为 TE_{01} 波或 TE_{10} 波。

将式（8－47）及式（8－48）代入式（8－41）中，得

$$k_c^2 = \left(\frac{m\pi}{a}\right)^2 + \left(\frac{n\pi}{b}\right)^2 \tag{8-60}$$

已知 $k_c^2 = k^2 - k_z^2$，即 $k_z^2 = k^2 - k_c^2$。可见，当 $k = k_c$ 时，k_z 等于 0，意味着波不在导波系统中传播。我们将 k_c 称为截止传播常数，利用传播常数与频率的关系为 $k = 2\pi f\sqrt{\varepsilon\mu}$，可以求出对应于 k_c 的频率 f_c，即截止频率

$$f_c = \frac{k_c}{2\pi\sqrt{\varepsilon\mu}} = \frac{1}{2\sqrt{\varepsilon\mu}}\sqrt{\left(\frac{m}{a}\right)^2 + \left(\frac{n}{b}\right)^2} \tag{8-61}$$

利用 $k = 2\pi f\sqrt{\varepsilon\mu}$，可以将传播常数 k_z 重新写成

$$k_z = \pm k\sqrt{1-\left(\frac{f_c}{f}\right)^2} = \begin{cases} k\sqrt{1-\left(\frac{f_c}{f}\right)^2} & (f > f_c) \\ -\mathrm{j}k\sqrt{\left(\frac{f_c}{f}\right)^2 - 1} & (f < f_c) \end{cases} \tag{8-62}$$

由此可见，当 $f > f_c$ 时，k_z 为实数，因子 $\mathrm{e}^{-\mathrm{j}k_z z}$ 代表沿正 z 方向传播的波，k_z 为相位常数；当 $f < f_c$ 时，k_z 为虚数，因子

$$\mathrm{e}^{-\mathrm{j}k_z z} = \mathrm{e}^{-kz\sqrt{\left(\frac{f_c}{f}\right)^2 - 1}}$$

此式表明，这种时变电磁场没有传播，而是沿正 z 方向不断衰减的凋落场。因此，对于一定的模式和波导尺寸来说，f_c 是能够传输该模式的最低频率。可见，波导相当于一个高通滤波器。

同样，利用 $k = \frac{2\pi}{\lambda}$ 的关系式，可以求得对应于截止传播常数 k_c 的截止波长

$$\lambda_c = \frac{2\pi}{k_c} = \frac{2}{\sqrt{\left(\frac{m}{a}\right)^2 + \left(\frac{n}{b}\right)^2}} \tag{8-63}$$

由式（8－61）及式（8－63）可以看到，矩形波导中可以传输的电磁波的截止频率 f_c

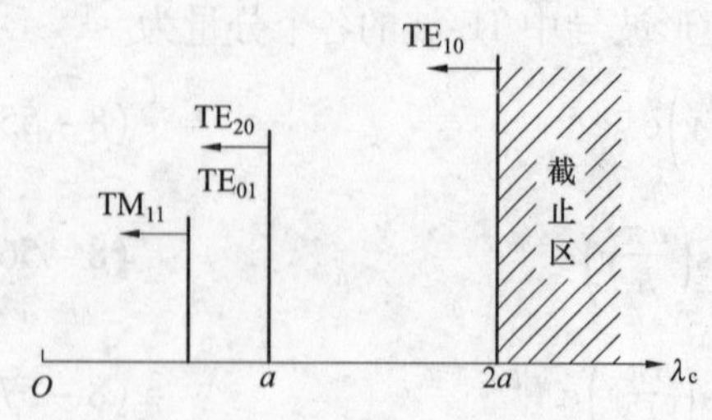

图 8－8 矩形波导截止波长的分布 $a=2b$

和截止波长 λ_c 均与波导尺寸 a、b 及模式 m、n 有关。每一种模式对于确定的波导尺寸来说，都有一定的截止频率或截止波长。模式越高，对应的截止频率就会越高，而相应的截止波长就会越短。比如，TE_{10}波的截止波长为 $2a$，TE_{20}波的截止波长为 a。图 8－8 给出了当波导尺寸 $a=2b$ 时，各种模式截止波长的分布图。当 $\lambda>\lambda_c$ 时，相应的模式波就会被截止，所以当 $\lambda>2a$ 时，全部模式将被截止。从图 8－8 中还可以看到，当波长在 a 和 $2a$ 之间时，将只有 TE_{10}波存在，而其他模式波均被截止。当 $\lambda<a$ 时，其他模式波才会出现。可见，当波长在 a 和 $2a$ 之间时，可实现单模传输，此时的模式是 TE_{10} 波。实际应用中，采用单模式波进行传输也是实际中所需要的，这是由于单一模式传输时，向波导输送或者由波导中提取能量都比较容易操作。对于矩形波导而言，TE_{10}波为常用的传输模式，通常称为主模。

从图 8－8 可以看到，当 $a>2b$ 时，可以在 $a<\lambda<2a$ 的频带内实现 TE_{10} 波单模传输。所以，为了能够在宽度为 a 的矩形波导中仅传输波长为 λ 的 TE_{10}波，宽壁尺寸 a 需要满足 $\lambda/2<a<\lambda$，则窄壁的尺寸 b 设为小于半波长。在实际应用中，窄壁尺寸的最小值还要取决于传输的功率、容许的波导衰减以及导波系统的质量等，需要综合考虑这些因素。比如，TE_{10}波产生的电场始终是垂直于矩形波导的宽壁，如果窄壁过窄，会引起波导中空气或填充的介质发生击穿。虽然窄壁小可以减轻波导质量且节约金属材料，但是窄壁减小会使传输衰减增大。通常在实际工程中取 $a=0.7\lambda$ 左右，$b=(0.4\sim0.5)a$ 或 $(0.1\sim0.2)a$。

由于波导宽壁随着工作波长的增加而增加，当工作波长较大时，波导的尺寸必须增大才能保证传输为该波长的单一模式。但是当频率太低、工作波长很长时，波导尺寸太大，在实际工程中将无法采用。因此，实际中金属波导适用于 3000MHz 以上的微波波段。国际上对于各种波段使用的波导尺寸已有统一规定。

下面介绍矩形波导中电磁波的相速。根据相速 v_p 与相位常数 k_z 之间的关系，可以求得矩形波导中的相速为

$$v_p=\frac{\omega}{k_z}=\frac{v}{\sqrt{1-\left(\frac{f_c}{f}\right)^2}}=\frac{v}{\sqrt{1-\left(\frac{\lambda}{\lambda_c}\right)^2}} \tag{8-64}$$

式中：$v=\frac{1}{\sqrt{\mu\varepsilon}}$为电磁波的传播速度。当波导中为真空时，$v=\frac{1}{\sqrt{\mu_0\varepsilon_0}}=c$，即通常所说的光速。已知工作频率 f 始终大于截止频率 f_c，工作波长 $\lambda<\lambda_c$，式（8－64）表明，真空波导中电磁波的相速 v_p 大于光速 c。注意到，光速是能量传递的最大速度，所以波导中的相速并不是能速，将在 8.5 节中详细讨论波导中的能速。由式（8－64）还可见，波导中的相速不仅仅是波导中介质特性的函数，也是波导中传输的电磁波频率的函数，即当频率不同时，相速也不同。因此，携带信号的电磁波在波导中的传播时会出现色散现象，这和电磁波在导电介质中会产生色散现象一样。不同频率分量以不同的相速传播，导致合成后的信号波形发生失真，在远距离传输时尽量避免这种失真。从式（8－64）还可以看到，相速也和截止频率有关，而截止频率与波导尺寸和设置的模式有关，所以，相速也会因波导尺寸及模式的不同而不同。

波导中电磁波的波长 λ_g 可由波长与相位常数 k_z 之间的关系求得

$$\lambda_g = \frac{2\pi}{k_z} = \frac{\lambda}{\sqrt{1-\left(\frac{f_c}{f}\right)^2}} = \frac{\lambda}{\sqrt{1-\left(\frac{\lambda}{\lambda_c}\right)^2}} \tag{8-65}$$

式中：λ 为工作波长，该波长是电磁波在参数为 μ、ε 的无限大介质中传播时的波长；λ_g 为电磁波的波导波长。已知 $f>f_c$，$\lambda_c>\lambda$，所以 $\lambda_g>\lambda$，即波导波长大于工作波长。和相速相同，波导波长也与波导尺寸及模式有关。

接下来介绍波波导阻抗。波导波阻抗定义为波导中的横向电场与横向磁场之比。对于 TM 波，其波阻抗为

$$Z_{TM} = \frac{E_x}{H_y} = -\frac{E_y}{H_x}$$

将 E_x、E_y、H_x 和 H_y 的表达式（8-51）~式（8-54）代入上式，可求得 TM 波的波阻抗为

$$Z_{TM} = Z\sqrt{1-\left(\frac{f_c}{f}\right)^2} = Z\sqrt{1-\left(\frac{\lambda}{\lambda_c}\right)^2}, Z = \sqrt{\frac{\mu}{\varepsilon}} \tag{8-66}$$

同理可得 TE 波的波阻抗为

$$Z_{TE} = \frac{Z}{\sqrt{1-\left(\frac{f_c}{f}\right)^2}} = \frac{Z}{\sqrt{1-\left(\frac{\lambda}{\lambda_c}\right)^2}} \tag{8-67}$$

计算可得，当 $f<f_c$，$\lambda>\lambda_c$ 时，Z_{TM} 及 Z_{TE} 均为虚数，说明横向的电场和磁场之间存在 $\frac{\pi}{2}$ 的相位差。此时，没有能量沿 z 方向单向流动，也就意味着电磁波的传播被截止了。

【例 8-1】 有一个内部为真空的矩形金属波导，其截面尺寸为 25mm×10mm，现将频率为 $f=10^4$MHz 的电磁波输入该波导中。请问该波导能够传输的模式是什么？当波导中填充介电常数 $\varepsilon_r=4$ 的理想介质后，能够传输的模式有无变化？

解 波导内部为真空时，那么输入的电磁波的工作波长为

$$\lambda = \frac{c}{f} = 30\ (\text{mm})$$

该波导的截止波长对于 m、n 模式的波而言，为

$$\lambda_c = \frac{2}{\sqrt{\left(\frac{m}{a}\right)^2+\left(\frac{n}{b}\right)^2}} = \frac{50}{\sqrt{m^2+6.25n^2}}\ (\text{mm})$$

于是可计算得，TE_{10} 波的 $\lambda_c=50$mm，TE_{20} 波的 $\lambda_c=25$mm，TE_{01} 波的 $\lambda_c=20$mm，更高次模式的截止波长将更短。可见，当该波导中为真空时，仅能传输的模式为 TE_{10} 波。

若填充 $\varepsilon_r=4$ 的理想介质，则工作波长 λ 为

$$\lambda' = \frac{\lambda}{\sqrt{\varepsilon_r}} = 15\ (\text{mm})$$

可见，除了 TE_{10} 波及 TE_{20} 波外，还可存在其他模式。因为当 $m=0$，$n=1$ 时，$\lambda_c=20$mm；当 $m=n=1$ 时，$\lambda_c=18.6$mm；当 $m=3$，$n=0$ 时，$\lambda_c=16.7$mm；当 $m=2$，$n=1$ 时，$\lambda_c=15.6$mm。由此可见，还可传输 TE_{01}、TE_{30}、TE_{11}、TM_{11}、TE_{21} 和 TM_{21} 等模式。

8.5 矩形波导中的 TE_{10} 波

TE_{10}波是矩形波导中的常用模式。本节将讨论 TE_{10} 波的电磁场的分布及其传播特性。根据 TE_{10} 波的场量在直角坐标系各分量的表达式（8－55）~式（8－59），可以求得 $m=1$，$n=0$ 时，$H_y=E_x=E_z=0$，其余的非零电场和磁场分量为

$$H_z=H_0\cos\left(\frac{\pi}{a}x\right)e^{-jk_zz} \tag{8-68}$$

$$H_x=j\frac{k_xH_0}{k_c^2}\left(\frac{\pi}{a}\right)\sin\left(\frac{\pi}{a}x\right)e^{-jk_zz} \tag{8-69}$$

$$E_y=-j\frac{\omega\mu H_0}{k_c^2}\left(\frac{\pi}{a}\right)\sin\left(\frac{\pi}{a}x\right)e^{-jk_zz} \tag{8-70}$$

式（8－68）~式（8－70）表明，H_z 的振幅沿 x 按余弦分布，H_x 及 E_y 的振幅沿 x 按正弦分布，三者振幅均与 y 无关。这些分量所对应的瞬时值表示为

$$H_z(\vec{r},t)=\sqrt{2}H_0\cos\left(\frac{\pi}{a}x\right)\cos(\omega t-k_zz) \tag{8-71}$$

$$H_x(\vec{r},t)=\frac{\sqrt{2}k_zH_0}{k_c^2}\left(\frac{\pi}{a}\right)\sin\left(\frac{\pi}{a}x\right)\cos\left(\omega t-k_zz+\frac{\pi}{2}\right) \tag{8-72}$$

$$E_y(\vec{r},t)=\frac{\sqrt{2}\omega\mu H_0}{k_c^2}\left(\frac{\pi}{a}\right)\sin\left(\frac{\pi}{a}x\right)\cos\left(\omega t-k_zz+\frac{\pi}{2}\right) \tag{8-73}$$

图 8－9 绘出了 $t=\frac{3}{4}T$ 时刻，矩形波导中 TE_{10} 波沿 z 方向及 x 方向的场分布。注意，沿 x 方向为驻波，沿 z 方向为行波。根据这些变化规律，可用电场线及磁场线表示 TE_{10} 波的电磁场分布，如图 8－10 所示。根据理想导体表面仅可存在法向电场及切向磁场的边界条件，即可理解这些分布规律的必然性。

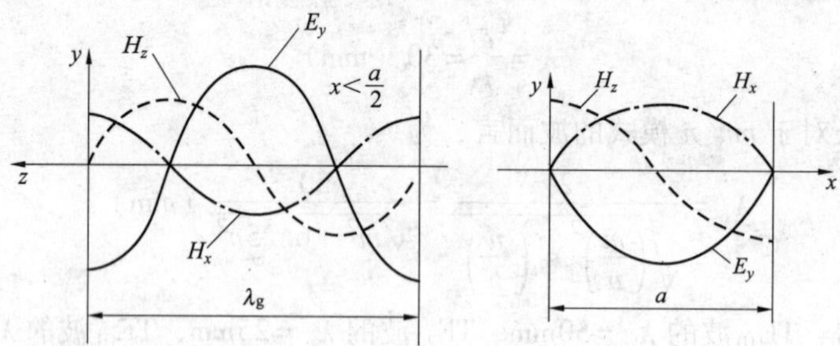

图 8－9 TE_{10}波的场分布

为使波导有效地传输能量，熟知波导中的电磁场分布是很必要的。根据波导中的场分布，可合理地设计波导的激励和耦合装置。此外，了解波导内壁的电流分布，对设计微波仪表及波导裂缝天线十分重要。例如，波导测量线中槽线不允许切割内壁电流，以免破坏波导中的场分布。波导裂缝天线的缝隙则需要切割内壁电流，以激励天线向外辐射电磁波。内壁上的传导电流和波导中的位移电流构成了闭合的电流回路，这些闭合的电流回路与闭合的磁

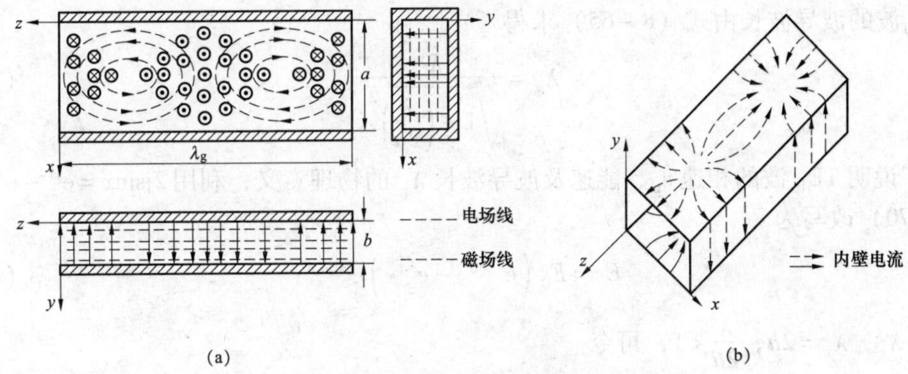

图 8-10 TE_{10}波的电场线、磁场线及电流分布
（a）电场线、磁场线；（b）电流分布

场线相互交链。

本节不对高次模的场分布进行详细的计算，只通过图 8-11 给出几种高次模式的场分布示意图。在掌握了 TE_{10}波、TE_{01}及 TE_{11}波的场分布基础上，采用平移拼接方法，即可推知高次模式的场分布。例如，TE_{20}波场分布即可由两个 TE_{10}波的场分布沿波导宽边平行拼接构成。根据 TM_{11}的场分布，也可构造 TM_{mn}其他高次模式的场分布。

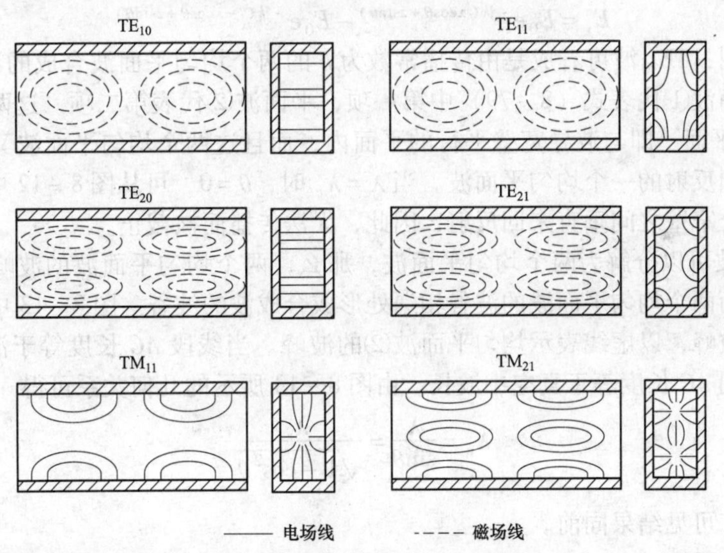

图 8-11 矩形波导中的高次模式

了解了 TE_{10}波的场分布后，接下来计算 TE_{10}波的截止波长、相速、波导波长及能速。

TE_{10}波的截止波长 λ_c 可通过式（8-63）计算，将 $m=1$，$n=0$ 代入得

$$\lambda_c = 2a \tag{8-74}$$

可见，TE_{10}波的截止波长仅与宽壁宽度有关，是宽壁宽度 a 的两倍。

TE_{10}波的相速由式（8-64）求得

$$v_p = \frac{v}{\sqrt{1-\left(\frac{\lambda}{2a}\right)^2}} \tag{8-75}$$

TE_{10}波的波导波长由式（8－65）求得

$$\lambda_g = \frac{\lambda}{\sqrt{1-\left(\frac{\lambda}{2a}\right)^2}} \tag{8-76}$$

为了说明TE_{10}波的相速v_p、能速及波导波长λ_g的物理意义，利用$2\mathrm{j}\sin x = \mathrm{e}^{\mathrm{j}x} - \mathrm{e}^{-\mathrm{j}x}$先将式（8－70）改写为

$$E_y = E_0\left(\mathrm{e}^{-\mathrm{j}\frac{\pi}{a}x} - \mathrm{e}^{\mathrm{j}\frac{\pi}{a}x}\right)\mathrm{e}^{-\mathrm{j}k_z x} \tag{8-77}$$

由于$\lambda < \lambda_c$，$\lambda_c = 2a$，$\dfrac{\lambda}{2a} < 1$，可令

$$\frac{\lambda}{2a} = \cos\theta \tag{8-78}$$

则

$$\frac{\pi}{a} = \frac{2\pi}{\lambda}\cdot\frac{\lambda}{2a} = k\cos\theta$$

$$k_z = k\sqrt{1-\left(\frac{\lambda}{2\pi}\right)^2} = k\sin\theta$$

将此关系式代入式（8－77）中，得

$$E_y = E_0\mathrm{e}^{-\mathrm{j}k(x\cos\theta + z\sin\theta)} - E_0\mathrm{e}^{-\mathrm{j}k(-x\cos\theta + z\sin\theta)} \tag{8-79}$$

此结果表明，TE_{10}波可看成是由传播常数为k的两个均匀平面波合成的波。如图8－12所示，图中平面波①代表式（8－79）中第一项，平面波②代表第二项。这两个平面波的传播方向位于xz平面，即与波导宽壁平行的平面内，而且这两个均匀平面波又可合并为在两个窄壁之间来回反射的一个均匀平面波。当$\lambda = \lambda_c$时，$\theta = 0$，可从图8－12中观测到，该均匀平面波在两个窄壁之间垂直来回反射，因此，无法传播而被截止。

既然TE_{10}波可以分解为两个均匀平面波，那么，两个均匀平面波的波峰相遇处形成合成波的波峰，而两个均匀平面波的波谷相遇处形成合成波的波谷。图8－13中以实线表示均匀平面波①的波峰，以虚线表示均匀平面波②的波峰。当线段AC长度等于波导波长λ，若波导为真空，则AC长度等于真空中波长。由图8－13所示的几何关系可得

$$\lambda_g = \frac{\lambda}{\sin\theta} = \frac{\lambda}{\sqrt{1-\cos^2\theta}}$$

已知$\cos\theta = \dfrac{\lambda}{2a}$，可见结果同前。

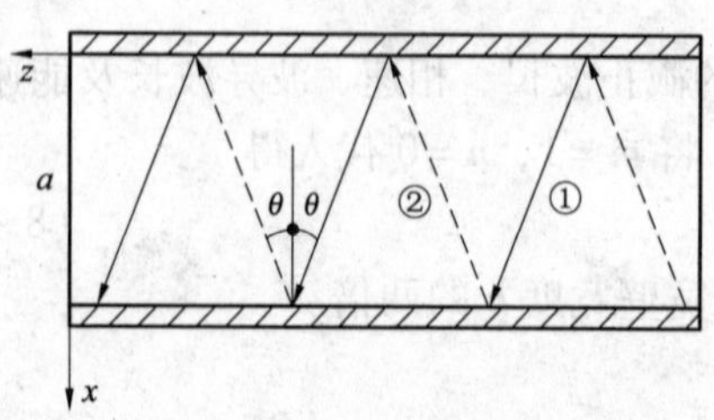

图8－12　TE_{10}波的分解

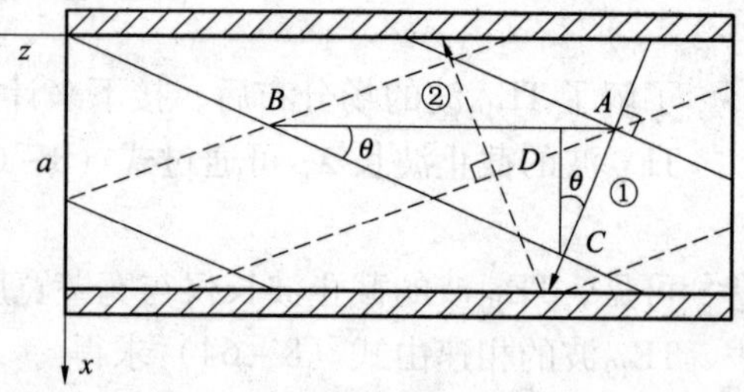

图8－13　TE_{10}波的速度与波长

另外，图 8－13 中，平面波①由 A 点至 C 点的相位变化为 2π，而合成波的空间相位变化 2π 时经过距离为 AB。可见，合成波的相速 v_p 大于均匀平面波的相速 v，且 $v_p=\dfrac{v}{\sin\theta}$，此结果也与式（8－75）相同。再从能量传播的观点来看，当平面波①携带的能量由 A 传播到 C 时，就传播方向 z 而言，此能量传输的距离仅为 AD 长度，可见波导传输能量的速度 v_e 小于均匀平面波的能量速度 v。由图 8－13 所示的几何关系求出 TE_{10} 波的能速 v_e 为

$$v_e = v\sin\theta$$

即

$$v_e = v\sqrt{1-\left(\frac{\lambda}{2a}\right)^2} \tag{8-80}$$

读者根据 TE_{10} 波的场强公式（8－34）及能速定义同样也可以求得能速公式（8－80）。此外，可以证明波导中任一区域中电场能量的平均值等于磁场能量的平均值。

【例 8－2】 若内充空气的矩形波导尺寸为 $\lambda<a<2\lambda$，工作频率为 3GHz。如果要求工作频率至少高于主模式 TE_{10} 波的截止频率的 20%，且至少低于 TE_{01} 波的截止频率的 20%。试求：

（1）波导尺寸 a 及 b；

（2）根据所设计的波导，计算工作波长、相速、波导波长及波阻抗。

解 （1）TE_{10} 波的截止波长 $\lambda_c=2a$，对应的截止频率 $f_c=\dfrac{c}{\lambda_c}=\dfrac{c}{2a}$。$TE_{01}$ 波的截止波长 $\lambda_c=2b$，对应的截止频率 $f_c=\dfrac{c}{2b}$，按题意要求，应该满足

$$3\times10^9 \geqslant \frac{c}{2a}\times1.2$$

$$3\times10^9 \leqslant \frac{c}{2b}\times0.8$$

由此求得 $a\geqslant0.06\text{m}$，$b\leqslant0.04\text{m}$，取 $a=0.06\text{m}$，$b=0.04\text{m}$。

（2）工作波长

$$\lambda=\frac{c}{f}=0.1\ (\text{m})$$

相速
$$v_p=\frac{c}{\sqrt{1-\left(\frac{\lambda}{2a}\right)^2}}=5.42\times10^3\ (\text{m/s})$$

波导波长
$$\lambda_g=\frac{\lambda}{\sqrt{1-\left(\frac{\lambda}{2a}\right)^2}}=0.182\ (\text{m})$$

波阻抗
$$Z_{TE_{10}}=\frac{Z}{\sqrt{1-\left(\frac{\lambda}{2a}\right)^2}}=682\ (\Omega)$$

8.6 圆波导的传播特性

圆波导中的电磁场分布，需要选用圆柱坐标系来求解。圆波导如图 8－14 所示，其内半

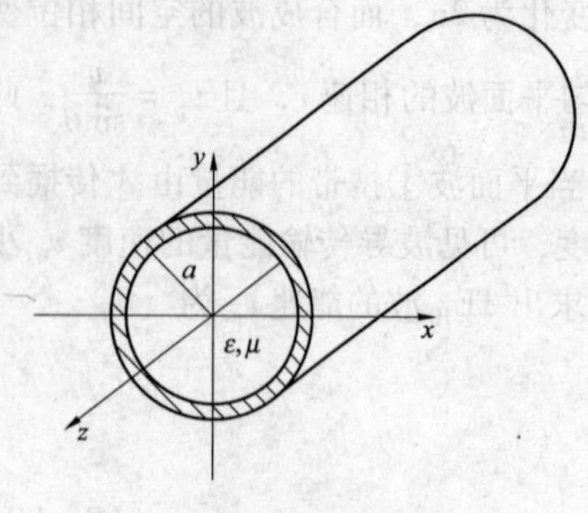

图 8-14 圆波导

径为 a。令圆波导的轴线为坐标轴 z，与矩形波导类似，采用纵向场法来求解。首先根据麦克斯韦方程求出圆柱坐标系中横向分量的纵向场表示式。若 z 轴为传播方向，波导中的场强可以表示为

$$\vec{E}(r,\phi,z)=\vec{E}_0(r,\phi)\mathrm{e}^{-\mathrm{j}k_z z} \tag{8-81}$$

$$\vec{H}(r,\phi,z)=\vec{H}_0(r,\phi)\mathrm{e}^{-\mathrm{j}k_z z} \tag{8-82}$$

将麦克斯韦旋度方程 $\nabla\times\vec{H}=\mathrm{j}\omega\varepsilon\vec{E}$ 在圆柱坐标系中展开，再将式（8-81）和式（8-82）写成分量形式，代入该展开式中，得

$$\frac{1}{r}\frac{\partial E_z}{\partial\phi}+\mathrm{j}k_z E_\phi=-\mathrm{j}\omega\mu H_r \tag{8-83}$$

$$-\mathrm{j}k_z E_r-\frac{\partial E_z}{\partial r}=-\mathrm{j}\omega\mu H_\phi \tag{8-84}$$

$$\frac{1}{r}\frac{\partial}{\partial r}(rE_\phi)-\frac{1}{r}\frac{\partial E_r}{\partial\phi}=-\mathrm{j}\omega\mu H_z \tag{8-85}$$

$$\frac{1}{r}\frac{\partial H_z}{\partial\phi}+\mathrm{j}k_z H_\phi=\mathrm{j}\omega\varepsilon E_r \tag{8-86}$$

$$-\mathrm{j}k_z H_r-\frac{\partial H_z}{\partial r}=-\mathrm{j}\omega\mu E_\phi \tag{8-87}$$

$$\frac{1}{r}\frac{\partial}{\partial r}(rH_\phi)-\frac{1}{r}\frac{\partial H_r}{\partial\phi}=\mathrm{j}\omega\mu E_z \tag{8-88}$$

令 $k_c^2=k^2-k_z^2$，可通过式（8-83）~式（8-88）求得以纵向场表示的横向分量

$$E_r=-\frac{1}{k_c^2}\left(\mathrm{j}k_z\frac{\partial E_z}{\partial r}+\mathrm{j}\frac{\omega\mu}{r}\frac{\partial H_z}{\partial\phi}\right) \tag{8-89}$$

$$E_\phi=\frac{1}{k_c^2}\left(-\mathrm{j}\frac{k_z}{r}\frac{\partial E_z}{\partial\phi}+\mathrm{j}\omega\mu\frac{\partial H_z}{\partial r}\right) \tag{8-90}$$

$$H_r=\frac{1}{k_c^2}\left(\mathrm{j}\frac{\omega\varepsilon}{r}\frac{\partial E_z}{\partial\phi}-\mathrm{j}k_z\frac{\partial H_z}{\partial r}\right) \tag{8-91}$$

$$H_\phi=-\frac{1}{k_c^2}\left(\mathrm{j}\omega\varepsilon\frac{\partial E_z}{\partial r}+\mathrm{j}\frac{k_z}{r}\frac{\partial H_z}{\partial\phi}\right) \tag{8-92}$$

对于 TM 波，$H_z=0$，电场的 z 分量 E_z 可以表示为

$$E_z(r,\phi,z)=E_{z0}(r,\phi)\mathrm{e}^{-k_z z} \tag{8-93}$$

在无源区中，E_z 满足标量亥姆霍兹方程

$$\nabla^2 E_z+k^2E_z=0$$

在圆柱坐标系中，将式（8-93）代入上式，并展开可得

$$\frac{\partial^2 E_{z0}}{\partial r^2}+\frac{1}{r}\frac{\partial E_{z0}}{\partial r}+\frac{1}{r^2}\frac{\partial^2 E_{z0}}{\partial\phi^2}+k_c^2E_{z0}=0 \tag{8-94}$$

采用分离变量法来解上述方程，首先令

$$E_{z0}(r,\phi)=R(r)\Phi(\phi) \tag{8-95}$$

于是代入式（8－94）可得

$$\frac{r^2R''}{R}+\frac{rR'}{R}+k_c^2r^2=-\frac{\Phi''}{\Phi} \tag{8-96}$$

式中：R''及R'分别表示R对r的二阶和一阶导数；Φ''为Φ对ϕ的二阶导数。式（8－96）左端仅为r的函数，而右端仅为ϕ的函数。于是如果将式（8－96）对r求导，则右端为零，即意味着式（8－96）左端为常数；若将式（8－96）对ϕ求导，则左端为零，即意味着式（8－96）右端也为常数。由于式（8－96）对于一切r及ϕ均成立，所以两端等于同一常数。设此常数为m^2，则由式（8－96）右端得

$$\Phi''+m^2\Phi=0 \tag{8-97}$$

上述方程的通解为

$$\Phi=A_1\cos m\phi+A_2\sin m\phi \tag{8-98}$$

由于圆波导具有轴对称性，$\phi=0$的坐标平面可以任意确定。那么，可以适当地选择$\phi=0$的坐标平面，使式（8－98）中的第一项或第二项消失，因此，式（8－97）的解可以表示为

$$\Phi=A\begin{cases}\cos m\phi\\ \sin m\phi\end{cases} \tag{8-99}$$

波导中的场分布随角度ϕ的变化应以2π为周期，因此，式（8－99）中常数m一定为整数，即$m=0$，±1，±2，…。由式（8－96）的左端得

$$\frac{r^2R''}{R}+\frac{rR'}{R}+k_c^2r^2=m^2$$

现将上式重写为

$$r^2\frac{d^2R}{dr^2}+r\frac{dR}{dr}+(k_c^2r^2-m^2)R=0 \tag{8-100}$$

并令$k_cr=x$，则上式符合标准的贝塞尔方程的格式为

$$x^2\frac{d^2R}{dx^2}+x\frac{dR}{dx}+(x^2-m^2)R=0 \tag{8-101}$$

此式的通解为

$$R=BJ_m(x)+CN_m(x) \tag{8-102}$$

式中：$J_m(x)$为第一类m阶贝塞尔函数；$N_m(x)$为第二类m阶贝塞尔函数。已知当$r=0$时，$x=0$，$N_m(0)\to-\infty$。波导中的场应是有限的，因此求得$C=0$，式（8－100）的解简化应为

$$R=BJ_m(k_cr) \tag{8-103}$$

将式（8－99）及式（8－103）代入式（8－95）中，由式（8－93）可得

$$E_z=E_0J_m(k_cr)\begin{cases}\cos m\phi\\ \sin m\phi\end{cases}e^{-jk_zz} \tag{8-104}$$

那么，由式（8－89）～式（8－92）求得各个横向分量为

$$E_r=-j\frac{k_zE_0}{k_c}J_m'(k_cr)\begin{cases}\cos m\phi\\ \sin m\phi\end{cases}e^{-jk_zz} \tag{8-105}$$

$$E_\phi = \mathrm{j}\frac{k_z m E_0}{k_c^2 r} J_m(k_c r)\begin{cases}\sin m\phi \\ -\cos m\phi\end{cases}\mathrm{e}^{-\mathrm{j}k_z z} \tag{8-106}$$

$$H_r = \mathrm{j}\frac{\omega\varepsilon m E_0}{k_c^2 r} J_m(k_c r)\begin{cases}-\sin m\phi \\ \cos m\phi\end{cases}\mathrm{e}^{-\mathrm{j}k_z z} \tag{8-107}$$

$$H_\phi = -\mathrm{j}\frac{\omega\varepsilon E_0}{k_c} J'_m(k_c r)\begin{cases}\cos m\phi \\ \sin m\phi\end{cases}\mathrm{e}^{-\mathrm{j}k_z z} \tag{8-108}$$

式中：$J'_m(k_c r)$为贝塞尔函数$J_m(k_c r)$的一阶导数。利用边界条件，可以确定式（8－104）～式（8－108）中的常数k_c。

已知分量E_z及E_ϕ与圆波导内壁平行，因此，当$r=a$时，$E_z=E_\phi=0$。由式（8－104）及式（8－106）可见，为了满足这种边界条件，必须要求$J_m(k_c a)=0$。设P_{mn}为第一类m阶贝塞尔函数第n个根，则$k_c a=P_{mn}$，即

$$k_c^2 = \left(\frac{P_{mn}}{a}\right)^2 \tag{8-109}$$

或写成

$$k_c^2 = k^2 - \left(\frac{P_{mn}}{a}\right)^2 \tag{8-110}$$

表8－1中列出了各个P_{mn}值，每一组m、n值对应于一个P_{mn}值，同时求得对应的k_c，从而形成一种场分布或称为一种模式。可见，圆波导也具有多模特性。式（8－104）～式（8－108）中因子$\cos m\phi$和$\sin m\phi$分别代表两种空间相互正交的模式。

表8－1 **P_{mn} 值**

m \ n	1	2	3	4
0	2.045	5.520	8.654	11.79
1	3.832	7.016	10.17	13.32
2	5.136	8.417	11.62	14.80

对于TE波，$E_z=0$，可以采用上述同样方法，先求出H_z分量，然后由式（8－89）～式（8－92）计算各个横向分量，其结果为

$$H_z = H_0 J_m(k_c r)\begin{cases}\cos m\phi \\ \sin m\phi\end{cases}\mathrm{e}^{-\mathrm{j}k_z z} \tag{8-111}$$

$$H_r = -\mathrm{j}\frac{k_z H_0}{k_c} J'_m(k_c r)\begin{cases}\cos m\phi \\ \sin m\phi\end{cases}\mathrm{e}^{-\mathrm{j}k_z z} \tag{8-112}$$

$$H_\phi = -\mathrm{j}\frac{k_z H_0}{k_c} J'_m(k_c r)\begin{cases}\sin m\phi \\ -\cos m\phi\end{cases}\mathrm{e}^{-\mathrm{j}k_z z} \tag{8-113}$$

$$E_r = \mathrm{j}\frac{\omega\mu m H_0}{k_c^2 r} J_m(k_c r)\begin{cases}\sin m\phi \\ -\cos m\phi\end{cases}\mathrm{e}^{-\mathrm{j}k_z z} \tag{8-114}$$

$$E_\phi = \mathrm{j}\frac{\omega\mu H_0}{k_c} J'_m(k_c r)\begin{cases}\cos m\phi \\ \sin m\phi\end{cases}\mathrm{e}^{-\mathrm{j}k_z z} \tag{8-115}$$

为了满足$r=a$时，$E_\phi=0$的边界条件，由式（8－115）可知，必须要求导数$J'_m(k_c a)=$

0。设 P'_{mn} 为第一类贝塞尔函数的一阶导数根，则 $k_c a = P'_{mn}$，即

$$k_c^2 = \left(\frac{P'_{mn}}{a}\right)^2 \tag{8-116}$$

或写成

$$k_z^2 = k^2 - \left(\frac{P'_{mn}}{a}\right)^2 \tag{8-117}$$

表 8-2 中列出了各个 P'_{mn} 值，每一个 P'_{mn} 对应于一种模式。

表 8-2　　P'_{mn} 值

m \ n	1	2	3	4
0	3.832	7.016	10.17	13.32
1	1.841	5.332	8.526	11.71
2	3.054	6.705	9.965	13.17

和矩形波导一样，当 $k = k_c$ 时，传播常数 $k_z = 0$，表示传播被截止。那么，由 $k_c = 2\pi f_c \sqrt{\varepsilon\mu} = \frac{2\pi}{\lambda_c}$，求得圆波导中 TM 波的截止频率 f_c 和截止波长 λ_c 为

$$f_c = \frac{P_{mn}}{2\pi a\sqrt{\varepsilon\mu}} \tag{8-118}$$

$$\lambda_c = \frac{2\pi a}{P_{mn}} \tag{8-119}$$

TE 波的截止频率 f_c 和截止波长 λ_c 为

$$f_c = \frac{P'_{mn}}{2\pi a\sqrt{\varepsilon\mu}} \tag{8-120}$$

$$\lambda_c = \frac{2\pi a}{P'_{mn}} \tag{8-121}$$

图 8-15 所示为圆波导中各种模式的截止波长分布图，由图可见，TE_{11} 波具有最长的截止频率，其次是 TM_{01} 波。

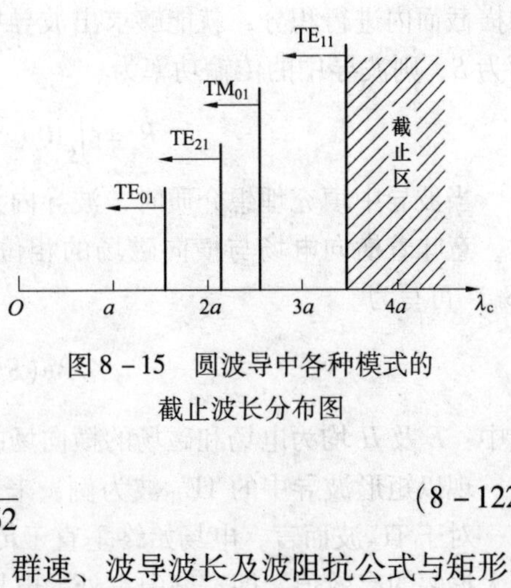

根据表 8-1 及表 8-2 提供的数值，求得 TE_{11} 及 TM_{01} 的截止波长分别为

TE_{11} 波　　$\lambda_c = 3.41a$

TM_{01} 波　　$\lambda_c = 2.62a$

由此可见，若工作波长 λ 给定，为了实现 TE_{11} 单模传输，圆波导半径 a 必须满足

图 8-15　圆波导中各种模式的截止波长分布图

$$\frac{\lambda}{3.41} < a < \frac{\lambda}{2.62} \tag{8-122}$$

求出圆波导的截止频率和截止波长后，其相速、群速、波导波长及波阻抗公式与矩形波导的相应公式完全相同，可以直接引用。

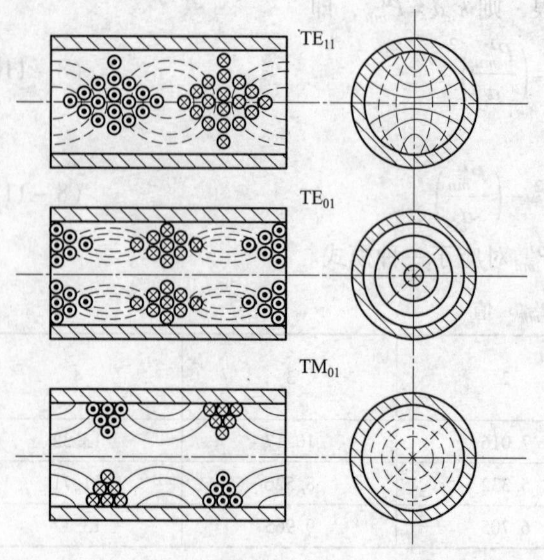

图 8-16 圆波导中 TE_{11}、TE_{01} 及 TM_{01} 波的电场线和磁场线分布示意图

根据 TE_{11} 波的方程式，也可绘制其电场线及磁场线分布。图 8-16 所示为圆波导中 TE_{11}、TE_{01} 及 TM_{01} 波的电场线和磁场线分布示意图。

【例 8-3】 已知圆波导的半径 $a=5\text{mm}$，内充理想介质的相对介电常数 $\varepsilon_r=9$。若要求工作于 TE_{11} 主模，试求最大允许的频率范围。

解 已知为了保证工作于 TE_{11} 主模，其工作波长必须满足

$$2.62a<\lambda<3.41a$$

即

$$\lambda_{max}=3.41\times5=17.1\ (\text{mm})$$

$$\lambda_{min}=2.62\times5=13.1\ (\text{mm})$$

对应的频率范围为

$$f_{max}=\frac{v}{\lambda_{min}}=\frac{1}{\lambda_{min}\sqrt{\mu_0\varepsilon}}=7634\ (\text{MHz})$$

$$f_{min}=\frac{v}{\lambda_{max}}=\frac{1}{\lambda_{max}\sqrt{\mu_0\varepsilon}}=5848\ (\text{MHz})$$

8.7 导波系统中的传输功率与损耗

本节将计算波导的传输功率。从前几节中可以知道，矩形波导和圆波导中都有能量沿波导的纵向方向传播。电磁波的纵向传播是由电磁场的横向分量决定的，所以可以首先计算波导中电场及磁场的横向分量，再计算复能流密度矢量，最后通过将复能流密度的实部在波导的横截面内进行积分，就能够求出波导中的传输功率。设波导中的复能流密度为 $\vec{S}_c$，横截面为 S，则波导中的传输功率为

$$P=\int_S \text{Re}(\vec{S}_c)\cdot d\vec{S}=\int_S \text{Re}(S_c)dS \tag{8-123}$$

当波导中填充理想介质时，波导内无论对 TM 波还是 TE 波，其波阻抗 Z_{TM} 及 Z_{TE} 均为实数，意味着横向电场与横向磁场的相位相同，因此式（8-123）中复能流密度的实部 $\text{Re}(S_c)$ 可写为

$$\text{Re}(S_c)=EH=ZH^2=\frac{E^2}{Z} \tag{8-124}$$

式中：E 及 H 均为电场和磁场的横向场的合成分量；Z 可由 Z_{TM} 或 Z_{TE} 代替。

现以矩形波导中的 TE_{10} 波为例，来计算波导中的传输功率。

对于 TE 波而言，电场始终垂直于传播方向，在矩形波导中电场仅有 y 分量。令其空间最大振幅的有效值，即宽壁中央处的电场有效值为 E_0，根据式（8-70）可知其空间电场振幅为 $E=E_0\sin(\pi/a\cdot x)$，代入式（8-124），再将结果代入式（8-123）可得

$$P=\frac{abE_0^2}{2Z_{\mathrm{TE}}} \tag{8-125}$$

矩形波导能够传输的最大功率是指当波导中介质的电场场强达到击穿场强 E_b 时波导的传输功率 P_b

$$P_{\mathrm{b}}=\frac{abE_{\mathrm{b}}^2}{4Z_{\mathrm{TE}}} \tag{8-126}$$

实际中，为了安全起见，通常取传输功率 $P=\left(\frac{1}{3}\sim\frac{1}{5}\right)P_{\mathrm{b}}$。

波导中的损耗主要由两部分构成，一部分是由波导中的填充介质所引起的损耗，另一部分是由实际波导壁的有限电导率产生的损耗。为了计算填充介质产生的损耗，可以用有耗介质的等效介电常数 ε_{e} 代替原来的介电常数 ε。波导壁引起的损耗通常利用理想导电壁情况下的场强公式来计算。此时，考虑场强是沿传播方向不断衰减的，设其衰减常数为 k''，则沿正 z 方向传播的电场振幅可以表示为

$$E=E_0\mathrm{e}^{-k''z} \tag{8-127}$$

传输功率与场强振幅的平方成正比，因此，对式（8-127）两侧取平方，可得传输功率

$$P=P_0\mathrm{e}^{-2k''z} \tag{8-128}$$

将上式对 z 求导，得单位长度的功率衰减为

$$-\frac{\partial P}{\partial z}=2k''P_0\mathrm{e}^{-2k''z}=2k''P$$

上式左侧的 $-\frac{\partial P}{\partial z}$ 即为单位长度内的功率损耗 P_{l1}，于是

$$P_{l1}=2k''P$$

衰减常数 k'' 可以计算为

$$k''=\frac{P_{l1}}{2P} \tag{8-129}$$

上式表明，计算衰减常数 k'' 必须首先知道单位长度内的功率损耗。在宽壁上取一小块导体，其长度及宽度均为单位长度，厚度等于集肤深度 δ，如图 8-17 所示。

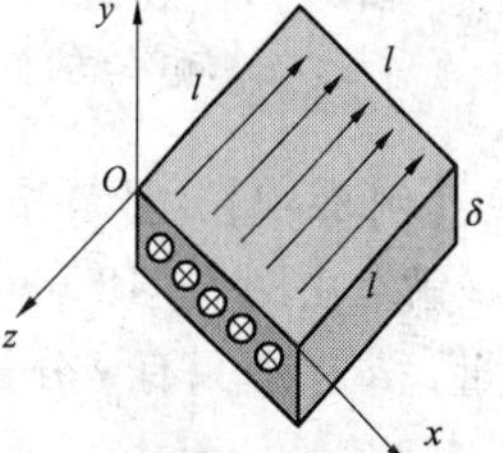

图 8-17 表面电阻

当电流为 z 向时，该小块导体的电阻为

$$R_S=\frac{l}{\sigma S}=\frac{l}{\sigma\delta}=\sqrt{\frac{\pi\mu f}{\sigma}} \tag{8-130}$$

式中：σ 为波导壁的电导率；R_S 为表面电阻率。表 8-3 给出了三种金属的表面电阻率。

表 8-3　　表面电阻率

金属	银	铜	铝
R_S	$2.52\times10^{-7}\sqrt{f}$	$2.61\times10^{-7}\sqrt{f}$	$3.26\times10^{-7}\sqrt{f}$

通过上述长度及宽度均为单位长度的导体表面的电流为电流强度 J_S，因此单位宽度且单位长度波导壁内的损耗功率 P_{lS} 为

$$P_{lS}=J_S^2R_S \tag{8-131}$$

其中的表面电流 J_S 可通过 $\vec{J}_S=\vec{e}_n\times\vec{H}_S$ 来计算。这里，$\vec{H}_S$ 为波导壁表面的磁场强度。将得到的 P_{lS} 沿单位长度波导内壁进行积分，即可求得单位长度内波导壁引起的损耗功率 P_{l1}。

图 8－18 给出了矩形波导的衰减常数 k'' 与频率 f 的关系曲线。由图 8－18 可见，当矩形波导的宽壁尺寸和窄壁尺寸的比值一定时，TE_{10} 波的损耗最小。当固定了宽壁尺寸 a 时，窄壁尺寸越小，衰减常数 k'' 越大。

图 8－19 给出了圆波导的衰减常数 k'' 与频率 f 的关系曲线。可以看到，在高频端 TE_{01} 波损耗最小，在低频端 TE_{11} 波的损耗最小。从图 8－19 中可以看到，TE_{01} 波的截止波长在低次模式中不是最长的。若要实现 TE_{01} 波单模传输，必须设法抑制 TM_{01}、TE_{21} 及 TE_{11} 等模式。与矩形波导相比，圆波导的优势是损耗较小，这是由于当横截面的面积相等时，矩形的周长大于圆的周长的缘故。但是，圆波导在传输 TE_{11} 波时，其场分布会发生横向偏转，而采用椭圆波导即可避免场型偏转。此外，为了减少波导壁的损耗，应提高波导表面的表面粗糙度，可以镀银或金，同时为了防止表面发生氧化，可以在波导中充入干燥的惰性气体。

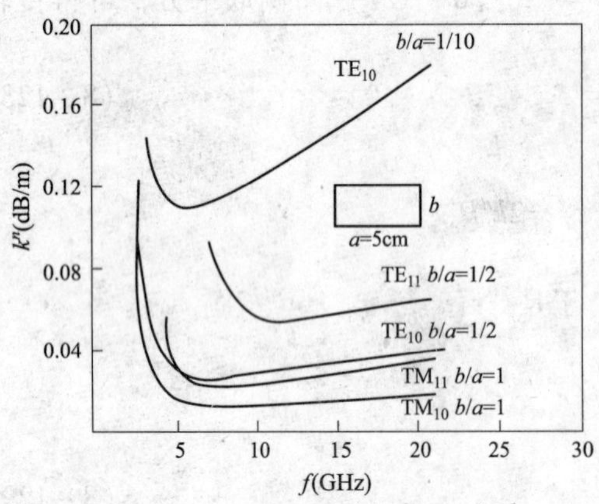

图 8－18　矩形波导的衰减常数 k'' 与频率 f 的关系曲线

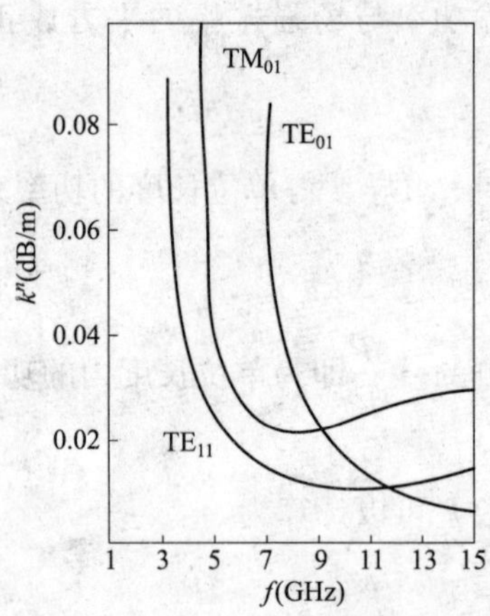

图 8－19　圆波导的衰减常数 k'' 与频率 f 的关系曲线

【例 8－4】 计算矩形波导中传输 TE_{10} 波时，波导壁产生的衰减。

解 由图 8－18 可以看到，矩形波导传输 TE_{10} 波时，波导宽壁上的电流具有 x 分量及 z 分量，窄壁上只有 y 分量。因此，单位长度内宽壁上的损耗功率为

$$P_{la}=2\left(\int_0^a J_{Sz}^2R_S\mathrm{d}x+\int_0^a J_{Sx}^2R_S\mathrm{d}x\right)$$

单位长度内窄壁上的损耗功率为

$$P_{lb}=2\int_0^b J_{Sy}^2R_S\mathrm{d}y$$

式中：$\vec{J}_{Sz}=\vec{e}_y\times\vec{H}_x$，$\vec{J}_{Sx}=\vec{e}_y\times\vec{H}_z$，$\vec{J}_{Sy}=\vec{e}_x\times\vec{H}_z$。

单位长度内总损耗功率可计算为

$$P_{l1}=P_{la}+P_{lb}$$

再通过对能流密度的实部在波导横截面上的积分，即式（8－123）算出传输功率 P，即可求得衰减常数为

$$k''=\frac{P_{l1}}{2P}=\frac{R_S}{\sqrt{\frac{\mu}{\varepsilon}}\sqrt{1-\left(\frac{\lambda}{2a}\right)^2}}\left[\frac{1}{b}+\frac{2}{a}\left(\frac{\lambda}{2a}\right)^2\right]$$

8.8　谐　振　腔

在米波以上的微波波段，集总参数的 LC 谐振电路无法使用。因为随着频率升高，必须减少电感量和电容量，但是当 LC 很小时，分布参数的影响不可忽略。电容器的引线电感，线圈之间以及器件之间的分布电容必须考虑。这就意味着，在米波以上波段，很难制造单纯的电容及电感组件。此外，随着频率升高，回路的电磁辐射效应也较显著，电容器中的介质损耗也随之增加，这些因素导致集总参数的谐振电路的品质因数 Q 值显著降低。因此，在米波以上波段，经常使用相应波段的传输线构成谐振器件。传输线谐振器是由一段两端短路或开路的导波系统构成的，如金属空腔谐振器、同轴线谐振器和微带谐振器等。如图 8－20 所示，在实际应用中大部分采用此类谐振器。本节主要介绍由波导形成的谐振腔（Resonator）的原理及特性。

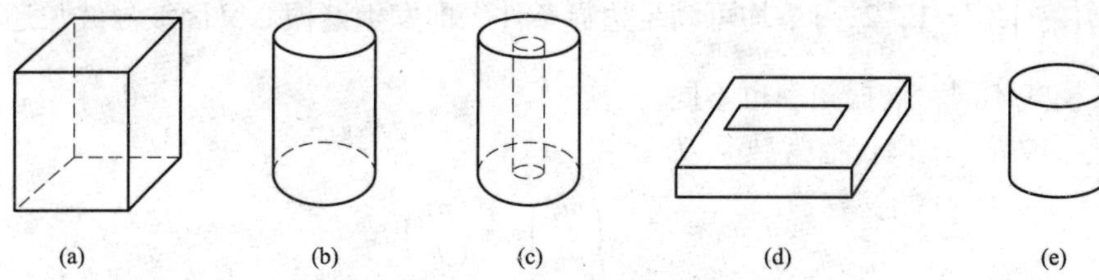

图 8－20　各种微波谐振腔

（a）矩形谐振腔；（b）圆柱谐振腔；（c）同轴谐振腔；（d）微带谐振腔；（e）介质谐振腔

当矩形波导终端短路时，电磁波将被全部反射，在波导中形成驻波。当矩形波导工作于主模时，TE_{10} 波的电场仅有横向分量，短路端形成电场驻波的波节。在离短路端半个波导波长处，又形成第二个电场驻波的波节。若在此处放置一块横向短路片，仍然满足电场边界条件，如图 8－21 所示。

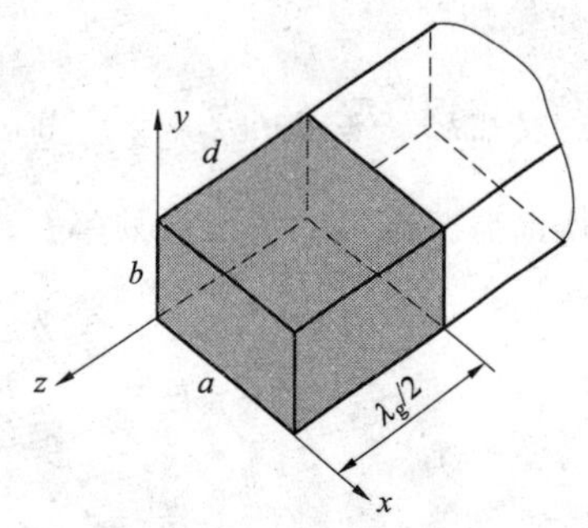

图 8－21　矩形谐振腔

这样，在短路终端及短路片之间形成的金属腔中存在电场和磁场驻波。根据 TE_{10} 波的场强公式（8－68）～式（8－70）及 $z=0$ 处边界条件，求得该金属腔中电场驻波及磁场驻波的方程式为

$$H_z=H_0(\mathrm{e}^{-\mathrm{j}k_z z}-\mathrm{e}^{\mathrm{j}k_z z})\cos\left(\frac{\pi}{a}x\right) \tag{8-132}$$

$$H_x=\mathrm{j}\frac{k_z aH_0}{\pi}(\mathrm{e}^{-\mathrm{j}k_z z}+\mathrm{e}^{\mathrm{j}k_z z})\sin\left(\frac{\pi}{a}x\right) \tag{8-133}$$

$$E_y=-\mathrm{j}\frac{\omega\mu aH_0}{\pi}(\mathrm{e}^{-\mathrm{j}k_z z}-\mathrm{e}^{\mathrm{j}k_z z})\sin\left(\frac{\pi}{a}x\right) \tag{8-134}$$

利用三角公式，式（8－132）～式（8－134）又可写为

$$H_z = -2jH_0\sin k_z z\cos\left(\frac{\pi}{a}x\right) \tag{8-135}$$

$$H_x = 2j\frac{k_z a H_0}{\pi}\cos k_z z\sin\left(\frac{\pi}{a}x\right) \tag{8-136}$$

$$E_y = -\frac{2\omega\mu a H_0}{\pi}\sin k_z z\sin\left(\frac{\pi}{a}x\right) \tag{8-137}$$

由式（8－135）～式（8－137）可见，矩形金属腔中的电场及磁场在 x 及 z 方向上能够形成驻波。还可以看出，电场驻波及磁场驻波的时间相位差为 $\pi/2$，即当电场能量达到最大值时，磁场能量为零；反之，当磁场能量达到最大值时，电场能量为零。电磁能量在电场与磁场之间不断地变换，而且无需外界输入能量，可以一直存在，这种现象称为谐振。可以证明，谐振时电场储能的最大值等于磁场储能的最大值。这些现象是一切谐振器件具有的共性，因此这种金属腔称为谐振腔，它可以作为微波电路中的谐振器件。

对于尺寸一定的谐振腔，仅对特定的频率发生谐振现象。发生谐振的频率称为谐振频率，对应的波长成为谐振波长。应该注意，谐振腔的谐振频率具有多值性，因为只要谐振腔的长度 $d=l\left(\frac{\lambda_g}{2}\right)$，$l=1$，2，3…均可满足边界条件，即发生谐振。又因波导波长还与模式有关，因此，模式不同，谐振频率也不同。

已知矩形波导中 z 向传播常数 k_z 为

$$k_z^2 = k^2 - \left(\frac{m\pi}{a}\right)^2 - \left(\frac{n\pi}{b}\right)^2$$

当 $d=l\left(\frac{\lambda_g}{2}\right)$时，$k_z d = l\pi$，$k_z=\frac{l\pi}{d}$，代入上式得

$$k = \sqrt{\left(\frac{m\pi}{a}\right)^2 + \left(\frac{n\pi}{b}\right)^2 + \left(\frac{l\pi}{d}\right)^2} \tag{8-138}$$

又知 $k=\frac{2\pi}{\lambda}=2\pi f\sqrt{\mu\varepsilon}$，这里 μ 及 ε 为谐振腔中填充介质的电磁参数。那么，由式（8－138）求得谐振波长 λ_{mnl} 及谐振频率 f_{mnl} 分别为

$$\lambda_{mnl} = \frac{2}{\sqrt{\left(\frac{m}{a}\right)^2 + \left(\frac{n}{b}\right)^2 + \left(\frac{l}{d}\right)^2}} \tag{8-139}$$

$$f_{mnl} = \frac{1}{2\sqrt{\mu\varepsilon}}\sqrt{\left(\frac{m}{a}\right)^2 + \left(\frac{n}{b}\right)^2 + \left(\frac{l}{d}\right)^2} \tag{8-140}$$

上两式表明，谐振波长或谐振频率不仅与谐振腔的尺寸有关，还与波导中的工作模式有关，每组 mnl 值对应于一种模式。例如，TE_{101} 模式代表矩形波导谐振腔工作于 TE_{10} 波，腔长为半个波导波长。为了有效地设计谐振腔的耦合及调谐装置，必须了解谐振腔中的场分布。图 8－22 给出了矩形谐振腔工作于 TE_{101} 模式时的场结构。

任何谐振器件都存在损耗。若无外源补充，腔中的能量交换不可能一直存在，经过一段时间后腔中全部电磁能转变为热能。为了衡量谐振器件的损耗大小，通常使用品质因数 Q 值，其定义为

$$Q=\frac{\omega_0 W}{P_l} \qquad (8-141)$$

式中：ω_0 为谐振角频率；W 为腔中总储能，也就是电场储能的时间最大值或磁场储能的时间最大值；P_l 为腔中的损耗功率。可见，品质因数 Q 值越高，意味着对于某个频率的电磁波而言，谐振器件的损耗越小。

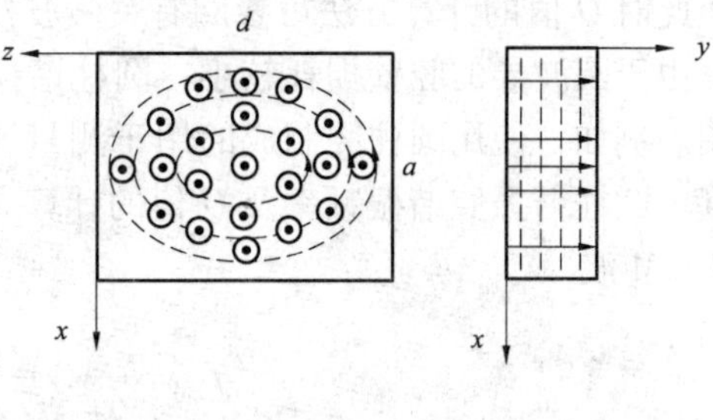

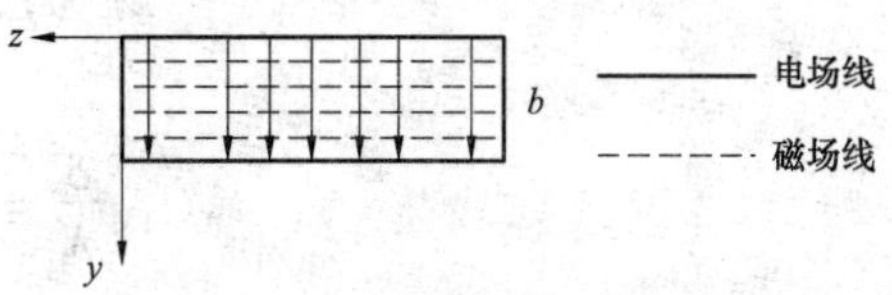

图 8－22　矩形谐振腔工作于 TE_{101} 模式时的场结构

现计算腔中总储能 W，已知 TE_{10} 波的电场强度最大值为

$$E_{\mathrm{m}}=\frac{2\omega_0\mu a\,|H_0|}{\pi}\sin\left(\frac{\pi}{a}x\right)\sin\left(\frac{\pi}{d}z\right)$$

因此电场储能密度的最大值为

$$w_{\mathrm{m}}=\frac{1}{2}\varepsilon E_{\mathrm{m}}^2$$

整个腔中的电场储能最大值为

$$W=\int_V w_{\mathrm{em}}\mathrm{d}V=\int_0^a\mathrm{d}x\int_0^b\mathrm{d}y\int_0^a w_{\mathrm{em}}\mathrm{d}z=\frac{\varepsilon a^3 bd\omega_0^2\mu^2\,|H_0|^2}{2\pi^2} \qquad (8-142)$$

式（8－142）表明，腔中的电场储能随着腔的尺寸增大而增大。

计算腔壁的损耗功率与计算波导壁的损耗方法相同，只是腔壁整体的损耗需要沿整个腔壁积分求得。可以证明，矩形谐振腔中 TE_{101} 模式的损耗功率 P_l 为

$$P_l=\frac{2a^3b+a^3d+ad^3+2d^3b}{d^2}2R_S\,|H_0|^2 \qquad (8-143)$$

知道 W 和 P_l，就可根据式（8－141）求得矩形波导谐振腔工作于 TE_{101} 模式时的 Q 值

$$Q=\frac{\omega_0^3\mu^2\varepsilon a^3bd^3}{4\pi^2R_S(2a^3b+a^3d+ad^3+2d^3b)} \qquad (8-144)$$

TE_{101} 模式的谐振角频率 $\omega_{101}=2\pi f_{101}$，式中 f_{101} 可由式（8－140）求得，于是

$$\omega_{101}=\frac{\pi}{\sqrt{\mu\varepsilon}}\sqrt{\left(\frac{1}{a}\right)^2+\left(\frac{1}{d}\right)^2}$$

所以，TE_{101} 模式的 Q 值可表示为

$$Q_{101}=\frac{\pi Zb\sqrt{(a^2+d^2)^3}}{4R_S(2a^3b+a^3d+ad^3+2d^3b)} \qquad (8-145)$$

式中：$Z=\sqrt{\dfrac{\mu}{\varepsilon}}$。若 $a=b=d$ 时，式（8－145）可化为

$$Q_{101}=\frac{\sqrt{2}\pi Z}{6R_S}\approx 0.741\frac{Z}{R_S} \qquad (8-146)$$

波导谐振腔可以获得很高的 Q 值。例如，内部为空气的铜质矩形谐振腔，若 $a=b=d=3\mathrm{cm}$ 时，铜的表面电阻率 $R_S=2.61\times10^{-7}\sqrt{f}$，当 $f_{101}=7070\mathrm{MHz}$ 时，由式（8－146）求得 $Q_{101}=12\,700$。

注意，上述 Q 值计算仅考虑了腔壁损耗。若腔中填充介质，则必须考虑介质损耗的影

响，此时 Q 值的计算方法可参阅有关微波技术书籍。

由于圆波导的腔壁损耗较小，圆柱谐振腔的 Q 值较高，它比矩形腔获得了更加广泛的应用。例如，使用圆柱腔制成的用于测量波长的波长计，由于 Q 值很高，大大提高了测量精度。圆柱谐振腔谐振频率及 Q 值的计算方法同前，读者可以自行推导，其结果如下：

对于 TM 波

$$f_{\mathrm{TM}}=\frac{1}{2\pi\sqrt{\mu\varepsilon}}\sqrt{\left(\frac{P_{mn}}{a}\right)^2+\left(\frac{l\pi}{d}\right)^2} \tag{8-147}$$

$$Q_{\mathrm{TM}}\frac{\delta}{\lambda}=\frac{\sqrt{P_{mn}^2+\left(\frac{l\pi a}{d}\right)^2}}{2\pi\left(1+\frac{2a}{d}\right)} \tag{8-148}$$

对于 TE 波

$$f_{\mathrm{TE}}=\frac{1}{2\pi\sqrt{\mu\varepsilon}}\sqrt{\left(\frac{P'_{mn}}{a}\right)^2+\left(\frac{l\pi}{d}\right)^2} \tag{8-149}$$

$$Q_{\mathrm{TM}}\frac{\delta}{\lambda}=\frac{\left(1-\frac{m}{P'_{mn}}\right)\sqrt{\left[P'^2_{mn}+\left(\frac{l\pi a}{\lambda}\right)^2\right]^3}}{2\pi\left[P'^2_{mn}+\frac{2a}{d}\left(\frac{l\pi a}{d}\right)^2+\left(1-\frac{2a}{d}\right)\left(\frac{ml\pi a}{P'^2_{mn}d}\right)\right]} \tag{8-150}$$

式中：δ 为腔壁材料的集肤深度；$l=1,\ 2,\ 3\cdots$；P_{mn} 及 P'_{mn} 值分别见表 8-1 及表 8-2。

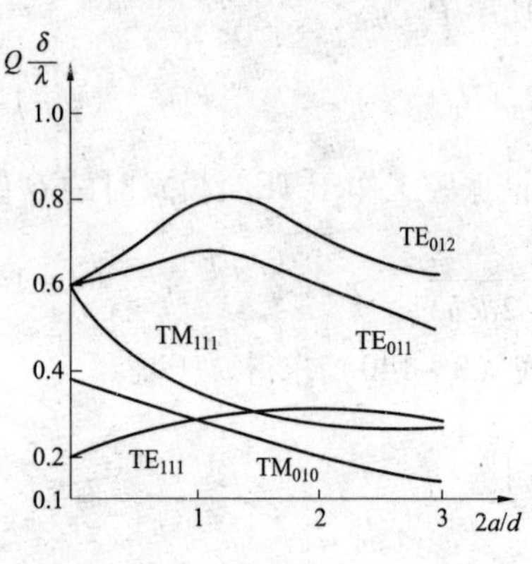

图 8-23　圆柱谐振腔的 Q 值与尺寸的关系

图 8-23 中给出了圆柱腔的 Q 值与尺寸的关系，由图可见，TE_{011} 模式具有较高的 Q 值。由于 TE_{01} 波的横向磁场只有径向分量，因此短路板上没有径向电流。这样，即使短路板与腔壁之间接触不良也不会影响腔中电磁场分布。但是 TE_{01} 波的截止波长不是最长，因此为了实现 TE_{011} 单一模式振荡，必须采取适当措施消除其他低次模式。由图 8-23 还可见，TE_{011} 模式的最大 Q 值发生在 $d\approx 2a$ 附近。若 $\lambda=3\mathrm{cm}$，则 Q 值可达 $10^4\sim 4\times10^4$。

提高谐振腔 Q 值的方法与减少波导壁损耗的方法相同。此外，谐振腔体积应尽可能大一些，以增加储能。腔壁面积应尽可能小一些，以减小损耗。

【例 8-5】　试证明波导谐振腔对于任何模式的谐振波长 λ_{r}，均可表示为

$$\lambda_{\mathrm{r}}=\frac{\lambda_{\mathrm{c}}}{\sqrt{1+\left(\frac{l\lambda_{\mathrm{c}}}{2d}\right)^2}}\qquad (l=1,2,3,\cdots)$$

式中：λ_{c} 为截止波长；d 为谐振腔的长度。

解　已知无论何种波导，其传播常数 k_z 均为

$$k_z^2=k^2-k_{\mathrm{c}}^2$$

当腔长 $d = l\dfrac{\lambda_g}{2}$时，$k_z d = l\pi$，$k_z = l\dfrac{\pi}{d}$，均可发生谐振，代入上式且考虑到 $k = \dfrac{2\pi}{\lambda_r}$及 $k_c = \dfrac{2\pi}{\lambda_c}$，得

$$\left(l\frac{\pi}{d}\right)^2 = \left(\frac{2\pi}{\lambda_r}\right)^2 - \left(\frac{2\pi}{\lambda_c}\right)^2$$

即

$$\left(\frac{l}{2d}\right)^2 = \frac{1}{\lambda_r^2} - \frac{1}{\lambda_c^2}$$

将上式整理后，即求得题述一般公式。

8.9 同 轴 线

同轴线的结构如图 8－24（a）所示，其主要尺寸是内导体的半径 a 和外导体的内半径 b。内、外导体之间可以填充介质或为空气，电磁波在内、外导体之间传播。同轴线是一种性能良好的微波传输线，它具有与波导一样完全电磁屏蔽的优点，而且工作频带较宽。同轴线是一种 TEM 传输线。这是由于同轴线具有内导体，可以支撑静电场存在，因此可以传输 TEM 波。如图 8－24（b）所示，同轴线中电场线为沿半径 $\vec{e}_r$ 方向的径向线，磁场线为沿角度 $\vec{e}_\phi$ 方向的闭合圆。

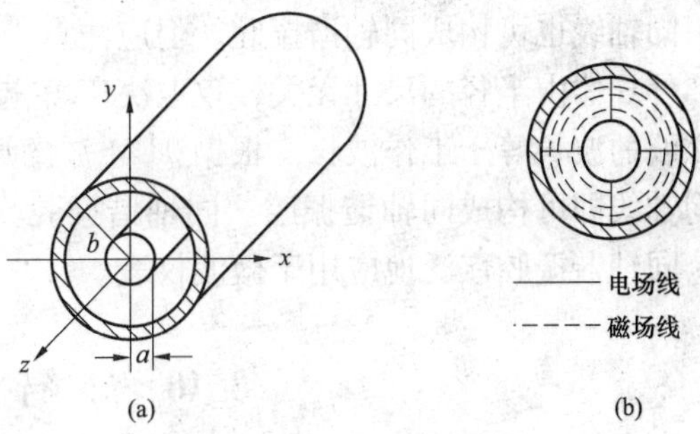

图 8－24 同轴线

（a）结构；（b）同轴线中的电磁场

同轴线也可看作一种圆波导，因此除了传输 TEM 波以外，还可存在 TE 波及 TM 波。为了抑制这些非 TEM 波成分，必须根据工作频率适当地设计同轴线的尺寸。

同轴线中非 TEM 波的波形分析方法与圆波导类似。即需要求解贝塞尔方程

$$x^2\frac{\mathrm{d}^2R}{\mathrm{d}x^2} + x\frac{\mathrm{d}R}{\mathrm{d}x} + (x^2 - m^2)R = 0$$

式中，$k_c r = x$，此式的通解为

$$R = BJ_m(x) + CN_m(x)$$

式中：$J_m(x)$为第一类 m 阶贝塞尔函数；$N_m(x)$为第二类 m 阶贝塞尔函数。注意到同轴线具有内导体，变量 r 的范围是 $a \leqslant r \leqslant b$。对于 TM 波，考虑到 $r = a$ 及 $r = b$ 时，$E_z = E_\phi = 0$，得

$$BJ_m(k_c a) + CN_m(k_c a) = 0$$

$$BJ_m(k_c b) + CN_m(k_c b) = 0$$

由此得

$$\frac{N_m(k_c a)}{J_m(k_c a)} = \frac{N_m(k_c b)}{J_m(k_c b)} \tag{8-151}$$

对于 TE 波，为了满足 $r = a$ 及 $r = b$ 时 $E_\phi = 0$ 的边界条件，类似求得

$$\frac{N'_m(k_c a)}{J'_m(k_c a)} = \frac{N'_m(k_c b)}{J'_m(k_c b)} \tag{8-152}$$

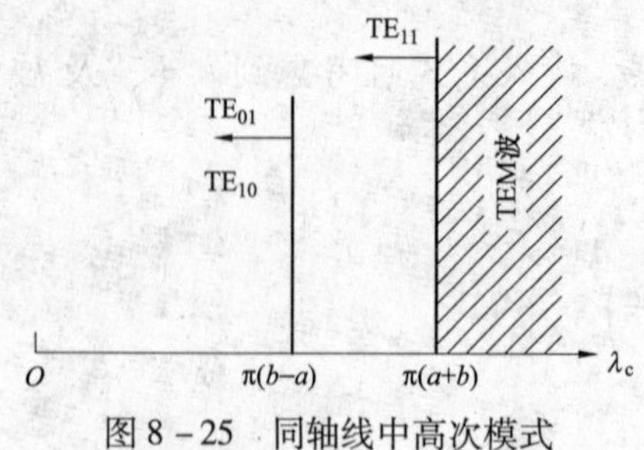

图 8－25　同轴线中高次模式

式（8－151）及式（8－152）皆为超越方程，可以借助图解法或数值方法求解。

求出常数 k_c 以后，再用前述方法计算截止波长，其结果如图 8－25 所示。可见 TE_{11} 波具有最长的截止波长，其值为 $\pi(a+b)$。因此，为了抑制同轴线中的非 TEM 波，工作波长 λ 必须满足

$$\lambda > \pi(a+b) \tag{8-153}$$

由此可推出同轴线的尺寸应满足 $a+b<\frac{\lambda}{\pi}\approx\frac{\lambda}{3}$，才能消除高次模。为了消除同轴线中的高次模，随着频率升高，同轴线的尺寸必须相应地减少，而尺寸过小将增加损耗，限制了传输功率。因此，同轴线的使用频率一般低于 3GHz。式（8－153）也表明，同轴线的传输频率没有下限，这是 TEM 波传输线的共性。平行的双导线传输线也是如此。

同轴线也可构成同轴谐振腔。但应注意，同轴线中电磁波的波长与同轴线的内导体外半径和外导体内半径的尺寸无关，仅取决于填充的介质参数。若填充空气，则可认为同轴线中电磁波的波长等于工作波长。根据 TEM 波的场结构可知，两端封闭、长度为半波长整数倍的同轴线即可构成同轴谐振腔。同轴谐振腔具有多谐性，其谐振频率仅与谐振腔的长度有关。同轴谐振腔广泛地应用于微波仪表。

8.10　导行波的应用

前已指出，各种导波系统分别应用于不同的波段，如双导线的应用频率低于 100MHz。常用的输电线与其地中的镜像也组成双导线传输系统。

同轴线的最大优点是频带宽，也可传输直流。但是同轴线制造不易，要保证内、外导体严格同轴是很难实现的。当内、外导体不同轴时，会引起损耗增加。同轴线常分为硬、半硬以及软三种类型，后两者又称为同轴电缆。软的同轴电缆通常用于远距离传输，例如有线电视及长途电话的远距离传送就是同轴电缆的主要用途。

目前，带状线使用较少，主要应用微带。微带传输线广泛地应用于厘米波段的微波设备中。这种微带电路常称为微波集成电路，由它构成的器件通常分为无源和有源两种。例如，微带滤波器和微带功分器等是无源器件，而微带放大器和微带混频器是有源器件。

金属波导的优点是损耗小、电磁屏蔽性能好，因此适合较远距离的微波传输以及微波通信设备。矩形波导应用较多；圆波导常用于微波仪表；损耗较小且极化面不易旋转的椭圆波导适合远距离微波传输。例如，微波中继站及卫星地面站的天线到机房之间通常应用椭圆波导。

矩形波导测量线广泛地用于微波测量。这种测量线是在矩形宽壁中央开一个纵向裂缝，由于当矩形波导工作于 TE_{10} 主模时，宽壁中央只有纵向内壁电流，因此，此处的纵向裂缝没有切割内壁电流，因而没有扰动内部的场结构。这样，测试探针通过裂缝即可测量电场振幅沿波导的纵向分布，从而可知波导中的驻波状态。波导测量线也可用来测量波长。由于驻波的最小点附近变化较陡，通常测量两个最小点之间的距离，可以提高精度。高精度的波长测量应该使用波长计，这种波长计通常是用圆波导或同轴线构成的谐振腔制成的。

光纤具有最宽的传输频带，而且损耗小、质量轻、易弯曲，还节约了大量金属材料。由于光纤不具有电磁屏蔽能力，因此必须铠装在封闭的光缆中。光纤的使用频率是由损耗决定的，位于长波段的低损耗窗口是1.33μm和1.55μm，位于短波段的窗口为0.85μm，目前常用的波长为1.55μm。早期光纤损耗较大，现在已经降到0.2dB/km。远距离的光缆传输目前已十分普及，可以用于传输话音、图像及数据。光纤是有线信息高速公路的最佳铺路材料，是当今最佳的有线传输介质。

8.11 小　结

本章主要描述了传输线波导、矩形波导、圆波导及其构成的谐振腔，以及同轴线波导的相关内容；主要学习了TEM波、TE波、TM波、多模特性、多谐性、高次模、低次模、主模等概念；了解了截止频率、截止波长、工作波长、波导波长、波导波阻抗、传输功率、传输损耗、表面电阻率、谐振频率和谐振波长等定义。主要公式如下：

（1）无损耗传输线满足的波动方程

$$\nabla_t^2 A_z = 0$$

$$\nabla_t^2 \phi = 0$$

（2）无损耗传输线的能量守恒定律

$$\frac{\partial}{\partial z}(UI) = -\frac{\partial}{\partial t}\left(\frac{1}{2}C_0 U^2 + \frac{1}{2}L_0 I^2\right)$$

（3）矩形波导的截止传播常数

$$k_c = \sqrt{\left(\frac{m\pi}{a}\right)^2 + \left(\frac{n\pi}{b}\right)^2}$$

（4）圆波导的截止传播常数。对于TM波，$k_c^2 = \left(\frac{P_{mn}}{a}\right)^2$；对于TE波，$k_c^2 = \left(\frac{P'_{mn}}{a}\right)^2$。

（5）截止频率

$$f_c = \frac{k_c}{2\pi\sqrt{\varepsilon\mu}}$$

（6）对应于截止传播常数k_c的截止波长

$$\lambda_c = \frac{2\pi}{k_c}$$

（7）矩形波导中电磁波的相速

$$v_p = \frac{\omega}{k_z} = \frac{v}{\sqrt{1-\left(\frac{f_c}{f}\right)^2}} = \frac{v}{\sqrt{1-\left(\frac{\lambda}{\lambda_c}\right)^2}}$$

（8）波导波长

$$\lambda_g = \frac{2\pi}{k_z} = \frac{\lambda}{\sqrt{1-\left(\frac{f_c}{f}\right)^2}} = \frac{\lambda}{\sqrt{1-\left(\frac{\lambda}{\lambda_c}\right)^2}}$$

（9）波导波阻抗

TM 波波阻抗 $Z_{\mathrm{TM}}=Z\sqrt{1-\left(\frac{f_{\mathrm{c}}}{f}\right)^2}=Z\sqrt{1-\left(\frac{\lambda}{\lambda_{\mathrm{c}}}\right)^2}$

TE 波波阻抗 $Z_{\mathrm{TE}}=\frac{Z}{\sqrt{1-\left(\frac{f_{\mathrm{c}}}{f}\right)^2}}=\frac{Z}{\sqrt{1-\left(\frac{\lambda}{\lambda_{\mathrm{c}}}\right)^2}}$

(10) 矩形波导为了实现 TE_{10} 波单模传输，宽壁尺寸 a 满足 $\frac{\lambda}{2}<a<\lambda$。

(11) 圆波导为了实现 TE_{11} 单模传输，其半径 a 必须满足

$$\frac{\lambda}{3.41}<a<\frac{\lambda}{2.62}$$

(12) 矩形波导的 TE 波传输功率

$$P=\left(\frac{1}{3}\sim\frac{1}{5}\right)\frac{abE_{\mathrm{b}}^2}{4Z_{\mathrm{TE}}}$$

(13) 表面电阻率

$$R_S=\frac{l}{\sigma S}=\frac{l}{\sigma\delta}=\sqrt{\frac{\pi\mu f}{\sigma}}$$

(14) 矩形波导谐振腔的谐振频率和 Q 值

$$f_{mnl}=\frac{1}{2\sqrt{\mu\varepsilon}}\sqrt{\left(\frac{m}{a}\right)^2+\left(\frac{n}{b}\right)^2+\left(\frac{l}{d}\right)^2}$$

$$Q_{101}=\frac{\pi Zb\sqrt{(a^2+d^2)^3}}{4R_S(2a^3b+a^3d+ad^3+2d^3b)}$$

思 考 题

8-1 什么是 TEM 波、TE 波及 TM 波？请举出能够传输 TEM 波的导波系统？什么是金属波导，为什么金属波导不能传输 TEM 波？

8-2 描述矩形波导中电磁波的主要特性。

8-3 如何在矩形波导中实现单模传输？

8-4 当矩形波导的宽边与窄边尺寸相等时，是否仍可实现单模传输？为什么？

8-5 矩形波导中 TE_{10} 波的场分布如何？

8-6 什么是群速？在波导中群速与相速的关系如何？

8-7 描述圆波导中的电磁波主要特性。

8-8 如何在圆波导中实现单模传输？

8-9 描述圆波导中 TE 波的场分布。

8-10 波导中的电磁波是否具有平面波、均匀平面波或非均匀平面波的特性？

8-11 描述电磁波在波导中发生的色散特性，以及其与导电介质中的色散特性的异同。

8-12 当波导中填充介质后，电磁波的频率、工作波长、截止波长以及波导波长是否会发生变化？

8-13 描述计算波导中的传输功率及传输损耗的方法。

8－14　波导中的传输损耗与哪些因素有关？

8－15　谐振腔是如何形成的？

8－16　如何计算谐振腔的谐振频率及品质因数？

8－17　给出 TEM 波传输线中电场与磁场应满足的方程式。

8－18　如何设计同轴线的尺寸，以保证仅传输 TEM 波？

8－19　同轴线的传输频率有无下限？

8－20　如何设计同轴谐振腔？

习　题

8－1　推导书中式（8－5）~式（8－8）。

8－2　推导书中式（8－23）。

8－3　试证明波导中的工作波长 λ、波导波长 λ_g 与截止波长 λ_c 之间满足下列关系

$$\frac{1}{\lambda_g^2}+\frac{1}{\lambda_c^2}=\frac{1}{\lambda^2}$$

8－4　已知空气填充的矩形波导尺寸为 8cm×4cm，若工作频率 $f=6\text{GHz}$，写出可能在该矩形波导中传输的模式。当波导内填充介质以后，传输模式是否会发生变化？原因是什么？

8－5　已知矩形波导的尺寸为 $c\times d$，若在 $z>0$ 区域中填充相对介电常数为 ε_r 的理想介质，在 $z<0$ 区域中为真空。当 TE_{10}波自真空向介质表面投射时，试求边界上的反射波与透射波。

8－6　试证波导中相速 v_p 与群速 v_g 的关系为

$$v_g=v_p-\lambda_g\frac{\mathrm{d}v_p}{\mathrm{d}v_g}$$

8－7　推导书中式（8－77）。

8－8　推导书中式（8－79）。

8－9　试证明波导中时均电能密度等于时均磁能密度，再根据能速定义，导出式（8－80）。

8－10　空气填充的圆波导直径 $d=60\text{mm}$ 若工作频率 $f=5\text{GHz}$，给出可能传输的模式。当在圆波导中填充相对介电常数 $\varepsilon_r=3$ 的介质以后，再求可能传输的模式。

8－11　当比值 f/f_c 为何值时，工作于主模的矩形波导中波导壁产生的损耗最小（指获得最小衰减常数 k''）？

8－12　已知空气填充的铝质矩形波导尺寸为 7.2cm×3.4cm，工作于主模，工作频率 $f=3\text{GHz}$。试求：

（1）截止频率、波导波长及衰减常数；

（2）当场强振幅衰减一半时的距离。

8－13　已知空气填充的铜质圆波导直径 $d=50\text{mm}$ 工作于主模，工作频率 $f=4\text{GHz}$，试求：

（1）截止频率、波导波长及衰减常数；

（2）当场强衰减一半时的距离。

8－14　已知空气填充的矩形波导尺寸为 20mm×10mm，工作频率 $f=10\text{GHz}$。若空气的击穿场强为 $5\times10^{6}\text{V/m}$，试求该波导能够传输的最大功率。

8－15　若波导中填充介质的参数为 ε、μ、σ，试证由于填充介质产生的衰减常数为

$$k''=\left(\frac{\sigma}{2}\sqrt{\frac{\mu}{\varepsilon}}\right)\Bigg/\sqrt{1-\left(\frac{f_c}{f}\right)^2}$$

8－16　已知空气填充的铜质矩形波导尺寸为 22.5mm×10mm，工作于主模，工作频率 $f=10\text{GHz}$。若该波导传输功率为 1kW，试求：

（1）波导壁产生的衰减常数；

（2）波导中电场强度及磁场强度的最大值；

（3）波导壁上表面电流密度的最大值；

（4）每米长度内的损耗功率。

8－17　试证书中式（8－143）。

8－18　试证书中式（8－145）及式（8－147）。

8－19　已知矩形波导谐振腔的尺寸为 8cm×6cm×5cm，试求发生谐振的 4 个最低模式及其谐振频率。

8－20　已知空气填充的圆波导半径为 10mm，若用该波导形成谐振腔，试求为了使 30GHz 电磁波谐振于 TM_{021} 模式所需的波导长度。

8－21　已知空气填充的黄铜矩形谐振腔的尺寸为 $a=b=c=3\text{cm}$，谐振模式为 TE_{111}，黄铜的电导率 $\sigma=1.5\times10^{7}\text{S/m}$，试求该谐振腔的品质因数。

8－22　已知内充空气的同轴线外导体内半径 $b=60\text{mm}$，内导体半径 $a=10\text{mm}$，试求仅传输 TEM 波的上限频率。

9 电 磁 辐 射

本章将介绍几种辐射体，如电流元、对称天线、小电流环、面天线以及复合辐射体天线阵，并分析这些辐射体的辐射特性；探讨电磁辐射理论中的几个基本原理，包括对偶原理、镜像原理、互易原理及惠更斯原理等。

9.1 电流元的辐射场

电流元指的是一段载有均匀同相时变电流的短导线。这里所说的均匀同相电流是指导线上各点电流的振幅相等且相位相同，这种电流分布在现实生活中不可能实现。

如图9-1（a）所示，我们所关注的电流元是指电流所在导线的直径 d 远小于长度 l，而其长度又远小于波长以及观测点和天线之间的距离。这样的电流元可以被当作天线使用。它的电磁辐射非常具有代表性，很多特征也是许多不同类型的天线所共有的。

在实际生活中，可通过使用一段中心馈电、两端呈球状哑铃形的导线近似获得均匀同相电流分布，如图9-1（b）所示。电流在某一个空间、表面或线段上的分布，都可以看成由许多电流元连续分布的组合。于是任何一种天线都可以看成是许多电流元连续分布而构成的，因此，研究电流元的辐射特性具有重要的价值。线天线的基本单元是电流元。而一些面天线也可根据其反射面上的电流分布来求得其辐射场。

假设电流元是位于无限大的空间内，其周围是均匀线性且各向同性的理想介质。选择通过建立直角坐标系，将电流元放在坐标原点的位置，其方向和 z 轴正方向重合，如图9-2所示。于是，可利用矢量磁位 $\vec{A}$ 计算其辐射场。经计算可知，线电流 I 产生的矢量磁位 $\vec{A}$ 为

$$\vec{A}(\vec{r})=\frac{\mu}{4\pi}\int_l\frac{I(\vec{r}\,')\mathrm{e}^{-\mathrm{j}k|\vec{r}-\vec{r}\,'|}}{|\vec{r}-\vec{r}\,'|}\mathrm{d}\vec{l}\,' \tag{9-1}$$

式中：$\vec{r}$ 为场点；$\vec{r}\,'$为源点。

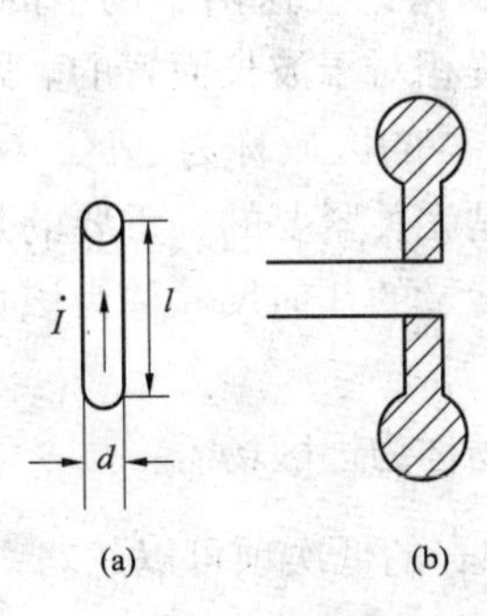

图9-1 电流元

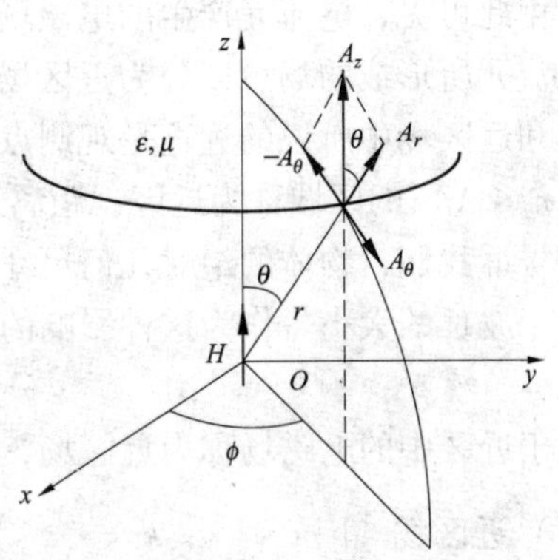

图9-2 电流元的辐射场

由于 $l \ll \lambda$，$l \ll r$，可以认为式（9－1）中 $|\vec{r}-\vec{r}'| \approx r$，又因电流仅具有 z 分量，即 $\mathrm{d}\vec{l}' = \vec{e}_z \mathrm{d}l'$，因此

$$\vec{A}(\vec{r}) = \vec{e}_z A_z \tag{9-2}$$

式中

$$A_z = \frac{\mu Il}{4\pi r}\mathrm{e}^{-\mathrm{j}kr}$$

为了讨论天线的电磁辐射特性，使用球坐标系较为方便。利用式（2－39），求得上述矢量为 $\vec{A}$ 在球坐标系中的各分量为

$$A_r = A_z\cos\theta$$

$$A_\theta = -A_z\sin\theta$$

$$A_\phi = 0$$

再利用关系式 $\vec{H} = \frac{1}{\mu}\nabla\times\vec{A}$，求得磁场强度各个分量为

$$H_\phi = \frac{k^2 Il\sin\theta}{4\pi}\left(\frac{\mathrm{j}}{kr}+\frac{1}{k^2r^2}\right)\mathrm{e}^{-\mathrm{j}kr} \tag{9-3}$$

$$H_\theta = H_r = 0 \tag{9-4}$$

又知 $\vec{E} = -\mathrm{j}\omega\vec{A} + \frac{\nabla\nabla\cdot\vec{A}}{\mathrm{j}\omega\mu\varepsilon}$，即电场强度可利用矢量磁位 $\vec{A}$ 求得，可利用麦克斯韦方程的 $\nabla\times\vec{H} = \mathrm{j}\omega\varepsilon\vec{E}$，根据已知的磁场强度计算电场强度

$$E_r = -\mathrm{j}\frac{k^3 Il\cos\theta}{2\pi\omega\varepsilon}\left(\frac{\mathrm{j}}{k^2r^2}+\frac{1}{k^3r^3}\right)\mathrm{e}^{-\mathrm{j}kr} \tag{9-5}$$

$$E_\theta = -\mathrm{j}\frac{k^3 Il\cos\theta}{4\pi\omega\varepsilon}\left(-\frac{1}{kr}+\frac{\mathrm{j}}{k^2r^2}+\frac{1}{k^3r^3}\right)\mathrm{e}^{-\mathrm{j}kr} \tag{9-6}$$

$$E_\phi = 0 \tag{9-7}$$

式（9－3）~式（9－7）均为电流元场强的一般公式。这些公式表明，在球坐标系中，z 向电流元场强具有 H_ϕ、E_r 及 E_θ 三个分量，场强的其余分量均为零，即 $H_\theta = H_r = E_\phi = 0$。因为 $\vec{r}$ 为传播方向，电场在传播方向 $\vec{r}$ 上具有 E_r 分量，仅有的磁场分量 H_ϕ 同样垂直于传播方向 $\vec{r}$。由此可见，电流元产生的电磁场为 TM 波。

电流元所形成的场可以分为近区场和远区场。下面分别讨论在这两个场中的场强特征。近区场和远区场中所说的远近是观测点到电流元之间的位置相对于波长而言的。距离远小于波长（$r \ll \lambda$）的区域称为近区；距离远大于波长（$r \gg \lambda$）的区域称为远区。下面介绍的结果将告诉我们，物体的绝对几何尺寸对于电磁波的影响是无关紧要的，重要的是物体的尺寸相对于波长的大小。作为这种影响的度量方法，将波长度量的几何尺寸称为该物体的波长尺寸。

位于近区中的电磁场称为近区场，位于远区中的电磁场称为远区场。

（1）近区场。因 $r \ll \lambda$，$kr = \frac{2\pi}{\lambda} \ll 1$，则式（9－5）中 $\frac{1}{kr}$ 的低次项可以忽略，且 $\mathrm{e}^{-\mathrm{j}kr} \approx 1$，那么由式（9－3）~式（9－7）得

$$H_\phi = \frac{Il\sin\theta}{4\pi r^2} \tag{9-8}$$

$$E_r = -\mathrm{j}\frac{Il\cos\theta}{2\pi\omega\varepsilon r^3} \tag{9-9}$$

$$E_\theta = -\mathrm{j}\frac{Il\cos\theta}{4\pi\omega\varepsilon r^3} \tag{9-10}$$

将式（9-8）~式（9-10）与静态场结果比较可见，式（9-8）就是恒定电流元 Il 产生的磁场。考虑到 $I=\mathrm{j}\omega q$，可知式（9-9）及式（9-10）就是电偶极子 ql 产生的静电场。式（9-8）~式（9-10）还表明，场与源的相位完全相同，两者之间没有时差。这些特点表明，虽然电流元的电流随时间变化，但它产生的近区场与静态场的特性完全相同，无滞后现象，所以近区场称为似稳场。通常 50Hz 的输电线周围的电磁场即是似稳场。

由式（9-8）~式（9-10）可见，电场与磁场的时间相位差为 $\pi/2$，能流密度的实部为零，只存在虚部。可见近区场中没有能量的单向流动，能量仅在场与源之间不断交换，近区场的能量完全被束缚在源的周围，因此近区场又称为束缚场。当然这一结论是近似的，远区场的能量来自近区。实际上，由下面分析可知，被忽略的部分正是代表向外辐射的能量，只不过在近区内，相对于交换部分而言，辐射部分比较微弱而已。

（2）远区场。远区场指的是当 $r \gg \lambda$ 时的辐射场，此时 $kr=\frac{2\pi}{\lambda}\gg 1$，则式（9-3）~式（9-7）中的高次项可以忽略，剩下 H_ϕ 和 E_θ 两个分量，计算可得

$$H_\phi = \mathrm{j}\frac{Il\sin\theta}{2\lambda r^2}\mathrm{e}^{-\mathrm{j}kr} \tag{9-11}$$

$$E_\theta = \mathrm{j}\frac{ZIl\cos\theta}{2\lambda r}\mathrm{e}^{-\mathrm{j}kr} \tag{9-12}$$

其中 $Z=\sqrt{\frac{\mu}{\varepsilon}}$ 为介质的波阻抗。

式（9-11）和式（9-12）表明，电流元的远区场具有以下特点：

1）远区场的电场和磁场方向均垂直于传播方向 $\vec{r}$，所以远区场为 TEM 波。

2）电场与磁场之间的关系取决于波阻抗，即 $\frac{E_0}{H_\phi}=Z$。

3）电场与磁场相位相同，所以复能流密度仅具有实部，且能流密度矢量的方向为传播方向 $\vec{r}$。这表明远区场中只有不断向外辐射的能量，所以远区场又称为辐射场。

4）远区场强振幅与距离 r 成反比，即随距离的增加不断衰减，这种衰减不是介质的损耗引起的，而是球面波固有的扩散特性导致的。因为通过包围电流元球面的功率是一定的，但球面的面积与半径的平方成正比，因此能流密度与距离平方成反比，场强振幅与距离一次方成反比。

5）远区场强振幅与观察点所处的方位有关，在相等距离上处于不同方向的辐射场强不同，这种特性称为天线的方向性。场强公式中与方位角 θ 及 ϕ 有关的函数称为方向性因子，以 $f(\theta,\ \phi)$ 表示。上述电流元沿 z 轴放置，由于轴对称关系，场强与方位角 ϕ 无关，方向性因子仅为方位角 θ 的函数，即 $f(\theta,\phi)=\sin(\theta)$。由此可见，电流元在 $\theta=0$ 的轴线方向上辐射为零，在与轴线垂直的 $\theta=90°$ 方向上辐射最强。电流元的辐射场强与方位角 ϕ 无关。

6）电场及磁场的方向与时间无关，由此可见电流元的辐射场具有线极化特性。当然在不同的方向上，场强的极化方向不同。

值得一提的是电流元远区场具有的1）~5）五种特性也是一切尺寸有限的天线远区场的共性，即一切尺寸有限的天线，其远区场为TEM波，是一种辐射场，场强振幅不仅与距离成反比，同时也与方向有关。

严格说来，远区场中也有电磁能量的交换部分。但是由式（9-8）~式（9-10）可见，形成能量交换部分的场强振幅至少与距离 r^2 成反比。而式（9-11）和式（9-12）表明，构成能量辐射部分的场强振幅与距离 r 成反比。因此，远区中能量的交换部分所占的比重很小。相反，近区中能量的辐射部分可以忽略。

天线的极化特性和天线的类型有关。天线可以产生线极化、圆极化或椭圆极化。当天线接收电磁波时，天线的极化特性必须与被接收的电磁波的极化特征一致。否则只能收到部分能量，甚至完全不能接收。例如，只有当天线的导线与被接收的电磁波电场方向一致时，才能在导线上产生最大的感应电流。当两者垂直时，不可能产生感应电流，因而不可能接收到该电磁波。

为了计算电流元向外的辐射功率，将远区中的复能流密度矢量的实部沿半径为 r 的球面进行积分，即

$$P_{\mathrm{r}} = \oint_S \mathrm{Re}(\vec{S}_{\mathrm{c}}) \cdot \mathrm{d}\vec{S} \tag{9-13}$$

式中：$\vec{S}_{\mathrm{c}}$ 为远区中的复能流密度矢量，它等于远区场的电场强度 $\vec{E}_\theta$ 与磁场强度 $\vec{H}_\phi$ 的共轭值的矢积，即

$$\vec{S}_{\mathrm{c}} = \vec{E}_\theta \times \vec{H}_\phi^* = \vec{e}_r |\vec{E}_\theta||\vec{H}_\phi| = \vec{e}_r \frac{|\vec{E}_\theta|^2}{Z} = \vec{e}_r |\vec{H}_\phi|^2 Z$$

将式（9-11）和式（9-12）代入，得

$$\vec{S}_{\mathrm{c}} = \vec{e}_r \frac{ZI^2 l^2 \sin^2\theta}{4\lambda^2 r^2} = \mathrm{Re}(\vec{S}_{\mathrm{c}})$$

将此结果代入式（9-13）中，若周围为真空，波阻 $Z = Z_0 = 120\pi\Omega$，读者可证电流元的辐射功率为

$$P_{\mathrm{r}} = 80\pi^2 I^2 \left(\frac{l}{\lambda}\right)^2 \tag{9-14}$$

式中：I 为电流强度的有效值。

电流元向外的辐射能量来自波源，因此，对于波源来说，电流元相当于波源的负载。工程实际中，为了衡量天线辐射功率的大小，以辐射电阻 R 表述天线辐射功率的能力，其定义为

$$R_{\mathrm{r}} = \frac{P_{\mathrm{r}}}{I^2} \tag{9-15}$$

将式（9-14）代入，求得电流元的辐射电阻 R_{r} 为

$$R_{\mathrm{r}} = 80\pi^2 \left(\frac{1}{\lambda}\right)^2 \tag{9-16}$$

辐射电阻越大意味着向外的辐射功率越多，天线的辐射能力越强。

【例 9－1】 若位于坐标原点的电流元沿 x 轴放置，试求其远场区公式。

解 因 $\vec{Il}=\vec{e}_x Il$，故 $\vec{A}=\vec{e}_x A_x$，其中

$$A_x=\frac{\mu Il}{4\pi r}\mathrm{e}^{-\mathrm{j}kr}$$

相应的各球坐标分量为

$$A_r=A_x\sin\theta\cos\phi$$
$$A_\theta=A_x\cos\theta\cos\phi$$
$$A_\phi=-A_x\sin\phi$$

$$\nabla\times\vec{A}=\frac{\vec{e}_r}{r\sin\theta}(-\sin\phi\cos\theta+\cos\theta\sin\phi)A_x+\frac{\vec{e}_\theta}{r}(-\sin\phi-\mathrm{j}kr\sin\phi)A_x+\frac{\vec{e}_\phi}{r}(-\mathrm{j}kr\cos\phi\cos\theta-\cos\theta\cos\phi)A_x$$

已知 $\vec{H}=\frac{1}{\mu}\nabla\times\vec{A}$，对于远区场仅需要考虑与距离 r 一次方成反比的分量，因此，将 A_x 代入上式后，求得远区磁场强度 $\vec{H}$ 为

$$\begin{aligned}\vec{H}&=-\vec{e}_\theta\frac{\mathrm{j}kIl\sin\phi}{4\pi r}\mathrm{e}^{-\mathrm{j}kr}-\vec{e}_\phi\frac{\mathrm{j}kIl\cos\theta\cos\phi}{4\pi r}\mathrm{e}^{-\mathrm{j}kr}\\&=-\mathrm{j}\frac{Il}{2\lambda r}(\vec{e}_\theta\sin\phi+\vec{e}_\phi\cos\theta\cos\phi)\mathrm{e}^{-\mathrm{j}kr}\end{aligned}\tag{9－17}$$

又知远区场是向正 $\vec{r}$ 方向传播的 TEM 波，因此，电场强度 $\vec{E}$ 为

$$\vec{E}=Z\vec{H}\times\vec{e}_r=-\mathrm{j}\frac{ZIl}{2\lambda r}(\vec{e}_\theta\cos\phi\cos\theta-\vec{e}_\phi\sin\phi)\mathrm{e}^{-\mathrm{j}kr}\tag{9－18}$$

式（9－18）表明，对于 x 方向电流元，不同场分量具有不同的方向性因子。此结果与 z 方向电流元的方向性因子完全不同。所以，改变天线相对于坐标系的方位，其方向性因子的表达式随之改变。但是这并不意味着天线的辐射特性发生了变化，只是数学表达式不同而已。正如前述，电流元在其轴线方向上辐射为零，在与轴线垂直的方向上辐射最强。

9.2 发射天线的特性

方向性是天线的重要特性之一。任何天线都具有方向性，向空间各个方向上均匀辐射能量的无向天线实际中是不存在的。本节将介绍如何定量地描述天线的方向性。

由 9.1 节知，表征天线方向性的方向性因子 $f(\theta,\phi)$ 是方位角 θ 及 ϕ 的函数。实际中使用归一化方向性因子 $F(\theta,\phi)$ 比较方便，其定义为

$$F(\theta,\phi)=\frac{f(\theta,\phi)}{f_\mathrm{m}}\tag{9－19}$$

式中：f_m 为方向性因子 $f(\theta,\phi)$ 的最大值。显然，归一化方向因子的最大值 $F_\mathrm{m}=1$。这样，任何天线的辐射场振幅可用归一化方向性因子表示为

$$|E|=|E|_\mathrm{m}F(\theta,\phi)\tag{9－20}$$

式中：$|E|_\mathrm{m}$ 为最强辐射方向上的场强振幅。

利用归一化方向性因子，可用图形描绘天线的方向性。通常以直角坐标系或极坐标系绘制天线在某一平面内的方向图，使用电脑绘制的三维空间立体方向图更能形象地描述天线的方向性。下面以电流元为例，说明天线方向图的绘制方法。

已知当电流元位于坐标原点且沿 z 轴放置时，方向性因子为 $f(\theta,\phi)=\sin\theta$，其最大值 $f_m=1$，所以这种电流元的归一化方向性因子为

$$F(\theta,\phi)=\sin\theta \tag{9-21}$$

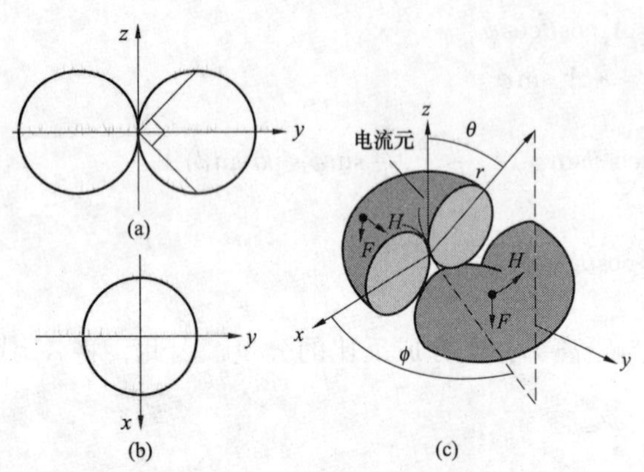

图 9－3　电流元方向性图

若采用极坐标系，以 θ 为变量在任何 ϕ 等于常数的平面内，函数 $f(\theta,\phi)$ 的变化轨迹为两个圆，如图 9－3（a）所示。由于 $F(\theta,\phi)$ 与 ϕ 无关，在 $\theta=\dfrac{\pi}{2}$ 平面内，以 ϕ 为变量的函数 $F(\theta,\phi)$ 的轨迹为一个圆，如图 9－3（b）所示。这样，以球坐标系绘制的空间方向图如图 9－3（c）所示。

图 9－4 中以极坐标系绘出了典型的雷达天线的平面方向图。方向图中辐射最强的方向称为主射方向，辐射为零的方向称为零射方向。具有主射方向的方向叶称为主叶，其余称为副叶。为了定量地描述主叶的宽窄程度，通常定义：场强为主射方向上，场强振幅的 $1/\sqrt{2}$ 的两个方向之间的夹角称为半功率角，以 $2\theta_{0.5}$ 表示；两个零射方向之间的夹角称为零功率角，以 $2\theta_0$ 表示。由式（9－21）及图 9－3 可见，电流元的半功率角 $2\theta_{0.5}=90°$，而零功率角 $2\theta_0=180°$，可见电流元的方向性很弱。目前卫星通信地面站使用的天线，其主叶半功率角通常小于 1°。图 9－5 以直角坐标绘出了三维空间的方向图。

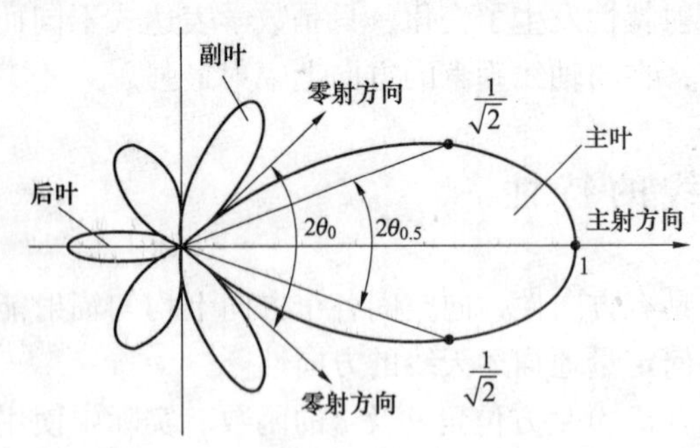

图 9－4　典型的雷达天线平面方向图

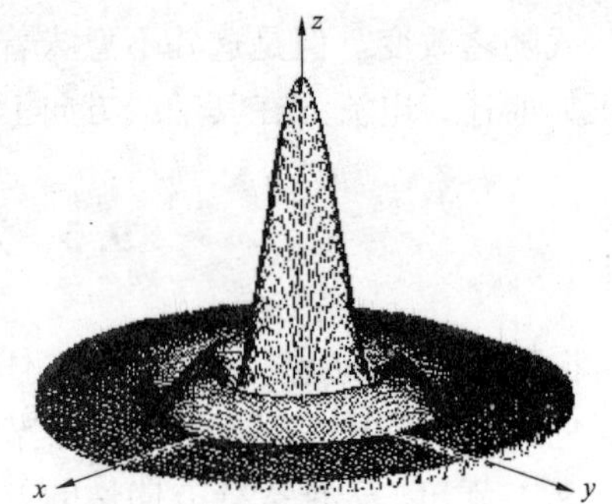

图 9－5　三维空间方向图

为了全面地衡量有向天线的辐射功率朝主射方向的相对集中程度，将有向天线与无向天线在一定条件下进行比较，从而引入一个参数，即“方向性系数”，以 D 表示。方向性系数的定义是，当有向天线在主射方向上与无向天线在同一距离处获得相等场强时，无向天线所需的辐射功率 P_{r0} 与有向天线的辐射功率 P_r 之比值，即

$$D = \left. \frac{P_{r0}}{P_r} \right|_{|E|_m = |E_0|} \tag{9-22}$$

式中：$|E|_m$ 为有向天线主射方向上的场强振幅；$|E_0|$为无向天线的场强振幅。已知有向天线的辐射功率主要集中在主射方向，因此有向天线所需的辐射功率一定小于无向天线的辐射功率，即 $P_r < P_{r0}$，$D > 1$。方向性越强，方向性系数 D 值越高。

方向性系数通常以分贝表示，即

$$D_{dB} = 10\lg D \tag{9-23}$$

考虑到式（9-20），有向天线的辐射功率为

$$P_r = \oint_S \frac{|E|_m^2}{z} F^2(\theta, \phi) \mathrm{d}S \tag{9-24}$$

式中：S 代表以天线为中心的闭合球面。根据无向天线的特性，其辐射功率 P_{r0}应为

$$P_{r0} = \frac{|E_0|^2}{z} 4\pi r^2 \tag{9-25}$$

将式（9-24）及式（9-25）代入式（9-22）中，得

$$D = \frac{4\pi}{\int_0^{2\pi} \mathrm{d}\phi \int_0^{\pi} F^2(\theta, \phi) \sin\theta \mathrm{d}\theta} \tag{9-26}$$

任何实际使用的天线均具有一定的损耗，天线获得的输入功率只有其中一部分功率向空间辐射，另一部分被天线自身消耗。因此，实际天线的输入功率大于辐射功率。天线的辐射功率 P_r 与输入功率 P_A 之比称为天线的效率，以 η 表示，即

$$\eta = \frac{P_r}{P_A} \tag{9-27}$$

描述实际天线性能的另一个参数是增益，以 G 表示，其定义与方向性系数类似。但是，增益是在相同的场强下，无向天线的输入功率 P_{A0}与有向天线的输入功率 P_A 之比，即

$$G = \left. \frac{P_{A0}}{P_A} \right|_{|E|_m = |E_0|} \tag{9-28}$$

若假定无向天线的效率 $\eta = 1$，那么由上述关系得

$$G = \eta D \tag{9-29}$$

由此可见，只有当天线的效率高，且方向性系数大时，天线的增益才高。可见，天线增益比较全面地描述了天线的辐射性能。

天线增益通常也以分贝表示，即

$$G_{dB} = 10\lg D \tag{9-30}$$

已知电流元的归一化方向性因子 $F(\theta, \phi) = \sin\theta$，代入式（9-26）中，求得电流元的方向性系数 $D = 1.5$。目前卫星通信地面站使用的大型抛物面天线方向性很强，效率也很高，其增益通常高达 50dB 以上。

9.3 对称天线的辐射场

对称天线是一段中心馈电的、长度可与波长相比拟的载流导线，如图 9-6 所示。其电流分布以导线中点为对称，因此称为对称天线。若导线直径 d 远小于波长，即 $d \ll \lambda$，电流

沿线分布可以近似认为具有正弦驻波特性。因为对称天线两端开路，电流为零，形成电流驻波的波节，电流驻波的波腹位置取决于对称天线的长度。设对称天线的半长为 L，在直角坐标系中沿 z 轴放置，中点位于坐标原点，则电流空间分布函数可以表示为

$$I = I_m \sin[k(L - |z|)] \tag{9-31}$$

式中：I_m 为电流驻波的空间最大值或称为波腹电流；常数 $k = 2\pi/\lambda$。既然对称天线的电流分布为正弦驻波，对称天线可以看成是由很多电流振幅不等但空间相位相同，连续地排成一条直线的电流元组成的。这样，利用电流元的远区场公式即可直接计算对称天线的辐射场。

根据式（9－11）和式（9－12），电流元 $I\mathrm{d}z'$ 产生的远区电场强度应为

$$dE_\theta = \mathrm{j}\frac{ZI\mathrm{d}z'\sin\theta}{2\lambda r'}\mathrm{e}^{-\mathrm{j}kr'} \tag{9-32}$$

由于观察距离 $r \gg L$，可以认为组成对称天线的每个电流元对于观察点 P 的指向是相同的，即 r' 与 r 平行，如图 9－7 所示。因此，各个电流元在 P 点产生的远区电场方向相同，合成电场为各个电流元远区电场的标量和，即对称天线的远区电场为

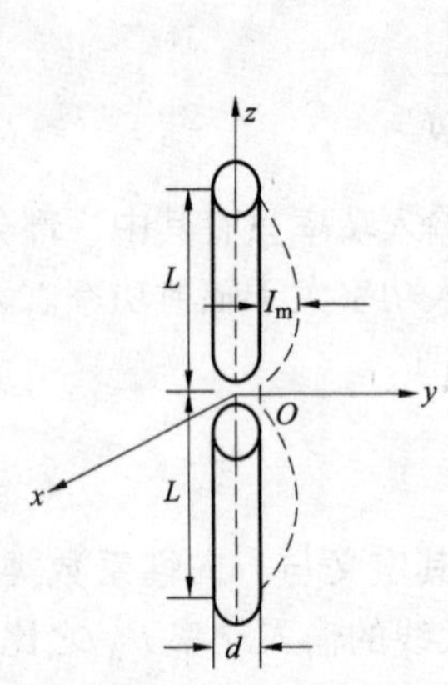

图 9－6 对称天线

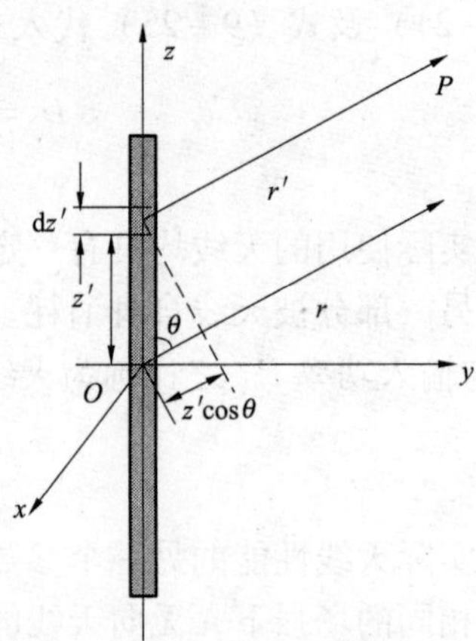

图 9－7 对称天线的辐射

$$E_\theta = \int_{-L}^{L}\mathrm{j}\frac{ZI\mathrm{d}z'\sin\theta}{2\lambda r'}\mathrm{e}^{-\mathrm{j}kr'} \tag{9-33}$$

考虑到 $L \gg r'$，可以认为 $\frac{1}{r'} \approx \frac{1}{r}$。由于对称天线的长度与波长为同一量级，含在相位因子中的 r' 不能以 r 代替，但由于 r' 与 r 平行，作为一次近似可以认为

$$r' = r - z'\cos\theta$$

$$\mathrm{e}^{-\mathrm{j}kr'} = \mathrm{e}^{-\mathrm{j}kr}\mathrm{e}^{\mathrm{j}kz'\cos\theta}$$

将这些结果以及式（9－31）代入式（9－33）中，若认为周围介质为真空或空气，读者可证明对称天线的远区辐射电场为

$$E_\theta = \mathrm{j}\frac{60I_m}{r}\frac{\cos(kL\cos\theta) - \cos kL}{\sin\theta}\mathrm{e}^{-\mathrm{j}kr} \tag{9-34}$$

可见，对称天线的方向性因子为

$$f(\theta) = \frac{\cos(kL\cos\theta) - \cos kL}{\sin\theta} \tag{9-35}$$

由此可见，对称天线的方向性因子与方位角 ϕ 无关，仅为方位角 θ 的函数。此外，显然长度不同的对称天线，其方向性因子也不同。

图9－8 绘出了几种长度不同的对称天线在天线所在的平面内的方向图。将这些平面方向图绕天线轴线旋转一周即构成空间方向图。由图9－8 可见，无论对称天线的长度如何，在 $\theta=0$ 及 $\theta=\pi$ 的轴线方向上始终没有辐射。

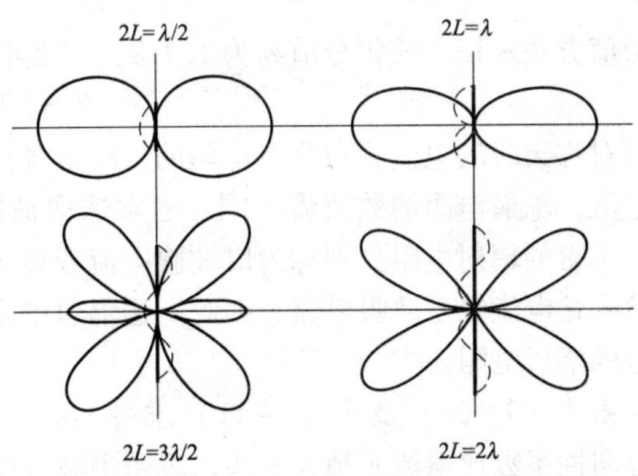

图9－8　几种对称天线的方向图

因为组成对称天线的各个电流元在轴线方向上辐射为零。当天线的全长小于一个波长时，方向图仅有两个主叶，且 $\theta=\pi/2$ 的方向为主射方向，因为在此方向上各个电流元产生的电场方向相同，相位也相等，合成场强最强。当天线全长大于全波长时，出现副叶。尤其是当全长等于两个波长时，即半长 $L=\lambda$，原来 $\theta=\pi/2$ 的主射方向变为零射方向，因为虽然在此方向上各个电流元产生的电场方向相同，但是一半电流元的时间相位与另一半电流元的时间相位相反，两者产生的场强彼此抵消，导致合成场强为零。读者根据 9.4 节将要介绍的天线阵理论也可理解这些方向图的形成原因。

全长为半波长的对称天线称为半波天线。令 $L=\lambda/4$，代入式（9－35）求得半波天线方向性因子为

$$f(\theta)=\frac{\cos\left(\dfrac{\pi}{2}\cos\theta\right)}{\sin\theta} \tag{9-36}$$

半波天线是实际中经常使用的对称天线，广泛地用于各个波段。

【例9－2】 根据辐射电阻及方向性系数的定义，计算半波天线的辐射电阻及方向性系数。

解 已知自由空间半波天线的远区电场为

$$E_\theta=\mathrm{j}\,\frac{60I_{\mathrm{m}}}{r}\,\frac{\cos\left(\dfrac{\pi}{2}\cos\theta\right)}{\sin\theta}\mathrm{e}^{-\mathrm{j}kr}$$

因此，半波天线的辐射功率为

$$\begin{aligned}P_{\mathrm{r}}&=\oint_S\frac{|E_\theta|^2}{Z_0}\mathrm{d}S\\&=\int_0^{2\pi}\mathrm{d}\phi\int_0^{\pi}\frac{3600I_{\mathrm{m}}^2}{120\pi r^2}\,\frac{\cos^2\left(\dfrac{\pi}{2}\cos\theta\right)}{\sin^2\theta}r^2\sin\theta\mathrm{d}\theta\\&=60I_{\mathrm{m}}^2\int_0^{\pi}\frac{\cos^2\left(\dfrac{\pi}{2}\cos\theta\right)}{\sin\theta}\mathrm{d}\theta\end{aligned}$$

若定义 $R_{\mathrm{r}}=\dfrac{P_{\mathrm{r}}}{I_{\mathrm{m}}^2}$ 为半波天线的辐射电阻，则

$$R_r = 60\int_0^{\pi} \frac{\cos^2\left(\dfrac{\pi}{2}\cos\theta\right)}{\sin\theta}\mathrm{d}\theta$$

用数值方法求得上式积分值约为1.218，那么半波天线的辐射电阻为

$$R_r = 73.1\Omega$$

对称天线的电流分布是不均匀的，线上各点电流振幅不同，因此选取不同的电流作为参考电流，辐射电阻的数值将不同。通常选取波腹电流或输入端电流作为辐射电阻的参考电流，求得的辐射电阻分别称为以波腹电流或输入端电流为参考的辐射电阻。对于半波天线，其输入端电流等于波腹电流，因此上述辐射电阻可以认为是以波腹电流或者以输入端电流为参考的辐射电阻。

由式（9－26）及式（9－11）求得半波天线的方向性系数 $D=1.64$。可见，半波天线的方向性系数比电流元稍大一些，表明半波天线的方向性较强。由图9－8可见，半波天线的方向图为两个较扁的圆。

9.4 天线阵辐射

为了改善和控制天线的方向性，通常使用多个简单天线构成复合天线，这种复合天线称为天线阵。适当地设计各个单元天线的类型、数目、电流振幅及相位、单元天线的取向及间隔，可以形成所需的方向性。均匀直线式天线阵是结构最简单的天线阵，这种天线阵的结构如图9－9所示。

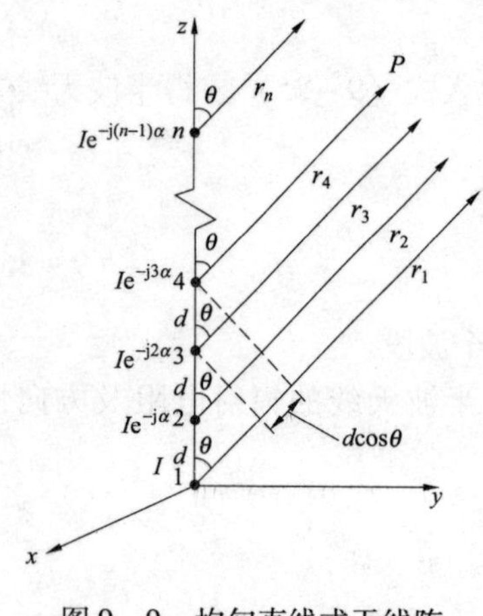

图9－9 均匀直线式天线阵

均匀直线式天线阵中各个单元天线的类型和取向均相同，且以相等的间隔 d 排列在一条直线上。各单元天线的电流振幅均为 I，但相位依次逐一滞后同一数值 α。若仅考虑远区场，且观察距离远大于天线阵的尺寸，那么可以认为各个单元天线对于观察点 P 的取向是相同的。又因各单元天线的取向一致，因此各个单元天线在 P 点产生的场强方向相同。这样，天线阵的合成场等于各个单元天线场的标量和，即

$$E = E_1 + E_2 + \cdots + E_n \tag{9-37}$$

根据天线远区辐射场的特性，第 i 个单元天线的辐射场可以表示为

$$E = \frac{C_i I_i}{r_i} f_i(\theta,\phi)\mathrm{e}^{-\mathrm{j}kr_i} \tag{9-38}$$

式中：C_i 取决于天线类型。对于均匀直线式天线阵，因各单元天线类型相同，则 $C_1 = C_2 = \cdots = C_n$；又因取向一致，故 $f_1 = f_2 = \cdots = f_n$。

设电流 $I_1 = I$，电流逐一滞后的相位差为 α，则

$$I_2 = I\mathrm{e}^{-\mathrm{j}\alpha},\quad I_3 = I\mathrm{e}^{-\mathrm{j}2\alpha},\cdots,\quad I_n = I\mathrm{e}^{-\mathrm{j}(n-1)\alpha}$$

若单元天线之间的间隔为 d，那么与前同理，对于远区场可以认为

$$\frac{1}{r_1} = \frac{1}{r_2} = \cdots = \frac{1}{r_n}$$

$$e^{-jkr_2} = e^{-jkr_1} e^{jkd\cos\theta}$$
$$e^{-jkr_3} = e^{-jkr_1} e^{jk2d\cos\theta}$$
$$\vdots$$
$$e^{-jkr_n} = e^{-jkr_1} e^{jknd\cos\theta}$$

将这些结果代入式（9－37）中，求得 n 元天线阵的合成场强为

$$E = \frac{C_1 I_1}{r_1} f_1(\theta,\phi)(1 + e^{j\xi} + e^{j2\xi} + \cdots + e^{j(n-1)\xi}) e^{-jkr_i} \tag{9-39}$$

其中

$$\xi = kd\cos\theta - \alpha \tag{9-40}$$

利用等比级数求和公式得

$$\begin{aligned} 1 + e^{j\xi} + e^{j2\xi} + \cdots + e^{j(n-1)\xi} &= \frac{1 - e^{jn\xi}}{1 - e^{j\xi}} \\ &= \frac{e^{-j\frac{n\xi}{2}} - e^{j\frac{n\xi}{2}}}{e^{-j\frac{\xi}{2}} - e^{j\frac{\xi}{2}}} e^{j(n-1)\frac{\xi}{2}} \\ &= \frac{\sin\dfrac{n\xi}{2}}{\sin\dfrac{\xi}{2}} e^{j(n-1)\frac{\xi}{2}} \end{aligned}$$

将此结果代入式（9－39）中，若仅关心天线阵场强的振幅，则

$$|E| = \frac{C_1 I_1}{r_1} f_1(\theta,\phi) \frac{\sin\left[\dfrac{n}{2}(kd\cos\theta - \alpha)\right]}{\sin\left[\dfrac{1}{2}(kd\cos\theta - \alpha)\right]} \tag{9-41}$$

令

$$f_n(\theta,\phi) = \frac{\sin\left[\dfrac{n}{2}(kd\cos\theta - \alpha)\right]}{\sin\left[\dfrac{1}{2}(kd\cos\theta - \alpha)\right]} \tag{9-42}$$

则 n 元天线阵场强的振幅可以表示为

$$|E| = \frac{C_1 I_1}{r_1} f_1(\theta,\phi) f_n(\theta,\phi) \tag{9-43}$$

式中：$f_n(\theta,\phi)$ 为阵因子。对于图 9－9 所示沿 z 轴放置的均匀直线式天线阵，阵因子仅为方位角 θ 的函数。一般天线阵的阵因子可能是方位角 θ 及 ϕ 的函数。

若以 $f(\theta,\phi)$ 表示天线阵的方向性因子，则

$$f(\theta,\phi) = f_1(\theta,\phi) f_n(\theta,\phi) \tag{9-44}$$

式中：$f_1(\theta,\phi)$ 为单元天线的方向性因子；$f_n(\theta,\phi)$ 为阵因子。由此可见，均匀直线式天线阵的方向性因子等于单元天线的方向性因子与阵因子的乘积，这一规则称为方向图乘法。由式（9－42）可见，阵因子与单元天线的数目 n、间距 d 及电流相位差 α 有关。这就意味着，天线阵的方向性不仅与单元天线的类型有关，而且还与单元天线的数目、间距及电流相位有关。适当地变更单元天线的数目、间距及电流相位，即可改变天线阵的方向性。因此，可以

根据给定的方向性，确定天线阵的结构。

将阵因子对 ξ 求导，并令其等于零，可以求得阵因子达到最大值的条件。由

$$\frac{\mathrm{d}}{\mathrm{d}\xi}\frac{\sin\frac{n\xi}{2}}{\sin\frac{\xi}{2}}=0$$

得

$$\tan\frac{n\xi}{2}=n\tan\frac{\xi}{2}$$

为满足此等式，令 $\xi=0$，得到阵因子达到最大值的条件为

$$kd\cos\theta=\alpha \tag{9-45}$$

这一结论的物理意义十分明显。$kd\cos\theta$ 是两个相邻的单元天线在 P 点产生场强的空间相位差，α 为两者的电流时间相位差。当满足式（9－45）时，意味着场强的空间相位差恰好抵消了电流的时间相位差。因此，各个单元天线产生的场强相位相同，合成场强达到最大值。由式（9－45）求得阵因子达到最大值的角度 θ_m 为

$$\theta_m=\arccos\left(\frac{\alpha}{kd}\right)\quad(\alpha\leqslant kd) \tag{9-46}$$

由此可见，阵因子的主射方向取决于单元天线之间的电流相位差及其间距。如果不考虑单元天线的方向性或单元天线的方向性很弱，那么天线阵的方向性主要决定于阵因子。连续地改变单元天线之间的电流相位差，即可连续地改变天线阵的主射方向。这样，无需转动天线，即可实现在一定范围内的方向性扫描，这就是相控阵天线的工作原理。由式（9－46）可见，为了保证最强的辐射角度 θ_m 存在，电流相位差 α 必须满足 $\alpha\leqslant kd$ 的条件。

各个单元天线电流相位相同的天线阵称为同相阵。因 $\alpha=0$，由式（9－46）得

$$\theta_m=\frac{\pi}{2} \tag{9-47}$$

此结果表明，若不考虑单元天线的方向性，则天线阵的主射方向垂直于天线阵的轴线，这种天线阵称为边射式天线阵。一个长度为全波长的对称天线可以认为是由两个同相的半波天线构成的，这是一个典型的边射式二元阵。

若单元天线之间的电流相位差 $\alpha=kd$，由式（9－46）得

$$\theta_m=0 \tag{9-48}$$

此结果表明，若不考虑单元天线的方向性，则天线阵的主射方向指向电流相位滞后的一端。这种天线阵称为端射式天线阵。

图 9－10 给出了由两个半波天线构成的三种二元阵的方向图。图 9－10（a）和图 9－10（b）所示间距及电流相位差分别为：$d=\lambda/2$，$\alpha=\pi$；$d=\lambda/2$，$\alpha=0$；$d=\lambda/4$，$\alpha=\pi/2$。根据方向图乘法规则即可理解这些二元阵方向图的形成原因。首先，由于两个半波天线在轴线方向为零射方向，因此三种二元阵对于上、下方均没有辐射。图 9－10（a）所示二元阵在轴线方向上形成最强辐射，这是由于在此方向上空间相位差恰好弥补了时间相位差。图 9－10（c）所示二元阵对于右方，其空间相位差也恰好弥补了时间相位差，因此，右方形成

主射方向；对于左方，由于右侧半波天线的时间相位比左侧导前 $\pi/2$，但是空间相位又超前 $\pi/2$，导致二者相位恰好相反，因此，左方形成零射方向。图 9－10（b）所示二元一阵是同相阵，由于间隔半个波长，左、右方形成零射方向。

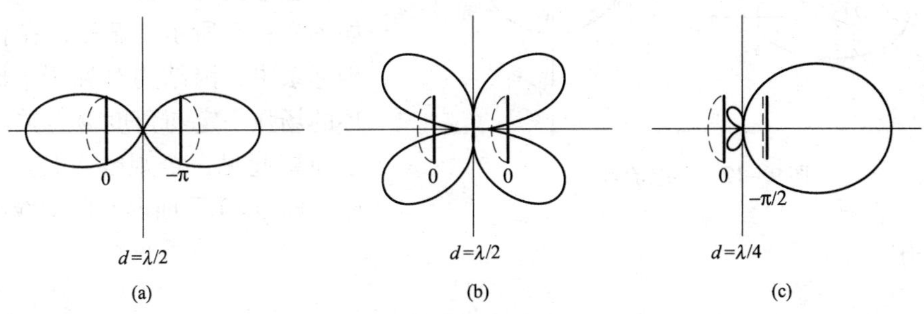

图 9－10 三种二元阵的方向图

【例 9－3】 某直线式四元天线阵，由 4 个相互平行的半波天线构成，如图 9－11 所示。单元天线之间的间距为半波长，单元天线的电流同相，电流振幅分别为 $I_1 = I_4 = I$，$I_2 = I_3 = 2I$，试求与单元天线垂直的 $x=0$ 平面内的方向性因子。

解 由半波天线的方向图得知，在图 9－11 所示的 $x=0$ 平面内，单元天线没有方向性，因此天线阵的方向性仅取决于阵因子。由于单元天线的电流振幅不等，不能直接利用前述的均匀直线式天线阵公式。但是第二及第三个单元天线可以分别看成是由两个电流等幅同相的半波天线并列合成。这样，该四元天线阵可以分解为两个均匀直线式三元阵。两个三元阵又构成一个均匀直线式二元阵，且间距仍为半波长。根据方向图乘法规则，上述四元天线阵在 $x=0$ 平面内的方向性因子应等于均匀直线式三元阵的阵因子与二元阵的阵因子的乘积，即

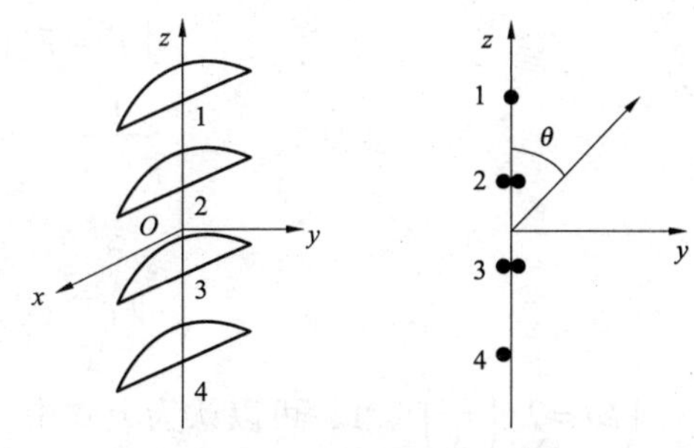

图 9－11 四元天线阵

$$f(\theta,\phi) = f_3(\theta,\phi) f_2(\theta,\phi)$$

其中

$$f_3(\theta,\phi) = \frac{\sin\left(\dfrac{3\pi}{2}\cos\theta\right)}{\sin\left(\dfrac{\pi}{2}\cos\theta\right)}$$

$$f_2(\theta,\phi) = 2\cos\left(\frac{\pi}{2}\cos\theta\right)$$

9.5 电 流 环 辐 射

电流环是一个载有均匀同相时变电流的导线圆环，其圆环半径 a 远小于波长 λ，且 a 也远小于观察距离 r。

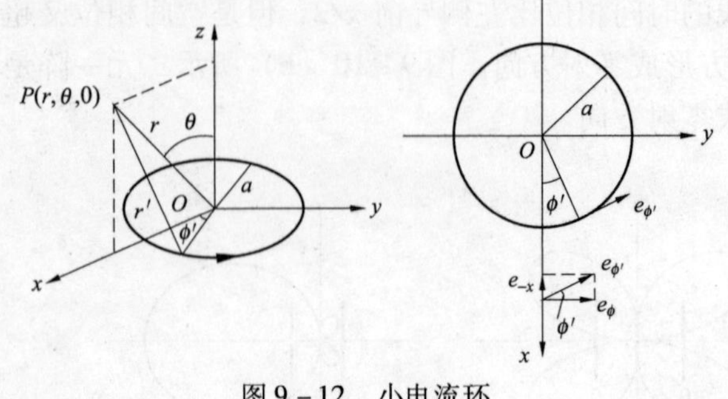

图 9－12　小电流环

设电流环位于无限大的空间，周围介质是均匀线性且各向同性的。建立直角坐标系，令电流环位于坐标原点，且电流环平面与 $z=0$ 平面一致，如图 9－12 所示。显然，在相应的球坐标系中，因结构对称于 z 轴，电流环的场强一定与角度 ϕ 无关。所以为了简单起见，令观察点位于 $y=0$ 平面，即 $\phi=0$ 平面内。已知线电流产生的矢量位为

$$\vec{A}(\vec{r}) = \frac{\mu}{4\pi}\int \frac{I\mathrm{d}\vec{l}'\mathrm{e}^{-\mathrm{j}k|\vec{r}-\vec{r}'|}}{|\vec{r}-\vec{r}'|} \tag{9-49}$$

由 5.2 节得知，对于 P 点，以下关系成立

$$\mathrm{d}\vec{l}' = \vec{e}_{\phi'}a\mathrm{d}\phi'$$

$$\vec{e}_{\phi'} = \vec{e}_\phi\cos\phi' - \vec{e}_x\sin\phi'$$

$$|\vec{r}-\vec{r}'| \approx r - a\sin\theta\cos\phi'$$

$$\frac{1}{|\vec{r}-\vec{r}'|} \approx \frac{1}{r}\left(1+\frac{a}{r}\sin\theta\cos\phi'\right)$$

则

$$\mathrm{e}^{-\mathrm{j}k|\vec{r}-\vec{r}'|} \approx \mathrm{e}^{-\mathrm{j}kr}\mathrm{e}^{\mathrm{j}ka\sin\theta\cos\phi'}$$

因 $ka = 2\pi\left(\frac{a}{\lambda}\right) \ll 1$，可以认为上式中

$$\mathrm{e}^{\mathrm{j}ka\sin\theta\cos\phi'} \approx 1 + \mathrm{j}ka\sin\theta\cos\phi'$$

即

$$\mathrm{e}^{-\mathrm{j}k|\vec{r}-\vec{r}'|} \approx \mathrm{e}^{-\mathrm{j}kr}(1+\mathrm{j}ka\sin\theta\cos\phi')$$

则

$$\begin{aligned}\frac{\mathrm{e}^{-\mathrm{j}k|\vec{r}-\vec{r}'|}}{|\vec{r}-\vec{r}'|} &\approx \frac{\mathrm{e}^{-\mathrm{j}kr}}{r}\left(1+\frac{a}{r}\sin\theta\cos\phi'\right)(1+\mathrm{j}ka\sin\theta\cos\phi') \\ &\approx \frac{\mathrm{e}^{-\mathrm{j}kr}}{r}\left(1+\frac{a}{r}\sin\theta\cos\phi' + \mathrm{j}ka\sin\theta\cos\phi'\right)\end{aligned} \tag{9-50}$$

而

$$\mathrm{d}\vec{l}' = \vec{e}_{\phi'}a\cos\phi' d\phi' - \vec{e}_x a\sin\phi' d\phi' \tag{9-51}$$

将式（9－50）及式（9－51）代入式（9－49），得

$$\vec{A}(\vec{r}) = \vec{e}_\phi\frac{k^2\mu IS}{4\pi}\left(\frac{1}{k^2r^2}+\mathrm{j}\frac{1}{kr}\right)\sin\theta\mathrm{e}^{-\mathrm{j}kr} \tag{9-52}$$

$$S = \pi a^2$$

式中：S 为电流环的面积。

利用关系式 $\vec{H}=\dfrac{1}{\mu}\nabla\times\vec{A}$，求得电流环产生的磁场为

$$H_r=\frac{ISk^2}{2\pi}\left(\mathrm{j}\,\frac{1}{k^2r^2}+\frac{1}{k^3r^3}\right)\cos\theta\mathrm{e}^{-\mathrm{j}kr} \tag{9-53}$$

$$H_\theta=\frac{SIk^3}{4\pi}\left(-\frac{1}{kr}+\mathrm{j}\,\frac{1}{k^2r^2}+\frac{1}{k^3r^3}\right)\sin\theta\mathrm{e}^{-\mathrm{j}kr} \tag{9-54}$$

$$H_\phi=0 \tag{9-55}$$

再利用关系式 $\vec{E}=\dfrac{1}{\mathrm{j}\omega\varepsilon}\nabla\times\vec{H}$，求得电流环产生的电场为

$$E_\phi=\mathrm{j}\,\frac{\omega\mu SIk^2}{4\pi}\left(-\mathrm{j}\,\frac{1}{kr}-\frac{1}{k^2r^2}\right)\sin\theta\mathrm{e}^{-\mathrm{j}kr} \tag{9-56}$$

$$E_r=E_\theta=0 \tag{9-57}$$

由此可见，电流环产生的电磁场为 TE 波。

对于实际中所感兴趣的远区场，因 $kr\gg1$，则只有两个分量 H_θ 及 E_ϕ，它们分别为

$$H_\theta=-\frac{\pi SI}{\lambda^2r}\sin\theta\mathrm{e}^{-\mathrm{j}kr} \tag{9-58}$$

$$E_\phi=\frac{Z\pi SI}{\lambda^2r}\sin\theta\mathrm{e}^{-\mathrm{j}kr} \tag{9-59}$$

式（9-58）中的负号表明，磁场分量 H_θ 的实际方向为 $-\vec{e}_\theta$ 方向，这样，$-\vec{e}_\theta$ 方向的磁场与 $\vec{e}_\phi$ 方向的电场构成了 $\vec{e}_r$ 方向的能流密度矢量。

式（9-58）和式（9-59）表明，电流环的方向性因子

$$f(\theta,\phi)=\sin\theta \tag{9-60}$$

可见，与 z 向电流元的方向性因子完全一样，如图 9-13 所示。电流环所在平面内辐射最强，垂直于电流环平面的 z 轴方向为零射方向。

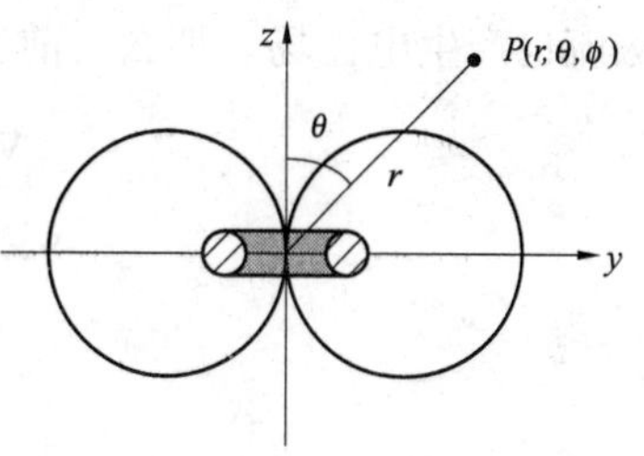

图 9-13 电流环的方向图

将远区中的能流密度矢量沿球面进行积分，求得电流环向自由空间的辐射功率 P_r 为

$$P_\mathrm{r}=320\pi^6\left(\frac{a}{\lambda}\right)^4I^2 \tag{9-61}$$

利用关系式 $R_\mathrm{r}=\dfrac{P_\mathrm{r}}{I^2}$，求得电流环的辐射电阻为

$$R_\mathrm{r}=320\pi^6\left(\frac{a}{\lambda}\right)^4 \tag{9-62}$$

比较电流元及电流环的场强公式，可见两者非常类似。但是，电流元的磁场分量相当于电流环的电场分量，电流元的电场分量相当于电流环的磁场分量。

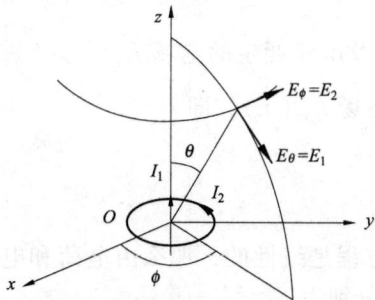

图 9-14 电流元 I_1 与电流环 I_2

【例 9-4】 某复合天线由电流元 I_1l 及电流环 I_2S 构成。电流元的轴线垂直于电流环的平面，如图 9-14 所示。试求该复合天线的方向性因子及辐射场的极化特性。

解 令复合天线位于坐标原点，且电流元轴线与 z 轴一致，则该电流元产生的远区电场强度为

$$\vec{E}_1 = \vec{e}_\theta \mathrm{j} \frac{ZI_1 l \sin\theta}{2\lambda r} \mathrm{e}^{-\mathrm{j}kr}$$

而电流环产生的远区电场强度为

$$\vec{E}_2 = \vec{e}_\phi \frac{Z\pi S I_2 \sin\theta}{\lambda^2 r} \mathrm{e}^{-\mathrm{j}kr}$$

因此，合成的远区电场强度为

$$\vec{E} = \left(\vec{e}_\theta \mathrm{j} \frac{ZI_1 l}{2\lambda r} + \vec{e}_\phi \frac{Z\pi S I_2}{\lambda^2} \right) \frac{\mathrm{e}^{-\mathrm{j}kr}}{r} \sin\theta$$

因 $\vec{e}_\theta \perp \vec{e}_\phi$，可见上式中两个分量相互垂直，且振幅不等，相位相差 $\pi/2$。因此若 I_1 与 I_2 相位相同，合成场为椭圆极化；若 I_1 与 I_2 的相位差为 $\pi/2$，则合成场为线极化。该复合天线的方向因子仍为 $\sin\theta$，只是增加了水平或者是垂直的极化分量，并没有改变方向图的形状。

从上述的计算可以看到，天线发射出来的是椭圆还是线极化，取决于电场强度。而电场强度中不仅包含了天线的形状，也包含了电流的影响。在信道测量中得到的传播路径的极化矩阵，需要和天线的特征相结合，从而得到极化的实际数值。

9.6 对偶原理

电荷与电流是产生电磁场的唯一波源，自然界中至今尚未发现真实磁荷与磁流存在。但是，对于某些电磁场问题，引入假想的磁荷与磁流是有益的。引入磁荷与磁流后，认为磁荷与磁流也产生电磁场。那么，前述正弦电磁场的麦克斯韦方程修改为

$$\nabla\times\vec{H}(\vec{r}) = \vec{J}(\vec{r}) + \mathrm{j}\omega\vec{D}(\vec{r}) \tag{9-63}$$

$$\nabla\times\vec{E}(\vec{r}) = -\vec{J}_\mathrm{m}(\vec{r}) - \mathrm{j}\omega\vec{B}(\vec{r}) \tag{9-64}$$

$$\nabla\cdot\vec{B}(\vec{r}) = \rho_\mathrm{m}(\vec{r}) \tag{9-65}$$

$$\nabla\cdot\vec{D}(\vec{r}) = \rho(\vec{r}) \tag{9-66}$$

式中：$\vec{J}_\mathrm{m}(\vec{r})$ 为磁流密度；$\rho_\mathrm{m}(\vec{r})$ 为磁荷密度。它们满足的磁荷守恒定律为

$$\nabla\cdot\vec{J}_\mathrm{m}(\vec{r}) = -\mathrm{j}\omega\rho_\mathrm{m}(\vec{r}) \tag{9-67}$$

如果将上述电场及磁场分为两部分：一部分是由电荷及电流产生的电场 $\vec{E}_\mathrm{e}(\vec{r})$ 及磁场 $\vec{H}_\mathrm{e}(\vec{r})$；另一部分是由磁荷及磁流产生的电场 $\vec{E}_\mathrm{m}(\vec{r})$ 及磁场 $\vec{H}_\mathrm{m}(\vec{r})$，即

$$\vec{E}(\vec{r}) = \vec{E}_\mathrm{e}(\vec{r}) + \vec{E}_\mathrm{m}(\vec{r})$$

$$\vec{H}(\vec{r}) = \vec{H}_\mathrm{e}(\vec{r}) + \vec{H}_\mathrm{m}(\vec{r})$$

将上两式代入式（9-63）~式（9-66），由于麦克斯韦方程是线性的，那么由电荷和电流产生的电磁场方程，以及由磁荷和磁流产生的电磁场方程分别为

$$\nabla\times\vec{H}_\mathrm{e} = \vec{J} + \mathrm{j}\omega\varepsilon\vec{E}_\mathrm{e} \tag{9-68}$$

$$\nabla\times\vec{E}_{\mathrm{e}} = -\mathrm{j}\omega\mu\vec{H}_{\mathrm{e}} \tag{9-69}$$

$$\nabla\cdot\vec{B}_{\mathrm{e}} = 0 \tag{9-70}$$

$$\nabla\cdot\vec{D}_{\mathrm{e}} = \rho \tag{9-71}$$

及

$$\nabla\times\vec{H}_{\mathrm{m}} = \vec{J} + \mathrm{j}\omega\varepsilon\vec{E}_{\mathrm{m}} \tag{9-72}$$

$$\nabla\times\vec{E}_{\mathrm{m}} = -\vec{J}_{\mathrm{m}} - \mathrm{j}\omega\mu\vec{H}_{\mathrm{m}} \tag{9-73}$$

$$\nabla\cdot\vec{B}_{\mathrm{m}} = \rho_{\mathrm{m}} \tag{9-74}$$

$$\nabla\cdot\vec{D}_{\mathrm{m}} = 0 \tag{9-75}$$

将式（9－68）~式（9－71）与式（9－72）~式（9－75）比较，获得以下对应关系

$$\begin{cases}\vec{H}_{\mathrm{e}}\to-\vec{E}_{\mathrm{m}}\\ \vec{E}_{\mathrm{e}}\to\vec{H}_{\mathrm{m}}\end{cases}\quad\begin{cases}\varepsilon\to\mu\\ \mu\to\varepsilon\end{cases}\quad\begin{cases}\vec{J}\to\vec{J}_{\mathrm{m}}\\ \rho\to\rho_{\mathrm{m}}\end{cases}$$

这个关系称为对偶原理。该原理揭示了电荷及电流产生的电磁场和磁荷及磁流产生的电磁场之间存在的对应关系。这就意味着，如果已经求出电荷及电流产生的电磁场，只要将其结果表示式中各个对应参量用对偶原理的关系置换以后，所获得的表示式即可代表具有相同分布特性的磁荷与磁流产生的电磁场。例如，根据 z 向电流元 $I\vec{l}$ 的远区场公式（9－11）和式（9－12）即可直接推出 z 向磁流元 $I_{\mathrm{m}}\vec{l}$ 产生的远区场应为

$$E_{\mathrm{m}\phi} = -\mathrm{j}\,\frac{I_{\mathrm{m}}l\sin\theta}{2\lambda r}\mathrm{e}^{-\mathrm{j}kr} \tag{9-76}$$

$$H_{\mathrm{m}\theta} = \mathrm{j}\,\frac{I_{\mathrm{m}}l\sin\theta}{2\lambda rZ}\mathrm{e}^{-\mathrm{j}kr} \tag{9-77}$$

式（9－76）中的负号表明 z 向磁流元产生的电场实际方向应为 $-\vec{e}_{\phi}$ 方向。只有这样，$-\vec{e}_{\phi}$ 方向的电场与 $+\vec{e}_{\theta}$ 方向的磁场才可构成 $+\vec{e}_{r}$ 方向的能流密度矢量。此外，再将磁流元远区场公式（9－76）和式（9－77）与9.5节电流环的远区场公式（9－58）和式（9－59）比较，两者场分布非常类似。因此位于 xy 平面内的电流环即可看做一个 z 向磁流元。由此可见，虽然实际中并不存在磁荷及磁流，但是类似电流环的天线可以看作磁流元。在电磁理论中对偶原理还有其他用途，这里不再详述。

引入磁荷 ρ_{m} 及磁流 I_{m} 以后，麦克斯韦方程的积分形式与前不同，涉及的两个方程是

$$\oint_{l}\vec{E}\cdot\mathrm{d}\vec{l} = -I_{\mathrm{m}} - \int_{S}\mathrm{j}\omega\vec{B}\cdot\mathrm{d}\vec{S} \tag{9-78}$$

$$\oint_{l}\vec{B}\cdot\mathrm{d}\vec{S} = \rho_{\mathrm{m}} \tag{9-79}$$

那么，由麦克斯韦方程积分形式导出的前述边界条件必须加以修正。但是，上两式仅涉及电场强度的切向分量和磁场强度的法向分量。因此，当考虑到假想的磁荷与磁流存在时，电场强度的切向分量和磁场强度的法向分量边界条件修改为

$$\vec{e}_{n}\times(\vec{E}_{2}-\vec{E}_{1}) = -\vec{J}_{\mathrm{m}S} \tag{9-80}$$

$$\vec{e}_{n}\cdot(\vec{B}_{2}-\vec{B}_{1}) = \rho_{\mathrm{m}S} \tag{9-81}$$

式中：$\vec{J}_{mS}$为表面磁流密度；ρ_{mS}为表面磁荷密度；$\vec{e}_n$ 由介质①指向介质②。

磁导率$\mu\to\infty$的理想导磁体的内部同样不可能存在任何时变电磁场，但其表面可以存在假想的表面磁荷与磁流。那么，理想导磁体的边界条件为

$$\begin{cases}\vec{e}_n\times\vec{H}=0\\ \vec{e}_n\times\vec{E}=-\vec{J}_{mS}\end{cases}\tag{9-82}$$

$$\begin{cases}\vec{e}_n\cdot\vec{B}=\rho_{mS}\\ \vec{e}_n\cdot\vec{D}=0\end{cases}\tag{9-83}$$

9.7 镜 像 原 理

在静态场中，为了分析某些特殊边界对于电荷或电流的影响，可以引入镜像电荷或镜像电流替代边界的作用，这种求解静态场边值问题的方法称为镜像法或镜像原理。镜像原理的理念同样也适用于时变电磁场，但是也仅能应用于某些特殊的边界，例如无限大的理想导电或导磁平面边界。对于其他边界，镜像原理的应用可参阅有关文献。

设时变电流元 $I\vec{l}$ 位于无限大的理想导电平面附近，且垂直于该平面，如图 9-15（a）所示。为了求解这种时变电磁场的边值问题，可以采用镜像原理。为此，在镜像位置放置一个镜像电流元 $I'\vec{l}'$，且令 $I'=I$，$\vec{l}'=\vec{l}$。以镜像电流元代替边界的影响以后，整个空间变为介质参数为 ε、μ 的均匀无限大空间，如图 9-15（b）所示。

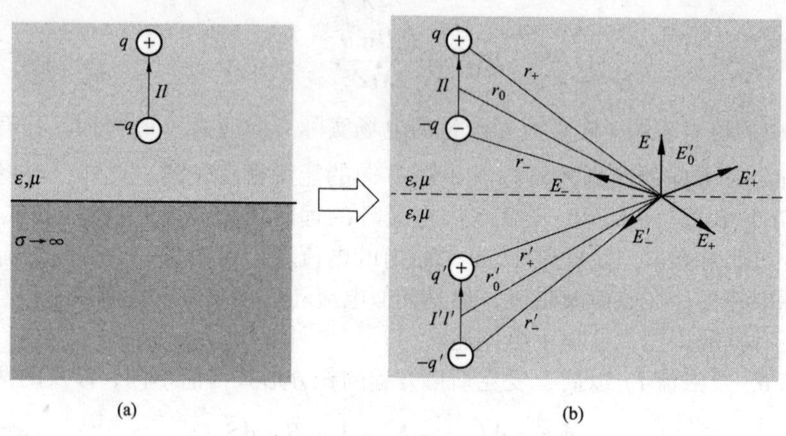

图 9-15 垂直电流元的镜像

（a）时变电流元；（b）加镜像电流元

已知理想导电体边界上电场切向分量应为零，如果引入的镜像电流元与原来的电流元在边界平面上产生的合成电场切向分量仍然为零。那么，对于上半空间而言，由于源及边界条件均未发生变化，因此，根据正弦电磁场唯一性定理，上半空间的场不会改变。这样，即可根据原来的电流元及镜像电流元计算上半空间的电磁场。下面证明，引入的镜像电流元是正确的。

已知时变电流与时变电荷的关系为 $I(t)=\dfrac{\mathrm{d}q(t)}{\mathrm{d}t}$，对于正弦时变电流，$I=\mathrm{j}\omega q$。时变电流元的电荷积累在电流元的两端，上端电荷 $q=\dfrac{I}{\mathrm{j}\omega}$，下端电荷 $q=-\dfrac{I}{\mathrm{j}\omega}$，如图 9－15（a）所示。由于引入镜像源以后，整个空间变为均匀无限大的空间，因此可以通过矢量位 $\vec{A}$ 及标量位中的积分公式计算场强。电流元 $I\vec{l}$ 产生的电场强度为

$$E=-\mathrm{j}\omega\vec{A}-\nabla\Phi_{+}-\nabla\Phi_{-} \tag{9-84}$$

其中

$$\vec{A}=\frac{\mu I\vec{l}}{4\pi\vec{r}_0}\mathrm{e}^{-\mathrm{j}kr} \tag{9-85}$$

$$\Phi_{+}=\frac{q}{4\pi\vec{r}_{+}}\mathrm{e}^{-\mathrm{j}kr_{+}} \tag{9-86}$$

$$\Phi_{-}=-\frac{q}{4\pi\varepsilon\vec{r}_{-}}\mathrm{e}^{-\mathrm{j}kr_{-}} \tag{9-87}$$

令 $-\mathrm{j}\omega\vec{A}=\vec{E}_0$，$-\nabla\Phi_{+}=\vec{E}_{+}$，$-\nabla\Phi_{-}=\vec{E}_{-}$，则

$$\vec{E}=\vec{E}_0+\vec{E}_{+}+\vec{E}_{-} \tag{9-88}$$

类似地，可以求得镜像电流元 $I'\vec{l}'$ 产生的电场为

$$\vec{E}'=\vec{E}_0+\vec{E}'_{+}+\vec{E}'_{-}=-\mathrm{j}\omega\vec{A}'-\nabla\Phi'_{+}-\nabla\Phi'_{-} \tag{9-89}$$

其中

$$\vec{A}=\frac{\mu I'\vec{l}'}{4\pi r'_0}\mathrm{e}^{-\mathrm{j}kr'_0} \tag{9-90}$$

$$\Phi'_{+}=\frac{q'}{4\pi r'_{+}}\mathrm{e}^{-\mathrm{j}kr'_{+}} \tag{9-91}$$

$$\Phi'_{-}=-\frac{q'}{4\pi r'_{-}}\mathrm{e}^{-\mathrm{j}kr'_{-}} \tag{9-92}$$

对于边界平面上任一点，$r_0=r'_0$，$r_{+}=r'_{-}$，$r_{-}=r'_{+}$。各分量电场的方向如图 9－15（b）所示。已设 $I'=I$，故 $q'=q$。又 $\vec{l}'=\vec{l}$，因此，合成电场（$\vec{E}+\vec{E}'$）的方向垂直于边界平面，即边界平面上的电场切向分量为零。这就证明了引入的镜像电流元满足给定的边界条件。鉴于此时镜像电流元的方向与原来的电流元方向相同，这种镜像电流元称为正像。

根据类似上述方法，可以证明位于无限大理想导电平面附近的水平电流元的镜像电流元为负像。也就是说，为了计算这种边值问题，引入的镜像电流元的电流应该与原来电流元振幅相等、方向相反。还可证明，位于无限大的理想导电平面附近的磁流元与其镜像磁流元的关系恰好与电流元情况完全相反，即垂直磁流元的镜像为负像，水平磁流元的镜像为正像。这些镜像关系如图 9－16（a）所示。当电流元位于无限大的理想导磁平面附近时，由于此时边界条件与理想导电边界条件恰好相反，故其镜像关系完全不同，如图 9－16（b）所示。其证明过程不再详述，读者可以自行推知。

处于任意取向的电流元，它们总可以分解为水平及垂直两个部分，然后依照上述规则分

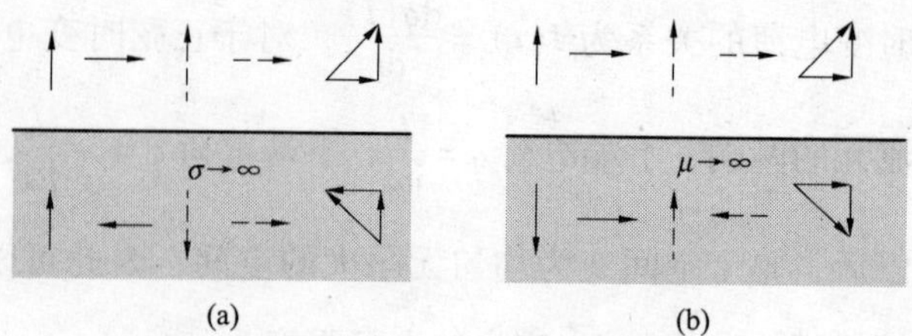

图 9-16　无限大平面的镜像关系

（a）理想导电平面；（b）理想导磁平面

别确定其镜像关系。此外，读者还可推知电流环的镜像关系。

镜像原理表明，当电流元位于无限大的理想导电平面或者无限大的理想导磁平面附近时，上半空间任一点场强可以认为是由原来的源与其镜像源共同产生的，因此，从天线阵理论的角度来看，镜像法的求解可以归结为二元天线阵的求解。

此外，应注意上述镜像原理仅能计算上半空间的电磁场。至于下半空间，引入镜像源以后，已由原来的无源区变为有源区，因此不可等效。

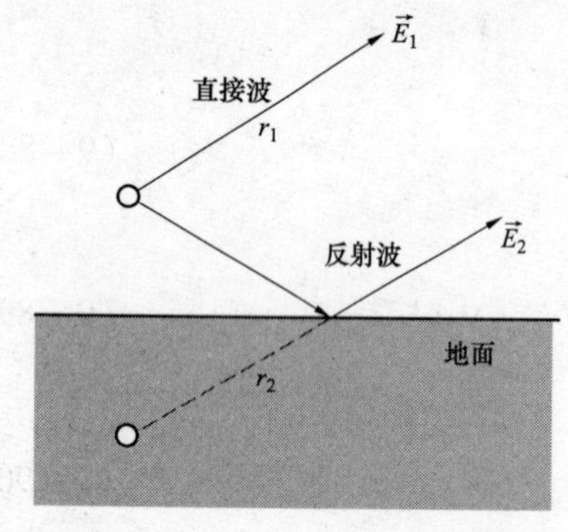

图 9-17　地面对天线的影响

为了考虑实际地面对天线的影响，也可应用镜像原理。但是，由于地面为非理想的导体，理论分析表明，只有当天线的架空高度以及观察点离开地面的高度远大于波长时，且仅对于远区场的计算才可应用镜像法。

如图 9-17 所示，此时上半空间任一点场强可以认为是直接波 $\vec{E}_1$ 与来自镜像的地面反射波 $\vec{E}_2$ 的合成，且认为 $\vec{E}_1$ 与 $\vec{E}_2$ 的方向一致。因此，合成场为直接波与反射波的标量和，即

$$E = E_1 + E_2 = E_0 \frac{\mathrm{e}^{-\mathrm{j}kr_1}}{r_1} + RE_0 \frac{\mathrm{e}^{-\mathrm{j}kr_2}}{r_2}$$

式中：R 为地面反射系数。由于地面处于天线的远区范围，天线的远区场具有 TEM 波性质，反射系数 R 可以近似看成是平面波在平面边界上的反射系数，它与天线远区场的极化特性、反射点的地面电磁特性以及观察点所处的方位有关。这样，地面对天线的影响可以归结为一个非均匀二元天线阵的求解。

【例 9-5】　利用镜像原理，计算垂直接地的长度为 l、电流为 I 的电流元的辐射场强、辐射功率及辐射电阻。地面当做无限大的理想导电平面。

解　根据题意，假定电流元如图 9-18 所示。按照镜像原理，对于无限大的理想导电面，垂直电流元的镜像为正像，因此，上半空间的场强等于长度为 $2l$ 的电流元产生的辐射场。那么，由式（9-12）求得

$$E_\theta = \mathrm{j}\frac{Z_0 Il\sin\theta}{\lambda r}\mathrm{e}^{-\mathrm{j}kr}$$

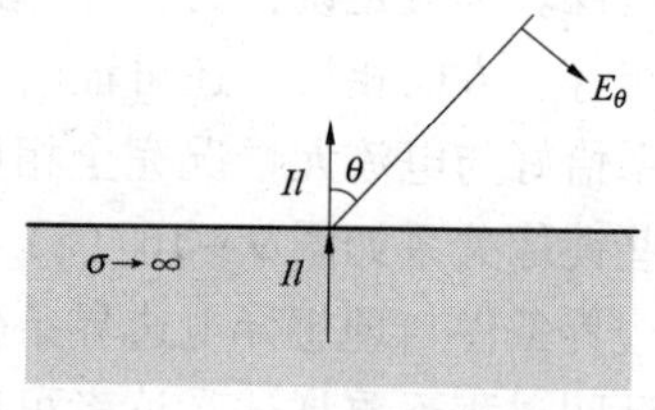

图 9-18　垂直接地电流元

可见，长度为 l 的垂直电流元接地以后，其场强振幅

提高一倍。

远区中能量流动密度矢量的大小为

$$S=\frac{|E_\theta|^2}{Z_0}=\frac{Z_0I^2l^2\sin^2\theta}{\lambda^2r^2}$$

由于接地的电流元仅向上半空间辐射，应将所求得的能流密度仅沿上半球面进行积分。求得的辐射功率为

$$P_r=\int_0^{2\pi}\mathrm{d}\phi\int_0^{\pi/2}Sr^2\sin\theta\mathrm{d}\theta=160\pi^2I^2\left(\frac{l}{\lambda}\right)^2$$

对应的辐射电阻 R_r 为

$$R_r=160\pi^2\left(\frac{l}{\lambda}\right)^2$$

由此可见，垂直电流元接地后，其辐射电阻也提高一倍。

中波广播电台为了使电台周围听众均能收到信号，其天线通常是一根悬挂的垂直导线或自立式铁塔，可以将其看成是一种垂直接地天线，在水平面内没有方向性。对于中波波段的电磁波，地面可以近似当作理想导电体。由于天线电流垂直于地面，因此地面的影响有助于增强天线的辐射能力。

中波收音机使用的磁棒天线可以等效为一种与磁棒一致的磁流天线。因此，使用这种磁棒天线接收电台信号时，磁棒必须水平放置，且磁棒应与被接收电磁波的到达方向垂直。如果磁棒垂直于地面，或者磁棒与被接收电磁波的到达方向一致，均会导致接收效果显著变坏。读者根据磁流天线的方向性以及地面对于磁流天线的影响，即可理解这种现象发生的原因。

短波广播电台或者远距离通信电台通常使用高悬的水平放置的半波天线。由于天线的架空高度可以与波长达到同一量级，地面的影响归结为一个二元天线阵。调整天线的架空高度，即可在与半波天线轴线垂直的铅垂面内形成具有一定仰角的主射方向，以便将电磁波射向地面上空的电离层，依靠电离层反射波实现短波远距离传播。

9.8 互 易 原 理

设在各向同性的线性介质中，有两组同频的源 J_a、J_{ma} 及 J_b、J_{mb} 位于有限区域以内，各组源与其产生的场量之间的关系由麦克斯韦方程求得

$$\nabla\times\vec{H}_a=\vec{J}_a+\mathrm{j}\omega\varepsilon\vec{E}_a \tag{9-93}$$

$$\nabla\times\vec{E}_a=-\vec{J}_{ma}-\mathrm{j}\omega\mu\vec{H}_a \tag{9-94}$$

及

$$\nabla\times\vec{H}_b=\vec{J}_b+\mathrm{j}\omega\varepsilon\vec{E}_b \tag{9-95}$$

$$\nabla\times\vec{E}_b=-\vec{J}_{mb}-\mathrm{j}\omega\mu\vec{H}_b \tag{9-96}$$

利用矢量恒等式 $\nabla\cdot(\vec{A}\times\vec{B})=\vec{B}\cdot\nabla\times\vec{A}-A\cdot\nabla\times\vec{A}$，得

$$\nabla\cdot(\vec{E}_a\times\vec{H}_b)=\vec{H}_b\cdot(\nabla\times\vec{E}_a)-\vec{E}_a\cdot(\nabla\times\vec{H}_b)$$

将式（9－94）及式（9－95）代入上式，得

$$\nabla\cdot(\vec{E}_{\rm a}\times\vec{H}_{\rm b})=-{\rm j}\omega(\mu\vec{H}_{\rm a}\cdot\vec{H}_{\rm b}+\varepsilon\vec{E}_{\rm a}\cdot\vec{E}_{\rm b})-\vec{E}_{\rm a}\cdot\vec{J}_{\rm b}-\vec{H}_{\rm b}\cdot\vec{J}_{\rm ma}$$

同理可得

$$\nabla\cdot(\vec{E}_{\rm a}\times\vec{H}_{\rm b})=-{\rm j}\omega(\mu\vec{H}_{\rm b}\cdot\vec{H}_{\rm a}+\varepsilon\vec{E}_{\rm b}\cdot\vec{E}_{\rm a})-\vec{E}_{\rm b}\cdot\vec{J}_{\rm a}-\vec{H}_{\rm a}\cdot\vec{J}_{\rm mb}$$

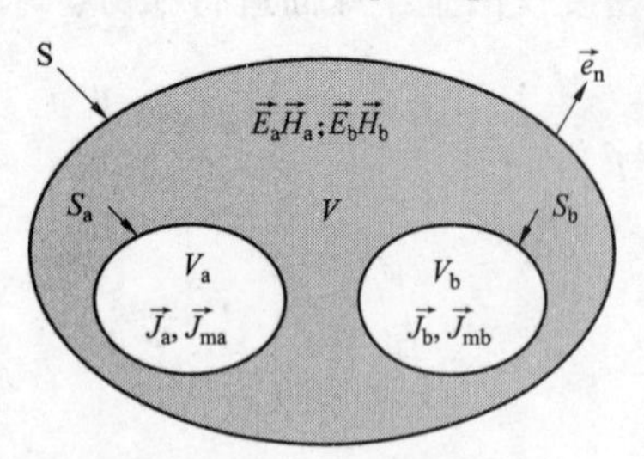

图9－19　互易原理

将上面两式相减，得

$$\nabla\cdot[(\vec{E}_{\rm a}\times\vec{H}_{\rm b})-(\vec{E}_{\rm a}\times\vec{H}_{\rm b})]=\vec{E}_{\rm b}\cdot\vec{E}_{\rm a}-\vec{E}_{\rm a}\cdot\vec{J}_{\rm b}+\vec{H}_{\rm a}\cdot\vec{J}_{\rm mb}-\vec{H}_{\rm b}\cdot\vec{J}_{\rm ma}\qquad(9-97)$$

现以闭合面 S 包围上述两组同频源 $J_{\rm a}$、$J_{\rm ma}$ 及 $J_{\rm b}$、$J_{\rm mb}$，源 a 位于 $V_{\rm a}$ 中，源 b 位于 $V_{\rm b}$ 中，如图 9－19 所示。

若闭合面 S 包围的体积为 V，将式（9－97）对体积 V 求积分，再利用散度定理，得

$$\oint_S[(\vec{E}_{\rm a}\times\vec{H}_{\rm b})-(\vec{E}_{\rm a}\times\vec{H}_{\rm b})]\cdot{\rm d}\vec{S}=\int_V(\vec{E}_{\rm b}\cdot\vec{E}_{\rm a}-\vec{E}_{\rm a}\cdot\vec{J}_{\rm b}+\vec{H}_{\rm a}\cdot\vec{J}_{\rm mb}-\vec{H}_{\rm b}\cdot\vec{J}_{\rm ma}){\rm d}V\qquad(9-98)$$

式（9－97）及式（9－98）分别称为互易原理的微分形式和积分形式。互易原理是描述两组同频源及其产生的场强之间的关系。可见，若已知一组源与其场的关系，利用互易原理可以建立另一组源与其场的关系。互易原理是电磁理论中的重要原理之一，它获得了广泛的应用。

下面讨论两种特殊情况：

（1）若将式（9－97）仅对 $V_{\rm a}$ 或 $V_{\rm b}$ 求积分，即闭合面 S 仅包围源 a 或源 b，则分别得到下列两个等式

$$\oint_{S_{\rm a}}[(\vec{E}_{\rm a}\times\vec{H}_{\rm b})-(\vec{E}_{\rm a}\times\vec{H}_{\rm b})]\cdot{\rm d}\vec{S}=\int_{V_{\rm a}}(\vec{E}_{\rm b}\cdot\vec{E}_{\rm a}-\vec{H}_{\rm b}\cdot\vec{J}_{\rm ma}){\rm d}V\qquad(9-99)$$

$$\oint_{S_{\rm b}}[(\vec{E}_{\rm a}\times\vec{H}_{\rm b})-(\vec{E}_{\rm b}\times\vec{H}_{\rm a})]\cdot{\rm d}\vec{S}=\int_{V_{\rm a}}(\vec{H}_{\rm a}\cdot\vec{J}_{\rm mb}-\vec{E}_{\rm b}\cdot\vec{J}_{\rm b}){\rm d}V\qquad(9-100)$$

（2）若闭合面 S 内不存在任何源，则由式（9－98）得

$$\oint_S[(\vec{E}_{\rm a}\times\vec{H}_{\rm b})-(\vec{E}_{\rm a}\times\vec{H}_{\rm b})]\cdot{\rm d}\vec{S}=0\qquad(9-101)$$

式中：${\rm d}\vec{S}$ 的方向指向有源区。如果闭合面 S 包围了全部源 a 或源 b，由于源 a 仅存在 $V_{\rm a}$ 中，源 b 仅存在于 $V_{\rm b}$ 中，式（9－98）右端体积分仅对 $(V_{\rm a}+V_{\rm b})$ 区域求积分即可。这样，无论 S 的大小如何，只要 S 包围了全部源，它都应等于右端对 $(V_{\rm a}+V_{\rm b})$ 的积分。由此可见，式（9－98）左端的面积分应为常量。

为了求出这个常量，可令 S 面无限地扩大至远区范围，由于位于有限区域内的一切波源，其远区场具有 TEM 波特性，即 $\vec{E}=Z\vec{H}\times\vec{e}_r$，此处 Z 为波阻抗，$\vec{e}_r$ 为传播方向上的单位矢量，它应等于闭合面 S 的外法线方向上的单位矢量。那么，将此结果代入式（9－98）中，则左端面积分被积函数中两项相互抵消，导致面积分为零，即式（9－101）成立。

通过上面讨论可知，只要闭合面 S 包围了全部源，或者是全部源位于闭合面 S 之外，则

式（9－101）均会成立，该式称为洛伦兹互易原理。

既然式（9－101）成立，由式（9－98）求得

$$\int_V(\vec{E}_b\cdot\vec{E}_a-\vec{E}_a\cdot\vec{J}_b+\vec{H}_a\cdot\vec{J}_{mb}-\vec{H}_b\cdot\vec{J}_{ma})\mathrm{d}V=0 \tag{9-102}$$

考虑到源 a 仅位于 V_a 中，源 b 仅存在于 V_b 中，式（9－102）可写为

$$\int_V(\vec{E}_b\cdot\vec{E}_a-\vec{H}_b\cdot\vec{J}_{ma})\mathrm{d}V=\int_V(\vec{E}_a\cdot\vec{J}_b-\vec{H}_a\cdot\vec{J}_{mb})\mathrm{d}V \tag{9-103}$$

此式称为卡森互易原理。

可以证明，当 V 中局部区域内存在理想导电体或理想导磁体时，卡森互易原理仍然成立。因为根据矢量混合积公式，可得

$$(\vec{E}_a\times\vec{H}_b)\cdot\mathrm{d}\vec{S}=(\vec{H}_b\times\mathrm{d}\vec{S})\cdot\vec{E}_a=(\mathrm{d}\vec{S}\times\vec{E}_a)\cdot\vec{H}_b \tag{9-104}$$

$$(\vec{E}_b\times\vec{H}_a)\cdot\mathrm{d}\vec{S}=(\vec{H}_a\times\mathrm{d}\vec{S})\cdot\vec{E}_b=(\mathrm{d}\vec{S}\times\vec{E}_b)\cdot\vec{H}_a \tag{9-105}$$

式（9－104）和式（9－105）中 $\vec{H}\times\mathrm{d}\vec{S}$ 及 $\mathrm{d}\vec{S}\times\vec{E}$ 均表示相应场强的切向分量。已知理想导电体表面电场切向分量为零，理想导磁体表面磁场切向分量为零，且两者内部不可能存在时变电磁场。当电磁场由远区闭合面 S 与理想导电体表面或理想导磁体表面包围时，式（9－98）左端的面积分的表面应理解为远区闭合面 S 与理想导电体表面或理想导磁体表面之和。考虑到远区场特性、理想导电体和理想导磁体的边界条件以及式（9－104）和式（9－105），可见式（9－98）的左端面积分仍然为零。因此，这就意味着当体积 V 中存在理想导电体或理想导磁体时，卡森互易原理仍然成立。

互易原理在电磁波辐射、散射及传播理论中获得了广泛的应用。例如，利用互易原理可以证明任何天线的发射参数与接收参数是互易的，即当天线作为接受天线时，其最强接收方向也是作为发射天线时的主射方向，发射天线的输出阻抗等于接收天线的内阻。下面举例说明互易原理在电磁理论中的应用。

【例9－6】 利用互易原理，证明位于有限尺寸的理想导电表面附近的切向电流元没有辐射作用。

解 如图9－20所示，切向电流元 $I_a l_a$ 位于理想导电表面附近。应该注意，由于该理想导电体的尺寸是有限的，此时不能应用镜像原理。为了证明电流元 $I_a l_a$ 没有辐射作用，可以利用互易原理。假设该电流元在导体外空间某处产生的电场强度为 $\vec{E}_a$，方向任意。在该处放置一个电流元 $I_b\vec{l}_b$，且使 $\vec{l}_b$ 的方向与 $\vec{E}_a$ 的方向一致，它在电流元 I_a 处产生的电场为 $\vec{E}_b$。考虑到 $\vec{J}\mathrm{d}V\Rightarrow I\mathrm{d}\vec{l}$，那么由式（9－103）求得

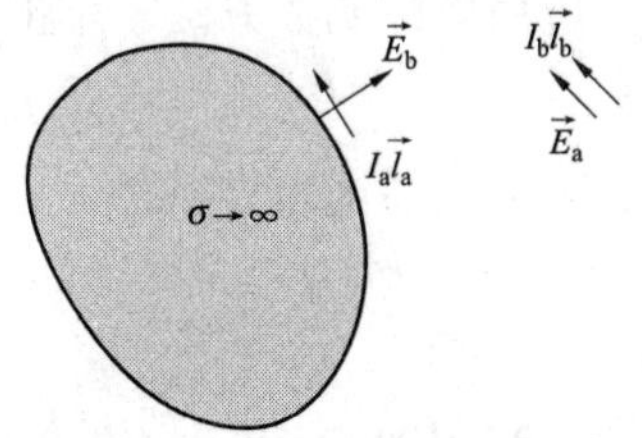

图9－20 切向电流元

$$\vec{E}_b\cdot(I_a\vec{l}_a)=E_aI_bl_b$$

但是任何电流元在理想导体表面上不可能产生切线电场，即 $\vec{E}_b$ 必须垂直于表面，所以，上式左端为零，求得 $E_aI_bl_b=0$。但是 $I_bl_b\neq0$，故只可能 $E_a=0$。这就证明了电流元 I_al_a 不可能产生任何电磁场。

9.9 惠更斯原理

包围波源的闭合面上各点场都可作为二次波源，它们共同决定了闭合面外上任一点场，这就是惠更斯原理。这些二次波源称为惠更斯元。

如图 9－21（a）所示，设包围波源的闭合面 S 上场强为 $\vec{E}_S$ 及 $\vec{H}_S$，闭合面外 P 点的场强为 $\vec{E}_P$ 及 $\vec{H}_P$。那么，惠更斯原理表明，$\vec{E}_P$、$\vec{H}_P$ 是由整个闭合面 S 上全部 $\vec{E}_S$、$\vec{H}_S$ 共同决定的。为了求出 $\vec{E}_P$、$\vec{H}_P$ 与 $\vec{E}_S$、$\vec{H}_S$ 之间的定量关系，以一个半径为无限大的球面 S 包围整个区域，如图 9－21（b）所示。场点 P 位于闭合面 S 与 S_∞ 之间的无源区 V 中。

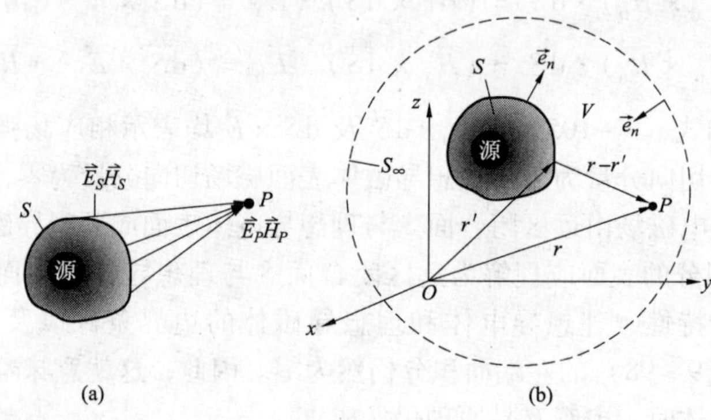

图 9－21 惠更斯原理

若 $\psi(\vec{r})$ 表示 V 中任一点场强的某一直角坐标分量，则在无源区 V 中 $\psi(\vec{r})$ 应该满足下述齐次标量亥姆霍兹方程

$$\nabla^2\psi(\vec{r})+k^2\psi(\vec{r})=0 \tag{9-106}$$

其中

$$k=\omega\sqrt{\mu\varepsilon}$$

应用格林函数方法求解上式。为此定义一个格林函数 $G(\vec{r},\vec{r}')$，它满足下列方程

$$\nabla^2 G(\vec{r},\vec{r}')+k^2 G(\vec{r},\vec{r}')=-\delta(\vec{r}-\vec{r}') \tag{9-107}$$

且满足下述齐次边界条件

$$\alpha G+\beta\frac{\partial G}{\partial n}=0 \tag{9-108}$$

式中：$\alpha=0$ 或 $\beta=0$，或 α 及 β 均不为零。格林函数的形式与边界特性有关。

对于上述由闭合面 S 与 S_∞ 包围的无限大区域 V，式（9－107）中的格林函数称为自由空间格林函数。自由空间中的格林函数以 $G_0(\vec{r},\vec{r}')$ 表示，它满足下述辐射条件

$$\lim_{R\to\infty}R\left(\frac{\partial G_0}{\partial R}+\mathrm{j}kG_0\right)=0 \tag{9-109}$$

其中

$$R=|\vec{r}-\vec{r}'|$$

该条件表示无限大自由空间中的格林函数 $G_0(\vec{r},\vec{r}')$ 至少与距离一次方成反比。

应用第二标量格林定理式（2－100），且令 $\Psi=\psi(\vec{r})$，$\Phi=G_0(\vec{r},\vec{r}')$，得

$$\int_V [\psi(\vec{r})\ \nabla^2 G_0(\vec{r},\vec{r}') - G_0(\vec{r},\vec{r}')\ \nabla^2\psi(\vec{r})]\mathrm{d}V \\ = -\oint_{S+S_\infty}\left[\psi(\vec{r})\ \frac{\partial G_0(\vec{r},\vec{r}')}{\partial n} - G_0(\vec{r},\vec{r}')\ \frac{\partial\psi(\vec{r})}{\partial n}\right]\mathrm{d}S \tag{9-110}$$

式（9－110）右端前面的负号是由于此处的法线方向 $\vec{e}_n$ 为区域 V 的内法线方向，而前述格林定理中的法线为区域 V 的外法线，因此两者方向恰好相反。将式（9－106）两端乘以 $G_0(\vec{r},\vec{r}')$，式（9－107）两端乘以 $\psi(\vec{r})$，所得结果代入式（9－110）得

$$\int_V \psi(\vec{r})\delta(\vec{r}-\vec{r}')\mathrm{d}V = \oint_{S+S_\infty}\left[\psi(\vec{r})\frac{\partial G_0(\vec{r},\vec{r}')}{\partial n} - G_0(\vec{r},\vec{r}')\frac{\partial\psi(\vec{r})}{\partial n}\right]\mathrm{d}S \tag{9-111}$$

考虑到 $\int_V \psi(\vec{r})\delta(\vec{r}-\vec{r}')\mathrm{d}V = \psi(\vec{r}')$，得

$$\psi(\vec{r}') = \oint_{S+S_\infty}\left[\psi(\vec{r})\frac{\partial G_0(\vec{r},\vec{r}')}{\partial n} - G_0(\vec{r},\vec{r}')\frac{\partial\psi(\vec{r})}{\partial n}\right]\mathrm{d}S$$

将上式中 $\vec{r}$ 与 $\vec{r}'$ 对调，并考虑到格林函数的对称性，即 $G(\vec{r},\vec{r}')=G(\vec{r}',\vec{r})$，求得

$$\psi(\vec{r}) = \oint_{S+S_\infty}\left[\psi(\vec{r}')\frac{\partial G_0(\vec{r},\vec{r}')}{\partial n} - G_0(\vec{r},\vec{r}')\frac{\partial\psi(\vec{r}')}{\partial n}\right]\mathrm{d}S' \tag{9-112}$$

已知体积有限的波源产生的场强振幅至少与距离一次方成反比，同时考虑到自由空间格林函数 $G_0(\vec{r},\vec{r}')$ 满足辐射条件，因此式（9－112）右端的面积分 $\oint_{S_\infty}\to 0$。因此，式（9－112）变为

$$\psi(\vec{r}) = \oint_S\left[\psi(\vec{r}')\frac{\partial G_0(\vec{r},\vec{r}')}{\partial n} - G_0(\vec{r},\vec{r}')\frac{\partial\psi(\vec{r}')}{\partial n}\right]\mathrm{d}S' \tag{9-113}$$

通过严格的数学推演，可以求出自由空间格林函数 $G_0(\vec{r},\vec{r}')$ 的表示式。这里为了简便起见，利用标量位的解直接导出自由空间格林函数。计算可得式（9－107）定义的格林函数在自由空间的解应为

$$G_0(\vec{r},\vec{r}') = \frac{1}{4\pi}\int_{V'}\frac{\delta(\vec{r}-\vec{r}')\mathrm{e}^{-\mathrm{j}k|\vec{r}-\vec{r}'|}}{|\vec{r}-\vec{r}'|}\mathrm{d}V' \tag{9-114}$$

考虑到格林函数 $G_0(\vec{r},\vec{r}')$ 是位于 $\vec{r}'$ 处的点源在 $\vec{r}$ 处产生的响应，故 $\vec{r}'$ 为常数，因此 $\dfrac{\mathrm{e}^{-\mathrm{j}k|\vec{r}-\vec{r}'|}}{|\vec{r}-\vec{r}'|}$ 可移出积分号外。那么，自由空间格林函数的解为

$$G_0(\vec{r},\vec{r}') = \frac{\mathrm{e}^{-\mathrm{j}k|\vec{r}-\vec{r}'|}}{4\pi|\vec{r}-\vec{r}'|}$$

根据上述结果，位于区域 V 中 P 点的场分量 $\psi_P(\vec{r})$ 可用闭合面 S 上的 $\psi_S(\vec{r})$ 及自由空间格林函数 $G_0(\vec{r},\vec{r}')$ 表示为

$$\psi_P(\vec{r}) = \oint_S\left[\psi_S(\vec{r}')\frac{\partial G_0(\vec{r},\vec{r}')}{\partial n} - G_0(\vec{r},\vec{r}')\frac{\partial\psi_S(\vec{r}')}{\partial n}\right]\mathrm{d}S' \tag{9-115}$$

法线 $\vec{e}_n$ 的方向如图 9－21（b）所示。式（9－115）表明，闭合面 S 外任一点场强的某一直角坐标分量，可以根据闭合面 S 上的相应直角坐标分量沿闭合面 S 积分求得。既然各个直角

坐标分量都可用式（9－115）表示，那么三个直角坐标分量相加以后，可求得闭合面 S 外任一点场强 $\vec{E}_P$、$\vec{H}_P$ 与闭合面上的场强 $\vec{E}_S$、$\vec{H}_S$ 的关系式为

$$\vec{E}_P(\vec{r}) = \oint_S \left[\vec{E}_S(\vec{r}') \frac{\partial G_0(\vec{r}, \vec{r}')}{\partial n} - G_0(\vec{r}, \vec{r}') \frac{\partial \vec{E}_S(\vec{r}')}{\partial n} \right] \mathrm{d}S' \tag{9-116}$$

$$\vec{H}_P(\vec{r}) = \oint_S \left[\vec{H}_S(\vec{r}') \frac{\partial G_0(\vec{r}, \vec{r}')}{\partial n} - G_0(\vec{r}, \vec{r}') \frac{\partial \vec{H}_S(\vec{r}')}{\partial n} \right] \mathrm{d}S' \tag{9-117}$$

式（9－116）与式（9－117）称为基尔霍夫公式。因为此式是通过直角坐标分量利用标量格林定理导出的，故又称为标量绕射公式。基尔霍夫公式是惠更斯原理数学描述的一种形式。除此之外，还有其他数学公式描述惠更斯原理，这里不再逐一介绍。应该注意，无论任何描述惠更斯原理的数学公式，均要求积分表面必须是闭合的，否则将会产生误差。这就意味闭合面外任一点场强取决于闭合面上全部惠更斯元。当然，闭合面上各点的惠更斯元对于空间某点场强的贡献有所不同。显然，主要贡献来自于闭合面上面对场点的惠更斯源。因此，通常可以忽略闭合面上背向场点的惠更斯元的贡献。

顺便指出，既然惠更斯原理说明闭合面外任一点场强不是仅取决于前面某一点场强，而是取决于闭合面上全部惠更斯元，那么就意味着电磁能量由波源到达场点的过程中，某点的场与前一时刻很多点的场有关。可见电磁波传播要占据一定的空间，而不是仅沿一条线。认为到达场点的电磁能量的传播途径是一条线的观点即是几何光学的射线原理，它用一条曲线描述电磁波的传播途径。但是理论证明，只有当电磁波的波长为零时，其传播途径才是一条曲线。因此，使用几何光学原理描述电磁波的传播特性是一种近似方法，通常称为几何光学近似。当然，波长越短，几何光学方法的近似程度越高。由上可见，惠更斯原理和几何光学原理是描述电磁波传播特性的两种截然不同的理念，只有当电磁波的波长为零时，两者结果才可一致。这些分析可参阅有关文献。

9.10 电磁辐射的应用

电磁辐射的应用，或者说是天线的应用非常广泛，如无线通信网络、遥感、雷达、卫星定位中都有应用。本节将介绍几种天线在无线通信中的应用。

9.10.1 半波天线

由于电流元制作的实际难度很大，应用中都使用对称天线或单极天线（俗称鞭状天线）。例如，垂直在地面上的铅垂单极天线，与其镜像也构成一副对称天线。单极天线常用于长波和中波波段。中波广播电台的发射天线就是一种底端馈电的单极天线，它是一根悬挂的垂直导线或自立式铁塔，其高度小于1/4 波长。为了提高辐射能力，通常在其顶部连接一根水平导线。虽然这根水平导线的辐射作用被其地中镜像抵消，但是它可增加垂直导线上的电流幅度，因而提高辐射场强。这种垂直接地的广播天线在水平面内没有方向性，以便电台周围听众均能收到信号。此外，在天线附近的地中还需铺设导线网或称为地网，以增加地面的电导率。由于单极天线简单价廉，常用于移动通信，例如手机和车载用户。

半波天线（见图9－22）是最常用的对称天线，广泛地应用于各个波段。在短波通信中，水平架高的半波天线很容易形成一个指向天空的波束，以便依靠电离层反射进行远距离

短波通信。半波天线的工作频带主要取决于阻抗的频率特性。分析表明，半波天线的直径越粗，阻抗随频率的变化越缓慢。所以实际中见到的高悬空中的半波天线是用数根导线构成的直径很粗的鼠笼形状，以获得较宽的频带。

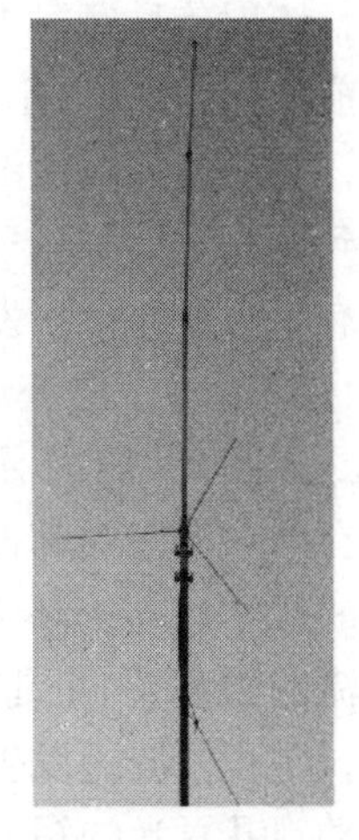
图 9-22 适用于中波的半波天线

9.10.2 八木天线

八木天线英文叫做 Yagi-Uda antenna 或者 Yagi antenna。20 世纪 20 年代，日本东北大学的八木秀次和宇田太郎两人发明了这种天线，被称为八木宇田天线，简称八木天线。

典型的八木天线有三对振子，整个结构呈“王”字形。与馈线相连的称有源振子，或主振子，居三对振子之中，即“王”字的中间一横。比有源振子稍长一点的称为反射器，它在有源振子的一侧，起着削弱从这个方向传来的电波或从本天线发射出去的电波的作用。比有源振子略短的称引向器，它位于有源振子的另一侧，它能增强从这一侧方向传来的或向这个方向发射出去的电波。引向器可以有许多个，每根长度都要比其相邻的并靠近有源振子的那根略短一点。引向器越多，方向越尖锐、增益越高，但实际上超过四五个引向器之后，这种“优势”增加就不太明显了，而体积大、自重增加、对材料强度要求提高、成本加大等问题却渐突出。通常情况下有一副五单元八木天线（即有三个引向器，一个反射器和一个有源振子）就够用了（见图 9-23）。每个引向器和反射器都是用一根金属棒做成。无论有多少“单元”，所有的振子，都是按一定的间距平行固定在一根“大梁”上，大梁也用金属材料制成。这些振子的中点和大梁并不绝缘。这样的好处是在空间感应到的静电可以通过这些接触点、天线的金属立杆再导通到建筑物的避雷地网去。

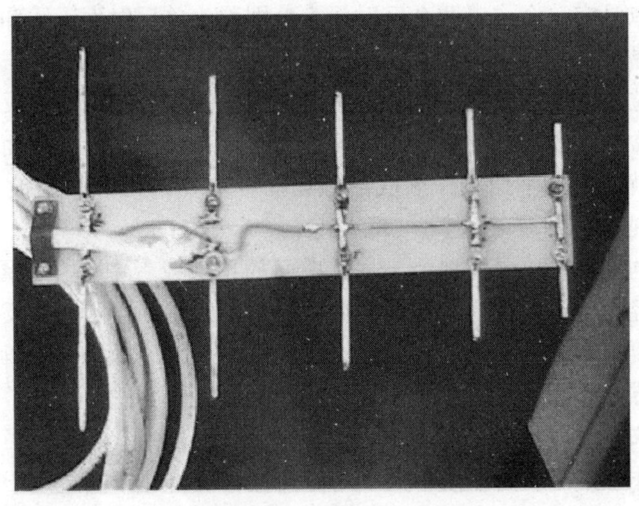
图 9-23 五单元的八木天线

以三单元接收八木天线为例，介绍八木天线的工作原理如下：该天线的引向器略短于 1/2 波长，主振子等于 1/2 波长，反射器略长于 1/2 波长，两振子间距 1/4 波长。这种配置下的引向器对感应信号呈“容性”，电流超前电压 90°；引向器感应的电磁波会向主振子辐射，辐射信号经过 1/4 波长的路程使其滞后于从空中直接到达主振子的信号 90°，恰好抵消了前面引起的“超前”，两者相位相同，于是信号叠加，得到加强。反射器略长于 1/2 波长，呈感性，电流滞后 90°，再加上辐射到主振子过程中又滞后 90°，与从反射器方向直接加到主振子上的信号正好相差了 180°，起到了抵消作用。一个方向加强，一个方向削弱，便有了强方向性。发射状态作用过程亦然。

9.10.3 电流环天线

如图 9－24 所示，电流环天线也叫做磁棒天线，与工作在同一波段的其他形式的天线相比，电流环天线具有较小的尺寸。电流环天线是在磁棒上缠绕一些线圈构成的。电流的强度沿圆周不会发生变化。可以设计成很小的尺寸，防止驻波的发生，尺寸可以小到波长的 1/10。对比其他动辄几百米的短波天线而言，电流环天线尽管辐射效率不是很高，但是可以灵活地用在车载通信和军事用途上。

图 9－24 电流环天线（直径为 100mm，工作于 70kHz～120MHz）

9.10.4 抛物面天线

微波通信、卫星通信以及射电天文中经常使用抛物面天线。无线电天文望远镜实际上就是一个庞大的抛物面天线。例如，美国早期建成的置于山谷中的柱形抛物面天线的直径为 200m 左右，依靠地球自转跟踪天体目标。我国新疆和上海天文台安装的无线电天文望远镜，其抛物面天线的直径为 25m，安装精度达到毫米级，依靠机械旋转和地球自转观察星体。在云南兴建了直径为 40m 的抛物面天线作为天文台的无线电天文望远镜。目前卫星地面站使用的抛物面天线直径为 30m 左右。

抛物面天线可以具有一个或者两个反射面，分别称为单反射面天线和双反射面天线。典型的单反射面天线是旋转抛物面天线。它的工作原理与光学反射镜相似，是利用抛物反射面的聚焦特性，馈源位于抛物面的焦点上。由焦点处发出的射线经抛物面反射后，达到焦点所在平面的波程为一常数，说明各反射线到达该平面时具有相同相位，因而由馈源发出的球面波经抛物面反射后就变换成平面波，形成沿抛物面轴向辐射最强的窄波束。抛物面直径 D 和工作波长 λ 之比越大，则波束越窄。

双反射面天线的馈源可以灵活地位于主反射面的顶部或者中部［见图 9－25（b）］。由馈源发出的电磁波经由位于馈源对面的第一个反射面反射后，再到达主反射面。两个反射面的形状联合决定于要求的方向性。通常先根据要求的方向性，设计主反射面的口径场分布，然后再根据馈源的方向性及口径场分布，综合设计两个反射面的形状。

9.10.5 天线阵

天线阵的应用非常广泛。为了改善天线的方向性，可将几个甚至几千个单元天线组成天线阵。地面调频中波广播天线阵是一种由几个垂直半波天线组成的水平环行同相阵（见图 9－26）。能够在洲际之间进行远程警戒的雷达天线，也可以由抛物面天线组成的天线阵来构成（见图 9－27）。电视台的发射天线通常为三层，每层由两个相互正交的水平半波天线构成。为了展宽频带，每个半波天线形似一对蝴蝶翅膀，所以这种天线又称为蝶形天线。两个相互正交的水平半波天线，在水平面内几乎没有方向性。三层垂直重叠放置的蝶形天线形

(a)

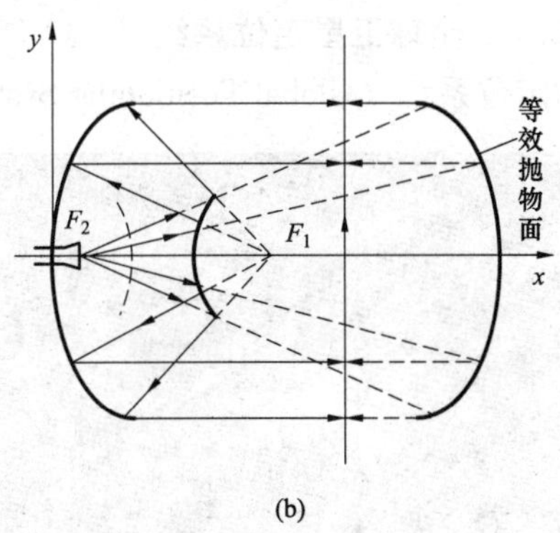

(b)

图 9－25　抛物面天线

（a）实物；（b）双反射面抛物面天线

成的同相阵，可以在铅垂面内形成一定宽度的波束，使电磁辐射指向水平方向。通过改变天线单元的数目、单元之间的间距或电流的相位，即可改变天线阵的方向性。相控天线阵就是通过改变单元天线的相位，变更主射方向。由于不是采用机械方式，能够实现快速扫描，从而达到跟踪目标的目的。

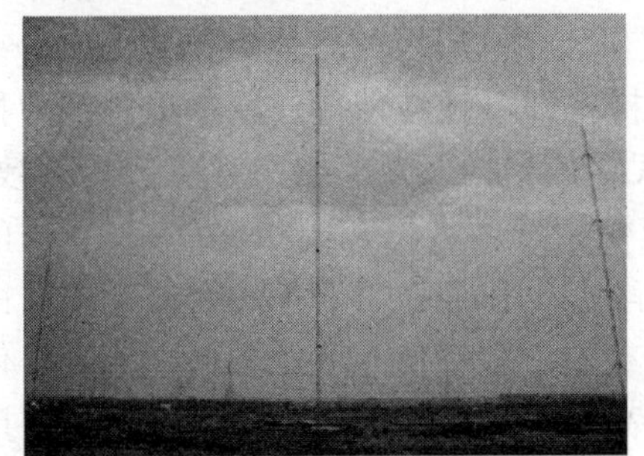

图 9－26　中波广播天线阵

图 9－27　抛物面天线阵

9.10.6　无线通信系统

最早的无线通信系统是 1896 年意大利马可尼建立的，通信距离长达 3km。如今，无线通信系统已经成为人们生活中必不可少的部分。无线用户通过各种无线通信系统，无论是固定的还是移动的通信系统，实现在任何地点、任何时间同任何人取得联系。无线通信可分为固定和移动两大类。固定的无线通信主要用于点到点之间的通信，使用短波、微波和光波波段的电磁波。移动无线通信可以实现一点到多点，或多点到多点之间的通信，当前主要使用超短波和微波波段的电磁波。移动无线通信包括无绳电话、无线寻呼、蜂窝电话、移动卫星通信以及专用无线通信系统。近年来，蜂窝移动通信发展迅速，现在已经投入商业运营的有 GSM、CDMA 等第二代，以及基于宽带扩频的第三代和基于正交频率调制（OFDM）技术的第四代移动通信系统。中国现有的手机用户已达 3.5 亿，居世界之首。

无线局域网 WLAN 是覆盖范围有限的一种无线数据传输的网络。现在通常使用的无线局域网工作在 2.2～2.5GHz，能够实现无线互联网，被称为 WiFi（Wireless Fidelity）网络。蓝牙技术也是一种无线局域网，使用频率是 2.4～2.483 5GHz，其服务区域较小，约为10m。

9.10.7 全球卫星定位系统

全球定位系统（Global Positioning System，GPS），又称全球卫星定位系统，是一个中距离圆形轨道卫星导航系统。它可以为地球表面绝大部分地区（98%）提供准确的定位、测速和高精度的时间标准。如图9-28所示，系统由美国国防部研制和维护，可满足位于全球任何地方或近地空间的军事用户连续精确的确定三维位置、三维运动和时间的需要。该系统包括太空中的24颗GPS卫星，地面上的1个主控站、3个数据注入站和5个监测站及作为用户端的GPS接收机。最少只需其中3颗卫星，就能迅速确定用户端在地球上 所处的位置及海拔。所能连接到的卫星数越多，解码出来的位置就越精确。该系统由美国政府于20世纪70年代开始进行研制并于1994年全面建成。使用者只需拥有GPS接收机即可使用该服务，无需另外付费。GPS信号分为民用的标准定位服务（Standard Positioning Service，SPS）和军规的精确定位服务（Precise Positioning Service，PPS）两类。由于SPS无须任何授权即可任意使用，原本美国因为担心敌对国家或组织会利用SPS对美国发动攻击，故在民用信号中人为地加入误差（即SA政策，Selective Availability）以降低其精确度，使其最终定位精确度大概在100m左右；军规的精度在10m以下。2000年以后，克林顿政府决定取消对民用信号的干扰。因此，现在民用GPS也可以达到10m左右的定位精度。GPS系统拥有如下多种优点：全天候，不受任何天气的影响；全球覆盖（高达98%）；三维定速定时高精度；快速、省时、高效率；应用广泛、多功能；可移动定位；不同于双星定位系统，使用过程中接收机不需要发出任何信号，增加了隐蔽性，提高了其军事应用效能。

图9-28 全球卫星定位系统

1999年2月10日，欧盟执行机构欧洲委员会（EC）公布了欧洲导航卫星系统“伽利略”计划，建立与美国全球导航定位系统（GPS）和俄罗斯的GLONASS系统兼容的民用全球定位卫星系统。欧盟之所以进行“伽利略”计划，主要是为了摆脱对美国GPS系统的依赖，打破美国对全球卫星导航定位产业的垄断，在使欧洲获得工业和商业效益的同时，赢得建立欧洲共同安全防务体系的条件。欧空局（ESA）早在1990年就决定研制全球导航卫星系统（GNSS）。GNSS分为两个阶段，第一阶段是建立一个与美国GPS系统、俄罗斯GLONASS系统以及三种区域增强系统均能相容的第一代全球导航卫星系统（GNSS-1），第二阶段是建立一个完全独立于GPS系统和GLONASS系统之外的第二代全球导航卫星系统（GNSS-2）。由于GNSS-1主要是利用GPS等已经建成的系统，因此其主要工作是在欧洲建立30座地面站和4个主控制中心。系统在2002年部署完毕，2004年完成运营试验。欧洲的长远目标是拥有自己的独立的全球导航卫星系统，即GNSS-2，也就是现在的“伽利略”系统。

北斗卫星导航系统（Beidou，BD）是中国研发的卫星导航系统（见图9-29），包括北斗一号和北斗二号的2代系统。北斗一号卫星导航系统的工作过程是：首先由中心控制系统向卫星Ⅰ和卫星Ⅱ同时发送询问信号，经卫星转发器向服务区内的用户广播。用户响应其中一颗卫星的询问信号，并同时向两颗卫星发送响应信号，经卫星转发回中心控制系统。中心控制系统接收并解调用户发来的信号，然后根据用户的申请服务内容进行相应的数据处理。对定位申请，中心控制系统测出两个时间延迟：① 从中心控制系统发出询问信号，经某一颗卫星转发到达用户，用户发出定位响应信号，经同一颗卫星转发回中心控制系统的延迟；② 从中心控制发出询问信号，经上述同一卫星到达用户，用户发出响应信号，经另一颗卫星转发回中心控制系统的延迟。由于中心控制系统和两颗卫星的位置均是已知的，因此由上面两个延迟量可以算出用户到第一颗卫星的距离，以及用户到两颗卫星的距离之和，从而知道用户处于一个以第一颗卫星为球心的一个球面，和以两颗卫星为焦点的椭球面之间的交线上。另外中心控制系统从存储在计算机内的数字化地形图查寻到用户高程值，又可知道用户处于某一与地球基准椭球面平行的椭球面上。从而中心控制系统可最终计算出用户所在点的三维坐标，这个坐标经加密由出站信号发送给用户。

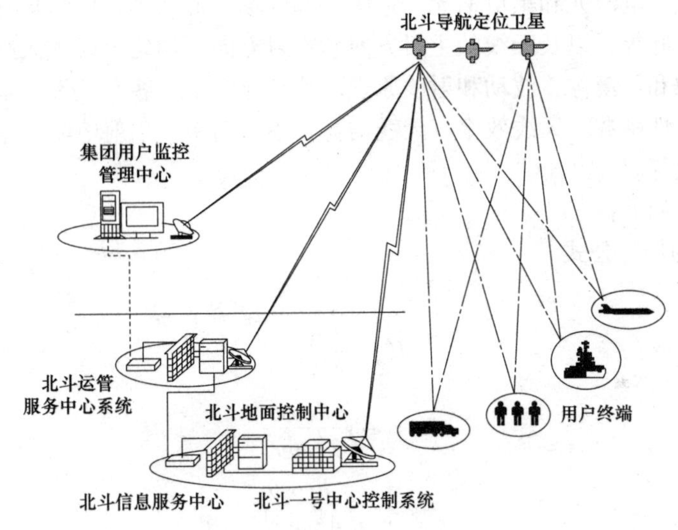

图9－29 北斗卫星导航系统

9.10.8 电磁兼容技术

电磁场与电磁波在电子化和电气化的今天发挥了重要作用，但是由此带来的电磁污染也日益严重。电磁频谱资源有限，各种电子和电气设备产生的电磁辐射，在相同的时间、地点和环境中产生相互干扰。这种现象在一些空间紧缩的飞行器及舰船上更为严重。例如，一架飞机上自身的无线通信系统需要多部天线，同时飞机上的乘客所携带的设备，如笔记本电脑等，也带有天线，这些天线覆盖了很宽的电磁波波段，彼此之间会产生干扰。电磁兼容即指电子和电气设备在一定的电磁环境下，能够正常工作，不对其他的设备产生干扰。电磁兼容是各种电子和电气设备本身的技术指标之一，使其产生的电磁辐射不超过一定的限度。因此，电子和电气设备一方面需要具有电磁抗扰能力，以保证能够正常的工作；另一方面本身不应产生电磁泄漏，以免影响周围环境，或者被人利用窃取信息。

电磁兼容的研究领域大致可分为电磁干扰的来源和电磁干扰的防护两个方面。根据电磁干扰的传播途径，电磁干扰可分为传导干扰和辐射干扰。前者是沿着导体传播的，后者是通过空间电磁场耦合的。按照干扰的来源可分为自然干扰和人为干扰。地球磁场、大气电场、大气雷电、宇宙射线以及太阳黑子产生的电磁干扰都属于自然干扰。人为干扰是指一切电子和电气设备以及核试验产生的电磁干扰。

电磁干扰的防护通常通过“切断”和“隔离”来实现。对于辐射干扰，良好的接地和电磁屏蔽是有效的电磁防护手段。但是对于传导干扰有时是很难切断的。例如通过电源线产生的传导干扰很难消除，因为电子设备中传输的信息会在电源线中产生感应电场，利用这条途径即可窃取信息，例如利用计算机的电源线即可窃取电脑中存储的信息。

9.11 小 结

本章介绍了电流元、对称天线、小电流环、面天线及复合辐射体天线阵的辐射特性，以及电磁辐射理论中的对偶、镜像、互易原理及惠更斯原理。本章中介绍的主要概念和要点包括线天线和面天线，电流元和惠更斯元，近区、远区场，似稳场、束缚场和辐射场，天线的方向性，主叶和副叶等，以及天线的主射方向和零射方向，均匀直线式天线阵，同相阵，磁荷和磁流，正镜像和负镜像，波动和射线原理。特别介绍了一些有关天线辐射的参数，包括方向性因子、方向性系数、天线效率、天线增益、辐射功率、辐射电阻、半功率角和零功率角、口径利用系数等。

本章主要公式如下：

（1）电流元的场强公式

近区场

$$H_{\phi}=\frac{Il\sin\theta}{4\pi r^{2}}$$

$$E_{r}=-\mathrm{j}\frac{Il\cos\theta}{2\pi\omega\varepsilon r^{3}}$$

$$E_{\theta}=-\mathrm{j}\frac{Il\cos\theta}{4\pi\omega\varepsilon r^{3}}$$

远区场

$$H_{\phi}=\mathrm{j}\frac{Il\sin\theta}{2\lambda r^{2}}\mathrm{e}^{-\mathrm{j}kr}$$

$$E_{\theta}=\mathrm{j}\frac{ZIl\cos\theta}{2\lambda r}\mathrm{e}^{-\mathrm{j}kr}$$

（2）真空中的电流元辐射功率为

$$P_{\mathrm{r}}=80\pi^{2}I^{2}\left(\frac{l}{\lambda}\right)^{2}$$

（3）电流元的辐射电阻

$$R_{\mathrm{r}}=80\pi^{2}\left(\frac{1}{\lambda}\right)^{2}$$

（4）无向天线的辐射功率是

$$P_{\mathrm{r0}}=\frac{|E_{0}|^{2}}{z}4\pi r^{2}$$

（5）对称天线的远区辐射电场为

$$E_\theta = \mathrm{j}\frac{60I_\mathrm{m}}{r}\frac{\cos(kL\cos\theta)-\cos kL}{\sin\theta}\mathrm{e}^{-\mathrm{j}kr}$$

（6）对称天线的方向性因子为

$$f(\theta)=\frac{\cos(kL\cos\theta)-\cos kL}{\sin\theta}$$

（7）均匀直线式天线阵的振幅为

$$|E|=\frac{C_1I_1}{r_1}f_1(\theta,\phi)f_n(\theta,\phi)$$

（8）天线阵的方向性因子

$$f(\theta,\phi)=f_1(\theta,\phi)f_n(\theta,\phi)$$

（9）电流环的方向性因子

$$f(\theta,\phi)=\sin(\theta)$$

（10）电流环向自由空间的辐射功率

$$P_\mathrm{r}=320\pi^6\left(\frac{a}{\lambda}\right)^4I^2$$

（11）电流环的辐射电阻

$$R_\mathrm{r}=320\pi^6\left(\frac{a}{\lambda}\right)^4$$

（12）对偶原理

$$\begin{cases}\vec{H}_\mathrm{e}\to-\vec{E}_\mathrm{m}\\ \vec{E}_\mathrm{e}\to\vec{H}_\mathrm{m}\end{cases}\qquad\begin{cases}\varepsilon\to\mu\\ \mu\to\varepsilon\end{cases}\qquad\begin{cases}\vec{J}\to\vec{J}_\mathrm{m}\\ \rho\to\rho_\mathrm{m}\end{cases}$$

（13）理想导磁体的边界条件为

$$\begin{cases}\vec{e}_n\times\vec{H}=0\\ \vec{e}_n\times\vec{E}=-\vec{J}_{\mathrm{m}S}\end{cases}$$

$$\begin{cases}\vec{e}_n\cdot\vec{B}=\rho_{\mathrm{m}S}\\ \vec{e}_n\cdot\vec{D}=0\end{cases}$$

（14）卡森互易原理（源 a 仅位于 V_a 中，源 b 仅存在于 V_b 中）

$$\int_V(\vec{E}_\mathrm{b}\cdot\vec{E}_\mathrm{a}-\vec{H}_\mathrm{b}\cdot\vec{J}_\mathrm{ma})\mathrm{d}V=\int_V(\vec{E}_\mathrm{a}\cdot\vec{J}_\mathrm{b}-\vec{H}_\mathrm{a}\cdot\vec{J}_\mathrm{mb})\mathrm{d}V$$

（15）基尔霍夫公式（标量绕射公式）

$$\vec{E}_P[\vec{r})=\oint_S\left[\vec{E}_S(\vec{r}')\frac{\partial G_0(\vec{r},\vec{r}')}{\partial n}-G_0(\vec{r},\vec{r}')\frac{\partial\vec{E}_S(\vec{r}')}{\partial n}\right]\mathrm{d}S'$$

$$\vec{H}_P[\vec{r})=\oint_S\left[\vec{H}_S(\vec{r}')\frac{\partial G_0(\vec{r},\vec{r}')}{\partial n}-G_0(\vec{r},\vec{r}')\frac{\partial\vec{H}_S(\vec{r}')}{\partial n}\right]\mathrm{d}S'$$

思 考 题

9－1　什么是电流元？如何计算电流元的电磁场？

9－2　电流元的近区场与远区场的特性如何？哪些特性是一切天线辐射场的共性？

9－3　什么是天线的方向性？零功率角、半功率角、方向性系数、效率及增益的定义是什么？

9－4　什么是对称天线？其方向性与天线的波长尺寸关系如何？

9－5　什么是半波天线？其方向性如何？

9－6　什么是天线阵？如何计算均匀直线式天线阵的方向性？

9－7　什么是电流环？电流环与电流元的场结构有何不同？

9－8　什么是磁荷与磁流？引入磁荷及磁流以后，边界条件应如何修改？

9－9　试述对偶原理及其应用。

9－10　试述镜像原理。给出位于无限大理想导电平面与无限大理想导磁平面附近的电流元及磁流元的镜像关系。

9－11　试述互易原理。什么是洛伦兹互易原理及卡森互易原理？

9－12　试述惠更斯原理及其数学表示。

9－13　什么是惠更斯元？其辐射特性如何？

9－14　如何计算口径场的辐射？如何计算面天线的增益？

9－15　什么是面天线的口径利用系数？它与哪些因素有关？

习 题

9－1　试证式（9－14）。

9－2　直接根据电流元的电流及电荷（$I=\mathrm{j}\omega q$）计算电流元的电场强度及磁场强度。

9－3　计算电流元的方向性系数及辐射电阻。

9－4　已知电流元 $I\vec{l}=\vec{e}_y Il$，试求其远区电场强度及磁场强度。

9－5　试证对于远区，矢量位 $\vec{A}$ 及 $\vec{F}$ 可以表示为

$$\begin{cases}\vec{A}(\vec{r})=\dfrac{\mu}{4\pi r}\mathrm{e}^{-\mathrm{j}kr}\vec{N}\\[2ex]\vec{F}(\vec{r})=\dfrac{\varepsilon}{4\pi r}\mathrm{e}^{-\mathrm{j}kr}\vec{L}\end{cases}$$

式中：$\vec{N}$ 及 $\vec{L}$ 称为辐射矢量，它们与电流密度 $\vec{J}$ 及磁流密度 $\vec{J}_{\mathrm{m}}$ 的关系分别为

$$\begin{cases}\vec{N}=\int_V\vec{J}(\vec{r}')\mathrm{e}^{\mathrm{j}kr'\cos\theta}\mathrm{d}V'\\[2ex]\vec{L}=\int_V\vec{J}_{\mathrm{m}}(\vec{r}')\mathrm{e}^{\mathrm{j}kr'\cos\theta}\mathrm{d}V'\end{cases}$$

9－6　试证式（9－34）。

9－7　若长度为 $2l$ 的短对称天线的电流分布可以近似地表示为 $I(z)=I_0\left(1-\dfrac{|z|}{l}\right)$，

$l \ll \lambda$，试求远区场强、辐射电阻及方向性系数。

9-8 已知对称天线的有效长度定义为

$$2l_e = \sin\theta\int_{-l}^{l}\sin[k(l-|z|)]\mathrm{e}^{-\mathrm{j}kz\cos\theta}\mathrm{d}z$$

试求半波天线的有效长度及其最大值。

9-9 已知天线远区中的矢量磁位为

$$\vec{A} = \vec{e}_z\frac{\mu I}{2\pi kr}\frac{\sin\left(\frac{\pi}{2}\sin\theta\right)}{\sin^2\theta}\mathrm{e}^{-\mathrm{j}kr}$$

试求该天线的远区场强及方向性因子。

9-10 已知长度为 L 的行波天线电流分布为

$$I = I_0\mathrm{e}^{\mathrm{j}kz} \quad (0 \leqslant z \leqslant L)$$

利用电流元的远区场公式，求解该行波天线的远区场，并编程绘出 $L=\frac{\lambda}{2}$时的方向图。

9-11 通过远区中矢量磁位 $\vec{A}$，再求解题 9-10。

9-12 若二元天线阵的间距 $d=\frac{\lambda}{2}$，分别编程绘出相位差 $\alpha=0$、$\frac{\pi}{2}$时阵因子的方向图。

9-13 若二元阵的间距 $d=\frac{\lambda}{4}$，分别编程绘出相位差 $\alpha=0$、$\frac{\pi}{2}$时阵因子的方向图。

9-14 已知二元阵由两个 $\vec{e}_x$ 方向的电流元组成，天线阵的轴线沿 z 轴放置，间距 $d=\frac{\lambda}{2}$。若要求 $\theta=60°$、$\phi=90°$方向上获得最强辐射，确定两个电流元的电流相位差。

9-15 求半波天线的主瓣宽度。

9-16 用方向图乘法求由半波天线组成的四元侧射式天线阵在垂直于半波天线轴线平面内的方向图。

9-17 由三个间距为$\frac{\lambda}{2}$的各向同性元组成的三元阵，各单元天线上电流的相位相同，振幅为 1∶2∶1，试讨论该天线阵的方向图。

9-18 已知底端馈电的垂直接地线天线的高度为 h，其电流分布为正弦函数。若将地面当做无限大的理想导电平面，试求该天线的远区场。

9-19 已知水平放置的半波天线的架空高度为 h，地面当做无限大的理想导电平面，为了使电磁波射向电离层，要求在与天线轴线垂直的平面内 45°仰角方向上形成主射方向，试确定其架空高度。

9-20 设同相二元阵由两个位于铅垂面内的水平电流元构成，间距为一个波长，放在地面上方。位于下侧的电流元距离地面的高度为一个波长。试求该二元阵在水平面和轴线垂直面上的方向性因子。

9-21 利用互易定理证明位于理想导电表面附近的垂直磁流元辐射场为零。

部分习题参考答案

2 矢 量 分 析

2－1 (1) $\vec{e}_A=\dfrac{\vec{A}}{|\vec{A}|}=\dfrac{\vec{e}_x+2\vec{e}_y-3\vec{e}_z}{\sqrt{2^2+1^2+3^2}}=0.27\vec{e}_x+0.54\vec{e}_y-0.80\vec{e}_z$

(2) $\vec{A}-\vec{B}=\vec{e}_x+2\vec{e}_y-3\vec{e}_z-(-4\vec{e}_y+\vec{e}_z)=\vec{e}_x+6\vec{e}_y-4\vec{e}_z$

$|\vec{A}-\vec{B}|=\sqrt{1^2+6^2+4^2}=7.28$

(3) $\vec{A}\cdot\vec{B}=(\vec{e}_x+2\vec{e}_y-3\vec{e}_z)\cdot(-4\vec{e}_y+\vec{e}_z)=1\times0-2\times4-3\times1=-11$

(4) $\vec{A}\cdot\vec{B}=|\vec{A}||\vec{B}|\cos\theta_{\vec{A}\vec{B}}$

$$\cos\theta_{\vec{A}\vec{B}}=\frac{\vec{A}\cdot\vec{B}}{|\vec{A}||\vec{B}|}=\frac{-11}{\sqrt{14}\cdot\sqrt{17}}=-\frac{11}{\sqrt{238}}$$

$$\theta_{\vec{A}\vec{B}}=\arccos\left(-\frac{11}{\sqrt{238}}\right)=135.5^\circ$$

(5) 令 $\vec{A}$ 在 $\vec{B}$ 上的分量为

$$A_B=|\vec{A}|\cos\theta_{\vec{A}\vec{B}}=|\vec{A}|\frac{\vec{A}\cdot\vec{B}}{|\vec{A}||\vec{B}|}=|\vec{A}|\cdot\frac{\vec{B}}{|\vec{B}|}$$

$$=(\vec{e}_x+2\vec{e}_y-3\vec{e}_z)\cdot\left(-\frac{4}{\sqrt{17}}\vec{e}_y+\frac{1}{\sqrt{17}}\vec{e}_z\right)$$

$$=-2.67$$

$$|A_B|=2.67$$

(6) $\vec{A}\times\vec{C}=\begin{vmatrix}\vec{e}_x & \vec{e}_y & \vec{e}_z\\ 1 & 2 & -3\\ 5 & 0 & -2\end{vmatrix}=-4\vec{e}_x-13\vec{e}_y-10\vec{e}_z$

(7) $\vec{B}\times\vec{C}=8\vec{e}_x+5\vec{e}_y+20\vec{e}_z$

$\vec{A}\cdot(\vec{B}\times\vec{C})=(\vec{e}_x+2\vec{e}_y-3\vec{e}_z)\cdot(8\vec{e}_x+5\vec{e}_y+20\vec{e}_z)=8+10-60=-42$

$\vec{A}\times\vec{B}=-10\vec{e}_x-\vec{e}_y-4\vec{e}_z$

$(\vec{A}\times\vec{B})\cdot\vec{C}=(-10\vec{e}_x-\vec{e}_y-4\vec{e}_z)\cdot(5\vec{e}_x-2\vec{e}_y)=-42$

(8) $(\vec{A}\times\vec{B})\times\vec{C}=(-10\vec{e}_x-\vec{e}_y-4\vec{e}_z)\times(5\vec{e}_x-2\vec{e}_y)=2\vec{e}_x-40\vec{e}_y+5\vec{e}_z$

$\vec{A}\times(\vec{B}\times\vec{C})=(\vec{e}_x+2\vec{e}_y-3\vec{e}_z)\times(8\vec{e}_x+5\vec{e}_y+20\vec{e}_z)=55\vec{e}_x-44\vec{e}_y-11\vec{e}_z$

2－4 $|\nabla\Phi|_P=\left|-\vec{e}_y\dfrac{\pi}{6}e^{-3}-\vec{e}_z\dfrac{\sqrt{3}}{2}e^{-3}\right|=\dfrac{e^{-3}}{6}\sqrt{\pi^2+27}$

$$\cos\alpha=0,\cos\beta=-\frac{\pi}{\sqrt{\pi^2+27}},\cos\gamma=-\frac{\sqrt{27}}{\sqrt{\pi^2+27}}$$

2-5 $\frac{\partial\psi}{\partial l}=\frac{6\times2\times3\times1}{\sqrt{50}}+\frac{4\times2^2\times1}{\sqrt{50}}+\frac{5\times2^2\times3}{\sqrt{50}}=\frac{112}{\sqrt{50}}$

2-6 (1) $\mathrm{div}\vec{A}=\nabla\cdot\vec{A}=6xy+3y^2+2xy=8xy+3y^2$

$$\mathrm{rot}=\nabla\times\vec{A}=4xz\vec{e}_x+(1-2yz)\vec{e}_y-(3x^2+z^2)\vec{e}_z$$

(2) $\mathrm{div}\vec{A}=\nabla\cdot\vec{A}=\frac{\partial}{\partial x}(yz^2)+\frac{\partial}{\partial y}(zx^2)+\frac{\partial}{\partial z}(xy^2)=0$

$$\mathrm{rot}\vec{A}=\nabla\times\vec{A}=\begin{vmatrix}\vec{e}_x & \vec{e}_y & \vec{e}_z\\ \frac{\partial}{\partial x} & \frac{\partial}{\partial y} & \frac{\partial}{\partial z}\\ yz^2 & zx^2 & xy^2\end{vmatrix}$$

$$=\left[\frac{\partial}{\partial x}(xy^2)-\frac{\partial}{\partial z}(zx^2)\right]\vec{e}_x+\left[\frac{\partial}{\partial z}(yz^2)-\frac{\partial}{\partial x}(xy^2)\right]\vec{e}_y+\left[\frac{\partial}{\partial x}(zx^2)-\frac{\partial}{\partial y}(yz^2)\right]\vec{e}_z$$

$$=(2xy-x^2)\vec{e}_x+(2yz-y^2)\vec{e}_y+(2xz-z^2)\vec{e}_z$$

(3) $\mathrm{div}\vec{A}=\nabla\cdot\vec{A}=\frac{\partial}{\partial x}P(x)+\frac{\partial}{\partial y}Q(y)+\frac{\partial}{\partial z}R(z)=P'(x)+Q'(y)+R'(z)$

$$\mathrm{rot}\vec{A}=\nabla\times\vec{A}=\begin{vmatrix}\vec{e}_x & \vec{e}_y & \vec{e}_z\\ \frac{\partial}{\partial x} & \frac{\partial}{\partial y} & \frac{\partial}{\partial z}\\ P(x) & Q(y) & R(z)\end{vmatrix}$$

$$=\left[\frac{\partial}{\partial x}R(z)-\frac{\partial}{\partial z}Q(y)\right]\vec{e}_x+\left[\frac{\partial}{\partial z}P(x)-\frac{\partial}{\partial x}R(z)\right]\vec{e}_y+\left[\frac{\partial}{\partial x}Q(y)-\frac{\partial}{\partial y}P(x)\right]\vec{e}_z$$

2-7 $\oint_S\vec{A}\cdot\mathrm{d}\vec{S}=\oint_S 3\sin\theta\vec{e}_r\cdot\mathrm{d}\vec{S}=\int_0^{2\pi}\mathrm{d}\phi\int_0^{2\pi}\mathrm{d}\theta\int_0^5\frac{6\sin\theta}{r}r^2\sin\theta\mathrm{d}r=75\pi^2$

2-10 $a=-1,b=0,c=0,\vec{A}$ 为无源场

2-11 (1)在直角坐标系中

$$\nabla\left(\frac{1}{r}\right)=\nabla\left(\frac{1}{\sqrt{x^2+y^2+z^2}}\right)=\nabla\left[(x^2+y^2+z^2)^{-1/2}\right]$$

$$=\frac{\partial(x^2+y^2+z^2)^{-1/2}}{\partial x}\vec{e}_x+\frac{\partial(x^2+y^2+z^2)^{-1/2}}{\partial y}\vec{e}_y+\frac{\partial(x^2+y^2+z^2)^{-1/2}}{\partial z}\vec{e}_z$$

$$=-x(x^2+y^2+z^2)^{-3/2}\vec{e}_x-y(x^2+y^2+z^2)^{-3/2}\vec{e}_y-z(x^2+y^2+z^2)^{-3/2}\vec{e}_z$$

$$=-\frac{x\vec{e}_x+y\vec{e}_y+z\vec{e}_z}{(x^2+y^2+z^2)^{3/2}}=-\frac{\vec{r}}{r^3}$$

(2) 在球坐标系和圆柱坐标系中

$$\nabla\left(\frac{1}{r}\right)=\frac{\partial}{\partial r}\left(\frac{1}{r}\right)\vec{e}_r=-\frac{1}{r^2}\vec{e}_r=-\frac{\vec{r}}{r^3}$$

2-12 直角坐标

$$\begin{cases} x=\rho\cos\varphi=4\cos(2\pi/3)=-2 \\ y=\rho\sin\varphi=4\sin(2\pi/3)=2\sqrt{3} \\ z=3 \end{cases}$$

球坐标

$$\begin{cases} r=\sqrt{\rho^2+z^2}=\sqrt{4^2+3^2}=5 \\ \theta=\arcsin\dfrac{\rho}{\sqrt{\rho^2+z^2}}=\arcsin\dfrac{4}{5}=53.1^\circ \\ \varphi=\dfrac{2\pi}{3}=120^\circ \end{cases}$$

2－15 $\nabla\times\vec{F}(\vec{r})=-\nabla\Phi(\vec{r})=-\dfrac{q}{4\pi r}\vec{e}_r$

2－16 $\nabla\cdot\vec{A}=\dfrac{1}{r}\dfrac{\partial}{\partial r}(ra)+\dfrac{1}{r}\dfrac{\partial b}{\partial\varphi}+\dfrac{\partial c}{\partial z}=a/r$

$$\nabla\times\vec{A}=\frac{1}{r}\begin{vmatrix} \vec{e}_r & r\vec{e}_\varphi & \vec{e}_z \\ \dfrac{\partial}{\partial r} & \dfrac{\partial}{\partial\varphi} & \dfrac{\partial}{\partial z} \\ a & br & c \end{vmatrix}=\frac{1}{r}(b\vec{e}_z)=\frac{b}{r}\vec{e}_z$$

2－17 $\nabla\cdot\vec{A}=\dfrac{1}{r^2}\dfrac{\partial}{\partial r}(r^2a)+\dfrac{1}{r\sin\theta}\dfrac{\partial(\sin\theta b)}{\partial\theta}+\dfrac{1}{r\sin\theta}\dfrac{\partial c}{\partial\varphi}=\dfrac{1}{r}(2a+b\cot\theta)$

$$\nabla\times\vec{A}=\frac{1}{r^2\sin\theta}\begin{vmatrix} \vec{e}_r & r\vec{e}_\theta & r\sin\theta\vec{e}_\phi \\ \dfrac{\partial}{\partial r} & \dfrac{\partial}{\partial\theta} & \dfrac{\partial}{\partial\phi} \\ a & br & (r\sin\theta)c \end{vmatrix}=\frac{c}{r}\cot\theta\vec{e}_r-\frac{c}{r}\vec{e}_\theta+\frac{b}{r}\vec{e}_\phi$$

3 静电场

3－1 $\vec{E}=-\vec{e}_y\int_0^\pi\dfrac{\rho_0}{4\pi\varepsilon_0 a}\sin^2\phi\,\mathrm{d}\phi=-\dfrac{\rho_0}{8\varepsilon_0 a}\vec{e}_y$

3－2 $\vec{E}_z=\vec{e}_z\dfrac{\rho_S}{2\varepsilon_0}\int_0^a\dfrac{zr\mathrm{d}r}{(r^2+z^2)^{3/2}}=\vec{e}_z\dfrac{\rho_S}{2\varepsilon_0}\left(\dfrac{z}{|z|}-\dfrac{z}{\sqrt{a^2+z^2}}\right)$

3－3 $E_y=E_{1y}+E_{2y}+E_{3y}=\dfrac{3\rho_{l1}}{2\pi\varepsilon_0 l}-\dfrac{3\rho_{l1}}{8\pi\varepsilon_0 l}-\dfrac{3\rho_{l1}}{8\pi\varepsilon_0 l}=\dfrac{3\rho_{l1}}{4\pi\varepsilon_0 l}$

3－4 $E_y=\dfrac{\sqrt{2}q}{\pi\varepsilon_0 d^2}$

3－5 （1）$r<a$ 时 $\vec{E}_1=0$

$a<r<b$ 时 $2\pi rlE_2=\dfrac{2\pi al\sigma_1}{\varepsilon_0}$ 则 $\vec{E}_2=\dfrac{a\sigma_1}{r\varepsilon_0}\vec{e}_r$

$r>b$ 时 $2\pi rlE_3=\dfrac{2\pi al\sigma_1+2\pi bl\sigma_2}{\varepsilon_0}$ 则 $\vec{E}_3=\dfrac{a\sigma_1+\sigma_2 b}{r\varepsilon_0}\vec{e}_r$

(2) $\frac{\sigma_1}{\sigma_2} = -\frac{b}{a}$

3-6 $\frac{b}{a} = e$

3-7 $C = \frac{q}{U} = \frac{2\pi ab(\varepsilon_1 + \varepsilon_2)}{b-a}$

3-8 (1) 在 $0 < r \leqslant a$ 区域中，电场强度为

$$\vec{E} = \frac{\vec{D}}{\varepsilon_0} = \frac{q}{4\pi\varepsilon_0 r^2}\vec{e}_r$$

在 $a < r \leqslant b$ 区域内，电场强度为

$$\vec{E} = \frac{\vec{D}}{\varepsilon} = \frac{q}{4\pi\varepsilon r^2}\vec{e}_r$$

在 $r > b$ 区域内，电场强度为

$$\vec{E} = \frac{\vec{D}}{\varepsilon_0} = \frac{q}{4\pi\varepsilon_0 r^2}\vec{e}_r$$

(2) 介质壳内表面上束缚电荷面密度为

$$\rho'_S = \vec{e}_n \cdot \vec{P} = -\vec{e}_r \cdot \vec{P} = -(\varepsilon - \varepsilon_0)\frac{q}{4\pi\varepsilon a^2} = -\left(1 - \frac{\varepsilon_0}{\varepsilon}\right)\frac{q}{4\pi a^2}$$

外表面上束缚电荷面密度为

$$\rho_S = \vec{e}_n \cdot \vec{P} = \vec{e}_r \cdot \vec{P} = (\varepsilon - \varepsilon_0)\frac{q}{4\pi\varepsilon b^2} = \left(1 - \frac{\varepsilon_0}{\varepsilon}\right)\frac{q}{4\pi b^2}$$

3-9 (1) $\rho = \varepsilon_0 \nabla \cdot \vec{E} = \varepsilon_0\left[\frac{1}{r^2}\frac{\partial}{\partial r}(r^2 E_r)\right] = \varepsilon_0\left[\frac{1}{r^2}\frac{\partial}{\partial r}\left(r^2 \cdot \frac{r^4}{a^4}\right)\right] = \frac{6\varepsilon_0 r^3}{a^4}$

(2) $\rho_S = \frac{2Q}{4\pi a^2} = \frac{8\pi\varepsilon_0 a^2}{4\pi a^2} = 2\varepsilon_0$

(3) $\varphi_\alpha = \int_a^\infty \vec{E}' \cdot \mathrm{d}r = \int_a^\infty \frac{2Q}{4\varepsilon_0 \pi a^2}\mathrm{d}r = \frac{Q}{2\varepsilon_0 \pi a} = \frac{4\pi\varepsilon_0 a^2}{2\pi\varepsilon_0 a} = 2a$

(4) $\varphi_0 = \int_0^a \vec{E} \cdot \mathrm{d}r + \int_a^\infty \vec{E}' \cdot \mathrm{d}r = \int_0^a \frac{r^4}{a^4}\mathrm{d}r + \int_a^\infty \frac{2Q}{4\varepsilon_0 \pi a^2}\mathrm{d}r = \frac{1}{5}a + 2a = 2.2a$

3-10 (1) $E_1 = \frac{U}{r\varepsilon_1\left(\frac{1}{\varepsilon_1}\ln\frac{r_0}{a} + \frac{1}{\varepsilon_2}\ln\frac{b}{r_0}\right)}$

$$E_2 = \frac{U}{r\varepsilon_2\left(\frac{1}{\varepsilon_1}\ln\frac{r_0}{a} + \frac{1}{\varepsilon_2}\ln\frac{b}{r_0}\right)}$$

(2) 各层介质最大场强出现在 $r = a, r = r_0$ 处

$$E_{1\max} = \frac{U}{a\varepsilon_1\left(\frac{1}{\varepsilon_1}\ln\frac{r_0}{a} + \frac{1}{\varepsilon_2}\ln\frac{b}{r_0}\right)}$$

$$E_{2\max}=\frac{U}{r_0\varepsilon_2\left(\frac{1}{\varepsilon_1}\ln\frac{r_0}{a}+\frac{1}{\varepsilon_2}\ln\frac{b}{r_0}\right)}$$

（3）$\frac{\varepsilon_1}{\varepsilon_2}=\frac{r_0}{a}$

3－11　$C_0=\frac{\rho_l}{U}=\frac{\varepsilon\theta+\varepsilon_0(2\pi-\theta)}{\ln\frac{b}{a}}$

3－12　（1）$\vec{E}=\frac{U}{r\ln\frac{b}{a}}\vec{e}_r$

（2）内导体的外表面上的电荷面密度为

$$\rho_{S1}=\varepsilon_1\vec{e}_r\cdot\vec{E}=\frac{\varepsilon_1 U}{a\ln\frac{b}{a}}$$

$$\rho_{S2}=\varepsilon_2\vec{e}_r\cdot\vec{E}=\frac{\varepsilon_2 U}{a\ln\frac{b}{a}}$$

外导体内表面上的电荷面密度为

$$\rho_{S1}=-\varepsilon_1\vec{e}_r\cdot\vec{E}=-\frac{\varepsilon_1 U}{b\ln\frac{b}{a}}$$

$$\rho_{S2}=-\varepsilon_2\vec{e}_r\cdot\vec{E}=-\frac{\varepsilon_2 U}{b\ln\frac{b}{a}}$$

（3）单位长度的电容为

$$C=\frac{q}{U}=\frac{\pi(\varepsilon_1+\varepsilon_2)}{\ln\frac{b}{a}}$$

电容器中的储能密度为

$$\omega_{\mathrm{e}}=\frac{1}{2}CU^2=\frac{1}{2}\frac{\pi U^2}{\ln\frac{b}{a}}(\varepsilon_1+\varepsilon_2)$$

3－13　（1）$F=\frac{\mathrm{d}W_{\mathrm{e}}}{\mathrm{d}x}\bigg|_{\varphi=\mathrm{const}}=\frac{aU^2}{2d}(\varepsilon-\varepsilon_0)$

（2）$F=-\frac{\mathrm{d}W_{\mathrm{e}}}{\mathrm{d}x}\bigg|_{q=\mathrm{const}}=\frac{ab^2U^2{\varepsilon_0}^2}{2d}\frac{\varepsilon-\varepsilon_0}{[\varepsilon_0 b+(\varepsilon-\varepsilon_0)x]^2}$

3－14　（1）$W=-2\times14=-28$（μJ）

（2）$W=-28\mu\mathrm{J}$

3－15　$\vec{F}=\vec{e}_z\frac{q^2}{32\pi\varepsilon_0 a^2}$

4 恒定电流场

4－1 （1）1.1×10^{-4}m/s；（2）1.5×10^{6}A/m^2

4－2 2.08×10^{18}

4－3 8.83×10^{-6}C/m^2

4－4 （略）

4－5 （1）0.02s；（2）0.004C；（3）0.003 459C；（4）0.046s

4－6 $G=\dfrac{2\pi\sigma}{\ln\dfrac{a}{b}}$S/m

4－7 $G=\dfrac{\pi\sigma}{\ln\dfrac{D}{b}}$S/m

4－8 $R=2\ln\dfrac{b}{a}/(\pi d\sigma)$

4－9 （1）$R=\dfrac{1}{4\pi m}\ln\dfrac{abk+bm}{abk+am}=\dfrac{1}{4\pi m}\ln M$

（2）$\rho_{Sa}=\dfrac{\varepsilon mU_0}{M(ma+ka^2)},\rho_{Sb}=-\dfrac{\varepsilon mU_0}{M(mb+kb^2)}$

（3）$\rho_V=\dfrac{\varepsilon mU_0}{M(m+kr)^2r^2}$

（4）$Q_{\text{in}}=\dfrac{4\pi\varepsilon mU_0a}{M(m+ka)},Q_{\text{out}}=\dfrac{-4\pi\varepsilon mU_0b}{M(m+kb)}$

（5）$\vec{J}=\dfrac{mU_0}{Mr^2}\vec{e}_r$

（6）$I=\dfrac{4\pi mU_0}{M},R=\lim\limits_{m\to\infty}\dfrac{b-a}{4\pi abk}$

4－10 （1）$J_2=43.37$A/m^2；（2）$\alpha_2=3.3°$；（3）$\rho_S=-1.165\times10^{-10}$C/m^2

4－11 （1）$\vec{J}_1=\vec{J}_2=\dfrac{\sigma_1\sigma_2e}{\left(\sigma_2\ln\dfrac{c}{a}+\sigma_1\ln\dfrac{b}{c}\right)r}\vec{e}_r$

（2）$\rho_{Sa}=\dfrac{\varepsilon_1\sigma_2e}{\left(\sigma_2\ln\dfrac{c}{a}+\sigma_1\ln\dfrac{b}{c}\right)a},\rho_{Sb}=\dfrac{\varepsilon_2\sigma_1e}{\left(\sigma_2\ln\dfrac{c}{a}+\sigma_1\ln\dfrac{b}{c}\right)b}$

（3）$\rho_{Sc}=\dfrac{(-\varepsilon_1\sigma_2+\varepsilon_2\sigma_1)e}{\left(\sigma_2\ln\dfrac{c}{a}+\sigma_1\ln\dfrac{b}{c}\right)c}$

4－12 （1）$\varphi_1=\dfrac{4\sigma_2U}{\pi(\sigma_1+\sigma_2)}\varphi+\dfrac{(\sigma_1-\sigma_2)U}{\sigma_1+\sigma_2},\varphi_2=\dfrac{4\sigma_1U}{\pi(\sigma_1+\sigma_2)}\varphi$

（2）$I=3.137\times10^5$A，$R=9.58\times10^{-5}\Omega$

（3）$\vec{j}$ 不突变，$\vec{e}$ 和 $\vec{d}$ 有突变

(4) $\rho_S = \frac{4\sigma_1 U}{\pi(\sigma_1+\sigma_2)} \frac{(\sigma_1-\sigma_2)}{r}$

4-13 (1) $R=4.515\times10^{-7}\Omega$

(2) $J_1=J_2=J_3=2.2\times10^4\text{A/m}^2$, $E_1=2.2\text{V/m}$, $E_2=4.4\text{V/m}$, $E_3=0.11\text{V/m}$

(3) $P_1=24.2\text{W}$, $P_2=193.6\text{W}$, $P_3=0.726\text{W}$, $P=218.5\text{W}$

4-14 (1) $C_1=0.016\mu\text{F}$, $C_2=0.032\mu\text{F}$

(2) $R_1=2206\Omega$, $R_2=1103\Omega$

(3) $C=0.01\mu\text{F}$

(4) $R=3309\Omega$

4-15 (1) $C_1=0.01\text{nF}$, $C_2=0.04\text{nF}$

(2) $R_1=53.1\text{k}\Omega$, $R_2=8.84\text{k}\Omega$

(3) $C=0.008\text{nF}$

(4) $R=61.94\text{k}\Omega$

4-16 $6.36\times10^6\Omega$

4-17 (1) $\varphi(x,y)=\frac{\varphi_0}{a}x$

(2) $\vec{J}(x,y)=-\frac{\sigma\varphi_0}{a}\vec{e}_x$

5 恒定磁场

5-1 $\vec{B}=\vec{e}_z\frac{\mu_0 I}{\pi b}\frac{3a}{\sqrt{b^2+\left(\frac{a}{2}\right)^2}}$, 其中 $b=\frac{a}{2}\tan\frac{\pi}{6}$

5-2 $1.03\times10^{-3}\text{T}$

5-3 $\vec{B}=1.256\times10^{-2}\text{T}$

5-4 $\vec{B}=\vec{e}_z\frac{\mu_0\rho_s\omega}{2}\left(\frac{a^2+2z^2}{\sqrt{a^2+z^2}}-2z\right)$

5-5 $\vec{B}=\vec{e}_z\frac{\mu_0 I a^2}{2(a^2+h^2)^{3/2}}$

5-6 (略)

5-7 $\vec{B}_0=\vec{e}_z\frac{\mu_0 NI}{2}\frac{1}{\sqrt{\frac{1}{4}L^2+b^2}}$, $\vec{B}_{\frac{L}{2}}=\vec{B}_{-\frac{L}{2}}=\vec{e}_z\frac{\mu_0 NI}{2}\frac{1}{\sqrt{L^2+b^2}}$

5-8 $\vec{F}=(4\vec{e}_x-\vec{e}_y)3\times10^{-4}\text{N}$

5-9 $\vec{F}=250\vec{e}_x\text{N}$

5-10 $I=4.537\text{A}$, 方向向左

5-11 $W=720\text{J}$

5-12 $T=50\text{N}\cdot\text{m}$

5－13　$A=0$

5－14　（1）$\vec{A}(3,4,0)=4.5\times10^{-6}\vec{e}_z$ Wb/m；（2）$\vec{B}(3,4,5)=-6.270\times10^{-7}\vec{e}_x+1.393\times10^{-7}\vec{e}_y$Wb/m

5－15　（1）圆柱内 $\vec{B}=\vec{e}_\phi\dfrac{\mu_0 rI}{2\pi a^2}$；（2）圆柱外 $\vec{B}=\vec{e}_\phi\dfrac{\mu_0 I}{2\pi r}$

5－16　略

5－17　$\vec{B}=\dfrac{\mu_0 J_0 c}{2}\vec{e}_y$

5－18　$\vec{B}=\begin{cases}\vec{e}_x\dfrac{\mu_0 J_{s0}}{2} & (y<0)\\ -\vec{e}_x\dfrac{\mu_0 J_{s0}}{2} & (y>0)\end{cases}$

5－19　（1）磁化电流 $J'_S=M_0 e_\phi$；（2）磁感应强度 $\vec{B}=\vec{e}_z\dfrac{\mu_0 M_0}{2}\left[\dfrac{\dfrac{l}{2}-z}{\sqrt{\left(\dfrac{l}{2}-z\right)^2+b^2}}+\dfrac{\dfrac{l}{2}+z}{\sqrt{\left(\dfrac{l}{2}+z\right)^2+b^2}}\right]$

5－20　$\nabla M=237\,653.5$A

5－21　$B_{\max}=0.166\,7$T；$B_{\min}=0.125$T；$\Phi_m=7.2\times10^{-4}$Wb

5－22　（1）$\vec{B}_2=150\vec{e}_x+80\vec{e}_y+0.6\vec{e}_z$；（2）$\vec{P}_{m_1}=0$，$\vec{P}_{m_2}=\dfrac{99}{100\mu_0}(150\vec{e}_x+80\vec{e}_y+0.6\vec{e}_z)$

5－23　$\vec{H}_2=28\vec{e}_x+50\vec{e}_y+2.4\vec{e}_z$(kA/m)

5－24　$\Phi=1.96\times10^{-4}$Wb

5－25　（1）空气隙磁通 $\Phi=0.464$mWb；（2）所需线圈电流 $I'=2.48$ A；（3）比值为0.385

5－26　略

5－27　（1）$e=\dfrac{\mu_0 b\omega I_m}{2\pi}\sin\omega t\ln\dfrac{c+a}{c}$

（2）$e=\dfrac{\mu_0 I_0 bav_0}{2\pi(c+a+v_0t)(c+v_0t)}$

（3）$e=-\dfrac{\mu_0 bI_m}{2\pi}\left[\omega\sin\omega t\ln\dfrac{c+a+v_0t}{c+v_0t}+\dfrac{av_0\cos\omega t}{(c+a+v_0t)(c+v_0t)}\right]$

5－28　$e=B_0ab\omega\sin\omega t$，$e=2B_0ab\omega\sin\omega t\cos\sin\omega t$

5－29　$L=0.236$H

5－30　$L_0=\dfrac{\mu_0}{\pi}\ln\dfrac{d-a}{a}$；$L_i=\dfrac{\mu_0}{8\pi}$

5－31　$M=\dfrac{\sqrt{3}\mu_0}{3\pi}\left[d\ln\left(\dfrac{2d+\sqrt{3}a}{d}\right)-\dfrac{\sqrt{3}a}{2}\right]$

5－32 $M=\frac{\mu_0 b}{2\pi}\ln\frac{\sqrt{(a/2)^2+d^2+ad\cos\alpha}}{\sqrt{(a/2)^2+d^2-ad\cos\alpha}}$

5－33

$$W_{\mathrm{m}}=\frac{I^2 l}{4\pi}\left\{\mu_1\left[\frac{1}{4}-\frac{R_1^2}{2(R_2^2-R_1^2)}+\frac{R_1^4\ln\frac{R_2}{R_1}}{(R_2^2-R_1^2)^2}\right]+\mu_0\ln\frac{R_3}{R_2}+\mu_2\left[-\frac{1}{4}-\frac{R_4^2}{2(R_4^2-R_3^2)}+\frac{R_4^2\ln\frac{R_4}{R_3}}{(R_4^2-R_3^2)^2}\right]\right\}$$

$$L=\frac{l}{2\pi}\left\{\mu_1\left[\frac{1}{4}-\frac{R_1^2}{2(R_2^2-R_1^2)}+\frac{R_1^4\ln\frac{R_2}{R_1}}{(R_2^2-R_1^2)^2}\right]+\mu_0\ln\frac{R_3}{R_2}+\mu_2\left[-\frac{1}{4}-\frac{R_4^2}{2(R_4^2-R_3^2)}+\frac{R_4^2\ln\frac{R_4}{R_3}}{(R_4^2-R_3^2)^2}\right]\right\}$$

5－34 $f_x=\frac{N^2 I^2 S}{2}\frac{\mu_r\mu_0(\mu_r-1)}{[\mu_r l-(\mu_r-1)x]^2}$

5－35 0.49N

5－36 （1）$f_{12x}=-\frac{\mu_0 I_1 I_2 c}{2\pi}\left(\frac{1}{D-a-R}+\frac{1}{a+R}\right)$

$f_{34x}=\frac{\mu_0 I_1 I_2 c}{2\pi}\left(\frac{1}{a+R+b}+\frac{1}{D-a-R-b}\right)$

$f_{23y}=\frac{\mu_0 I_1 I_2}{2\pi}\ln\frac{(D-a-R)(a+R+b)}{(a+R)(D-a-R-b)}$

$f_{14y}=-\frac{\mu_0 I_1 I_2}{2\pi}\ln\frac{(D-a-R)(a+R+b)}{(a+R)(D-a-R-b)}$

（2）$f_x=\frac{\mu_0 I_1 I_2 c}{2\pi}\left(\frac{1}{a+R+b}+\frac{1}{D-a-R-b}-\frac{1}{D-a-R}-\frac{1}{a+R}\right)$；$f_y=0$

6 时变电磁场

6－1 （1）6.554×10^{15}；（2）282.5；（3）4.466×10^{-9}

6－2 $\vec{J}_{\mathrm{D}}=\vec{e}_x 5\times10^7\cos\left(6\pi\times10^9 t-20\pi z+\frac{\pi}{2}\right)$，$k=20\pi$

6－3 $f=8.9\times10^5\,\mathrm{Hz}$

6－5 （1）$\vec{E}=E_{\mathrm{m}}\vec{e}_x\cos 3x$

（2）$\vec{H}=H_{\mathrm{m}}\vec{e}_y\sin kz\cos\left(\omega t+\frac{\pi}{2}\right)$

（3）$\vec{E}=E_{\mathrm{m}}\vec{e}_x\sin\left(\frac{\pi}{a}x\right)\cos\left(\omega t-kz+\frac{\pi}{3}\right)$

（4）$\vec{H}=H_{\mathrm{m}}\vec{e}_y \mathrm{e}^{-\mathrm{j}(kz+\frac{\pi}{6})}$

6－6 $\vec{H}=\frac{1}{\mu_0}\vec{e}_y\mathrm{e}^{-\mathrm{j}20\pi z}$，$\vec{E}=\frac{1}{c}\vec{e}_x\mathrm{e}^{-\mathrm{j}20\pi z}$

$\vec{S}=\frac{1}{\mu_0 c}\vec{e}_z\cos^2(6\pi\times10^9 t-20\pi z)$

$\vec{S}_{\mathrm{av}}=\frac{1}{2\mu_0 c}\vec{e}_z$ （$c=3\times10^8\,\mathrm{m/s}$）

6－7 $\vec{S}=\sqrt{\frac{\varepsilon_0}{\mu_0}}(E_{xm}^2+E_{ym}^2)\vec{e}_z\cos^2(\omega t-kz)$

$$\vec{S}_{av}=\frac{1}{2}\sqrt{\frac{\varepsilon_0}{\mu_0}}(E_{xm}^2+E_{ym}^2)\vec{a}_z$$

6－8 略

6－9 （1）$\vec{H}=\frac{k}{\omega\mu}(-\vec{e}_yE_m+\vec{e}_x\mathrm{j}E_m)\mathrm{e}^{-\mathrm{j}kz}$

（2）$\vec{E}=E_m\vec{e}_x\cos(\omega t-kz)+E_m\vec{e}_y\cos\left(\omega t-kz+\frac{\pi}{2}\right)$

$$\vec{H}=-\frac{k}{\omega\mu}E_m\vec{e}_y\cos(\omega t-kz)+\frac{k}{\omega\mu}E_m\vec{e}_x\cos\left(\omega t-kz+\frac{\pi}{2}\right)$$

（3）$\vec{S}_{av}=-\frac{2k}{\omega\mu_0}E_m^2\vec{e}_z$

6－11 $\vec{S}_{av1}=\frac{1}{2}\sqrt{\frac{\varepsilon_0}{\mu_0}}E_{1m}^2\vec{e}_z$，$\vec{S}_{av2}=\frac{1}{2}\sqrt{\frac{\varepsilon_0}{\mu_0}}E_{2m}^2\vec{e}_z$

7 平面电磁波

7－1 $E=-1.026\text{mV/m}$，$H=-5.44\times10^{-3}\text{mA/m}$

7－2 低损耗介质$f>1.8\times10^9\text{Hz}$，良导体$f<1.8\times10^5\text{Hz}$

7－3 选铁作为屏蔽罩

7－4 （1）$\vec{E}=240\pi\left[-\vec{e}_y\mathrm{e}^{-\mathrm{j}\left(z+\frac{\pi}{4}\right)}+\vec{e}_x\mathrm{e}^{-\mathrm{j}\left(z-\frac{\pi}{4}\right)}\right]\text{V/m}$

（2）左旋圆极化波，$f=0.48\times10^8\text{Hz}$

（3）$\vec{S}_{av}=480\pi\vec{e}_z\text{W/m}^2$

7－5 （1）$v=1.5\times10^8\text{m/s}$，$k=\frac{4\pi}{3}\text{rad/m}$，$\lambda=1.5\text{m}$

（2）$\vec{E}=\vec{e}_y10\cos\left(2\pi\times10^8t-\frac{4\pi}{3}x\right)\text{V/m}$，$\vec{E}=\vec{e}_y10\mathrm{e}^{-\mathrm{j}\frac{4\pi}{3}x}\text{V/m}$

$$\vec{H}=\vec{e}_z\frac{1}{6\pi}\cos\left(2\pi\times10^8t-\frac{4\pi}{3}x\right)\text{A/m}\ ,\ \vec{H}=\vec{e}_y\frac{1}{6\pi}\mathrm{e}^{-\mathrm{j}\frac{4\pi}{3}x}\text{A/m}$$

7－6 $W=\frac{1}{2}\varepsilon_0E_m^2\cdot\frac{\lambda}{2}$

7－7 （1）$f=102\text{MHz}$，$\lambda=2.94\text{m}$

（2）$\vec{H}=729.4\ (-\sqrt{3}\vec{e}_x+\vec{e}_y+2\sqrt{3}\vec{e}_z)\ \mathrm{e}^{-\mathrm{j}0.17\pi(3x-\sqrt{3y}+2z)}\ \mu\text{A/m}$

（3）$\vec{S}_{av}=32\vec{e}_k\text{mW/m}^2$

7－8 （1）$f=10^8\text{Hz}$，传播方向为x方向，$v=3\times10^8\text{m/s}$，$\lambda=3\text{m}$，$k=\frac{2\pi}{3}\text{rad/m}$

（2）$\vec{H}=\vec{e}_z\frac{141}{120\pi}\cos\left[2\pi\times10^8\left(t-\frac{x}{c}\right)\right]\text{A/m}$

7－9 （1）$\vec{E}=\vec{e}_x10^{-4}\cos\left(2\pi\times10^8t-\frac{4\pi}{3}z+\frac{\pi}{6}\right)\text{V/m}$

（2）$v = 1.5\times10^{8}\text{m/s}$

（3）$\vec{S}_{av} = \frac{1}{120\pi}\times10^{-4}\vec{e}_z$

7-10　$f = 10^{9}\text{Hz}$，$\sigma = 1.11\times10^{5}\text{s/m}$

7-11　（1）$R = -0.8$，$T = 0.2$；（2）$SWR = 9$；（3）$\vec{S}_{av} = \frac{0.18}{Z_0}E_m^2\vec{e}_z$

7-12　（1）$R = -\frac{1}{3}$，$T = \frac{2}{3}$

（2）$\vec{E}^{i} = \vec{e}_x 2\cos(\omega t - 2\pi z)$，$\vec{E}^{r} = \vec{e}_x\left(-\frac{2}{3}\right)\cos(\omega t + 2\pi z)$

$\vec{E}^{t} = \vec{e}_x\frac{4}{3}\cos(\omega t - 4\pi z)$，$\vec{H}^{i} = \vec{e}_y\frac{1}{60\pi}\cos(\omega t - 2\pi z)$

$\vec{H}^{r} = \vec{e}_y\frac{1}{180\pi}\cos(\omega t + 2\pi z)$，$\vec{H}^{t} = \vec{e}_y\frac{1}{45\pi}\cos(\omega t - 4\pi z)$

7-13　（1）$\vec{E}^{r} = (-\vec{e}_x + \mathrm{j}\vec{e}_y)E_0 e^{\mathrm{j}kz}$，左旋圆极化波

（2）$\vec{J}_s = \frac{2E_0}{Z_0}(\vec{e}_x - \mathrm{j}\vec{e}_y)$

（3）$\vec{E} = 2\sqrt{2}E_0\sin kz(\vec{e}_x\sin\omega t - \vec{e}_y\cos\omega t)$

7-14　1.73cm

7-15　镀膜厚度112nm，镀膜材料的透射率1.233

7-16　1）$\vec{E}^{r} = -100\vec{e}_x e^{\mathrm{j}kz}e^{\mathrm{j}10^\circ}$，$\vec{H}^{r} = \frac{100}{120\pi}\vec{e}_y e^{\mathrm{j}kz}e^{\mathrm{j}10^\circ}$，透射分量为零

2）$\vec{J}_s = 0.53\vec{e}_x e^{\mathrm{j}10^\circ}$

3）$\vec{E} = 100\vec{e}_x\sin kz\cos(\omega t - 80^\circ)$（V/m），$\vec{H} = 0.53\vec{e}_y\cos kz\cos(\omega t + 10^\circ)$（A/m）

7-17　（1）$f = 1.5\times10^{9}\text{Hz}$，$\vec{e}_k = 0.2(-\sqrt{5}\vec{e}_x - 2\vec{e}_y + 4\vec{e}_z)$，$v = 1.5\times10^{8}\text{m/s}$，$\lambda = 0.1\text{m}$

（2）$\varepsilon_r = 4$

（3）$E_{y0} = 1.5\sqrt{5}$

（4）$\vec{H} = \frac{1}{\pi}(-8\sqrt{5}\vec{e}_x + 9\vec{e}_y - 5.5\vec{e}_z)\cos[3\pi\times10^{9}t + 4\pi(\sqrt{5}x + 2y - 4z)]$

（5）$\vec{S}_{av} = \frac{2587.5}{\pi}(-\sqrt{5}\vec{e}_x - 2\vec{e}_y + 4\vec{e}_z)$

7-18　（1）$\vec{H} = \vec{e}_x 0.05\sin 5z$；（2）$\varepsilon = 2.25\varepsilon_0$；（3）$\vec{S}_{av} = 0$

7-19　（1）$\varepsilon_r = 4$

（2）$\vec{E}^{r} = -\frac{1}{3}E_0^{i}(\vec{e}_x + \mathrm{j}\vec{e}_y)e^{\mathrm{j}kz}$

（3）$\vec{E}^{t} = -\frac{2}{3}E_0^{i}(\vec{e}_x + \mathrm{j}\vec{e}_y)e^{-\mathrm{j}2kz}$，$\vec{H}^{t} = -\frac{1}{90\pi}E_0^{i}(\vec{e}_x - \mathrm{j}\vec{e}_x)e^{-\mathrm{j}2kz}$

（4）入射波、透射波为左旋圆极化波；反射波为右旋圆极化波

7-20　$\varepsilon = 2\varepsilon_0$，$d = 0.27\text{nm}$

7-21 $\vec{E}^{r}=\vec{e}_y e^{-j\pi(x-\sqrt{3}z)}$，$\vec{E}^{t}=\vec{e}_y 2e^{-j\pi x}$

7-22 （1）$\vec{E}=-\vec{e}_x 2jE_0^i \sin k\ (z-0.5)$

$$\vec{H}=\vec{e}_y \frac{2}{z}E_0^i \cos k\ (z-0.5)$$

（2）$z=-0.586n+0.5$ cm　$n=(0,\ 1,\ 2,\ \cdots)$

（3）235.6 Ω

7-26 （1）$f=2.39\times10^8$ Hz，$\lambda=1.256$m，$\theta_i=36.9°$，$\vec{e}_i=\vec{e}_x 0.6+\vec{e}_z 0.8$

（2）$\vec{H}^{i}=\frac{1}{120\pi}(-\vec{e}_x 8+\vec{e}_z 6)\cos(1.5\times10^9 t-3x-4z)$

（3）$\vec{E}^{r}=-\vec{e}_y 10e^{-j(3x-4z)}$，$\vec{H}^{r}=\frac{1}{120\pi}(-\vec{e}_x 8-\vec{e}_z 6)e^{-j(3x-4z)}$

7-27 $\vec{E}=-2j\vec{e}_y E_0^i \sin(kz\cos\varphi)e^{jkx\sin\varphi}$

$$\vec{H}=-\frac{2E_0^i}{Z}\vec{e}_x\cos\varphi\cos(kz\cos\varphi)e^{-jkx\sin\varphi}+\left(-j\frac{2E_0^i}{Z}\right)\vec{e}_z\sin\varphi\sin(kz\cos\varphi)e^{-jkx\sin\varphi}$$

7-28 $\vec{E}^{i}_{\parallel}=(0.5\vec{e}_x-0.866\vec{e}_z)\ e^{-jk_1(0.866x+0.5z)}$

$\vec{E}^{i}_{\parallel}=(-0.172\vec{e}_x-0.298\vec{e}_z)\ e^{-jk_1(0.866x-0.5z)}$

$\vec{E}^{i}_{\parallel}=(-0.312\vec{e}_x-0.169\vec{e}_z)\ e^{-j2k_1(0.216x+0.976z)}$

$\vec{E}^{i}_{\perp}=\vec{e}_y e^{-jk_1(0.866x+0.5z)+j\frac{\pi}{2}}$

$\vec{E}^{r}_{\perp}=-0.773\vec{e}_y e^{-jk_1(0.866x-0.5z)+j\frac{\pi}{2}}$

$\vec{E}^{t}_{\perp}=-0.227\vec{e}_y e^{-j2k_1(0.216x+0.976z)+j\frac{\pi}{2}}$

7-29 （1）$\vec{E}^{i}=12\pi(\sqrt{3}\vec{e}_x-\vec{e}_z)e^{-j\left(\frac{\pi}{3}x+\frac{\sqrt{3}\pi}{3}z\right)}$，$\vec{H}^{i}=0.2\vec{e}_y e^{-j\left(\frac{\pi}{3}x+\frac{\sqrt{3}\pi}{3}z\right)}$

（2）$\vec{E}^{r}=12\pi\ (-\sqrt{3}\vec{e}_x-\vec{e}_z)\ e^{-j\left(\frac{\pi}{3}x-\frac{\sqrt{3}\pi}{3}z\right)}$，$\vec{H}^{r}=0.2\vec{e}_y e^{-j\left(\frac{\pi}{3}x-\frac{\sqrt{3}\pi}{3}z\right)}$

（3）$\vec{J}_s=0.4\vec{e}_x e^{-j\frac{\pi}{3}x}$

7-30 （1）$\vec{e}_k=-\frac{2}{\sqrt{5}}\vec{e}_x+\frac{1}{\sqrt{5}}\vec{e}_z$

（2）26.56°

（3）$\vec{H}^{r}=\frac{1}{6\pi}\ (\vec{e}_x\sin\theta_i-\vec{e}_z\cos\theta_i)\ e^{-j(4x+2z)}$

8 导行电磁波

8-4 TE_{10}，TE_{20}，TE_{01}，TE_{11}，TM_{11}，… 不会发生变化，因为矩形波导的传输模式取决于波导的尺寸。

8-5 $\vec{E}^{r}_{y}=\vec{e}_y RE^{i}_{0y}\sin\left(\frac{\pi}{c}x\right)e^{jk_z z}$

$\vec{E}^{t}_{y}=\vec{e}_y TE^{i}_{0y}\sin\left(\frac{\pi}{c}x\right)e^{-jk_z z}$

$$\vec{H}_x^{\mathrm{r}} = \vec{e}_x \frac{k_z}{\omega\mu_0} R E_{0y}^{\mathrm{i}} \sin\left(\frac{\pi}{a}x\right) \mathrm{e}^{\mathrm{j}k_z z}$$

$$\vec{H}_z^{\mathrm{r}} = \vec{e}_z \mathrm{j} \frac{1}{\omega\mu_0}\left(\frac{\pi}{c}\right) R E_{0y}^{\mathrm{i}} \cos\left(\frac{\pi}{a}x\right) \mathrm{e}^{\mathrm{j}k_z z}$$

$$\vec{H}_x^{\mathrm{t}} = -\vec{e}_x \frac{k}{\omega\mu} T E_{0y}^{\mathrm{i}} \sin\left(\frac{\pi}{a}x\right) \mathrm{e}^{-\mathrm{j}kz}$$

$$\vec{H}_z^{\mathrm{t}} = -\vec{e}_z \mathrm{j} \frac{1}{\omega\mu_0}\left(\frac{\pi}{c}\right) T E_{0y}^{\mathrm{i}} \cos\left(\frac{\pi}{a}x\right) \mathrm{e}^{-\mathrm{j}kz}$$

8－10　TM_{01}，TM_{11}，TE_{01}，TE_{11}，TE_{21}，不会发生变化

8－11　$f/f_{\mathrm{c}} = \left[\dfrac{(6b+3a) - \sqrt{(6b+3a)^2 - 8ab}}{4b}\right]^{1/2}$

8－12　$f_{\mathrm{c}} = 2.08\mathrm{GHz}$，$\lambda_{\mathrm{g}} = 13.89\mathrm{cm}$，$k'' = 2.82 \times 10^{-3}\mathrm{Np/m}$，$d = 245.8\mathrm{m}$

8－14　$P_{\mathrm{b}} = 2.19\mathrm{MW}$

8－16　$k'' \approx 0.013\mathrm{Np/m}$，$E_{y|\max} \approx 66\,982.4\mathrm{V/m}$，$H_{z|\max} \approx 118.5\mathrm{A/m}$，$H_{x|\max} \approx 132.5\mathrm{A/m}$，$|\vec{J}_S|_{y=0}|_{\max} \approx 132.5\mathrm{A/m}$，$P_{l1} \approx 25.66\mathrm{W}$

8－22　$f = 2555\mathrm{MHz}$

9 电 磁 辐 射

9－3　$D = 1.5$；$R_{\mathrm{r}} = 80\pi^2\left(\dfrac{l}{\lambda}\right)^2$

9－4　$\vec{H} = \mathrm{j}\dfrac{\vec{I}l}{\lambda r}(\vec{e}_\theta \cos\phi - \vec{e}_\phi \cos\theta \sin\phi)\mathrm{e}^{-\mathrm{j}kr}$

$$\vec{E} = -\mathrm{j}\frac{Z\vec{I}l}{\lambda r}(\vec{e}_\phi \cos\phi + \vec{e}_\theta \cos\theta \sin\phi)\mathrm{e}^{-\mathrm{j}kr}$$

9－7　$E_\theta = \mathrm{j}\dfrac{60\pi I_0 l \sin\theta}{\lambda r}\mathrm{e}^{-\mathrm{j}kr}$

$$H_\phi = \mathrm{j}\frac{I_0 l \sin\theta}{2\lambda r}\mathrm{e}^{-\mathrm{j}kr}$$

$$P_r = \frac{80\pi^2 l^2 I_0}{\lambda^2}$$

$$R_r = \frac{80\pi^2 l^2}{\lambda^2}$$

$$D = 1.5$$

9－8　$2l_{\mathrm{e}} = \dfrac{2}{k}\sin\theta \mathrm{e}^{-\mathrm{j}kr\cos\theta}$，$2l_{\mathrm{emax}} = \dfrac{2}{k}$

9－9　$\vec{H} = \mathrm{j}\vec{e}_\phi \dfrac{I}{2\pi r}\dfrac{\sin\left(\dfrac{\pi}{2}\sin\theta\right)}{\sin^2\theta}\mathrm{e}^{-\mathrm{j}kr}$

$$\vec{E} = \mathrm{j}\vec{e}_\theta \frac{60I}{r}\frac{\sin\left(\dfrac{\pi}{2}\sin\theta\right)}{\sin^2\theta}\mathrm{e}^{-\mathrm{j}kr}$$

$$f(\theta)=\frac{\sin\left(\frac{\pi}{2}\sin\theta\right)}{\sin\theta}$$

9－10 $$E_\theta=\mathrm{j}\frac{ZI_0}{2\pi r}\frac{\sin\theta\cos\left(\frac{\pi}{2}\cos\theta\right)}{-1-\cos\theta}\mathrm{e}^{-\mathrm{j}kr}$$

$$H_\phi=\mathrm{j}\frac{I_0}{2\pi r}\frac{\sin\theta\cos\left(\frac{\pi}{2}\cos\theta\right)}{-1-\cos\theta}\mathrm{e}^{-\mathrm{j}kr}$$

9－15 $2\theta_{0.5}=78°$

9－17 $f(\phi)=\left|\cos\left(\frac{\pi}{2}\cos\varphi\right)\right|^2$

9－18 $$E_\theta=\mathrm{j}\frac{60I_0}{r}\frac{\cos(kh\cos\theta)-\cos kh}{\sin\theta}\mathrm{e}^{-\mathrm{j}kr}$$

9－19 $h=\frac{\sqrt{2}\lambda}{2}$

附录A 物理量的符号、单位及量纲

物理量的符号、单位及量纲见表 A－1。

表 A－1 物理量的符号、单位及量纲

物理量及符号	单位名称及符号	量　纲
长度（l）	米（m）	L
质量（m）	千克（kg）	M
时间（t）	秒（s）	T
电流（I, i）	安［培］（A）	I
电荷（Q, q）	库［仑］（C）	IT
电荷面密度（ρ_s）	库/米^2（C/m^2）	IT/L^2
电荷线密度（ρ_l）	库/米（C/m）	IT/L
电场强度（$\vec{E}$）	伏/米（V/m）	ML/IT^3
电通（Ψ）	伏米（V·m）	ML^3/IT^3
电位（φ）	伏［特］（V）	ML^2/IT^3
电容（C）	法［拉］（F）	I^2T^4/ML^2
介电常数（ε）	法/米（F/m）	I^2T^4/ML^3
真空介电常数（ε_0）	法/米（F/m）	I^2T^4/ML^3
相对介电常数（ε_r）	—	—
电极化率（χ_e）	—	—
电极化强度（$\vec{P}$）	库/米^2（C/m^2）	IT/L^2
电通密度（$\vec{D}$）	库/米^2（C/m^2）	IT/L^2
电流密度（$\vec{J}$）	安/米^2（A/m^2）	I/L^2
面电流密度（$\vec{J}_S$）	安/米（A/m）	I/L
电阻（R）	欧［姆］（Ω）	ML^2/I^2T^3
电抗（X）	欧［姆］（Ω）	ML^2/I^2T^3
阻抗（Z）	欧［姆］（Ω）	ML^2/I^2T^3
电导（G）	西［门子］（S）	I^2T^3/ML^2
电纳（B）	西［门子］（S）	I^2T^3/ML^2
导纳（Y）	西［门子］（S）	I^2T^3/ML^2
电导率（σ）	西/米（S/m）	I^2T^3/ML^3
磁荷（q_m, Q_m）	韦［伯］（Wb）	ML^2/IT^2
磁荷体密度（ρ_{mV}）	韦/米^3（Wb/m^3）	M/IT^2L
磁荷面密度（ρ_{mS}）	韦/米^2（Wb/m^2）	M/IT
磁荷线密度（ρ_{ml}）	韦/米（Wb/m）	ML/IT^2

续表

物理量及符号	单位名称及符号	量　纲
磁流（I_m）	伏［特］(V)	ML^2/IT^2
面磁流密度（$\vec{J}_{mS}$）	伏/米²（V/m^2）	M/IT^2
线磁流密度（$\vec{J}_{ml}$）	伏/米（V/m）	ML/IT^2
磁通密度（$\vec{B}$）	特［斯拉］(T)	M/IT^2
磁通（Φ）	韦［伯］(Wb)	ML^2/IT^2
电感（L）	亨［利］(H)	ML^2/I^2T^2
互感（M）	亨［利］(H)	ML^2/I^2T^2
磁导率（μ）	亨/米（H/m）	ML/I^2T^2
真空磁导率（μ_0）	亨/米（H/m）	ML^2/I^2T^2
相对磁导率（μ_r）	—	—
磁化率（χ_m）	—	—
磁化强度（$\vec{P}_m$）	安/米（A/m）	I/L
磁场强度（$\vec{H}$）	安/米（A/m）	I/L
力（$\vec{F}$）	牛［顿］(N)	ML/T^2
能量（功）（W）	焦［耳］(J)	ML^2/T^2
能量密度（w）	焦/米³（J/m^3）	M/T^2L
功率（P）	瓦［特］(W)	ML^2/T^3
频率（f）	赫［兹］(Hz)	1/T
角频率（ω）	弧度/秒（rad/s）	1/T
周期（T）	秒（s）	T
波长（λ）	米（m）	L
相位速度（v_p）	米/秒（m/s）	L/T
能量速度（v_e）	米/秒（m/s）	L/T
群速度（v_g）	米/秒（m/s）	L/T
波数（k）	弧度/米（rad/m）	1/L
相位常数（k'）	弧度/米（rad/m）	1/L
衰减常数（k''）	奈培/米（Np/m）	1/L
传播常数（k_c）	—	—
能流密度（$\vec{S}$）	瓦/米²（W/m^2）	M/T^3
复能流密度（$\vec{S}_c$）	瓦/米²（W/m^2）	M/T^3
方向性系数（D）	—	—
增益（G）	—	—
效率（η）	—	—

注　表中米、千克、秒、安培为基本单位，其余为导出单位。

附录B SI单位制中用于构成十进制倍数和分数的常用词头名称及其符号

常用词头名称及其符号见表B-1。

表B-1 **常用词头名称及其符号**

因数	名称	符号
10^{12}	太	T
10^{9}	吉	G
10^{6}	兆	M
10^{3}	千	k
10^{-1}	分	d
10^{-2}	厘	c
10^{-3}	毫	m
10^{-6}	微	μ
10^{-9}	纳	n
10^{-12}	皮	p
10^{-15}	飞	f

附录C 物 理 常 数

各种物理常数见表C-1~表C-6。

表C-1 自由空间的常数

常 数	符 号	数 值
光速	c	3×10^{8} m/s
电容率	ε_0	$\frac{1}{36\pi}\times10^{-9}$ F/m
磁导率	μ	$4\pi\times10^{-7}$ H/m
本征阻抗	η_0	120π

表C-2 电子和质子的物理常数

常 数	符 号	数 值
电子的静止质量	m_e	9.107×10^{-31} kg
电子的电荷	e	-1.602×10^{-19} C
电子的电荷与质量之比	e/m_e	-1.758×10^{11} C/kg
电子的半径	R_e	2.81×10^{-15} m
质子的静止质量	m_p	1.673×10^{-27} kg

表C-3 材料的相对电容率（介电常数）

材 料	相对电容率 ε_r	材 料	相对电容率 ε_r	材 料	相对电容率 ε_r
空气	1.0	纸	2~4	瓷	5.7
胶木	5.0	粗石蜡	2.2	橡胶	2.3~4.0
玻璃	4~10	有机玻璃	3.4	土壤（干）	3~4
云母	6.0	聚乙烯	2.3	聚四氟乙烯	2.1
油	2.3	聚苯乙烯	2.6	蒸馏水	80

表C-4 材料的电导率

材 料	电导率 σ（S/m）	材 料	电导率 σ（S/m）	材 料	电导率 σ（S/m）
银	6.17×10^{7}	黄铜	1.57×10^{7}	干土	10^{-5}
铜	5.80×10^{7}	青铜	10^{7}	变压器油	10^{-11}
金	4.10×10^{7}	海水	4	玻璃	10^{-12}

表 C－5 材料的相对磁导率

铁磁体（非线性）	相对磁导率μ_r	顺磁体	相对磁导率μ_r	抗磁体	相对磁导率μ_r
镍	250	铝	1.000 021	铋	0.999 83
钴	600	镁	1.000 012	金	0.999 96
铁（纯）	4000	钯	1.000 82	银	0.999 98
铁镍合金	100 000	钛	1.000 18	铜	0.999 99

表 C－6 材料的磁化率

材料	磁化率 $\chi_m \times 10^{-5}$ （20℃）	材料	磁化率 $\chi_m \times 10^{-5}$ （20℃）	材料	磁化率 $\chi_m \times 10^{-5}$ （20℃）
铋	−16.6	铜	−0.98	铂	26
石英	−6.2	水	−0.91	钴	260×10^5
金	−3.6	氮	−0.5	镍	600×10^5
汞	−2.9	钠	−0.62	硅钢片	7000×10^5
银	−2.6	镁	−1.2	纯铁	2×10^{10}
铅	−1.8	铝	−2.2	坡莫合金	10×10^{10}
锌	−1.4	锂	−4.4	—	—
CO_2	−1.0	钨	−6.8	—	—

附录D 希腊字母读音

希腊字母读音见表D-1。

表D-1 **希腊字母读音**

序号	大写	小写	英文注音	国际音标注音
1	Α	α	alpha	[ˈælfə]
2	Β	β	beta	[ˈbiːtəˌˈbeliə]
3	Γ	γ	gamma	[ˈgæmə]
4	Δ	δ	delta	[ˈdeltə]
5	Ε	ε	epsilon	[ˈepsilənˌepˈsailən]
6	Ζ	ζ	zeta	[ˈziːtə]
7	Η	η	eta	[ˈiːtə]
8	Θ	θ	thet	[ˈθiːtə]
9	Ι	ι	iot	[aiˈoutə]
10	Κ	κ	kappa	[ˈkæpə]
11	Λ	λ	lambda	[ˈlæmdə]
12	Μ	μ	mu	[mjuː]
13	Ν	ν	nu	[njuː]
14	Ξ	ξ	xi	[ksaiˌgzaiˌzai]
15	Ο	ο	omicron	[ouˈmaikrən]
16	Π	π	pi	[pai]
17	Ρ	ρ	rho	[rou]
18	Σ	σ	sigma	[ˈsigmə]
19	Τ	τ	tau	[tau]
20	Υ	υ	upsilon	[ˈjuːpsilənˌjuːpˈsailən]
21	Φ	φ	phi	[fai]
22	Χ	χ	chi	[kai]
23	Ψ	ψ	psi	[psiː]
24	Ω	ω	onega	[ˈoumigəˌouˈmigə]

参 考 文 献

[1] 雷银照．时谐电磁场解析方法．北京：科学出版社，2000.
[2] 王善进．电磁学与电磁波．北京：北京大学出版社，2008.
[3] Bhag Singh Guru, Hüseyin R Hiziroglu. Electromagnetic Field Theory Fundamentals (Second Edition). China Machine Press, 2005.
[4] 冯林，杨显清，王园，等．电磁场与电磁波．北京：机械工业出版社，2004.
[5] 刘岚，胡钋，黄秋元，胡耀祖．电磁场与电磁波理论基础．武汉：武汉理工大学出版社，2006.
[6] 谢处方，饶克谨．电磁场与电磁波．北京：高等教育出版社，2005.
[7] 杨儒贵．电磁场与电磁波．北京：高等教育出版社，2007.
[8] 谢德馨，杨仕友．工程电磁场数值分析与综合．北京：机械工业出版社，2009.
[9] 王增和，丁卫平，李平辉．电磁场与波．北京：机械工业出版社，2007.
[10] William H Hayt, Jr, John A Buck. Engineering Electromagnetics. Mc Graw-Hill Companies, Inc., 2001.
[11] Daniele Funaro. Electromagnetism and the Structure of Matter. World Scientific Publishing Co. Pte. Ltd. 2008.
[12] 丁君．工程电磁场与电磁波．北京：高等教育出版社，2005.
[13] 焦其祥．电磁场与电磁波．北京：科学出版社，2007.
[14] 张惠娟，杨文荣，李玲玲，等．工程电磁场与电磁波基础．北京：机械工业出版社，2009.
[15] 张三慧. 大学物理学（第三册）电磁学. 北京：清华大学出版社，2001.
[16] 冯恩信. 电磁场与电磁波. 西安：西安交通大学出版社，2006.
[17] 冯慈璋，马西奎. 工程电磁场导论. 北京：高等教育出版社，2000.
[18] 周希朗. 电磁场. 北京：电子工业出版社，2008.
[19] David K cheng. Field and Wave Electromagnetics (second Edition). Beijing: Tsinghua University Press, 2007.
[20] Kenneth R Demarest. Engineering Electromagnetics. Beijing: Science Press, 2003.
[21] 马信山，张济世，王平. 电磁场基础. 北京：清华大学出版社，2000.
[22] 文远芳. 高电压技术. 武汉：华中科技大学出版社，2001.
[23] 卢荣章．电磁场与电磁波基础．2 版．北京：高等教育出版社，1990.
[24] 冯恩信．电磁场与电磁波．2 版．西安：西安交通大学出版社，2005.
[25] 黄新娣．电磁场基础．北京：人民邮电出版社，1991.
[26] 倪光正．工程电磁场原理．北京：高等教育出版社，2002.
[27] 焦其祥．电磁场与电磁波名师大讲堂．北京：科学出版社，2006.
[28] 袁国良．电磁场与电磁波．2 版．北京：清华大学出版社，2008.
[29] 刘顺华，刘军民，董星龙，等．电磁波屏蔽及吸波材料．北京：化学工业出版社，2007.
[30] 赵玉峰，肖瑞．电磁辐射的抑制技术．北京：中国铁道出版社，1980.
[31] 符果行．电磁场与电磁波基础教程．北京：电子工业出版社，2009.
[32] Jackson J D. Classical Electrodynamics. New York: Wiley, 1998.
[33] J A Kong. Electromagnetic Wave Theory. EMW Publishing, 2005.
[34] L C Shen, J A Kong. Applied Electromagnetism. PWS Publishers, 1987.
[35] J A Kong. Maxwell Equation. EMW Publishing, 2002.